企业内部控制基本规范

详解与实务

风险点识别＋关键点把控＋实操范本＋案例详解

平准　编著

人民邮电出版社
北京

图书在版编目（C I P）数据

企业内部控制基本规范详解与实务 ： 风险点识别+关键点把控+实操范本+案例详解 / 平准编著. -- 北京 ： 人民邮电出版社，2021.1（2022.6重印）
ISBN 978-7-115-55267-9

Ⅰ. ①企… Ⅱ. ①平… Ⅲ. ①企业内部管理 Ⅳ. ①F272.3

中国版本图书馆CIP数据核字(2020)第221952号

内 容 提 要

本书以《企业内部控制基本规范》《企业内部控制配套指引》为依据编写而成。全书共分为企业内部控制概述、企业内部控制基本规范解读、企业内部控制配套指引解读3篇，涵盖了企业的主要内部控制领域。

本书既对基本规范和配套指引进行了详细解读，又引用了大量相关案例并对案例进行了分析，将理论知识与实际情景相结合，便于读者在系统学习理论的同时加深对企业内部控制实务的理解，提高内部控制的实务操作能力。

本书既适合各大企业管理人员、财务人员以及财会类相关专业师生参考阅读，也可作为企业实施内部控制的实用工具书和培训教材。

◆ 编　　著　平　准
　责任编辑　李士振
　责任印制　周昇亮
◆ 人民邮电出版社出版发行　　北京市丰台区成寿寺路 11 号
　邮编　100164　　电子邮件　315@ptpress.com.cn
　网址　https://www.ptpress.com.cn
　北京七彩京通数码快印有限公司印刷
◆ 开本：787×1092　1/16
　印张：31.25　　　　2021 年 1月第 1 版
　字数：683 千字　　　2022 年 6月北京第 4 次印刷

定价：129.80 元

读者服务热线：(010)81055296　印装质量热线：(010)81055316
反盗版热线：(010)81055315
广告经营许可证：京东市监广登字 20170147 号

PREFACE 前言

随着我国经济浪潮的不断翻涌，各行各业的“弄潮儿”如雨后春笋般出现。很多企业如昙花一现，但是海尔、万科、美的、娃哈哈等企业却历经风雨仍不倒。到底是什么原因导致有些企业的寿命如此之短呢？失败的企业都有各自失败的具体原因，但是究其根本是这些企业的内部控制体系不完善。可见，内部控制体系的健全对企业的顺利发展极其重要。内部控制薄弱，企业极有可能坠入失败的深渊；内部控制扎实，企业则更容易“基业长青”。企业在经营发展过程中，只有加强内部控制才能少犯错误，促进企业持续向好发展。

所谓内部控制，是一个单位为了实现其经营目标，保护资产的安全、完整，保证会计信息资料的正确、可靠，确保经营方针的贯彻执行，保证经营活动的经济性、效率性和效果性而在单位内部采取的自我调整、约束、规划、评价和控制的一系列方法、手段与措施的总称。内部控制的目标是保证企业经营管理合法合规、资产安全、财务报告及相关信息完整，提高经营效率和效果，促进企业实现发展战略。具体而言，在现代企业中，完善的内部控制体系能够发挥以下作用。

（1）防止会计信息失真，保证国民经济正常运转。目前我国有些企业的会计信息存在失真现象，这不仅影响着企业的生产经营，还阻碍了宏观经济的发展。会计信息失真反映了在日常工作中企业内部有章不循或无章可循，各项批准授权制度不清晰、相互牵制不到位，财务制度缺乏科学性和连贯性，缺少事前及事中控制制度，多采取事后补救措施等问题。当下，会计政策改革应将重点放在解决会计信息失真这一问题上，加强内部会计控制是保证国民经济正常运转的客观要求。

（2）建立现代企业制度，优化法人治理结构，提高经济效益。内部控制是现代企业管理的重要组成部分，对确保企业各项工作的正常进行、促进企业经营管理效率的提高及建立现代企业制度有着非常重要的作用。内部控制系统通过确定职责分工，严格执行各种手续、制度、工艺流程、审批程序、检查监督手段等，来有效控制本单位生产和经营的顺利进行，但同时促使企业管理层及相关人员在遵守国家法律法规的前提下认真贯彻企业的既定方针。

（3）企业发挥整体优势的有力工具。现代企业经营的成功，离不开生产、营销、物资、计划、财务、人事等部门的通力合作。各部门的业务虽有单独的系统，但其单个业务与整体业务又必然发生联系，并受其他部门业务的牵制和监督。企业内部控制正是基于这一点，将会计、统计、业务、审计等部门的制度规划及有关报告等作为基本工具，以达到企业整合与控制的双重目的。

（4）防范投资风险。企业通过不断完善内部控制体系，建立规范的对外投资决策程序，依托重大投资决策集体审议及联签责任制度，加强对投资项目立项、评估、实施及投资处理等环节的会计控制，以防范投资风险，不断纠正失误与弊端，保证实现单位的经营投资目标。

本书共3篇27章，第1篇是企业内部控制概述，第2篇是企业内部控制基本规范解读，第3篇是企业内部控制配套指引解读。在对基本规范和配套指引的讲解中，每一项基本规范和每一项指引各成一章；每一章分3节，第1节是法规原文，第2节是原文讲解，第3节是实务案例。

在撰写时，我们始终把握以下几个原则。

（1）理论联系实际。在内部控制理论的基础上，本书结合内部控制的相关实务案例，阐述了内部控制应用、评价和审计的最基本的实务操作方法。本书最大的特点是突出内部控制实务，注重动手能力的培养，实务部分尽可能贴近工作实际。

（2）实务操作。本书具有可操作性，本书中的很多实例可作为会计工作者及审计工作者今后从事会计、审计工作的参考资料，与实际工作十分相似。

（3）精讲分析案例。本书既坚持梳理完整的理论体系，又立足于我国企业内部控制管理的实践。本书选择了众多的实务案例，并对各案例进行了全面、准确、深入的解析，最大限度地贴近和还原了会计操作实务。同时，本书通过详细梳理书中涉及的会计专业术语的相关内容，使书中内容更具可读性，方便读者更有针对性地学习。

本书内容翔实，思路新颖，将先进理论与实践经验充分结合，能为广大会计从业人员的实务工作提供帮助。在本书的编写和出版过程中，尽管编者始终秉持着精益求精的专业态度，但由于水平有限，书中难免存在不足之处，欢迎广大读者批评指正。

编者

CONTENTS

第 1 篇　企业内部控制概述

第 2 篇　企业内部控制基本规范解读

第 3 篇 企业内部控制配套指引解读

第 1 篇　企业内部控制概述

第 1 章 企业内部控制

1.1　国内外内部控制的发展

1.1.1　国外内部控制理论和实务的发展

人类自从有了社会分工，就有了群体活动，也就有了一定意义上的控制。早在公元前 3000 多年以前，内部控制的思想就已经在人们的日常经济生活中得以运用。内部控制的思想可以追溯到远古文明时期对公共资金的管理，在古埃及、古希腊、古罗马的历史陈迹与中国《周礼》的记述中均有出现。西方早期的议会制度以及我国的御史制度，亦属于内部控制的范畴。

20 世纪 40 年代，内部控制作为完整的概念被首次提出。此后，内部控制理论不断完善，并逐渐被人们了解和接受。目前，人们对于企业内部控制的产生和发展历程的认识逐渐趋于一致，即认为内部控制的发展可以划分为 5 个阶段：内部牵制阶段、内部控制制度阶段、内部控制结构阶段、内部控制整合框架阶段、企业风险管理整合框架阶段。内部控制概念的演变说明了人们对内部控制的动态性本质的深入认识。

1.1.1.1　内部牵制阶段

早在公元前 3600 年以前的美索不达米亚文明时期，就已经出现了内部控制的初级形式。例如，经手钱财者要为其支付的款项提供付款清单，并由另一记录员将这些清单汇总并写成报告。

15 世纪末，随着资本主义经济的初步发展，内部牵制也发展到了一个新的阶段，以在意大利出现的复式记账方法为标志，内部牵制制度渐趋成熟。18 世纪工业革命以后，企业规模逐渐扩大，公司制企业开始出现，特别是内部稽核制度因收效显著而为各大企业纷纷效仿。20 世纪初期，因竞争激烈，一些企业逐步摸索出一些组织调节、制约和检查企业生产活动的方法。这些方法以查错防弊为目的，以职务分离和账目核对为手段，以钱、账、物等为主要针对事项。其中有关组织控制、职务分离控制的思想是现代内部控制理论的基础。

这一阶段，随着股份有限公司规模的迅速扩大以及企业所有权和经营权的逐渐分离，企业为了提高运营效率、防范错误，并用于两权分离中的信息不对称问题，美国的一些企业逐渐摸索出组织、调节、制约和检查企业生产经营活动的办法，特别是“内部牵制制度”。

关于内部牵制的概念，《会计师词典》指出：“内部牵制是指以提供有效的组织和经营，并防止错误和其他非法业务发生的业务流程设计，其主要特点是以任何个人或部门不能单独控制任何一项或一部分业务权力的方式进行组织上的责任分工，每项业务通过正常发挥其他个人或部门的功能进行交叉检查或交叉控制。”

内部牵制的最初形式和基本形态是以职务分离控制为主要内容的流程设计，其目的比较单一，即保证财产物资的安全和完整，防止贪污、舞弊。尽管随着经济社会的发展，内部控制日益超越内部牵制的范畴，但内部牵制的基本理念在内部控制理论中仍然发挥着重要作用。

内部牵制阶段的不足之处在于人们还没有意识到内部控制的整体性，只强调内部牵制制度的简单运用，还不够系统和完善。作为一种管理制度，内部牵制基本上不涉及会计信息的真实性和工作效率的高低问题，因此其应用范围和管理作用都比较有限。到 20 世纪 40 年代末期，生产的社会化程度空前提高，股份有限公司迅速发展，市场竞争进一步加剧。西方国家纷纷以法律的形式要求企业披露会计信息。这对会计信息的真实性就提出了更高的要求。因此，传统的内部牵制制度已经无法满足企业管理和会计信息披露的需要，现代意义上的内部控制制度的产生已经成为一种必然。

1.1.1.2 内部控制制度阶段

20 世纪 40 年代至 70 年代初，内部控制制度的概念在内部牵制思想的基础上产生。它是传统的内部牵制思想与古典管理理论相结合的产物，是在社会化大生产、企业规模扩大、新技术的应用，以及股份制公司形式出现等因素的推动下产生的。

1949 年，美国注册会计师协会（American Institute of Certified Public Accountants, AICPA）所属的审计程序委员会发表了一份题为《内部控制：系统协调的要素及其对管理部门和独立公共会计师的重要性》的特别报告，首次正式提出了内部控制的权威性定义，即内部控制包括组织机构的设计和企业内部采取的所有互相协调的方法和措施，旨在保护资产、检查会计信息的准确性和可靠性、提高经营效率、促进既定管理政策的贯彻执行，从而形成了内部控制制度的基本思想。

由于该定义的含义过于宽泛，因此，AICPA 于 1953 年在其颁布的《审计程序说明第 19 号》中，对内部控制定义进行正式修订，并将内部控制按照其特点分为会计控制和管理控制两个部分。1958 年，审计程序委员会发布的第 29 号审计程序公报《独立审计人员评价内部控制的范围》，也将内部控制分为内部会计控制和内部管理控制，其中，前者涉及与财产安全和会计记录的准确性、可靠性有直接联系的所有方法和程序；后者主要是与贯彻管理方针和提高经营效率有关的所有方法和程序。由此，内部控制进入“制度二分法”，即“二要素阶段”。

1972 年，美国审计准则委员会（Auditing Standards Board, ASB）在《审计准则公告第 1 号》中，重新并且更加明确地阐述了内部会计控制和内部管理控制的定义。内部管理控制包括（但不限于）组织规划及与管理当局进行经济业务授权的决策过程有关的程序和记录；内部会计控制包括（但不限于）组织规划、保护资产安全，以及与财务报表可靠性有关的程序和记录。

这一阶段的内部控制被正式纳入制度体系中，同时管理控制成为内部控制的一个重要组成部分。但在实践中，审计人员发现很难确切区分会计控制和管理控制，而且后者对前者其实有很大影响，无法在审计时完全将其忽略。

1.1.1.3　内部控制结构阶段

20 世纪 70 年代后期，资本主义经济发展进入“滞胀”阶段，促使西方国家对内部控制的研究进一步深化，人们对内部控制的研究重点逐步从一般含义向具体内容转移。

1988 年，AICPA 发布《审计准则公告第 55 号》（SAS NO. 55），并规定从 1990 年 1 月起取代 1972 年发布的《审计准则公告第 1 号》。这个公告首次以“内部控制结构”的概念代替“内部控制制度”，明确“企业内部控制结构包括为提供取得企业特定目标的合理保证而建立的各种政策和程序”。该公告认为，内部控制结构由下列 3 个要素组成。

（1）控制环境

控制环境是指对建立、加强或削弱特定政策与程序的效率有重大影响的各种因素，包括：管理者的思想和经营作风；组织结构；董事会及其所属委员会，特别是审计委员会的职能；确定职权和责任的方法；管理者监控和检查工作时所使用的控制方法；影响企业业务的各种外部关系等。

（2）会计制度

会计制度是指为确认、归类、分析、登记和编报各项经济业务，明确资产与负债的管理责任而规定的各种方法，主要包括：对各项经济业务进行及时和适当的分类，以作为编制财务报表的依据；将各项经济业务按照适当的货币价值计价，以便列入财务报表；确定经济业务发生的日期，以便按照会计期间进行记录；在财务报表中恰当地表述经济业务并对有关的内容进行揭示。

（3）控制程序

控制程序是指企业为保证目标的实现而建立的政策和程序，主要包括：明确企业各个人员的职责分工；账簿和凭证的设置、记录与使用，以保证经济业务活动得到正确的记载；资产及记录的限制接触；已经登记的业务及其记录与复核等。

此时的内部控制融会计控制和管理控制于一体，从“制度二分法”阶段步入了“结构分析法”阶段，即“三要素阶段”。这是内部控制发展史上的一次重要改变。内部控制结构阶段对内部控制发展的贡献主要体现在两个方面。其一，首次将控制环境纳入内部控制的范畴。因为人们在管理实践中逐渐认识到，控制环境不应该是内部控制的外部因素，而应该作为内部控制的一个组成部分来考虑，尤其是管理层的风险意识及其对风险控制的态度，是充分有效的内部控制体系得以建立、运行的基础和有力保障。其二，不再区分会计控制和管理控制，而统一以要素来表述。因为人们发现会计控制和管理控制在实践中其实是相互联系、难以分割的。

1.1.1.4 内部控制整合框架阶段

COSO（The Committee of Sponsoring Organizations of the Treadway Commission）是Treadway委员会下属的发起组织委员会的简称。Treadway委员会，即美国反虚假财务报告委员会，由于其首任主席的姓名而通常被称为Treadway委员会。该委员会由美国注册会计师协会（AICPA）、美国会计协会（American Accounting Association, AAA）、财务经理人协会（Financial Executives International, FEI）、内部审计师协会（Institute of Internal Auditors, IIA）、管理会计师协会（The Institute of Management Accountants, IMA）共5个组织于1985年发起设立。

1987年，Treadway委员会发布了一份报告，建议与发起组织委员会沟通协作，整合各种内部控制的概念和定义。1992年9月，COSO发布了著名的《内部控制——整合框架》（*Internal Control-Integrated Framework*）报告，并于1994年进行了修订。这一报告已经成为内部控制领域最为权威的文献之一。该报告系内部控制发展历程中的一座里程碑，其对内部控制的贡献可以用12个字概括：一个定义、三项目标、五个要素。

"一个定义"是指该报告对内部控制下了一个迄今为止最为权威的定义："内部控制是一个受企业董事会、管理层及其他员工影响的，旨在为运营的效率和效果、财务报告的可靠性、相关法律法规的遵循等目标的实现提供合理保证的过程。"

"三项目标"是指内部控制具有3项目标，包括经营目标、报告目标和合规目标。由此可见，财务报告的可靠性并不再是内部控制唯一的目标。换言之，内部控制不等于会计控制。

"五个要素"是指该报告将内部控制的组成部分分为相互独立而又相互联系的5个要素：控制环境、风险评估、控制活动、信息与沟通、监控。

这5个要素的内涵及其在内部控制整体框架中的作用解释如下。

（1）控制环境

控制环境主要指企业内部的文化、价值观、组织结构、管理理念和风格等。这些因素是企业内部控制的基础，将对企业内部控制的运行及效果产生广泛而深远的影响。

（2）风险评估

风险评估是指识别和分析与实现目标相关的风险，并采取相应的行动措施加以控制。这一过程包括风险识别和风险分析两个部分。

（3）控制活动

控制活动是指企业对所确认的风险采取必要的措施，以保证企业目标得以实现的政策和程序。一般来说，与内部控制相关的控制活动包括职务分离、实物控制、信息处理、业绩评价等。

（4）信息与沟通

信息与沟通是指为了使管理者和其他员工能够更好地行使职权和完成任务，企业各个部门及员工之间必须沟通与交流相关的信息。这些信息既包括外部的信息，也包括内部的信息。

（5）监控

监控是指评价内部控制的质量，也就是评价内部控制制度的设计与执行情况，包括日常的监督活动和专项评价等。管理者通过定期或不定期地对内部控制的设计与执行情况进行检查和评估，与有关人员就内部控制有效与否进行交流，并提出整改意见，以保证内部控制制度随着环境的变化而不断改进。

同以往的内部控制理论相比，COSO的报告提出了许多有价值的新观点。

（1）明确对内部控制的“责任”

COSO的报告认为，不仅仅是管理部门、内部审计委员会或董事会，企业中的每一个人都对内部控制负有责任。

（2）强调内部控制应该与企业的运营过程相结合

内部控制是企业运营过程的一部分，要与运营过程结合在一起，而不是凌驾于企业的运营活动之上。

（3）强调内部控制是“动态过程”

内部控制是发现问题、解决问题，以及发现新问题、解决新问题的循环往复的过程。

（4）强调“人”的重要性

只有人才可能确定企业的目标，并设置内部控制的机制。反过来，内部控制也影响着人的行为。

（5）强调“软控制”的作用

软控制主要是指那些属于精神层面的事物，如高级管理阶层的管理风格、管理哲学、企业文化、内部控制意识等。

（6）强调风险意识

管理阶层必须密切注意各层级的风险，并采取必要的管理措施防范风险。

（7）管理与控制的界限模糊

在COSO的报告中，控制已不再是管理的一部分，管理和控制的职能与界限已经模糊了。

（8）强调内部控制的分类及目标

COSO的报告将内部控制目标分为3类，即经营的效率和效果、财务报告的可靠性，以及法律法规的遵循。

由于COSO的报告集内部控制理论、体系集内部控制理论和实践发展之大成，因此其备受推崇，已经成为世界通行的内部控制权威标准，被各国审计准则制定机构、银行监管机构和其他方面的机构所采纳。

为应对新世纪、新阶段的内部控制建设工作，2013年5月，COSO发布了修订版的《内部控制——整合框架》（以下简称《新框架》），并提议于2014年12月15日以后用该框架代替1992年发布的框架。与1992年的框架相比，《新框架》保持不变的主要方面包括：内部控制的核心定义；内部控制仍然包括3个目标和5个要素；有效的内部控制必须具备5个要素；在设计、执行内部控制和评价其有效性的过程中，判断仍然具有重要作用。《新框架》发生重大变化的主要方面则包括：关注的商业和运营环境发生了变化；扩充了运营和报告目标；将支撑5个要素的基本概念提炼成原则；针对运营、合规和新增加的非财务报告目标提供了补充的方法和实例。

1.1.1.5 企业风险管理整合框架阶段

2001年12月，美国当时最大的能源公司之一——安然公司（后文简称AR公司），突然申请破产保护。此后，上市公司和证券市场的负面新闻不断，特别是2002年6月的STK公司会计方面的负面事件，“彻底打击了投资者对资本市场的信心”（美国国会报告，2002）。美国国会和政府通过加速制定新的法律加强对金融、会计、审计的监管，并于2002年7月30日出台了《2002年公众公司会计改革和投资者保护法案》，又叫《萨班斯－奥克斯利法案》（以下简称《萨班斯法案》，也称《SOX法案》）。《萨班斯法案》强调了公司内部控制的重要性，从管理者、内部审计及外部审计等几个层面对内部控制进行了具体规定，并设置了问责机制和相应的惩罚措施，成为继20世纪30年代美国经济危机以来，政府制定的涉及范围最广、处罚措施最严厉的公司法律。

其实，自1992年COSO的报告发布以来，理论界和实务界纷纷对该框架提出改进建议，认为其对风险强调不够，使内部控制无法与企业风险管理相结合。为此，在2001年，COSO开展了一个项目，委托普华永道（Price Waterhouse Coopers）开发一个有利于管理层评价和改进他们所在组织的企业风险管理方式的简便易行的框架。而后来安然、世通公司的负面新闻所催生的《萨班斯法案》更是凸显了开发一个更加注重企业风险管理框架的必要性和紧迫性。2004年9月，COSO在借鉴以往有关内部控制研究报告的基本思想的基础上，结合《萨班斯法案》在财务报告方面的具体要求，发表了新的研究报告——《企业风险管理——整合框架》（*Enterprise Risk Management Framework*，以下简称《ERM框架》）。

该框架指出，“全面风险管理是一个过程，它由一个主体的董事会、管理当局和其他人员实施，应用于战略制定并贯穿于企业之中，旨在识别可能会影响主体的潜在事项，管理风险以使其在该主体的风险容量之内，并为主体目标的实现提供合理保证”。这一阶段的显著变化是将内部控制上升至全面风险管理的高度来认识。

《ERM框架》提出了战略目标、经营目标、报告目标和合规目标4类目标，并指出风险管理包括 8 个相互关联的构成要素：内部环境、目标设定、事项识别、风险评估、风险应对、控制活动、信息与沟通、监控。在《ERM 框架》中，内部控制的目标、要素与组织层级之间形成了一个相互作用、紧密相连的有机统一体系。同时，这份报告对内部控制要素的进一步细分和充实，使内部控制与风险管理日益融合，拓展了内部控制的范畴。

相对于《内部控制——整合框架》，《ERM 框架》的创新在于以下 4 点。

第一，从目标上看，《ERM 框架》不仅涵盖了内部控制框架中的经营性、财务报告可靠性和合法性 3 个目标，而且新提出了一个更具管理意义和更适用于管理层级的战略管理目标，同时还扩大了报告的范畴。关于战略管理目标，企业风险管理应贯穿战略目标的制定、分解和执行过程，从而为战略目标的实现提供合理保证。报告范畴的扩大表现在内部控制框架中的财务报告的可靠性目标只与公开披露的财务报表的可靠性相关，而《ERM 框架》中的财务报告则覆盖了企业编制的所有报告。

第二，从内容上看，《ERM 框架》除了包括内部控制框架中的 5 个要素外，还增加了目标设定、事项识别和风险应对 3 个管理要素。目标设定、事项识别、风险评估与风险应对 4 个要素环环相扣，共同构成了风险管理的完整过程。此外，《ERM 框架》对原有要素也进行了深化和拓展，如引入了风险偏好和风险文化，将原有的“控制环境”改为“内部环境”。

第三，从概念上看，《ERM 框架》提出了两个新概念——风险偏好和风险容忍度。风险偏好是指企业在实现其目标的过程中喜欢收益的波动性胜于收益的稳定性的态度。企业的风险偏好与企业的战略目标直接相关，企业在制定战略时，应考虑将该战略的既定收益与企业管理者的风险偏好结合起来。风险容忍度是指在目标实现过程中企业对差异的可接受程度，是企业在风险偏好的基础上设定的。

第四，从观念上看，《ERM 框架》提出了一个新的观念——风险组合观。企业风险管理要求企业管理者以风险组合的观念看待风险，对相关的风险进行识别并采取措施，使企业所承担的风险在风险容忍度的范围内。对企业中的每个单位而言，其风险可能在该单位的风险容忍度范围内，但从企业总体来看，总风险可能会超过企业总体的风险容忍度范围。因此，企业管理者应从企业整体的角度评估风险。

需要说明的是，《ERM 框架》的产生虽然晚于内部控制框架，但是它并不是要完全替代内部控制框架。在企业管理实践中，内部控制是基础，风险管理只是建立在内部控制的基础之上、具有更高层次和综合意义的控制活动。如果没有良好的内部控制系统，所谓的风险管理只能是一句空话。

1.1.2　我国内部控制理论和实务的发展

1.1.2.1　起步阶段

改革开放以前，我国经历了很长的内部控制的空白期。之后，财务舞弊案阻碍了中国经济的发展。如何有效治理企业的财务舞弊、维持企业有效运营、保护广大投资者的利益和保障资本市场的健康发展，已经成为影响中国经济持续发展的问题。西方发达资本主义国家的经济发展也并非一帆风顺。国外的监管者和理论界将目光投向了内部控制，并取得了一定成效，其理论成果和实践经验都为我国内部控制制度的建立提供了有益借鉴。20世纪90年代以来，在借鉴其他国家和经济组织内部控制规范的基础上，我国内部控制规章制度从无到有，取得了迅猛发展。

1985年1月，我国颁布了《中华人民共和国会计法》（以下简称《会计法》），要求会计机构内部应当建立稽核制度，并规定出纳人员不得兼管稽核，会计档案保管和收入、费用、债权债务账目的登记工作。《会计法》对会计稽核的规定是我国首次在法律文件上对内部控制提出的明确要求。1999年颁布的新《会计法》是我国第一部体现内部会计控制要求的法律。该法将企业（单位）内部控制制度当作保障会计信息“真实和完整”的基本手段之一。《会计法》将会计监督写入法律当中，是在我国内部控制制度建设历程中的一次重大突破，也是当时我国在内部控制方面的最高法律规范。但因为《会计法》是法律，所以其规范的内容难免局限于内部会计控制的要求，没有涉及内部控制的全部内容。

关于内部会计控制的法规，除了《会计法》外，还包括一些行政部门颁布的规范。例如，中华人民共和国财政部（以下简称财政部）于1996年6月颁布了《会计基础工作规范》，对会计基础工作的管理、会计机构和会计人员、会计人员的职业道德、会计核算、会计监督、单位内部会计管理制度建设等问题作出了全面规范，其中，对会计监督的要求可以算作我国早期的企业内部控制制度。

1996年12月，中国注册会计师协会发布了第二批《中国注册会计师独立审计准则》，其中，《独立审计具体准则第8号——错误与舞弊》要求被审计单位建立内部控制；《独立审计具体准则第9号——内部控制与审计风险》对内部控制的定义和内容都有具体规定，并要求注册会计师从制度基础的角度审查企业的内部控制，对企业内部控制进行评价。《独立审计实务公告第2号——管理建议书》中指出，“注册会计师对审计过程中发现的内部控制重大缺陷应当告知被审计单位管理当局，必要时，可出具管理建议书”。

《中国注册会计师独立审计准则》中有关内部控制的描述和要求，既是注册会计师执业基准的一部分，又是企业内部控制工作的推动力。这种间接推动力提高了我国企业对内部控制的关注程度，促进了我国企业内部控制制度的初步建设。

1997年5月，我国专门针对内部控制的第一个行政规定出台。中国人民银行颁布了《加强金融机构内部控制的指导原则》，要求金融机构建立健全内部控制运行机制。金融机构的内部控制指导原则先于非金融机构的内部控制要求出台，向金融机构发出了这样的信号：中国对金融机构内部控制的要求要高于对非金融机构的要求。该指导原则对金融机构内部控制制度的建设意义重大，为我国金融机构的内部控制制度的建设和发展奠定了基础。

2000年11月，中国证券监督管理委员会（以下简称证监会）发布了《公开发行证券公司信息披露编报规则》，其中，《公开发行证券公司信息披露编报规则第7号——商业银行年度报告内容与格式特别规定》和《公开发行证券的公司信息披露编报规则第8号——

证券公司年度报告内容与格式特别规定》要求公开发行证券的商业银行、保险公司、证券公司建立健全内部控制制度，并在招股说明书正文中说明内部控制制度的完整性、合理性和有效性。

2001 年 12 月，证监会发布了《公开发行证券的公司信息披露内容与格式准则第 2 号——年度报告的内容与格式（2001 年修订稿）》，要求监事会对公司（一般上市公司）是否建立了完善的内部控制制度发表独立意见，若监事会认为内部控制制度完善，则可免于披露。自此，内部控制信息成为企业信息披露的一部分。尽管在这一系列规则中，并未强制要求上市公司在所有情况下都披露内部控制信息，但内部控制信息在企业信息披露中已不再仅是会计监督和会计控制的信息，而是与企业风险管理完善程度相关的一个标志。同年 1 月，证监会发布了《证券公司内部控制指引》，要求所有的证券公司建立并完善内部控制机制和内部控制制度。该指引是对《加强金融机构内部控制的指导原则》的补充，对证券公司建立健全内部控制制度有着重大意义。

2001 年 6 月，财政部发布了《内部会计控制规范——基本规范（试行）》和《内部会计控制规范——货币资金（试行）》，随后又相继发布了《内部会计控制规范——采购与付款（试行）》《内部会计控制规范——销售与收款（试行）》《内部会计控制规范——担保（征求意见稿）》《内部会计控制规范——工程项目（试行）》。这些规范明确了单位建立和完善内部会计控制体系的基本框架和要求，以及货币资金、采购与付款、销售与收款和工程项目等业务层面内部控制的要求。内部会计控制的一系列试行规范虽然以会计控制规范的形式出台，但是其涉及的内容并没有局限于会计领域，而是对采购、生产、销售、投资等诸多方面的内部控制进行了规范，为未来我国内部控制规范体系的形成提供了有益参考。

2002 年 2 月，中国注册会计师协会发布了《内部控制审核指导意见》。该意见对内部控制审核进行了界定，并界定了被审核单位和注册会计师的责任，明确了内部控制审核业务的工作要求。

2002 年 9 月，中国人民银行颁布了多达 141 条的《商业银行内部控制指引》，对商业银行内部控制的各方面做出了规定，将《加强金融机构内部控制的指导原则》中的内部控制原则加以简化。该指引替代了《加强金融机构内部控制的指导原则》，成为商业银行制定内部控制制度的“基本手册”。

2002 年 12 月，证监会发布了《证券投资基金管理公司内部控制指导意见》。该意见对证券投资基金管理公司建立科学合理、控制严密、运行高效的内部控制体系及制定完善的内部控制制度提供了指导，保证了证券投资基金管理公司诚信、合法、有效地经营，保障了大多数基金持有人的利益。

1.1.2.2　建设阶段

2002 年 7 月，美国国会出台了《萨班斯法案》。该法案中的 404 条款明确规定了管理层应承担设立并维持一个专门的内部控制机构的职责，并且要求上市公司必须在年度报告中提供内部控制报告和内部控制评价报告，上市公司管理层和注册会计师都需要评价企业的内部控制系统，注册会计师还要对公司管理层的评估过程及其内部控制系统评估结论进行相应的检查并出具正式意见。《萨班斯法案》不仅加强了对美国资本市场的金融、会计、审计方面的监管，还开启了在美国上市的公司全面建设内部控制制度的新阶段。同时，它也带动了世界各国的内部控制制度的发展。

我国积极引进和借鉴《萨班斯法案》及 1992 年 COSO 发布的《内部控制——整合框架》、2004 年 COSO 发布的《企业风险管理——整合框架》，并在此带动下明显加快了内部控制制度建设的步伐，密集出台了相关的法规和文件，逐渐形成了内部控制制度的配套组织和保障机制。

2004 年年底和 2005 年 6 月，中华人民共和国国务院（以下简称国务院）领导就强化我国企业内部控制问题做出重要批示，要求“由财政部牵头，联合有关部委，积极研究制定一套完整公认的企业内部控制指引”。

2005 年 10 月，国务院批转了证监会发布的《关于提高上市公司质量的意见》，要求上市公司对内部控制制度的完整性、合理性及其实施的有效性进行定期检查和评估，同时要通过外部审计对公司的内部控制制度以及公司的自我评估报告进行核实和评价，并披露相关信息。

2006 年 1 月，中国保险监督管理委员会（简称保监会）发布了《寿险公司内部控制评价办法（试行）》，并在附件中提供了《寿险公司内部控制评估表——法人机构》和《寿险公司内部控制评估表——分支机构》。此评价办法对寿险公司的内部控制评价提出了详尽的要求，并对内部控制缺陷的含义进行了界定。

2006 年 2 月，财政部发布了《中国注册会计师审计准则第 1211 号——了解被审计单位及其环境并评估重大错报风险》，对内部控制的内涵和要素做出了详细的说明。

2006 年 6 月，上海证券交易所发布了《上海证券交易所上市公司内部控制指引》；同年 9 月，深圳证券交易所也发布了《深圳证券交易所上市公司内部控制指引》。两项指引对上市公司内部控制的框架、专项风险内部控制、内部控制工作的检查监督、信息披露等多项内容进行了界定，对上市公司保证企业内部控制制度的完整性、合理性和有效性进行了规定。

2006 年 6 月，国务院国有资产监督管理委员会（以下简称国资委）发布了《中央企业全面风险管理指引》，对中央企业在全面风险管理的目标、原则、流程、组织体系、风险评估、风险管理策略、风险管理解决方案、监督与改进，以及风险管理文化和风险管理信息系统等方面进行指导，并就企业对此指引的实施提出了明确要求。

2006 年 7 月，受国务院委托，由财政部牵头，联合国资委、证监会、审计署（全称为中华人民共和国审计署）、银监会（全称为中国银行业监督管理委员会）、保监会发起成立了具有广泛代表性的企业内部控制标准委员会。该委员会曾研究制定“具有统一性、公认性和科学性的企业内部控制规范体系”。中国注册会计师协会也发起成立了会计师事务所内部治理指导委员会。在监管部门、大中型企业、行业组织和科研院所等机构领导和专家的积极参与和大力支持下，我国企业内部控制标准体系的保障机制和配套组织业已形成。

1.1.2.3　完善阶段

2008 年，金融危机在全球蔓延，但我国并未因世界经济局势的动荡而放慢完善企业内部控制制度体系的步伐。

2008 年 5 月 22 日，财政部会同证监会、审计署、银监会、保监会（以下简称五部委）联合发布了《企业内部控制基本规范》（以下简称《基本规范》），要求上市公司自 2009 年 7 月 1 日起执行，并且鼓励非上市大中型企业执行《基本规范》。该规范要求：执行本规范的上市公司应当对本公司内部控制的有效性进行自我评价，披露年度自我评价报告，并可聘请具有证券、期货业务资格的会计师事务所对内部控制的有效性进行审计。该规范既融合了国外内部控制制度的相关经验，又结合了我国的实际情况，具有我国自身的特色，标志着企业内部控制规范体系建设取得重大突破。

2010 年 4 月 15 日，财政部会同证监会、审计署、银监会、保监会联合发布了《企业内部控制配套指引》（以下简称《配套指引》），在境内外同时上市的公司自 2011 年 1 月 1 日起施行，在上海证券交易所、深圳证券交易所的主板上市公司自 2012 年 1 月 1 日起施行；在此基础上，择机在中小板和创业板上市公司施行；鼓励非上市大中型企业提前执行。《企业内部控制配套指引》连同之前发布的《企业内部控制基本规范》共同构成了我国企业内部控制规范体系。

《配套指引》由《企业内部控制应用指引第 1 号——组织架构》等 18 项应用指引、《企业内部控制评价指引》（下文简称《评价指引》）和《企业内部控制审计指引》（以下简称《审计指引》）组成。18 项应用指引不仅包括业务活动控制相关的实务指南，而且增加了对内部环境、风险评估、信息与沟通、内部监督等控制要素的操作性指引，涵盖了企业的组织架构、发展战略、人力资源、社会责任、企业文化等方面的内部控制，规范了企业的资金活动、采购业务、资产管理、销售业务、工程项目、担保业务、业务外包、合同管理等具体业务中内部控制的应用，还指导了企业财务报告、内部信息传递和信息系统等方面的内部控制行为。《内部控制评价指引》对企业内部控制评价的内容、程序，内部控制缺陷的认定和内部控制评价报告都进行了清晰的阐述，为企业内部控制评价提供了详尽的依据。《内部控制审计指引》对注册会计师执行企业内部控制审计业务进行了规范，并给出了内部控制审计报告的参考格式，使我国注册会计师在对企业内部控制进行审计时有章可循。

1.1.3　我国企业内部控制规范体系

《企业内部控制基本规范》及其配套指引的发布，标志着我国内部控制规范体系的基本形成，是我国内部控制体系建设的里程碑。

我国企业内部控制规范体系主要包括基本规范、配套指引、解释公告与操作指南 3 个层次（见图 1–1）。其中，基本规范是内部控制规范体系的最高层次，属于总纲，起统驭作用；配套指引是内部控制规范体系的主要内容，是为促进企业建立、实施和评价内部控制，规范会计师事务所内部控制审计行为所提供的指引，包括应用指引、评价指引和审计指引 3 个方面；解释公告是就企业内部控制规范体系实施中普遍反映和亟待解决的问题进行的解释说明，是对内部控制规范体系的重要补充。

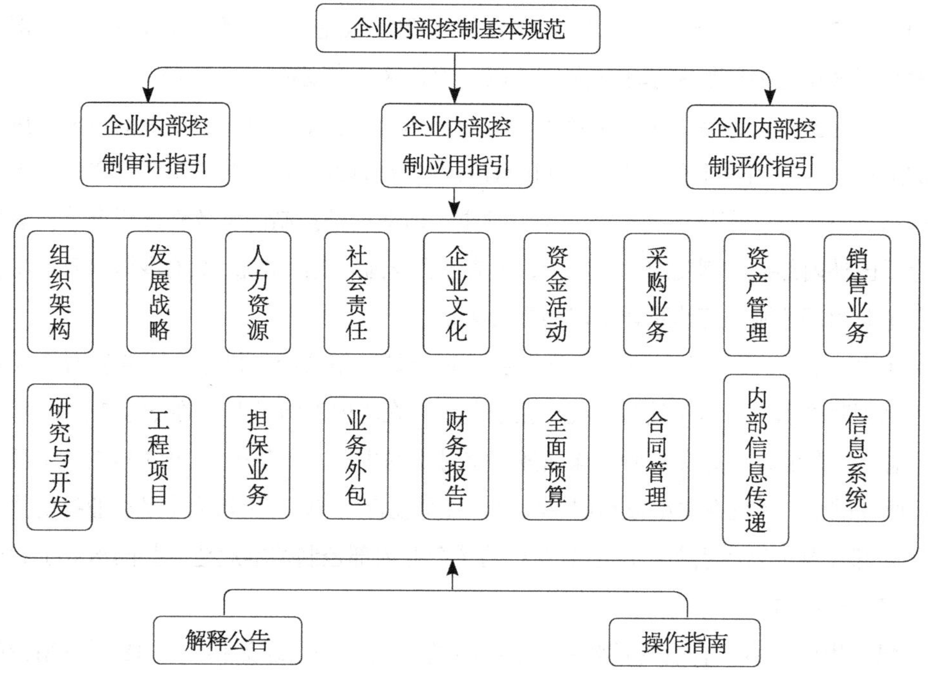

图 1–1　我国企业内部控制规范体系

1.1.3.1　企业内部控制基本规范

财政部等五部委颁布《企业内部控制基本规范》的目的是加强和规范企业内部控制，提高企业经营管理水平和风险防范能力，促进企业可持续发展，维护社会主义市场经济秩序和社会公众利益。基本规范确立了我国企业建立和实施内部控制的基本框架，是我国内部控制建设的纲领性文件，是制定配套指引、解释公告和操作指南的基本依据。

基本规范的特点可以概括为“四个五”，即“五个目标”“五个原则”“五个要素“五十条”。基本规范坚持立足我国国情、借鉴国际惯例，确立了我国企业建立和实施内部控制的基础框架，并在以下方面取得了重大突破。

（1）科学界定内部控制的内涵

强调内部控制是由企业董事会、监事会、经理层和全体员工实施的、旨在实现控制目标的过程，有利于树立全面、全员、全过程控制的理念。

（2）准确定位内部控制的目标

要求企业在保证经营管理合法合规、资产安全、财务报告及相关信息真实完整、提高经营效率和效果的基础上，着力促进企业实现发展战略目标。

（3）合理确定内部控制的原则

要求企业在建立和实施内部控制全过程中贯彻全面性原则、重要性原则、制衡性原则、适应性原则和成本效益原则。

（4）统筹构建内部控制的要素

要求企业有机融合世界主要经济体加强内部控制的做法和经验，构建以内部环境为重要基础、以风险评估为重要环节、以控制活动为重要手段、以信息与沟通为重要条件、以内部监督为重要保证，相互联系、相互促进的5要素内部控制框架。

（5）开创性地建立内部控制实施机制

要求企业实行内部控制自我评价制度，并将各责任单位和全体员工实施内部控制的情况纳入绩效考评体系；国务院有关监管部门有权对企业建立并实施内部控制的情况进行监督检查；明确企业可以依法委托会计师事务所对本企业内部控制的有效性进行审计，并出具审计报告。

1.1.3.2 企业内部控制配套指引

《企业内部控制基本规范》为企业内部控制体系的建设勾勒了宏观的基本框架，但没有从具体要素的内涵和业务层面为企业提供具体指引。《企业内部控制配套指引》（以下简称配套指引）则弥补了这一空白，其能够促进企业建立、实施和评价内部控制，规范会计师事务所内部控制审计行为。配套指引在遵循基本规范的定义、目标、原则和要素的基础上为企业提供更清晰的指引和标准，是对基本规范的进一步补充和说明，具有指导性和示范性的作用。

配套指引由21项应用指引（已发布18项，涉及银行、证券和保险等业务的3项指引暂未发布）、《评价指引》和《审计指引》组成。其中，应用指引是对企业按照内部控制原则和内部控制5要素建立健全本企业内部控制所提供的指引，在配套指引乃至整个内部控制规范体系中占据主体地位；《评价指引》是为企业管理层对本企业内部控制有效性进行自我评价提供的指引；《审计指引》是注册会计师和会计师事务所执行内部控制审计业务的执业准则。三者之间既相互独立，又相互联系，形成一个有机整体。

（1）应用指引

应用指引可以划分为3类，即内部环境类指引、控制活动类指引和控制手段类指引。这3类指引基本涵盖了企业资金流、实物流、人力流和信息流等各项业务和事项。

内部环境是企业实施内部控制的基础，影响着企业全体员工的内控意识，全体员工实施控制活动和履行控制责任的态度、认识和行为。内部环境类指引有5项，包括组织架构、发展战略、人力资源、企业文化和社会责任等指引。

控制活动类指引是为企业对各项具体业务活动实施控制提供的指引。此类指引有9项，包括资金活动、采购业务、资产管理、销售业务、研究与开发、工程项目、担保业务、业务外包、财务报告等指引。

控制手段类指引偏重于“工具”性质，往往涉及企业整体业务或管理。此类指引有 4 项，包括全面预算、合同管理、内部信息传递和信息系统等指引。

（2）《评价指引》

内部控制评价是指企业董事会或类似决策机构对内部控制有效性进行全面评价、形成评价结论、出具评价报告的过程。在企业内部控制实务中，内部控制评价是极为重要的一环。它与日常监督共同构成了对内部控制制度本身的控制。《评价指引》的主要内容包括：实施内部控制评价应遵循的原则、内部控制评价的组织、内部控制评价的内容、内部控制评价的流程与方法、内部控制评价缺陷的认定、内部控制评价报告及其报送与披露。

（3）《审计指引》

内部控制审计是指会计师事务所接受委托，对从特定基准日起企业内部控制设计与运行的有效性进行审计。它是企业内部控制规范体系实施中被引入的强制性要求，既有利于促进企业健全内部控制体系，又能增强企业财务报告的可靠性。《审计指引》的主要内容包括完成审计工作：审计责任划分、审计范围、整合审计、计划审计工作、实施审计工作、评价控制缺陷、出具审计报告以及记录审计工作。

1.1.3.3 解释公告

解释公告是财政部会同证监会、审计署、银监会、保监会、国资委针对企业内部控制规范体系实施过程中出现的新情况和新问题的明确和解答，是政府监管机构对企业内部控制规范体系实施过程的监控和反馈；其发布目的是具体解释企业内部控制规范体系实施过程中出现的问题，及时对规范体系进行有益补充，形成政策制定者与政策实施者之间的良性互动，完成规范体系试点工作，从而推动其顺利实施。

（1）《企业内部控制规范体系实施中相关问题解释第 1 号》

《企业内部控制基本规范》及其配套指引于 2011 年 1 月 1 日在境内外同时上市的公司和部分在境内主板上市的公司实施和试点。在一年的具体执行过程中，纳入实施范围的企业反映了一些问题。为此，财政部等六部委对这些问题进行了研究，并征求了有关上市公司、咨询公司等单位的意见，在此基础上制定了《企业内部控制规范体系实施中相关问题解释第 1 号》（以下简称《解释公告 1 号》），并于 2012 年 2 月印发。

《解释公告 1 号》对企业内部控制规范体系实施中的 10 个重要问题进行了解释，具体包括规范体系的强制性与指导性的关系、规范体系的实施范围、规范体系与其他监管部门规定的关系、内部控制与风险管理的关系、规范体系的政策盲区、内部控制的成本与效益、内部控制与其他管理体系的关系、内部控制缺陷的认定标准、内部控制机构设置、内部控制评价报告等。

（2）《企业内部控制规范体系实施中相关问题解释第 2 号》

2012 年以后，企业内部控制规范体系在我国境内主板上市公司开始正式实施，在实施过程中出现了一些新情况、新问题，部分企业还存在理解认识上的不到位和实际执行上的偏差。为了稳步推进规范体系的贯彻实施，财政部等六部委对这些新情况、新问题进行了认真研究，并征求了有关上市公司、咨询机构和有关部门的意见，制定了《企业内部控制规范体系实施中相关问题解释第 2 号》（以下简称《解释公告 2 号》），并于 2012 年 9 月印发。

《解释公告 2 号》对企业内部控制规范体系实施中的 10 个重要问题进行了解释，具体包括内部控制的组织实施工作、内部控制实施工作的进度与重点、内部控制人才队伍培养、集团企业内部控制评价、中介机构工作、内部控制评价组织形式、内部控制缺陷处理、会计师事务所工作、内部控制审计、小型企业的内部控制建设等。

1.1.3.4　操作指南

尽管《企业内部控制基本规范》为我国企业内部控制的建立和实施提供了基本框架，《企业内部控制配套指引》为我国企业内部控制实施过程中的具体业务控制提供了具体指引，但配套指引只是对一般生产型工业企业常见的 18 项业务的内部控制加以规范，而执行企业内部控制规范体系的企业数量众多，业务类型多样，且分布于各行业，规范体系在不同行业企业的具体落实仍需要具体操作指南加以规范和引导。因此，为了满足各类企业的个性化需求，对内部控制规范体系的建设方法、控制程序、实施步骤、考核办法进行行业内的具体规定，财政部启动了分行业的内部控制操作指南的编制工作，以期为各类企业建设实施内部控制规范体系提供经验借鉴和具体实务操作指导。

2013 年 12 月 28 日，财政部根据《中华人民共和国公司法》《中华人民共和国会计法》《中华人民共和国证券法》《企业内部控制基本规范》《企业内部控制配套指引》等相关规定编制并发布了《石油石化行业内部控制操作指南》。选择石油石化行业作为编制操作指南的起点，基于两点考虑。一方面，石油石化行业关乎国家的能源安全，是国家的经济命脉。另一方面，中国石油、中国石化、中海油三大石油石化企业作为较早在境内外同时上市的公司，自 21 世纪初就按照美国《萨班斯法案》的要求，遵循 COSO 内控框架，建立了较为完善的内部控制体系，同时也是实施我国企业内部控制规范的首批企业，积累了应对境内外资本市场严格监管的丰富经验。

《石油石化行业内部控制操作指南》依据《企业内部控制基本规范》及其配套指引进行编制，在借鉴和吸收三大石油石化企业内控管理成果和具体经验做法的基础上，以内部控制五大要素为主线，以内部环境为基础，以风险评估为关键，以控制活动为重点，以信息与沟通为条件，以检查与评价为保证，以现代信息技术为手段，以内部控制缺陷原因分析及改进作为补充。该操作指南基本涵盖了三大石油石化企业上游、中游、下游的主要业务，分析提出了石油石化行业内部控制体系建设的原则、基本思路和方法，总结归纳了石油石化行业在公司层面和一般业务层面存在的具体风险和相应的控制措施，是具有石油石化行业特点的内部控制建设与实施的操作指南。该操作指南共分为 7 章，包括总论、内部环境建设、风险评估、主要业务控制活动、信息系统内部控制的应用与保障、信息与沟通、内部控制的检查与评价。

该操作指南属于具有指导性的操作手册，而非强制性要求。《石油石化行业内部控制操作指南》可以为石油石化行业内各类型企业开展内部控制体系建设与实施工作提供经验借鉴，也可为中介机构开展内部控制咨询、实施内部控制审计提供重要参考，还可为政府监管部门开展内部控制监督提供有益帮助。

1.2 实务案例

2006 年，在美国上市的中国企业正为达到当地一项严格的监管要求而冲刺。这项要求就是《萨班斯 - 奥克斯利法案》（后文简称《萨班斯法案》）。其实，美国证券交易委员会（the U. S. Securities and Exchange Commission, SEC）为外国公司设定的《萨班斯法案》404 条款（简称 404 条款）的生效日期应是 2005 年 7 月 15 日，后来因为众多公司反映时间过于紧张，从而 404 条款的生效日期被推迟一整年。

2006 年 7 月 15 日，旨在加强上市公司监管的 404 条款就要对在美国上市的外国公司生效，这其中包括 70 多家中国公司。为遵循 404 条款，在美国上市的外国公司必须经历 5 个步骤。首先，公司应制定内部控制详细目录，确定内部控制是否全面；其次，公司被要求记录内部控制措施评估方式，以及未来将被用于弥补内部控制缺陷的政策和流程；再次，公司必须对内部控制的有效性进行测试，以确保控制措施和补救手段起到预期作用；最后，管理层必须将前述 3 个阶段的各项活动情况整理成一份正式的报告。

该法案的产生将使在美上市的中国企业受到以下冲击。

第一，最重要的冲击是中国企业在美上市的维持成本将大幅飙升。根据国际 CFO 组织对美国 321 家本土上市企业的调查，这些企业在第 1 年实施 404 条款的平均成本超过 460 万美元，包括 35 000 小时的内部人工投入，以及 130 万美元的软件费用、外部顾问费用和额外审计费用。因此，当时有相关机构预测，在美上市的中国企业仅在第 1 年内执行 404 条款的费用就将高达 2 亿美元。

第二，以《萨班斯法案》为依据，针对在美上市的中国企业的集体诉讼案件数量极有可能攀升。迄今为止，已经有中国人寿、ZHY（中海油）、UT 斯达康、前程无忧网、网易等中国企业被美国投资者提起集体诉讼。这些企业的一些行为被投资者认为违背了证券法或证券交易法。一旦《萨班斯法案》开始实施，投资者除了继续在证券法或证券交易法的框架下对中国企业提起诉讼外，还能同时在《萨班斯法案》的框架下对中国企业提起诉讼。一方面，中国企业被提起诉讼的可能性和败诉的可能性将会增大；另一方面，中国企业一旦败诉，相应的赔偿额将会大幅上升。

显然，404 条款大大提高了对公司的治理结构和运作机制的要求。这对于公司而言是一个很大的转变，包括文化上的转变和公司治理操作上的转变，对于中国公司尤其如此。中国公司若想更好地实现“走出去”战略，那么对 404 条款的学习则是其快速发展的“必经之路”。

第2篇　企业内部控制基本规范解读

为加强和规范企业的内部控制，提高企业经营管理水平和风险防范能力，促进企业可持续发展，维护社会主义市场经济秩序和社会公众利益，在国家有关法律法规的基础上，财政部会同证监会、审计署、银监会、保监会（以下简称五部委）于2008年7月下发了《财政部、证监会、审计署、银监会、保监会关于印发〈企业内部控制基本规范〉的通知》（财会〔2008〕7号，以下简称《基本规范通知》），并颁布了《企业内部控制基本规范》。《基本规范通知》要求上市公司从2009年7月1日起开始执行，并鼓励非上市的大中型企业执行。《企业内部控制基本规范》由总则、内部环境、风险评估、控制活动、信息与沟通、内部监督和附则7章共50条组成，其基本架构如表2-1所示。

基本规范坚持立足我国国情、借鉴国际惯例，确立了我国企业建立和实施内部控制的基础框架，并取得了重大突破。完善的内部控制规范有助于约束并统一市场主体的行为选择，减少舞弊和欺诈、建立安全的市场秩序、实现社会和谐、经济持续发展。基本规范及其配套指引对于境内企业开展内部控制评价、出具评价报告具有里程碑式的意义。

表2-1　《企业内部控制基本规范》的基本架构

章节	条款	内容
第一章为“总则”	第一条至第十条	明确了制定依据、适用范围、目标和原则、五要素，同时也指出了应依据相关的法律法规的规定
第二章为“内部环境”	第十一条至第十九条	说明了内部环境包含的组织基调，具体包括治理结构、内部机构和人员的设置及权责分配、内部审计、人力资源政策、企业文化等内容
第三章为“风险评估”	第二十条至第二十七条	说明了风险管理的全过程，即设置目标、风险识别、风险分析、风险应对
第四章为“控制活动”	第二十八条至第三十七条	说明了应对风险的主要措施
第五章为“信息与沟通”	第三十八条至第四十三条	说明了信息与沟通的相关事项，如信息收集、信息传递、信息集成与共享、建立反舞弊机制，以及建立举报投诉制度和举报人保护制度等
第六章为“内部监督”	第四十四条至第四十七条	说明了内部监督的种类和内容，以及内部控制缺陷、内部控制自我评价等内容
第七章为“附则”	第四十八条至第五十条	说明了本规范的解释权和施行时间等内容

第2章 总则

2.1 法规原文

第一条　为了加强和规范企业内部控制，提高企业经营管理水平和风险防范能力，促进企业可持续发展，维护社会主义市场经济秩序和社会公众利益，根据《中华人民共和国公司法》《中华人民共和国证券法》《中华人民共和国会计法》和其他有关法律法规，制定本规范。

第二条　本规范适用于中华人民共和国境内设立的大中型企业。

小企业和其他单位可以参照本规范建立与实施内部控制。

大中型企业和小企业的划分标准根据国家有关规定执行。

第三条　本规范所称内部控制，是由企业董事会、监事会、经理层和全体员工实施的、旨在实现控制目标的过程。

内部控制的目标是合理保证企业经营管理合法合规、资产安全、财务报告及相关信息真实完整，提高经营效率和效果，促进企业实现发展战略。

第四条　企业建立与实施内部控制，应当遵循下列原则。

（一）全面性原则。内部控制应当贯穿决策、执行和监督全过程，覆盖企业及其所属单位的各种业务和事项。

（二）重要性原则。内部控制应当在全面控制的基础上，关注重要业务事项和高风险领域。

（三）制衡性原则。内部控制应当在治理结构、机构设置及权责分配、业务流程等方面形成相互制约、相互监督，同时兼顾运营效率。

（四）适应性原则。内部控制应当与企业经营规模、业务范围、竞争状况和风险水平等相适应，并随着情况的变化及时加以调整。

（五）成本效益原则。内部控制应当权衡实施成本与预期效益，以适当的成本实现有效控制。

第五条　企业建立与实施有效的内部控制，应当包括下列要素。

（一）内部环境。内部环境是企业实施内部控制的基础，一般包括治理结构、机构设置及权责分配、内部审计、人力资源政策、企业文化等。

（二）风险评估。风险评估是企业及时识别、系统分析经营活动中与实现内部控制目标相关的风险，合理确定风险应对策略。

（三）控制活动。控制活动是企业根据风险评估结果，采用相应的控制措施，将风险控制在可承受度之内。

（四）信息与沟通。信息与沟通是企业及时、准确地收集、传递与内部控制相关的信息，确保信息在企业内部、企业与外部之间进行有效沟通。

（五）内部监督。内部监督是企业对内部控制建立与实施情况进行监督检查，评价内部控制的有效性，发现内部控制缺陷，应当及时加以改进。

第六条　企业应当根据有关法律法规、本规范及其配套办法，制定本企业的内部控制制度并组织实施。

第七条　企业应当运用信息技术加强内部控制，建立与经营管理相适应的信息系统，促进内部控制流程与信息系统的有机结合，实现对业务和事项的自动控制，减少或消除人为操纵因素。

第八条　企业应当建立内部控制实施的激励约束机制，将各责任单位和全体员工实施内部控制的情况纳入绩效考评体系，促进内部控制的有效实施。

第九条　国务院有关部门可以根据法律法规、本规范及其配套办法，明确贯彻实施本规范的具体要求，对企业建立与实施内部控制的情况进行监督检查。

第十条　接受企业委托从事内部控制审计的会计师事务所，应当根据本规范及其配套办法和相关执业准则，对企业内部控制的有效性进行审计，出具审计报告。会计师事务所及其签字的从业人员应当对发表的内部控制审计意见负责。

为企业内部控制提供咨询的会计师事务所，不得同时为同一企业提供内部控制审计服务。

2.2　原文讲解

《企业内部控制基本规范》的总则（以下简称《总则》）共10条，明确了基本规范的制定依据、适用范围以及企业实施内部控制的目标、原则和五要素等内容，同时也指出了应依据的相关法律法规的规定。

2.2.1　基本规范的宗旨和制定依据

基本规范的宗旨是加强和规范企业内部控制，提高企业经营管理水平和风险防范能力，促进企业可持续发展，维护社会主义市场经济秩序和社会公众利益。

基本规范的制定依据是《中华人民共和国公司法》《中华人民共和国证券法》《中华人民共和国会计法》和其他有关法律法规。

2.2.2　基本规范的适用范围

基本规范适用于中华人民共和国境内设立的大中型企业，小企业和其他单位可以参照本规范建立与实施内部控制。

2.2.2.1 企业的划分标准

2017 年 6 月 30 日，《国民经济行业分类》（GB/T 4754–2017）正式颁布。2017 年 8 月 29 日，国家统计局印发《关于执行新国民经济行业分类国家标准的通知》（国统字〔2017〕142 号），规定从 2017 年统计年报和 2018 年定期统计报表起统一使用新分类标准。具体标准如表 2–2 所示。

表 2–2 统计上大中小微型企业划分标准

行业名称	指标名称	计量单位	大型	中型	小型	微型
农、林、牧、渔业	营业收入 (Y)	万元	Y ≥ 20000	500 ≤ Y < 20000	50 ≤ Y < 500	Y < 50
工业*	从业人员 (X)	人	X ≥ 1000	300 ≤ X < 1000	20 ≤ X < 300	X < 20
	营业收入 (Y)	万元	Y ≥ 40000	2000 ≤ Y < 40000	300 ≤ Y < 2000	Y < 300
建筑业	营业收入 (Y)	万元	Y ≥ 80000	6000 ≤ Y < 80000	300 ≤ Y < 6000	Y < 300
	资产总额 (Z)	万元	Z ≥ 80000	5000 ≤ Z < 80000	300 ≤ Z < 5000	Z < 300
批发业	从业人员 (X)	人	X ≥ 200	20 ≤ X < 200	5 ≤ X < 20	X < 5
	营业收入 (Y)	万元	Y ≥ 40000	5000 ≤ Y < 40000	1000 ≤ Y < 5000	Y < 1000
零售业	从业人员 (X)	人	X ≥ 300	50 ≤ X < 300	10 ≤ X < 50	X < 10
	营业收入 (Y)	万元	Y ≥ 20000	500 ≤ Y < 20000	100 ≤ Y < 500	Y < 100
交通运输业*	从业人员 (X)	人	X ≥ 1000	300 ≤ X < 1000	20 ≤ X < 300	X < 20
	营业收入 (Y)	万元	Y ≥ 30000	3000 ≤ Y < 30000	200 ≤ Y < 3000	Y < 200
仓储业*	从业人员 (X)	人	X ≥ 200	100 ≤ X < 200	20 ≤ X < 100	X < 20
	营业收入 (Y)	万元	Y ≥ 30000	1000 ≤ Y < 30000	100 ≤ Y < 1000	Y < 100
邮政业	从业人员 (X)	人	X ≥ 1000	300 ≤ X < 1000	20 ≤ X < 300	X < 20
	营业收入 (Y)	万元	Y ≥ 30000	2000 ≤ Y < 30000	100 ≤ Y < 2000	Y < 100
住宿业	从业人员 (X)	人	X ≥ 300	100 ≤ X < 300	10 ≤ X < 100	X < 10
	营业收入 (Y)	万元	Y ≥ 10000	2000 ≤ Y < 10000	100 ≤ Y < 2000	Y < 100
餐饮业	从业人员 (X)	人	X ≥ 300	100 ≤ X < 300	10 ≤ X < 100	X < 10
	营业收入 (Y)	万元	Y ≥ 10000	2000 ≤ Y < 10000	100 ≤ Y < 2000	Y < 100
信息传输业*	从业人员 (X)	人	X ≥ 2000	100 ≤ X < 2000	10 ≤ X < 100	X < 10
	营业收入 (Y)	万元	Y ≥ 100000	1000 ≤ Y < 100000	100 ≤ Y < 1000	Y < 100
软件和信息技术服务业	从业人员 (X)	人	X ≥ 300	100 ≤ X < 300	10 ≤ X < 100	X < 10
	营业收入 (Y)	万元	Y ≥ 10000	1000 ≤ Y < 10000	50 ≤ Y < 1000	Y < 50

续表

行业名称	指标名称	计量单位	大型	中型	小型	微型
房地产开发经营	营业收入 (Y)	万元	Y ≥ 200000	1000 ≤ Y < 200000	100 ≤ Y < 1000	Y < 100
	资产总额 (Z)	万元	Z ≥ 10000	5000 ≤ Z < 10000	2000 ≤ Z < 5000	Z < 2000
物业管理	从业人员 (X)	人	X ≥ 1000	300 ≤ X < 1000	100 ≤ X < 300	X < 100
	营业收入 (Y)	万元	Y ≥ 5000	1000 ≤ Y < 5000	500 ≤ Y < 1000	Y < 500
租赁和商务服务业	从业人员 (X)	人	X ≥ 300	100 ≤ X < 300	10 ≤ X < 100	X < 10
	资产总额 (Z)	万元	Z ≥ 120000	8000 ≤ Z < 120000	100 ≤ Z < 8000	Z < 100
其他未列明行业 *	从业人员 (X)	人	X ≥ 300	100 ≤ X < 300	10 ≤ X < 100	X < 10

2.2.2.2　小企业的划分标准

根据《中华人民共和国所得税法实施条例》，小型微利企业（即小企业）是指从事国家非限制和禁止行业，并符合下列条件的企业：（1）工业企业，年度应纳税所得额不超过 30 万元，从业人数不超过 100 人，资产总额不超过 3000 万元；（2）其他企业，年度应纳税所得额不超过 30 万元，从业人数不超过 80 人，资产总额不超过 1000 万元。

2.2.3　内部控制的意义

基本规范的第一条阐明了制定与实施内部控制规范的意义。一是加强和规范企业内部控制的需要。一般而言，各类存续企业大都建立了相应的管理制度，但是需要根据内部控制规范要求，对原有制度进行修改、完善和提升；新建企业更需要依据内部控制规范，构建企业内部控制和管理控制的流程。二是有助于全面提升企业经营管理水平和风险防范能力，促进企业可持续发展。全面提升企业经营管理水平和风险防范能力是内部控制的核心问题，尤其是在当前我国应对国际金融危机、加快转变经济发展方式的时代背景下，内部控制规范体系对于提升企业核心竞争力，促进企业在后金融危机时期（2008 年至 2010 年，已结束）可持续发展，具有特别重要的现实意义和深远的历史意义。三是有利于维护社会主义市场经济秩序和社会公众利益。企业尤其是上市公司是创造社会财富的市场经济主体和宏观经济细胞。在调整产业结构、转变发展方式、提升发展质量、维护市场经济秩序和社会公众利益等方面，企业起着至关重要的作用。广大企业也只有不断加强内部控制，才能实现维护市场经济秩序和社会公众利益的目标。

2.2.4　内部控制的定义和目标

基本规范的第三条明确指出，内部控制是由董事会、监事会、经理层和全体员工实施的、旨在实现控制目标的过程。

首先，这一定义强调了企业领导者尤其是董事会、监事会和经理层在建立与实施内部控制中的重要作用。如果企业领导者对于内部控制没有足够的认识和高度的重视，内部控制就难以得到有效实施。其次，这一定义明确了内部控制是全体员工的共同责任。企业的各级管理层和全体员工都应该树立现代管理理念、强化风险意识，以主人翁的姿态积极参与内部控制的建立与实施，并主动承担相应的责任，而不是被动地遵守内部控制的相关规定。最后，这一定义指明了内部控制是一个过程。内部控制是对企业生产经营过程的控制，也是对企业实现发展目标过程的控制。同时，内部控制又是一个不断优化的过程，只有起点，没有终点，要求企业必须坚持不懈、持之以恒地完善自身。

基本规范的第三条第二款规定了内部控制的目标为 5 个方面。一是合理保证企业经营管理合法合规；二是维护资产安全；三是保证财务报告及相关信息真实完整；四是提高经营管理效率和效果；五是促进企业实现发展战略。

企业经营合法合规强调的是企业要在法律允许的经营范围内开展经营活动，严禁违法经营、非法获利。

资产安全主要是防止资产流失。要确保企业各项存款等货币资金的安全，防止其被挪用、转移、侵占、盗窃。同时还要保护实物资产，防止低价出售，要充分发挥资产效能，提高资产管理水平。

财务报告及相关信息反映了企业的经营业绩，乃至企业的价值增值过程。财务报告反映企业的过去与现状，并可用于预测企业的未来发展，是投资人进行投资决策、债权人进行信贷决策、管理者进行管理决策和宏观经济调控部门进行政策决策的重要依据。同时，财务报告作为社会公共产品，其真实性和完整性反映了企业履行的社会责任。

提高经营效率和效果是企业内部控制的重要目标。企业建立和实施内部控制的内在要求之一是相互制衡、相互监督。这一要求看似与提高经营效率和效果相矛盾，实际上是协调一致的。忽视内部控制的经营管理，将导致重大风险的产生，可能造成企业难以为继，最终降低经营的效率和效果。因此，企业必须正确认识和处理强化内部控制与提高经营效率和效果的关系。

促进企业实现发展战略是内部控制的最高目标，也是终极目标。企业只要在内部控制上下功夫，切实保证经营管理合法合规、资产安全、财务报告及相关信息真实完整、经营效率和效果稳步提高，就能提高核心竞争力，促进发展战略的实现。

在上述 5 个控制目标中，企业经营管理合法合规、资产安全、财务报告及相关信息真实完整是内部控制的基础目标。我国早期的内部控制是从基础目标开始的。在现代市场经济条件下，建立现代企业制度，促进企业长远发展，不仅要求企业必须围绕这 3 个基础目标真抓实干，而且企业必须在提高经营效率和效果上更上一层楼，最终才能促进企业实现发展战略。

2.2.5 内部控制的原则

内部控制的原则是企业建立与实施内部控制应当遵循的基本准则。企业建立与实施内部控制应当遵循5项原则，即全面性、重要性、制衡性、适应性和成本效益原则。

2.2.5.1 全面性原则

全面性原则有两层意思。一是全过程控制。全过程控制要求内部控制不留空白和漏洞，即对企业整个经营管理活动过程进行全面的控制。它包括被企业管理部门用于授权与指导及购货、生产等经营管理活动的各种方式，也包括核算、审核、分析各种信息及进行报告的程序与步骤等。因此，企业应针对人、财、物、信息等要素及各个业务活动领域制定全面的控制制度。二是全员控制，即对企业全体员工进行控制。企业的每一位员工既是施控主体，又是受控客体，企业应保证每一位员工，包括高层管理人员及基层执行操作人员都受到相应的控制。贯彻全面性原则可以保证企业生产经营活动的有序进行。全面性原则是建立内部控制制度的重要基本原则之一，因为在实际工作中一个细节的疏忽就可能导致企业整个经营活动的失败。

2.2.5.2 重要性原则

重要性原则要求企业关注重要业务与事项、高风险领域，特别是容易出漏洞、造成重大损失的关键控制点和容易出现舞弊行为的关键岗位。

内部控制不但应当涵盖企业内部涉及会计工作的各项业务及相关岗位，还应对业务处理过程中的关键控制点以及关键岗位进行特别防范。所谓的关键控制点，是指业务处理过程中容易出现漏洞，且一旦存在差错会给企业带来巨大损失的高风险领域。所谓的关键岗位，是指容易出现舞弊行为的岗位。对于关键控制点和关键岗位，企业应花费更大的成本，采取更严格的控制措施，使企业的内部控制风险降到最低。

2.2.5.3 制衡性原则

所谓制衡，就是创造相互制约的两极或多极，使任何一极都无法单独决定事物发展的全过程和结果。

（1）治理结构的制衡

企业治理结构包括股东（大）会、董事会、监事会和经理层。它们之间应形成权力制衡的关系。企业的股东（大）会享有法律法规和企业章程规定的合法权利，依法行使关于企业经营方针、筹资、投资、利润分配等重大事项的表决权。董事会对股东（大）会负责，依法行使企业的经营决策权。监事会对股东（大）会负责，监督企业的董事、经理和其他高级管理人员依法履行职责。经理层负责组织实施股东（大）会、董事会的决议事项，主持企业的生产经营管理工作。

（2）内部机构和人员设置及权责分配的制衡

企业内部机构和人员的设置应符合制衡性原则，企业应当确保内部机构、岗位和人员的合理设置及其职责权限的合理划分，坚持不相容职务相互分离，确保不同机构和岗位之间相互制约、相互监督。企业应当根据经营目标、职能划分和管理要求，结合业务特点和内部控制要求设置内部机构，明确各职能部门、分支机构以及基层作业单位的职责权限，将权利与责任落实到各责任单位，为内部控制地有效实施创造良好条件。企业设置内部机构和岗位时，要实现不同机构和岗位之间的制衡。企业在设置人员和对人员进行权责分配时，要实现权力之间的制衡。绝对的集权能够有效地防止错误和舞弊行为的发生，但是没有效率。因此，企业必须将权力分配给相应部门的人员，同时进行权力之间的制衡。比如，将审批、执行、监督、记录等权力分配给各层次的管理者，可以防止权力的滥用。

（3）业务流程的制衡

在企业业务流程方面，企业可以根据业务流程的不同阶段，设置职能不同的岗位，使它们形成稽核或监督关系。这样可以防止错误和舞弊行为的发生，达到业务流程制衡的目的。

2.2.5.4 适应性原则

适应性原则要求企业要随着外部环境的变化、经营业务的调整、管理要求的提高等不断改进和完善内部控制。

在市场经济中，每个企业的外部环境都在不断地发生变化。环境的变化不以企业的意志为转移，所以每一个企业要想生存和发展，必须适应外部环境的变化，否则，企业将会失败。适应能力即应变能力，是一个企业生存和发展的重要条件。内部控制的建立和实施应该具有前瞻性，同时，内部控制必须随着国家法律法规、政策、制度等外部环境的改变，以及企业业务职能的调整、管理要求的提高、企业经营战略和经营方针等内部环境的变化，不断地、及时地进行调整和完善。这样才能促进企业管理水平不断提高，使内部控制真正发挥积极作用。

2.2.5.5 成本效益原则

成本效益原则要求企业在实施内部控制时花费的成本和由此产生的经济效益之间要保持适当的比例。内部控制的关键点和控制环节不是越复杂越好，选择关键控制点时，要注意其有效性。

从全面性的角度来说，内部控制的关键点和控制环节越多，采取的措施越复杂，内部控制就越严密，越能够达到防微杜渐的控制效果。但是，企业建立、维护和修订内部控制的制度、程序、措施等，都需要付出一定的代价。内部控制的环节越多，控制措施越复杂，内部控制成本也就越高。

企业在根据成本效益原则建立内部控制时，必须考虑重要性原则，运用科学的、合理的方法选择适宜数量的控制点。因为控制点太多则不经济，太少则会影响内部控制的有效性，所以企业要有目的、有重点地选择控制点。同时，企业还要努力降低内部控制的成本，即在保证内部控制有效性的前提下，尽量精简机构和人员，改进控制方法和手段，减少不必要的程序和手续，避免重复劳动，提高工作效率，节约费用。

企业在实施内部控制时，要用较少的控制成本获得较好的控制效果，保证实施内部控制所花费的代价低于因此而获得的效益，且使用各种内部控制的方法和程序的成本不应超过潜在错误或潜在风险可能造成的损失和浪费。

企业要注意各原则之间的关系，既要体现全面控制，又要注意突出重点，处理好全面性原则与重要性原则的关系；既要相互制约，又要相互适应，不断改进；既要处理好制衡性原则与适用性原则的关系，又要注重成本效益。

【例 2-1】甲公司是一个小型车床生产企业。该公司规模较小，仅设有一个销售员。该销售员除了负责销售外，还负责开具账单、记账和收款。如果产品遭到退货，就不再计入存货。当退货产品再次销售时，计入其他收入。甲公司运营部的员工小李认为这样的安排存在问题，但他没有考虑好如何处理。请说明甲公司内部控制的缺陷，并提出改进该公司内部控制的措施。

【分析】甲公司内部控制的缺陷是：第一，仅设有一个销售员；第二，该销售员除了负责销售外，还负责开具账单、记账和收款；第三，公司产品遭到退货，不再计入存货；第四，当退货产品再次销售时，计入其他收入。

该公司内部控制的改进措施：第一，销售工作与财务工作应分开，销售人员负责销售，不得核算财务；第二，会计工作与出纳工作应分开；第三，应建立产品退货管理制度，遭到退货时应填写退货凭证，将产品验收入库；第四，当退货产品再次销售时，应计入主营业务收入。

2.2.6　内部控制的五要素

2.2.6.1　内部环境

内部环境规定企业的纪律与架构，影响经营管理目标的制定，塑造企业文化氛围并影响员工的内部控制意识，是企业建立与实施内部控制的基础。内部环境主要包括治理结构、机构设置及权责分配、内部审计、人力资源政策、企业文化等。

（1）治理结构

企业应当根据国家有关法律法规和企业章程，建立规范的公司治理结构和议事规则，明确董事会、监事会和经理层在决策、执行、监督等方面的职责权限，形成科学、有效的职责分工和制衡机制。

（2）机构设置及权责分配

企业应当结合业务特点和内部控制要求设置内部机构，明确职责权限，将权利与责任落实到各责任单位。企业内部机构设置虽然没有统一模式，但企业所采用的组织结构应当有利于提升管理效能，并保证信息通畅流动。

（3）内部审计

企业应当加强内部审计工作，保证内部审计机构设置、人员配备和工作的独立性。

（4）人力资源政策

人力资源政策应当有利于企业可持续发展，一般包括员工的聘用、培训、辞退与辞职，员工的薪酬、考核、晋升与奖惩，关键岗位员工的强制休假制度和定期岗位轮换制度，对掌握国家秘密或重要商业秘密的员工离岗的限制性规定等内容。企业应当将职业道德修养和专业胜任能力作为选拔和聘用员工的重要标准，切实加强员工培训和继续教育，不断提升员工素质。

（5）企业文化

企业应当加强文化建设，培育积极向上的价值观和社会责任感，倡导诚实守信、爱岗敬业、开拓创新和团队协作精神，树立现代管理理念，强化风险意识，增强法制观念。董事、监事、经理及其他高级管理人员应在塑造良好的企业文化建设中发挥关键作用。

【例 2–2】HW 公司倡导诚信文化，高度重视职业道德修养，严格遵守企业和公民道德相关的法律法规。HW 公司制定了员工商业行为准则，明确全体员工（包括高管）在公司商业行为中必须遵守的基本业务行为规范，并组织全员就该准则展开培训与签署遵守同意书，确保员工阅读、了解并遵从员工商业行为准则。HW 公司建立了完善的治理架构，包括董事会、董事会下属专业委员会、职能部门以及各级管理团队等，各机构均有清晰的授权与明确的问责机制。在组织架构方面，HW 公司将各组织的权力和职责分离，以使其相互监控与制衡。HW 公司的首席财务官（Chief Financial Officer, CFO）负责全公司的内部控制管理，业务控制部门向 CFO 汇报内部控制缺陷和改进情况，协助 CFO 建设内部控制环境。内部审计部门对公司所有经营活动的控制状况进行独立的监督和评价。

2.2.6.2 风险评估

风险评估是企业及时识别、科学分析经营活动中与实现内部控制目标相关的风险，合理确定风险应对策略、实施内部控制的重要环节。风险评估主要包括目标设定、风险识别、风险分析和风险应对。

（1）目标设定

风险是指一个潜在事项的发生对目标的实现产生影响的可能性。风险与可能被影响的内部控制目标相关联。企业必须设定与生产、销售、财务等业务相关的目标，设立可辨认、分析和管理相关风险的机制，以了解企业所面临的来自内部和外部的各种不同风险。

（2）风险识别

企业不仅要识别内部风险，还要识别与内部控制目标相关的各类外部风险。企业在识别内部风险时，一般关注：董事、监事、经理及其他高级管理人员的职业操守、专业胜任能力等人力资源因素，组织机构、经营方式、资产管理、业务流程等管理因素，研究开发、技术投入、信息技术运用等自主创新因素，财务状况、经营成果、现金流量等财务因素，营运安全、员工健康、环境保护等安全环保因素。企业在识别外部风险时，一般关注：经济形势、产业政策、融资环境、市场竞争、资源供给等经济因素，法律法规、监管要求等法律因素，安全稳定、文化传统、社会信用、教育水平、消费者行为等社会因素，技术进步、工艺改进等科学技术因素，自然灾害、环境状况等自然环境因素。

（3）风险分析

在充分识别各种潜在风险因素后，企业要对固有风险（不采取任何防范措施可能造成的损失程度）进行分析；同时，重点分析剩余风险（采取了相应应对措施之后仍可能造成的损失程度）。企业应当采用定性与定量相结合的方法，按照风险发生的可能性及其影响程度等，对识别的风险进行分析和排序，确定关注重点和优先控制的风险。

（4）风险应对

企业在分析了相关风险的可能性和影响程度后，结合风险承受度，权衡风险与收益，确定风险应对策略。常用的风险应对策略有：风险规避，即放弃或停止相关业务，不承担相应风险；风险承受，即比较风险与收益后，愿意无条件承担全部风险；风险降低，即采取一切措施降低产生不利后果的可能性；风险分担，即通过购买保险、外包业务等方式来分担一部分风险。风险应对策略的选择与企业风险偏好密切相关，为此企业应当合理分析，掌握董事、经理及其他高级管理人员、关键岗位员工的风险偏好，采取适当的控制措施，避免因个人风险偏好给企业经营带来重大损失。风险应对策略往往需结合其他措施一起使用。

【例2–3】某集团为了更好地发展，设立了专门的内部控制与风险管理部门，定期开展针对所有业务流程的风险评估，对公司面临的重要风险进行识别、监控与管理，预测外部和内部环境变化对公司造成的潜在风险，并就公司整体的风险管理策略及应对方案提交公司决策。各流程责任人负责识别、评估与管理相关的业务风险并采取相应的内部控制措施。该集团通过建立内部控制与风险问题的改进机制，能够有效管理重大风险。

2.2.6.3　控制活动

控制活动是指企业根据风险应对策略，采取相应的控制措施，将风险控制在可承受度之内，是企业实施内部控制的具体方式。常见的控制措施有：不相容职务分离控制、授权审批控制、会计系统控制、财产保护控制、预算控制、运营分析控制和绩效考评控制等。企业应当根据内部控制目标，结合风险应对策略，综合运用控制措施，对各种业务和事项实施有效控制。

（1）不相容职务分离控制

所谓不相容职务，是指那些由一个人担任既可能发生错误和舞弊行为，又可能掩盖其错误和舞弊行为的职务。不相容职务一般包括：授权批准与业务经办、业务经办与会计记录，会计记录与财产保管、业务经办与稽核检查、授权批准与监督检查等。如果不对不相容的职务实行相互分离的措施，就容易发生舞弊等行为。不相容职务分离的核心是“内部牵制”，因此，企业在设计内部控制系统时，首先应确定哪些岗位和职务是不相容的；其次要明确规定各个机构和岗位的职责权限，使不相容岗位和职务之间能够相互监督、相互制约，形成有效的制衡机制。

（2）授权审批控制

授权审批是指企业在办理各项经济业务时，必须经过规定程序的授权批准。授权审批形式通常有常规授权和特别授权之分。常规授权是指企业在日常经营管理活动中按照既定的职责和程序进行授权审批，以规范经济业务的权力、条件和有关责任者，其时效性一般较长。特别授权是企业在特殊情况、特定条件下对办理例外的、非常规性交易事项的权力、条件和责任的应急性授权。企业必须建立授权审批体系，编制常规授权的权限指引，规范特别授权的范围、权限、程序和责任，严格控制特别授权。对于重大的业务和事项，企业应当实行集体决策审批或者联签制度，任何个人不得单独进行决策或擅自改变集体决策。

（3）会计系统控制

会计作为一个信息系统，对内能够提供经营管理的诸多信息，对外可以向投资者、债权人等提供用于投资等决策的信息。会计系统控制主要通过对会计主体所发生的各项能用货币计量的经济业务进行记录、归集、分类、编报等来对其进行控制，其内容主要包括以下 8 个方面。

① 依法设置会计机构，配备会计从业人员，建立会计工作的岗位责任制，对会计人员进行科学合理的分工，使之相互监督和制约。

② 按照规定取得和填制原始凭证。

③ 设计良好的凭证格式。

④ 对凭证进行连续编号。

⑤ 规定合理的凭证传递程序。

⑥ 明确凭证的装订和保管手续责任。

⑦ 合理设置账户，登记会计账簿，进行复式记账。

⑧ 按照《中华人民共和国会计法》和国家统一的会计准则制度的要求编制、报送、保管财务会计报告。

（4）财产保护控制

财产是企业资金、财物及民事权利和义务的总和，按是否具有实物形式，分为有形财产（如资金、财物）和无形财产（如著作权、发明权）；按所具有民事权利和义务，分为积极财产（如金钱、财物及各种权益）和消极财产（如债务）。保障财产安全特别是资产安全，是内部控制的重要目标之一。财产保护控制的措施主要包括以下 3 个方面。

① 财产记录和实物保管。关键是要妥善保管涉及资产的各种文件资料，避免记录受损、被盗、被毁。对于重要的文件资料，应当留有备份，以便在意外丢失或遭受毁坏时重新恢复。这在计算机处理条件下尤为重要。

② 定期盘点和账实核对。它是指定期对实物资产进行盘点，并将盘点结果与会计记录进行比对。盘点结果与会计记录如不一致，说明资产管理上可能出现错误、浪费、损失或其他不正常现象，应当分析原因、查明责任、完善管理制度。

③ 限制接近。它是指严格限制未经授权的人员对资产的直接接触，只有经过授权批准

的人员才能接触该资产。限制接近包括限制对资产本身的直接接触和通过文件批准方式限制对资产使用或分配的间接接触。一般情况下，对于货币资金、有价证券、贵重物品、存货等变现能力强的资产，企业必须限制无关人员的直接接触。

（5）预算控制

预算是企业对未来一定时期内的收入和支出的总体计划。预算控制的内容涵盖了企业经营活动的全过程，企业通过编制预算和检查预算执行情况，可以比较、分析内部各单位未完成预算的原因，并根据未完成预算的不良后果采取改进措施。在实际工作中，预算的编制决策权属于内部管理结构的最高层，由这一权威层次进行决策、指挥和协调。预算确定后，由各预算单位组织实施，并辅之以对等的权、责、利关系，由内部审计等部门负责监督预算的执行。预算控制的主要环节有以下 7 步。

① 确定预算的项目、标准和程序。

② 编制和审定预算。

③ 预算指标的下达和责任人的落实。

④ 预算执行的授权。

⑤ 预算执行过程的监控。

⑥ 预算差异的原因分析和预算调整。

⑦ 预算业绩的考核和奖惩。

（6）运营分析控制

运营分析是对企业内部各项业务、各类机构的运行情况进行独立分析或综合分析，进而掌握企业运营的效率和效果，为持续的优化调整奠定基础。运营分析控制要求企业建立运营情况分析制度，综合运用生产、购销、投资、筹资、财务等方面的信息，通过因素分析、对比分析、趋势分析等方法，定期开展运营情况分析，发现存在的问题，及时查明原因并加以改进。

（7）绩效考评控制

绩效考评是对所属单位及个人占有、使用、管理与配置企业经济资源的效果进行评价。企业董事会及经理层可以根据绩效考评的结果进行有效决策，引导和规范员工行为，促进企业提高经营效率和效果，进而实现发展战略。绩效考评控制主要包括以下 5 个环节。

① 确定绩效考评目标。绩效考评目标应当具有针对性和可操作性。

② 设置考核指标体系。考核指标既要有定量指标，以反映评价客体的各种数量特征；又要有定性指标，以说明各项非数量指标的影响。同时，企业应赋予不同的考核指标相应的权重，以体现各项考核指标对绩效考评结果的影响程度和重要程度。

③ 选择考核评价标准。评价标准是反映评价客体优劣的具体参照物和对比尺度。企业可以根据评价目标选用不同的评价标准，如历史标准、预算标准、行业标准等。

④ 形成评价结果。根据考核指标和评价标准，企业对全体员工的业绩进行定期考核和客观评价，并在此基础上形成评价结果。

⑤ 制定奖惩措施。企业应当将绩效考评结果作为确定员工薪酬、晋升、评优、降级、调岗和辞退等的依据。

除上述常见控制措施外，企业还需建立重大风险预警机制和突发事件应急处理机制，明确风险预警标准，对可能发生的重大风险或突发事件，制定应急预案、明确责任人员、规范处理程序，确保重大风险或突发事件得到及时妥善处理。

【例 2-4】某大型跨国集团建立了全球流程与业务变革管理体系，发布了全球统一的业务流程架构，并基于业务流程架构任命了全球流程责任人以负责流程和内部控制的建设。全球流程责任人针对每个流程设置业务关键控制点和职责分离矩阵，并将其应用于所有子公司和业务单元；组织实施针对关键控制点的月度遵循性测试并发布测试报告，从而持续监督内部控制的有效性；围绕经营痛点、财务报告关键要求等进行流程和内部控制优化，提升运营效率和效益，为财报的准确性、可靠性及企业合规经营提供支撑，帮助企业达成业务目标；每半年进行一次半年度内部控制评估，对流程的整体设计和各业务单元流程执行的有效性进行全面评估，向审计委员会报告评估结果。

2.2.6.4 信息与沟通

信息与沟通是指企业及时、准确地收集、传递与内部控制相关的信息，确保企业内部各组织之间、企业与外部之间进行有效沟通，是实施内部控制的重要条件。信息与沟通的要件主要包括信息质量、沟通制度、信息系统、反舞弊机制。

（1）信息质量

信息是企业各类业务和事项属性的标识，是确保企业经营管理活动顺利开展的基础。企业在日常生产经营中需要收集各种内部信息和外部信息，并对这些信息进行合理筛选、核对、整合，提高信息的有用性。企业可以通过财务会计资料、经营管理资料、调研报告、专项信息、内部刊物、办公网络等渠道获取内部信息；还可以通过行业协会组织、社会中介机构、业务往来单位、市场调查、客户来信和来访、网络媒体以及有关监管部门等渠道获取外部信息。

（2）沟通制度

信息的价值必须通过传递和使用才能体现。企业应当建立信息沟通制度，使内部控制相关信息在企业内部各管理层级、责任单位、业务环节之间，以及企业与投资者、债权人、客户、供应商、中介机构和监管部门等外部环境之间进行传递并以此得到他们的反馈。重要信息须及时传递给董事会、监事会和经理层。

（3）信息系统

为提高内部控制效率，企业可以运用信息技术加强内部控制，建立与经营管理相适应的信息系统，促进内部控制流程与信息系统的有机结合，实现对企业业务和事项的自动控制，减少或消除人为操纵因素。企业在利用信息技术加强内部控制的同时，还应加强对信息系统开发与维护、访问与变更、数据输入与输出、文件储存与保管、网络安全等方面的控制，保证信息系统安全、稳定的运行。

（4）反舞弊机制

舞弊是指企业董事、监事、经理、其他高级管理人员、员工或第三方使用欺骗手段获取不当或非法利益的故意行为。它是需要企业重点控制的事项之一。根据舞弊的三角理论（见图 2-1），企业应当建立反舞弊机制，坚持惩防并举、重在预防的原则，明确反舞弊工作的重点领域、关键环节和有关机构在反舞弊工作中的职责权限，规范舞弊案件的举报、调查、处理、报告和补救程序。舞弊行为包括以下几种。

① 未经授权或者采取其他不法手段侵占、挪用企业资产，牟取不当利益。

② 在财务会计报告和信息披露等方面存在虚假记载、误导性陈述或者重大遗漏等。

③ 董事、监事、经理及其他高级管理人员滥用职权。

④ 相关机构或人员串通舞弊。

为确保反舞弊工作落到实处，企业应当建立举报投诉制度和举报人保护制度，设置举报专线，明确举报投诉处理程序、办理时限和办理要求，确保举报、投诉成为企业有效掌握信息的重要途径。举报投诉制度和举报人保护制度应当及时传达至全体员工。

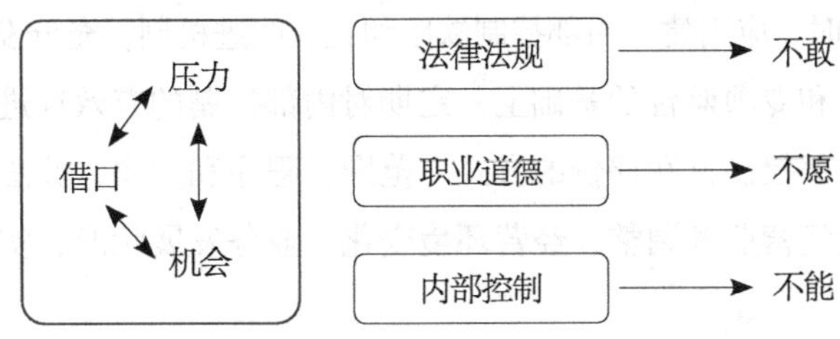

图 2-1　舞弊的三角理论

【**例 2-5**】某公司设立多维度的信息与沟通渠道，以及时获取来自客户、供应商等的外部信息，并建立公司内部信息的正式传递渠道，同时在公司内部网站上建立了所有员工都可以自由沟通的心声社区。公司管理层通过日常会议与各级部门定期沟通，以有效传递管理信息，保证管理层的决策有效落实。另外，公司在内部网站上发布所有业务政策和流程，由各级管理者和流程责任人定期组织业务流程和内部控制培训，确保所有员工能及时掌握信息。公司也建立了各级流程责任人之间的定期沟通机制，总结内部控制执行状况，跟进和落实内部控制问题改进计划。

2.2.6.5　内部监督

内部监督是指企业对内部控制建立与实施情况进行监督检查，评价内部控制的有效性，对发现的内部控制缺陷及时加以改进，是实施内部控制的重要保证。内部监督包括日常监督和专项监督。

（1）日常监督

日常监督是指企业对建立与实施内部控制的情况进行常规、持续的监督和检查。日常监督的常见方式包括以下 5 种。

① 在日常生产经营活动中获得能够判断内部控制建立与实施情况的信息。

② 在与外部相关方面的沟通过程中获得有关内部控制建立与实施情况的验证信息。

③ 在与员工沟通过程中获得内部控制是否有效执行的信息。

④ 通过对账面记录与实物资产的检查和比较对资产的安全性进行持续监督。

⑤ 通过内部审计活动对内部控制的有效性进行持续监督。

（2）专项监督

专项监督是指在企业发展战略、组织结构、经营活动、业务流程、关键岗位员工等方面发生较大调整或变化的情况下，对内部控制的某一或某些方面进行有针对性的监督检查。专项监督的范围和频率根据风险评估结果以及日常监督的有效性等予以确定。专项监督应当与日常监督有机结合，日常监督是专项监督的基础，专项监督是日常监督的补充。如果某专项监督需要经常性地进行，则企业有必要将其纳入日常监督的范围之中。

企业应以书面报告的形式呈现日常监督和专项监督的情况，并在报告中揭示内部控制存在的缺陷。企业应当有畅通的内部监督报告递交渠道，确保发现的重要问题能及时送达管理层和经理层；同时，应当建立内部控制缺陷纠正、改进机制，充分发挥内部监督效力。企业应当在日常监督和专项监督的基础上，定期对内部控制的有效性进行自我评价，并出具自我评价报告。内部控制自我评价的方式、范围、程序和频率，除法律法规有特别规定的，一般由企业根据经营业务调整、经营环境变化、业务发展状况、实际风险水平等自行确定。

内部控制五要素之间的关系如图 2–2 所示。内部环境是基础，风险评估是依据，控制活动是手段，信息与沟通是载体，内部监督是保证。内部控制五要素与内部控制的目标及内部控制原则之间的关系如图 2–3 所示。

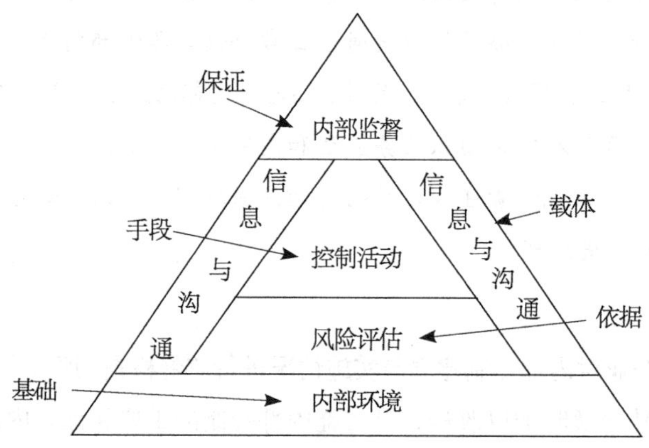

图 2–2　内部控制五要素之间的关系

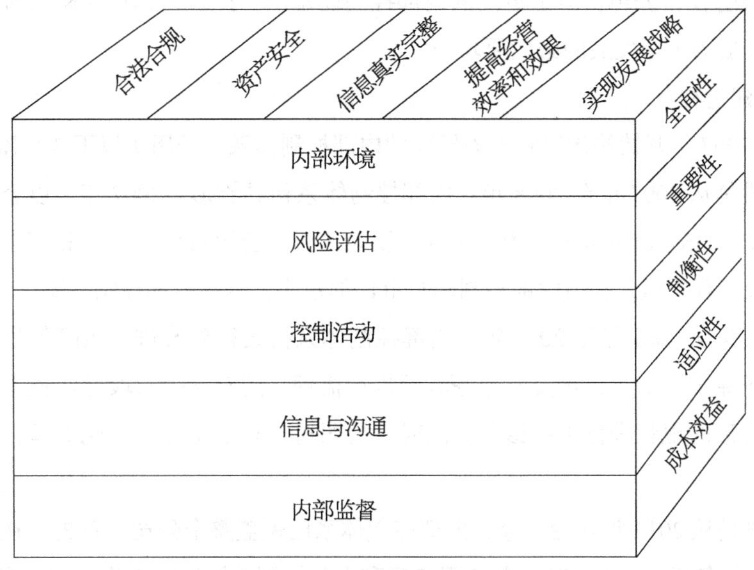

图 2–3　内部控制目标、要素和原则之间的关系

【例 2–6】某公司为了加强内部监督，设立了内部投诉渠道、调查机制、防腐机制与问责制度，并在与供应商签订的合作协议中明确了相关规则。供应商能通过协议内提供的渠道，举报员工的不当行为，以协助公司对员工进行监督和检查。公司内部审计部门对公司整体控制状况进行独立和客观的评价，并对违反商业行为准则的经济责任行为进行调查，将审计和调查结果报告给公司高级管理层和审计委员会。此外，该公司还建立了对各级流程责任人、区域管理者的内部控制考核、问责及弹劾机制，并使其例行运作。审计委员会和公司 CFO 定期审视公司内部控制状况，听取内部控制问题改进计划及其执行进展的汇报，当内部控制状况不佳时，其有权要求相关流程责任人和业务管理者汇报原因及改进计划，或向人力资源部门提出问责建议或弹劾动议。

2.3　实务案例：XGM 风险管理导向的内部控制体系的构建历程

（一）内控建设流程

XGM 集团股份有限公司（以下简称 XGM 或公司）是国有控股上市公司，始建于 1980 年，现已拥有供应链管理、房地产经营和金融服务三大核心业务。

（1）构建动因

由于公司从事的行业跨度较大，经营的产品众多，异地投资项目不断增加，在风险管理方面存在着巨大的挑战。在供应链管理方面，大宗贸易业务具有占用资金量大、货权管理难、利润低、交易风险大等特征；在房地产经营方面，这类业务不仅受国家政策和市场行情的影响，还面临着工程质量、合同履约等经营风险；对于金融服务业务而言，风险管理更是其生存之本，无论是期货、担保、抵押还是委托贷款，所有业务都和风险息息相关。

为了加强风险管控，公司提出了更高的内部控制需求。因此，构建以风险管理为导向的内部控制体系，成为公司发展的必然要求。

（2）构建过程

XGM 从 2007 年开始构建风险管理导向的内部控制体系，经历了以下 3 个阶段。

第一阶段是从 2007 年至 2008 年，内部控制体系初具雏形。2007 年，以企业资源计划（Enterprise Resource Planning, ERP）项目上线为契机，公司对贸易业务和职能管理的现有流程进行业务流程重组，并由内部控制部与审计部牵头，编制内部控制手册。

第二阶段是从 2009 年至 2011 年，内部控制体系持续得到改进，风险信息得到量化动态监控。公司除了对地产、物流的业务流程进行梳理，还对第一阶段已经梳理完毕的贸易业务和职能管理的现状进行再次诊断。同时，公司对风险信息进行量化处理，构建风险预警体系。

第三阶段是从 2012 年开始至今，内部控制体系已覆盖整个公司。首先，在新一轮战略指引下，金融服务板块成立，其业务流程梳理和内部控制手册编写工作也随之展开。其次，由于 2012 年宏观环境发生变化，贸易板块案件频发，供应链板块的各大产品中心也在自主加强内部控制管理，公司在已梳理的流程上制定了更为细致的流程规范。

（3）构建效果

在健康发展的内部控制体系下，公司营业收入和利润稳健增长，多次入选《财富》杂志评选的“中国 500 强排行榜”及世界品牌实验室评选的“中国 500 最具价值品牌”，蝉联厦门“年度最佳雇主”称号。

（二）案例分析与研究

从实践层面看，上文按照时间顺序描述了 XGM 构建以风险管理为导向的内部控制体系的历程；而从理论层面看，成功构建该体系的重要影响因素有以下 4 个方面。

（1）以业务流程为基础，持续梳理和完善

从上文可以看出，业务流程的梳理贯穿了 3 个发展阶段。公司坚持以“我”为主、借助外力的原则，通过人员访谈、专题研讨、沟通反馈、资料收集与分析、问题归纳与总结等方法，对业务流程进行诊断。诊断的步骤包括对现有业务流程进行调研、识别风险点和风险程度、描绘业务流程图、分析业务流程存在的主要问题、针对主要问题进行改进。需要注意的是，内部控制体系建设不是一蹴而就的，需要公司持续不断地对业务流程进行完善。

（2）以风险指标为根据，建立风险预警系统

所谓风险预警系统，实际上是向各业务板块收集、汇总相关的数据信息，监控风险因素的变动趋势，并评价各种风险指标偏离预警线的程度，向公司领导发出预警信号并提醒其提前采取对策的系统。XGM 的具体做法如下。

第一，成立由董事会风险控制委员会领导的工作小组。小组成员为各事业部的业务骨干，负责研究公司的宏观环境和系统性风险、设计公司的经营管理风险评估体系和控制架

构、建立风险预警系统。在各业务板块设立联络人，负责在重大风险事项发生时第一时间通报工作小组成员，于日常经营中定期跟进，形成月报。

第二，构建风险指标体系，提炼各项指标，设置预警区间。公司在设计风险指标时，着重于关键风险控制点，每个业务领域大概提炼5~7个风险指标。风险指标和预警区间均是工作小组在与业务一线人员充分沟通后，根据宏观环境、公司战略目标和实际业务情况进行设计的。风险指标和预警区间设置以后并不是一成不变的，工作小组需根据经营情况及时调整。

第三，由工作小组成员于每月初将风险信息汇总上报风险控制委员会，报告内容包括风险指标是否超过预警区间、相应的对策和建议，并要求相关部门限期改善。

（3）以信息技术为支撑，提高信息与沟通的质量

在ERP系统上线前，公司的贸易业务系统和财务系统是相互独立的，业务信息与财务信息不对称。而ERP系统上线后，公司实现了对资金流、物流、信息流的统一管理，减少了决策风险。公司还在ERP项目二期开发了商务信息仓库分析系统和管理驾驶舱分析系统。BW分析系统能够将分散在不同系统的业务处理连接起来，有利于对获利能力、资源占用、业务控制、费用检查等进行分析。而管理驾驶舱分析系统则构建了公司特有的指标管理体系，其关键指标可从“汇总到明细”“当前到历史”等多个维度进行数据挖掘和预测分析，并形象地通过各种图表及类似驾驶舱的仪表盘，将数据直观地展现出来，为各层级用户提供决策依据。这两个系统的开发进一步加强了公司对ERP系统数据采集的真实性和时效性的管理，有助于风险防范。

（4）以实现全员控制为目标，形成重视风险管理的企业文化

除了公司高层领导不断向员工强调风险管理的重要性以外，各层管理部门均需通过自身工作不断向基层员工传达风险管理的理念。例如，风险管理部对业务部门的日常风险进行管理，对于逾期或保证金不足的合同，第一时间向业务部门发出风险提示，督促业务人员及时催款、催货；经常开展风险警示会，以案例的方式对员工进行培训。

又如，内部控制与审计部将日常审计与内部控制审计相结合，实现内部控制审计工作常态化；注重事前审计，在审计工作中揭示可能存在的风险点；协助和辅导各业务板块制定流程规范和编写内部控制手册，组织各业务部门进行内部控制自我评价工作；根据问责制度，在风险事件发生后，第一时间开展审计工作，追查责任人和事件原因。

公司还应设立一些跨部门的合作小组，除了上文提到的风险预警系统工作小组外，还应有制度梳理工作小组、内部控制自我评价工作小组等。此外，公司可以在各业务板块安排责任心强、有经验的内部控制专员，对一些关键风险点进行把控。

第3章 内部环境

3.1 法规原文

第十一条 企业应当根据国家有关法律法规和企业章程，建立规范的公司治理结构和议事规则，明确决策、执行、监督等方面的职责权限，形成科学有效的职责分工和制衡机制。

股东（大）会享有法律法规和企业章程规定的合法权利，依法行使企业经营方针、筹资、投资、利润分配等重大事项的表决权。

董事会对股东（大）会负责，依法行使企业的经营决策权。

监事会对股东（大）会负责，监督企业董事、经理和其他高级管理人员依法履行职责。

经理层负责组织实施股东（大）会、董事会决议事项，主持企业的生产经营管理工作。

第十二条 董事会负责内部控制的建立健全和有效实施。监事会对董事会建立与实施内部控制进行监督。经理层负责组织领导企业内部控制的日常运行。

企业应当成立专门机构或者指定适当的机构具体负责组织协调内部控制的建立实施及日常工作。

第十三条 企业应当在董事会下设立审计委员会。审计委员会负责审查企业内部控制，监督内部控制的有效实施和内部控制自我评价情况，协调内部控制审计及其他相关事宜等。

审计委员会负责人应当具备相应的独立性、良好的职业操守和专业胜任能力。

第十四条 企业应当结合业务特点和内部控制要求设置内部机构，明确职责权限，将权利与责任落实到各责任单位。

企业应当通过编制内部管理手册，使全体员工掌握内部机构设置、岗位职责、业务流程等情况，明确权责分配，正确行使职权。

第十五条 企业应当加强内部审计工作，保证内部审计机构设置、人员配备和工作的独立性。

内部审计机构应当结合内部审计监督，对内部控制的有效性进行监督检查。内部审计机构对监督检查中发现的内部控制缺陷，应当按照企业内部审计工作程序进行报告；对监督检查中发现的内部控制重大缺陷，有权直接向董事会及其审计委员会、监事会报告。

第十六条 企业应当制定和实施有利于企业可持续发展的人力资源政策。人力资源政策应当包括下列内容：

（一）员工的聘用、培训、辞退与辞职。

（二）员工的薪酬、考核、晋升与奖惩。

（三）关键岗位员工的强制休假制度和定期岗位轮换制度。

（四）掌握国家秘密或重要商业秘密的员工离岗的限制性规定。

（五）有关人力资源管理的其他政策。

第十七条　企业应当将职业道德修养和专业胜任能力作为选拔和聘用员工的重要标准，切实加强员工培训和继续教育，不断提升员工素质。

第十八条　企业应当加强文化建设，培育积极向上的价值观和社会责任感，倡导诚实守信、爱岗敬业、开拓创新和团队协作精神，树立现代管理理念，强化风险意识。

董事、监事、经理及其他高级管理人员应当在企业文化建设中发挥主导作用。

企业员工应当遵守员工行为守则，认真履行岗位职责。

第十九条　企业应当加强法制教育，增强董事、监事、经理及其他高级管理人员和员工的法制观念，严格依法决策、依法办事、依法监督，建立健全法律顾问制度和重大法律纠纷案件备案制度。

3.2　原文讲解

3.2.1　内部环境的内涵

内部环境是影响、制约企业内部控制建立与实施的各种内部因素的总称，是企业建立与实施内部控制的基础。内部环境一般包括治理结构、内部机构设置及权责分配、内部审计、人力资源政策、企业文化和法制观念等。内部环境影响着企业内部控制的方方面面，是内部控制其他4个要素的基础，在企业内部控制建立与实施中发挥着基础性作用。如果现代企业没有良好的内部环境，则内部控制就会形同虚设。

3.2.2　治理结构、内部机构和人员的设置与权责分配

健全的治理结构、科学的内部机构和人员的设置与权责分配是建立并实施内部控制的基本前提，是影响、制约内部环境的重要因素。

3.2.2.1　公司治理的原则及保证措施

（1）公司治理的含义

公司治理是指在合法、合理、可持续性的基础上实现股东价值最大化，同时确保公平对待每一个利益相关者——该公司的客户、员工、投资者、供应方合作伙伴、土地管理部门和社区等。

（2）基本的公司治理原则

公司治理的原则是奠定管理和监督的坚实基础，具体包括：设计董事会的结构以增加价值；做出负责任的决策；维护财务报告的可靠性；及时且公正地披露信息；尊重股东的

权利；识别和管理风险；鼓励建立内部审计部门；鼓励员工提升业绩；公平的薪酬和责任；确认利益相关者的合法权益；履行法律义务。

（3）有效的公司治理制度

有效的公司治理要求董事会把重点放在全面的监督和管理上来，并且不必参与公司的日常运作。公司建立有效的公司治理制度时需要考虑的因素有：人员比过程更重要；股东的责任；外部审计必须是独立的；信息披露和透明度对市场诚信是至关重要的。

（4）公司治理报告和披露

一个强有力的披露制度是以市场为基础的监督企业行为的关键特征，是股东有效行使其表决权的先决条件。拥有规模庞大且交易活跃的股票市场的国家的经验表明，披露制度可能是影响企业行为与保护投资者的强大工具。一个强有力的披露制度能够帮助企业吸引资本和保持投资者对资本市场的信心。

3.2.2.2 治理结构

公司治理结构是内部控制环境的最高层次，健全、完善的公司治理结构将为公司内部控制环境奠定坚实的基础。

企业应当根据国家有关法律法规的规定，结合企业章程和实际情况，建立规范的治理结构，促进企业内部控制的有效运行。对现代企业来说，完善的公司治理结构，就是要按照现代企业制度的要求，建立规范的公司治理结构，并健全、完善股东（大）会、董事会、监事会、经理层之间形成的权责分配、激励与约束和权力制衡关系。

对于公司治理结构中的各部门的权、责、利的划分，《公司法》有明确的规定。

（1）股东（大）会

股东（大）会享有法律法规和企业章程规定的合法权利，依法行使公司经营方针、筹资、投资、利润分配等重大事项的表决权。股东（大）会的具体职权有：决定公司的经营方针和投资计划；选举和更换由非职工代表担任的董事、监事，决定有关董事、监事的报酬事项；审议批准董事会的报告；审议批准监事会或者监事的报告；审议批准公司的年度财务预算方案、决算方案；审议批准公司的利润分配方案和弥补亏损方案；对公司增加或者减少注册资本作出决议；对发行公司债券作出决议；对公司合并、分立、解散、清算或者变更公司形式作出决议；修改公司章程；公司章程规定的其他职权。对以上所列事项，股东以书面形式一致表示同意的，可以不召开股东（大）会会议，直接做出决定，并由全体股东在决定文件上签名、盖章。

（2）董事会

董事会对股东（大）会负责，依法行使公司的经营决策权。董事会的具体职权有：召集股东（大）会会议，并向股东（大）会报告工作；执行股东（大）会的决议；决定公司的经营计划和投资方案；制定公司的年度财务预算方案、决算方案；制定公司的利润分配方案和弥补亏损方案；制定公司增加或者减少注册资本以及发行公司债券的方案；制定公司合并、分立、解散或者变更公司形式的方案；决定公司内部管理机构的设置；决定聘任或者解聘公司经理及其报酬事项，并根据经理的提名决定聘任或者解聘公司副经理、财务负责人及其报酬事项；制定公司的基本管理制度；公司章程规定的其他职权。

（3）监事会

监事会对股东（大）会负责，监督企业董事、经理和其他高级管理人员依法履行职责。监事会和不设监事会的公司的监事的具体职权有：检查公司财务；对董事、高级管理人员执行公司职务的行为进行监督，对违反法律、行政法规、公司章程或者股东（大）会决议的董事、高级管理人员提出罢免的建议；当董事、高级管理人员的行为损害公司的利益时，要求董事、高级管理人员予以纠正；提议召开临时股东（大）会会议，在董事会不履行《公司法》规定的召集和主持股东（大）会会议职责时召集和主持股东（大）会会议；向股东（大）会会议提出提案；依照《公司法》第一百五十一条的规定，对董事、高级管理人员提起诉讼；公司章程规定的其他职权。

（4）经理层

经理层负责组织实施股东（大）会、董事会的决议事项，主持企业的生产经营管理工作。经理由董事会决定聘任或者解聘。经理对董事会负责，具体职权有：主持公司的生产经营管理工作，组织实施董事会决议；组织实施公司年度经营计划和投资方案；拟订公司内部管理机构设置方案；拟定公司的基本管理制度；制定公司的具体规章；提请聘任或者解聘公司副经理、财务负责人；决定聘任或者解聘除应由董事会决定聘任或者解聘以外的负责管理人员；董事会授予的其他职权。

【例 3–1】为符合上市要求和监管规定，某公司组建了董事会、监事会，并聘任了总经理，但其董事长由集团公司法定代表人兼任，是典型的“控股股东当家”。该公司的 11 名董事中，有 9 名来自大股东和公司内部，经理层兼任董事会成员，形成事实上的“内部人控制”。董事会的经理层片面追求扩大规模、增加业绩，对科学决策和资金运作中的“业务流程控制”不懂、不重视，也不愿意实施，最终该公司因经营失败和会计造假被取消上市资格。

3.2.2.3　内部机构和人员的设置与权责分配

企业应当根据国家有关法律法规和企业章程，结合实际情况，科学界定决策、管理、执行、监督等各方面的职责权限，形成科学有效的职责分工和制衡机制，发挥相关机构和人员的职能作用，为企业内部控制制度的建立和实施提供强有力的组织结构保障与工作机制保障。

企业内部机构和人员的设置应当科学合理，能够适应企业经营管理的实际需要和外部环境的变化，有利于减少管理层级和提高管理效能，避免机构职能重叠和效率低下，促进内部控制的有效实施。

（1）内部机构和人员设置

企业的内部机构和人员设置是否科学合理将直接影响内部控制目标的实现，所以内部机构和人员的设置要坚持权责明确、相互制衡的原则。

企业应合理设置内部机构和人员，将职务、职责和职权形成规范，既要明确规定每一个管理层次和各个内部机构的职责范围，又要赋予其完成职责所必需的管理权限。合理的内部机构和人员设置要能够保证每项经济业务从纵向来说至少经过上、下两级，上级受下级牵制，下级受上级监督；从横向来说至少经过无隶属关系的两个机构部门。

企业内部机构和人员的设置应符合内部制衡原则。所谓制衡，就是创造相互制约的两极或多极，使任何一极都无法单独决定事物的过程和结果。企业应当确保内部机构、岗位和人员的合理设置及其职责权限的合理划分，坚持不相容职务相互分离，确保不同内部机构和岗位之间相互制约、相互监督。同时，企业在设置内部机构和人员时，还应注意精简，使内部机构和人员具有充分的灵活性。企业可用组织结构图和操作手册等方式，清楚明确地反映内部各机构之间的垂直领导和横向协作关系。

（2）权责分配概述

权责分配是指在内部机构设置的基础上，设立授权方式，明确各内部机构和人员的权利与所承担的责任的过程。内部机构是内部控制的承担部门，岗位是内部控制落实的最小单位，权限是各内部机构执行控制任务的条件，责任是内部机构和人员执行控制任务的基本保证。权责分配就是要根据责、权、利相结合的原则，明确规定各职能机构的权限与责任，并根据各职能机构的经营任务与特点，划分岗位职责，根据岗位的需要选择合适的人才。企业要明确权责分配，使各内部机构都清楚自己在企业中承担的责任和拥有的权利，使每个员工既不被忽略也不会滥用其职权。

企业的权责分配情况应当以规范文件的方式明确地通知具体的内部机构和人员，以免发生越权或互相推诿的情况。

（3）内部机构设置和权责分配

企业应当根据经营目标、职能划分和管理要求，结合业务特点和内部控制要求设置内部机构，明确各职能部门、分支机构以及基层作业单位的职责权限，将权利与责任落实到各责任单位，为内部控制的有效实施创造良好条件。企业设置内部机构和岗位时，要实现不同内部机构和岗位之间的制衡。

在会计信息系统中，企业可以根据会计信息流动的过程，通过设置职能不同的岗位，使它们之间形成稽核或监督关系。这样可以防止错误和舞弊的发生。

① 董事会。企业董事会应当充分认识自身对企业内部控制所承担的责任，负责内部控制的建立健全和有效实施，加强对本企业内部控制建立和实施情况的指导和监督。

第一，战略目标和价值准则。董事会应核准企业的战略目标和价值准则，并监督其在企业内的传达和贯彻。如果企业缺乏战略目标或指引性的价值准则，其经营活动将难以进行。因此，董事会应在考虑股东和员工利益的基础上，制定企业的战略目标和高标准的职业规范，以指导企业的经营活动，并采取必要的措施确保这些目标和准则在企业内的传达和贯彻。在这方面，董事会应率先垂范，核准董事会自身、高级管理层及其他员工应遵循的职业规范和公司价值准则。高标准的职业规范不仅可以维护企业的最高利益，而且将在日常运作和长期经营中提升企业的信誉。更重要的是，职业规范还应明确企业内外部经营活动中的腐败、关联交易以及其他违法、违反职业道德的行为。董事会应确保高级管理层实施既定的战略性政策和程序，防止有损公司治理和内部控制的经营活动、关系或情形发生。

第二，责任制和问责制。董事会应明确界定自身及高级管理层的权限与主要责任，并在企业中贯彻执行责任制和问责制。不明确的问责制或混乱交叉的职责界定可能导致企业对出现问题的反应滞后或不充分，而使问题更加严重。

第三，对高级管理层的监督。董事会应确保高级管理层遵守公司制度，并对其进行适当的监督。

第四，薪酬政策。董事会应确保薪酬制度及其做法符合企业的文化、长期目标、战略和内部环境。

② 监事会。监事会主要对董事会建立与实施内部控制进行监督：监事会负责监督董事会、高级管理层完善内部控制体系；监事会负责监督董事会及董事、高级管理层及高级管理人员履行内部控制职责；监事会负责要求董事、董事长及高级管理人员纠正其损害企业利益的行为并监督其执行。

③ 董事会专门委员会。上市公司董事会可以按照股东（大）会的有关决议，设立战略、审计、提名、薪酬与考核等方面的专门委员会。专门委员会成员全部由董事组成，其中审计委员会、提名委员会、薪酬与考核委员会中的独立董事应占多数，并担任召集人，审计委员会中至少应有一名独立董事是会计专业人士。各专门委员会对董事会负责，应将提案提交董事会审查决定，还可以聘请中介机构提供专业意见，有关费用由公司承担。

第一，战略委员会。战略委员会的主要职责是对公司长期发展战略和重大投资决策进行研究并提出建议。

第二，审计委员会。审计委员会是公司治理中的一种重要制度安排，一般被认为是董事会下属的最重要的委员会之一。当今世界各国在公司治理领域均非常重视审计委员会制度。每个公司应建立审计委员会，委员会的成员仅限于外部董事。审计委员会的主要职责有：提议聘请或更换外部审计机构；监督公司内部审计制度的制定及实施；负责内部审计与外部审计之间的沟通；审核公司的财务信息及披露制度；审查公司的内部控制制度。

第三，提名委员会。提名委员会的主要职责有：研究董事、经理人员的选择标准和程序并提出建议；广泛搜寻合格的董事和经理人员的人选；对董事候选人和经理人选进行审查并提出建议。

第四，薪酬与考核委员会。薪酬与考核委员会的主要职责有：研究董事与经理人员考核的标准，对其进行考核并提出建议；研究和审查董事、高级管理人员的薪酬政策与方案。

④ 日常内部控制管理机构。企业应当成立专门机构或者指定适当的机构具体负责组织、协调与内部控制相关的工作。

（4）人员设置与权责分配

企业应当根据经营目标、职能划分和管理要求，明确高级管理人员的职责权限，将权利与责任落实到具体岗位，为内部控制的有效实施创造良好条件。高级管理人员，是指对企业决策、经营、管理负有领导职责的人员，包括董事长、董事会成员、经理、副经理、总会计师等。

企业在设置人员和对人员进行权责分配时，要实现对权力的制衡。绝对的集权能够有效地防止错误和舞弊行为的发生，但是没有效率。因此，企业必须将权力分配到相应部门的人员，同时进行权力之间的制衡。比如，将审批、执行、监督、记录等权力分配给各层次的管理者，这样可以防止权力的滥用。

① 董事长和董事会成员。董事长（或者法定代表人、代表企业行使职权的主要负责人）对本企业内部控制的建立健全和有效实施负责。董事会成员应称职，能清楚理解其在公司治理和内部控制中的角色，有能力对企业的各项事务做出正确的判断。

② 经理。经理（或者总裁、厂长）根据法律法规、企业章程和董事会的授权，负责组织领导本企业内部控制的日常运行。高级管理层负责将董事会审批通过的政策落实到员工，并建立问责制的管理架构，同时有义务监督这些员工的履职情况，并就企业的绩效向董事会负最终责任。

③ 总会计师。总会计师（或者财务总监、分管财务会计工作的负责人）在董事长和经理的领导下，主要负责与财务报告的真实性和可靠性、资产的安全完整密切相关的内部控制的建立健全与有效执行。

（5）内部控制管理手册

企业应当通过编制内部控制管理手册、内部管理制度汇编、员工手册、组织结构图、业务流程图、岗位描述和权限指引等适当方式，使全体员工了解和掌握内部机构设置、岗位职责、业务流程等情况，促使企业各层级员工明确职责分工、正确行使职权，并加强对权责履行的监督。

【例 3–2】某公司的内部机构设置不够完善。一份由内部员工起草并提交给该公司的最高领导者的管理问题分析报告，曾对该公司内部机构存在的问题做过总结。第一，职能部门缺失。公司缺少发展规划职能部门，投资管理部门只做“纯粹”的投资工作，而不问是否符合公司发展方向、是否有利于提升公司竞争力等。第二，岗位混乱。在部门内部，总监职位下还有总经理、副总经理，而总经理往往只代表一种待遇，并不具体分管工作，无形中增加了管理层次。第三，权限不清。对同一部门中的总监、总经理、副总经理的权限没有明确规定，导致工作中时常出现推诿、扯皮现象。第四，人员配备不当。因人设岗、随意设岗、随意提拔干部的现象频繁出现。内部组织机构设置与运行上的缺陷，使公司始终无法协调内部各部门的运作情况，也无法为各业务提供有力的指导，公司的整体运行处于一种各自为政的状态。

3.2.2.4　议事规则

企业应当根据国家有关法律法规的规定，结合企业章程和实际情况，建立规范的议事规则，促进企业内部控制制度的有效运行。

议事规则建立在人们的常识和逻辑基础之上，目的在于设定全体议事人员认可的框架，使会议能够以高效、民主的方式来处理和解决事务。议事规则，使会议有章法可循、有法度可依。

（1）股东（大）会的议事规则

为规范公司股东（大）会的议事方式和决策程序，上市公司根据《公司法》等有关法律法规以及自身情况，制定相应的股东（大）会议事规则，保证股东（大）会依法行使职权。上市公司应当严格按照法律法规、议事规则及公司其他的相关规定召开股东（大）会，保证股东能够依法行使职权。股东（大）会应当在《公司法》和公司章程规定的范围内行使职权。上市公司董事会应当切实履行职责，认真、按时组织股东（大）会。上市公司全体董事应当勤勉尽责，确保股东（大）会正常召开和依法行使职权。

（2）董事会的议事规则

为规范公司董事会的议事方式和决策程序，上市公司应根据《公司法》等有关法律法规在公司章程中规定董事会的议事规则，促使董事和董事会有效地履行决策职责，确保董事会的高效运作和科学决策。董事会下设董事会办公室，负责处理董事会的日常事务。董事会秘书或者证券事务代表兼任董事会办公室负责人，保管董事会印章。

（3）监事会的议事规则

为规范监事会的议事方式和表决程序，上市公司应根据《公司法》等相关法律法规在公司章程中规定监事会的议事规则，促使监事和监事会有效地履行监督职责。监事会下设监事会办公室，负责处理监事会日常事务。监事会主席兼任监事会办公室负责人，保管监事会印章。监事会主席可以要求公司证券事务代表或者其他人员协助其处理监事会的日常事务。

3.2.2.5　独立董事制度

为进一步完善上市公司的治理结构，促使其规范运作，上市公司应按照有关规定，建立独立的外部董事制度，即独立董事制度。

（1）独立董事的独立性

独立董事应独立于所受聘的公司及其主要股东。独立董事不得在上市公司担任除独立董事外的其他任何职务，并与其所受聘的上市公司及其主要股东不存在可能妨碍其进行独立、客观判断的关系。独立董事应独立履行职责，不受公司主要股东、实际控制人以及其他与上市公司存在利害关系的单位或个人的影响。

若要独立董事保持其独立性，则下列人员不得担任独立董事：在上市公司或者其附属企业任职的人员及其直系亲属、主要社会关系（直系亲属是指配偶、父母、子女等；主要社会关系是指兄弟姐妹、岳父母、儿媳、女婿、兄弟姐妹的配偶、配偶的兄弟姐妹等）；直接或间接持有上市公司已发行股份1%以上或者是上市公司前10名股东中的自然人股东及其直系亲属；在直接或间接持有上市公司已发行股份5%以上的股东单位或者在上市公司前5名股东单位任职的人员及其直系亲属；最近1年内曾经具有前3项所列举情形的人员；为上市公司或者其附属企业提供财务、法律、咨询等服务的人员；公司章程规定的其他人员；中国证监会认定的其他人员。

（2）独立董事的任职条件

独立董事对公司及全体股东负有诚信与勤勉义务。独立董事应按照相关法律法规和公司章程的要求，认真履行职责，维护公司整体利益，尤其要关注中小股东的合法权益不受损害。独立董事原则上最多在5家上市公司兼任独立董事，并确保有足够的时间和精力有效地履行独立董事的职责。独立董事应当具备与其行使职权相适应的任职条件。

独立董事的任职条件：根据法律法规及其他有关规定，具备担任上市公司董事的资格；具有独立性；具备上市公司运作的基本知识，熟悉相关法律、行政法规、规章及规则；具有5年以上法律、经济或者其他履行独立董事职责所必需的工作经验；公司章程规定的其他条件。

（3）独立董事的提名、选举和更换

独立董事的提名、选举和更换应当依法、规范地进行。独立董事的提名、选举和更换程序，应符合如下规定。

第一，独立董事的提名。上市公司董事会、监事会、单独或者合并持有上市公司已发行股份1%以上的股东可以提出独立董事候选人，并经股东（大）会选举决定。独立董事的提名人在提名前应当征得被提名人的同意。提名人应当充分了解被提名人的职业、学历、职称、详细的工作经历、全部兼职等情况，并对其担任独立董事的资格和独立性发表意见，被提名人应当就其本人与上市公司之间不存在任何影响其独立、客观判断的关系发表公开声明。在选举独立董事的股东（大）会召开前，上市公司董事会应当按照规定公布上述内容。

第二，独立董事的选举。在选举独立董事的股东（大）会召开前，上市公司应将所有被提名人的有关材料同时报送中国证监会、公司所在地中国证监会派出机构和公司股票挂牌交易的证券交易所。上市公司董事会对被提名人的有关情况有异议的，应同时向董事会报送书面意见。中国证监会在15个工作日内对独立董事的任职资格和独立性进行审核。对中国证监会持有异议的被提名人，可作为公司董事候选人，但不作为独立董事候选人。在召开股东（大）会选举独立董事时，上市公司董事会应对独立董事候选人是否被中国证监会提出异议的情况进行说明。独立董事的每届任期与该上市公司其他董事的任期相同，任期届满，可以连选连任，但是连任时间不得超过6年。

第三，独立董事的更换。独立董事连续3次未亲自出席董事会会议的，由董事会提请股东（大）会予以撤换。除出现上述情况及《公司法》中规定的不得担任董事的情形外，独立董事任期届满前不得被无故免职。提前免职的，上市公司应将其作为特别披露事项予以披露，被免职的独立董事认为公司的免职理由不当的，可以公开声明。独立董事在任期届满前可以提出辞职。独立董事辞职应向董事会提交书面辞职报告，并对任何与其辞职有关或其认为有必要引起公司股东和债权人注意的情况进行说明。如因独立董事辞职导致公司董事会中独立董事所占的比例低于相关规定的最低要求时，该独立董事的辞职报告应当在下任独立董事填补其缺额后生效。

第四，独立董事的职权。上市公司应当充分发挥独立董事的作用。为了充分发挥独立董事的作用，独立董事除了应当具有《公司法》和其他相关法律法规赋予董事的职权外，上市公司还应赋予独立董事以下特别职权：重大关联交易（指上市公司拟与关联人达成的总额高于 300 万元或高于上市公司最近经审计净资产值的 5% 的关联交易）应由独立董事认可后，提交董事会讨论，独立董事做出判断前，可以聘请中介机构出具独立财务顾问报告，作为其判断的依据；向董事会提议聘用或解聘会计师事务所；向董事会提请召开临时股东（大）会；提议召开董事会；独立聘请外部审计机构和咨询机构；可以在股东（大）会召开前公开向股东征集投票权。

独立董事行使上述职权应当取得全体独立董事 1/2 以上同意。如上述提议未被采纳或上述职权不能正常行使，上市公司应将有关情况予以披露。如果上市公司董事会下设薪酬、审计、提名等专门委员会的，独立董事应当在专门委员会成员中占有 1/2 以上的比例。

第五，独立董事对重大事项的独立意见。独立董事除履行上述职责外，还应当就上市公司重大事项向董事会或股东（大）会发表独立意见，重大事项如下：提名、任免董事；聘任或解聘高级管理人员；公司董事、高级管理人员的薪酬；上市公司的股东、实际控制人及其关联企业对上市公司现有或新发生的总额高于 300 万元或高于上市公司最近经审计净资产值的 5% 的借款或其他资金往来，以及公司是否采取有效措施回收欠款；独立董事认为可能损害中小股东权益的事项；公司章程规定的其他事项。

独立董事应当就上述事项发表以下几类意见之一：同意；保留意见及其理由；反对意见及其理由；无法发表意见及其障碍。如有关事项属于需要披露的事项，上市公司应当将独立董事的意见予以公告，独立董事出现意见分歧无法达成一致时，董事会应将各独立董事的意见分别披露。

第六，上市公司为独立董事提供的条件。为了保证独立董事有效行使职权，上市公司应当为独立董事提供必要的条件。上市公司应当保证独立董事享有与其他董事同等的知情权。凡须经董事会决策的事项，上市公司必须按法定的时间提前通知独立董事并同时提供足够的资料，独立董事认为资料不充分的，可以要求补充。当 2 名或 2 名以上独立董事认为资料不充分或论证不明确时，可联名书面向董事会提出延期召开董事会会议或延期审议该事项，董事会应予以采纳。上市公司向独立董事提供的资料，上市公司及独立董事本人应当至少保存 5 年。

上市公司应提供独立董事履行职责所必需的工作条件。上市公司董事会秘书应积极为独立董事履行职责提供协助，如介绍情况、提供材料等。独立董事发表的独立意见、提案及书面说明应当公告的，董事会秘书应及时到证券交易所办理公告事宜。

独立董事行使职权时，上市公司有关人员应当积极配合，不得拒绝、阻碍或隐瞒，不得干预其独立行使职权。独立董事聘请中介机构所需的费用及其他行使职权时所需的费用由上市公司承担。

上市公司应当给予独立董事适当的津贴。津贴的标准应当由董事会制定预案，股东（大）会审议通过，并在公司年报中进行披露。除上述津贴外，独立董事不应从该上市公司及其主要股东或有利害关系的机构和人员处取得额外的、未予披露的其他利益。

上市公司可以建立必要的独立董事责任保险制度，以降低独立董事正常履行职责可能导致的风险。

【例 3–3】某公司具备较为丰富的海外上市经验，并在多年的经营管理实践中逐步建立了一套完善的审计委员会制度，实施效果较好。该公司的审计委员会制度由5个部分组成。第一，设立。该公司早在上市之初就决定在董事会下设立独立的审计委员会。第二，资格。审计委员会成员由董事会从独立董事中任命，至少有3人。审计委员会主席由董事会直接任命，董事会秘书出任审计委员会秘书。第三，会议。审计委员会会议每年应至少召开2次。如外部审计人员认为有必要，也可以召开审计委员会会议。财务董事、内部审计负责人，以及外部审计代表应当出席审计委员会会议。其他董事会成员也有出席的权利。审计委员会与外部审计人员应当在执行董事不在场的情况下至少每年会谈1次。第四，授权。董事会授权审计委员会调查其职权范围内的所有活动。审计委员会有权向任何员工收集任何需要的信息，所有员工应配合完成审计委员会提出的所有要求。董事会授权审计委员会可以获取外部法律专家或其他独立专家的建议，如果审计委员会主席认为有必要，还应保证外部专家具备相关的经验和专长。第五，责任。审计委员会的职责主要包括：考虑外部审计人员的任命、审计费，以及任何与辞退和解聘有关的问题；在审计开始前与外部审计人员一起讨论审计的性质和范围，当有一家以上的审计公司包括在内时，确保审计公司之间的相互协调；在财务报表报送给董事会之前，复核中报和年报，特别关注会计政策的变化、主要的主观判断部分、由于审计而产生的重大调整、持续经营假设、对会计准则的遵循情况、对有关法律法规的遵守情况；讨论在期中和期末出现的问题及疑惑，以及任何审计人员可能希望讨论的问题；复核外部审计人员的管理建议书以及公司管理人员的反应；在董事会签字前复核公司的内部控制系统报告；复核内部审计方案，保证内部和外部审计人员间的协调，保证内部审计功能资源配置充分并且在公司中有恰当的地位；考虑在内部检查中的主要发现和管理人员的反应；其他董事会授权的职责。

3.3　实务案例：ZHY 治理结构与内部控制案例分析

（一）案例简介

2003 年下半年，ZHY 公司（新加坡）[本节以下简称 ZHY（新加坡）] 开始交易石油期权（option），最初涉及 200 万桶石油，ZHY（新加坡）在交易中获利。2004 年第 1 季度，油价攀升导致 ZHY（新加坡）潜亏 580 万美元，ZHY（新加坡）决定延期交割合同，期望油价能回跌，交易量也随之增加。2004 年第 2 季度，随着油价持续升高，ZHY（新加坡）的账面亏损额增加到 3 000 万美元左右。ZHY（新加坡）因此决定延后到 2005 年或 2006 年再交割合同，交易量再次增加。2004 年 10 月，油价再创新高，ZHY（新加坡）此时的交易盘口达 5 200 万桶石油，账面亏损额再度大增。10 月 10 日，面对严重资金周转问题的 ZHY（新加坡），首次向母公司呈报交易和账面亏损情况。为了补交交易商追加的保证金，ZHY（新加坡）已耗尽近 2 600 万美元的营运资本、1.2 亿美元的银团贷款和 6 800 万美元的应收账款资金，账面亏损高达 1.8 亿美元，另外还支付了 8 000 万美元的额外保证金。10 月 20 日，母公司提前配售 15% 的股票，将所得的 1.08 亿美元资金贷款给 ZHY（新加坡）。10 月 26 日和 28 日，ZHY（新加坡）因无法补交一些合同的保证金而遭逼仓，蒙受 1.32 亿美元的实际亏损。11 月 8 日到 25 日，ZHY（新加坡）的衍生商品合同继续遭逼仓，截至 11 月 25 日，其实际亏损达 3.81 亿美元。12 月 1 日，在亏损 5.5 亿美元后，ZHY（新加坡）宣布向法庭申请破产保护令。

（二）案例分析

ZHY（新加坡）在这场腥风血雨中其实从一开始就种下了毁灭的种子，因为其从事的期权交易所面临的风险敞口是巨大的。就期权买方而言，由于风险一次性锁定，最大损失不过是业已付出的期权费，但收益却可能很大（在看跌期权中），甚至是无限量的（在看涨期权中）。对于期权卖方而言，其收益被一次确定，最大收益限于买方的期权费，然而其承担的损失却可能很大（在看跌期权中），甚至可能是无限量的（在看涨期权中）。至于信用风险与流动性风险等方面，期权合约与期货合约大致相似，只是期权风险可能还会涉及更多的法律风险与难度更大的操作风险。ZHY（新加坡）却恰恰选择了风险最大的做空期权。

期权交易本身的高风险性使没有任何实践经验的 ZHY（新加坡）暴露在市场风险极高的国际衍生品交易市场中。国际上，期权的卖方一般是具有很强市场判断能力和风险管理能力的大型商业银行和证券机构，而 ZHY（新加坡）显然不具备这种能力。由于 ZHY（新加坡）选择的是场外交易（Over-The-Counter, OTC）市场，交易双方都必须承担比交易所衍生品交易更大的信用风险，然而 ZHY（新加坡）的交易对手却是在信息收集和分析技术方面占绝对优势的机构交易者，后者必然会充分利用自身的信息垄断地位来获利，几乎将信用风险全部转嫁到 ZHY（新加坡）身上。ZHY（新加坡）总裁的决策使公司因严重违规操作而面临一系列的法律风险，因为其从事的石油期权投机交易是我国政府当时明令禁止的。1999 年 6 月，国务院发布的《期货交易管理暂行条例》规定，期货交易必须在期货交易所内进行，禁止不通过期货交易所的场外期货交易；国有企业从事期货交易，限于从事套期保值业务，期货交易总量应当与其同期现货交易量总量相适应。2001 年 10 月，证监会发布的《国有企业境外期货套期保值业务管理制度指导意见》规定，获得境外期货业务许可证的企业在境外期货市场只能从事套期保值交易，不得进行投机交易。ZHY（新加坡）的期权交易远远超过远期套期保值的需要，属于纯粹的投机行为。

（三）深层原因分析——总结经验教训

一个因成功进行海外收购而被称为“买来个石油帝国”的企业，却因从事投机交易所造成的 5.5 亿美元的巨额亏损而倒闭；一个被评为 2004 年新加坡最具透明度的上市公司，其总裁却被新加坡警方拘捕，接受管理部门的调查；中国的海外石油旗舰遭遇重创，中国的“走出去”战略因此延误……造成这一切美梦破灭的原因到底是什么？联系内部环境提出的观点，可以将此次事件的原因归结为以下两点。

（1）管理层风险意识淡薄。企业没有建立起防火墙机制，即在遇到巨大的金融投资风险时，没有及时采取措施，没有进行对冲交易来规避风险，而是在石油价格居高不下的情况下采用挪盘的形式，继续坐等购买人行使购买权，使风险敞口无限量扩大直至被逼仓。正如前面所提到的，公司财务部在面临这种风险威胁时应当发挥其作用，必须获得独立监控金融业务部门资金出入和头寸盈亏的权力，在亏损突破止损限额后直接向董事会报告，并停止为亏损头寸追加保证金，在风险已经显露时及时筑起一道防火墙，规避市场风险。事实上，公司是建立起了由 AY 会计师事务所设计的风控机制来预防流动、营运风险的，但当总裁的独断专行使公司在市场上“血流不止”的时候，完全没有启动该机制，造成制定制度的人却忘了制度对自己的约束，那么就有必要加强对企业高层决策权的有效监控，保障风控机制的有效实施。

（2）企业内部治理结构存在不合理现象。“一人集权”的表象也同时反映了公司内部监管存在重大缺陷。ZHY（新加坡）有内部风险管理委员会，其风险控制的基本结构是：实施交易员——风险控制委员会——审计部——首席执行官（Chief Executive Officer, CEO）——董事会，层层上报，交叉控制。每名交易员亏损 20 万美元时，要向风险控制委员会汇报；亏损 37.5 万美元时，要向 CEO 汇报；亏损达 50 万美元时，必须平仓，抽身退出。从上述结构中可以看出，ZHY（新加坡）的风险管理系统从表面上看确实非常科学，可事实并非如此，公司风险管理体系的虚设导致公司对总裁的权力缺乏有效的制约。

第4章 风险评估

4.1 法规原文

第二十条　企业应当根据设定的控制目标，全面系统持续地收集相关信息，结合实际情况，及时进行风险评估。

第二十一条　企业开展风险评估，应当准确识别与实现控制目标相关的内部风险和外部风险，确定相应的风险承受度。

风险承受度是企业能够承担的风险限度，包括整体风险承受能力和业务层面的可接受风险水平。

第二十二条　企业识别内部风险，应当关注下列因素：

（一）董事、监事、经理及其他高级管理人员的职业操守、员工专业胜任能力等人力资源因素。

（二）组织机构、经营方式、资产管理、业务流程等管理因素。

（三）研究开发、技术投入、信息技术运用等自主创新因素。

（四）财务状况、经营成果、现金流量等财务因素。

（五）营运安全、员工健康、环境保护等安全环保因素。

（六）其他有关内部风险因素。

第二十三条　企业识别外部风险，应当关注下列因素：

（一）经济形势、产业政策、融资环境、市场竞争、资源供给等经济因素。

（二）法律法规、监管要求等法律因素。

（三）安全稳定、文化传统、社会信用、教育水平、消费者行为等社会因素。

（四）技术进步、工艺改进等科学技术因素。

（五）自然灾害、环境状况等自然环境因素。

（六）其他有关外部风险因素。

第二十四条　企业应当采用定性与定量相结合的方法，按照风险发生的可能性及其影响程度等，对识别的风险进行分析和排序，确定关注重点和优先控制的风险。

企业进行风险分析，应当充分吸收专业人员，组成风险分析团队，按照严格规范的程序开展工作，确保风险分析结果的准确性。

第二十五条　企业应当根据风险分析的结果，结合风险承受度，权衡风险与收益，确定风险应对策略。

企业应当合理分析、准确掌握董事、经理及其他高级管理人员、关键岗位员工的风险偏好，采取适当的控制措施，避免因个人风险偏好给企业经营带来重大损失。

第二十六条　企业应当综合运用风险规避、风险降低、风险分担和风险承受等风险应对策略，实现对风险的有效控制。

风险规避是企业对超出风险承受度的风险，通过放弃或者停止与该风险相关的业务活动以避免和减轻损失的策略。

风险降低是企业在权衡成本效益之后，准备采取适当的控制措施降低风险或者减轻损失，将风险控制在风险承受度之内的策略。

风险分担是企业准备借助他人力量，采取业务分包、购买保险等方式和适当的控制措施，将风险控制在风险承受度之内的策略。

风险承受是企业对风险承受度之内的风险，在权衡成本效益之后，不准备采取控制措施降低风险或者减轻损失的策略。

第二十七条　企业应当结合不同发展阶段和业务拓展情况，持续收集与风险变化相关的信息，进行风险识别和风险分析，及时调整风险应对策略。

4.2 原文讲解

4.2.1 风险概述

4.2.1.1 风险的定义

风险是指人们在事先能够肯定采取某种行动可能产生的所有后果，以及每种后果出现的可能性。风险既可能使结果好于预期目标，也可能使结果差于预期目标。一般来讲，风险是由于未来事项的不确定性导致一个组织或机构发生不利事件，并使其遭受损失的可能性。风险特征是风险本质及其发生规律的表现。风险一般具有以下性质。

（1）不确定性

客观条件的不断变化以及人们对未来环境的认识不充分，导致人们不能完全确定未来事件的结果。风险是各种不确定因素的伴随物。不确定性决定了风险的出现只是一种可能。这种可能要变为现实还依赖于相关条件。

（2）概率可预测性

风险是各种不确定因素综合作用的结果，但人们可以通过经验和对历史数据的分析来判断不确定性发生的概率。概率可预测性为风险控制提供了量化的依据。

（3）决策相关性

风险的发生与决策密切相关，不同的决策对应不同的策略行为和管理手段，从而导致不同的风险结果。

4.2.1.2　风险的分类

风险是普遍存在的，主要有以下几种分类方法。

（1）按风险形成的原因，可将风险分为自然风险、市场风险、制度风险、技术风险。自然风险，是指自然环境的各种变化作用于企业的生产经营活动，从而使企业的预期收益、扩张目标无法实现的可能性。如风灾、旱涝等自然灾害给企业（特别是农业企业）经营、规模扩张带来很大的不确定性因素。

市场风险，是指市场因素、市场环境、价格因素的变化作用于企业的生产经营活动，而使企业既定的扩张目标、财务目标无法实现的可能性。引起市场风险的因素主要有三种：第一是经济周期的波动；第二是通货膨胀；第三是利率和汇率的变动。利率的变动会给利息收支及资本市场价值带来不确定性，从而使企业的筹资成本和收益不确定。汇率的变动则会给企业的国外筹资和投资、国际贸易等各项活动带来风险。此外，商业欺诈行为也会加大市场风险。

制度风险，是制度（或政策）在变革或实施过程中，由于其结果的不可预见性，使制度（或政策）的实际收益与预期收益发生背离的可能性。

技术风险，是指企业由于研究、开发、应用新技术，而使其实际收益与预期收益发生背离的可能性。技术作为一个内生变量在经济发展中的作用被理论和实践一再证实。但是，技术的研发、应用也具有一定的风险，主要是技术开发风险和技术应用风险。

（2）按风险能否分散，可将风险分为系统性风险和非系统性风险。

系统性风险，是一种不可分散的风险。它是指由于政治、经济及社会环境等企业外部环境中某些因素的不确定性而造成的影响整个社会扩张行为的风险。系统性风险的特征是由共同的因素导致的，如通货膨胀、利率和汇率的变动、国家宏观经济政策变化、战争冲突、政权更替、所有制改造、经济周期等，而且这些因素都是个别企业无法控制的，会给企业扩张带来较大的影响。

非系统性风险，是一种可分散的风险。它是指由于经营失误、消费者偏好改变、劳资纠纷、工人罢工、新产品试制失败等因素产生的影响个别企业扩张行为的风险。非系统性风险的特点是它只发生在个别企业中，由单个的特殊因素所引起，由于这些因素的发生是随机的，因此可以通过多样化投资来分散，也就是说，发生于某一企业的不利可以被其他企业的有利因素所抵消。非系统性风险包括行业风险、经营风险、财务风险等。

（3）按风险管理科学对风险的分类，可以将风险分为市场风险、产品风险、经营风险等十二种风险，如表 4–1 所示。

表 4-1　风险分类表（按风险管理科学对风险的分类）

风险类别	基本含义
市场风险	市场风险是指因市场突变、人为分割、竞争加剧、通货膨胀或紧缩、消费者购买力下降、原料采购供应等事先未预测到的因素，导致的市场份额急剧下降或遭受反倾销、反垄断指控等风险
产品风险	产品风险是指因企业新产品、服务品种开发不对路，产品有质量和缺陷问题，产品陈旧，或更新换代不及时等导致的风险
经营风险	经营风险是指由于企业内部管理混乱、股东撤资、资产负债率高、资金流转困难、三角债困扰、资金回笼慢、资产沉淀等，造成企业经营业绩不佳、资不抵债或亏损的困境等风险
投资风险	投资风险是指由于各类投资项目论证不力、收益低下亏损、股东间不合作或环境变化导致项目失败或达不到预期目的的风险
外汇风险	外汇风险是指因外汇汇率波动而使以外币计价的企业资产与负债价值上涨或下降的风险
人事风险	人事风险是指由于企业对董事、监事、经理和管理人员任用不当，无充分授权，或精英人才流失，无合格员工，员工多数或者集体辞职等造成损失的风险
体制风险	体制风险是指企业因选择企业制度、法人治理结构、组织体系、激励机制等不当而导致运作困难或内耗增大，使公司高管任期届满后面临解散清算的风险
购并风险	购并风险是指由于企业的股权发生变化或转移，而引起善意或恶意的收购和企业间的合并等风险
自然灾害风险	自然灾害风险是指因自然环境恶化、地震、洪水、火灾、台风、暴雨、沙暴、雪暴、天文异变、地质（地基）变动等造成损失的风险
公关危机	公关危机是指企业因多种原因，如产品质量不合格、劳资纠纷、法律纠纷、重大事故案被公众媒体曝光，而使企业公信力和美誉急剧下降的风险
政策风险	政策风险是指因政府法律、法规、政策、管理体制、规划的变动，税率、利率变化或行业专项整治，加入世贸组织、双边或多边贸易摩擦等造成影响的风险
外交风险	外交风险是指由于本国与其他国家之间政治、外交关系的恶化，导致正常经贸和技术合作的中断或终止的风险

（4）按影响环节分类，可将风险分为决策风险与执行风险。

决策风险，决策风险是指由于决策失误原因所引起的，使企业预期目标不能实现的可能性。决策和风险是联系在一起的，只要某种活动的未来结果有两种或两种以上，就存在风险。企业在进行决策（规模扩张决策）时，面对自然和经济规律的不规则性、经营环境的复杂性，不可能完全准确地预计经营活动的变化，因而做出完全正确的决策是非常困难的，若信息略有偏误，决策略有偏差，就有可能招致风险。

执行风险，是指企业的经营决策在执行过程中发生偏差，使企业预期目标不能实现的可能性。执行风险与执行能力相联系，执行能力是企业各种能力的集合，如组织能力、市场开拓能力、管理能力等。一个执行能力较弱的企业，即使其决策再正确，也存在预期目标不能如期实现的风险。

4.2.2　风险评估

4.2.2.1　风险评估概述

不同的企业或同一企业的不同时期以及同一企业不同的内部环境、外部环境、业务层面和工作环节，都可能面临不同的风险，企业应当有针对性地开展风险评估。

风险评估是及时识别、科学分析影响企业内部控制目标实现的各种不确定因素，同时采取应对策略的过程。企业要识别风险并进行分析，以便形成对风险进行管理的依据。风险与可能被影响的目标相关联，因此企业既要对固有风险进行评估，也要对剩余风险进行评估，评估时要考虑到风险发生的可能性及其可能产生的影响。

企业进行风险评估的目的主要有：了解和评价企业的经营环境和经营现状；提出企业发展的安全需求；选取最优的风险控制措施；建立安全管理体系；制定有效的安全策略。

风险评估的主要任务有以下几点：识别企业面临的各种风险；评估风险发生的概率和可能带来的负面影响；确定企业承受风险的能力；确定风险消减和控制的优先等级；推荐风险消减对策，适时调整应对策略。

在风险评估过程中，需要考虑以下几个关键的问题：第一，确定评估对象或者资产，明确它的直接价值和间接价值；第二，分析资产面临的潜在风险和导致风险产生的问题所在以及风险发生的可能性；第三，资产中存在的哪些弱点可能会被利用，被利用的难易程度如何；第四，一旦风险事件发生，企业会遭受怎样的损失或者面临怎样的负面影响；第五，企业应该采取怎样的安全措施以便将风险带来的损失降到最低。解决以上问题的过程，就是风险评估的过程。

4.2.2.2　风险评估方法

在风险评估过程中，企业在不同阶段所使用的风险评估方法也是不完全一致的。但不论是采用何种方法、是基于固有风险还是基于剩余风险，都主要从损失频率（可能性）以及损失程度（影响）两个方面进行评估。

（1）损失频率的评估

企业可以通过估算某一风险单位因为某种损失原因而受损的概率来测定损失频率，具体方法有定性分级和概率测算两种。定性分级是风险管理者根据自己对风险的理解，将风险事件按照发生的可能性大小分级；概率测算则是根据统计资料，应用概率统计方法进行计算。损失概率越大，出现损失的可能性就越大。确定潜在损失发生的概率对风险管理决策的制定意义重大。通常，损失频率比损失程度更具有可预测性。

（2）损失程度的评估

损失程度衡量是企业风险衡量中重要的部分。损失程度指可能造成的损失规模，即损失金额大小。损失程度衡量实际上就是对损失的严重性进行估算。企业在确定损失的严重程度时，必须考虑每一特定风险可能造成的各类损失及其对企业财务和总体经营的最终影响。企业既要评估潜在的直接损失，也要估计潜在的间接损失。

4.2.2.3 实际评估技术

前已述及，风险衡量是指在风险识别的基础上，通过对所收集的大量详细的损失资料，运用概率论和数理统计等知识，估计和预测风险发生的概率和损失程度。任何风险都具有一个共同特点，即它可以被测量并量化。不同类型的风险具有自己的特征，企业可以对其使用不同的测量方法。实际评估技术有概率统计方法、行业杠杆比较法、敏感度分析、风险价值法、情景分析法、压力测试法、风险指标分析法等。

（1）概率统计方法

在经济活动中，某一事件在相同的条件下可能发生也可能不发生。这种事件称为随机事件。概率就是用来表示随机事件发生的可能性大小的数值。通常，把必然发生的事件的概率定为 1，把不可能发生的事件的概率定为 0，一般随机事件发生的概率是介于 0 与 1 之间的一个数。一般概率越大就表示该事件发生的可能性越大。

（2）行业标杆比较法

行业标杆比较法是指通过将本企业与标杆企业在某些具体领域的做法、指标结果等进行定量的比较，以寻找差距。一些公司使用设定基准的方法从可能性和影响方面来评价一个特定的风险，管理者从而做出合适的风险应对决策以降低风险发生的可能性或影响。基准数据能使管理层根据其他企业的经验了解风险发生的可能性或影响。基准数据一般包括以下 3 点。

① 内部的：把一个部门或子公司的量度与同一主体的其他部门或子公司进行比较。

② 竞争的或行业的：在直接竞争者或具有类似特征的更广泛的公司群的量度之间进行比较。

③ 同类最佳的：在跨行业的公司里寻找相似的量度进行比较。

（3）敏感度分析

敏感度分析是指在合理范围内，通过改变输入参数的数值来观察并分析相应输出结果的分析模式。敏感度分析一般用来评价潜在事项的正常或日常变化的影响。由于计算相对容易，敏感度量分析也用来弥补概率统计方法的不足。敏感度分析可以帮助公司明确自身对相关风险的接受程度。

当影响所关注目标结果变动的因素通常是单一变量，而且该变量与所关注目标之间存在清晰的相关关系时，可以采用敏感度分析。在使用敏感度分析的过程中，分析人员应该明确以下 3 点。

① 因变量：所关注的目标是什么。

② 自变量：影响该目标的风险因素是什么，该风险因素的波动范围是怎样的，发生的概率如何。

③ 因变量和自变量之间的关系：该风险因素是如何影响目标的实现的，其变动对目标的变动方向与变动程度的影响如何。

（4）风险价值法

风险价值（Value at Risk, VAR）法是在风险管理领域应用颇为广泛的风险定量分析方法。所谓风险价值，是指在市场正常波动下，在一定的概率水平下，某一投资组合在未来特定期间内、在给定的置信水平下面临的最大可能损失。所谓风险值，是指在既定容忍水平下，市场最坏时投资组合最大的不可预期损失。它是综合市场风险、信用风险、利率风险与外汇风险等于一体的统一性标尺。

VAR 可以应用在不同的风险项目而且能保持量度的稳定性和一致性，令不同项目的风险都可以直接比较。采用 VAR 量度自然分布的数据时，VAR 依赖两个重要的数据：量度的时段和选取的信心水平。虽然在不同的量度标准下，VAR 的数值会有差别，但是可以通过公式换算将不同的标准相互转换。比较 VAR 量度的结果需要同一标准，缺乏共同标准会使比较没有意义，而且会带来错误的结果。

（5）情景分析法

情景分析法是一种自上而下的分析方法，可以计量某事件或事件组合将会对企业产生的影响。它通过想象、联想和猜想来构思和描绘未来可能出现的情况，从而为企业制定风险应对策略提供支持。情景分析法的主要程序如下。

① 确定分析的主题，明确分析的范围。

② 建立风险数据库，并将风险按其对企业的影响进行分类。

③ 构思各种可能出现的未来图景。

④ 设想一些突发事件，看其可能对未来情景产生的影响。

⑤ 描述未来各种状态的发展演变途径。

在适用情景分析的过程中应明确以下 3 点。

① 因变量：所关注的目标是什么。

② 自变量：影响该目标的风险因素，该风险因素的波动范围和发生的概率，风险因素之间的关系，在分析中应该尽量避免强相关关系的存在。

③ 因变量和自变量之间的关系：该风险是如何影响目标的实现的，其变动对目标的变动方向与变动程度的影响如何。

情景分析法可以结合连续性经营计划、估计系统故障或网络故障的影响来确定一个或多个事项对经营的全面影响。

（6）压力测试法

压力测试法是情景分析法的一种形式，专门用于特定的风险因素，可以被企业用在极端情景下分析评估风险管理模型或内部控制流程的有效性，从而使企业发现问题并采取改进措施，目的是防止出现重大损失事件。具体操作步骤包括以下几点。

首先，针对某一风险管理模型或内部控制流程，假设会出现的极端情景。极端情景是指在正常情况下，出现概率很小，而一旦出现，后果十分严重的事情。在极端情景出现时，企业不仅要考虑本企业或与本企业类似的其他企业遭受过的历史教训，还要考虑历史上不曾出现但将来可能会出现的事情。然后，评估极端情景出现时该风险管理模型或内部控制流程是否有效，并分析对企业可能造成的损失。最后，企业应采取相应措施，进一步修改和完善风险管理模型或内部控制流程。

（7）风险指标分析法

风险指标是用来表示风险程度的统计指标，最常用的是道氏火灾爆炸指数（以下简称道指）。风险指标分析法的基本原理是衡量损失可能性并用数值表示出来，然后将其用于比较并作为对每年的变化进行管理的依据。风险指标用于及时给出有关风险状况变动的信息，以便让管理层采取适当的行动去转移风险。一项风险事件的发生可能有多种成因，但关键成因往往只有几种。关键风险指标管理是对引起风险事件发生的关键成因指标进行管理的方法。具体操作步骤如下。

① 将关键成因量化，确定其量度，分析确定风险事件发生（或极有可能发生）时该成因的具体数值。

② 以该具体数值为基础，以发出风险预警信息为目的，加上或减去一定数值后形成新的数值，该数值即为关键风险指标。

③ 建立风险预警系统，即当关键成因的数值达到关键风险指标时，系统发出风险预警信息。

④ 确定出现风险预警信息时应采取的风险控制措施。

⑤ 跟踪监测关键成因数值的变化，一旦出现风险预警信息，就实施风险控制措施。

该方法既可以管理单项风险的多个关键成因指标，也可以管理影响企业目标实现的多个主要风险。使用该方法，要求对风险关键成因分析准确，且风险关键成因易量化、易统计、易跟踪监测。

风险评估要按照一定的程序来进行，有目标设定、风险识别、风险分析、风险应对 4 个步骤。

【例 4–1】FTQ 公司自 2008 年开始逐渐取代 TYQ 公司而成为全世界排行第一的汽车生产厂商，其旗下品牌主要包括凌志、FT 等系列的车型。2010 年 1 月，FTQ 公司的油门踏板因设计问题在被踩下去之后可能无法恢复到正常位置，存在极大的安全隐患，FTQ 公司开始召回 RAV4、Matrix、 Avalon 等 8 款车型，全球召回总量接近 1 000 万辆。2010 年 2 月，继“踏板门”后，FTQ 公司因为混合动力车——普锐斯刹车系统出现问题，再次采取全球范围的大规模召回行动，在日、美两大市场召回的混合动力汽车总量大概为 27 万辆。大规模召回行动不但给 FTQ 公司带来巨额经济损失，最主要的是损害了 FTQ 公司“安全、可靠”的形象，给 FTQ 公司可能带来长期的信用和品牌声誉损失。厂商设计不合理、生产管理不严格、供应商零部件不合格是造成召回事件的三大原因。其中，供应商的零部件不合格问题是主要原因。

【分析】FTQ 公司快速扩张的主要方式是在海外直接设厂生产。在市场竞争与追逐利润的双重压力下，FTQ 公司尽最大可能压缩生产成本，措施之一便是直接在当地采购零部件，使整车生产与零部件供应商形成专业化协作的关系，逐步搭建起零部件的通用平台，即在不同级别的车型上采用相同供应商生产的零部件，并建立全球化的零部件供应体系。企业与供应商的这种专业化协作关系，利于他们共同面对市场、降低成本。这在 5 年时间里为 FTQ 公司节约了 100 亿美元，使 FTQ 公司近年来利润额持续上升。也正是在这种成本控制模式下，FTQ 公司才以低成本优势赶超母公司。但是辉煌的背后，却隐藏着相当大的风险。为了尽可能地压缩成本以获取高额利润，FTQ 公司大量使用生产低价位零部件的供应商，因此产品质量难以保证。

当前汽车产业已经逐步实现全球化的生产与经营，产业分工越来越细、产业供应链越来越长、竞争越来越激烈。为了降低成本、提高市场占有率，除了改进自身技术、加强内部管理之外，降低原材料和零部件的成本就成为各大车企的重要选择。而企业在此过程中，面临的首要问题就是对分布于全球范围内的零部件供应商进行质量监督与控制。FTQ 公司所经历的危机告诫我们，整车生产企业与零部件供应商的紧密合作关系，以及零部件通用化是一把双刃剑，因为其在为企业降低成本、带来可观利润的同时，也会使企业置身于潜在的危险之中。

4.2.3 目标设定

从基本规范的第二十条可以看出，目标设定是进行其他程序的前提。在识别和分析风险并采取行动来管理风险之前，企业必须设定目标。目标是有层级的，可以分为战略目标和具体目标。

4.2.3.1 战略目标

战略目标明确了企业存在的意义和价值，所以管理层需要设定战略目标，进行战略规划，并为企业确定具体目标。尽管一个企业的战略目标一般是稳定的，但是它的具体目标却是动态的。具体目标会随着内部和外部条件的变化而得到重新调整，以便和战略目标相协调。

作为高层次的目标，战略目标反映了管理层就企业如何努力创造价值所做出的选择。在考虑战略目标的备选时，管理层要识别与一系列战略选择相关联的风险，并考虑它们的影响。

通常情况下，企业希望以最小的风险管理成本获得最大的安全保障，从而使企业价值最大化。这里的成本，是指企业各项资源的投入，包括人、物、财以及放弃收益的机会成本。从人的方面来讲，包括聘请有关技术人员、配备专职风险管理人员、建立风险管理机构等；从物的角度出发，有为预防和减少可能出现的风险损失而配置的必要的技术和设施等；从财的角度来讲，除了与人力、物力直接相关的投入以外，还有对风险进行财务处理的支出，如借款利息支出等。

4.2.3.2 具体目标

具体目标大致可分为3类。

（1）经营目标

经营目标与企业经营的有效性相关。企业设立经营目标的目的是在推动企业实现最终目标的过程中提高经营的有效性和效率。经营目标需要反映企业所处的特定的经营、行业和经济环境。

（2）财务报告目标

一份可靠的财务报告为管理者提供适合既定目标的准确而完整的信息。它支持管理者的决策并对企业活动进行监控，包括生产质量、员工与客户满意度结果、市场营销计划的成果等。对外的财务报告还涉及财务报表和报表附注、管理层的讨论和分析以及向监督机构提交的报告等。

（3）合规性目标

法律和法规确定了最低的行为准则，企业从事活动时必须符合相关的法律和法规，同时企业的合规记录可能会对它在市场和社会上的声誉产生极大的正面或负面影响。

恰当的目标设定过程是至关重要的环节。尽管目标为企业从事活动提供了可计量的标准，但是它们的重要性和优先程度各不相同。所以，企业应该合理保证实现特定的目标。企业应当确保战略目标、具体目标和企业的风险容量相一致，不合适的目标会使企业承受太多不必要的风险。

4.2.4 风险识别

基本规范的第二十一条和第二十二条对企业的风险识别进行了详细的规定。本小节接下来将对风险识别这一概念进行逐步解读。

4.2.4.1 风险识别概述

风险识别是指识别所有可能对企业产生负面影响的风险，即找出影响预期目标实现的主要风险。这项工作要从风险产生的原因入手，通过各种识别工具和方法来发现客观存在的不确定性，即辨识风险，然后建立风险的详细清单，进行风险分析。识别过程包括两个阶段：首先是风险的辨识，要找出各种风险及其存在之处；然后对各种风险进行分析，主要分析引起风险的各种原因和风险可能导致的结果。

风险识别的主要目的不仅包括帮助企业认识和发现风险，还包括为企业提供管理风险的思路。具体而言，就是要发现潜在的风险，使企业能及时采取措施，防患于未然；充分了解和认识造成风险的原因和过程，便于企业采取适当的技术和手段控制风险或者降低损失的程度；初步判断这些风险将对企业造成的影响，便于管理层进行决策——是否应采取恰当的、有效的措施来控制风险。企业只有充分地识别风险才能有效地控制风险。

风险识别事实上是发现风险源和认识风险因素的过程。

风险的最终来源是自然环境和人为环境。自然环境是基本的风险源，某些自然灾害如地震、干旱或者洪水等可能会带来损失；自然环境也可能带来机遇，如秋高气爽的天气促进了旅游业的兴旺。而人为环境较为复杂，我们可以将其细分为社会环境、政治环境、经济环境、法律环境，它们均会在一定程度上带来风险。拿社会环境来说，人们的道德信仰和价值观受到冲击时，可能会引发一些意想不到的事件，而这些事件就很可能直接影响到企业的生产和销售环节。而风险识别就是这样一个发现和认识的过程，它使企业先找出风险的来源，同时对这些来源加以认识，以便为后续工作打好基础。

4.2.4.2　风险识别的方法

（一）风险识别的基本方法：风险清单

风险清单是指由一些专业人员设计好的标准的表格或者问卷，上面全面地罗列了一个企业可能面临的风险。风险清单试图将所有可能的风险全部包括在其中，使用者需回答清单中列示的每一个问题。通过回答这些问题，风险管理者逐渐构建出本公司的风险框架。

风险清单的优点是经济方便，适合新公司、初次构建风险管理制度的公司或缺少专业风险管理人员的公司使用，帮助他们识别最基本的风险，降低忽略重要风险源的可能性。

但是，这些清单也有局限，其表现在：第一，因为这些清单是标准化的，适合所有企业，所以针对性差，可能有一些特殊风险没有涵盖在其中；第二，这些清单是基于传统风险管理理念设计出来的，不涉及投资风险，所以清单中也就没有关于投资风险的项目。比较常见的风险清单有潜在损失一览表、保单检视表和资产 – 暴露分析表等。

（1）潜在损失一览表

对于潜在的损失，企业可以通过预先设计的表格来进行分析识别。美国风险管理与保险学会在 1977 年发布了一份较全面、较规范的潜在损失一览表（如表 4–2 所示）。

表 4–2　潜在损失一览表

一、直接损失
1. 无法控制和无法预测的损失
（1）电力中断：闪电、烧毁及各种损坏
（2）物体落下：飞机失事、陨石等
（3）地壳运动：火山、地震、滑坡
（4）声音及地震波：喷气机、震动
（5）战争、暴力、武装冲突及恐怖行动
（6）水损：洪灾、水位提高、管道破裂等
（7）冰、雪损害
（8）风暴：台风、飓风、龙卷风、冰雹
（9）土地下沉、倒塌、腐蚀

续表

2．可以控制和可以预测的损失 （1）玻璃或其他易碎物品的破裂 （2）毁坏：工厂设施的毁坏 （3）起始或降落时的碰撞：飞机碰撞、船舶碰撞 （4）污染：流体、固体、气体、放射性污染 （5）腐蚀 （6）雇员疏忽或大意 （7）爆炸事故 （8）环境控制失败所致损失：气候、温度、气压 （9）咬伤：动物或昆虫等 （10）火损 （11）建筑物损坏：倒塌 （12）国际性的毁坏 （13）航海风险 （14）物体变化所致损失：收缩、蒸汽、变色、变质、膨胀 （15）油箱或管道破裂 （16）烟损、污点 （17）物体溢出、漏出 （18）电梯升降故障 （19）交通事故：翻车、碰撞 （20）无意识过错 （21）故意破坏与恶作剧 （22）欺骗、伪造、偷窃、抢劫 3．主要与财务价值有关的损失 （1）雇员不诚实：伪造、贪污 （2）逮捕、充公 （3）欺诈、偷窃、抢劫 （4）事实、专利、版权的无效 （5）库存短缺：神秘消失、丢失、乱放 （6）作废
二、间接损失或因果损失 （1）所有直接损失的影响：对供应商、顾客、雇员、财产、人身等造成的影响 （2）附加费用增加 （3）财产集中损失 （4）样式、品味和需求的变化 （5）破产 （6）营业中断损失 （7）经济中断损失 （8）流行病、疾病、瘟疫 （9）技术革命：折旧费增加 （10）版权侵权 （11）管理失误：市场、价格、产品、投资等

续表

三、责任损失 （1）航空责任 （2）运动责任 （3）出版商责任 （4）汽车责任 （5）契约责任 （6）雇主责任 （7）产品责任 （8）职业责任

（2）保单检视表

保单检视表是将保险公司现行出售的保险单上所列出的风险与风险分析调查表的项目整合而成的问卷式表格。这种表格突出了对公司所面临的可保风险的调查，但在不可保风险的识别方面就有一定的缺陷。此外，这种表格的使用者需具有保险专业知识，需对保单性质和条款有较深的了解。表 4–3 是美国埃特纳意外保险公司设计的保单检视表。

表 4–3　保单检视表 [1]

对于那些要投保的风险，公司对下面的每一项都应该在由风险分析调查表得出的结果的基础上进行仔细考虑。任何一个问题的确定答案都意味着公司在保单覆盖范围或费率上可能需要改进。
A. 财产损失风险 1. 有需要保护财产毁损的基本防护但未执行的情况吗 （1）自有建筑物和财物的直接毁损 （2）由财产毁损导致的间接损失 （3）他人财产直接毁损 （4）运送中财产的直接毁损 2. 被保险的风险保障足够吗 **自有的建筑物和财物** （1）如果保单附有共保条款，保额少于共保条款之要求吗 （2）任何一项财产的所有保额少于其可保价值吗 （3）财物价值波动剧烈吗 （4）其他地点之财物有未投保之情形吗 （5）有任何违反保单条款和保证的情形吗 （6）基本的火灾保险范围可扩大到包含其他危险事故吗 （7）在任何一个房屋内有自动洒水系统吗 （8）有易遭受水渍损的财产吗 （9）有冷冻、空调、锅炉和压缩设备吗 （10）“噪声公害”保险有必要吗

1　《风险管理》编写组 . 风险管理 [M]. 成都：西南财经大学出版社，1994.

续表

（11）建筑物内有带有核辐射的物品吗 （12）有正在建造或计划建造的建筑物吗 （13）现有建筑物有增建或改良的情形吗 （14）因建筑法令变更所致建造成本的增加有必要投保吗 （15）重置成本保险有必要吗 （16）有厚玻璃板类的财物吗 （17）像铸模、样品、印模等财物有未投保的情形吗 （18）改良物有未保障的情形吗 （19）办公室财物特别保障适合吗 （20）商业财产保障适合吗 （21）流动财产保单为财物提供了更好的保障吗 （22）有期货销售、分期付款销售和特殊契约销售的商品吗 （23）一种“售价”条款应该附上吗 （24）品牌和标签条款必要吗 （25）附加任何其他批单可改变保障的情形吗 **间接损失（从略）** **他人财产（从略）** **运送中财产（从略）** 3. 财产保单的签订有不恰当的情形吗（从略） B. 犯罪损失暴露（略） C. 机动车暴露（略） D. 其他法律责任与员工赔偿暴露（略）

（3）资产 – 暴露分析表

该表的内容分两大类：一类是资产，包括实物资产和无形资产；另一类是损失暴露，包括直接损失暴露、间接损失暴露和第三者责任损失暴露。表 4–4 是资产 – 暴露分析表的框架。

表 4–4　资产 – 暴露分析表的框架 [2]

资产 A. 实物资产 1. 不动产 2. 动产 3. 其他资产 B. 无形资产（不一定在企业的资产负债表和利润表中出现的资产） 1. 外部资产 2. 内部资产 **损失暴露** A. 直接损失暴露

2　宋明哲．现代风险管理 [M]. 北京：中国纺织出版社，2003.

续表

1．不可控制和不可预测的一般损失暴露
2．可以控制和可以预测的一般损失暴露
3．一般的财务风险
B．间接的或引致的损失暴露
1．所有直接损失暴露的影响
2．额外费用——租金、通信、产品
3．资产集中
4．风格、味道和期望的变化
5．破产——雇员、管理人员、供应商、消费者、顾问
6．教育系统的破坏——民族、政治、经济
7．经济波动——通货膨胀、衰退、萧条
8．流行病、疾病、瘟疫
9．替代成本上升，折旧
10．产权或专利权遭到侵犯
11．成套、成双、成组部件的遗失
12．档案受损造成的权力丧失
13．管理上的失误
14．产品取消
15．废品
C．第三方责任损失暴露（补偿性和惩罚性损失）
1．飞行责任
2．运动——运动队的赞助关系、娱乐设施
3．广告商和出版商的责任
4．机动车责任
5．合同责任
6．董事长和高级职员的责任
7．地役权
8．业主的责任
9．受托人和额外福利计划责任
10．玩忽职守责任——失误与疏忽
11．普通的玩忽职守责任
12．非所有权责任
13．业主责任
14．产品责任
15．保护责任
16．铁路责任
17．董事长和高级职员的责任（股东的派生责任）
18．水上交通责任

这种表格从另一个角度列举了企业所有的资产可能面临的风险损失。它不仅仅包含可保风险，也包含不可保的纯粹风险。

（二）风险识别的辅助方法

在使用风险清单的过程中，还需要配合使用其他辅助方法，才能识别出风险清单中没有包括的特殊风险。风险识别的辅助方法有：现场调查法、问卷调查法、组织图分析法、流程图分析法等。

（1）现场调查法

现场调查法相当于对风险进行一次全面的检查。现场调查法的主要步骤如下。

首先，调查前的准备工作。包括确定调查的时间（开始时间、结束时间和持续时间等）、调查的对象、调查的人数等。在实际工作中，为了不忽略重要事项，可事先设计出需要的表格。这类调查表通常包括调查对象的名称、职能、目前状况、故障情况和应采取的措施。相关人员在巡视时，应将所见到的每项事务都填入表格，表格样式如表 4–5 所示。

表 4–5　调查表

项目职能	
使用年数	
项目状况	
故障	
采取的行动	

其次，在进行现场调查和访问时，相关人员应认真填写表格。表格的填写要符合规范，避免出现一些不符合要求的表格，从而影响到调查结果。

最后，将调查的结果及时进行反馈，及时发现潜在的问题。

现场调查法的优点：可以获得第一手资料而不依赖他人的报告；可与基层人员和基层领导建立并维持良好的关系。

现场调查法的缺点：耗费时间长，成本高；在实际调查过程中，可能会引起一些员工的警戒或反感。

（2）问卷调查法

问卷调查法是指企业根据自己的需要，收集和统计与风险相关的信息。在问卷调查法下，调查的对象可以是职工，也可以是顾客；调查方式包括当面填写、邮寄、网络传递等。它的优点是形式多样、简单易行；它的缺点是需要各级领导认真负责、协调一致；否则，企业不能准确及时地发现潜在的风险。

调查问卷示例如表 4–6 所示。

表 4-6　调查问卷示例[3]

一个公司要求业务单元的员工在接受一个新供应商前完成一份调查问卷。该调查问卷要求员工调查潜在供应商的事项如下 · 质量过程 · 风险管理过程 · 保险范围 · 限制性规定 在考虑这些问题时，员工要识别公司在与该供应商进行交易的情况下会面临的下列潜在事项 · 供应商交货不稳定的历史造成了供应链断裂的风险 · 供应商不能证明存在一个适当的质量标准。存在这样一个风险：提供的原料可能不能满足公司的质量要求，从而导致产品问题、失去客户和声誉受损的后果 · 供应商对产品缺陷有不适当的表现范围。存在这样一个风险：公司将不能挽回相关的损失 · 供应商的限制性条件为公司与其签订两年的买卖契约。这会伴随一个需求变化和相关经济损失的风险

（3）组织图分析法

这种方法适用于各类企业。与其他方法相比，它的一个重要特点是能够体现企业重要人物对企业经营业绩的影响。通过组织图分析可以得到以下事实。

① 企业的性质和规模。

② 各部门间的内在联系以及相互依赖的程度。

③ 企业重要人物，包括能够提供风险管理人员所需的技术和信息的人，有权参与制定、实施企业经营决策的人等。

④ 企业内部可分为独立核算单位。

（4）流程图分析法

流程图分析法，是指按生产经营过程的内在逻辑绘制出作业流程图之后对其中的重要环节和薄弱之处进行调查和分析的方法。其基本步骤如下。

① 认识产品加工等过程的各个阶段。

② 设计流程图，把流程中的风险揭示出来。

③ 解释流程图，寻找事故发生的原因。

④ 预测可能的损失。

4.2.4.3　准确识别影响企业内部控制目标实现的风险因素

（1）企业识别内部风险时应当关注的因素

① 董事、监事、经理及其他高级管理人员的职业操守、员工专业胜任能力等人力资源因素。首先要明确董事、监事、经理及其他高级管理人员的职责，在《公司法》的指导下进行工作，同时，领导层更应懂得用人之道，最大限度地调动员工的工作积极性，激发其工作热情，为企业的发展做贡献。

② 组织机构、经营方式、资产管理、业务流程等管理因素。科学的管理方法是对企业进行有效控制，使企业步入良性循环的保证。管理因素包含组织机构、经营方式、资产管

3 The Committee of Sponsoring Organization of the Treaduway Commission. 企业风险管理——整合框架应用技术 [M]. 大连：东北财经大学出版社，2006.

理、业务流程等。拿资产管理来讲，具体方法有：营销管理方法，办公行政管理方法，财务管理方法，物流管理方法，生产管理方法，以及品质、设备、安全管理方法等。这些方法均服务于同一目的，即完善基础管理工作和提高管理水平。因此，我们要对影响管理的因素有一个全面的把握，以便准确识别风险因素。

③ 研究开发、技术投入、信息技术运用等自主创新因素。企业的自主创新指的是企业主要靠企业内部的研究开发力量，相对独立自主地进行技术的研究开发及其他创新活动。企业提升自主创新能力，要把握以下 3 点内容。

第一，企业是自主创新的主体。企业的自主创新活动既是对新产品、新技术的开发，又是对新市场的开拓。因此，企业既面临技术创新不能成功的风险，又面临产品经不起市场考验的风险，也就是说，企业会面对很多的不确定性和不可控的因素。企业在进行自主创新时面临着激烈的竞争，需要抢时间、赶速度和高投入，在技术领域领先于竞争对手，以保证获得技术创新所带来的超额利润。所以，企业只有战胜高风险，引领技术和市场的潮流，才能实现可持续发展。

第二，企业自主创新必须着眼于产业化。经济全球化使企业自主创新的战略越来越体现在自主知识产权的价值和核心竞争力上。在世界性的企业自主创新浪潮中所涌现出的新一代创新巨头均是领军企业。很多跨国公司或细分自己的业务，或加大力度推动产业整合，或进一步扩展自己的核心产业，或与其他巨头建立战略联盟，谋求的正是产业发展不同阶段中的主导地位。企业如果没有自主创新的能力，或者在进行自主创新时没有着眼于产业化，必然会受制于人，甚至会在产业发展进程中被逐步淘汰出局。

第三，自主创新是技术与管理、经营与组织的良性互动和有机整合。自主创新是相对独立的一系列活动的动态整合过程，不仅包括人、财、物等很多资源的整合，而且要保证管理更有效率。自主创新使新产品、新工艺更好地实现商业化和产业化，从而推动整个产业的发展。如果没有各个环节、职能之间的良性互动，则企业将难以实现自主创新。自主创新的模式很多，但无一例外地都要求将技术过程、管理过程、经营过程、组织过程有机地加以整合，谋求自主创新能力的最大化。这就要求企业必须调动员工特别是科技研发人员的积极性，激发员工的创造力，使他们自觉、主动地开展创新活动。因此，认识和了解这些自我创新因素并好好地加以利用，不仅可以使企业在竞争中立于不败之地，同时对规避风险、以小成本获得大收益都具有很重要的作用。

④ 财务状况、经营成果、现金流量等财务因素。企业资产、负债和所有者权益（或者股东权益）的状况，就是企业的财务状况。资产负债表是反映企业在某一特定日期的财务状况的报表。利润表可以帮助报表使用者分析企业某一特定日期的经营成果和利润的未来发展趋势。现金流量是指企业在一定会计期间按照收付实现制，通过一定的经济活动（包括经营活动、投资活动、筹资活动和非经常性项目）而产生的现金流入、现金流出及其总量情况的总称。现金流量管理是现代企业理财活动的一项重要职能，建立完善的现金流量管理体系，是企业生存与发展、提高企业市场竞争力的重要保障。现金流量表是以现金为

基础编制的财务状况变动表，反映了会计主体在一定时期内现金的流入和流出情况，表明会计主体获得现金和现金等价物的能力。现金流量表一般包括 3 部分内容，即经营活动产生的现金流量、投资活动产生的现金流量和筹资活动产生的现金流量。

一般而言，了解和掌握这些财务因素需要对财务报告进行分析，分析应该包括以下几个步骤：第一，审阅注册会计师的报告；第二，审阅整套财务报表，包括报表注释和补充报表中的相关内容；第三，运用分析方法，如比较报表分析法、横向和纵向百分比分析法、比率分析法等；第四，参考重要的补充信息。

⑤ 营运安全、员工健康、环境保护等安全环保因素。安全环保对于一个企业的生存和发展来说也是至关重要的。它包含营运安全、员工健康、环境保护等因素。其中，对于铁路、公路、航空等部门而言，营运安全是至关重要的因素；对于依靠劳动力发展的企业而言，员工的健康状况尤为重要；对于污染环境的企业而言，其环保能力也是很重要的衡量因素。因此，安全环保因素也成为风险识别中的一环，不可忽视。

⑥ 其他有关内部风险因素。

（2）企业识别外部风险时应当关注的因素

① 经济形势、产业政策、市场竞争、资源供给等经济因素。企业处在市场经济的大环境中，其经济环境必然影响着企业的生产经营和发展壮大。因此，在识别风险的过程中，一些外在的经济因素也是我们需要了解和掌握的，如经济形势、产业政策、市场竞争、资源供给等。

目前，在我国一系列方针政策和宏观调控措施的指导下，人民生活水平进一步提高，国民经济继续保持平稳增长，改革开放有序推进，社会事业加快发展，但经济运行中又出现了一些新情况、新问题，引起了人们的广泛关注。在当前这种情况下，要全面正确地判断经济形势，不仅要看经济增长速度，还要看就业、通货膨胀、国际收支等宏观指标的综合表现，以及经济效益、经济结构和人民生活的改善情况。

产业政策是政府制定的为了实现一定的社会经济目标而对产业的形成和发展进行干预的各种政策的总和。产业政策的制定主要是为了弥补市场缺陷、有效配置资源、保护幼小民族产业的成长、熨平经济震荡、发挥后发优势、增强适应能力。它包括产业组织政策、产业结构政策、产业技术政策、产业布局政策，以及其他对产业发展有重大影响的政策和法规。各项产业政策之间相互联系、相互交叉，形成了一个有机的政策体系。产业政策可以加强和改善宏观调控，抑制固定资产投资过快增长，制止部分行业盲目扩张，有效调整和优化产业结构，提升产业素质，保持国民经济持续、快速、健康发展。

市场竞争是市场经济中经济行为主体为了自身利益而增强自己的经济实力，排斥其他同类经济行为主体的相同行为的表现，其内在动因是各个经济行为主体自身的物质利益，以及对丧失自己的物质利益、被市场中同类经济行为主体排挤的担心。市场竞争的方式多种多样，如产品质量竞争、广告营销竞争、价格竞争等。通常我们按市场竞争的程度把市场竞争划分为如下两种类型：一种是完全竞争，指没有任何外在力量阻止和干扰的市场情况；另一种是不完全竞争，指除完全竞争以外，有外在力量控制的市场情况。

不完全竞争包括 3 种类型：完全垄断、垄断竞争和寡头垄断。

资源供给对一些企业来讲是发展的生命线，那么企业在开发资源的同时不仅要考虑到资源的后续利用，还要适当考虑开发新资源、拓展业务范围等问题。

② 法律法规、监管要求等法律因素。法律规定了企业行为的底线，是企业必须遵守的行为准则。从宪法和法律的相关规定看，法律监督是指运用国家权力，依照法定程序，检查、督促和纠正法律实施过程中严重违法的行为，以维护国家法制的统一和法律正确实施的一项专门工作。

法律监督是对法律实施中严重违反法律的情况进行的监督。法律监督不包括对立法活动的监督，而只是对法律实施情况的监督，并且以监督严重违反法律的情况为主。

法律监督是专门性的监督，其专门性主要表现在以下两个方面。一是法律监督权作为国家权力的一部分，由人民检察院专门行使，法律监督是检察机关的专门职责。检察机关如果放弃对严重违反法律的行为进行监督，就是失职。因而它不同于其他一切社会活动主体都能进行的一般性监督。二是法律监督的手段是独特的。按照宪法和法律的规定，检察机关进行法律监督的手段是由法律特别规定的。

法律监督是程序性的监督。法律对检察机关的法律监督制定了一定的程序规则。这些程序规则可能因监督对象的不同而不同。比如，对刑事犯罪提起公诉有提起公诉的程序，对人民法院已经生效的判决、裁定提起抗诉有提起抗诉的程序等。

法律监督是事后性的监督。只有当法律规定属于法律监督的情况出现以后，检察机关才能启动法律监督程序，实施监督行为。国家工作人员在职务活动中可能出现的各种违法行为，在程度上是不同的，只有在违法行为达到一定程度之后，检察机关才能启动法律监督程序实施监督。知法、守法是企业正常运行的必经之路，所以对一些法律因素，企业管理层应予以重视。

③ 安全稳定、文化传统、社会信用、教育水平、消费者行为等社会因素。在风险识别的过程中，外部的一些风险因素，也对风险评估过程具有一定的影响。社会安全稳定必然会为企业的发展创造一个良好的环境。而文化传统则是区别于不同地区的显著特征。当企业设立分公司或者分部时，要尊重当地文化，适应当地文化，融入当地的文化氛围，以便了解顾客群的需求。这是风险识别的重要步骤之一。社会信用是企业发展的推动力，具有良好口碑的企业才能在激烈的竞争中立于不败之地。教育水平反映了企业员工的文化素质，接受过良好的教育能帮助员工提升自身素质，对形成优良的企业文化起到了有益的作用。同时对于一个企业来讲，对员工的再教育也是必要的，如职业培训可以提高员工的生产效率。因为消费者的偏好可能会因时间、地点的不同而有所区别，所以企业在识别风险时需要关注消费者行为。

④ 技术进步、工艺改进等科学技术因素。科学技术是生产力发展和经济增长的第一要素。科学技术是知识形态的生产力，可以引起劳动者、劳动资料和劳动对象这些基本要素

的变化，从而转化为直接的生产力。“科学技术是第一生产力”是对科学技术在现代生产力中的重要地位的科学概括。过去，生产力发展和经济增长主要靠劳动力等资源的投入，但随着知识经济时代的到来，科学技术等因素日益成为生产力发展和经济增长的决定性要素。现在，生产力发展和经济增长主要靠的是科学技术的力量。

科学技术是推动生产力发展的重要因素。生产力的基本要素是生产资料、劳动对象和劳动者。生产资料与科学技术密切相关，在先进的科学技术的指导下，劳动者可以生产出优良的生产资料，同时也掌握了一定的科学技术知识。科学技术快速发展并向现实生产力迅速转化，改变了生产力中的劳动者、劳动工具、劳动对象和管理水平。科学技术为劳动者所掌握，极大地提高了人们认识自然、改造自然和保护自然的能力，提高了劳动生产能力。在生产力系统中，科学技术已经成为推动生产力发展的关键要素。

现代科学技术对生产力发展具有先导作用。科学技术革命是社会动力体系中的一种重要动力，它主要通过促进人们的生产方式、生活方式和思维方式的变革来推动社会发展。19 世纪末发生的第二次工业革命，是科学、技术、生产三者关系发生变化的一个转折点。在此之前，科学、技术、生产三者的关系主要表现为：生产的发展推动技术进步，进而推动科学的发展。第二次工业革命后，生产带动科学和技术发展的情况发生改变，现在是科学推动技术进步，再推动生产的发展。科学和技术越来越走在社会生产的前面，开辟着生产发展的新领域，引导着生产力发展的方向。大量的事实已经证明：科学理论研究一旦取得重大成果，终将给生产和技术带来巨大的进步。

科学技术的迅速发展是一把双刃剑，既可以造福于人类，也带来了危及地球生命和人类社会的“全球问题”，所以在风险识别的过程中，科学技术也是外部风险的重要组成部分。一方面，科技的进步促进了企业的发展；另一方面，我们必须注意到它的负面效应以及它潜在的风险。

⑤ 自然灾害、环境状况等自然环境因素。自然灾害给人类的生产和生活带来了不同程度的损害，包括人与自然之间的关系，以及人与人之间的关系。自然灾害是人与自然之间的矛盾的一种表现形式，具有自然和社会双重属性，是人类过去、现在、将来所面对的最严峻的挑战之一。自然灾害是人类依赖的自然界中所发生的异常现象，既有地震、火山爆发、泥石流、海啸、洪水等突发性灾害，也有土地沙漠化、干旱、海岸线变化等经过较长时间才能逐渐显现的渐变性灾害，还有臭氧层变化、水土流失、酸雨等由人类活动导致的环境灾害。这些自然灾害和环境破坏之间又是相互联系的。自然灾害因其突发性和难以预测性的特点，通常具有极大的破坏力。

自然灾害有时会扰乱组织、家庭以及个体生活，会引起压力、焦虑、压抑以及其他情绪和知觉问题，所以自然环境是风险识别中不容忽视的重要因素。虽然自然灾害带来的风险难以衡量，但是我们在进行风险识别的过程中，也要对其多加注意。

⑥ 其他有关外部风险因素。除上述 5 点外部风险因素外，凡是能预见到的、可能存在的潜在风险，我们都应当给予一定程度的关注，从而有效地规避风险。

4.2.4.4 风险分析

风险分析有狭义和广义两种。狭义的风险分析是指通过定量分析的方法给出完成任务所需的费用、进度、性能三个随机变量的可实现值的概率分布。广义的风险分析是指识别和测算风险，并开发、选择和管理方案来解决这些风险的有组织的手段。

风险分析是对风险影响和后果进行评价和估量，包括定性分析和定量分析。其中，定性分析是评估已识别风险的影响和可能性的过程，按风险对项目目标可能的影响进行排序，其作用和目的为：识别具体风险和指导风险应对、根据各风险对项目目标的潜在影响对风险进行排序、通过比较风险值确定项目总体风险级别。定量分析是量化分析每一风险的概率及其对项目目标造成的后果，也分析项目总体风险的程度，其作用和目的为：测定实现某一特定项目目标的概率，通过量化各个风险对项目目标的影响程度，甄别出最需要关注的风险、识别现实的和可实现的成本、进度及范围目标。

风险分析的主要内容如下。

（1）风险识别

风险因素识别应注意借鉴历史经验，特别是后评价的经验。同时可运用“逆向思维”方法来审视项目，寻找可能导致项目“不可行”的因素，以充分揭示项目的风险来源。风险识别要根据行业和项目的特点，采用分析和分解原则，把综合性的风险问题分解为多层次的风险因素。常用的方法主要有风险分解法、流程图法、头脑风暴法和情景分析法等。具体操作中，大多通过专家调查的方式完成。

（2）风险估计

风险估计，即估计风险发生的可能性及其对项目的影响。应采取定性描述与定量分析相结合的方法对风险做出全面估计。在风险估计的过程中，定性与定量不是绝对的，在深入研究和分解后，有些定性因素可以转化为定量因素。主要的风险估计方法包括风险概率估计法及风险影响估计法。

（3）风险评价

风险评价是在风险估计的基础上，通过相应的指标体系和评价标准，对风险程度进行划分，以揭示影响项目成败的关键风险因素。风险评价包括单因素风险评价和整体风险评价。单因素风险评价，即评价单个风险因素对项目的影响程度，以找出影响项目的关键风险因素。评价方法主要有风险概率矩阵、专家评价法等。项目整体风险评价，即综合评价若干主要风险因素对项目整体的影响程度。对于重大投资项目或估计风险很大的项目，应进行投资项目整体风险分析。

（4）风险对策

在进行风险分析究时，不仅要了解可能面临的风险，且要提出针对性的风险对策，避免风险的发生或将风险损失减低到最少，才能有助于提高生产运营的安全性。在实际中，施行风险对策的主要要求如下。

① 风险对策研究应贯穿于可行性研究的全过程。

② 风险对策应具针对性。针对主要的或关键的风险因素提出必要的措施，将其影响降低到最小程度。

③ 风险对策应有可行性。所谓可行，不仅指技术上可行，且从财力、人力和物力方面也是可行的。

④ 风险对策必具经济性。在风险对策研究中应将规避防范风险措施所付出的代价与该风险可能造成的损失进行权衡，旨在寻求以最少的费用获取最大的风险效益。

⑤ 风险对策研究是有关各方的共同任务。风险对策研究不仅有助于避免决策失误，而且是以后风险管理的基础。

【例 4-2】ZXT 有限公司（简称“ZXT”）是在香港交易所上市的综合型企业，成立于 1990 年。ZXT 在澳大利亚西部经营着一个铁矿。为了降低公司在澳大利亚铁矿石项目中面对的货币风险，从 2007 年起，ZXT 开始购买澳元的累计外汇期权合约进行对冲。2008 年 10 月 20 日，ZXT 发布公告称，该澳元累计目标可赎回远期合约，因澳元大幅贬值，已经确认亏损 155 亿港元。2008 年 10 月 29 日，由于澳元的进一步贬值，该合约亏损额已接近 200 亿港元。2008 年 12 月 5 日，ZXT 股价收于 5.80 港元，在一个多月内市值缩水超过 210 亿港元。就 ZXT 投资外汇造成重大亏损，并涉嫌信息披露延迟，香港证监会对其展开了调查。

【分析】ZXT 买入外汇衍生品是为对冲一个涉及 16 亿澳元的矿业项目的外汇风险，但其购买的外汇期权价值是 90 亿澳元，比实际矿业投资额高出 4 倍多。若汇率不能升到事先约定水平，ZXT 必须定期购入大笔澳元，直到汇率上升到约定的水平为止。显然，合约风险是无限的，ZXT 用错了衍生工具。累计期权的风险与收益严重不匹配，收益固定但风险无限。ZXT 选择了澳元作为买卖产品，但该合约并未考虑相关货币贬值风险，未设定止损金额，从而为日后的无限量亏损埋下祸根。ZXT 在签订澳元期权合约之前，没有对澳元外汇走势进行科学评估，盲目进行交易。ZXT 进行外汇交易不只是为了对冲风险，还为了牟取暴利。另外，ZXT 的公告表示有关外汇合同的签订并未经过恰当审批，其潜在风险也没得到评估，说明 ZXT 在做出重要决定前并未考虑潜在的最大损失。

4.2.4.5　风险应对

根据基本规范的第二十五条、第二十六条及第二十七条，企业应当采取适当的控制措施防范企业风险。

（1）考虑风险偏好

风险偏好就是人对风险的态度，是对一项风险事件的容忍程度。根据对风险的容忍程度，人们一般被分为风险喜好者、风险中性者和风险厌恶者。人的风险偏好与其财富、受教育水平、性别、年龄、婚姻等因素相关。不同人群的风险偏好和风险承受能力是不同的。既然不同人群的风险偏好是不同的，那么企业需要做的一项工作就是对不同人群的风险偏好进行合理分析，在统筹全局时要兼顾各方的利益需求。基本规范第二十五条指出企业要准确掌握董事、经理及其他高级管理人员、关键岗位员工的风险偏好，进而采取适当的控制措施，规避不必要的风险。

（2）风险应对策略

① 风险规避。风险规避的实质是停止会产生风险的活动。例如，拒绝向新的地区拓展市场，或者卖掉一个分部等。风险规避不意味着完全消除风险，我们要规避的是风险可能给我们造成的损失。它主要有两方面的含义：一是要降低损失发生的概率，这就要求企业事先采取控制措施；二是要降低损失程度，这主要包括事先控制、事后补救两个方面。风险规避主要有以下几种情况。

第一，完全规避风险，即通过放弃或拒绝合作、停止业务活动来回避风险源。虽然企业能因此避免潜在的或不确定的损失，但获得利益的机会也会因此丧失。

第二，风险损失的控制，即将风险控制在一定范围内。

第三，转移风险，即将自身可能要面临的潜在损失以一定的方式转移给对方或第三方。

第四，自留风险。这种情况可以是被动的，也可以是主动的；可以是无意识的，也可以是有意识的。因为有时完全规避风险对企业来说是不可能或明显不利的，这时企业有计划进行风险自留不失为一种好的规避风险的方式。

② 风险降低。风险降低是指采取措施降低风险事件发生的可能性或者减少发生时造成的不利影响，或者同时降低两者。风险降低几乎涉及各种日常的经营决策。例如，一家股票交割公司识别和评估其系统运行超过 4 个小时之后不能继续用的风险，得出了它不能承受这种情况的影响的结论。于是，这家公司加大在故障自测和系统备份技术方面的投资，以降低系统不能用的可能性。

③ 风险分担。风险分担是指通过转移来降低风险事件发生的可能性或减少发生时造成的不利影响，或者使他人分担一部分风险，常见的方法包括购买保险产品、从事避险交易或者外包业务活动。例如，一所大学识别和评估与经营学生食堂相关的风险，并得出结论：它不具备有效经营食堂所必需的能力，于是这所大学把食堂管理外包给了一家餐厅，从而降低了与食堂管理相关的风险。

④ 风险承受。风险承受是不采取任何措施去干预风险。例如，一个企业识别和评估它在不同地区的基础设施发生火灾的风险，并同时评估了通过保险分担风险的成本，得到的结论是保险和相关的费用所增加的成本超过重置成本，于是该企业决定承受这项风险。

企业对超出整体风险承受能力或者具体业务层次上的可接受风险水平的风险，应实行风险回避；在整体风险承受能力和具体业务层次上的可接受风险水平之内的风险，在权衡成本效益之后无意采取进一步控制措施的，可实行风险承担；对在整体风险承受能力和具体业务层次上的可接受风险水平之内的风险，在权衡成本效益之后，愿意单独采取进一步的控制措施以降低风险、提高收益或者减轻损失的，可以实行风险降低；对在整体风险承受能力和具体业务层次上的可接受风险水平之内的风险，在权衡成本效益之后，愿意借助他人力量，采取进一步的控制措施以降低风险、提高收益或者减轻损失的，可以实行风险分担。

风险应对策略与企业的具体业务或者事项相联系，企业针对不同的业务或事项可以采取不同的风险应对策略，在不同的时期针对同一业务或事项可以采取不同的风险应对策略，同一业务或事项在同一时期也可以综合运用风险降低和风险分担的应对策略。

（3）应对策略及时调整

企业按规定的程序和方法开展风险评估后，可结合业务流程、风险因素、重要性水平和风险应对策略，在对可能存在的风险进行分析的基础上，设立风险清单、建立企业风险数据库，为持续开展和不断改进风险评估提供充分、有效的数据支持。

企业应当重视风险评估的持续性，及时收集风险及与风险变化相关的各种信息，定期或者不定期地开展风险评估，适时更新、维护风险数据库并调整风险应对策略。

4.3　实务案例：基于内部控制风险评估环节的审计案例

进行财务报表审计时，审计人员要利用内部控制符合性测试来评估审计风险，修正实质性程序的性质、时间安排和范围，并利用该结果支持分析程序中的信息的完整性和准确性。在确定实质性程序的性质、时间安排和范围时，审计人员需要慎重考虑识别出的内部控制缺陷。

一、基于风险评估下的审计重点

（一）内部控制符合性测试和执行分析性程序

（1）符合性测试审计程序的目标

审计人员在对内部控制进行初步调查和测试的基础上，进一步测试内部控制的符合性，以查明其执行情况是否符合有关规定的要求。通过执行内部控制符合性测试审计程序，以达到以下目标。

① 发现哪些方面遵守情况良好、哪些方面存在缺陷，根据程序执行的结果确定审计的广度和深度，并考虑是否对审计计划做出修改。

② 确定内部控制制度能在多大程度上确保会计记录的正确性和可靠性，内部控制的执行能在多大程度上保护资产的完整性。在确定了内部控制的可依赖程度后，就可确定实质性测试的范围、重点及采用的方法。

（2）识别和评估重大错报风险时应实施的审计程序

① 在了解被审计单位及其环境的整个过程中识别风险，并考虑各类交易、账户余额、列报。

② 将识别的风险与认定层次可能发生错报的项目相联系。

③ 考虑识别的风险是否重大。

④ 考虑识别的风险导致财务报表发生重大错报的可能性。

（二）关注点在企业控制上的审计程序

在进行财务报告审计的过程中，审计人员要从财务报表层次出发采取自上而下的方法，从了解内部控制的整体风险开始，将关注重点放在企业层面的控制上，将工作下移至重大账户、列报和认定上。审计程序如下。

① 从财务报表层次初步了解内部控制整体风险。

② 识别企业层面的控制。

③ 了解重要账户、列报及其相关认定。

④ 了解错报的可能来源。

⑤ 选择拟测试的审计程序。

通过执行分析性程序，确定报表层面的风险事项和领域，进而识别重要账户、列报及相关认定。

二、执行审计程序的案例分析

资料一：A 公司 20×9 年与 20×8 年生产经营情况对比如下。

董事会确定的经营目标为收入增长 20%，管理层实行年薪制，总体薪酬水平根据经营目标的完成情况上下波动。该公司所处行业的平均销售增长率是 12%。该公司 20×9 年的经营目标在行业目标排名中居中。

A 公司 20×9 年的销售量、主营业务收入和净利润与 20×8 年相比增长 25%，在行业中居中，但同行业 20×9 年的平均销售增长率只有 12%，而 A 公司比同行业其他部分公司的平均销售增长率高。由于管理层的薪酬与销售增长指标挂钩，因此因管理层多计主营业务收入而产生错报的风险很大。应以营业收入的发生认定和应收账款的存在认定应作为重要的审计领域，设计有效的审计程序。

资料二：A 公司所处行业 20×9 年竞争激烈，近年原材料价格有较大幅度上升，水、电、煤等基础材料及人工成本处于较快的上升通道，涨价因素大大提高了企业的生产成本，A 公司期末存货占资产的比例较大。

资料三：A 公司当年基本建设项目完工结转固定资产的 40%；由于统一管理的需要更换了财务软件。

根据以上资料审计人员实施以下审计程序。

（一）实施风险评估程序以了解被审计单位及其环境

（1）询问被审计单位和内部其他相关人员

询问的事项为：管理层所关注的新竞争对手、主要客户和供应商的流失、新的税收法规的实施以及经营目标或战略的变化等主要问题；可能影响财务报告的交易和事项，目前发生的重大会计处理问题；被审计单位发生的所有权结构、组织机构的变化以及内部控制的变化等。

（2）评价财务报表发生重大错报的可能性

执行内部控制符合性测试确定评价内部控制的有效性，评价财务报表发生重大错报的可能性。

（3）确定财务报告中可能错报的项目

评估内部控制缺陷，根据缺陷的重大性和重要性确定财务报告中可能错报的项目。

（二）执行分析性程序，确定财务报表项目的关键环节

根据资料一，审计人员可以通过编制收入明细表，确定收入确认的时间分布、业务种类及重要客户等基本情况，同时根据抽取的大额销售资料，逆查到销售合同、存货出库及应收账款。如果收入的确认集中在年末，则审计人员还需执行销售截止期测试程序。

审计人员执行销售截止期测试时可以设计 3 条截止测试程序。

（1）以账簿记录为起点

从资产负债表日前后若干天的账簿记录查至记账凭证，检查发票存根与发运凭证，以证实已入账收入是否在同一会计期间已开具发票并发货，有无多计收入。

（2）以销售发票为起点

从资产负债表日前后若干天的发票存根查至发运凭证与账簿记录，确定已开具发票的货物是否已发货并于同一会计期间确认收入，查明有无漏计收入的现象。

（3）以发运凭证为起点

从资产负债表日前后若干天的发运凭证查至发票开具情况与账簿记录，确定收入是否完整。

根据资料二可以判定：A 公司期末存货的计价和分摊认定有较大风险，需特别注意存货的质量，注意观察存货余额常年不动的账户，关注是否存在冷背残次的积压存货；成本控制有风险，A 公司面临原材料价格和人工成本上涨、竞争强度加大等困难，以上因素，将导致成本上升，使 A 公司面临极大的成本控制风险。

基于资料三可以判定：A 公司面临的主要潜在错报风险为新增固定资产计价、折旧足额计提的风险，以及由于工作人员对新软件不熟悉而导致错报发生的风险。

通过以上分析，在实施财务报告审计的过程中，审计人员要从财务报表层次出发采取自上而下的方法，从了解内部控制的整体风险开始，将关注重点放在企业层面的控制上，将工作下移至重大账户、列报和认定上，执行以下程序。

① 从财务报表层次初步了解内部控制的整体风险。

② 识别企业层面控制；了解重要账户、列报及其认定；了解错报的可能来源。

③ 通过分析性程序，确定报表层面的风险事项和领域，进而识别重要账户。

④ 关注业务流程和业务单元的复杂程度，关注高风险领域以降低审计风险。

第5章
控制活动

5.1 法规原文

第二十八条　企业应当结合风险评估结果，通过手工控制与自动控制、预防性控制与发现性控制相结合的方法，运用相应的控制措施，将风险控制在可承受度之内。

控制措施一般包括：不相容职务分离控制、授权审批控制、会计系统控制、财产保护控制、预算控制、运营分析控制和绩效考评控制等。

第二十九条　不相容职务分离控制要求企业全面系统地分析、梳理业务流程中所涉及的不相容职务，实施相应的分离措施，形成各司其职、各负其责、相互制约的工作机制。

第三十条　授权审批控制要求企业根据常规授权和特别授权的规定，明确各岗位办理业务和事项的权限范围、审批程序和相应责任。

企业应当编制常规授权的权限指引，规范特别授权的范围、权限、程序和责任，严格控制特别授权。常规授权是指企业在日常经营管理活动中按照既定的职责和程序进行的授权。特别授权是指企业在特殊情况、特定条件下进行的授权。

企业各级管理人员应当在授权范围内行使职权和承担责任。

企业对于重大的业务和事项，应当实行集体决策审批或者联签制度，任何个人不得单独进行决策或者擅自改变集体决策。

第三十一条　会计系统控制要求企业严格执行国家统一的会计准则制度，加强会计基础工作，明确会计凭证、会计账簿和财务会计报告的处理程序，保证会计资料真实完整。

企业应当依法设置会计机构，配备会计从业人员。从事会计工作的人员，必须取得会计从业资格证书。会计机构负责人应当具备会计师以上专业技术职务资格。

大中型企业应当设置总会计师。设置总会计师的企业，不得设置与其职权重叠的副职。

第三十二条　财产保护控制要求企业建立财产日常管理制度和定期清查制度，采取财产记录、实物保管、定期盘点、账实核对等措施，确保财产安全。

企业应当严格限制未经授权的人员接触和处置财产。

第三十三条　预算控制要求企业实施全面预算管理制度，明确各责任单位在预算管理中的职责权限，规范预算的编制、审定、下达和执行程序，强化预算约束。

第三十四条　运营分析控制要求企业建立运营情况分析制度，经理层应当综合运用生产、购销、投资、筹资、财务等方面的信息，通过因素分析、对比分析、趋势分析等方法，定期开展运营情况分析，发现存在的问题，及时查明原因并加以改进。

第三十五条　绩效考评控制要求企业建立和实施绩效考评制度，科学设置考核指标体系，对企业内部各责任单位和全体员工的业绩进行定期考核和客观评价，将考评结果作为确定员工薪酬以及职务晋升、评优、降级、调岗、辞退等的依据。

第三十六条　企业应当根据内部控制目标，结合风险应对策略，综合运用控制措施，对各种业务和事项实施有效控制。

第三十七条　企业应当建立重大风险预警机制和突发事件应急处理机制，明确风险预警标准，对可能发生的重大风险或突发事件，制定应急预案、明确责任人员、规范处置程序，确保突发事件得到及时妥善处理。

5.2 原文讲解

内部控制的核心是控制活动。控制活动是企业根据风险评估结果，结合风险应对策略，确保内部控制目标得以实现的方法和手段。

企业内部控制措施通常包括不相容职务分离控制、授权审批控制、会计系统控制、财产保护控制、预算控制、运营分析控制、绩效考评控制等。

企业通过定期或不定期开展风险识别、风险分析和风险控制的策划工作，来识别、预测和评价生产经营单位现有或预期的作业环境和作业组织中存在的风险，并确定消除、降低或控制风险所应采取的措施。风险控制就是使风险降低到企业可以接受的程度，当风险发生时，不至于影响企业的正常业务运作。

5.2.1 不相容职务分离控制

5.2.1.1 不相容职务分离的含义

所谓不相容职务，是指那些不能由一人兼任，否则，既可能发生错误和舞弊行为，又可能掩盖其错误和舞弊行为的职务。不相容职务分离就是指不相容职务应由两个以上的人或部门担任，以利于相互监督。不相容职务分离基于这样两个假设：一是两个或两个以上的人或部门无意识地犯同种错误的概率要低于一个人或一个部门犯该种错误的概率；二是两个或两个以上的人或部门有意识地合伙舞弊的可能性大大低于一个人或一个部门舞弊的可能性。

5.2.1.2 明确不相容职务分离的措施

不相容职务分离是企业内部控制最基本的要求，是提高经营效率、保护财产安全以及增强会计数据可靠性的重要保障。

要做到不相容职务分离，企业首先应根据各项经济业务与事项的流程和特点，系统而完整地分析、梳理该经济业务与事项涉及的不相容职务，并结合岗位职责分工采取分离措施。有条件的企业，可以借助计算机信息技术系统，通过权限设定等方式自动实现不相容职务的分离。企业在分离不相容职务时，应遵循实质重于形式的原则，即弄清楚哪些业务之间存在联系和牵制、哪些职务之间存在利害关系。例如，材料采购与审批业务之间就存在着重大的牵制和利害关系。另外，企业应该掌握员工在企业中的人际关系，重点分析该员工的不相容职务是否由与其具有重大关联的人员担任。比如，在同一家企业中，若夫妻中的一人担任该企业的会计，另外一人担任该企业的审核人员，则针对这种情况企业应遵循回避原则。

5.2.1.3 企业中不相容的职务

在企业中不相容职务一般有：授权审批职务与申请职务，授权审批职务与执行业务职务，执行业务职务与监督审核职务，执行业务职务与会计记录职务，财产保管职务与会计记录职务，明细账记录职务与总账记录职务，执行业务职务与财产保管职务，财产保管职务与财产核查职务等。

5.2.2 授权审批控制

5.2.2.1 授权审批的内涵

授权审批是指企业人员在处理经济业务时，必须经过授权批准才能执行，以便对授权进行控制。授权审批按其形式可分为常规授权和特别授权。

常规授权是指企业在日常经营管理活动中按照既定的职责和程序进行的授权，一般来说它稳定不易变动，时效性较长。常规授权主要由管理层制定整个组织应当遵循的政策，使内部员工在日常业务处理过程中，可以按照规定的权限范围和有关职责自行办理或执行各项业务。它在企业中大量存在，如采购部门采购材料、会计部门进行账务处理、人力资源部门招聘员工等。企业可以根据常规授权编制权限指引，并以适当形式予以公布，以提高权限的透明度，加强对权限行使的监督和管理。

特别授权是指企业在特殊情况、特定条件下进行的授权，相对于常规授权来说，它一般是临时的、应急性的，因此其有效性通常是暂时的。它通常会涉及特定的经济业务处理的具体条件及有关具体人员，主要由管理层通过对某些特殊经济业务采用逐个审批的方式来对授权进行控制。

5.2.2.2 授权审批控制

授权审批控制要求企业根据常规授权和特别授权的规定，明确各岗位办理业务和事项的权限范围、审批程序和相应责任。企业应当编制常规授权的权限指引，规范特别授权的范围、权限、程序和责任，严格控制特别授权。不论采用哪种授权审批方式，企业都必须建立授权审批体系，其中包括以下内容。

（1）授权审批的范围

通常企业的所有经营活动都应纳入授权审批的范围，以便企业进行全面预算和全面控制。授权审批的范围不仅要包括控制各种业务的预算制定情况，还要包括对相应的办理手续、业绩报告、业绩考核等的明确授权。

（2）授权审批的层次

企业应根据经济活动的重要性和金额大小确定不同的授权审批层次，从而保证各管理层有权亦有责。

（3）授权审批的责任

企业应当明确被授权者在履行职权时应对哪些方面负责，以避免因授权审批责任不清而导致的出现问题难以追究责任的情况发生。

授权审批程序应规定每一类经济业务的审批程序，以便按程序办理审批，避免越级审批、违规审批的情况发生。

除此之外，企业还要在授权目的明确、职权与责任配比、使用人员的正确选择等方面加以注意。

企业应该严格要求各级管理人员在授权范围内行使职权和承担责任，坚决杜绝越权行使的现象。对于金额巨大、重要性高、技术性强、影响范围广的经济业务与事项，企业应当实行集体决策审批或者联签制度，任何个人不得单独进行决策或者擅自改变集体决策。未经授权的部门和人员，不得办理企业各类经济业务与事项。

对此，企业还应建立必要的检查程序来确保每项经济业务活动都得到有关部门和人员的审批。这是保证授权审批控制质量的重要环节。企业通常可以通过检查有关文件、现场观察等方式来确保经济业务得到审批。

为了使授权审批制度达到较好的效果，企业一定要遵循以下几个原则：一是有关事项必须经过授权审批，且在事项发生之前；二是授权审批责任一定要明确；三是所有过程都必须有书面证明；四是对于越权行为一定要有相应的惩罚措施。

5.2.3　会计系统控制

5.2.3.1　会计系统控制的含义

会计系统是企业管理系统的核心子系统之一。一方面，它通过记录和报告历史经济业务来反映企业的资产状况、经营成果以及现金流量的状况；另一方面，这些信息为企业的经营决策和与企业利益相关的外部使用者的投资决策提供依据。真实、完整的会计信息对于企业来说是非常重要的，它是企业能否进行有效经济分析、准确预测与决策的基础。会计信息如果真实、完整且与企业经营决策相关，那么就会为企业决策提供较好的信息基础；反之，则不仅对企业无用，还会对企业有害，因为虚假、片面的会计信息可能会起误导作用，将企业的决策行为引向错误的方向。

要保证会计信息的真实、完整，就必须建立健全内部控制制度。可以这样说，内部控制制度是会计信息真实、可靠的保障和前提。因为健全、完善的内部控制制度可以通过程序控制、手续控制、凭证编号、复核和核对等措施，使会计信息加工过程中的各个环节相互监督、相互制约，以免发生错误，而且即使发生了经济业务的错误记录，内部控制制度也可以自动地发现和纠正这些错误，从而保证最终输出的会计信息是完整、真实的。另外，操纵会计信息也通常是企业内部人员营私舞弊的主要手段，因为一切经济活动最终都综合反映在会计信息中，舞弊肯定会影响会计信息的真实性和完整性。由此可见，实施会计系统控制对每个企业来说都是必需的。

5.2.3.2 会计系统控制的目标

会计系统控制要求企业依据《会计法》和国家统一的会计准则制度，制定适合本企业的会计制度，明确会计凭证、会计账簿、财务报告以及相关信息披露的处理程序，规范会计政策的选用标准和审批程序，建立、完善会计档案保管和会计工作交接办法，实行会计人员岗位责任制，充分发挥会计的监督职能，确保企业财务报告的真实和完整。

会计系统控制以保护财产物资和确保会计资料可靠性为目的，是与保护财产物资的安全性、会计信息的真实性和完整性以及财务活动的合法性有关的控制措施。会计系统控制的目标是通过对财产物资和会计信息等控制对象制定一系列控制方法、措施和程序所要达到的最终目的和要求。它是建立、完善会计系统控制，以及有效实施会计系统控制的指南。会计系统控制应达到的基本目标如下。

第一，规范企业会计行为，保证会计资料的真实、完整。

第二，堵塞漏洞、消除隐患，防止并及时发现、纠正错误及舞弊行为，保护企业资产的安全、完整。

第三，确保企业贯彻执行国家有关法律法规和企业的规章制度。

企业在设计会计系统控制制度时，应遵循合法性与实用性相结合、全面约束与权限控制相结合、全面控制与关键点控制相结合、岗位职责与不相容职务分离相结合、控制成本与控制效果相结合的原则，具体内容如下。

① 合法性与实用性相结合是指会计系统控制既要符合国家有关法律法规，如《会计法》《公司法》等，又要符合企业的实际情况。企业应本着实事求是的原则，设计符合自身需要的会计系统控制制度，真正为实现企业目标发挥关键性的控制作用。

② 全面约束与权限控制相结合是指会计系统控制既要约束所有会计人员，又要给予有关人员一定的权限，并要求其在权限范围内执行其职务。

③ 全面控制与关键点控制相结合是指会计系统控制既要面面俱到，涵盖所有的会计业务、会计岗位以及相应的程序等，又要针对会计业务、会计岗位以及相应的程序中的关键控制点采取特别的措施。

④ 岗位职责与不相容职务分离相结合是指会计系统控制既要保证单位内部涉及的会计工作机构、岗位设置合理，以及相应的职责权限划分合理，又要保证不相容职务相互分离。

⑤ 控制成本与控制效果相结合是指会计系统控制同样也要遵循成本效益原则。

会计系统控制制度的设计除了要遵循上述原则外，还要注意另外两个问题。一是做好充分的准备工作。要想建立健全的会计系统控制制度，必须先做好调查准备工作，详细了解企业的有关情况，如企业的所有业务及其流程、岗位设置、人员结构等。二是会计系统控制制度的设计应利用风险导向性的设计方案，重点控制关键点的风险，将内部控制的风险降到最低。

5.2.3.3 实现会计系统控制目标的措施

要想实现会计系统控制的目标，企业要从以下两个方面着手。

（1）依法设置会计机构并配备专职的会计人员

企业应根据会计业务的需要，设置会计机构，或者在有关机构中配备会计人员并指定主管人员。企业在设置会计机构时，应当配备会计机构负责人，在有关机构中配备专职会计人员，在专职会计人员中指定会计主管人员。会计机构负责人、会计主管人员应具备6项基本条件：一是坚持原则，廉洁奉公；二是具有会计专业技术资格；三是曾经主管一个单位或者单位内一个重要方面的财务会计工作不少于两年；四是熟悉国家财经法律法规和政策，掌握本行业业务管理的有关知识；五是具有较强的组织能力；六是身体状况能适应本职工作的要求。此外，大中型企业还应当设置总会计师。设置总会计师的企业，不得设置与其职权重叠的副职。

不具备设置会计机构和配备会计人员条件的企业，应当根据《代理记账管理暂行办法》，委托经批准设立从事会计代理记账业务的中介机构代理记账。

会计人员办理交接手续，必须有监交人负责监交。一般会计人员办理交接手续时，由会计机构负责人（会计主管人员）负责监交；会计机构负责人（会计主管人员）办理交接手续时，由单位领导人负责监交，必要时可由上级主管部门派人会同监交。会计人员工作调动或因故离职，必须将本人所经管的会计工作全部移交给接替人员。没有办清交接手续的，不得调动或者离职。

（2）会计信息系统内部控制

设计会计信息系统内部控制制度有很多可供选择的方法：第一种方法是按资产、负债、所有者权益、收入、费用、利润这6个会计要素分别制定控制制度；第二种方法是对会计信息的生成过程，即确认、计量、记录和报告这4个阶段分别加以控制；第三种方法是对账务处理程序，即填制会计凭证、登记账簿、编制报表这3个程序分别加以控制。第一种方法有利于保证各会计要素的真实和完整，但不能控制处理程序，一旦出现问题，难以追查根源。就第二种方法而言，由于确认、计量和记录这3个阶段在实际操作中往往是一步到位的，因此很难分别加以控制。第三种方法通过控制各账务处理程序，可以控制在各处理程序中的确认、计量、记录以及报告这4个阶段并保证各会计要素的完整性和真实性，一旦出现问题，企业容易追查根源，因此该方法比较理想。

【例5–1】A公司是国内知名的制药企业，主营业务为原料药以及成药的研发、生产和销售，在我国医药行业中有一定的影响力。A公司下设9家子公司，1996年12月，A公司成功在中国香港挂牌上市。2012年2月，会计师事务所出具了对A公司审计工作的否定意见报告，指出A公司内部控制制度中有两个根本性的缺陷。首先，授信额度超高。A公司的子公司B公司出现了对客户重复授信的情况，即B公司的两个职能部门都向同一个合作企业进行了授信。究其原因，主要是A公司并未在内部控制制度中明确规定不可以进行多头授信，这就令其授信额度变得很高。其次，有些授信额度甚至已经超过了合作企业的注册资本。A公司的内部控制制度明确规定最大授信额度不能超过合作企业的注册资本，可工作人员在实际执行的过程中，并未遵循制度的要求，从而出现了多起授信额度超过合作企业的注册资本的事件，导致授信额度已经达到了高危级别。因为内部控制制度不完善，A公司已经累积了甲公司7亿元的应收款项，再加上近年来甲公司的运营情况并不理想，存在资金链断裂的风险，如果风险爆发，A公司就会遭受巨大的经济损失。

【分析】如果单看表面，A公司好像已经根据各项规定建立了完善的内部控制制度。可如果深入分析的话，很容易发现A公司当前进行的都是事后控制，也就是在问题已经表现出来并造成了损失之后，才开始进行控制。这无疑很难弥补已经发生的损失。另外，B公司认为没有必要再对内部控制制度进行完善，因为那样会浪费公司大量的人力以及财力，并且并不会使公司获得明显的经济效益。其实，任何公司若想发挥内部控制制度的最大效用，其内部控制制度就不能一成不变。公司所处的市场环境可以说是瞬息万变的，公司的内部结构、人员、业务都在不断发生着变化，相应的内部控制制度也需要进行不断的调整，从而适应公司的运营情况。B公司很少会主动调整内部控制制度，往往都是政府提出了新的要求，该公司才被动地调整内部控制制度。

5.2.4 财产保护控制

企业的财产可以分为两大类：有形资产和无形资产。有形资产又可分为固定资产、存货等。无形资产又分为商标、商誉、专利权、非专利技术、著作权、土地使用权等。企业的财产就是企业可利用的资源，是企业生存和发展的物质保证，因此，加强财产安全保护，防止财产流失、浪费是非常重要的。财产的类型不同，则与其相对应的保护措施就不同，所以，本小节将分别讲述有形资产和无形资产的安全保护。

5.2.4.1 有形资产的安全保护

通常来说，企业的有形资产即财产物资，其所谓的安全主要包括两层意思：一是物理上的安全，即防止实体的毁损或丢失；二是所有权上的安全，其中包括防止财产物资被侵占、浪费等。为此，财产物资的保护也要从两个方面着手：一是加强财产物资物理环境的安全保护，即根据具体财产物资的物理属性，做好防火、防爆、防潮以及防盗等工作；二是做好财产物资的登记管理、核查、盘点、转移控制等工作，防止资源浪费或有人舞弊。针对不同的财产物资，其具体的保护措施也各有特点，尤其是在财产物资保护的第二个方面，差异更大。企业的主要财产物资（货币资金和空白票据、存货和固定资产）的安全保护方法如下。

（1）货币资金和空白票据的安全保护

货币资金包括现金及现金等价物、银行存款、其他货币资金等。货币资金的特点是流动性非常强，因此容易成为不法分子侵占的对象，所以企业必须高度重视对货币资金的安全保护。空白票据虽然本身没有价值，但一经填制并加盖有关印章就成为办理现金支付或转账结算的一种书面证明，如支票。它直接关系到结算资金的安全，因此，企业应加强对它的安全保护。

企业要想保证货币资金和空白票据的安全，首先要将它们存放在安全的地点，并做好防潮、防火、防盗的工作；其次，对于现金库存，要做到日清月结，每天结账后，现金余额与现金日记账账面余额应核对相符，如出现差错则要及时查清，出现特殊情况时要及时向领导汇报，查找原因，妥善处理。

（2）存货的安全保护

存货，是指企业在日常活动中持有以备出售的生产成品或商品、处在生产过程中的在产品、在生产过程或提供劳务过程中耗用的材料和物料等。存货的安全保护的主要内容如下。

① 物理上的安全保护。首先要将存货进行合理存放。所谓的合理存放，就是把入库的存货根据其物理性质、储存要求、生产需要等因素进行分类并按类别存放，便于收发和检查清点。其次要进行科学保养。所谓的科学保养，就是根据存货的性能，采取必要的防腐、防毒、防爆、防火、通风、通气、取暖、排水等措施，使存货在一定时间内和一定条件下，不变质、不变形、不损坏，以保证生产经营的需求。

② 所有权上的安全保护。企业应加强存货的登记管理控制，存货管理部门对入库的存货应当建立存货明细账，详细登记存货类别、编号、名称、规格型号、数量、计量单位等内容，并定期与财会部门就存货品种、数量、金额等进行核对。对于存货的存放和管理，企业应指定专人负责并进行分类编目，存货入库应及时记入收发存登记簿或存货卡片，并详细标明存放地点。不得随意修改入库记录，如确需修改入库记录，应当经过有效的授权批准。对于退货商品的入库，仓储部门应根据销售部门填写的产品退货凭证办理入库手续，经批准后，对拟入库的退货商品进行验收。对于因产品质量问题发生的退货，应分清责任，妥善处理。对于劣质产品，可以采取修复、报废等措施。

（3）固定资产的安全保护

固定资产，是指为生产商品、提供劳务、出租或经营管理而持有的、使用寿命超过一个会计年度的有形资产，是企业进行生产经营的主要劳动资料和物质技术基础，主要包括房屋、建筑物、机器设备、运输设备、工具、器具等。固定资产虽然流动性相对较差，但价值高，一旦丢失或毁损，给企业造成的损失往往非常大，所以企业应加强对固定资产的安全保护。

固定资产在物理上的安全保护可以以存货为参考。这里重点讲述固定资产在所有权上的安全保护。这部分的主要工作内容如下。

① 加强固定资产的登记管理制度。企业应及时为验收合格的固定资产办理入库、编

号、建卡、分配等手续。企业应确保记录了每个固定资产的详细信息，以确保可进行有效识别与盘点工作。使用单位和财产管理部门，都必须有按品名登记的固定资产明细账和卡片，记录所有被使用和管理的固定资产，以便查对。

② 加强固定资产的使用控制。由于固定资产在使用过程中存在毁损和丢失的风险，所以为了明确经济责任、有效地控制该风险，各个部门在使用固定资产之前就有必要对申请使用的过程进行有效控制，加强固定资产使用的审批和授权控制。各使用部门领用固定资产时，应由其主管人员审核批准，并由负责人员填制使用协议。协议内容至少包括：固定资产转移方向和起止部门；所需固定资产的数量、规格和状态。

③ 加强固定资产内部转移的控制。由于固定资产的价值一般较高，因此很多固定资产通常由许多部门共同使用，由此出现了固定资产内部转移问题。为强化固定资产的日常控制，提高固定资产的使用效率，保障固定资产的安全，企业有关部门应对固定资产的内部转移进行有效的监督与控制。

④ 加强固定资产外部转移的控制。当对外出租固定资产时，仓库管理部门和人员应取得经主管部门签章的相应批准文件，根据相应批准材料清点拟出租的固定资产，并在清点过程中登记、记录拟出租的固定资产的规格、库存数量、使用情况以及出租期限，清点完毕后还应将相应资产租赁的详细情况登记、记录在备查登记簿上。

⑤ 加强固定资产处置的控制。固定资产的处置应由独立于固定资产管理部门和使用部门的其他部门或人员办理。固定资产管理部门应按照审批意见开展固定资产的清理业务。对于重大固定资产的处置，企业应采取集体合议审批制度，并建立集体审批记录机制。

5.2.4.2 无形资产的安全保护

无形资产是企业拥有或控制的没有实物形态的可辨认非货币性资产。无形资产也是企业可利用的资源之一。随着经济的发展，无形资产在企业中越来越受重视。它有利于企业扩大影响力、提高核心竞争力、增强综合实力、扩张资本以及促进企业的现代化管理的发展。但无形资产没有实物形态这一特殊的性质，使其很容易流失。因此，加强无形资产的安全保护是不可或缺的。

无形资产的安全保护主要是所有权上的安全保护，重在防范其被内部人员泄密或被其他单位和个人非法侵占。无形资产的安全保护要贯穿其开发、形成、使用和运营的所有阶段，企业要根据不同阶段的特点采用不同的保护方式。另外，企业要对无形资产的安全保护进行事先规划，就无形资产的保护范围、保护方式、保护过程、保护目标和保护措施等方面制定详细可行的计划。具体来说，无形资产的安全保护措施的具体内容如下。

（1）加强无形资产档案管理

同固定资产一样，企业也要建立无形资产档案，并加以管理。无形资产档案，是企业重要的档案资料，其本身也是企业的一项重要资产。企业要建立完善的无形资产档案管理制度，防止无形资产档案的流失给企业带来损失，提高无形资产档案的使用效率，使其为企业创造价值。

（2）加强无形资产的分级保护控制

企业应将其拥有的无形资产根据是否可公开，分为非保密类和保密类。非保密类无形资产一般包括土地使用权、商标权、商号、域名、专利等，由于企业已经依法取得独占权，则其资产将受到法律保护。同时企业也已经按照规定的方式公开相关信息，则无须对其安全加以特别保护。但在企业中还有另外一部分没有公开的无形资产，它们属于商业和技术秘密，如非专利技术、在研产品、工艺配方、工艺流程等。这部分无形资产事关企业的发展和利益，一旦被泄露，将会给企业带来不可估量的损失。

同时，保密是有成本的，保密措施越严密，成本越高。为此，根据成本效益原则，企业有必要将保密类无形资产进行分级，针对不同级别采取不同的措施。通常保密类无形资产可以分为秘密级、机密级和绝密级 3 个级别。秘密级的无形资产指企业内部人员都可以知晓，但需要对外部组织和人员保密的无形资产，如内部管理文件等。机密级是指只有企业内部少数相关人员可以知晓，需要对企业其他一般人员、企业外部组织和人员保密的无形资产，如客户信息、质量控制标准等。绝密级的无形资产是指只有企业极少数核心人员可以知晓，需要对企业内部核心人员以外的所有人员保密的无形资产，如在研产品、储备产品、产品配方等。针对不同保密级别的无形资产，企业需要采取不同的保密措施。对于秘密级的无形资产，企业主要通过信息发放的记录、复制的批准和记录、销毁及收回记录等方式进行控制。对于机密级的无形资产，企业主要通过限制发放范围、严格限制复制、文件专人管理等方式进行控制。对于绝密级的无形资产，企业主要通过专门工具保管、专门区域控制、接触密码验证、不准单人接触等方式进行严格控制。

企业有时会授权相关单位使用企业的无形资产，为了保证企业无形资产的安全，需要对相关单位实施保密管理，主要方法是签署保密协议。协议内容应包括对方承诺已经知晓相关秘密，对方对其知晓的无形资产负有保密义务，若有泄密，则应承担相应的责任。同时，协议还要明确提出对保密措施的具体要求，包括限制人员接触、限制文件复制等，并且明确规定双方合作结束时，对方必须及时退还所有的样品和文件资料。保密协议签订后，无形资产管理人员还要定期到合作单位实地检查保密协议的执行情况。

总之，企业应加强财产保护工作，将该工作贯穿于所有业务的始终，严格要求每个部门和员工按企业制定的财产保护制度承担相应的职责。

5.2.5 预算控制

预算管理是企业战略管理的重要组成部分，是实现企业战略目标、提高企业管理水平与经济效益的重要措施。预算控制是指通过预算管理对企业内部各部门、各单位的各种财务及非财务资源进行分配、考核、控制，以便有效地组织和协调企业的生产经营活动，完成既定的经营目标。企业应当重视预算控制工作，将预算作为制定、落实内部经济责任制的依据。

5.2.5.1 岗位分工与授权批准

岗位分工与授权批准的原则性要求是：权责分配和职责分工应当明确，机构设置和人员配备应当科学合理。

（1）不相容职务相互分离

企业应当建立预算工作岗位责任制，明确相关部门和岗位的职责、权限，确保预算工作中的不相容职务相互分离、制约和监督。关于这部分内容在“5.2.1 不相容职务分离控制”小节中已经介绍过，此处不再赘述。

（2）权责分配和职责分工

企业应当建立预算工作组织领导与运行体制，明确企业最高权力机构、决策机构、预算管理部门及各预算执行部门的职责权限、授权审批程序和工作协调机制。

5.2.5.2 预算编制控制

预算编制控制的原则性要求是：预算编制的控制流程应当清晰，对预算编制方法、审批程序应当有明确的规定。企业应当加强对预算编制环节的控制，对编制依据、编制程序、编制方法等做出明确规定，确保预算编制依据合理、程序适当、方法科学。

（1）预算编制依据的合理性

预算编制是预算控制的首要环节。加强和做好预算编制环节的工作，对于发挥预算控制的作用至关重要。企业要做好预算编制，先要确保预算编制依据的合理性。企业编制预算应当按照内部经济活动的责任权限进行，并遵循以下基本原则和要求：坚持效益优先原则，实行总量平衡，进行全面预算管理；坚持积极稳健原则，确保以收定支，加强财务风险控制；坚持权责对等原则，确保切实可行，围绕经营战略实施。

（2）预算编制程序的适当性

企业应当明确预算管理部门和预算编制程序，对预算目标的制定与分解、预算草案编报的流程与方法、预算汇总平衡的原则与要求、预算审批的步骤以及预算下达执行的方式等做出具体规定。企业应当结合自身特点编制规范的财务预算编制基础表格，统一财务预算指标计算口径。

企业预算的编制，一般按照“上下结合，分级编制，逐级汇总”的程序进行，采用自上而下、自下而上的编制程序。

（3）预算编制方法的科学性

企业应遵循经济活动规律，确定符合自身经济业务特点、生产经营周期和管理需要的预算编制方法。预算项目不同，预算管理采用的编制方法也不同。

企业在进行预算管理时，应考虑自身情况，根据不同的预算项目，合理选择或综合运用上述预算编制方法，以达到企业预算控制的目的。

5.2.5.3 预算执行控制

预算执行控制的原则性要求是“预算执行控制流程应当清晰，对预算执行情况检查等应当有明确的规定”。企业应当加强对预算执行环节的控制，对预算指标的分解、预算执行责任制的建立、重大预算项目的特别关注、预算资金支出的审批要求、各预算责任部门的预算执行、预算执行情况的报告等做出明确规定，确保预算严格执行。

（1）预算指标的分解

企业预算一经批准下达，各预算执行部门必须认真组织实施，将预算指标层层分解，从横向和纵向落实到内部各部门、各环节和各岗位，形成全方位的财务预算执行责任体系。

（2）预算执行责任制

企业应当建立预算执行责任制度，对照已确定的责任指标，定期或不定期地对相关部门及人员责任指标完成情况进行检查，实施考评。企业应当加强现金流量的预算管理，按时核算预算资金的收入，严格控制预算资金的支付，调节资金的收付平衡，控制支付风险。对于预算内的资金拨付，按照授权审批程序执行；对于预算外的项目支出，应当遵照财务预算管理制度规范支付程序；对于无合同、无凭证、无手续的项目支出，不予支付。企业应当严格执行销售、生产和成本费用预算，努力完成利润指标。在日常控制中，企业应当健全凭证记录，完善各项管理规章制度，严格执行生产经营月度计划和成本费用的定额、定率标准，加强适时的监控。对于预算执行中出现的异常情况，企业有关部门应及时查明原因，提出解决办法。

（3）重大预算项目的特别关注

对于重大预算项目和内容，企业应当密切跟踪其实施进度和完成情况，实行严格监控。

（4）预算资金支出的审批要求

对于已纳入企业预算但支付手续不健全、凭证不合规的货币资金支出项目，企业不得办理支付。

（5）各预算责任部门的预算执行

企业办理采购与付款、工程项目、对外投资、成本费用、固定资产、存货、筹资等业务时，应当严格执行预算标准。

企业各预算责任部门应当加强与企业内部有关业务部门的沟通和联系，彼此相互监督，确保相关经营预算的执行情况能够核对一致。

（6）预算执行情况的报告

企业应当建立预算执行情况内部报告制度，要求各预算执行部门定期报告预算的执行情况，及时掌握预算执行动态及结果。对于预算执行过程中发生的新情况、新问题及出现较大偏差的重大项目，企业财务管理部门以至预算委员会应当责成有关预算执行部门查找原因，提出改进经营管理的措施和建议。企业财务管理部门应利用财务报告和其他有关资料监控预算执行情况，及时向企业决策机构和各预算执行部门报告或反馈预算执行进度、执行差异及其对企业预算目标的影响，促使企业完成预算目标。

5.2.6 运营分析控制

运营分析控制要求经理层综合运用生产、购销、投资、财务等方面的信息，利用对比分析、因素分析、趋势分析等方法，定期对企业经营活动的情况进行分析，发现存在的问题，查明原因，并提出改进意见和应对措施。运营分析控制对企业来说是非常重要的，因为企业存在的目的就是通过经营活动为股东创造财富。

运营分析控制制度应明确规定运营分析的内容、方法、程序、分析主体和审核主体，其具体要点如下。

5.2.6.1 明确分析对象

运营状况包含的内容非常丰富，它是对企业各种情况的综合概括。它包括：筹资能力、偿债能力、营运能力、资产管理水平、盈利能力、综合分析及趋势分析。企业在分析运营状况之前，应明确具体的分析对象。当企业的经营活动或者外部经营环境的变化涉及某营运指标的影响因素时，企业应将该指标作为分析的重点对象。

（1）筹资能力

筹资能力是指企业筹集生产经营所需资金的能力。广义的筹资能力包括两个方面：一是内部筹资能力，其通常取决于企业的获利水平；二是外部筹资能力，外部筹资按资金的来源可分为债务筹资和权益筹资。外部筹资主要来源于金融机构、证券市场、商业信用、租赁市场等。外部筹资能力不仅取决于企业的资产状况（包括资产结构、资产规模、资产可实现价值等）、信用状况、公关能力、经营状况、盈利能力、发展趋势和潜力等内部因素，还取决于市场资金的供需状况、证券市场的行情等外部因素。狭义的筹资能力仅指外部筹资能力。此处说的筹资能力指狭义的筹资能力。为此，企业应通过分析所列举的影响外部筹资能力的因素来评估和判断企业的筹资能力。

（2）偿债能力

偿债能力是指企业偿还各种到期债务的能力。偿债能力分析是企业财务状况分析的一个重要方面，通过这种分析可以揭示企业的财务状况和经营风险。偿债能力分析主要包括短期偿债能力分析和长期偿债能力分析。短期偿债能力是指企业偿还流动负债的能力，流动负债对企业的财务风险的影响比较大，企业如果不能及时偿还，则可能面临倒闭的风险。一般来说，流动负债需以流动资产来偿还，特别需要企业用现金直接偿还。企业可以通过分析流动负债与流动资产之间的关系来判断企业的短期偿债能力。通常用于评价短期偿债能力的财务指标包括流动比率、速动比率、现金比率等。长期偿债能力是指企业对债务的承担能力和对偿还债务的保障能力。长期偿债能力分析是企业债权人、投资者、经营者和与企业有关联的各方面等都十分关注的重要问题。通常用于评价长期偿债能力的财务比率主要有资产负债率、股东权益比率、权益乘数、利息保障倍数、产权比率等。

（3）营运能力

营运能力反映了企业的资金周转状况。通过对此进行分析，相关人员可以了解企业的经营状况及经营管理水平。资金周转状况好，说明企业的经营管理水平高，资金利用效率高。企业的资金周转状况与供、产、销各个经营环节密切相关，任何一个环节出了问题，都会影响企业资金的正常周转。资金只有顺利地通过各个经营环节，才能完成一次循环。因此，对营运能力的分析是非常有必要的。

（4）资产管理水平

资产管理水平是指企业资产的利用状况。生产经营过程就是企业利用资产取得收益的过程。资产是企业生产经营活动的经济基础。资产的管理水平直接影响企业的收益，体现了企业的整体素质。企业应通过分析资产的保值和增值情况、资金周转状况、现金流量情况等，为评价企业的经营管理水平提供依据。

（5）盈利能力

盈利能力是指企业获取利润的能力。盈利是企业的重要经营目标，是企业生存和发展的物质基础，它关系到企业所有的利益相关者。通常盈利能力也有广义和狭义之分。狭义的盈利能力通常仅指企业的经营获利水平，即获取来自销售产品或提供劳务的利润的能力。而广义的盈利能力包括企业的资本运作获利能力。生产水平取决于产量和成本。产量取决于企业的生产能力，成本则主要取决于企业的技术水平、管理水平、材料市场的状况等因素。通常用于评估企业的获利能力的指标有销售毛利率、销售净利率、成本费用净利率、每股现金流量等。企业的资本运作水平取决于企业对资本市场的洞察力、决策能力以及整个资本市场的状况。企业可以使用内含报酬率、净现值、会计收益率、投资回收期等指标来分析资本的运作水平。

（6）综合分析

前述的经营分析都是从某一个特定的角度，就企业某一方面的经营活动所做的分析。这些分析都不足以全面评价企业的总体经营状况。为弥补这一不足，企业有必要在单项指标分析的基础上，将有关指标按其内在联系结合起来进行综合分析，并在综合分析的基础上对企业的营运能力进行综合评价。企业通过综合分析和评价可以明确企业经营活动与相应的经营结果之间的关系，可以明确企业的经营水平、位置和发展方向。

（7）趋势分析

无论是企业的经营管理者，还是投资者、债权人，都十分关注企业的发展趋势，因为这关系到他们的切身利益。企业通过对上述指标的综合分析，可以判断企业的发展趋势，预测企业的经营前景，从而为企业经营管理者的经营决策提供重要的依据，避免决策失误给企业带来重大的经济损失。

5.2.6.2　收集充分的信息

在明确了分析对象的基础上，首先要做的就是充分收集和分析与对象相关的信息。这些信息既包括企业内部的也包括企业外部的，既包括财务的又包括非财务的，既包括数据型的又包括非数据型的等，总之要面面俱到。内部信息主要包括财务信息、生产经营信息、资本运作信息、技术创新信息、综合管理信息等。企业可以通过会计资料、经营管理资料、调查研究报告、会议记录纪要、专项信息反馈、内部报刊网络等渠道获取所需的内部信息。外部信息主要包括政策法规信息、经济形势信息、市场竞争信息、行业动态信息、科技进步信息等。企业可以通过立法监管部门、社会中介机构、行业协会组织、业务往来单位、市场调查研究、外部来信来访、新闻传播媒体等渠道和方式获取所需的外部信息。

5.2.6.3 选择适当的分析方法

收集完相关信息后，企业应选择适当的方法对这些信息加以分析，从而全面系统地评价企业的经营状况。

运营分析的方法很多，常见的有因素分析法、对比分析法、比率分析法等。所谓的因素分析法，是指依据某指标与其驱动因素之间的关系，从数量上确定各因素对指标的影响程度的一种方法。企业是一个有机整体，任何一个指标的高低都会受其他因素的驱动。从数量上测定各因素的影响程度，可以帮助人们抓住主要矛盾，或更有说服力地评价经营状况。经营分析是个研究过程，分析得越具体、越深入，得到的结果就越准确。经营分析的核心问题就是不断查找产生差异的原因。因素分析法是一种定量解释差异成因的工具。例如，企业的获利水平主要取决于两个因素：一是销量；二是利润率。通过因素分析，企业可以找出获利水平的制约因素，从而有针对性地采取措施加以改进。

对比分析法就是通过将有关指标进行比较来分析企业经营状况的一种方法。对比分析法要对同一指标的不同方面进行比较，从数量上确定差异，为进一步查找差异原因提供依据。例如，通过与计划数之间的比较，可以查明该项指标完成计划的程度；通过与不同历史时期有关数字之间的比较，可以发现有关指标的变动趋势；通过与同类企业之间的有关指标的比较，可以发现先进和落后之间的差距。对比分析法是一种比较好的分析方法，它具有适应面广、分析过程简单、揭示问题清楚的特点。但不是任何事物之间都具有可比性，因此，在使用对比分析法时应注意指标之间是否切实可比。

比率分析法是指将有关指标进行对比，用比率来反映它们之间的关系，以解释企业经营状况的一种方法。根据不同的分析内容和要求，可以计算各种不同的比率并进行对比。

5.2.7 绩效考评控制

5.2.7.1 绩效考评概述

绩效考评又称绩效评估或绩效评价，是指通过采用科学的方法，按照一定的标准，考察和评估企业员工对职务所规定的职责、任务的履行程度，以确立其工作绩效的一种有效的系统管理方法。它是衡量、影响、评价员工工作表现的正式系统，也是一种激励措施。绩效考评是一种绩效控制的手段，企业对员工实施绩效考评，就是要通过对员工的业绩进行评价，来实现对其在劳动过程中的行为的约束和引导。绩效考评也是员工相互评价、相互比较、相互监督、相互影响、实现自我教育和调整的手段。

绩效考评的结果会以一种督促力量引导员工，使企业得以控制生产经营管理的过程。

另外，绩效考评还是制定人力资源规划的依据，是企业招聘与安置员工的依据，是员工培训的依据，是确定薪酬和奖惩的依据。它有利于形成高效的工作氛围，使员工个人目标与企业的目标一致，促进员工和企业的共同发展。一个成功的绩效考评制度有利于企业改进组织绩效，提高经济效益。所以，每个企业都应建立一个完善合理的绩效考评制度，对企业内部各责任单位和全体员工的业绩进行定期考评与客观评价，将考评结果作为确定员工薪酬以及职务晋升、评优、降级、调岗、辞退等的依据。

5.2.7.2　绩效考评制度的要点

完善的绩效考评制度的要点如下。

（1）科学设置绩效考评指标

绩效考评指标是指对员工绩效进行考评与评价的指标。要对员工绩效进行考评，就必须设置用于考评的指标，否则考评就不具备指向性和可操作性。通常绩效考评指标必须包括 3 个要素：一是指标名称，即考评的内容和对象；二是指标量度，该量度可能是数字化的，也可能是非数字化的；三是指标定义，即对指标的内在性质及范围等方面的内容进行界定和说明，避免考评双方理解上的差异。指标定义是一种操作性的定义，它被用来揭示一个考评指标不同于其他指标的关键特征。企业可用计算公式来定义绩效考评指标，也可用文字来描述绩效考评指标。企业在设置绩效考评指标时应遵循以下原则。

① 与战略目标的一致性。绩效考评的最终目的就是实现企业的战略目标。为此，在设置绩效考评指标时，企业应努力体现战略目标。例如，如果某生产企业以质量作为企业的可持续竞争优势，那么该企业在考评员工的绩效时就应该引入产品质量指标和控制产品质量的各个相关环节的过程性指标。再如，如果某服务企业以客户满意作为企业的宗旨，那么它就要引入客户满意度指标以及影响客户满意度的过程性指标。绩效考评指标只有和战略目标保持一致，才可能实现它的价值。

② 指标定义要明确。企业应给予每一个绩效考评指标明确的定义，以避免不同的考评者对它们产生不同的理解，从而减少评价误差。企业应将绩效考评指标表述清楚，用词要准确，没有歧义，一定不能使用“大概”“差不多”等界定不明的词语。如果用一种方式难以清楚地定义绩效考评指标，那么企业这时还应借助其他多种方式来帮助界定绩效考评指标的含义，绝不能给人模棱两可的感觉。

③ 绩效考评指标要有可测量性。绩效考评指标如果没有可测量性，那么就没有什么实际的利用价值。因为不具有测量性的指标，其考评结果是很难达成一致的，那么这必将影响考评的质量，影响绩效考评的效果。不过还应强调的是，可测量性不仅仅指可用数字来表示绩效考评指标，还应该是定义清晰且明确的、可以识别的绩效考评指标。另外，可测量性原则还要求与绩效考评指标有关的信息能够比较容易取得。只有满足这些条件，绩效考评才具有可实践性。

④ 绩效考评指标之间界限分明。尽管有些绩效考评指标之间可能存在相互影响、内容

交叉的关系，但它们一定要有独立的定义和界定。也就是说，对于各绩效考评指标之间，甚至考评与非考评指标之间，相关人员必须能够清楚地辨别。各绩效考评指标的界定范围不得重叠，否则会增加重叠部分的权重，导致与最初考评指标的设计不符。

⑤ 绩效考评指标要有针对性。绩效考评指标必须具有针对性，即必须针对某项特定的工作目标或某个特定的工作要求，不能泛泛而谈、无所指定。针对性原则还要求为某岗位或某工作内容设置的绩效考评指标必须符合该岗位或该工作内容的要求，而不能偏离该要求。例如，企业不能将销售额作为采购部门的绩效考评指标，否则就是荒唐的，更是不可行的。

⑥ 绩效考评指标要将定性与定量相结合。定量指标也称硬指标，是以统计数据为基础，把统计数据作为主要考评信息，建立考评的数学模型，以数学手段求得考评结果，并以数字表示考评结果的考评指标。它不容易受人的主观意识影响，比较客观可靠，但不够灵活。定性指标也叫软指标，是通过人的主观考评得出考评结果的考评指标。它的优缺点正好和定量指标相反。因此，为了使绩效考评指标更完善，企业应将这两种指标加以综合利用，弥补各自的不足。

⑦ 企业必须公平设定绩效考评指标。企业必须公平地设定绩效考评指标，贯彻劳动与报酬相匹配的原则，对员工付出的劳动所产生的绩效进行公平的评定。如果绩效考评指标不公平，那么绩效考评对企业不但没有好处，还有很大的坏处，因为不公平的绩效考评指标势必会挫伤受到不平等对待的员工的积极性。

⑧ 因地制宜地设置绩效考评指标。企业在设置绩效考评指标时，还应考虑企业的实际情况。这其中包括内部经营状况和外部经营环境。内部经营状况包括企业的规模、特点、财务状况、人员结构等。外部经营环境包括国家相关政策、产品的供需状况、市场利率、竞争对手的状况等。所以，不能一味地借用其他所谓成功企业的绩效考评指标。例如，企业不能将某一特定的销售增长率作为一个夕阳产品的绩效考评指标。

绩效考评指标通常分为 3 类，分别为业绩考评指标、能力考评指标、态度考评指标。业绩考评指标就是考评工作行为所产生的结果，如销售额、市场份额增长率等。业绩考评指标反映了绩效管理的最终目的，即提高企业的整体绩效以实现既定的目的。能力考评指标是指对员工与岗位或工作内容相关的工作技能的考评，如某技术工的技术能力。工作能力尽管和工作业绩之间没有必然的联系，但是工作能力好的员工的工作业绩往往也不错。能力考评指标有利于鼓励员工提高与工作相关的工作能力。态度考评是指不考虑员工的业绩和能力，而对他们在工作时的精神状态进行的考评。将工作态度也作为考评指标是因为态度往往决定一切，即便某些员工工作能力比较强，但如果他们的工作态度不正确，其工作业绩往往也不理想。因此，为了培养员工积极向上的工作态度，从而达到绩效管理目标，将工作态度纳入绩效考评范围是十分有必要的。

绩效考评指标的来源通常有 3 种：绩效目标、岗位职责以及工作要求。通常具体落实到每个员工的绩效目标是企业战略目标被层层分解而形成的，员工的绩效目标是绩效考评指标的直接来源。例如，某企业在某年的战略目标是使其产品市场份额增长 2%，那么该指标通过销售部门、销售小组的层层分解后，最后落实到具体销售人员的绩效目标就是每人在该计划年度至少实现多少销售额，则该销售额就是绩效考评的指标，它直接来自绩效目标。员工除了要完成层层分解的目标任务外，还要完成职责范围内的其他工作，如销售人员在销售产品的过程中，还应做好销售记录等工作。工作要求是指工作性质所决定的员工必须满足的行为或结果，如销售人员在完成既定销售额的同时，还应保证客户满意度，不能认为把产品卖出去了、完成销售额任务就行了。

绩效考评指标的选择方法有很多，如工作分析法、个案研究法、问卷调查法等。企业应针对不同岗位、不同的绩效考评目的采取不同的选择方法。

（2）合理确定考评者

合理确定考评者包括两层意思：一是由谁进行考评；二是由多少人进行考评。要想更好地实现绩效考评的目标，企业在这两个方面都要加以考虑。一般来说，考评者通常是被考评者的主管领导。考评者通常可分为第一层考评者和第二层考评者，甚至第三层、第四层考评者。层次一般是依据职位从低到高的顺序来排的，如一个普通的车间员工的工作业绩可能依次由小组组长和车间主管来考评。企业在确定考评者时应遵循一个原则，那就是考评者对被考评者的工作性质、岗位要求、工作状况等必须有一定的了解，否则考评者很难合理评价被考评者的工作成果。另外，企业应根据人力资源的实际状况来确定考评者的人数，但对于一个被考评者来说，其相应的考评者通常不得少于两个。

还有很重要的一点是，企业应对考评者进行必要的培训，这其中包括道德、纪律、考评资料收集、考评体系等方面的培训，力求使考评者具有更高的考评技能、更公正的考评心理，从而进行更客观的绩效考评。

（3）有效进行绩效考评

在设定了科学的绩效考评指标后，企业应依据这些考评指标进行客观公正的考评。绩效考评的内容主要是依据事先设定的考评指标，对员工工作要项的完成情况和工作要求的执行情况进行考评。

划分绩效考评的方法有很多。按考评时间划分，绩效考评可以分为定期与不定期考评。定期考评又可分为月度考评、季度考评和年度考评。期限的长度一般由组织性质、岗位性质、组织理念、考评目的等因素确定。不定期考评主要是某些专项性考评，如选拔性考评等。绩效考评还可以按考评性质分为定性和定量考评，按考评主体分为上级考评、专业机构考评、自我考评、相互考评等，按考评形式分为口头考评与书面考评、直接考评与间接考评、个别考评与集体考评等。企业在进行绩效考评时应遵循以下几个原则。

① 考评过程要公开。公开化原则是指绩效考评必须建立在公开化、开放式的基础上。绩效考评的目的是启动激励机制，激发员工的工作热情。只有让员工了解绩效考评的过程，才能让他们对绩效考评产生信任感，从而激发他们的责任感、紧迫感与危机感，使绩效考评与组织目标保持一致性。要想实现绩效考评的公开化，首先企业必须明确规定绩效考评

的标准、考评程序和考评责任人，并在考评过程中严格遵循这些规定。同时，绩效考评标准、考评程序和考评责任人的规定应在企业内部对全体员工公开。

② 考评过程客观公正。绩效考评必须严格遵守客观公正的原则。这一原则是实现绩效考评目标的最基本的保障和前提。客观公正原则是指考评者在考评的过程中要保持中立，不偏不倚，按照标准，一视同仁；要用事实说话，避免掺入主观看法和主观感情色彩；要实事求是，不能肆意歪曲结果。

③ 考评定期化和制度化。对于员工的考评一定要做到定期化和制度化。定期化可以使考评工作和员工的行为习惯规律化，可以促进考评工作向程序化的方向发展。制度化可以让考评的内容、程序、步骤和方法规范化，让全体员工都能明确考评工作是怎样展开的，也能防止考评工作的主观化倾向。企业只有程序化、制度化地进行绩效考评，才能真正了解员工的潜能，发现企业的问题，从而有利于企业的有效管理。

④ 考评方案要可行、实用。可行性是指任何一个绩效考评方案所需要的时间、人力、物力，财力要被使用者及与其相关的客观环境和条件所允许。可行性还要求企业事先要对考评过程中可能发生的问题、困难和障碍进行预测，并找出原因，准备应变措施。实用性包括两层含义：一是绩效考评方案应适用于不同的绩效考评目标和要求，要根据绩效考评目的来设计评测工具；二是所设计的绩效考评方案应适合企业的不同部门和不同岗位的特点与要求。

⑤ 考评等级差别化。考评等级之间应当有鲜明的差别界限，企业应将这种差别反映在工资、晋升等方面，使绩效考评具有激励性，激发员工的积极进取之心。考评等级之间的差别主要体现在针对各考评等级的评语上，相同考评等级之内的不同员工的评语也应该有所区别。

⑥ 考评结束后要反馈与调整。企业一定要将绩效考评的结果反馈给被考评者，否则就起不到教育、引导的作用。另外，企业应给予被考评者对结果不服时进行申诉的权利，并制定相应的申诉程序，这样有助于保证考评的客观性。对于确实不正确的考评，企业应给予修正。企业进行绩效考评时有很多可供选择的方法，如序列法、配对比较法、强制分配法、标尺法、要素评定法、关键业绩指标法等。每一种考评方法都有各自的优缺点，如标尺法可以量化考评结果，但考核标准不够清晰；关键业绩指标法有助于评价者确认什么绩效有效、什么绩效无效，但它无法对员工之间的相对绩效进行比较。所以，为了尽量使考评结果更客观，综合运用几种考评方法是一种比较有效的途径。

企业绩效考评完毕后，应及时总结考评情况，详细地分析现有绩效考评体系的实践效果。在分析过程中，如果发现考评体系中存在不科学的地方，如考评指标重叠或过少、考评标准不明确、考评资料难以收集等情况，企业应及时加以修正。另外，随着企业经营环境的变化，企业也应该相应地调整绩效考评体系，否则滞后的绩效考评体系不但无益于企业的发展，反而会成为企业发展的绊脚石。

5.2.8　综合运用控制措施

上述不相容职务分离控制、授权审批控制、会计系统控制等7个内部控制措施，都只是涉及了内部控制的某一方面。然而，企业是一个有机整体，在实际经营管理过程中不可能也不能片面地使用其中一个或几个控制措施。企业应当根据具体的内部控制目标，结合相应的风险应对策略，科学、合理地综合运用这些控制措施，对各种业务和事项实施有效控制，合理保证剩余风险控制在风险承受度之内。

剩余风险是指企业采取控制措施之后仍可能发生的风险。控制措施的运用，并不能保证企业可以杜绝全部风险，但可以合理保证剩余风险控制在风险承受度之内，可以合理保证企业不出现内部控制的重大缺陷，进而可以合理保证企业内部控制目标的实现。

例如，货币资金业务内部控制的主要目标是保证货币资金的安全。这一目标既涉及不相容职务分离控制，又涉及授权审批控制，还涉及预算控制、财产保护控制、会计系统控制、绩效考评控制等。为此，企业应该综合运用这些控制措施，以保障货币资金内部控制目标的实现。尽管综合运用了这些控制措施，也并不能保证消除货币资金业务的所有风险，但它在最大程度上减少了货币资金业务的风险，将剩余风险控制在了风险承受度之内。因此，只有综合运用这些控制措施，货币资金内部控制的目标才可能实现。

需要强调的是，企业应当以书面形式或者其他适当的形式，记录企业制定的控制措施，保证控制措施的有效执行。另外，企业还应完整收集、妥善保存控制措施实施过程中的相关记录或资料，确保控制措施实施过程的可验证性。

5.2.9　重大风险预警机制和突发事件应急处理机制

外部经营环境的不确定性，以及企业内部经营决策的失误或者一些无法预料的突发事件，往往使企业处于危机之中并面临巨大的风险。对于这种情况，最有效的方法就是建立应急处理机制。随着全球范围内的联系越来越紧密，企业与企业之间的依赖性也在增加，一些突发事件很容易对企业造成大范围的负面影响，从而破坏整个经营环境。因此，建立应急处理机制是非常有必要的。

5.2.9.1　应急处理的根本任务

应急处理的根本任务是快速、有效地应对突发事件。面对复杂多变的各类突发事件，怎样组织企业各方面的资源，快速、有效地防范和控制突发事件的发生与蔓延，是应急处理的主要内容。由于在很多情况下，有些引起突发事件的因素并不是某一个企业所能控制的，因此有些时候企业无法阻止这类突发事件的发生，而事先准备的应对措施则适用于所有的突发事件。因此，在应急处理中，企业应更注重应急措施的制定。

应急处理工作的原则是统一指挥、分工协作、预防为主、平战结合、及时灵活、科学有效。

5.2.9.2 应急处理体系的建立原则

企业在建立应急处理体系的过程中要遵守以下原则。

（1）全面性

全面性包括 3 层意思：一是应将企业所有可能发生的突发事件都纳入应急处理体系；二是应考虑所有突发事件的所有可能的影响；三是将所有的应急措施都纳入可选择方案中。

（2）层次性

应急处理体系要体现突发事件应急措施的层次性。应急处理体系应该能根据突发事件的性质、可能造成的结果的危害程度、波及范围、影响力等情况，采用不同级别的应急预案、组织不同层次的部门参与应急处理。企业也应该按照各种可能造成的结果的危害程度，从低到高制定相应的解决措施。

（3）可重构性

因为计划总是滞后于变化，所以任何根据以往经验和预测方法构建出来的系统都不可能解决未来可能发生的所有问题。这就要求构建出来的应急处理体系的各个功能模块能够很方便地进行功能重构，即应急处理体系应具备可重构性。

（4）高可靠性

许多重大突发事件造成的破坏是相当大的。对于这些重大突发事件，应急处理体系应该能够提供更高的可靠性。提供高可靠性的一个常用手段是准备多种应急方案，且这些方案之间相互独立。

（5）可操作性

应急处理体系提供的各种应急措施必须是企业利用已有资源所能实施的，即具有可操作性。应急处理体系所处理的对象本来就具有很大的不确定性，如果企业不能保证应急处体系的可操作性，那么其作用将会大大减弱。

5.2.9.3 应急处理过程

应急处理过程的主要环节包括对事件的预警、预案管理、对突发事件的处理和事后的处理。

（1）对事件的预警

对事件的预警是应急处理的一个重要环节。所谓的预警，是指根据一些突发事件的特征，对可能出现的突发事件的相关信息进行收集、整理和分析，并根据分析结果制定应急措施，给出警示。预警的目的在于尽早发现并处理可能发生的事件，以避免突发事件的发生或进一步扩大，从而最大限度地降低突发事件带来的不利影响。

（2）预案管理

在应急处理过程中，预案管理也是一个非常重要的环节。预案管理是指企业对其在应对具有一定特征的事件时可能采取的一些方案的集合进行的管理。预案由一系列的决策点和措施集合组成。预案管理贯穿应急处理的整个过程，预案的准备和制定就是对突发事件处理经验的总结，用于指导如何处理未来可能发生的同类事件；对事件的处理过程就是实施和调整预案的过程；企业通过预案管理还能预测和分析已经出现和可能出现的事件，通过研究它们之间的内在联系，寻找一些规律特征，从而更好地准备和制定预案。

（3）对突发事件的处理

对突发事件的处理是应急处理的核心，它表现为企业对各种可用资源的组织和利用，在各种方案间进行选择。突发事件完全爆发后，其各种表现形式和特点都会显露出来。这时，企业就应预测和分析这些事件的发展趋势以及可能产生的后果，并采取相应的措施。

（4）事后处理

事后处理是在突发事件的影响逐渐减弱或完全结束后，企业对原有状态进行恢复，以及对相关部门或人员进行奖惩，并将该事件当作案例，总结经验教训的过程。

5.2.9.4　构建应急处理机制

企业构建的应急处理机制至少应包括应急预案、责任人员、处置程序等内容。企业在制定应急预案时应本着全面性的原则，即企业应将所有可能的应急方案都作为备选方案。企业应将应急处理的责任落实到人，明确各应急预案中涉及的部门、人员的相应责任，并建立奖惩制度。企业应建立详细、合理的处置程序，并严格要求相关人员按程序办事。对于确实需要提前进行的程序，企业应进行提前决策后再执行；对于确实紧急的程序，相关人员可获取特别授权。

根据突发事件发生、发展的情况，应急处理体系的运行状态可划分为以下 3 种。

（1）平时状态

该状态是指没有发生突发事件且没有要发生突发事件的预兆时的状态，是应急处理体系在警戒状态、战时状态之外所处的状态。

对突发事件的预测和预警是平时状态下的一项日常工作，要想提高预测准确度和预警能力，企业需要在平时状态下多积累经验和方法。

（2）警戒状态

当预警系统预测到某种突发事件发生的可能性提高甚至达到警戒点以上时，整个应急处理体系立即进入警戒状态。进入警戒状态后，应急处理体系一方面要启动一些保护性程序，另一方面还要防止一些可能的突发事件发生。

（3）战时状态

当企业使用各种手段和方法都无法避免和阻止突发事件的发生时，应急处理体系立即进入战时状态。在该状态中，企业应判断突发事件的严重程度，实施确定的方案，并依据这一方案进行应急处置。应急处理体系进入战时状态后，应立即启动相应的评估和决策系统，企业应尽快做出决策，调动并启动相应的应急预案，根据预案的要求调集各种资源，协调各个部门进行应急处理。

5.2.9.5　危机管理

绝大多数突发事件会使企业陷于危机之中，而危机的存在又使企业面临巨大的风险，所以，危机管理应是突发事件应急处理和风险管理的重要内容之一。

从整个市场的角度看，企业危机是不可避免的，尤其是在科学技术日新月异、经济环境瞬息万变的现代社会，企业的经营风险不断增大。因此，不可能存在永久的胜者。这就警示企业经营者，在强调强适应力、高应变力的同时，大胆创新，谨慎经营。这样虽然无法避免所有危机，却能降低危机出现的概率，减轻危机带来的危害。

（1）危机的特点

① 隐蔽性。外在危机一般都容易被发现，而潜在危机则总是隐藏得很深。但任何事物都不会无中生有，绝大多数危机在爆发以前都有一定的征兆。尽管危机的隐蔽性使我们很难去防范它，但我们应看到的另一面是企业如果能够及时进行危机预警，将其消灭在萌芽之中也是有可能的。危机的隐蔽性提醒企业一定要建立危机预警系统，否则当危机来临时，企业难以知晓。

② 公开性。随着大众传媒的发展，信息传播渠道趋向多样化，一旦某企业发生危机，其状况就会被迅速公开，成为公众关注的焦点。危机的这一特性，要求企业在处理危机的过程中，要重视媒体的力量，做好企业危机公关预警以及在危机处理过程中与社会公众进行沟通的工作。

③ 危机的连带性。危机一般都不是孤立的，它通常会引发另外一个危机。这个被引发的危机又会引发另外的危机。这就叫危机连带效应。

④ 危机的复杂性。既然危机具有潜伏性和连带效应，那不管是诱导危机发生的原因，还是危机产生的结果，都是非常复杂的。

⑤ 危机的双重性。危机是一把双刃剑，危险性与机会性同在。危机的危险性不言而喻，但危机若处理得当，会给企业带来很多宝贵的经验财富以及公众影响力。

（2）各种类别的危机及其预警信号、防范措施

危机按起源可以分为外部危机和内部危机。外部危机是指由于政治、经济环境的变化，企业所属行业形势的变迁以及各种自然灾害或其他突发性风险事件的发生等企业不可控因素的出现，导致企业遭遇的财产损失或经营困难危机。内部危机是指企业在经营过程中，由于自身管理不当而导致的危机。

企业内部危机可细分为公共关系危机、营销危机、人力资源危机、信用与财务危机、速度危机、创新危机等。

① 公共关系危机是指企业组织与社会公众之间由某种非常性因素引发的具有危险性的非常态联系状态。它是企业公共关系严重失常的反映。导致企业发生公共关系危机的内部因素有：企业人员素质低、产品质量与销售服务不到位、企业决策失误、违反国家法规、公关行为失策（如做假广告）。非企业内部的因素有：外部企业的不正当竞争（如谣言、广告诋毁）、公众误解、传媒误导等。对此，企业管理者应将强烈的危机意识直接融入企业的理念和文化，引导全体员工树立强烈的危机意识。另外，企业还要树立以下公关意识：以公众为中心的意识、企业信誉意识、协调公关意识、服务公关意识、社会责任意识等。

② 营销危机是指由于企业经营观念落后、市场发展战略和营销策略失误、市场调查和

预测不充分等，企业产品的市场占有率不断下降甚至丧失，或由于营销不善，企业的利润不足以弥补成本。而引发的危机企业通常可以通过预测其市场占有率和销售增长率来进行营销危机预警分析，可以通过年度计划控制、盈利能力控制、效率控制、战略控制等方式来实现营销危机控制。

③ 人力资源危机包括两个意思：一是指企业在人才竞争中面临的危机；二是企业在人力资源管理中遭遇的危机。人力资源危机的预警信号是：职工舆论对企业不利，相继有很多重要岗位的负责人离职，企业与员工发生冲突等。没有一个长远的人才战略、人才机制没有市场化、人才结构单一、人才选拔不顺畅等问题都会引发人力资源危机。防范人力资源危机的措施是建立一套科学、系统的人力资源管理制度。企业应努力提高管理者的素质，加强员工的素质培养，谨防员工流失，同时还要精兵简政，防止人浮于事。

④ 信用危机是指企业在信用交往过程中，到期不能收回赊销款项而引发的危机。信用危机的预警信号通常是赊购客户发生财务危机，或者有其他表明客户存在信用问题的事件发生。企业可以通过客户风险防范、赊销业务管理以及应收账款管理来防范信用危机。

⑤ 财务危机是指企业在财务方面陷入了困境而引发的危机，主要是指资金周转出现问题。这种问题可能是暂时的，也可能是长久的。财务危机预警通常是指预警指标低于流动比率、速动比率、资产负债率、应收账款周转率、销售利润率等财务比率。财务风险预控是财务危机预警的一大要素。它通常包括：优化资本结构、分散投资风险、现金管理及存货的风险预控等。另外，财务危机很可能引发企业的破产危机，因此企业在建立财务危机预警机制的基础上，还应建立破产危机预警机制，通过建立多层破产危机预警机制来进行破产预测。主要方式是从维护债权人的利益出发来分析资本与负债的关系。此外，如果可能的话，每个行业也应建立该行业的破产风险预警制度，政府有关部门也应设立破产预警机构，公开接近或将达到破产警戒线的企业的资产负债表和利润表，使债权人能了解相关企业的资产和信用情况，谨慎选择合作伙伴。

⑥ 速度危机是指企业盲目追求发展速度，忽视企业质量的提升而导致的危机。它通常是由于企业片面追求速度、盲目扩张和发展多元化而引起的危机，如企业盲目并购。企业的生命周期大体可分为 4 个阶段：萌芽阶段、发展阶段、成熟阶段及老化阶段。每个企业应在不同的阶段采取不同的措施，而不能盲目地追求发展速度。通常，速度危机的潜伏期很长，没有明显的预警信号，企业只能将其在各阶段的投入和产出相比较，再将比值与行业平均水平相比较，才能评价其发展是否合理。

⑦ 创新危机一方面表现为忽视新产品的市场潜力和新技术的改进，只坚守老产品，导致产品缺乏市场竞争力，进而使企业陷于危机之中；另一方面表现为盲目创新，不按市场规律运作，开发出的产品虽然很新颖，但没有市场。创新危机的预警信号是：新技术没有市场、利用新技术开发的产品没有市场或者市场太小、利润不足以补偿开发成本等。

另外需要强调的是，企业素质的提高对风险防范和危机预警具有重大的意义。其中，企业应提高的素质主要有：敏感性素质、应变性素质和凝聚力素质。

还需要强调的是，应急处理措施只能是企业在总结已有的处理突发事件的经验的基础上，对企业未来可能发生的突发事件进行的事先准备工作。因此，要具体把它应用于每个特定的对象，企业还应根据不同的情况进行相应的调整。通常，防范措施和应急处理的有效实施都要结合具体的条件和环境：不管是企业所处的大的外部经营环境发生变化，还是企业自身的内部经营环境发生变化，企业都应不断地调整应急处理机制，从而使其具有更强的可操作性和实践性。

5.3 实务案例：HYD 量贩型超市

（一）失败关键

盲目扩张导致信誉缺失。

（二）市场结局

总部迁往上海后的 HYD 由于急剧扩张，导致资金紧张、信誉受损。不得已之下 HYD 将总部迁回广州。

（三）营销事件回放

HYD 这个来自东南亚的大型连锁量贩型超市，从 1997 年在广州开设第一家店进入内地后，几年内就迅速在华南地区站稳了脚跟。2003 年 3 月，为配合其全国战略布局，HYD 迁到上海，欲抢在零售业全面开放前夕在华东和华北市场上站稳脚跟。

之后近两年的时间里，HYD 以井喷式的速度进行扩张，全国店面数量已有 90 多家，远远超过了 WEM 和 JLF 在中国的店铺数量，是当时大陆分店最多的商业连锁超市。然而就在 HYD 迁到上海不到两年时，其将总部迁回了广州。在 HYD 雄心勃勃开拓华东市场而将总部从广州迁往上海时，它可能没想到这么快就会离开了。这一去一回之间，HYD 的经营问题相继显露出来。

事实上，就在 HYD 大张旗鼓地进行扩张时，已有不少业内人士认为这是一种盲目的扩张方式。NES 公司的一位对零售业相当熟悉的咨询师说："你问问 HYD 到底有几家店在赚钱？"

（四）危机解析

（1）人力和物流问题

HYD 在华东地区的失败，主要是因为它的很多货物都依赖于珠三角地区的输送。广东连锁经营协会一位负责人分析，作为流通领域的零售企业，HYD 与工业企业所需要的资源要素应有所区别。对零售企业而言，其首要资源要素是地理位置，其次是采购渠道，其中供货商的集中度和供货距离将直接影响经营成本。而 HYD2003 年才进入华东地区这个非常成熟的零售市场，上述两个要素都受到很大的限制。HYD 当时的总裁也承认，在华东地区受人力和物力的限制，发展并不如预期那么顺利。

首先是物流问题。HYD 在广州黄埔区拥有一个 3 万平方米的物流仓库，除在各地采购一部分商品外，HYD 集中在这里进行全国的采购工作。HYD 十分依赖广州的采购市场，华东市场的一些商品也来自这里。据业内人士分析，连锁量贩超市的销售地域性比较强，长距离的采购肯定会对成本和销售价格有所影响，因此，很多超市都选择就近采购。另外，量贩超市的产品价格构成相对复杂，如产品更新、种类增加都需要强有力的供货商支持。然而，在上海由于投资成本过高，许多制造商与供货商都不会将此地作为长驻地，因此，物流成本过高是 HYD 被迫离开的主要原因。

其次是人力问题。一位与 HYD 关系密切的人士说："由于 HYD 资金紧张，其员工工资待遇与其他大型连锁超市相比没有什么优势，员工素质与公司发展规模和计划不是很匹配。"

（2）资金链困扰

在 2004 年年初商务部发布的 2003 年中国连锁 30 强（包括外资企业）的名单中，HYD 以 90 多家分店成为目前在大陆开店最多的合资零售商。

2003 年年初，HYD 曾以华北、华东地区为重点在全国展开了大规模的市场扩张。在不到 1 年的时间内，HYD 在全国开出了 50 多家分店，为其 1997 年进入大陆以来开店总数的 1 倍多。但就在 HYD 在全国高速扩张、门店网络越来越完善之时，来自资金链的一系列问题开始困扰 HYD。

HYD 内部一位中层管理人员表示，HYD 缺少资金主要是由于近两年来对新扩张的门店投入太多，加上开店比较匆忙，基础工作没有做好，经营不理想，很多亏损的店还需 HYD 另外投入资金填补亏空。总部移回广州后，可能会考虑将华东、华北的一些亏损严重的店卖掉或者关门。

从营销角度来看，公司如果没有足够的实力进行分散经营，那么四处盲目扩张只会导致在每个地方都不能确立自己最强势的地位，因此都处于被挤压的被动境地。还不如收缩经营，避开强劲对手，寻找某个区域的有利空间，重点投入、集中拓展。HYD 如果把重点放回华南市场，无疑对其整体发展是有利的。

一位业内人士分析说："HYD 在大陆几乎是个无根的企业（进入中国前几年，HYD 一直未拿到在大陆经营的牌照），其母公司不以零售为主业，因此，不会将大量资金投入到不挣钱的扩张领域。HYD 尽管面临资金压力，但在竞争的压力下，还不得不进一步扩张，所以 HYD 只能依赖自有资金。"

（3）信誉缺失

一位 HYD 的日化供应商在一篇报道中曾说："跟 HYD 做生意很压抑。"

众所周知，供应商对零售商的信赖是对商品品质的根本保障。对于供应商来说，零售商的规模与影响力有多大不是重点，重点在于谁能及时回款。

有供应商表示，HYD 经常会拖欠资金，而且合作过程中 HYD 方面会提一些过于苛刻的要求，而不是从长期合作的角度考虑与供应商之间的关系。同时，公司管理与其他一些大型连锁超市相比也不够严格、规范，有时还存在暗箱操作的情况。这样自然会影响到店铺内的商品质量和商品结构。

“像 JLF、WEM 以及 LH 等 NKA（零售全国卖场）会侧重于以统一形式采购，总公司统一付账，一般不会拖欠账款，而 HYD 这样的 LKA（零售区域卖场）则侧重于地区单独采购，那么付款就要根据区域财务情况而定，一般能拖就拖。”某供应商的负责人说。

据了解，HYD 上海门店在 2004 年 4 月、5 月曾因供应商停止供货而严重缺货。一家日用品厂商的负责人申明，由于 HYD 从 2003 年 6 月就开始拖欠供货款，直到现在仍然未还，远远超过了合同规定的时间，而该企业的流动资金不过 200 万元，但 HYD 各大门店未付清的供货款就达几十万元，因此不敢再供货了。对于那些直销商，HYD 拖欠供货款的情况有时还好点；而对于那些中间商或经销商，HYD 拖欠供货款的情况更严重，这些商家在谈判过程中也更加被动。

据这位供应商说，其实广州 HYD 也曾与供应商发生过纠纷。2004 年 5 月，就有供应商曝光广州 HYD 偷换合同、恶意拖欠货款、欺骗供应商等缺乏诚信的行为。

不能吸引好的供应商，但又不能使货架空缺，HYD 的采购部门只能到批发市场上采购一些商品来补充货架。但由于商品质量数次出现问题，HYD 遭到消费者多次投诉。据相关报道，HYD 量贩超市在进入杭州后不到半年的时间里，由于大量出售假冒伪劣商品，随意贴注标签，并且对消费者的投诉置之不理，在当地引起轩然大波。据悉，该事件曝光后曾成为 2004 年浙江省“两会”期间的一个热点话题，HYD 在杭州一度遭到消费者抵制。

（4）案例反省

HYD 陷入窘境，一方面是由于企业的业务缺乏创新，另一方面是因为企业没有对现有业务的控制活动进行规划并制定风险防范措施，导致企业在进行决策时缺乏相应的风险控制措施，以致决策失败。因此，企业应该根据内部控制目标，结合风险应对策略，综合运用控制措施，对各种业务和事项实施有效控制。

第6章
信息与沟通

6.1 法规原文

第三十八条　企业应当建立信息与沟通制度，明确内部控制相关信息的收集、处理和传递程序，确保信息及时沟通，促进内部控制有效运行。

第三十九条　企业应当对收集的各种内部信息和外部信息进行合理筛选、核对、整合，提高信息的有用性。

企业可以通过财务会计资料、经营管理资料、调研报告、专项信息、内部刊物、办公网络等渠道，获取内部信息。

企业可以通过行业协会组织、社会中介机构、业务往来单位、市场调查、来信来访、网络媒体以及有关监管部门等渠道，获取外部信息。

第四十条　企业应当将内部控制相关信息在企业内部各管理级次、责任单位、业务环节之间，以及企业与外部投资者、债权人、客户、供应商、中介机构和监管部门等有关方面之间进行沟通和反馈。信息沟通过程中发现的问题，应当及时报告并加以解决。

重要信息应当及时传递给董事会、监事会和经理层。

第四十一条　企业应当利用信息技术促进信息的集成与共享，充分发挥信息技术在信息与沟通中的作用。

企业应当加强对信息系统开发与维护、访问与变更、数据输入与输出、文件储存与保管、网络安全等方面的控制，保证信息系统安全稳定运行。

第四十二条　企业应当建立反舞弊机制，坚持惩防并举、重在预防的原则，明确反舞弊工作的重点领域、关键环节和有关机构在反舞弊工作中的职责权限，规范舞弊案件的举报、调查、处理、报告和补救程序。

企业至少应当将下列情形作为反舞弊工作的重点：

（一）未经授权或者采取其他不法方式侵占、挪用企业资产，牟取不当利益。

（二）在财务会计报告和信息披露等方面存在的虚假记载、误导性陈述或者重大遗漏等。

（三）董事、监事、经理及其他高级管理人员滥用职权。

（四）相关机构或人员串通舞弊。

第四十三条　企业应当建立举报投诉制度和举报人保护制度，设置举报专线，明确举报投诉处理程序、办理时限和办结要求，确保举报、投诉成为企业有效掌握信息的重要途径。

举报投诉制度和举报人保护制度应当及时传达至全体员工。

6.2 原文讲解

信息与沟通是指及时、准确、完整地收集与企业内部控制相关的各种信息，并使这些信息以适当的方式在企业有关层级之间被及时传递和正确应用的过程。信息与沟通是实施内部控制的重要条件。企业在经营过程中，需按某种形式辨识、取得确切的信息，并与相关人员进行沟通，以促使员工能够履行其职责。

6.2.1 信息概述

企业可以通过财务会计资料、经营管理资料、调研报告、专项信息、内部刊物、办公网络等渠道，获取内部信息；通过行业协会组织、社会中介结构、业务往来单位、市场调查、来信来访、网络媒体以及有关监管部门等渠道，获取外部信息。

6.2.1.1 信息的分类

信息分类的方法有很多，信息按来源可以分为内部信息和外部信息。内部信息是系统内部产生的，主要包括会计信息、生产经营信息、资本运作信息、人员变动信息、技术创新信息、综合管理信息等。外部信息是系统外部产生的，主要包括政策法规信息、经济形势信息、监管要求信息、市场竞争信息、行业动态信息、客户信用信息、社会文化信息、科技进步信息等。对于企业内部控制来说，内部信息和外部信息都是非常重要的，都能给企业提供相关决策的依据。

6.2.1.2 信息的特征

为了增加信息的用途和价值，我们必须关注信息的质量。高质量信息具有以下特征。

（1）完整性

信息必须包含所有应包括的内容，如可进行比较的相关外部数据或不同时期的可比较的相关信息是否都存在。

（2）准确性

企业应该对数据进行相关计算，四舍五入的程度应该是适当的，不得有打字错误。企业应该按适当类别划分各个项目，应该指明与不确定信息相关的假设。

（3）相关性

企业应该删除对决策无用的信息，无论其是多么“有趣”。企业应保留对决策有帮助的信息，以便使用者更容易地做出有效的定案。

（4）满足使用者的需要

信息应当满足使用者的需要，如高级经理需要的可能是信息的摘要，而初级管理者需要的可能是信息的详情。

（5）可靠性

信息的来源必须是可靠的。

（6）及时性

在需要时，企业能及时获得信息。

（7）易于使用

信息应该明确、清晰，不会过分冗长，而且企业在发送信息时应采用正确的媒介和交流渠道，减少信息在发送过程中的遗失。

（8）成本效益

获得该信息的成本不应该超过可从该信息中获得的益处。信息提供者应给使用者提供有效的信息收集和分析方法去处理信息，并以简单易懂的方式表达信息。

6.2.2 沟通的控制

沟通是指企业成员之间、企业成员与外部公众或社会组织之间旨在完成企业目标而进行的信息发送、接收与反馈的全过程。

从沟通的概念中我们可以看到，沟通的对象并不局限于管理者与被管理者之间。如上文所说，员工与员工、员工与管理层、管理层与管理层之间需要沟通，企业内部与企业外部之间也需要沟通。沟通除了存在于企业内部，也存在于企业外部，如企业与客户之间、企业与市场之间都存在沟通。

在沟通的控制方面，企业必须按照某种形式并在某个时间内，辨别、获取有效的信息并加以沟通，使企业内部每一个员工能够顺利履行其职责。上下级之间的沟通如果效率较高、效果较好，就能使下级更快地领会上级的意图，减轻上级的工作量，节约工作时间，上级也能够及时了解内部控制的运行情况，从而有效地发挥内部控制的作用。

6.2.3 反舞弊机制

舞弊是指企业内、外人员采用欺骗等违法、违规的手段，损害企业经济利益，同时可能为个人带来不正当利益的行为。受利益驱动，企业内总会出现舞弊现象，因此，企业应建立相应的反舞弊机制，减少舞弊的发生，使企业健康发展。企业要制定政策，建立反舞弊机制，并不断完善机制，同时，企业应指派由内部审计师、律师、调查者等组成的专门小组来负责相关事项。

舞弊的手段很多，控制的方法也很多。下面重点分析在企业内收入、支出环节出现舞弊的手段及其控制方法。

首先，对收入舞弊的控制要从发票开始。发票管理存在的问题主要有不开销售发票、代他人开发票、开“阴阳票”等。比如，出差人员用于报销的发票，有些就是出差人员改动过的发票，以使报销的金额多一些，达到贪污的目的，满足其私欲。面对这样的问题，企业要加强防范机制的建设，如要严格审查出差人员的发票有无涂改的痕迹，发票上的字体是否一致。如果有疑问，企业可以与开发票的单位取得联系，证明发票的真实性。

其次，在支出舞弊的控制方面，我们要注意有关成本费用舞弊的控制。成本费用是企业在生产经营中所发生的各种资金耗费，是反映和监督劳动耗费的工具，是补偿生产耗费的尺度，也是制定产品价格的一项重要依据。成本费用可以综合反映企业的工作质量，是推动企业提高经营管理水平的重要标杆。在成本费用方面，企业中通常会出现以下舞弊现象：多领用材料，但不为多余的材料办理退库手续；工时记录不准确，影响工人工资的分配，也影响生产费用的计算；将发出商品的代垫运费计入生产成本，多计生产费用；私分商品，将出售商品后的收入作为“小金库”，成本费用计入企业账户；人为调整固定资产的折旧费等。企业审查材料费用的开支时，应着重检查是否将不应列入产品成本的费用列入材料费用，审查是否有审批手续，领料单上是否记录清楚材料的用途，各车间是否有超过定额领用材料的情况，月末是否为已领但未用的材料办理退库手续。

6.3 实务案例：列车信息沟通混乱造成的惨剧

2008 年 4 月 28 日，在胶济铁路上发生一场悲剧：当日凌晨 4 时 38 分，北京开往青岛的 T195 次旅客列车行驶到胶济线周村至王村之间时，列车尾部第 9 节至第 17 节车厢脱轨，并于 4 时 41 分与上行的烟台至徐州的 5034 次旅客列车相撞，致使该列车的机车和第 1 节至第 5 节车厢脱轨。此次事故造成重大人员伤亡。

（一）事故发生的具体经过

（1）事故相关情况

该事故发生在胶济铁路上。该线路全长 384km，是连接济南、青岛两大城市并横贯山东的“运输大动脉”，也是青岛、烟台等港口的重要通道，长期客货混跑，非常繁忙。

该事故发生时，5034 次列车上有乘客 1620 人，乘务员 44 人；T195 次列车上有乘客 1231 人，乘务员 35 人。

（2）事故发生经过

4 月 28 日事故发生之日，恰恰为胶济铁路线因施工调整列车运行图后的第一天。4 月 23 日，济南铁路局印发 154 号文件《关于实行胶济线施工调整列车运行图的通知》，并定于 4 天后的 4 月 28 日 0 时开始执行该文件。这份文件要求事故发生路段限速 80km/h。不过，济南铁路局将如此重要的文件只是发布在了铁路局官网上，以普通信件的方式传递，而且把北京机务段作为了抄送单位。按惯例，北京铁路局应作为受文单位，此类公文应由受文单位逐级传达至运输处、调度所，再传达到各相关的机务段、车辆段。然而，在 154 号文下发 3 天之后，即 4 月 26 日，济南铁路局又发布 4158 号调度命令，要求取消多处的限速，其中正包括周村至王村间的路线（事故发生地）。北京机务段的执行人员没有看到 154 号文件，却看到了 4158 号调度命令，于是便删除了已经写入运行监控器的限速指令。

4 月 28 日 1 时多，路过王村的 2245 次列车发现现场限速标志与运行监控器数据不符，随即向济南铁路局反映。济南铁路局在 4 时 2 分补发了 4444 号调度命令：在 k293+780 至

k290+784 之间，限速 80km/h。按照常规，此调度命令会通知到铁路站点，然后由值班人员用无线对讲机通知司机。两者的通话会被录音，并记入列车“黑匣子”。但致命的是，这个序列为 4444 号的命令，却被车站值班人员漏发。王村站值班员未与 T195 次列车司机对最新临时限速命令进行确认，也未认真执行车机联控，所以 T195 次列车司机最终没有收到这条“救命令”。

其实，T195 次列车司机若依靠肉眼观察也能发现限速牌，然后减速。但当值司机显然没有注意到一闪而过的限速牌，同时，列车乘务员也没有认真瞭望，因此失去了防止事故发生的最后时机。

（二）事故发生的原因分析

（1）调度命令传递混乱

济南铁路局在 4 月 23 日印发了《关于实行胶济线施工调整列车运行图的通知》，但其在没有确认有关单位是否收到的情况下，于 4 月 26 日又发布了一个调度命令，取消了多处限速，其中包括事故发生段。

在 4 月 23 日至 4 月 28 日的整个过程中，列车调度员未认真完成“胶济线施工路段临时限速”命令的传达工作。济南铁路局在这大约 5 天的时间里连发 3 道命令，从限制速度到解除限速，随后又再次限速。这样混乱和频繁的更改严重影响了信息的准确传达，以致命令最终未能传达到 T195 次列车的司机和乘务员。

（2）漏发调度命令

在收到有关列车司机反映的现场临时限速与运行监控器数据不符的消息时，济南铁路局于 4 月 28 日 4 时 2 分补发了该段限速 80km/h 的调度命令，但车站值班人员漏发了调度命令。最终没有将该命令传达给 T195 次列车的司机和乘务员。

（三）相关的经验教训

（1）检测监控体系

对主要行车设备的运行状况实施动态检测；采取人机结合的方式，对提速区段线路封闭情况和沿线治安状况实施动态监控；采用路地结合的防灾系统，对提速区段气候变化情况实施有效监控。

（2）应急预案体系

铁路部门应及早建立相应的应急预案体系，保证在事故发生后第一时间做出反应，以减少损失。

第7章 内部监督

7.1 法规原文

第四十四条　企业应当根据本规范及其配套办法，制定内部控制监督制度，明确内部审计机构（或经授权的其他监督机构）和其他内部机构在内部监督中的职责权限，规范内部监督的程序、方法和要求。

内部监督分为日常监督和专项监督。日常监督是指企业对建立与实施内部控制的情况进行常规、持续的监督检查；专项监督是指在企业发展战略、组织结构、经营活动、业务流程、关键岗位员工等发生较大调整或变化的情况下，对内部控制的某一或者某些方面进行有针对性的监督检查。

专项监督的范围和频率应当根据风险评估结果以及日常监督的有效性等予以确定。

第四十五条　企业应当制定内部控制缺陷认定标准，对监督过程中发现的内部控制缺陷，应当分析缺陷的性质和产生的原因，提出整改方案，采取适当的形式及时向董事会、监事会或者经理层报告。

内部控制缺陷包括设计缺陷和运行缺陷。企业应当跟踪内部控制缺陷整改情况，并就内部监督中发现的重大缺陷，追究相关责任单位或者责任人的责任。

第四十六条　企业应当结合内部监督情况，定期对内部控制的有效性进行自我评价，出具内部控制自我评价报告。

内部控制自我评价的方式、范围、程序和频率，由企业根据经营业务调整、经营环境变化、业务发展状况、实际风险水平等自行确定。

国家有关法律法规另有规定的，从其规定。

第四十七条　企业应当以书面或者其他适当的形式，妥善保存内部控制建立与实施过程中的相关记录或者资料，确保内部控制建立与实施过程的可验证性。

7.2 原文讲解

内部监督是指企业对内部控制的建立与实施情况进行监督检查，以评价内部控制的有效性，对于发现的内部控制缺陷及时加以改进的过程。内部监督是实施内部控制的重要保证。内部监督包括日常监督和专项监督。

7.2.1 日常监督

日常监督是指企业对建立与实施内部控制的情况进行常规、持续的监督检查。日常监督的常见方式如下。

① 在日常生产经营活动中获得能够判断内部控制设计与运行情况的信息；在与外部的沟通过程中获得有关内部控制设计与运行情况的验证信息。

② 在与员工的沟通过程中获得内部控制是否得到有效执行的证据。

③ 通过账面记录与实物资产的检查、比较，对资产的安全性进行持续监督。

④ 通过内部审计活动对内部控制的有效性进行持续监督。

【例 7–1】张某和李某投资创办一家玻璃公司（以下简称“公司”），经过艰难的创业阶段后，公司有了一定的市场影响力。后来由于二人的经营理念出现分歧，产生了矛盾，最终李某保留公司股东身份，但不再参与公司日常生产经营活动，由张某全面负责公司的生产经营。3 年后，双方矛盾激化，李某重新获得公司管理权后，以职务侵占的罪名向公安机关举报张某。经公安机关侦查发现，张某全面接手公司后私设“小金库”，擅自开立银行账户，将大部分收入和采购费用计入“小金库”并偷税漏税。只有张某 1 人授权出纳人员办理“小金库”的款项收付业务，收付单据由其审核后保管。公司 80% 的收入被计入“小金库”。“小金库”的收入均为逃税收入，每年“小金库”的资金流量达数千万元。张某所保管的“小金库”的支出记录和单据不完整。经侦查分类后发现，“小金库”的支出主要分为转入公司公开账务、支付货款及费用和无具体用途的支出。公安机关将无具体用途的支出认定为被张某职务侵占的资金，并向法院提起诉讼。在法院审理过程中，张某声称自己设立“小金库”是为了公司及股东的利益，不是为了自己，同时，“小金库”的全部支出均被用作公司生产经营中的采购费用和其他费用支出，自己未全部保管支付单据，且没有将“小金库”的资金用于个人消费。

【分析】法院审理后认为，张某主管公司期间，“小金库”的收入、支出由其 1 人负责，出纳人员只是负责简单的单据传递，无法影响其决策行为。“小金库”的收入应为公司的生产经营收入，将无法证明具体用途的款项支出判定为张某个人支出，为其职务侵占的证据。同时，主管税务的机关知悉情况后，对公司偷逃的税款进行查补并罚款。公司最终破产，变卖资产偿还债务，职工失业。通过以上内容我们可以看出，公司股东即管理者张某犯下了几个严重错误：① 企业组织架构无序，无有效治理机制；② 经营者法律观念淡薄；③ 企业内部管理制度形同虚设，管理者“一言堂”。

7.2.2　专项监督

专项监督是指在企业发展战略、组织结构、经营活动、业务流程、关键岗位员工等方面发生较大调整或变化的情况下，对内部控制的某一方面或者某些方面进行有针对性的监督检查的过程。专项监督的范围和频率根据风险评估的结果以及日常监督的有效性等予以确定。专项监督应当与日常监督有机结合，日常监督是专项监督的基础，专项监督是日常监督的补充。如果发现需要经常性地进行某专项监督，企业有必要将其纳入日常监督的范围之中。

7.2.3 我国内部监督模式

我国是受大陆法系影响的国家，在公司内部监督机制的构建上基本上采取的是“二元制”模式。具体来说，我国实行的是监事会制度和独立董事制度并行的模式。这种模式又分为两种：一种是在股东（大）会下设立董事会和监事会，股东（大）会作为公司的权力机构，决定公司战略性的重大问题，董事会为经营决策机构，监事会为公司的法定监督机构；另一种是独立董事制度。

7.2.3.1 监事会

监事会，也称公司监察委员会，是股份公司法定的必备监督机构，是在股东（大）会领导下，与董事会并列，对董事会和经理层的经营管理活动进行监督的内部组织。监事会对股东（大）会负责，对公司财务以及公司董事、总裁、副总裁、财务总监和董事会秘书进行监督，维护公司及股东的合法利益。公司应采取措施保障监事会的知情权，及时向监事会提供必要的信息和资料，以便监事会对公司的财务状况和经营管理情况进行有效的监督、检查和评价。总裁应当根据监事会的要求，向监事会报告公司重大合同的签订、执行情况，资金运用情况和盈亏情况，且必须保证该报告的真实性。

7.2.3.2 独立董事制度

独立董事指不在上市公司担任除董事外的其他职务，并与其所受聘的上市公司及其主要股东间不存在可能妨碍其独立做出客观判断的利害关系（尤其是直接或者间接的财产利益关系）的董事。独立董事由股东（大）会选举产生，不是由大股东委派或推荐，也不是公司雇佣的经营管理人员。他们代表公司全体股东和公司整体的利益，不能与公司、公司的内部员工、大股东之间存在任何影响其做出独立客观判断的关系。独立董事的法律地位是独立的。独立董事履行自己的职责，监督高层管理人员，评价董事会和经理层的表现，确保其遵守行为准则，就公司的发展战略、业绩、资源、主要人员任命和操守标准、薪酬等问题做出独立判断。因此，独立董事的意识独立。

独立董事是通过参与董事会下设的各种专门委员会（如审计委员会、提名委员会、薪酬与考核委员会）来发挥其作用的。《上市公司治理准则》规定，在上市公司董事会设立的审计委员会、提名委员会、薪酬与考核委员会中，独立董事应占多数并担任召集人，审计委员会中至少应有一名独立董事是会计专业人士。

【例 7–2】YL 公司作为全国乳制品行业的龙头企业，2003 年收入达 60 亿元。2004 年 6 月 15 日，YL 公司 3 名独立董事要求聘请独立审计机构，对公司资金流动和巨额国债投资进行特别审计，但遭到以董事长为首的管理高层的反对。2004 年 8 月，临时股东大会罢免了 1 名独立董事。2004 年 12 月，公司董事长郑俊怀等 5 名高管因涉嫌挪用公款谋取私利被逮捕。

【分析】导致以上问题出现的原因主要有：第一，管理层违规经营，涉嫌挪用公款；第二，公司治理架构出现漏洞，公司无视独立董事提出的进行特别审计的要求，并在缺乏充分证据的情况下罢免其中一名独立董事；第三，缺乏有效的监督机制，无法对公司资金的不法流动实施监控。

7.2.4　内部监督的具体应用

7.2.4.1　货币资金的内部监督

货币资金是在企业生产经营过程中停留在货币阶段的资金，是以货币形态存在的资金，其流动性非常强。企业要重视货币资金的监督控制。

首先，企业要审查货币资金业务相关人员的设置情况，尤其要避免不相容职务混岗的现象出现，将负责货币资金收付业务的人员与货币资金收付业务的记录人员相分离。企业不能让出纳员兼任稽核人员，不能让出纳人员负责会计档案的保管、收入、支出、费用、债权债务账目的登记工作。其次，企业要审查货币资金授权审批制度的执行情况，要特别审查货币资金的授权审批手续是否是健全的、是否存在越权审批行为。金额大的货币资金的支付必须由董事会、股东（大）会、股东代表大会或其他机构集体审批。最后，企业要监督检查支付款项印章的保管是否符合规定。财务专用章要由专人负责保管，企业负责人的个人印章由其本人或者授权他人保管，不能由一个人保管企业支付款项的所有印章。另外，企业还要监督检查票据的购买、领用、保管手续是不是健全的，是否存在漏洞。

企业可以通过监督检查保证货币资金的内部控制制度得到有效的实施，发现实施过程中的薄弱环节，及时采取纠正措施，不断完善货币资金的内部控制制度。

【例 7-3】某公司的前身是一家国有企业，始建于 1978 年，1998 年转制成功，然后经过数十年的发展成为拥有相当丰富的工艺技术并积累了一定的管理经验的公司。该公司制定了一系列公司管理制度，经过多年不间断的改造、完善，提高了生产能力和市场竞争能力，并引进了先进的生产设备。该公司具有较强的新产品开发能力，主要生产 6 个系列、38 个品种、150 多种规格的低压和高压、低速和高速、异步和同步的电动机。该公司具有完整的质量保障体系，2002 年通过 ISO9000 系列质量管理体系认证。该公司年创产值 2 800 万元，利润 360 万元。企业现有员工 600 多人，30% 以上的员工具有初、中级技术资格，配备管理人员 118 人，专职检验人员 86 人，建立了技术资质较高的员工队伍。但随着公司的发展壮大，公司的经营出现的一些问题已经影响到公司的发展。该公司的出纳员小李，平时给人兢兢业业、勤勤恳恳、待人热情、积极肯干的印象，不论分内还是分外的事，她都主动去做，因此受到领导的器重、同事的信任。而事实上，小李在其工作的一年半的时间里，先后利用 22 张现金支票，编造各种理由提取现金 98.96 万元，且未将其记入现金日记账，犯下了贪污罪。小李的作案手段主要包括：通过隐匿 3 笔结汇收入和 7 笔会计开好的收汇转账单（记账联），这 10 笔销售收入共计 98.96 万元，并将其提现的金额与其隐匿的收入相抵，使 32 笔收支业务均未在银行存款日记账和银行余额调节表中反映；由于公司财务印鉴和行政印鉴合并，统一由行政人员保管，小李利用行政人员的疏忽开具现金支票；通过伪造银行对账单，将提现的整数金额改成带尾数的金额，并将提现的银行代码“11”改成托收的代码“88”。该公司在清理逾期未收汇时曾经发现有3笔结汇收入未在银行日记账和余额调节表中反映，但当时由于人手较少未能对此进行专项清查。最终，小李在一年半的时间内作案22次，贪污98.96万元。究其原因，主要在于该公司缺乏一套相互牵制的、行之有效的约束机制和监督机制，从而使小李多次顺利截留收入，猖狂作案。

【分析】该公司内部控制疲软、内部控制监督机制失灵是小李猖狂作案的重要客观原因。该公司存在以下几个管理上的漏洞。

① 出纳兼管与银行对账的工作，给小李提供了在编制余额调节表时擅自报销32笔收支业务的机会。

② 印鉴管理失控。财务印鉴与行政印鉴合并使用并由行政人员掌管，未能对出纳在加盖印鉴时进行有力的监控。

③ 未建立支票购入、使用、注销的登记制度。

④ 对账单由出纳从银行取得，给小李提供了伪造对账单的机会。

⑤ 凭证保管不善，会计已开好的7笔收汇转账单（记账联）被小李隐匿，导致此收入无法记入银行存款日记账中。

⑥ 发现问题后追查不及时。在清理逾期未收汇时发现了3笔结汇收入未在银行日记账和余额调节表中反映，但由于人手较少未能对此进行专项清查。

因此，该公司在内部控制监督方面的补救措施如下。

① 复核与监督。复核银行存款余额调节表的编制是否正确，有无遗漏或收支抵销等情况；监督出纳移交工作的整个过程，查看移交清单是否完整，对于遗留问题应限期查明，不留后遗症。

② 不相容职务分离。记账与出纳业务的职务相分离，出纳与获取对账单职务相分离。对现金的账实情况进行日常监督和专项监督，查看库存的现金是否超出限额，是否有挪用、贪污情况；现金的保管措施如何。

这个案例说明，内部控制的有效执行是企业财产安全的保证，而内部控制监督检查则是内部控制得以有效执行的保障。企业应该充分认识到内部控制监督机制的重要性。

7.2.4.2 销售与收款的内部监督

销售与收款也是企业需要重点监督检查的方面。销售是企业最重要的经营业务，是企业的收入来源。做好销售与收款的内部监督工作是有效实施内部控制的一个重要内容。销售与收款的内部监督的重点在于以下几个方面。

① 与货币资金的内部监督一样，企业在进行销售与收款的内部监督时也要注意检查不相容职务混岗的现象。销售与收款的不相容职务分离有：销售业务的经办、审核与销售通知单的签发这3个岗位要由不同的人员担任；财会部门的开票、出纳、记账这3个岗位要

相互分离；应收账款的收款和管理岗位也要由不同的人担任。

② 监督检查销售合同的授权审批手续是否齐全，有无越权审批行为，有无未经授权批准的销售和收款业务。企业要明确审批人员、经办人员的职责范围和工作要求。由审批人员超越授权范围审批的销售与收款业务，经办人员有权拒绝办理，并要及时向审批人员的上级部门报告。严禁未经授权的机构或人员办理销售与收款业务。

③ 监督检查销售的管理情况、企业信用政策的执行情况、售价制定情况等。

④ 监督检查收款管理情况，是否按国家制定的结算纪律和结算办法进行结算、收款，进行坏账的确认、批准并检查坏账准备的计提是否符合实际等。

【例 7-4】甲公司是一家服装生产企业，以出口贸易为主。2012 年，甲公司“其他应付款——外协加工费”科目的余额为 1 000 万元，占公司当年利润的 68%。外协加工费当年累计发生额占销售成本的 25%。

该公司内部控制的现状如下。

① 由生产部经理负责委托、对外委托和验收的工作。

② 财务部门对对外委托的外协加工情况一无所知，财务部门对委托过程失去控制。

③ 发生退货时，直接报生产部经理备案，生产部未设备查账簿，全凭生产部经理一人控制；财务部门对退货处理过程同样失去控制。

【分析】本案例中，生产部经理一人控制委托加工交易的全部过程，这样很可能存在舞弊风险：生产部经理可能会利用委托价格、委托数量、退货索赔等环节的内部控制漏洞，获取不正当利益；甚至在有些情况下为获取不当利益，在本公司生产能力允许的情况下，对外委托生产订单，从而浪费本公司的生产能力。另外，生产部经理还可能通过控制外协加工的数量、价格，甚至通过虚假的委托来操纵公司利润。

因此，公司应对以下环节进行改进：第一，所有委托外协加工的事项应由独立于生产部的委托部门和相关人员决定，且委托事项应报财务部门备案；第二，收回的委托加工产品应由独立的检验部门进行检验；第三，总经理审批前应将发票、检验单、入库单一同报财务部门审核，财务部门应将上述资料与备案的委托资料进行核对；第四，发生退货时应及时报财务部门和委托部门备案，以便及时向外协加工单位索赔。

7.3　实务案例：M 集团内部监督失效带来的破产问题

（一）背景回顾

M 集团位于中国河北省石家庄市，是一家中外合资企业，控股方是石家庄 M 集团股份有限公司，持股 56%；合资方是新西兰恒天然集团，持股 43%。“毒奶粉”事件曝光前，M 集团是我国大型奶粉制造商之一，其产品包括 9 个系列、278 个品种，市场份额达 18%。

M集团的前身是于1956年2月16日成立的、由18家饲养户共45名社员组织起来的“幸福乳业生产合作社”。1960年，该合作社有了奶牛场、奶羊场，后几经更名，成为石家庄市最大的奶牛养殖场。在此时期，该企业的生产经营业务仍是饲养业，产品几乎都是鲜奶。1964年，该企业成功研制出“新石家庄”全脂甜奶粉，主要经济指标达到了部分标准，填补了石家庄乳业的空白。

1968年以后，该企业发生了质的变化。一是在奶牛饲养方面建立了一套完整的管理制度，并且该企业的奶粉加工业务从工艺设备到操作技术已基本成熟；二是企业引进了包括田文华在内的一批大学生和技术人员，组成了一支骨干队伍，企业的人才基础得以形成；三是多年的奶牛经营使企业完成了原始的资本积累，具备了更新改造的资金基础。1973年，通过技术攻关，该企业成功研制了完整的喷粉生产线，使奶粉生产量翻了一番，同时奶粉质量显著提高。同年，该企业更名为“石家庄牛奶厂”。1974年，麦乳精的研制成功，为该企业创下了高额利润，也让该企业实现了由饲养业为主业向乳制品加工业为主业的转变。

党的十一届三中全会以后，石家庄牛奶厂抢抓发展机遇，加大研发的力度。1980年，该企业试制的强化麦乳精、颗粒麦乳精产品畅销全国20多个省市，使“M”成为全国关注的品牌。1983年6月，原轻工部召开母乳化奶粉专业会议，石家庄牛奶厂努力争取，成为母乳化奶粉的试点企业之一。同年11月，试验取得成功，并生产出了合格产品，该企业被列为“母乳化奶粉定点生产企业”。后来母乳化奶粉很快成为该企业的支柱产品。它的试制成功为该企业的发展奠定了基础。1984年，石家庄牛奶厂经批准更名为“SJR公司”。可以说，1980—1985年是该企业全面发展的6年，该企业的各项经济指标、固定资产投资成倍增长。该企业初具现代化规模，初步形成了从奶牛饲养到乳制品加工的综合性生产线。

1986年，以SJR公司为龙头的横向经济联合组织“SJR联合总公司”成立，并迈出了“奶牛下乡，牛奶进城”的第一步。M集团开创的“奶牛＋农户”的饲养管理模式是中国乳业的一场革命，也使M集团的发展实现了一次飞跃。

1993年起，M集团先后与多家经营困难、规模较小的企业进行联合，扩大了生产规模。1995年，M集团在同行业率先组建了企业集团。同年4月，M集团在中央电视台第一频道黄金时段播放广告。1996年，石家庄M集团股份有限公司正式成立，其按照《公司法》的要求，形成了完善的法人治理结构。1999年，第一个专职生产液体奶的石家庄M乳品有限公司成立，标志着M集团开始正式进军国内液体奶市场。2002年，河南M花花牛乳业有限公司成立，标志着M集团的品牌战略又跨出了成功的一步。精心的资本运营，使M集团实现了稳步的低成本扩张。M集团先后与北京、河北、天津、河南、甘肃、广东、江苏、山东、安徽等省市的30多家企业进行合资、合作，盘活资产18亿元以上，饲养奶牛80万余头，日产鲜奶6 800吨，奶牛饲养业务覆盖130个县（市、区）、5 500多个村。

2005年12月1日，经过长期谈判，M集团与国际知名乳品制造商——新西兰恒天然集团（Fonterra Co-operative Group）签署了合资协议，新西兰恒天然集团注资8.64亿元人民币，认购 M 集团 43% 的股份。

新西兰恒天然集团成立于 2001 年，是当时全球最大的乳制品出口商，由当时新西兰最大的两家乳品公司和新西兰乳品局合并而成，是新西兰当地最大的企业，其产品出口至全球 140 个国家。新西兰恒天然集团在乳品生产、加工和销售领域是世界知名企业，90% 的新西兰恒天然产品用于出口。

2006 年 6 月 15 日，合资公司正式运营，M 集团向着“瞄准国际领先水平、跻身世界先进行列”的目标迈出了关键一步。在 2006 年《福布斯》杂志评选的“中国顶尖企业百强”中，M 集团位居乳品行业第一位。

2007 年，M 集团销售收入达 100.16 亿元。同年 9 月 2 日，中央电视台《每周质量报告》播出了特别节目“中国制造”首集《1100 道检测关的背后》，报道了 M 奶粉出厂前要经受 1 100 道检测关的检验。

在 2008 年 1 月 8 日举行的国家科学技术奖励大会上，M 集团股份有限公司的“新一代婴幼儿配方奶粉研究及其配套技术的创新与集成项目”一举夺得 2007 年度国家科学技术进步奖，打破了中国乳业界 20 年来缺席国家科技大奖的局面。

2008 年 5 月 13 日，在汶川地震发生的第二天，M 集团即向四川灾区捐赠价值 100 万元的乳制品。后来的几天内，M 集团和各地的代理商、加工厂共向灾区捐款 500 多万元。5 月 18 日，M 集团再次向灾区捐赠价值 880 万元的婴幼儿配方奶粉。

2008 年 6 月 25 日，在风景秀丽的北京航天城，M 集团与中国航天员科研训练中心举行新闻发布会宣布：M 集团成为中国航天员科研训练中心的唯一合作伙伴，是全国唯一“航天乳饮料”专业生产企业。8 月 10 日，M 集团以“抓住机遇，超越梦想”为主题举行新产品推介暨招商会，正式向全国市场推出由中国航天员科研训练中心多年精心研制、M 集团唯一生产的高价值乳品——7th 航天配方乳。

2008 年 9 月，“毒奶粉”事件曝光后，国务院责成河北省政府下达要求 M 集团停产的命令。国家将全面调查 M 奶粉污染事件。

2008 年 9 月 17 日，国家质检总局发布公告称，鉴于石家庄 M 集团股份有限公司发生重大食品质量安全事故，决定撤销石家庄 M 集团股份有限公司生产的“M”牌婴幼儿配方奶粉的免检产品资格和名牌产品称号。

（二）原因分析

（1）风险评估：“呼啦啦飓风袭来，晃悠悠大厦将倾”

风险评估是企业建立与实施有效内部控制的重要环节。企业应开展风险评估，准确识别与实现内部控制目标相关的内部风险和外部风险，按照风险发生的可能性及其影响程度等，对识别的风险进行分析和排序，确定应该重点关注和优先控制的风险，然后结合风险承受度，权衡风险与收益，确定风险应对策略。企业还应当结合不同发展阶段和业务拓展情况，持续收集与风险变化相关的信息，进行风险识别和风险分析，及时调整风险应对策略。

企业识别内部风险，通常需要关注下列因素：董事、监事、经理及其他高级管理人员的职业操守、员工专业胜任能力等人力资源因素；组织机构、经营方式、资产管理、业务流程等管理因素；研究开发、技术投入、信息技术运用等自主创新因素；财务状况、经营成果、现金流量等财务因素；营运安全、员工健康、环境保护等安全环保因素。

在人力资源方面，M 集团对于内部人员，特别是高级管理人员的职业操守和专业胜任能力，难以做出有无风险的准确识别。但相关负责人对问题奶粉的应对方式，足以让我们怀疑其职业操守和社会责任感。不少奶农和专业人士不相信 M 集团负责人在 3 年多的时间里对原奶在收购环节被掺入三聚氰胺这件事毫不知情，M 集团奶源部有几百人，全体员工数千人，他们许多人的老家就在农村，到村里走一走就能听到风声。

（2）控制活动：业务流程不守、质量控制不严、重大风险预警机制失效、突发事件应急处理机制不健全

控制活动是建立与实施有效内部控制的重要手段。企业应当结合风险评估结果，运用相应控制措施，将风险控制在可承受度之内。一般的控制措施有：不相容职务分离控制、授权审批控制、会计系统控制、财产保护控制、预算控制、运营分析控制和绩效考评控制等。对于食品厂家，除了这些一般控制措施外，最重要的控制措施是质量控制。原料奶进门的质量控制是乳品企业的重要风险点。M 集团的原奶采购模式是“奶农—奶站—乳企”，散户奶农的牛奶通过奶站最终被集中到 M 集团的各家工厂。这种模式的优点是：乳品企业在不需要建立养殖场、不需要养殖奶牛，却可以迅速扩大奶源产量。这种模式的缺点为：一是奶农、奶站都不属于乳企，乳企无法直接、全面地控制奶农和奶站；二是在牛奶离开奶牛母体后与乳企之间增加了中间商环节；三是随着企业规模快速扩张，奶农、奶站愈来愈加分散，控制难度愈来愈大。此次事件的发生，说明 M 集团在采购环节的质量控制已经是形同虚设了。

建立重大风险预警机制和突发事件应急处理机制是控制活动的特殊措施。企业通过这种机制的建立，明确风险预警标准，对可能发生的重大风险或突发事件，制定应急预案、明确责任人员、规范处置程序，可以确保突发事件得到及时、妥善的处理。2007 年 12 月，M 集团就已接到相关投诉。进入 2008 年后，一些媒体开始进行不点名的报道。面对“山雨欲来风满楼”的严峻形势，M 集团采取了能推就推、能拖就拖、能瞒就瞒的处理方式，一再贻误时机，最终导致事态恶化。应急机制不健全，正是压倒 M 集团的最后一根稻草。

（3）信息与沟通：信息收集与传递迟缓、正常信息处理程序被经验和侥幸心理主导

信息与沟通是建立与实施有效内部控制的重要条件。企业应建立信息与沟通制度，明确内部控制相关信息的收集、处理和传递程序，确保信息及时沟通，促进内部控制有效运行。企业应当将内部控制相关信息在企业内部各管理层级、责任单位、业务环节之间，以及企业与外部投资者、债权人、客户、供应商、中介机构和监管部门等有关方面之间进行沟通和反馈。信息沟通过程中发现的问题，应当及时报告并加以解决。重要信息应当及时传递给董事会、监事会和经理层。

企业应当利用信息技术促进信息的集成与共享，充分发挥信息技术在信息与沟通中的作用。网络上一篇名为《M 集团选择使用 Windows 平台搭建企业信息系统》的文章中提及，M 集团的高速发展及其规模的扩大，使信息的及时性、准确性成为影响销售的一个重要问题；同时，无法有效地收集和存储每个部门的数据，成为企业管理的障碍，也成为制约 M 集团发展的一大问题。

整个事件表明，M 集团并没有积极主动地收集、处理和传递相关信息，尤其没有及时向政府相关部门报告情况，没有积极主动地向社会披露信息并承担责任、召回问题产品。

“大头娃娃”奶粉事件并没有让 M 集团警醒，没有引起他们对加强内部管理、切实提高产品质量的重视。相反，一方面他们为自己化解危机的能力而骄傲；另一方面，他们以极为灵敏的市场嗅觉捕捉到了中国农村奶粉市场的暂时空缺，于是近乎疯狂地抢占农村市场，把销售网络从县延伸到乡、镇。在 2004 年 M 集团仅用了 1 年的时间就在全国建立了 12.3 万个乡镇销售点。确实，如果他们的产品十分优秀，那么他们的这种选择是值得赞叹的。但遗憾的是，他们错失了一次全面提升企业管理水平和产品质量的最佳时机。

（4）内部监督：无人重视大干快上、跨越发展过程中的日常监督和专项监督

内部监督是建立与实施有效内部控制的重要保证。它是企业对内部控制建立与实施情况进行监督检查，评价内部控制有效性，发现内部控制缺陷，及时加以改进的过程。企业应当制定内部控制监督制度，明确内部审计机构和其他内部机构在内部监督中的职责权限，规范内部监督的程序、方法和要求。

内部监督分为日常监督和专项监督。日常监督是指企业对建立与实施内部控制的情况进行常规、持续的监督检查。前面已经提到，M 集团的原奶采购模式是“奶农—奶站—乳企”，散户奶农的牛奶通过奶站最终被集中到 M 集团的各家工厂。M 集团提出了“四统一分一集中”（统一领导、统一规划、统一管理、统一服务、分户饲养、集中机械化挤奶）的集约化奶牛饲养发展思路，具体措施包括建立奶牛场、集约化奶牛养殖小区等。M 集团在养殖区建立技术服务站，派出驻站员监督检查饲养环境、挤奶设施卫生、挤奶工艺程序。驻站员监督检查是其内部控制过程中至关重要的一环，对于从源头上保证产品质量意义重大。然而，M 集团所提出的发展思路很多只是纸上谈兵，并没有严格执行包括驻站员监督检查在内的相关措施。在原奶进入 M 集团的生产企业之前，M 集团缺乏对奶站的有效监督。专项监督是指在企业发展战略、组织结构、经营活动、业务流程、关键岗位员工等发生较大调整或变化的情况下，对内部控制的某一方面或者某些方面进行有针对性的监督检查。“早产奶”事件发生后，M 集团将销售部门有关人员调离岗位，对酸奶销售的直接负责人进行了扣除 20% 年薪的处罚。按理说，这是企业开展全面的业务流程专项大检查的一个极好时机，不知 M 集团是否安排了这样的工作。“大头娃娃”奶粉事件后，M 集团把注意力集中到了农村奶粉市场的进一步开拓上，将自己的产品质量问题搁置一边，再一次放弃了整固企业的机会。

第 3 篇　企业内部控制配套指引解读

第 8 章
企业内部控制应用指引第 1 号——组织架构

8.1　法规原文

企业内部控制应用指引第 1 号——组织架构

第一章　总 则

第一条　为了促进企业实现发展战略，优化治理结构、管理体制和运行机制，建立现代企业制度，根据《中华人民共和国公司法》等有关法律法规和《企业内部控制基本规范》，制定本指引。

第二条　本指引所称组织架构，是指企业按照国家有关法律法规、股东（大）会决议和企业章程，结合本企业实际，明确股东（大）会、董事会、监事会、经理层和企业内部各层级机构设置、职责权限、人员编制、工作程序和相关要求的制度安排。

第三条　企业至少应当关注组织架构设计与运行中的下列风险：

（一）治理结构形同虚设，缺乏科学决策、良性运行机制和执行力，可能导致企业经营失败，难以实现发展战略。

（二）内部机构设计不科学，权责分配不合理，可能导致机构重叠、职能交叉或缺失、推诿扯皮，运行效率低下。

第二章　组织架构的设计

第四条　企业应当根据国家有关法律法规的规定，明确董事会、监事会和经理层的职责权限、任职条件、议事规则和工作程序，确保决策、执行和监督相互分离，形成制衡。

董事会对股东（大）会负责，依法行使企业的经营决策权。可按照股东（大）会的有关决议，设立战略、审计、提名、薪酬与考核等专门委员会，明确各专门委员会的职责权限、任职资格、议事规则和工作程序，为董事会科学决策提供支持。

监事会对股东（大）会负责，监督企业董事、经理和其他高级管理人员依法履行职责。

经理层对董事会负责，主持企业的生产经营管理工作。经理和其他高级管理人员的职责分工应当明确。

董事会、监事会和经理层的产生程序应当合法合规，其人员构成、知识结构、能力素质应当满足履行职责的要求。

第五条　企业的重大决策、重大事项、重要人事任免及大额资金支付业务等，应当按照规定的权限和程序实行集体决策审批或者联签制度。任何个人不得单独进行决策或者擅自改变集体决策意见。

重大决策、重大事项、重要人事任免及大额资金支付业务的具体标准由企业自行确定。

第六条　企业应当按照科学、精简、高效、透明、制衡的原则，综合考虑企业性质、发展战略、文化理念和管理要求等因素，合理设置内部职能机构，明确各机构的职责权限，避免职能交叉、缺失或权责过于集中，形成各司其职、各负其责、相互制约、相互协调的工作机制。

第七条　企业应当对各机构的职能进行科学合理的分解，确定具体岗位的名称、职责和工作要求等，明确各个岗位的权限和相互关系。

企业在确定职权和岗位分工过程中，应当体现不相容职务相互分离的要求。不相容职务通常包括：可行性研究与决策审批；决策审批与执行；执行与监督检查等。

第八条　企业应当制定组织结构图、业务流程图、岗（职）位说明书和权限指引等内部管理制度或相关文件，使员工了解和掌握组织架构设计及权责分配情况，正确履行职责。

第三章　组织架构的运行

第九条　企业应当根据组织架构的设计规范，对现有治理结构和内部机构设置进行全面梳理，确保本企业治理结构、内部机构设置和运行机制等符合现代企业制度要求。

企业梳理治理结构，应当重点关注董事、监事、经理及其他高级管理人员的任职资格和履职情况，以及董事会、监事会和经理层的运行效果。治理结构存在问题的，应当采取有效措施加以改进。

企业梳理内部机构设置，应当重点关注内部机构设置的合理性和运行的高效性等。内部机构设置和运行中存在职能交叉、缺失或运行效率低下的，应当及时解决。

第十条　企业拥有子公司的，应当建立科学的投资管控制度，通过合法有效的形式履行出资人职责、维护出资人权益，重点关注子公司特别是异地、境外子公司的发展战略、年度财务预决算、重大投融资、重大担保、大额资金使用、主要资产处置、重要人事任免、内部控制体系建设等重要事项。

第十一条　企业应当定期对组织架构设计与运行的效率和效果进行全面评估，发现组织架构设计与运行中存在缺陷的，应当进行优化调整。

企业组织架构调整应当充分听取董事、监事、高级管理人员和其他员工的意见，按照规定的权限和程序进行决策审批。

8.2 原文讲解

《企业内部控制应用指引第 1 号——组织架构》（后文简称《组织架构应用指引》）共 3 章、11 条。这 3 章对企业的组织架构进行了详细的阐述。如果把企业比喻成一个人，那么组织架构就是企业的骨骼。一个现代化企业，要实现发展战略，就必须把建立和完善组织架构放在首位。

下文按照《组织架构应用指引》的内容对企业组织架构的内部控制进行详细的解读。

8.2.1 组织架构的本质

组织架构是指企业按照国家有关法律法规、股东（大）会决议、企业章程，结合本企业实际情况，明确股东（大）会、董事会、监事会、经理层和企业内部各层级机构设置、职责权限、人员编制、工作程序和相关要求的制度安排。

组织架构是企业内部环境的有机组成部分，也是企业开展风险评估、实施控制活动、促进信息沟通、强化内部监督的平台载体。现在，很多企业都存在着或大或小的问题，大的问题如串谋舞弊导致企业亏损，2004 年 11 月发生的震惊中外的 ZHY（新加坡）股份公司期权交易巨亏案就是一个典型事例；小的问题如管理层权责混乱导致经营不顺畅。究其原因，这些混乱的现象都是由企业内部控制的缺陷造成的。在企业管理层和经营层分离的情况下，管理层希望经营层能够为了股东的权益而工作，实现效益最大化，但是经营层往往都倾向于首先满足自己的欲望，从而造成代理冲突。在这种情况下，有效的公司内部治理结构能够合理地实现内部控制的最优化，从而有效地抑制企业的代理冲突，营造一个和谐、稳定的内部控制环境。

总而言之，一个科学高效、相互制衡的组织架构，可以使企业自上而下地对风险进行识别和分析，进而采取控制措施应对风险；可以促进信息在企业内部各层级之间、企业与外部利益相关者之间及时、准确、顺畅地传递；可以提升日常监督和专项监督的力度和效能。

8.2.2 组织架构设计和运行中的主要风险

根据《组织架构应用指引》，本小节从治理结构和内部机构两个层面对企业组织架构设计和运行的主要风险进行分析。

8.2.2.1 治理结构层面

从治理结构层面看，企业组织架构设计和运行的主要风险在于：治理结构形同虚设，缺乏科学决策、良性运行机制和执行力，可能导致企业经营失败，难以实现发展战略。

这种风险在企业经营过程中有多种多样的表现形式。

① 企业是否规范而有效地召开股东（大）会，股东是否可以通过股东（大）会行使自己的权利。

② 企业与控股股东是否在资产、财务、人员方面相互独立，企业在与控股股东进行关联交易时是否贯彻平等、公开、自愿的原则。

③ 企业是否根据规定及时、完整地披露和控股股东相关的信息。

④ 企业是否对中小股东权益采取了必要的保护措施，使中小股东能够和大股东具有同等条件参加股东（大）会，获得与大股东一致的信息，并行使相应的权利。

⑤ 董事会是否独立于经理层和大股东，董事会及其审计委员会中是否有适当数量的独立董事且独立董事能有效发挥作用。

⑥ 董事对于自身的权力和责任是否有明确的认知，并且有足够的知识、经验和时间来勤勉、诚信、尽责地履行职责。

⑦ 董事会是否能够保证企业建立并实施有效的内部控制，审批企业发展战略和重大决策并定期检查、评价其执行情况，明确设立企业可接受的风险承受度，并督促经理层对内部控制的有效性进行监督和评价。

⑧ 监事会的构成是否能够保证其独立性，监事的能力是否与相关领域相匹配。

⑨ 监事会是否能够规范而有效地运行，监督董事会、经理层正确履行职责并纠正其损害企业利益的行为。

⑩ 是否存在必要的机制对经理层的权力进行监督和约束。

8.2.2.2　内部机构层面

从内部机构层面看，企业组织架构设计和运行的主要风险在于：内部机构设计不科学，权责分配不合理，可能导致机构重叠、职能交叉或缺失、推诿扯皮、运行效率低下。

这种风险在企业经营过程中有多种多样的表现形式。

① 企业是否考虑经营业务的性质，按照适当集中或分散的管理方式设置内部组织机构。

② 企业是否对内部组织机构设置、各职能部门的职责权限、组织的运行流程等有明确的书面说明和规定，是否存在关键职能缺失或职能交叉的现象。

③ 企业的内部组织机构设置是否有助于发展战略的实现；企业是否根据环境变化及时对内部组织机构做出调整。

④ 企业内部组织机构的设计与运行是否适应信息沟通的要求，是否有利于信息的上传、下达和信息在各层级、各业务活动间的传递，是否有利于为员工提供履行职权所需的信息。

⑤ 关键岗位员工是否对自身的权责有明确的认识，是否有足够的专业胜任能力去行使权力、履行责任；企业是否建立了关键岗位员工轮换制度和强制休假制度。

⑥ 企业是否对董事、监事、高级管理人员及全体员工的权限有明确的制度规定，是否对授权情况有正式的记录。

⑦ 企业是否对岗位职责进行了恰当的描述和说明，是否存在不相容职务未分离的情况。

⑧ 企业是否对权限的设置和履行情况进行了审核和监督。对于越权或权限缺位的行为企业是否及时予以纠正和处理。

企业至少应识别和关注的风险如图 8-1 所示。企业建立完善的内部控制制度必须要以合理的组织架构为基础。企业在实施内部控制的过程中应该重点考虑上述可能存在的风险。

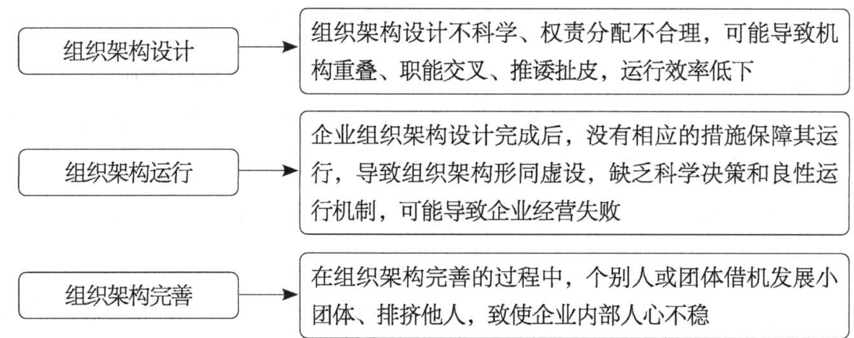

图 8-1　组织架构设计与运行中可能存在的风险

8.2.3　组织架构的风险管控

针对组织架构设计及运行中的主要风险，企业可通过下列措施进行控制，具体如图 8-2 所示。

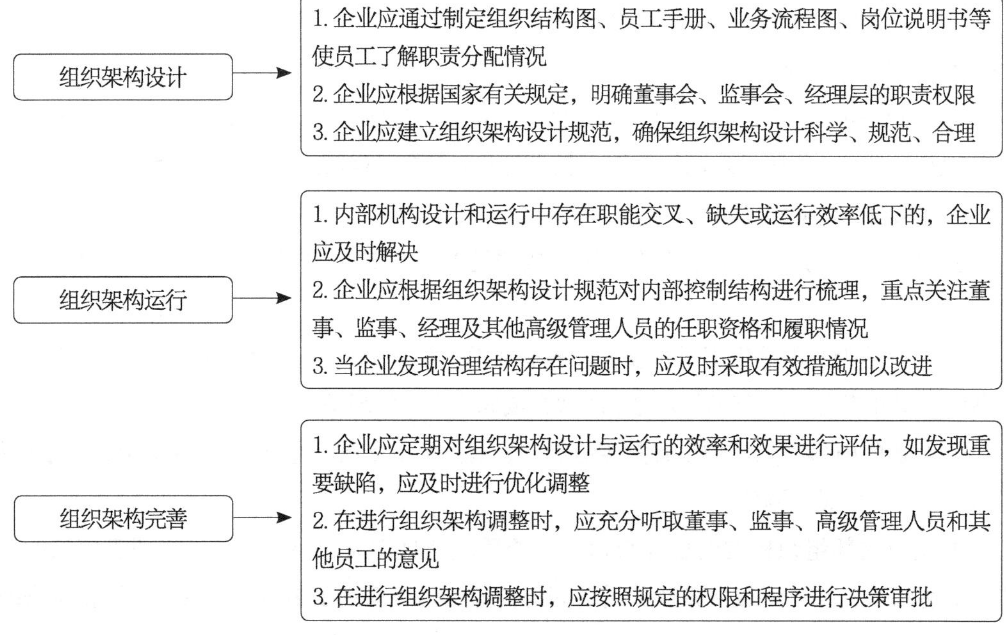

图 8-2　组织架构的风险管控

8.2.4　组织架构的设计

企业在设计组织架构时，必须考虑内部控制的要求，合理确定治理层及企业内部各部门之间的权力和责任并建立恰当的报告关系。设计的组织架构既要保证企业能够高效运营，又要适应内部控制环境的需要。在确定基本的治理结构的基础上，企业应该根据上市公司或者国有企业的行业特殊性对组织架构进行调整和规划，保证企业组织架构的设计合理、合法、合规。

8.2.4.1　组织架构的职权划分

企业的组织架构涉及股东（大）会、董事会、监事会和经理层。企业应当根据国家有关法律法规的规定，按照决策机构、执行机构和监督机构相互独立、权责明确、相互制衡的原则，明确董事会、监事会和经理层的职责权限、任职条件、议事规则和工作程序等。

（1）股东（大）会

股东（大）会是企业的最高权力机关。它由全体股东组成，对企业重大事项进行决策，有权选举董事和解除董事职务，并对企业的生产经营管理有广泛的选择权。股东（大）会既是一种定期或临时举行的由企业全体股东出席的会议，又是一种非常设的由全体股东所组成的公司制企业的最高权力机关。它是股东作为企业财产的所有者，对企业行使财产管理权的组织。企业一切重大的人事任免和经营决策一般都得经股东（大）会认可和批准后方可生效。股东（大）会分为法定大会、年度大会、临时大会及特种股东大会几种。股东（大）会能决定企业的经营方针和投资计划，提高资源配置的总体效益。

（2）董事会

董事会是股东（大）会这一权力机关的业务执行机关，负责企业业务经营活动的指挥与管理，对股东（大）会或者股东代表大会负责并报告工作。对于股东（大）会或职工股东大会的决定，董事会必须执行。董事会由两个以上董事组成，是企业的经营决策机构，主要负责决定企业内部管理机构的设置、制定企业年度财务预算方案和利润分配方案、聘任或解聘企业总经理、财务部负责人等。

（3）监事会

监事会是由股东（大）会领导的企业的常设监察机构，执行监督职能。监事会是由全体监事组成的、对企业业务活动及会计事务等进行监督的机构。监事会与董事会并立，独立地行使对董事会、总经理、高级管理人员及整个企业管理的监督权。为了保证监事会的独立性，监事不得兼任董事和高级管理人员。监事会对股东（大）会负责，对企业的经营状况进行全面的监督，包括调查和审查企业的业务情况，检查各种财务状况，并向股东（大）会或董事会提供报告，对企业的各级干部的行为进行监督，并对领导干部的任免提出建议，对企业的计划、决策及其实施情况进行监督等。

（4）经理层

经理层的主要构成人员是经理。经理是企业日常经营管理和行政事务的负责人，由董事会决定聘任或者解聘。经理对董事会负责，可由董事和自然人股东充任，也可由非股东的职业经理人充任。经理对内是企业生产经营活动的领导者，也是企业对外活动的代表，其行为就是企业的行为，即使其行为违反了企业章程或超越了董事会授权规定的权限范围，一般也都将其视为企业行为，后果由企业承受。经理的主要职责是对自己所在的部门进行有效的规划、制定相应的战略目标和发展规划，并通过管理活动使之落实。

企业的基本组织架构如图 8-3 所示。

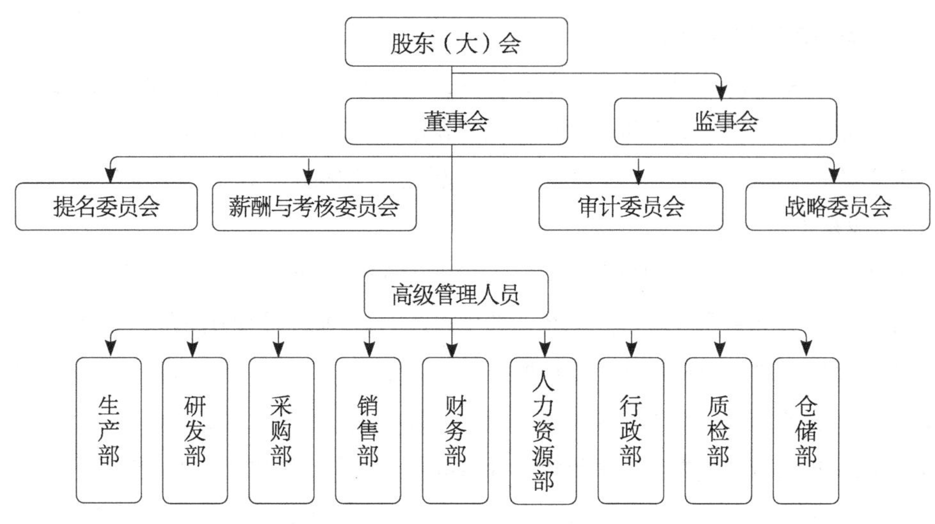

图 8-3 企业的基本组织架构

8.2.4.2 组织架构的更新

企业应当根据企业性质的不同对组织架构进行修改和更新。

（1）上市公司组织架构设计的特殊要求

对于上市公司来说，组织架构应当包含独立董事、董事会下设的专门委员会和董事会秘书。

独立董事应按照有关法律法规和公司章程的规定，认真履行职责，维护公司整体利益，尤其要关注中小股东的合法权益。

在上市公司董事会下设的审计委员会、薪酬与考核委员会中，独立董事应当占多数并担任负责人，审计委员会中至少还应有一名独立董事是会计专业人士。

董事会秘书作为上市公司的高级管理人员，直接对董事会负责，并由董事长提名。董事会负责董事会秘书的任免。在上市公司中，董事会秘书是一个重要的角色，其负责公司股东（大）会和董事会会议的筹备、文件保管、公司股东资料的管理、信息披露等事宜。

（2）国有独资企业组织架构设计的特殊要求

国有独资企业是我国比较独特的企业类型，其组织架构设计应充分反映其特色。设计的特殊要求主要包括以下几点。

第一，国有资产监督管理机构代行股东（大）会职权。国有独资企业不设股东（大）会，由国有资产监督管理机构行使股东（大）会的职权。国有独资企业董事会可以根据授权行使股东（大）会的部分职权，决定企业的重大事项，但企业的合并、分立、解散、增加或者减少注册资本和发行企业债券，必须由国有资产监督管理机构决定。

第二，国有独资企业董事会成员应当包括企业职工代表。董事会成员由国有资产监督管理机构委派，但是董事会成员中的职工代表由企业职工代表大会选举产生。国有独资企业的董事长、副董事长由国有资产监督管理机构在董事会成员中指定产生。

第三，国有独资企业监事会成员由国有资产监督管理机构委派，但是监事会成员中的职工代表由企业职工代表大会选举产生。监事会主席由国有资产监督管理机构在监事会成员中指定产生。

第四，外部董事由国有资产监督管理机构推荐，由企业以外的人员担任。外部董事在任期内，不得在任职企业担任其他职务。外部董事制度对于规范国有独资企业治理结构、提高决策科学性、防范重大风险具有重要意义。

8.2.4.3　企业组织架构的设计流程

（1）提出企业发展战略

董事会应根据企业愿景、使命，结合企业所处行业的特征，提出企业发展战略。董事会提出的发展战略应该符合企业的现状以及未来发展的前景。

（2）选择合理的组织架构模式

一般来说，常见的组织架构模式包括直线职能式和矩阵式结构。企业可以根据自身的结构特点选择最适合自身发展的模式，也可以在现有模式的基础上选择增加其他模式的相应特征来完善基本模式的框架。

（3）确定职能部门

企业应该按照精简、科学、高效的原则设置职能部门，避免职能重叠。每个职能部门作为一个子单位都负责处理不同的事务，汇总不同的信息。

（4）选择合适的部门结构

企业应该根据所设置的部门，明确各个部门的结构、岗位设置、人员配备等。企业在进行各部门的人员配置时应该以实现部门职能为原则，避免因人设岗。

（5）制定组织架构设计方案

企业应当根据工作要求直观地勾画出整个企业的单位、部门、岗位之间的关系，并拟定各个单位、部门、岗位的工作标准。

（6）下发组织架构图。

具体的组织架构设计流程图如图 8-4 所示。

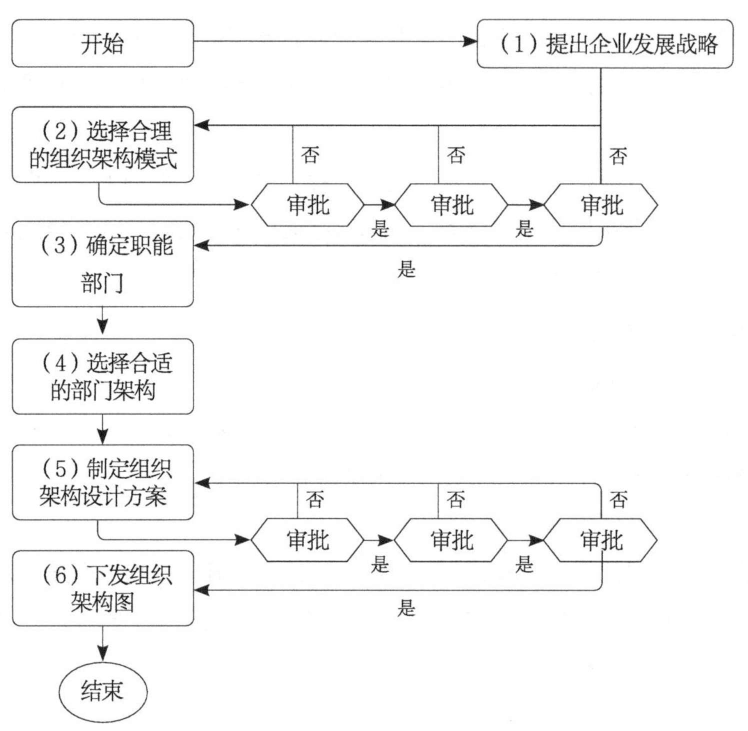

图 8-4　组织架构设计流程图

8.2.4.4　对“三重一大”的特殊考虑

在实务中，不少重大经济案件都涉及“三重一大”问题，即“重大决策、重大事项、重要人事任免及大额资金使用”问题。

为此，《组织架构应用指引》明确要求，企业的重大决策、重大事项、重要人事任免及大额资金支付业务等，应当按照规定的权限和程序实行集体决策审批或者联签制度。任何个人不得单独进行决策或者擅自改变集体决策意见。此项要求是我国部分企业优秀管理经验的总结，可以有效避免“一言堂”“一支笔”的现象。对“三重一大”事项实行集体决策审批或联签制度有利于国有企业完善治理结构和健全现代企业制度。

【例 8-1】某国有企业为规范权力的使用，在总结历史经验教训的基础上，决定在“三重一大”事项的决策上建立领导班子成员集体决策制度，并对决策的内容、形式、程序、方法以及考核监督等方面做出了严格的规定。一是在决策内容和形式方面，凡涉及“三重一大”的事项，必须由领导班子成员共同讨论决定，具体包括：企业经营方针、长远发展规划、重大技术改造、技术引进方案等重大决策；达到一定额度的生产性投资、非生产性投资，对外提供担保等重大事项；副处级以上干部的任免、奖惩等 6 项重要人事任免事项；对外投资、借款和一次性奖励等大额资金的使用。二是在决策程序和方法方面，对于“三重一大”事项，应当由承办部门提出方案，经有关部门分析论证后，提交领导班子进行集体审议；形成决策意见后，由承办部门具体负责组织落实。任何人都不得违反和擅自改变集体决策意见。与此同时，企业对集体决策过程中的有关会议列席人数、投票表决方法、有效通过票数、会议主持及记录等，均进行了明确规定。三是在监督和追责方面，对未经集体讨论，个人或少数人擅自决定“三重一大”事项的，未经领导班子复议，个人或少数人擅自改变原决定的，集体决策出现失误造成经济损失的，视情节轻重，分别予以通报批评、警告、撤销职务等处罚。

该企业自建立领导班子成员集体决策制度以来，有效控制了与重大决策、重大事项、重要人事任免及大额资金支付业务等相关的风险。

8.2.5　组织架构的运行

《组织架构应用指引》明确提出，企业应当根据组织架构的设计规范，对现有治理结构和内部机构设置进行全面梳理，确保本企业治理结构、内部机构设置和运行机制等符合现代企业的制度要求。

8.2.5.1　企业对治理结构的梳理

企业梳理治理结构，应当重点关注董事、监事、经理及其他高级管理人员的任职资格和履职情况，以及董事会、监事会和经理层的运行效果。对于治理结构中存在的问题，企业应当及时采取有效措施加以改进。

（1）董事、监事、经理及其他高级管理人员的任职资格和履职情况

就任职资格而言，企业应重点关注行为能力、道德诚信、经营管理者素质、任职程序等方面。行为能力是指董事、监事、经理及其他高级管理人员必须具备完全民事行为能力；道德诚信是指董事、监事、经理及其他高级管理人员必须具备良好的职业操守，因贪污、贿赂、非法侵占财产等被判处刑罚，执行期不足 5 年，或者因犯罪被剥夺政治权利，执行期不足 5 年的人员，不得担任企业的董事、监事、经理及其他高级管理人员；经营管理者素质是指企业经营管理者必须具备良好的职业操守和相应的执业能力。任职程序是指企业董事、监事、经理及其他高级管理人员的任职资格必须符合相关的法律要求。比如，企业董事每届任职不得超过 3 年，企业监事每届任期为 3 年，股份有限公司的董事不得兼任监事一职。

就履职情况而言，重点关注合规，业绩以及履行忠实、勤勉义务等方面。合规是指企业经营管理者在经营过程中应该遵从有关法律规定，合法、合规地处理相关事务。比如，董事、监事、经理及其他高级管理人员是否利用自己职位的便利，挪用公司资金以及为他人谋取利益等。业绩是指企业的董事、监事、经理及其他高级管理人员应当按照股东权益最大化原则处理公司事务，提高公司业绩。履行忠实、勤勉义务是指企业的董事、监事、经理及其他高级管理人员应当具备良好的职业操守，对工作保持积极向上、忠诚负责的态度。

（2）董事会、监事会和经理层的运行效果

关于董事会、监事会和经理层的运行效果，我们可以重点关注以下几个层面。

① 董事会是否定期或不定期召集股东（大）会并向股东（大）会报告；是否严格、认

真地执行了股东（大）会的所有决议；是否合理地聘任或解聘经理及其他高级管理人员等。

② 监事会是否按照规定对董事、经理以及其他高级管理人员的行为进行监督；在发现其违反相关法律法规或损害公司利益时，监事会是否能够对其提出罢免建议或制止并纠正其行为等。

③ 经理层是否认真、有效地组织实施董事会决议；是否认真、有效地组织实施董事会制定的年度生产经营计划和投资方案；是否能够完成董事会确定的生产经营计划和绩效目标等。

8.2.5.2 企业对内部机构设置的梳理

企业梳理内部机构设置，应重点关注内部机构设置的合理性和运行的高效性。

（1）内部机构设置的合理性

关于企业内部机构设置的合理性，应重点关注以下几个方面：内部机构设置是否适应内、外部环境的变化；是否以发展目标为导向；是否满足专业化分工和协作的要求；是否有助于企业提高劳动生产率；是否明确界定各机构和岗位的权力和责任。企业不应存在权责交叉、重叠以及只有权力而没有相对应的责任等情况。

（2）内部机构运行的高效性

关于企业内部机构运行的高效性，应重点关注以下几个方面。

① 企业是否根据市场环境的变化及时对内部各机构的职责分工做出调整。特别是当企业面临重要事件或重大危机时，各机构间表现出的职责分工的协调性，可以较好地检验内部机构运行的效率。

② 关注权力制衡的效率评估，包括内部机构的权力是否过大以及企业是否存在监督漏洞；内部机构的权力是否被架空；机构内部或各机构之间是否存在权力失衡的情况等。

③ 关注内部机构运行是否有利于保证信息的及时、顺畅流通。

④ 评估内部机构运行过程中的信息沟通效率，应关注信息在内部机构间的流通是否顺畅，是否存在信息阻塞的情况；信息在现有组织架构中的流通是否及时，是否存在信息滞后的情况；信息在组织架构中的流通是否有助于提高效率，沟通时是否存在舍近求远的情况。

8.2.5.3 组织架构的维护

企业在对治理结构和内部机构设置进行全面梳理的基础上，还应当定期对组织架构设计和运行的效率与效果进行综合评价，其目的在于发现可能存在的缺陷，及时优化，使企业的组织架构始终处于高效运行的状态。

总之，企业只有不断健全法人治理结构，持续优化内部机构设置，才能为风险管理奠定扎实基础，才能提升经营管理效能，才能在当今如此激烈的国内外市场经济竞争中保持良好的经营状态，并实现可持续发展。

8.2.6 组织架构运行中的注意事项

8.2.6.1 以组织环境为起点

在现实中，每个企业所面临的外部环境千变万化，所具备的内部条件千差万别。采用静态、封闭的管理模式已经越来越不能适应企业内在因素和外在环境的变化，我们需要的是一个开放的、自适应的、与外部环境变化相适应的内部控制系统。因此，企业不能够机械地套用规则，而应该在遵循内部控制基本规范及配套指引的基本原则下，结合自身情况，选择合理的控制程序和控制方法，设计出反映企业自身特点的内部控制体系。这种做法充分借鉴了《Tumbull 报告》（即英格兰和威尔士特许会计师协会 1999 年发布的《内部控制：董事会遵循联合准则的指南》）提出的内部控制系统要与复杂的、不断变化的企业外部环境保持相关性的理念。

8.2.6.2 区分控制层级

企业在实施内部控制的过程中，需要区分控制层级，按照战略控制、管理控制、作业控制的次序建立内部控制体系。具体来说，战略控制侧重于战略目标的制定，是形成企业战略的过程。它主要是公司战略层尤其是董事会的职责。

在这一过程中，企业需要分析内外部环境，设定战略目标，同时进行风险识别和风险分析，并采取相应的风险应对策略，在此基础上形成战略规划。管理控制是指管理者组织企业其他成员以落实企业战略规划的过程，是决定如何通过业务经营完成战略目标的过程，它主要是公司经营管理层尤其是经理层的职责。作业控制侧重于某项具体业务或者某项具体任务的完成，它主要针对的是企业各项业务或事项，属于操作管理层和普通员工的职责。

8.2.6.3 以信息技术为支撑

信息化是企业发展的重要趋势之一。信息技术的应用可以降低内部控制的成本，减少人为操纵因素，保证内部控制的效果；实现信息的及时和快速反馈，提高内部控制的效率；促进信息的集成与传递。同时，利用信息技术还可以将各项管理流程和方法融合起来，实现内部控制与其他管理制度的系统整合。因此，企业在实施内部控制时，应该考虑利用信息技术，将其贯穿企业实施内部控制的整个过程，从而达到将内部控制的程序与措施、信息技术整合的效果。

8.3 实务案例：Q 开发投资有限公司组织架构设计的弊端

Q 开发投资有限公司经某市政府批准，于 2001 年 4 月设立某市直属综合性投资公司，主要承担政府重大建设项目的投融资；经政府授权持有并运作国有股权；自主开展资本运营，促进资产跨地区、跨行业、跨部门、跨所有制的流动和重组。

Q 开发投资有限公司采用集团公司的组织形式，目前有 6 个部门，分别是研究发展部、资本运营部、投资开发部、财务融资部、人力资源部和总经理工作部。同时该公司有 3 个子公司。

目前，Q开发投资有限公司的“一把手”是新上任的汪总经理。他进入公司后做的第一个工作就是在了解企业内部管理的现状，发现企业当前的优势与劣势，借助第三方专业咨询公司的力量，对企业组织架构及管控模式进行初步调研与分析后，提出了新的组织架构改进方案。

（一）组织架构的问题

（1）项目专家组和专家咨询委员会职责模糊，界限不清

Q开发投资有限公司的专家委员会由两个临时的部门构成——项目专家组和专家咨询委员会。两个临时部门的职责范围模糊、界限不清，经常会出现两个部门工作相互重叠的现象。

（2）临时性委员会无固定人员来维持工作

Q开发投资有限公司总是在出现运营投资项目时，才临时召集专家组成项目专家组或专家咨询委员会参与项目的决策。这些专家并非公司的固定人员，都是公司从外部聘用的兼职专家。因此，当出现投资项目时，召集外部专家的工作一直由总经理工作部临时代理。但是随着项目量的逐渐增多，管理专家委员会的日常性工作也越来越多，公司急需专门的人员来维持日常性工作。

（二）相应对策分析

（1）构建临时机构“投资委员会”

鉴于目前项目专家组和专家咨询委员会的职责模糊、分工不清晰，两个临时部门之间存在工作重叠等问题，专家认为，将项目专家组和专家咨询委员会职能合并、统一管理，不仅有利于对专家资源的高效配置，也将避免因工作职责重叠导致的管理混乱。

建立临时机构“投资委员会”——将原有的项目专家组和专家咨询委员会职能合并，成立投资委员会，该委员会为非常设机构。研究发展部组织高层和外部相关专家根据项目特点进行投资项目论证，提出项目投资意见，为总经理进行项目决策提供依据。因此，将两个委员会合并统管有利于精简组织机构，提高管理效率与效能。

（2）成立固定机构“项目专家办公室”

由于公司项目量日益增加，公司对投资委员会日常管理工作的要求也越来越多。换句话说，关于组织与协调专家组成员的工作越来越“日常化”，公司急需一个固定的机构、若干固定的工作人员完成这部分的组织与协调工作。这样才能有效地调动投资委员会的兼职专家开展工作。

专家建议该公司在研究发展部成立一个固定的“项目专家办公室”。项目专家办公室配有固定的工作人员——两名专家秘书，一主一辅，负责项目专家办公室的日常管理与协调工作。

研究发展部的一个重要职能为参与重大项目的论证，就行业背景、国家法律政策进行评审，而完成重大项目的论证及评审工作需要投资委员会的专家组成员参与并提出建议。

因此，研究发展部就要负责组织与协调投资委员会的专家，并且推动其开展论证与评审的工作，而该公司成立“项目专家办公室”的意义就在于此。

（3）“投资委员会 + 项目专家办公室”工作流程分析

“投资委员会 + 项目专家办公室”模式是将原有的项目专家组和专家咨询委员会有效整合的结果。这种管理模式的考核办法与项目管理的工作流程规范化一致。基于投资委员会的非常设机构、以项目管理模式运作等特点，该公司对投资委员会的专家组成员的管理也将突破一般岗位的管理办法，而提倡公司对其采取规范化、流程制的管理方式。

第9章 企业内部控制应用指引第2号——发展战略

9.1 法规原文

企业内部控制应用指引第2号——发展战略

第一章 总 则

第一条 为了促进企业增强核心竞争力和可持续发展能力，根据有关法律法规和《企业内部控制基本规范》，制定本指引。

第二条 本指引所称发展战略，是指企业在对现实状况和未来趋势进行综合分析和科学预测的基础上，制定并实施的长远发展目标与战略规划。

第三条 企业制定与实施发展战略至少应当关注下列风险：

（一）缺乏明确的发展战略或发展战略实施不到位，可能导致企业盲目发展，难以形成竞争优势，丧失发展机遇和动力。

（二）发展战略过于激进，脱离企业实际能力或偏离主业，可能导致企业过度扩张，甚至经营失败。

（三）发展战略因主观原因频繁变动，可能导致资源浪费，甚至危及企业的生存和持续发展。

第二章 发展战略的制定

第四条 企业应当在充分调查研究、科学分析预测和广泛征求意见的基础上制定发展目标。

企业在制定发展目标过程中，应当综合考虑宏观经济政策、国内外市场需求变化、技术发展趋势、行业及竞争对手状况、可利用资源水平和自身优势与劣势等影响因素。

第五条 企业应当根据发展目标制定战略规划。战略规划应当明确发展的阶段性和发展程度，确定每个发展阶段的具体目标、工作任务和实施路径。

第六条 企业应当在董事会下设立战略委员会，或指定相关机构负责发展战略管理工作，履行相应职责。

企业应当明确战略委员会的职责和议事规则，对战略委员会会议的召开程序、表决方式、提案审议、保密要求和会议记录等作出规定，确保议事过程规范透明、决策程序科学民主。

战略委员会应当组织有关部门对发展目标和战略规划进行可行性研究和科学论证，形成发展战略建议方案；必要时，可借助中介机构和外部专家的力量为其履行职责提供专业咨询意见。

战略委员会成员应当具有较强的综合素质和实践经验，其任职资格和选任程序应当符合有关法律法规和企业章程的规定。

第七条　董事会应当严格审议战略委员会提交的发展战略方案，重点关注其全局性、长期性和可行性。董事会在审议方案中如果发现重大问题，应当责成战略委员会对方案作出调整。

企业的发展战略方案经董事会审议通过后，报经股东（大）会批准实施。

第三章　发展战略的实施

第八条　企业应当根据发展战略，制定年度工作计划，编制全面预算，将年度目标分解、落实；同时完善发展战略管理制度，确保发展战略有效实施。

第九条　企业应当重视发展战略的宣传工作，通过内部各层级会议和教育培训等有效方式，将发展战略及其分解落实情况传递到内部各管理层级和全体员工。

第十条　战略委员会应当加强对发展战略实施情况的监控，定期收集和分析相关信息，对于明显偏离发展战略的情况，应当及时报告。

第十一条　由于经济形势、产业政策、技术进步、行业状况以及不可抗力等因素发生重大变化，确需对发展战略作出调整的，应当按照规定权限和程序调整发展战略。

9.2　原文讲解

《企业内部控制应用指引第 2 号——发展战略》（后文简称《发展战略应用指引》）共 3 章、11 条。这 3 章对企业的发展战略进行了详细的解读。发展战略是全局性蓝图，完善且科学的发展战略可以为企业指明前进的方向。发展战略的内部控制是通过强化风险管控措施来促进企业发展战略实现的。

本节按照《发展战略应用指引》的内容对企业发展战略的内部控制进行详细的解读。

9.2.1　发展战略的定义

发展战略是指企业在对现实状况和未来趋势进行综合分析和科学预测的基础上，制定并实施的长远发展目标与战略规划。什么都可以出错，战略不能出错；什么都可以失败，战略不能失败。战略的失败是最彻底的失败，无论是一个国家、一个地区和一个行业，还是一个微观组织，都面临着发展战略管理的问题。现代企业如果没有明确发展战略，就不可能在当今激烈的市场竞争和国际化浪潮的冲击下求得长远发展。

明茨伯格借鉴市场营销学中的四要素（4P）的提法，提出可用 5 种规范的定义来阐述企业战略，即计划（Plan）、计谋（Ploy）、模式（Pattern）、定位（Position）和观念（Perspective），这构成了企业战略的“5P”模型，如表 9-1 所示。这 5 个定义从不同角度对企业战略这一概念进行了阐述。

表 9–1 明茨伯格的 5P 战略模型

5P	阐 释
计划（Plan）	战略是一种计划，是一种有意识、有准备、有组织的行动程序，可以解决一个企业关于如何从现在的状态达到将来位置的问题。根据这个定义，战略具有两个本质特点：①战略是在企业发生经营活动之前制定的；②战略是企业有意识、有目的地开发和制定的计划。与其他计划相比，战略有决定全局、使用时限长的特点。战略通常决定了企业的发展方向，其目的是实现企业的基本目标
计谋（Ploy）	战略是一种计谋，意思是战略不仅仅是行动之前的计划，还可以在特定的环境下成为企业在行动过程中使用的手段和策略，是一种在竞争博弈中威胁和战胜竞争对手的工具。例如，得知竞争对手想要扩大生产能力时，某企业便提出自己的战略是扩大厂房面积以提高生产能力。由于该企业资金雄厚、产品质量优异，竞争对手自知无力与之竞争，便会放弃扩大生产能力的想法。然而，一旦对手放弃了原计划，企业却并不一定要将扩大生产能力的战略付诸实践。因此，这种战略只能称为一种威胁竞争对手的计谋
模式（Pattern）	战略是一种模式，意思是战略可以体现为企业一系列的具体行动和现实结果，而不仅仅是行动前的计划或手段，即企业无论事先是否制定了战略，只要有具体的经营行为，就有事实上的战略
定位（Position）	战略是一种定位，意思是战略可以使一个组织确定自己在所处环境中的位置，对企业而言就是确定自己在市场中的位置，企业可据此正确配置资源，形成可持续的竞争优势。战略的定位观认为，一个事物是否属于战略，取决于它所需的时间和情况，今天的战术问题可能成为明天的战略问题
观念（Perspective）	战略是一种观念，意思是战略体现了企业对客观世界固有的认知方式，表达了企业对环境的价值取向和对客观世界的固有看法，反映了企业战略决策者的价值观念。战略通过个人期望和行为的共享，从而使其变成企业共同的期望和行为

9.2.2 发展战略的制定与实施中的主要风险

企业在发展战略的制定和实施过程中应当关注以下几个方面可能引发的风险。

9.2.2.1 发展战略不明确或实施不到位

发展战略可以为企业的发展提供清晰的路径和方式，帮助企业顺利找到合适的市场定位。如果企业缺乏明确的发展战略或发展战略实施不到位，可能导致企业盲目发展，难以形成竞争优势，丧失发展机遇和动力。

9.2.2.2 企业制定的发展战略与企业现有情况不相符

企业制定的发展战略应该与企业的真实情况相符合，适合企业当前的发展阶段，才能为企业带来收益。如果发展战略过于激进，脱离企业实际能力或偏离主业，可能导致企业过度扩张，甚至经营失败。

9.2.2.3 发展战略频繁变动

发展战略应该保持具有稳定性的变动，意思是说，虽然企业的发展战略应该随着企业的发展而不断更新，使企业的发展目标适合现状，但是这并不意味着企业应该频繁改变战略，发展战略因主观原因频繁变动，可能导致资源浪费，甚至危及企业的生存和持续发展。

企业在制定与实施发展战略的过程中可能面临的风险如图 9-1 所示。

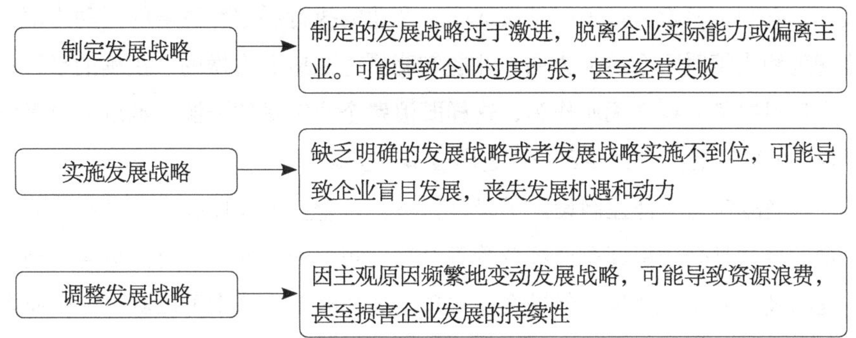

图 9-1　企业在制定与实施发展战略的过程中可能面临的风险

9.2.3　发展战略的风险管控

为了降低企业在制定和实施发展战略的过程中可能存在的风险，企业管理者可以实施发展战略风险管控，具体的方案措施如图 9-2 所示。

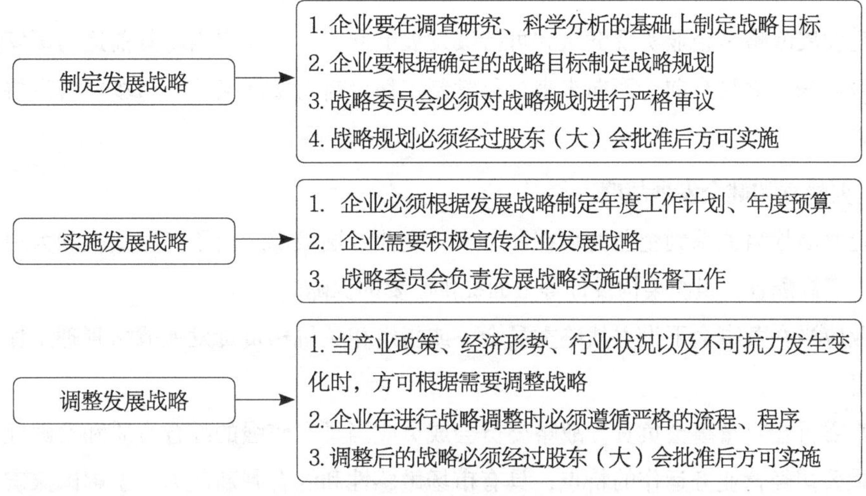

图 9-2　发展战略的风险管控

9.2.4　发展战略的意义

发展战略是企业在对现实状况和未来趋势进行综合分析和科学预测的基础上，制定并实施的长远发展目标与战略规划。制定和实施发展战略，对企业来说具有十分重要的意义。

第一，发展战略可以帮助企业找准市场定位。市场定位就是在激烈的市场竞争环境中找准位置。定位准了，企业才可能获得竞争优势，才可能赢得市场，才可能不断发展壮大。企业在进行市场定位时所要解决的问题很广泛，包括为社会提供什么样的产品或服务、以什么样的方式满足客户和市场需求、如何充分利用内外部资源以保持持续的竞争力、如何才能更好且更快地迈进行业前列等。发展战略要解决的正是企业在发展过程中所面临的这些全局性、长期性的问题。从这个角度讲，制定发展战略，就是为企业找准市场定位。

第二，发展战略是企业执行层的行动指南。发展战略指明了企业的发展方向、目标与路径，提出了企业未来的经营方向和目标纲领，是企业发展的蓝图，关系着企业的生存与长远发展。只有制定科学、合理的发展战略，企业的执行层才有明确的行动指南，才能在日常经营管理和决策时不会迷失方向，才能知晓哪些是应着力做的“正确的事”；否则，执行层要么盲目决策，要么无所作为，这样既浪费企业宝贵的资源、难以形成竞争优势，又可能使企业失去发展机会，导致企业走向衰落甚至破产。

第三，发展战略为内部控制设定了最高目标。《企业内部控制基本规范》明确指出，“内部控制的目标是合理保证企业经营管理合法合规、资产安全、财务报告及相关信息真实完整，提高经营效率和效果，促进企业实现发展战略”。从中可以看出，企业内部控制的一系列目标中，促进企业实现发展战略是内部控制最高层次的目标。它一方面表明，企业内部控制最终所追求的是实现发展战略；另一方面也说明，企业必须通过建立和健全内部控制体系来为实现发展战略提供保证。发展战略为企业内部控制指明了方向，内部控制为企业实现发展战略提供了坚实的保障。

9.2.5 如何制定发展战略

制定发展战略是企业实现健康和可持续发展的起点。企业应当将其前途与国家的命运紧密联系起来，立足当前、面向未来，科学制定切合自身实际又符合市场经济发展规律的发展战略。

9.2.5.1 要建立和健全发展战略

制定发展战略关系到企业的现在和未来，企业各层级都应给予高度重视和大力支持，要在人力资源配置、组织架构设计等方面提供必要的保障。

企业应当在董事会下设立战略委员会，或指定相关机构负责发展战略管理工作，履行相应职责。

战略委员会对董事会负责。战略委员会成员应当具有较强的综合素质和实践经验。比如，熟悉公司经营业务运作的特点，具有市场敏感性和综合判断能力，了解国家宏观经济政策走向及国内外经济、行业发展趋势等。同时，成员的任职资格和选任程序应符合有关法律法规和企业章程的规定。战略委员会主席应当由董事长担任；战略委员会成员中应当有一定数量的独立董事，以保证委员会更具独立性。必要时，战略委员会还可聘请社会专业人士担任顾问，提供专业咨询意见。

战略委员会的主要职责是对公司长期发展战略和重大投资决策进行研究并提出建议，具体包括：对公司的长期发展规划、经营目标、发展方针进行研究并提出建议，对公司涉及产品战略、市场战略、营销战略、研发战略、人才战略等经营战略进行研究并提出建议，对公司重大战略性投资、融资方案进行研究并提出建议，对公司重大资本运作、资产经营项目进行研究并提出建议等。为确保战略委员会议事过程规范透明、决策程序科学民主，企业应当明确相关议事规则，对战略委员会会议的召开程序、表决方式、提案审议、保密要求和会议记录等做出明确规定。

为了使企业发展战略落到实处，企业除了在董事会层面设立战略委员会外，还应在内部机构中设置专门的部门或指定相关部门，承担与发展战略有关的具体工作。

9.2.5.2　要综合分析并评价影响发展战略实现的内外部因素

企业外部环境、内部资源等因素，是影响发展战略实现的关键因素。只有对企业所处的外部环境和拥有的内部资源展开深度分析，才能制定出科学合理的发展战略。在此过程中，企业应当综合考虑宏观经济政策、国内外市场需求变化、技术发展趋势、行业及竞争对手状况、可利用的资源和自身优势与劣势等影响因素。

（1）分析外部环境，发现机会和威胁

外部环境是影响发展战略实现的重要因素，包括宏观环境、行业环境及竞争对手、经营环境等。分析企业面临的外部环境时，应当着重分析环境的变化和发展趋势及其对企业发展战略的重要影响，同时评估企业可以抓住哪些机会，以及企业可能面临哪些威胁。

第一，宏观环境分析。企业是一个开放的经济系统，其经营管理必然受到宏观环境的控制和影响。企业要在充分研究宏观环境的现状及未来发展趋势的基础上，抓住有利于企业发展的机会，避开威胁。宏观环境分析一般是指对政治和法律环境、经济环境、社会和文化环境、技术环境等因素进行分析来了解企业所面临的状况，具体如图 9-3 所示。

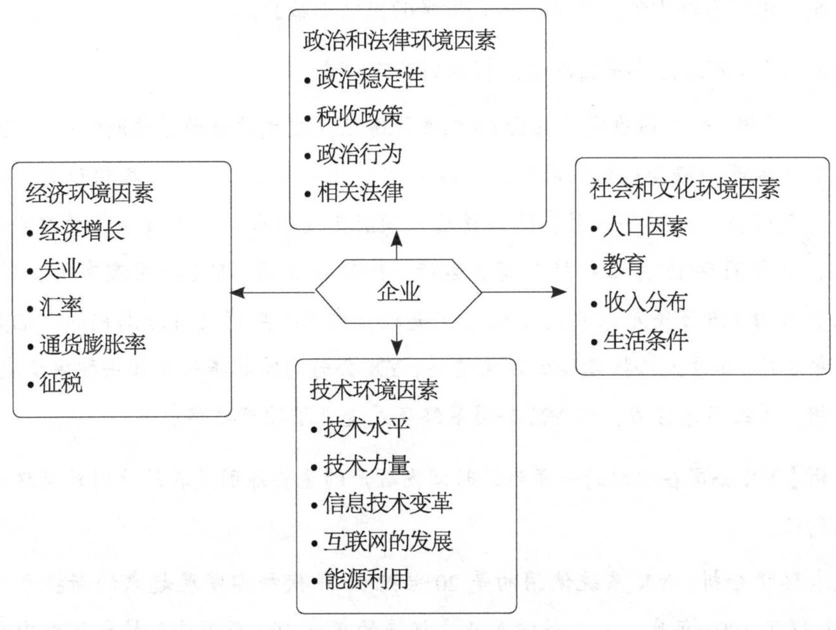

图 9-3　宏观环境分析

第二，行业环境及竞争对手分析。企业应当加强对所处行业的调研，发现并分析影响该行业当前及预期盈亏情况的决定性因素以及这些因素的变动情况。通过对行业环境及竞争对手的分析，企业在所提供产品或服务的类型、方式及地点，以及希望实现的产业规模等方面，能够与同行业竞争对手有所区别，并以此建立和巩固自身在市场中的竞争优势，有助于制定差异化竞争战略。

企业在进行行业环境及竞争对手分析时可以参照波特五力模型，具体如图 9-4 所示。

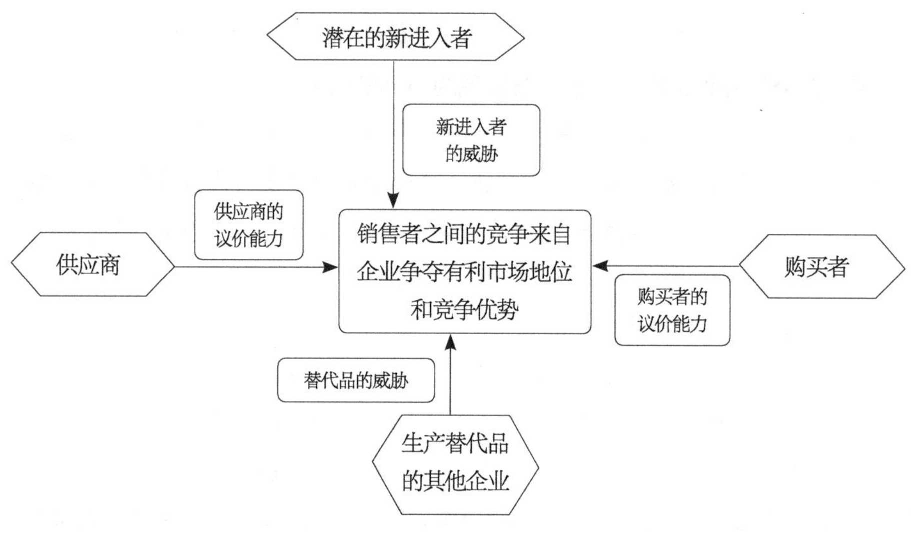

图 9-4 波特五力模型

第三，经营环境分析。经营环境分析侧重于对市场及竞争地位、消费者消费状况、融资状况、劳动力市场状况等因素的分析。经营环境比宏观环境和行业环境更容易为企业所影响和控制，也更有利于企业主动应对其带来的机会和威胁。

【例 9-1】美国 YX 公司因战略分析不到位而破产

1991 年，美国 YX 公司决定建立由 66 颗低轨道卫星组成的移动通信网络——YX 系统，旨在突破基于地面的移动通信的局限，通过太空向任何地区、任何人提供语言、数据、传真及寻呼信息服务。1998 年 5 月，随着最后一颗卫星发射成功，筹备 7 年的 YX 系统完成组网工作，并于同年 11 月正式投入商业运行。1999 年 5 月，YX 公司宣布 1999 年第一季度的营业收入为 145 万美元，亏损为 5.05 亿美元，难以按期偿还月底到期的 8 亿美元的债务。1999 年 8 月，由于无法按期偿还巨额债务，YX 公司向特拉华州联邦法院申请破产保护，并进行改组。虽经多方努力，但 YX 公司最终还是走上了破产之路。

【分析】YX 公司在短短的一年半的时间内破产的主要原因是其缺乏对外部环境的分析或分析不到位。

① 技术环境分析。YX 系统使用的是 20 世纪 90 年代初期发展起来的新技术。因此，YX 公司获得了 1998 年度《大众科学》杂志评选的年度 100 项最佳科技成果奖中的电子技术奖。YX 系统在技术上虽然先进，但不成熟，还存在许多不足，如手机笨重、价格昂贵、通话的可靠性和清晰度较差、不能在室内和车内使用等。而地面移动电话技术在先后经历了模拟信号、GSM/CDMA 等阶段后，网络覆盖面越来越广，通话质量越来越高，得到了广大消费者的认可。

② 经济环境分析。技术超前导致 YX 系统的成本高、YX 手机的价格高。由 66 颗低轨道卫星构成的卫星电话系统共耗资 50 多亿美元，除通过投资和发行股票筹集的资金外，

YX 公司共借款 30 亿美元，每月的财务费用高达 4 000 万美元。高成本迫使 YX 公司不得不把手机售价定为 4 000 美元，通话费用为 7 美元 / 分钟。在市场反应冷淡的情况下，YX 公司又被迫将手机价格下调为 3 000 美元，通话费用下调为 1.89 美元 / 分钟。但同移动电话相比，这个价格仍然过高。开业近 10 个月，用户还不到 2 万名，远低于 65 万名用户的盈亏平衡点。

③ 市场环境分析。YX 公司的目标客户是商务旅行者。然而，YX 公司从提出构想到推广产品用了 11 年的时间。在这期间，地面移动通信发展迅猛，移动手机快速占领了市场，夺走了 YX 公司预设的目标客户。由于无法形成稳定的客户群，YX 公司亏损巨大，连借款利息都偿还不起，不得不申请破产保护，在回天无力的情况下，只能终止服务。

④ 消费者个性化需求分析。消费者用远高于普通移动手机的价格购买 YX 手机，目的是能在移动网络无法覆盖的地方与他人保持联系。但 YX 手机存在的技术缺陷使消费者的这一核心利益得不到保证。笨拙的 YX 手机也没有满足消费者个性化的需求。反观移动手机，产品却是越来越小，商家为了赚取通话费，甚至无偿赠送手机，以获得消费者的青睐。

（2）分析内部资源，识别优势和劣势

内部资源是企业实现发展战略的重要制约条件，包括企业资源、企业能力、核心竞争力等各种有形和无形资源。分析企业拥有的内部资源和能力，应当着重分析这些资源和能力使企业在同行业中处于何种地位，以及与竞争对手相比，企业有哪些优势和劣势。

第一，企业资源分析。企业应着重对现有资源的数量和利用效率，以及资源的应变能力等方面进行分析。企业通过对现有资源进行分析，确定企业现有资源的状态，找出企业现有资源的优势和劣势；通过与主要竞争对手的资源情况进行比较，明确形成企业核心能力和竞争优势的战略性资源。

第二，企业能力分析。企业能力是企业有形资源、无形资源和组织资源等各种资源有机组合的结果，主要包括：研发能力、生产能力、营销能力、财务能力、组织管理能力等。企业通过分析和挖掘自身的能力，可以了解发展战略能否适应企业面临的各种机遇和挑战，同时还可能发现让竞争对手无法企及的新机会和新领域。

第三，核心竞争力分析。核心竞争力是指能为企业带来竞争优势的资源和能力。有助于企业构建核心竞争力的资源主要包括：稀缺资源、不可模仿的资源、不可替代的资源、持久的资源等。企业在进行战略分析时，应当将注意力集中在那些能够帮助企业建立核心竞争力的资源上。

9.2.5.3　要科学制定发展战略

发展战略可以分为发展目标和战略规划两个层次。其中，发展目标是企业发展战略的核心和基本内容，是在最重要的经营领域对企业使命的具体化，表明企业在未来一段时期内努力的方向和所要达到的水平。战略规划是企业为了实现发展目标而制定的具体规划，规定企业在每个发展阶段的具体目标、工作任务和实施路径。

（1）制定发展目标

企业发展目标作为指导企业生产经营活动的准绳，通常涉及盈利能力、生产效率、市场竞争地位、技术领先程度、生产规模、组织结构、人力资源、用户服务、社会责任等。

关于发展目标的制定，有几点值得注意。

第一，发展目标应当突出主业。在制定发展目标时突出主业，将其做精做强，做成行业的“独一份”，不断增强核心竞争力，是许多成功的跨国公司的经验之谈。然而，我国少数大型企业存在盲目投资非主业的现象，特别是一些不以地产为主业的中央企业投资房地产，引发了社会各界的争议。此举既不利于国家宏观调控政策的贯彻落实，也会影响企业的长远发展。企业在发展过程中，只有集中精力做强主业，才能增强企业的核心竞争力，才能在行业发展、产业发展中起带头作用。

第二，发展目标不能过于激进、不能盲目追逐市场热点、不能脱离企业实际，否则可能导致企业过度扩张，甚至经营失败。为追求“超常规”“跨越式”发展，有些企业转而制定激进的发展目标。在这种浮躁心态的驱使下，这些企业盲目做大，不惜成本，急于“铺摊子”，试图在短期内成为巨型企业。但是，这种“跨越式”发展，在内部管理能力难以跟上、风险管理水平不匹配的情况下，一旦外部环境发生变化，很可能使企业在顷刻间“灰飞烟灭”，迅速走向衰败。

第三，发展目标不能过于保守，否则会使企业丧失发展机遇和动力。在过于保守的战略引导下，企业由于发展目标易实现而沾沾自喜，久而久之，在激烈的市场竞争中往往不能及时抓住市场机会，导致企业发展滞后，最终难以逃脱被淘汰的命运。

【例 9-2】DL 集团因未突出主业而导致战略失败

DL 集团（简称 DL）的发展经历了实业公司、投资公司、资本集团、战略投资 4 个阶段。1992 年，DL 开始涉足股市，积累了发展的原始资本；1993 年 2 月，以 500 万元流动资金作为注册资本成立乌鲁木齐 DL 房地产开发公司；1994 年，成立新疆 DL 农业开发公司，进行农牧业开发；1997 年，DL 向投资行业转型、由“做企业”转向”做产业”。之后，DL 以新疆 DL 国际实业总公司的名誉入股沈阳合金投资股份有限公司和株洲火炬火花塞股份有限公司，并以这 3 家上市公司为平台大举收购企业，涉足旅游业、矿业、文化产业、种植业、林业、水电业等行业。2000 年 1 月，DL 注册成立 DL 国际投资控股有限公司（简称 DL 国际），控股新疆 DL 集团。DL 国际专注于投资，成了一个类金融的机构投资者，而新疆 DL 集团则负责打理下属的企业。然而在 2004 年 4 月，由于 DL 国际资金链的断裂引发财务危机，DL（系上市公司）的股价开始狂跌，在不到一个月的时间内，总共蒸发掉了几百亿元人民币的流通市值，DL 崩溃。

【分析】从战略管理的角度来看，DL 的崩溃源于其发展战略严重偏离主业，盲目实施多元化战略。DL 的发展战略违背了多元化结构的基本原则——产业互补、分散风险、稳健经营。DL 从初期的水泥产业，到南插“湘火炬”，北铸“沈阳合企”；从大汽配到重型卡车，从电动工具到园林工具、数控机床，从整合汽配、水泥、食品等产业到农村流通服务、旅游、金融、资源等。DL 投资领域过宽、投资资金过多，没有依托主业形成经营主线；尽管投资规模庞大，但没有形成产业优势和财务优势，也未能在所有涉足的领域实现充足的现金流、低负债率、高效率团队和精细化管理等。这样就造成了企业发展战略的最终失败。

【例 9-3】HY 集团的盲目并购与扩张

HY 集团（简称 HY）的发展历程堪称一部“并购史”。1992 年 HY 成立之初，其注册资本为 1.4 亿元。然而之后的十几年，HY 强力推进兼弃、收购以实现扩张发展的经营战略。以纺织业起家的 HY 发动各种并购活动近 90 次，涉及农业机械、医药等产业。2003 年年末，HY 的资产总规模已达 414.19 亿元，净资产 113.13 亿元，成为中国最大的医药企业集团和纺织企业集团。在实施并购扩张战略的过程中，HY 高度依赖巨额银行贷款，并在其陌生的产业领域，不断进行并购、重组、上市等资本活动，重复着盲目的扩张，从而使得集团债务日趋增多、负债水平大幅上升。巨大的债务压力使企业资金需求受到限制，严重影响了集团的进一步发展。2005 年，总资产达 572 亿元、拥有 7 家上市公司的 HY 因被多家债权银行起诉而爆发了“HY 危机”，被迫进入重整程序。

【分析】“HY 危机”的爆发是 HY 盲目实施并购扩张战略的后果。企业通过兼并、收购等方式实施对外扩张战略、追求规模经济效益，可以有效地配置和利用企业集团资源，同时也能降低企业集团的经营风险，特别是金融风险，使企业集团能更稳定地获得规模收益。

然而，如果企业盲目实施对外扩张战略，也可能带来规模不经济的现象。企业盲目对外扩张战略的风险主要表现在两个方面。第一，内部管理成本增加。企业通过并购建立一定规模的组织架构后，要花费较大的代价和较高的协调成本来促使企业集团内部管理及经营的正常进行，否则就会造成企业内部信息资源的流动不畅或迟缓，可能引发决策延误的风险。第二，内部控制失效风险增加。企业规模的扩大使管理幅度和管理层次增加，从而使企业内部信息传递的有效性降低。这就需要加强监控来保证信息质量，一旦监控不及时、不到位，就容易引发企业内部控制失效的风险。

【例 9-4】WG 电力公司的战略规划

WG 电力公司（简称 WG 公司）是一家发电企业，数十年的发展历史铸就了 WG 公司优秀的企业形象。WG 公司是所在城市的主要工业供电来源，也是居民用电、供热的主要来源，为所在城市的工业和经济的发展做出了极大贡献。但是，由于近几年电力体制改革，国家电力行业运用“厂网分开、竞价上网”的模式，打破了原来电力行业的垄断状态。WG 公司所面临的宏观环境发生了变化，同时市场环境和规则也发生了极大的变化。面对需求不断增长、原料紧张、投资加快、同行业企业快速发展的形势，WG 公司开始重新思考未来的发展问题。

WG 公司在制定战略规划的过程中，通过大量的访谈和问卷调查，力求最大化了解自身面临的环境，并认为问题主要集中在以下几个方面。

① 企业面临外部环境的重大变化，需要重新定位。一方面社会的发展客观上要求电力行业必须以一定的规模和速度发展；另一方面受资源和环保因素的制约，发展电力行业的问题进一步显现。

② 需要转变管理模式。电力行业原属于垄断行业，但引入市场机制以后，外部环境的变化促使 WG 公司必须从原来的行政计划管理模式向企业经营的模式转变。

③ 各项业务发展不清晰，存在明显的关联交易，容易形成“大而全”的企业形态。

④ 思想观念的转变成为变革时期的突出问题。

（2）制定战略规划

确定发展目标后，企业就要考虑使用何种手段、采取何种措施、运用何种方法来达到目标，即制定战略规划。战略规划应当明确企业发展的阶段和发展程度，制定每个发展阶段的具体目标和工作任务，以及达到发展目标必经的实施路径。

【例 9–5】某集团公司的发展战略规划

某集团公司（简称集团公司）通过认真分析内外部环境、自身资源以及面临的机遇和挑战，根据国民经济发展需要和集团自身的发展能力，提出了集团发展目标和 2003—2020 年的战略规划。

发展目标是：把公司建设成经营型、控股型，市场化、集团化、现代化、国际化，具有较强发展能力、盈利能力和国际竞争能力的大型企业集团。

分阶段的战略规划如下。

2003—2005 年为第一阶段，这是集团公司的创业阶段。这个阶段的目标是：通过“组建年”“管理年”“安全年”的工作，夯实集团公司的发展基础，发展战略体系基本确立，集团化管理体制和运作机制基本形成，管理制度进一步完善，具有集团特色的企业文化初步形成；保持较快发展速度，2005 年实现“三个突破”，即实现装机容量突破 ×× 万千瓦、发电量突破 ××× 亿千瓦时、销售收入突破 ×× 亿元。

2006—2010 年为第二阶段，集团公司进入持续、快速、协调的发展阶段。这个阶段的目标是：集团化运作体系和运作机制趋于成熟，主业有较大的发展，规模效益同步增长，电源布局合理，电源结构有明显改善，集团公司的发展能力、盈利能力、国际竞争能力明显增强，2010 年成为世界 500 强企业。

2010—2020 年为第三阶段，集团公司进入以电力为主、多元发展、跨国经营阶段。这个阶段的目标是：在做大、做强电力主业的同时，煤炭、铁路、环保、物流以及与电力产业相关的多种产业形成规模，在集团公司销售收入中占有一定比例；国际化经营逐步扩大，形成一定的规模和稳定的收入，集团公司的发展能力、盈利能力、国际竞争力和影响力进一步提高，成为世界知名公司。

为有效实施集团公司的发展战略，该集团公司在制定总体发展战略的同时完成了集团化战略、现代化战略、市场化战略、国际化战略、人才强企战略和企业文化战略的制定工作。这 6 个子战略紧密配合集团公司的总体发展战略，既有各自的战略目标，又有具体措施和行动计划，对总体发展战略形成重要支撑。集团公司由此建立了完整的发展战略体系。

（3）严格审议和批准发展战略

发展战略拟订后，应当按照规定的权限和程序对发展战略方案进行审议和批准。

审议战略委员会提交的发展战略方案，是董事会的重要职责。在审议过程中，董事会应重点关注发展战略的全局性、长期性和可行性，具体包括：第一，发展战略是否符合国家行业发展规划和产业政策；第二，发展战略是否符合国家经济结构战略性调整方向；第三，发展战略是否突出主业，是否有助于提升企业核心竞争力；第四，发展战略是否具有可操作性；第五，发展战略是否客观、全面地对未来商业机会和风险进行了分析和预测；第六，发展战略是否有相应的人力、财务、信息等资源作为保障等。董事会在审议过程中如果发现发展战略方案存在重大问题，应当责成战略委员会对方案进行调整。

企业发展战略方案经董事会审议通过后，应当报经股东（大）会批准实施。

9.2.6　如何实施发展战略

科学制定发展战略是一个复杂的过程，实施发展战略更像是一个系统工程。企业只有重视和加强发展战略的实施，并在所有相关目标领域全力推进发展战略的实施，才有可能将发展战略描绘的蓝图转变为现实，铸就核心竞争力。为此，企业应当加强对发展战略实施过程的统一领导，制定详细的年度工作计划，通过编制全面预算，将年度目标分解、落实，确保企业发展目标的实现。此外，企业还要加强发展战略的宣传和培训，通过组织结构调整、人员安排、薪酬调整、财务安排、管理变革等配套措施，保证发展战略的顺利实施。

9.2.6.1　着力加强对发展战略实施的领导

要确保发展战略有效实施，加强组织领导是关键。企业经理层作为发展战略制定的直接参与者，往往比一般员工掌握着更多的战略信息，对企业发展目标、战略规划和战略实施路径的理解和体会也更加全面、深刻，应当担当发展战略实施的领导者。企业经理层要本着“统一领导、统一指挥”的原则，发挥其在资源分配、内部机构优化、企业文化培育、信息沟通、考核激励等相关制度建设方面的协调、平衡和决策作用，确保发展战略的有效实施。

【例 9-6】某集团公司加强对发展战略实施的组织领导

面对剧烈变化的行业环境和竞争格局以及高速扩张的企业规模，某集团公司围绕“提升战略制定的有效性，强化战略执行力”的目标，经过多年实践，逐步建立起一套科学、有效的战略管理体系，以确保发展战略的成功实施。该集团公司的各级领导始终将发展战略作为统领集团公司发展的总纲，亲自主导战略的制定与决策，不断鼓励和培养集团公司各级人员的战略意识与思维，全面推动战略的落实和执行。在董事会的指导下，该集团公司成立了由集团公司总经理、副总经理、各部门负责人和部分有代表性的省级分公司总经理组成的战略管理委员会，代表董事会行使战略管理的最高决策权。集团公司发展战略的制定、决策、实施、变更、调整等，都需要战略管理委员会的同意才能予以实施。同时，集团公司成立负责发展战略研究及战略管理工作的专职部门，将其作为战略管理委员会的参谋和助手。领导的高度重视和亲自推动，成为集团公司发展战略成功制定和实施的第一推动力。

9.2.6.2 着力将发展战略分解落实

制定发展战略后，企业经理层应着手将发展战略细化，确保“文件”上的发展战略落地变为现实。第一，要根据战略规划，制定年度工作计划；第二，要按照上下结合、分级编制、逐级汇总的原则编制全面预算，将发展目标分解并落实到产销水平、资产负债规模、收入及利润增长幅度、投资回报、风险管控、技术创新、品牌建设、人力资源建设、制度建设、企业文化、社会责任等可操作层面，确保发展战略能够真正有效地指导企业各项生产经营管理活动；第三，要进一步将年度预算细分为季度、月度预算，通过实施分期预算控制，促进年度预算目标的实现；第四，要通过建立发展战略实施的激励约束机制，将各责任单位年度预算目标完成情况纳入绩效考评体系，切实做到有奖有惩、奖惩分明，以促进发展战略的有效实施。

【例 9-7】某集团公司的战略分解体系

为了将企业发展战略落实到企业的具体经营管理活动中，某集团公司逐年滚动制定“×× 集团公司三年战略规划”，将发展战略转化为目标明确、任务清晰、责任落实的具体实施举措，并构建了战略规划分解体系，在全集团公司推广应用，将发展战略从理念层面真正导入实施层面。

① 建立三级战略规划分解体系。该集团公司经过多年的探索和实践，逐步创建了“战略规划—主要工作—具体项目”三级战略规划分解体系，并形成规划分解操作模板，实现了战略规划逐层、逐级的分解落实。

② 形成以战略地图为核心的战略规划方法。该集团公司集合关键成功因素分解、利益相关者分析、平衡计分卡等各种工具和方法，形成了以战略地图为核心的战略规划方法。战略地图把财务、客户、内部能力、学习成长 4 个层面的业绩指标通过因果关系联系起来，清晰地描述了所有战略措施如何有效运作，才能最终实现集团公司价值的提升。

③ 将战略管理与预算管理相衔接。该集团公司将发展战略与预算目标设定、预算编制、预算分析、预算调整等预算管理环节结合起来：一是把发展目标作为预算目标的输入；二是将年度工作计划作为预算编制的基础；三是把预算执行情况作为战略实施评估的主要依据；四是将战略实施评估结果作为预算调整的重要参考。

④ 实现战略管理与绩效管理的紧密结合。该集团公司创造性地构建了适合自身特点的战略绩效管理体系，将企业发展战略纳入内部绩效考核体系，将发展战略转化为集团公司

内部可执行、可落实的行为目标，并注重对整个战略绩效管理过程的监控和改善，确保战略的有效落实。

9.2.6.3　着力保障发展战略有效实施

战略实施过程是一个系统的有机整体，需要研发、生产、营销、财务、人力资源等各个职能部门间的密切配合。目前复杂、动态的市场环境和激烈的市场竞争，对企业内部不同部门之间的协同运作提出了越来越高的要求。为此，企业应当采取切实有效的保障措施，确保发展战略的顺利实施。

（1）要形成与发展战略相匹配的企业文化

企业文化是发展战略有效实施的重要支撑。制定发展战略后，企业要充分利用企业文化所具有的导向、约束、凝聚、激励等作用，统一全体员工的观念和行为，共同为发展战略的有效实施而努力奋斗。

（2）要调整与优化组织结构

发展战略决定着企业组织结构模式的设计与选择；反过来，发展战略的实施过程及效果又受到所采取的组织结构模式的制约。要解决好发展战略前导性和组织结构滞后性之间的矛盾，企业必须在制定发展战略后，尽快调整企业组织结构、业务流程、权责关系等，以适应发展战略的要求。

（3）要整合内外部资源

企业能够利用的资源是有限的，调动和分配企业不同领域的人力、财力、物力和信息等资源以适应发展战略，是促进企业发展战略顺利实施的关键所在。企业在战略实施过程中，只有对拥有的资源进行优化配置，完成战略与资源的匹配，才能充分保证战略的有效实施。

（4）要相应调整管理方式

企业在战略实施过程中，往往需要克服各种阻力，改变企业日常惯例，在管理体制、机制及模式等方面实施变革，由粗放、层级制管理向集约、扁平化管理转变，为发展战略的有效实施提供强有力的支撑。

【例 9-8】某能源公司的战略实施

某能源公司为了推动发展战略的顺利实施，成立了战略规划领导小组，根据公司的现状和外部环境，提出了“突出一个先行、拓展两个市场、抓好三个环节、创建四个条件、实现五个创新、加强六个管理、强化七个意识、实现八个优化”的系统工程，保障公司战略目标的实现。

① 突出一个先行：突出“以人为本、人才先行”的原则。一是培养和使用一批具有真才实学、目标远大、责任心强、敢于创新的复合型人才；二是坚持以能力、业绩为导向的用人标准，形成“优者用、能者上、平者让、庸者下、劣者汰”的用人机制。

② 拓展两个市场：抓住市场机遇，拓展内外市场。不仅要立足国内市场，还要放眼世界，

利用公司自身的优势，开拓国际市场，真正加入世界经济大循环，实现公司的战略目标。

③ 抓好三个环节：一是物流采购供应链；二是生产品质系统（包括成本、质量、准时交货和客户服务）；三是产品开发和技术创新。

④ 创造四个条件：工作条件、激励条件、融资条件和福利条件。

⑤ 推进五个创新：思路创新、组织创新、管理创新、机制创新和文化创新。

⑥ 加强六个管理：成本管理、目标管理、投资管理、财务管理、标杆管理和6δ 管理。

⑦ 强化七个意识：危机意识、竞争意识、发展意识、团队意识、拼搏意识、服务意识和超前意识。

⑧ 实现八个优化：决策科学化、经营规模化、产品高档化、生产集约化、组织高效化、人才结构合理化、办公管理自动化和资源配置优选化。

9.2.6.4 着力做好发展战略的宣传培训工作

企业应当重视发展战略的宣传培训工作，为推进发展战略实施提供强有力的思想支撑和明确的行为导向。第一，引导企业董事、监事和高级管理人员树立战略意识和战略思维，充分发挥其在战略制定与实施过程中的模范带头作用；第二，通过采取内部会议、培训、讲座、知识竞赛等多种行之有效的方式，把发展战略及其分解落实情况传递到内部各管理层级和全体员工，营造战略宣传的强大舆论氛围；第三，企业管理层要加强与广大员工的沟通，使全体员工充分了解企业的发展思路、战略目标和具体举措，自觉将发展战略与自己的具体工作结合起来，促进发展战略的有效实施。

9.2.7 如何实现发展战略转型

企业的内外部环境处于不断变化之中。当这种变化累积到一定程度时，发展战略可能会滞后或其执行情况会偏离既定的发展目标。因此，企业战略委员会应当加强对发展战略实施情况的监控，定期收集和分析相关信息，对于明显偏离发展战略的情况，应当及时报告。同时，因经济形势、产业政策、技术进步、行业状况以及不可抗力等因素发生重大变化，确需对发展战略做出调整的，企业应当按照规定权限和程序，调整发展战略或实现战略转型。

9.2.7.1 要加强对发展战略实施情况的监控

企业应当建立发展战略评估制度，加强对战略制定与实施的事前、事中和事后评估。从发展战略监控的角度讲，重点应当放在事中及事后评估。事中评估是对发展战略实施中的效果进行评估，是战略调整的重要依据。企业应当结合战略实施期间每一年度的工作计划和经营预算的完成情况，侧重对战略执行能力和执行效果进行分析评价。事后评估是对发展战略实施后的效果进行评估。企业应结合战略实施期末发展目标的实现情况，侧重对发展战略的整体实施效果进行概括性的分析评价，总结经验教训，并为新一轮发展战略的制定提供信息和经验。在发展战略评估过程中，企业应当采取定性与定量相结合、财务指标与非财务指标相结合的方法。对于发展战略制定与实施过程中存在的问题和偏差，相关人员应当及时进行内部报告，并采取措施予以纠正。

9.2.7.2　要根据监控情况持续优化发展战略

发展战略明确了企业长期发展目标，所以在一定时期内应当保持其相对稳定。但是，企业在开展战略监控和评估过程中发现下列情况之一的，应当及时调整、优化发展战略，以保持企业内部资源能力和外部环境条件的动态平衡。一是经济形势、产业政策、技术进步、行业竞争态势以及不可抗力等因素发生较大变化，对企业发展战略实施有较大影响；二是企业内部经营管理状况发生较大变化，确有必要对发展战略做出调整。

“牵一发而动全身”，企业应当按照规定的权限和程序调整发展战略。第一，各战略执行单位提出各自的发展战略规划评估报告和修订意见；第二，战略管理部门汇总各单位意见，并提出修订后的发展战略规划草案；第三，战略委员会对修订后的发展战略规划草案进行评估论证，向董事会提出发展战略建议方案；第四，企业董事会严格审议战略委员会提交的发展战略建议方案，按公司章程规定，董事会审议通过的方案须报经股东（大）会批准，还应履行相应的程序；第五，战略管理部门将经股东（大）会批准通过的新发展战略，下发至各战略执行单位并要求各战略执行单位遵照执行。

9.2.7.3　要抢抓机遇顺利实现战略转型

当企业外部环境尤其是所处行业的竞争状况发生重大变化时，或当企业步入新的成长阶段需要对生产经营与管理模式进行调整时，企业必须选择新的生存与发展模式，即实现战略转型。企业战略转型不是战略的局部调整，而是各个层次上的方向性改变。比如，海尔从产品制造企业向高端制造服务型企业的战略转型；吉利汽车从低端汽车产品向中端汽车产品的战略转型等。

常言道：“三年发展靠机遇，十年发展靠战略。”加强战略管理，提高战略管理水平，是企业谋求长远发展的必要条件。企业应当强化发展战略管理，积极推进战略转型，加快发展方式转变，提升企业核心竞争力，实现企业健康可持续发展。

【例 9-9】某集团公司的战略转型

某集团公司由原冶金工业部的 4 家贸易和生产企业合并组建而成。到 2003 年，和国内同行业企业相比，该集团公司尽管在铁矿石进口、钢铁出口等领域有一些优势，但总体来看，其战略定位不清晰，没有形成独具特色、可以确保企业长期保持优势地位的核心竞争力，经营规模不大，利润只有 2 亿元。面对困境，该集团公司决定突破传统业务模式，提出了“为钢铁工业和钢铁生产企业提供综合配套、系统集成服务”的战略定位，着力推进企业形态和商业模式的创新，成功实现了从传统商贸企业到现代生产服务型企业的战略转型，实现了企业的“跨越式”发展。该集团公司战略转型的主要做法如下。

① 创新发展思路，明确战略定位。该集团公司结合自身的业务基础和固有优势，选择服务业和制造业互动发展的模式，积极探索钢铁生产型服务业的发展道路，立足于促进我国钢铁工业的社会化分工和专业化协作，对钢铁生产服务流程的构成要素进行重新整合和

专业化经营，成为专业化的钢铁生产服务商。

② 围绕钢铁生产流程，做强做大核心业务。该集团公司明确提出了三大主业，即资源开发、贸易物流和工程科技。为此，该集团公司采取积极有效的措施，形成了以钢铁生产流程、为钢铁生产企业提供上下游综合配套服务为中心的产业布局：一是大力推进海外矿产资源开发；二是构建冶金原料和产品贸易的物流系统；三是努力形成在钢铁工业方面领先的科技研发能力、工程配套能力和设备制造能力。

③ 开展资源开发和企业并购活动，夯实实业基础。为保证稳定的资源供应，该集团公司在海内外积极寻求建立新的资源基地，并抓住钢铁工业的发展机遇，进行了一系列的并购、重组活动，最终构筑起了矿业开发、碳素制品、耐火材料、铁合金、装备制造五大产业板块，为集团公司的长远发展打下坚实的实业基础。

④ 调整和优化组织结构，构建有效的管控体系。为推动战略转型的顺利实现，该集团公司建立健全法人治理结构、调整内部机构设置、大力实施专业化经营，形成了贸易、炉料、钢材、设备、投资、货运、招标、期货八大业务板块。同时，该集团公司以流程和制度为基础，建立科学的战略管控体系，加强集团公司总部对各种战略资源的管控和整合，提升集团公司的核心竞争力。

9.2.8 发展战略运行中的注意事项

发展战略正确运行与否直接影响着企业的发展方向、企业文化、生存能力及企业效益。我们将发展战略运行过程中可能出现的风险定义为发展战略风险，关注和防范企业发展战略风险对企业的生存和发展有着至关重要的作用。

企业发展战略风险贯穿企业发展战略制定和实施的全过程。总体而言，发展战略的风险因素包括内、外两个方面的内容：可以将来自企业外部环境的风险因素概括为发展战略环境风险；将来自企业内部的风险因素概括为企业的资源和能力风险。

因此，企业在发展战略运行过程中，需要注意以下两点。

（1）企业制定的发展战略不能满足企业发展需要

从企业发展战略风险的表现可以看出，当企业对其外部环境的认识不够全面和深刻时，其制定的发展战略往往不能够充分利用企业的自身优势和外部环境，限制了企业自身的发展。

（2）企业不能根据环境和企业自身条件变化对发展战略进行适当的调整

从企业发展战略风险的表现可以看出，当企业缺乏明确的发展战略或发展战略实施不到位时，企业难以形成竞争优势，容易丧失发展机遇和动力；当发展战略过于激进、脱离企业实际能力的，可能导致企业过度扩张，甚至经营失败；当企业的发展战略由于主观原因频繁变动时，可能导致资源浪费，甚至危及企业的生存和持续发展。

9.3　实务案例：从 DB 公司看发展战略

DB 公司从只有黑火药 1 个产品发展到有 2 000 多个产品、从一个地区性家族企业演变为现代跨国企业，其年收入在 440 亿美元左右、市场价值将近 600 亿美元，1998 年名列《财富》杂志“世界 500 强排行榜”中的第 55 位。

家族企业出身的 DB 公司在创业之初也有一个中央集权的组织架构，直至 19 世纪末，掌管大权的“DB 二世”仍不放心分权模式，采用专制独裁的管理模式。但是，到了 20 世纪初，DB 公司开始完全独立地应用许多独创性的管理方法和管理技术，创造了一整套颇具特色的 DB 管理模式。

精力过人的“DB 二世”掌管 DB 公司近 50 年（1850—1899 年），他不仅是企业的领导者，也是整个 DB 家族的一家之长。他独立决策公司所有的事务，还负责召开家族会议，对就学、婚姻等家庭事务提出意见。尽管现代的经营管理者可能会认为这种方式无法取得成功，但 DB 公司在这一阶段的发展却很顺利。可是，“DB 二世”去世后，DB 公司缺乏优秀的领导者，传统的经营管理秩序几近崩溃，DB 公司甚至差一点改换了姓名。在公司生死存亡的关头，3 个 DB 家族的堂兄弟用 2 000 万美元“买下了”DB 公司，并对其进行重组，引进了系统的管理方式，使 DB 公司重获新生。

“DB 三兄弟”的系统管理方式并不是由他们 3 人发明创造的，而是他们从独立于 DB 母公司的高效爆炸物集团的管理先驱者们那里借鉴过来的。这个集团还为“DB 三兄弟”重建 DB 公司提供了大量的管理人员。他们通过联合、合并，各种产品的一体化、多样化，以及销售与财务的新结合等方式，大大改善了 DB 公司的财务状况。

DB 公司与其他公司的合并表面上看来是不费力气的，其实是经过精心策划和严格组织才成功实施的。1902 年，DB 公司直接或间接控制着 70 多家公司。为了保护产权，DB 公司先后买下了这些公司。DB 公司最神奇的做法是使这些分散的公司有效地实现了一体化，其中最重要的步骤是通过 1903 年成立的 DB 公司经营委员会制定的目标和政策来控制这些公司。DB 公司是美国最早成立经营委员会的公司之一，开创了由领导层决策取代个人决策的先河，经营委员会的成员都是经理和董事，其中有 4 位是 DB 家族的成员。

新成立的经营委员会首先推广的是高效爆炸物集团确立的一些政策、措施和程序，主要通过建立中央参谋职能部门来进行，先由他们制定政策和选择控制措施，然后由总经理和经营委员会下令实施。另外，DB 公司创建于 1903 年的执行委员会，经过约 20 年的探索和改革，也逐步完善。该委员会由董事长、副董事长、总经理和 6 位副总经理组成，实行“分兵把口、集体负责”的制度，行使公司的大部分权力，负责日常的经营管理决策、推行董事会制定的营销策略、审议日常业务及决定处置办法等工作。除执行委员会外，DB 公司还设有财务委员会，其委员多数由不参与日常业务经营的董事们担任。财务委员会制定总公司的财务政策，并对财务活动进行指导和监督，是掌握“DB 钱柜”的“掌柜”。

随着公司规模的扩大、产品种类的增多，DB 公司在领导决策方面越来越需要多学科的知识，而个人或家族少数几个人难以完成全部的决策。DB 公司适时调整了管理方式，其做法可以概括为：让其下属机构成为独立的核算单位，使分散的人员在一个管理小组的领导下，变成一个紧密结合在一起的整体。这样做既激发了一个个分支机构的积极性和创造性，又不分散公司的实力，在对外竞争上仍使公司发挥着整体的优势。

从 19 世纪由生产炸药发家，到 20 世纪以化工产品为主业，再到 21 世纪又定下了向生物科技领域进军的目标，DB 公司这一家族企业成功地平衡了“变”与“不变”。作为一家老企业，DB 公司有很多值得称道之处。

DB 公司成功的原因包括以下几点。

第一，战略的及时调整。在“DB 二世”去世后，DB 公司传统的经营管理秩序几近崩溃，3 个 DB 家族的堂兄弟用 2 000 万美元“买下了”DB 公司，并对其进行重组，引进了系统的管理方式，使 DB 公司重获新生。这是 DB 公司在生死关头做出的正确的关于管理方式的战略决策。DB 公司在 19 世纪通过生产炸药发家、在 20 世纪以化工产品为主业、在 21 世纪又定下了向生物科技领域进军的目标，在发展方向上把握时代脉搏使其得以顺利实现战略转型。

第二，组织架构的调整。组织架构的调整是 DB 公司成功的另一个主要原因。从经营委员会成立之日起，由 DB 家族单独控制 DB 公司的时代就结束了，新的分权化组织明显产生了非常好的效果，变家族的单独领导为公司委员会的集体领导是正确的选择，最终形成了财政集中、分散管理的集中与分散相结合的管理模式，该模式是 DB 公司健康发展的前提。

我国的家族企业可以借鉴 DB 公司的经验，建立健全的现代企业制度。需要明确的是，企业的所有方式和经营方式是可以分离的，DB 公司为家族所有，但这并不妨碍它采用现代企业的经营方式，而且这也是它成功的根本原因。

第 10 章 企业内部控制应用指引第 3 号——人力资源

10.1 法规原文

企业内部控制应用指引第 3 号——人力资源

第一章 总则

第一条 为了促进企业加强人力资源建设，充分发挥人力资源对实现企业发展战略的重要作用，根据有关法律法规和《企业内部控制基本规范》，制定本指引。

第二条 本指引所称人力资源，是指企业组织生产经营活动而录（任）用的各种人员，包括董事、监事、高级管理人员和全体员工。

第三条 企业人力资源管理至少应当关注下列风险：

（一）人力资源缺乏或过剩、结构不合理、开发机制不健全，可能导致企业发展战略难以实现。

（二）人力资源激励约束制度不合理、关键岗位人员管理不完善，可能导致人才流失、经营效率低下或关键技术、商业秘密和国家机密泄露。

（三）人力资源退出机制不当，可能导致法律诉讼或企业声誉受损。

第四条 企业应当重视人力资源建设，根据发展战略，结合人力资源现状和未来需求预测，建立人力资源发展目标，制定人力资源总体规划和能力框架体系，优化人力资源整体布局，明确人力资源的引进、开发、使用、培养、考核、激励、退出等管理要求，实现人力资源的合理配置，全面提升企业核心竞争力。

第二章 人力资源的引进与开发

第五条 企业应当根据人力资源总体规划，结合生产经营实际需要，制定年度人力资源需求计划，完善人力资源引进制度，规范工作流程，按照计划、制度和程序组织人力资源引进工作。

第六条 企业应当根据人力资源能力框架要求，明确各岗位的职责权限、任职条件和工作要求，遵循德才兼备、以德为先和公开、公平、公正的原则，通过公开招聘、竞争上岗等多种方式选聘优秀人才，重点关注选聘对象的价值取向和责任意识。

企业选拔高级管理人员和聘用中层及以下员工，应当切实做到因事设岗、以岗选人，避免因人设事或设岗，确保选聘人员能够胜任岗位职责要求。

企业选聘人员应当实行岗位回避制度。

第七条　企业确定选聘人员后，应当依法签订劳动合同，建立劳动用工关系。

企业对于在产品技术、市场、管理等方面掌握或涉及关键技术、知识产权、商业秘密或国家机密的工作岗位，应当与该岗位员工签订有关岗位保密协议，明确保密义务。

第八条　企业应当建立选聘人员试用期和岗前培训制度，对试用人员进行严格考察，促进选聘员工全面了解岗位职责，掌握岗位基本技能，适应工作要求。试用期满考核合格后，方可正式上岗；试用期满考核不合格者，应当及时解除劳动关系。

第九条　企业应当重视人力资源开发工作，建立员工培训长效机制，营造尊重知识、尊重人才和关心员工职业发展的文化氛围，加强后备人才队伍建设，促进全体员工的知识、技能持续更新，不断提升员工的服务效能。

第三章　人力资源的使用与退出

第十条　企业应当建立和完善人力资源的激励约束机制，设置科学的业绩考核指标体系，对各级管理人员和全体员工进行严格考核与评价，以此作为确定员工薪酬、职级调整和解除劳动合同等的重要依据，确保员工队伍处于持续优化状态。

第十一条　企业应当制定与业绩考核挂钩的薪酬制度，切实做到薪酬安排与员工贡献相协调，体现效率优先，兼顾公平。

第十二条　企业应当制定各级管理人员和关键岗位员工定期轮岗制度，明确轮岗范围、轮岗周期、轮岗方式等，形成相关岗位员工的有序持续流动，全面提升员工素质。

第十三条　企业应当按照有关法律法规规定，结合企业实际，建立健全员工退出（辞职、解除劳动合同、退休等）机制，明确退出的条件和程序，确保员工退出机制得到有效实施。

企业对考核不能胜任岗位要求的员工，应当及时暂停其工作，安排再培训，或调整工作岗位，安排转岗培训；仍不能满足岗位职责要求的，应当按照规定的权限和程序解除劳动合同。

企业应当与退出员工依法约定保守关键技术、商业秘密、国家机密和竞业限制的期限，确保知识产权、商业秘密和国家机密的安全。

企业关键岗位人员离职前，应当根据有关法律法规的规定进行工作交接或离任审计。

第十四条　企业应当定期对年度人力资源计划执行情况进行评估，总结人力资源管理经验，分析存在的主要缺陷和不足，完善人力资源政策，促进企业整体团队充满生机和活力。

10.2　原文讲解

《企业内部控制应用指引第 3 号——人力资源》（后文简称《人力资源应用指引》）共 3 章、14 条。这 3 章对企业的人力资源进行了详细的解读。核心的、高素质的人力资源不仅能够为企业创造价值，更能直接提高企业的市场竞争力。人力资源的内部控制就是企业通过加强人力资源体系建设，强化企业风险管控，充分发挥人力资源对实现企业发展战略的重要作用来实现的。

本小节将按照《人力资源应用指引》的内容对企业人力资源内部控制进行详细的解读。

10.2.1 人力资源的定义

《人力资源应用指引》所称人力资源，是指企业因组织生产经营活动而录（任）用的各种人员，包括全体员工。

古今中外，在影响一个国家、地区、行业或组织发展的因素当中，起决定性作用的是人力资源因素；国与国之间、企业与企业之间的竞争，归根结底就是人力资源的竞争。《国家中长期人才发展规划纲要（2010—2020 年）》把人才问题提到了前所未有的高度，明确指出“人才是社会文明进步、人民富裕幸福、国家繁荣昌盛的重要推动力量”。这些都表明，人力资源已经成为促进经济社会发展的第一要素。

企业作为创造社会财富的主体，在组织架构和发展战略确定之后，应当将人力资源管理作为企业的重中之重。正是基于这样的理念和实际情况，财政部在会同有关部委联合发布的《企业内部控制配套指引》中，从优化内部环境的角度出发，将人力资源单独立项，制定了《企业内部控制应用指引第 3 号——人力资源》，旨在促进现代企业重视人力资源建设、不断优化人力资源布局，形成科学的人力资源管理制度和机制，全面提升企业的核心竞争力。

10.2.2 与人力资源相关的重要风险

人力资源对企业至关重要。企业在生产运营中应当重点关注与人力资源相关的以下风险。

10.2.2.1 人力资源的配置方案设计不合理

企业在人力资源方面可能存在各种各样的问题，如人力资源过剩或缺乏、结构不合理、开发机制不健全。这些问题极有可能导致企业发展战略难以实现。当人力资源过剩时，企业的资金流不能得到合理的配置，就会影响企业的资金使用效率；当人力资源缺失时，企业的业绩可能会受到较大的影响；当人力资源的结构不合理时，企业的人力资源不能得到合理、有效的配置，就会影响企业未来的发展。

也就是说，企业在发展过程中，应当通过发展战略的制定与实施，来不断验证决策层和执行层的工作能力和效率。如果发现重大风险，或对经营不利的情况，企业应当及时评估决策层和执行层的高级管理人员是否具备应有的素质和水平。

在对决策层和执行层的高级管理人员进行评估考核的过程中，如果发现有不胜任工作岗位的，应当通过有效方式及早加以解决，避免企业面临崩溃或走向破产。当然，也不完全限于高级管理人员，当其他人员缺乏和过剩、结构不合理时，也可能影响企业实现发展战略。

10.2.2.2　人力资源的管理不完善

企业不仅需要合理设计人力资源的配置方案，更需要有效管理人力资源。有效的人力资源管理是合理利用人力资源的重要条件。现代企业的人力资源管理同样存在多种多样的问题，如人力资源激励约束机制不合理、关键岗位人员管理不完善等。这些问题都可能导致企业人才流失、经营效率低下或关键技术、商业秘密和国家机密泄露。为了留住核心专业人才，企业要有容纳人才共同创造价值的企业文化和环境；要有识才的慧眼、用才的气魄、爱才的心理；要知人善任，相信人才、依靠人才，做到用人不疑，疑人不用。面对科学技术的飞速发展，企业要不断更新专业技术人员的知识结构，紧密结合新技术、新工艺和新产品开发，运用专业培训等继续教育的方式，帮助专业技术人员不断补充、拓宽、深化和更新知识。与此同时，还要建立良好的人才激励约束机制，将以事业、待遇、情感留人与有效的约束限制相结合。企业对于在产品、技术、市场、管理等工作岗位掌握或涉及关键技术、知识产权、商业秘密或国家机密的员工，要按照国家有关法律法规的规定并结合企业实际情况加强管理，建立健全相关规章制度，防止企业的核心技术、商业秘密等泄露，给企业带来严重后果。

10.2.2.3　人力资源退出机制不当

当需要缩减人力资源的规模时，企业应当运用合理的手段来解决。不适当的退出机制可能导致法律诉讼或企业声誉受损。为了避免和减少此类风险，企业应根据发展战略，在遵循国家有关法律法规的基础上，建立健全良好的人力资源退出机制，采取渐进措施来执行退出计划。在具体执行人力资源退出机制的过程中，企业要充分体现人性化和柔性化。

企业人力资源可能存在的风险如图 10–1 所示。

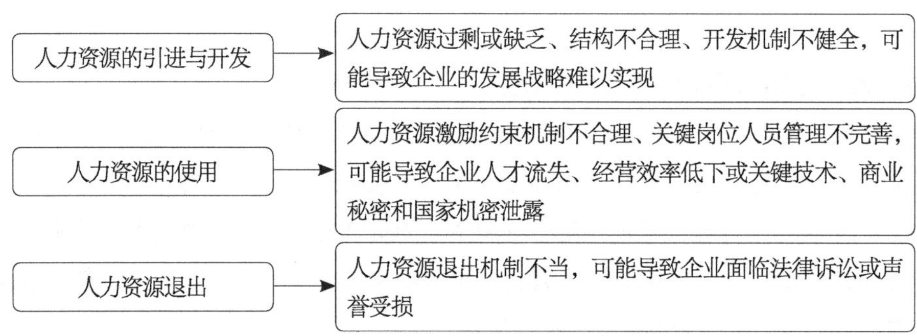

图 10–1　企业人力资源可能存在的风险

10.2.3　人力资源的风险管控

针对企业在建设人力资源的过程中可能面临的风险，企业可采取相应的风险管控措施对风险进行治理，具体的风险管控措施如图 10–2 所示。

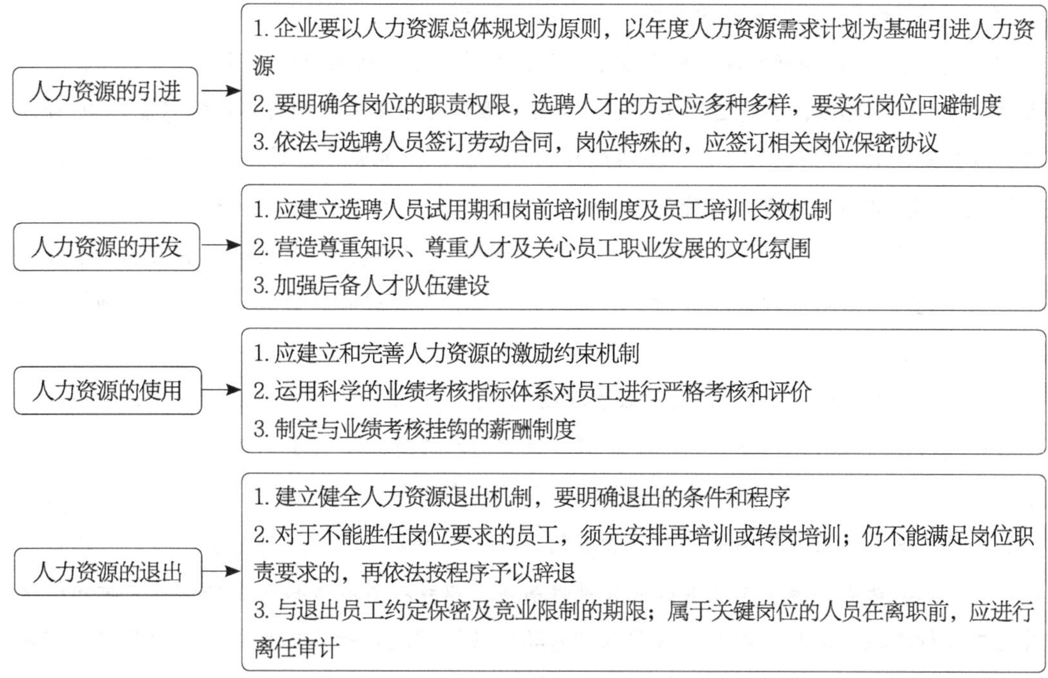

图 10-2　人力资源的风险管控措施

【例 10-1】A 公司是一家民营高新技术企业，2004 年以前未对员工实施绩效管理，薪酬中的绩效工资只与公司的经营效益挂钩，而与员工的个人工作绩效无关。2004 年起，为了完成公司经营目标，提高公司的市场竞争力，A 公司希望通过建立绩效管理体系将组织和个人的目标联系起来。为此，公司人力资源部用 2 个月的时间创建了一个绩效管理体系。该体系自 2004 年 1 月开始在公司内部实施。

A 公司的绩效管理体系主要包括以下几个部分：制定工作计划、开展工作追踪、实施绩效考核、考核结果反馈、考核结果运用。其中绩效考核的周期为一个月。A 公司首先在年底确定了公司下一年度的经营目标并将目标分解为季度目标与月度目标；然后根据上述目标确定各部门的相应工作目标与工作计划；各部门的部门经理在每月月底，根据部门工作目标与工作计划对下属员工提交的个人工作计划进行调整，并由员工确认；每个月由各级主管人员根据工作计划对其直属员工进行工作追踪，并在月底对员工的工作表现进行评价与考核，向人力资源部提交绩效考核报告；绩效考核结果主要用于作为调整员工的月度薪酬（绩效工资部分）及做出相关雇佣决定的依据。调整后的月度薪酬（绩效工资部分）在月薪中所占比例为 20%。

在实施绩效管理初期，A 公司的员工绩效有一定程度的提高，但随着绩效管理工作的持续实施，员工的工作绩效难以达到预期目标，甚至有些岗位的员工的绩效出现了明显的下滑。与此同时，员工的主动离职率也大幅提高。从中层管理人员到基层员工，对绩效管理的负面反馈不断增多，多次出现员工投诉管理人员的情况。到 2004 年年底，A 公司的年度经营目标未能达成。

绩效管理未达到预期效果的原因主要有以下几点。

第一，绩效考核指标的评判标准过于严苛，同时对考核结果的运用不够合理。根据绩效考核指标的评判标准，要想达到 100 分，工作要做得近乎完美；稍有不足就只能得 40 分；与标准差距较大，则仅得 20 分。按照这样的评分标准，绝大多数员工只能得 60 分，想要取得 80 分或 100 分几乎是不可能的。这种绩效考核的评判标准严重影响了绩效管理的效果，它使员工认为，公司实行绩效管理只是为了克扣员工的薪酬，从而忽略或不愿承认绩效管理的益处进而对绩效管理采取敷衍、不合作的态度，而公司希望通过绩效管理激励员工的目的也就成了泡影。

第二，绩效考核执行人员缺乏绩效管理技能。A 公司从计划建立绩效考核体系到最终实施绩效考核体系只用了 2 个月的准备时间。短暂的准备时间使 A 公司无法在实施绩效考核体系前对相应的管理人员进行充分的管理培训，使各级管理人员因未能熟练掌握、运用绩效管理的基本技能而直接影响了绩效管理的效果。大部分管理人员不习惯对员工的工作进行记录，尤其是那些事关工作成败的关键性事实，以致在月底考核时主要根据平时的印象对员工进行考核。这些管理人员常陷入"晕轮效应""近期行为偏见""趋中趋势""宽厚性或严厉性误差"等考核误区中，使绩效考核严重缺乏公平性。

第三，绩效考核沟通不足。各级绩效考核执行人员往往不能在绩效管理工作中投入足够的时间。他们只能将有限的时间主要用在绩效考核的书面报告环节。而对于那些不需要书面上报的，如需要与员工讨论、确认工作计划，对员工进行工作追踪等绩效管理的其他环节，相关人员则选择忽略。这就使公司无法达到通过绩效管理系统发现、改善问题和增强各层级间的沟通的目的。

10.2.4 人力资源的重要作用

人力资源对企业发展至关重要，具体表现为以下 3 个方面。

第一，良好的人力资源管理制度和运行机制是增强企业活力的源泉。人力资源管理要求企业根据发展战略，合理配置人力资源，调动全体员工的积极性，发挥员工的潜能和创造性，为企业创造价值，确保企业实现战略目标。人力资源管理制度和运行机制的核心和要义体现为"以人为本"，力图实现全体员工与企业之间的良性互动和共同发展。健全和实施良好的人力资源管理制度与运行机制，企业可以实现公开、公平、公正的用人自主权，引进需要的人、淘汰富余的人，建立干部能上能下、员工能进能出的灵活竞争机制，搞活企业，提高生产效率，让优秀人才有用武之地，让他们能在适合自己的岗位上得到全面发展，同时为企业和社会做出更大的贡献。

第二，良好的人力资源管理制度和运行机制是提升企业核心竞争力的重要基础。随着我国经济社会的快速发展和经济全球化，优秀人才已经成为市场竞争中最重要的战略资源，人力资源在综合国力的提升和企业之间的竞争中起着决定性作用。无论从宏观角度还是从微观角度来看，人力资源都是最活跃的、最有创造力的因素。人才就是效率，人才就是财富。无数事实证明，一个企业的生死存亡、经营成败，很大程度上取决于人力资源。

有了良好的人力资源管理制度和运行机制，才能凝聚全体员工，使其为实现企业发展战略而不懈奋斗。“百年老店”经久不衰的根本原因在于良好的人力资源政策，在于打造了一支结构合理、分工明确、运行有效、积极向上的精英团队。可以说，正是因为拥有优秀的人才队伍，“百年老店”的核心竞争力才不断增强，才能在竞争中保持长久的发展优势。

第三，良好的人力资源管理制度和运行机制是实现发展战略的根本动力。现代企业要在激烈的竞争中求生存、谋发展，在完善组织架构和制定科学的发展战略之后，起决定作用的就是要建立良好的人力资源管理制度和运行机制。对于企业发展战略和人力资源政策两者的关系，发展战略决定人力资源政策；反过来，良好的人力资源政策又对发展战略具有积极的促进作用，主要表现为：人力资源是企业发展的灵魂，有了良好的人力资源管理制度和运行机制，企业才能制定出科学的发展战略，决策才不会失误；有了良好的人力资源管理制度和运行机制，才能最大限度地激发专业技术人员充分发挥创造力，从事研究与开发；有了良好的人力资源管理制度和运行机制，才能激发全体员工为实现企业发展战略而不懈奋斗，最终确保有效贯彻落实发展战略，实现预期发展目标。

【例 10-2】深圳 HW 公司的成功是完善的人力资源管理制度为企业实现战略目标提供支撑的鲜活例证。该公司七大核心价值观中的第二条指出：“认真负责和管理有效的员工是 HW 最大的财富。尊重知识、尊重个性、集体奋斗和不迁就有功的员工，是我们事业可持续成长的内在要求。”该公司坚持“人力资本的增值大于财务资本的增值”的人力资源管理理念；重视人才，但不迁就人才；注重员工的素质、潜能、品格、学历和经验；加强与员工的交流，在人才使用、培养与发展上按照双向选择原则提供客观且对等的承诺；对于工资、奖金、福利、保险等的分配，不搞平均主义，与绩效、能力、贡献挂钩，对员工不实行终身雇佣制；对中高级主管实行职务轮换政策等。HW 公司正是在这种尊重人才成长规律、重视人力资源建设的企业管理模式下，营造出“干一行、爱一行、专一行，勤奋努力、积极向上、公平竞争”的企业氛围，逐步实现了公司的整体发展战略，迅速成为全球领先的电信解决方案供应商。

10.2.5　人力资源的引进与开发

企业人力资源部门应根据企业发展战略目标和发展战略规划，拟定企业的人力资源规划，并考虑政府的劳工政策和与劳工政策相关的问题，制定本企业的人事政策。人力资源部门要对企业内部各项工作进行统筹分析，并计算各工作所需的人数，列明各工作特性及其必须具备的相关能力和学历条件等，然后在此基础上编制和调整企业职务编制计划，设计和调整组织架构、职务设置、职位描述和职务要求等，制定人员配置计划，确定每个岗位的人员数量构成。同时，人力资源部门还要以本企业目前的人力资源需求情况为基础，根据人员的退休、升迁、调职和流动率等情况，以及本企业内部和外部的人力资源供给状况，来预测未来企业人力资源的供给和需求趋势，然后以此为依据制定人力资源引进和开发计划。

10.2.5.1 人员选聘

人力资源部门根据审定后的年度人力资源需求计划，拟定企业招聘实施方案。提出人力资源需求的部门在提出需求时，应在人力资源申请表中建议人员选拔方式，如是通过公司内部选拔还是通过外部招聘，或者内部与外部同时进行，择优录取。如果只建议由内部选拔，该部门可以推荐合适的人选。

人力资源部门审核用人部门的用人需求后，决定是否可以通过内部竞聘的方式满足人力资源需求。当公司内部无适当人选，且对人才的需求量较大时，主要考虑外部招聘，并根据职位、技能的需求确定选拔条件。企业通过外部招聘不但可以改变企业的组织气氛，而且可以招聘到拥有不同组织文化背景的人。针对某些需要具备特殊技能和专业知识的人才的岗位，企业必须进行外部招聘。

招聘是人力资源管理的第一环节，是与绩效考评并列的世界性管理难题。这是因为：一是寻找人才的源头难，即在什么地方、用什么方式找到所需要的优秀人才；二是吸引人才难，由于条件与待遇的限制，企业可能无法吸引到好的人才；三是识别人才难。种种难题带来的是无穷无尽的风险：若选择不当，企业将为新员工花费更多的培训费用和时间；新员工潜力小，可培养性差；人力资源的使用价值小，人力成本高于人力产出。因此，招聘风险堪称企业在进行人力资源管理时面临的最大风险。在招聘过程中，人员甄选的高昂费用蕴藏着潜在的风险。据估计，在美国每甄选一名雇员，企业的全部费用平均高达 50 000 美元，而且空缺职位等级越高，其花费也就越大。如果能够甄选出合格的人才，企业就能从合格人才的工作中获取大量回报，并且随着人才工作年限的增加，回报也会越来越大。如果甄选出的人员不合格，则不但甄选成本无法收回，还会随时间的推移而产生持续的负面效应。另外，有些企业忽视人力资源需求，招聘条件与岗位的实际要求脱节。例如，一味拔高招聘条件，不考虑企业的生产规模、工薪待遇、岗位特性，其结果是招聘到的人员不能很好满足企业的岗位要求，增加了企业人力资源风险。

招聘的媒介选择也会影响人力资源风险。一般认为企业通过普通招聘方式（如刊登网页广告、参加招聘会等）很难找到合适的人才。这是因为真正成熟的优秀人才一般都会被自己的老板重用，不会特别关注广告中的职位，也不会轻易到招聘会去找工作。他们即使需要跳槽，一般会通过业界的朋友引荐、猎头公司推荐或者被竞争对手直接挖走。一般以下几种类型的人会被广告吸引或参加招聘会：一是不够成熟的人，虽然有潜力但是表现不充分，使用风险较大，不适合全盘掌控大集团；二是过于注重金钱的人，他们只会被较高的年薪吸引，这些人往往道德水准不够高，对企业的长远发展不利；三是自视太高、自我评价不准的人，这种人在市场上非常多，而多数善于用人的企业家都不会重用这些人。在这些人中，即使有才华出众者，也往往由于处理人际关系的能力较差、以自我为中心、难以与人合作等而频繁跳槽。这些人往往不是企业可以委以重任的人，否则可能会给企业带来巨大的用人风险，即不仅损失时间、工资福利，还可能泄露商业秘密、增加竞争对手，增加企业的人力资源风险。另外，使用公开招聘还有一些不利之处，如由于招聘到的高级人才年薪很高，远远超过企业内的其他人才，那么其他人才可能会产生一些不良情绪，甚至有些人可能会不配合工作而想看高级人才的笑话，这种情形犹不利于企业进行改革。而通过猎头招聘到的人才的年薪得以保密，不会给企业其他人才带来过大的冲击。当然选择猎头最重要的原因是：猎头公司可以出色地采用很多渠道挖掘那些被其他老板重用的没有流动意向的顶尖级人才，并且可以对这些人才进行全面的调查，确保人才的质量，可以大大提高引进人才的成功率，减少企业经营风险。正规猎头公司的服务一般效率高、及时、准确、成功率高，是国内外优秀企业经常采用的高级人才引进方式。企业应该根据需要引进的人才的特点来选择适当的人力资源引进方式。

在收集到一定的应聘者资料后，人力资源部门应对应聘者的各项数据进行初步审核，审阅应聘者的学历、经验等是否是岗位所需，初步淘汰不合格者。然后将审核通过的应聘者资料转交用人部门进行进一步审核。人力资源部门主导对初审合格者进行各项测验。测验项目包括性格测验、智力测验、专业技能测验和专业科目测验等。除此之外，要对应聘者的思想道德素质进行重点考核，确保所选拔的人员德才兼备。对测验合格者，在条件许可的情况下，人力资源部门根据应聘者应聘的岗位的重要性，决定是否对拟录用人员进行复试，以减少招聘风险。复试主要采用面试的方式，相关人员通过各种面谈技巧以进一步了解应聘者的综合实力。不论录取与否，企业应在一定时间内通知应聘者是否被录取。对于被录取者，企业还应该要求其出具医院的体检证明，以保证被录取者是身心健康的。对于没有被录取的应聘者，企业应将其资料存入企业人力资源后备资料库。

对于从企业内部选拔人员到新的岗位任职，企业可以参照外部招聘的程序进行适当处理，以确保选拔到最合适的人才。

10.2.5.2　建立用工关系

企业通过与员工签订劳动合同的形式确立劳动用工关系，并依据《中华人民共和国劳动法》（简称《劳动法》）和《企业劳动合同管理办法》等管理规定对员工实施必要的管理。在新的《中华人民共和国劳动合同法》（简称《劳动合同法》）实施后，劳动者的权益得到了更好的保护，企业人事管理相关工作受到更加严格的规范。同时，随着劳动者自我保护意识的加强，企业人力资源风险明显上升。因此，企业人力资源部门应该系统性地学习《劳动合同法》，并严格按照《劳动合同法》执行人力资源政策，最大限度地降低用工风险。

在某些特殊行业，企业应依据《劳动法》和《企业劳动合同管理办法》与员工在劳动合同中约定企业的商业秘密、知识产权的相关保密事项。企业可以通过保密协议防止商业秘密泄露。企业还可以按照既定的程序，通过制定的规章制度，要求员工对与公司生产设备、工艺过程、原材料甚至废弃物及有关的文件、计算机电子文档等进行保密。人力资源部门可以在与员工签订保密协议时，针对不同的层级施行相应的保密制度。《劳动法》规定，劳动合同当事人可以在劳动合同中约定保守企业商业秘密的有关事项。这是企业与劳动者签订保密协议的法律依据。按照我国法律，劳动合同和技术保密协议都是依法成立并具有法律效力的两个独立的合同，代表两个独立的法律关系，合同期限和保密期限应当分别依照合同和协议的约定来确定。因此，企业可以根据具体实际，选择在劳动合同中增添保密条款或与员工签订单独的保密协议。

在确立劳动关系时，企业可以通过签订竞业禁止协议，约定员工在双方劳动关系存续期间，甚至离职以后的一定时间、区域内对企业的商业秘密具有保密义务，不得兼职从事与用人单位相同或者类似业务的竞争性行为。

10.2.5.3 培训

培训是企业提高员工素质、增强企业人力资源竞争力的重要方式。企业每年都应该制定与企业员工培训工作有关的规章制度，并下达培训工作计划，有针对性地组织业务和技能培训，确保员工技术素质和业务能力达到岗位的工作要求。企业除了要对新进员工进行培训外，还应对在职员工进行有计划的培训。

教育培训计划包括新入职员工的教育培训、基层从业人员的教育培训、专业技术人员的教育培训、中级管理人员的教育培训和高级管理人员的教育培训。

新入职员工的培训一般在试用期进行，在试用期内由人力资源部门组织新入职员工进行培训。培训内容包括介绍公司概况、企业文化及理念、公司日常管理运作流程及部门、岗位运作培训等。

人力资源部门于每年预算编制前，审核及综合协调各单位的教育培训计划，并根据公司的人力资源计划，编制全年度的教育培训计划，报上级批准，作为企业教育培训计划实施的依据。

各项教育培训统一由人力资源部门根据教育培训计划实施，并负责该项教育培训的全盘事宜。教育培训的实施方式很多，如主管人员利用会议、面谈等机会对下属进行教育培训、由公司统一进行教育培训、由公司内部的机构单独进行教育培训、参加国内培训单位所举办的教育培训等。

10.2.6 人力资源的使用与退出机制

人力资源的使用与退出是人力资源管理的重要组成部分。良好的人力资源使用机制可以使企业员工队伍充满活力，保障员工连续的职业生涯，使企业人力资源政策符合企业发展目标，实现企业和员工的双赢。同时，为了确保人力资源的有效使用，使员工队伍处于持续优化状态，企业应当建立和完善人力资源激励约束机制，企业应从战略层面、管理层面出发，理性对待人力资源的退出，致力于促进企业人力资源系统良性循环。

10.2.6.1　人力资源的使用机制

企业应当设置科学的业绩考核指标体系，对各级管理人员和其他员工进行严格考核与评价，以此作为确定员工薪酬、职级调整和解除劳动合同等的重要依据。为了充分发挥人才的作用，要创新激励机制，调动人才干事、创业的积极性；要建立以绩效为核心的激励制度；要完善以按劳分配为主体、多种分配方式并存的分配制度，坚持效率优先、兼顾公平，多种生产要素按贡献参与分配。企业要注意发挥绩效考核对员工积极性和创造性的引导作用，注重对绩效考核结果的科学运用。

对于人力资源的使用，企业应当打破“大锅饭”体制，“干好干坏一个样”会损害全体员工的利益，长此以往必然导致企业效益下降甚至走向衰亡。有的企业不同程度地存在着“一个干的，一个看的，一个捣乱的”现象。这种现象的存在是非常危险的。企业必须要改革人力资源制度和运行机制，彻底解决“干好干坏一个样”的问题。

企业应当将人力资源的绩效考核结果着重运用于改进工作绩效、薪酬及奖金的分配、职务调整、培训与再教育、员工职业生涯规划以及作为员工退出的重要依据等多个方面。

企业应将绩效考核与薪酬挂钩，要切实做到薪酬安排与员工贡献相协调，既体现效率优先又兼顾公平，杜绝高级管理人员获得超越其实际贡献的薪酬。同时，企业要注意发挥企业福利对企业发展的重要促进作用：既能吸引企业所需要的员工、降低员工的流动率，又能激励员工、提高员工士气及其对企业的认可度与忠诚度。

在人力资源的使用过程中，企业还要注意策略的运用，通过“压担子、给路子、搭梯子”等方式促进人才的快速成长。

企业应真正做到量才适用、人事相宜，什么等级的人就安排什么等级的事，切实做到人才使用科学合理；要使人才有轻微的压力，但又不至于压力过大。工作职位稍有挑战性，有助于激励人才奋发进取。

企业要尊重人才成长规律，善于克服人力资源管理的“疲劳效应”。在人才处于最好的状态时，企业要适时地调整岗位和职位，使之始终处于亢奋期和临战状态。

10.2.6.2　人力资源的退出机制

建立企业人力资源退出机制是实现企业发展战略的必然要求。

人力资源只进不出，会严重影响企业的有效运行。实施人力资源退出机制，可以保证企业人力资源团队的精干、高效和活力。企业通过自愿离职、再次创业、待命停职、提前退休、离岗、转岗等途径，可以使不适合企业发展战略或流程的员工直接或间接地退出，让更优秀的人员充实相应的岗位，真正做到“能上能下、能进能出”，实现人力资源的优化配置和战略目标。

人力资源的退出必须以科学的绩效考核机制为前提，同时还需要相关环境的支撑。

第一，要在观念上将人力资源退出机制纳入人力资源管理系统和企业文化之中，使人力资源退出机制从计划到操作成为现实，同时获得员工的理解与支持。

第二，要建立科学、合理的人力资源退出标准，使人力资源退出机制程序化、公开化，有效消除人力资源退出可能造成的不良影响。

第三，人力资源退出一定要建立在遵守法律法规的基础上，严格按照法律规定进行操作。一方面，要根据相关法律的规定制定退出方法，要有书面材料记录员工的相关行为，使员工退出具有充分证据；另一方面，在员工退出时，要注意和人力资源部门进行沟通，并按《劳动法》的规定，给予退出员工相应的补偿金。

总之，为确保实现企业发展战略，企业应当注重健全人力资源管理制度与运行机制，同时，还应当定期对其制定的年度人力资源计划执行情况进行评估，总结人力资源管理经验，分析存在的不足，及时改进和完善人力资源政策，使企业整体充满生机和活力，为企业实施发展战略和提升价值提供保障。

人力资源机制涉及的流程如图 10-3 所示。

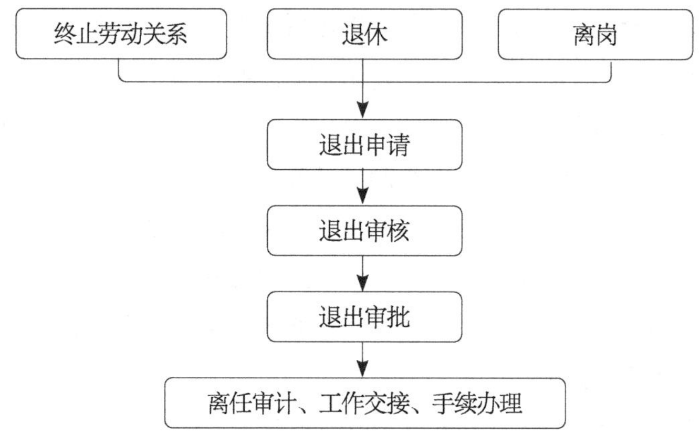

图 10-3　人力资源机制涉及的流程

10.3　实务案例：TY 的考核秘籍

1. 案例简介

TY 公司这艘企业界“航空母舰”的管理之道，一直被人们奉为管理学的经典，而 TY 公司的考核制度则是其管理秘籍中的重要篇章，通过其在中国投资的 TY（中国）公司的考核制度可以发现 TY 公司考核秘籍的重点所在。TY（中国）公司的考核内容包括“专”和“红”两部分，其中，“专”是工作业绩，指硬性考核部分；“红”是软性因素，主要考核价值观。这两个方面综合的结果就是考核的最终结果，可以用二维坐标来表示。

2. 考核内容

年终考核包括 4 个表格。前 3 个表格主要涉及自我鉴定，其中第一个表格是个人学历记录；第二个表格是个人工作记录（包括在以前的公司的工作情况）；第三个表格是对照年初设立的目标自评任务的完成情况。根据一年中的表现所取得的成绩，对照 TY（中国）公司的价值观、技能要求等，确定自己哪方面是强项，哪些方面存在不足，哪些方面需要通过哪些方式来提高，需要得到公司的哪些帮助，在未来的一年或更远的将来有哪些展望等。TY 公司前总裁韦尔奇在当年刚加入 TY 公司时就在他的个人展望中表达了他要成为 TY 公司全球总裁的愿望。第四个表格是经理评价，经理在员工自评的基础上，参考前 3 个表格中员工的自评，填写第四个表格。经理填写评价前必须与员工沟通，取得与员工一致的意见。经理和员工如果有不同的意见，必须有足够的理由来说服对方；如果员工对经理的评价有不同的意见，员工可以与经理沟通但必须用事实来说话；如果员工能够说服经理，经理可以修改其以前的评价意见；如果双方不能达成一致，将由上一级经理来处理。在相互沟通、交流时，双方必须用事实来证明各自的观点，不能用任何想象的理由。

3. 考核结果的应用

考核的目的是发现员工的优点与不足，激励员工有效地提高工作效率；考核的结果与员工第二年的薪酬、培训、晋升、换岗等挂钩。

对在二维表中不同区域的员工的综合考核结果的处理。

① 当员工的综合考核结果在第四区域时，即价值观和工作业绩都不好时，这种员工只有走人。

② 综合考核结果在第三区域即业绩一般但价值观良好时，公司会保护员工，给员工第二次机会，包括换岗、培训等，根据考核结果制定一个提高员工能力的计划，在 3 个月后再根据提高计划进行考核。在这 3 个月内，员工必须提高自己的能力、达到计划的要求。如果 3 个月后的考核不合格，员工必须走人。当然这种情况比较少，因为人力资源部门在招聘时已经对员工进行过测评，对员工有相当的把握与了解，能够加入 TY（中国）公司的人都是比较优秀的。

③ 如果员工的综合考核结果在第二区域即业绩好但价值观一般时，员工不再受到公司的保护，公司会请他走。

④ 如果员工的综合考核结果在第一区域，即业绩考核与价值观考核结果都为优秀时，那他（她）就是公司的优秀员工，将会获得晋升、加薪等机会。

4. 考核工作的展开

① 考核的时间。全年考核与年终考核结合，考核贯穿工作的全年。公司会对员工的表现给予及时的反馈，在员工表现好时及时给予表扬和肯定，表现不好时及时与其沟通。

② 把简单的事情做好。考核能够达到预定的目的，有多方面的因素，在所有这些因素中，最重要的不是 TY（中国）公司的考核方法、考核制度有多复杂、有多高深，而是 TY（中国）公司能够把简单的事情做好、做到位。而这正是 TY（中国）公司的价值观“确立一个明确、简单和从现实出发的目标，传达给所有人员”所要求的。

TY（中国）公司的考核工作是一个系统的工程，包括：目标与计划的制定，良好的沟通，开放的氛围，过程考核与年终考核结合，信息的及时反馈，考核结果与员工的利益紧密联系，强调 TY（中国）公司的价值观，领导的支持，管理层与一般员工的积极参与，制度保证等。

③ 目标与计划的制定。目标与计划是全年考核的基础，必须符合 5 个标准——“SMART”。S 是 Specific，表示目标必须是具体、明确的；M 是 Measurable，表示目标必须是可衡量的；A 是 Attaionable，表示目标必须是可达到的；R 是 Relevant，表示目标必须与其他目标其有相关性；T 是 Time-based，表示目标必须有明确的截止期限。考核目标必须与公司、部门的目标一致。相关人员制定目标与计划时必须与员工反复沟通、推敲，在执行时如发现有不妥之处，必须立即修正。

④ 过程考核与年终考核。考核是为了激励员工、提高员工的能力，所以要及时给予反馈：员工表现好时，要及时给予肯定和表扬；在员工表现不好时，要及时提醒。到了年终考核时，所有的评价都以平时的表现为基础，不仅有说服力，而且人力资源部门的工作也不繁杂，因为该部门全年不断地在收集信息，平时就把工作做到位了。

⑤ 良好的沟通。良好的沟通是指各部门的上、下级之间，人力资源部与其他部门之间保证无阻碍的沟通。这样员工和经理才能得到比较全面的信息。TY（中国）公司的环境是开放的，员工可以很轻松地与经理甚至总裁交流。良好的沟通也是 TY（中国）公司的价值观所要求的：乐于听取各方的意见，群策群力。良好的沟通不仅包括面对面的交流，员工的自我评定也是一种沟通渠道，员工有什么想法、有什么要求、希望得到公司哪些帮助等都可以在考核时写清楚。

⑥ “视六个希格码为生命。”管理人员、公关人员的考核不易量化，是考核中的难点。TY（中国）公司一开始就给管理人员确立了行为准则。这些行为准则不仅是面向管理人员的，而且也是面向员工的。管理人员根据这些行为准则，对照自己的行为，可以清楚、明白地知道自己哪些方面做得好，哪些方面存在不足。同时，员工也可以根据行为准则评价管理人员。这样对管理人员的考核就可以具体化，不管是自评还是他评，都能做到心中有数。能量化的考核尽可能用相应指标将其量化，如可以用接了多少个电话、回了多少个电话、用了多少时间来回答、安排了多少采访等来量化公关人员的工作。

⑦ 用事实来考核软性因素。价值观等软性因素的考核也是不好量化的，TY（中国）公司解决这一难题的有效方法是把工作放在事前。凡是加入 TY（中国）公司的员工，首先被告知的是 TY（中国）公司的价值观的内容，然后会接受与价值观有关的各种培训。这样，员工对价值观的感悟会不断得到强化。培训不是叫员工背诵价值观的内容，而是用发生在公司的事实行为来解释价值观，在考核时也要求必须用事实来证明每个结论，绝不能凭空想象。

⑧ 考核的结果与员工的个人利益及职业生涯发展密切相关。考核的结果与员工第二年的薪酬、培训、晋升、工作调动等挂钩，同时考核也是为了提高和完善员工自身的素质，TY（中国）公司会尽可能满足员工的一些想法和要求，鼓励员工写下自己的真实想法，并且尽最大可能帮助员工。

⑨ 360 度考核。360 度考核的使用并不普遍，一般是在被考核领导和员工为了自我发展、自我提高时使用，做考核评价的是上级、下级、同事、客户，由被考核者自己在这些

人中各选择几个人来做评价。考核的结果由外部专业机构来分析。这样可以保证结果的客观性与科学性（外部机构是专业的、独立的，可以更客观、更科学）。在这种考核中，企业不用担心因员工只选择与其关系好的考核者而导致考核结果不客观、不真实，因为这种考核是员工为了发现自己的不足所采用的一种方式，所以大多数员工为了自己的前途是不会去寻求一片赞扬声的。

第 11 章
企业内部控制应用指引第 4 号——社会责任

11.1 法规原文

企业内部控制应用指引第 4 号——社会责任

第一章 总 则

第一条 为了促进企业履行社会责任，实现企业与社会的协调发展，根据国家有关法律法规和《企业内部控制基本规范》，制定本指引。

第二条 本指引所称社会责任，是指企业在经营发展过程中应当履行的社会职责和义务，主要包括安全生产、产品质量（含服务，下同）、环境保护、资源节约、促进就业、员工权益保护等。

第三条 企业至少应当关注在履行社会责任方面的下列风险：

（一）安全生产措施不到位，责任不落实，可能导致企业发生安全事故。

（二）产品质量低劣，侵害消费者利益，可能导致企业巨额赔偿、形象受损，甚至破产。

（三）环境保护投入不足，资源耗费大，造成环境污染或资源枯竭，可能导致企业巨额赔偿、缺乏发展后劲，甚至停业。

（四）促进就业和员工权益保护不够，可能导致员工积极性受挫，影响企业发展和社会稳定。

第四条 企业应当重视履行社会责任，切实做到经济效益与社会效益、短期利益与长远利益、自身发展与社会发展相互协调，实现企业与员工、企业与社会、企业与环境的健康和谐发展。

第二章 安全生产

第五条 企业应当根据国家有关安全生产的规定，结合本企业实际情况，建立严格的安全生产管理体系、操作规范和应急预案，强化安全生产责任追究制度，切实做到安全生产。

企业应当设立安全管理部门和安全监督机构，负责企业安全生产的日常监督管理工作。

第六条 企业应当重视安全生产投入，在人力、物力、资金、技术等方面提供必要的保障，健全检查监督机制，确保各项安全措施落实到位，不得随意降低保障标准和要求。

第七条 企业应当贯彻预防为主的原则，采用多种形式增强员工安全意识，重视岗位培训，对于特殊岗位实行资格认证制度。

企业应当加强生产设备的经常性维护管理，及时排除安全隐患。

第八条　企业如果发生生产安全事故，应当按照安全生产管理制度妥善处理，排除故障，减轻损失，追究责任。

重大生产安全事故应当启动应急预案，同时按照国家有关规定及时报告，严禁迟报、谎报和瞒报。

第三章　产品质量

第九条　企业应当根据国家和行业相关产品质量的要求，从事生产经营活动，切实提高产品质量和服务水平，努力为社会提供优质安全健康的产品和服务，最大限度地满足消费者的需求，对社会和公众负责，接受社会监督，承担社会责任。

第十条　企业应当规范生产流程，建立严格的产品质量控制和检验制度，严把质量关，禁止缺乏质量保障、危害人民生命健康的产品流向社会。

第十一条　企业应当加强产品的售后服务。售后发现存在严重质量缺陷、隐患的产品，应当及时召回或采取其他有效措施，最大限度地降低或消除缺陷、隐患产品的社会危害。

企业应当妥善处理消费者提出的投诉和建议，切实保护消费者权益。

第四章　环境保护与资源节约

第十二条　企业应当按照国家有关环境保护与资源节约的规定，结合本企业实际情况，建立环境保护与资源节约制度，认真落实节能减排责任，积极开发和使用节能产品，发展循环经济，降低污染物排放，提高资源综合利用效率。

企业应当通过宣传教育等有效形式，不断提高员工的环境保护和资源节约意识。

第十三条　企业应当重视生态保护，加大对环保工作的人力、物力、财力的投入和技术支持，不断改进工艺流程，降低能耗和污染物排放水平，实现清洁生产。

企业应当加强对废气、废水、废渣的综合治理，建立废料回收和循环利用制度。

第十四条　企业应当重视资源节约和资源保护，着力开发利用可再生资源，防止对不可再生资源进行掠夺性或毁灭性开发。

企业应当重视国家产业结构相关政策，特别关注产业结构调整的发展要求，加快高新技术开发和传统产业改造，切实转变发展方式，实现低投入、低消耗、低排放和高效率。

第十五条　企业应当建立环境保护和资源节约的监控制度，定期开展监督检查，发现问题，及时采取措施予以纠正。污染物排放超过国家有关规定的，企业应当承担治理或相关法律责任。

发生紧急、重大环境污染事件时，应当启动应急机制，及时报告和处理，并依法追究相关责任人的责任。

第五章　促进就业与员工权益保护

第十六条　企业应当依法保护员工的合法权益，贯彻人力资源政策，保护员工依法享有劳动权利和履行劳动义务，保持工作岗位相对稳定，积极促进充分就业，切实履行社会责任。

企业应当避免在正常经营情况下批量辞退员工，增加社会负担。

第十七条　企业应当与员工签订并履行劳动合同，遵循按劳分配、同工同酬的原则，建立科学的员工薪酬制度和激励机制，不得克扣或无故拖欠员工薪酬。

企业应当建立高级管理人员与员工薪酬的正常增长机制，切实保持合理水平，维护社会公平。

第十八条　企业应当及时办理员工社会保险，足额缴纳社会保险费，保障员工依法享受社会保险待遇。

企业应当按照有关规定做好健康管理工作，预防、控制和消除职业危害；按期对员工进行非职业性健康监护，对从事有职业危害作业的员工进行职业性健康监护。

企业应当遵守法定的劳动时间和休息休假制度，确保员工的休息休假权利。

第十九条　企业应当加强职工代表大会和工会组织建设，维护员工合法权益，积极开展员工职业教育培训，创造平等发展机会。

企业应当尊重员工人格，维护员工尊严，杜绝性别、民族、宗教、年龄等各种歧视，保障员工身心健康。

第二十条　企业应当按照产学研用相结合的社会需求，积极创建实习基地，大力支持社会有关方面培养、锻炼社会需要的应用型人才。

第二十一条　企业应当积极履行社会公益方面的责任和义务，关心帮助社会弱势群体，支持慈善事业。

11.2　原文讲解

《企业内部控制应用指引第 4 号——社会责任》（后文简称《社会责任应用指引》）共 5 章、21 条。这 5 章对企业社会责任进行了详细的解读。社会责任是企业软实力的重要组成部分。企业在创造利润、追求股东权益最大化的同时，应承担和履行一定的社会责任，对利益相关者和环境负责，实现企业、社会、环境的协调发展。企业在进行社会责任内部控制时，应树立企业社会责任意识，完善社会责任机制，建立社会责任报告制度，把社会责任融入企业发展战略、企业经营文化中去。

下文将按照《社会责任应用指引》的内容对企业社会责任内部控制进行详细的解读。

11.2.1　社会责任的定义

《社会责任应用指引》所称的社会责任，是指企业在经营发展过程中应当履行的社会职责和义务，主要包括安全生产、产品质量（含服务）、环境保护、资源节约、促进就业、员工权益保护等。

11.2.2　企业在履行社会责任时应关注的风险

企业在履行社会责任时，可能会遇到多种多样的情况。企业在履行社会责任时至少应当关注下列风险。

11.2.2.1　安全生产方面

安全生产是企业旨在保障劳动者在生产过程中人身安全的一项方针，也是企业经营管理必须遵循的一项原则，要求最大限度地减少劳动者的工伤和职业病，保障劳动者在生产过程中的安全和身体健康。由于企业安全生产的意识非常薄弱，以及众多生产经营单位存在生产条件差、安全技术装备陈旧落后、安全生产投入严重不足、企业负责人和从业人员安全执业素质低、安全管理混乱等问题，导致我国安全事故频发，包括重大的矿难、烟花爆竹爆炸、危险化学品泄漏、火灾、楼房倒塌、交通事故等，造成了重大人员伤亡，给企业声誉、社会稳定带来了极大的影响。

企业在安全生产方面面临的主要风险如下。

① 企业不落实安全主体责任所造成的风险。安全生产规章制度流于形式，安全生产机构形同虚设，企业安全管理人员配备不足。

② 企业安全投入不足所造成的风险。企业未按规定提取和使用安全生产费用，没有制定安全投入计划和相关台账，未定期检查特种设备。

③ 企业员工缺乏安全意识所造成的风险。企业负责人不够重视安全生产工作，不清楚自己的法定职责；安全生产管理人员的安全意识差，不具备与其所从事的生产经营活动相适应的安全生产知识和管理能力；特种工作人员未经专门的安全作业培训，未取得特种作业操作资格。

④ 一些企业隐患排查和治理工作不到位，未建立隐患排查和治理工作制度。

⑤ 缺乏安全事故应急预案。应急救援预案缺少演练，可操作性差；事故发生后，迟报、谎报和隐瞒，给管理部门的调查和处理造成困难。

【例 11–1】某花炮厂接到一笔大规格爆竹（属国家明令禁止生产的品种）的生产订单。因时间紧、任务重，厂方招收了一批未经任何安全教育和培训的人员到厂务工。配药工李某违反操作规程，造成火药摩擦起火、引起爆炸。由于该厂生产的是国家明令禁止生产的大规格爆竹，车间内存放的成品和半成品及原料火药量严重超标，直接爆炸源引起周围堆放的成品、半成品和原料接连爆炸，导致 30 多人死亡。

经国家安全生产部门调查，认为引发这起特大生产安全事故的原因很多，但重要原因就是该厂生产管理十分混乱，没有建立安全生产责任制，没有制定安全生产规章制度和操作规程，没有建立安全管理机构，没有配备专职的安全检查人员，部分从业人员未经任何安全教育和培训。

11.2.2.2　产品质量方面

产品质量是企业长久发展的生命线。这里所讲的产品，既包括经过加工、制作用于销售的物品，也包括未经过加工的农林牧渔等初级产品。企业产品质量的优劣，事关消费者的身体健康和安全，保证产品质量是企业履行社会责任的一个重要方面。这也是企业社会责任的利益相关者——消费者群体最为关心的方面。

企业因产品质量问题而面临的风险主要如下。

① 产品瑕疵导致的产品质量风险。产品不具备良好的特性，不符合明示的产品标准，或者不符合以产品说明、实物样式等方式标明的质量状况，在适用性、可靠性、维修性、经济性等上出现瑕疵。

② 产品缺陷导致的产品质量风险。产品缺乏合理的安全性，即存在危及人身、他人财产安全的不合理的风险。这种风险可能来自产品的设计、产品的制造或者产品的指示，即产品缺陷包括设计缺陷、制造缺陷及指示缺陷。

③ 售后服务风险。作为生产者与消费者之间的纽带，企业如果不能提高售后服务的质量，则有可能损害产品在消费者心目中的整体形象，给企业带来无法估量的损失。

【例 11-2】M 集团公司曾经是我国最大的奶粉生产企业之一，其生产的 M 奶粉是国内第一批获得“免检”资格的奶粉，曾是中国的名牌产品。然而，2008 年震惊中国的“M 牌婴幼儿配方奶粉重大安全事故”发生了，700 吨“毒奶粉”造成了 1 000 多个家庭的悲剧。该事故反映出我国在食品安全方面存在督管不到位的问题，也反映出我国部分企业在社会、安全、法律等各个方面存在严重的责任问题。

11.2.2.3 环境保护方面

环境保护与资源节约事关我国现代化建设全局和长远发展，是造福当代、惠及子孙的事业。改革开放初期，我国的经济发展不同程度地表现为依靠资源的高投入来实现经济快速增长。这种粗放型增长方式导致资源消耗过大、浪费严重，同时也带来了生产生活环境的变化。企业在环境保护方面面临的风险主要包括以下几个方面。

① 环境法律法规、行业政策的限制风险。在《中华人民共和国宪法》有关环境保护的立法依据和指导原则下，《中华人民共和国环境保护法》《中华人民共和国清洁生产促进法》等一系列法律法规相继出台并日趋完善；同时“生态文明”“可持续发展”等理念，都对企业的环保责任提出了更高的要求。由于考核和管辖范围的扩大、各项标准和要求的提高以及日渐严厉的违规处罚，一些不规范的企业在生产经营中将面临越来越多的难题。

② 绿色消费的推崇、绿色贸易壁垒的设置风险。人们环保意识的提高促使绿色消费、绿色贸易蔚然成风。为满足市场的需求，企业必须在产品质量、生产环节等各方面不断改进，避免因市场抵制而遭受巨大损失。

③ 企业所属行业的特点引起的环境风险。不同行业的企业在生产经营过程中所涉及的材料、生产设备、排放物差异悬殊。当企业所属的行业属于污染行业时，众多有毒、有害物质的存在都有可能引发环境问题，潜在的环境风险也就可能成为现实，从而导致企业面临巨额赔偿、缺乏发展后劲，甚至停业的情况。

④ 生产技术、管理水平的限制引起的环境风险。由于自身经济条件、技术水平或管理能力的限制，一些企业无法从源头上抑制环境问题的产生；粗放型的经营方式以及管理上的疏忽，将大大提升环境事故的发生概率。这些企业对环境污染进行末端治理的能力往往较弱，面临着花费高额污染治理费甚至被处罚的难题。这些环境问题对企业直接或间接产生的不良影响，也构成了企业环境风险的一个方面。

【例 11–3】从 2012 年 1 月至 2013 年 2 月，江苏的 JH 公司等 6 家企业将生产过程中产生的总计 2.5 万余吨危险废物，以每吨 20 元 ~100 元不等的价格，交给无危险废物处理资质的相关公司。该公司将其偷排进泰兴市如泰运河、泰州市高港区古马干河等河流中，导致水体受到严重污染。最终，最高人民法院判决这 6 家企业支付环境修复费 1.6 亿余元、鉴定评估费用 10 万元及诉讼费。

11.2.2.4　促进就业与员工权益保护方面

在促进就业与员工权益保护方面，很多企业缺乏完善的员工激励机制或者对员工权益保护不足，导致员工的工作积极性降低，从而影响企业发展和社会稳定。具体来说，企业在促进就业与员工权益保护方面面临的风险如下。

① 法律风险。企业因违反相关法律法规，或形成事实上的就业歧视，招致投诉的风险。

② 人才过剩风险。人才的引进计划与企业发展阶段脱节，导致人才过剩，增加了企业的运行成本。

③ 侵犯员工民主权利所导致的风险。通过职工代表大会和工会组织等参与重大决策是企业员工的民主权利，有些企业经营者有意回避或不能正常落实职工代表大会制度，即使举行职工代表大会也只是“走过场”、搞形式主义，侵犯了员工的民主权利。

④ 侵犯员工人身权利所导致的风险。一些企业缺乏对员工生命的尊重和保护，对员工的人身安全采取不负责任的态度，导致员工的生产作业环境和居住条件极为恶劣，企业的这些行为都会伤害员工的身心健康。

11.2.3　企业在履行社会责任时的风险管控

根据企业在履行社会责任时可能接触到的风险，企业可实施相应的风险控制措施，具体的风险管控措施如图 11–1 所示。

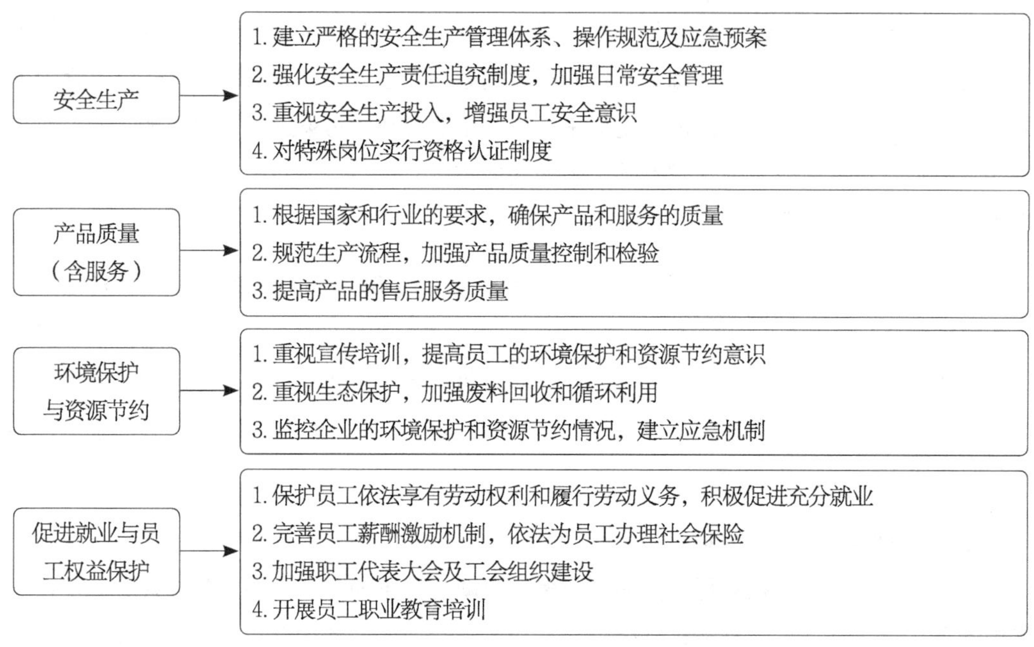

图 11-1　企业在履行社会责任时可采取的风险管控措施

11.2.4　企业履行社会责任的主要内容

根据《企业内部控制应用指引第 4 号——社会责任》，企业履行的社会责任涉及安全生产、产品质量（含服务）、环境保护、资源节约、促进就业、员工权益保护等方面。这是就一般企业而言，特殊行业的企业应履行的社会责任不完全相同。

11.2.4.1　安全生产

对于企业如何实现安全生产，社会责任应用指引有如下规定。

一是建章建制，建立健全安全生产管理体系。近年来，国家立法部门相继制定了《中华人民共和国安全生产法》等多部关于安全生产的专门法律和行政法规。企业应当依据国家有关安全生产的法律法规的规定，结合本企业生产经营的特点，建立健全安全生产方面的规章制度、操作规范和应急预案。建章建制的关键是落实到位。近年来，重大安全事故频发的原因并不是缺乏相应的规章制度，而是部分企业在巨大的经济利益的驱动下，无视规章制度。人为因素往往是重大安全事故频发的重要原因。这是值得我们深思的。如果将国家和企业制定的一系列涉及安全生产的规章制度落实到位，就能够降低安全事故发生的概率。

二是不断加大安全生产投入和加强经常性维护管理。企业，特别是高危行业的企业，应当将安全生产投入的重要性放在首位。“磨刀不误砍柴工”，急于求成、急功近利是不可取的。企业一定要重视安全生产投入，将员工的生命安全视为头等大事，加快安全生产的技术更新，保证安全生产所需的资金、人力、物力及时、足额。企业还应加强生产设备的经常性维护管理，及时排除安全隐患，切实做到安全生产。

三是开展员工安全生产教育，对特殊岗位实行资格认证制度。加强对员工的安全生产培训教育对企业而言至关重要。企业通过安全生产培训教育，让员工牢固树立"安全第一、预防为主"的意识，提高他们防范危险的技能和水平。培训教育应当经常化、制度化，做到警钟长鸣，不能有丝毫放松和懈怠。对于特殊的生产岗位，因工作接触的不安全因素较多、危险性较大、容易发生事故，所以企业必须依法实行资格认证制度，保证相关人员持证上岗。

四是建立安全生产事故应急预警和报告机制。企业必须制定事故应急处理预案，建立专门的应急指挥部门，配备专业队伍和必要的专业器材等；在发生安全生产事故时做到临危不乱，按照预定程序有条不紊地处理好发生的安全生产事故，尽快消除事故产生的影响，同时按照国家有关规定及时报告，不得迟报、谎报和瞒报；强化安全生产责任追究制度。

【例 11-4】某化工企业已经有超过 200 年的历史，在全球 500 强企业中名列前茅，高居化工行业榜首，其安全业绩举世闻名：安全事故发生率比行业平均值低很多；旗下超过 60% 的工厂实现了零事故；旗下许多工厂都实现了连续 20 年甚至 30 年无事故。该企业始终坚持安全第一的生产原则，并通过以下方式为生产经营和发展改革营造了良好的安全生产环境。

第一，完善制度，强化监管，确保责任落实。该企业结合实际情况，修订并完善了几十项与健康、安全和环境管理相关的规章制度。组织开展年度安全环保大检查和专项督查，对重点工厂开展审核。每季度在视频会议上通报事故、部署任务，始终保持安全环保工作的高压态势，管理层负责促进安全环保工作层层落实。

第二，开展安全教育，对员工进行安全培训。组织开展安全宣传活动，增强员工的安全意识。企业要求员工安全操作，就要对员工进行严格、全面的安全培训。

第三，高度重视隐患治理，提升装置和设施的安全水平。该企业每年投入大量资金用于安全隐患治理，提升装置、设施的安全水平。

第四，建立应急管理体系，提高事故应急处理能力。该企业建立了自下而上、完整统一的应急处理管理体系，逐渐修订并完善企业重大事故应急预案。

11.2.4.2　产品质量

产品质量是企业长久发展的生命线。在产品质量方面，企业应按照社会责任应用指引的要求，至少应做好以下几个方面的工作。

一是建立健全产品质量标准体系。产品质量问题的危害不言而喻，不仅伤害他人，同时也伤害自己。为了更加有效地提升产品质量，企业应当根据国家法律法规的规定，结合企业产品的特点，制定完善的产品质量标准体系，包括生产设备条件、生产技术水平、原料组成、产品规格、售后服务等，保证为社会提供优质、安全、健康的产品和服务，最大限度地满足消费者的需求，对社会和公众负责。

二是建立严格的产品质量控制和检验制度。从原材料进厂一直到产品销售等的各个环节和流程，都必须有严格的质量控制标准作保证。企业应当加强对产品质量的检验，严禁未经检验合格的产品流入市场。如果每个企业都能把好市场准入关口，严防假冒伪劣产品进入市场，那么这不仅对企业自身有利，而且能够推动社会进步。

三是加强产品的售后服务。企业售后服务不仅是一种经营方式，更是一种文化、一种理念，是企业与客户、消费者沟通、联系的一个纽带。企业通过优质的售后服务，使其与客户、消费者的关系更加紧密，不仅能树立良好的企业形象、提高产品信誉、扩大产品影响力，还能提升客户的忠诚度。企业应当把售后服务作为企业采取有效竞争策略、提高产品价值的重要手段，重视和加强售后服务，创新售后服务方法，力争做到"件件有结果、有分析、有整改、有考核"。对有缺陷的产品，企业应当采取及时召回、实行"三包"等措施，以赢得消费者对企业产品的信赖和支持，维护消费者的合法权益。

【例 11-5】浙江 XT 电子机械股份有限公司的六西格玛是一套系统的、集成的业务改进方法体系，是一种意在持续改进组织业务流程、提高顾客满意度的管理方法。该公司通过系统地、集成地采用业务改进方法体系，实现无缺陷的六西格玛设计（Design for Six Sigma, DFSS），并对现有过程进行界定、测量、分析、改进、控制，消除过程缺陷和无价值作业，从而提高产品和服务质量、降低成本、缩短运转周期，尽可能提高顾客满意度，增强公司竞争力。

11.2.4.3 环境保护与资源节约

为建设资源节约型、环境友好型企业，社会责任应用指引从下列 3 个方面提出了要求。

一是转变发展方式，实现清洁生产和循环经济。企业要在快速发展中突破资源与环境的双重约束，在市场竞争中争取主动，就必须转变发展方式、重视生态保护、调整产业结构、发展低碳经济和循环经济；加大对环保工作的人力、物力、财力的投入和技术支持，不断改进工艺流程，降低能耗和污染物排放水平，实现清洁生产，加强对废气、废水、废渣的回收、利用和处置等综合治理，推动生产、流通和消费过程中对资源的减量化、再利用、资源化，以最小的资源消耗、最少的废物排放和最小的环境代价来换取最大的经济效益。

二是依靠科技进步和技术创新，着力开发利用可再生资源。企业发展离不开能源和资源，随着我国经济的高速发展，能源、资源对企业经济发展的制约作用也在日益凸显。企业只有不断增强自主创新能力，通过技术进步开发替代产品、可再生资源，降低资源消耗和污染物排放水平，实现低投入、低消耗、低排放和高效率，才能有效落实资源节约和环境保护制度。

三是建立和完善监测考核体系，强化日常监控。资源节约和环境保护人人有责。只有建立环境保护和资源节约监测考核体系，完善激励与约束机制，明确职责；员工各司其职、各尽其责；企业严格监督，落实岗位责任制，才能保证环境保护和资源节约等各项工作落到实处。企业要加强日常监控，定期开展监督检查，发现问题并及时采取措施予以纠正。

发生紧急、重大环境污染事件时，应当立即启动应急机制，同时根据国家法律法规的规定，及时上报，并依法追究相关人员的责任。

【例 11-6】2015 年，新《中华人民共和国环境保护法》正式实施，十八届五中全会提出绿色发展理念。《生态文明体制改革总体方案》出台，使中国的环境保护事业迈入新纪元。

近年来，中国大力实施绿色低碳发展战略，助力环境质量改善。坚持“以绿色的方式生产清洁能源”的理念，大力推广使用天然气、非常规油气、生物质能等清洁能源，推动汽、柴油质量升级，促进国家能源结构优化，改善环境质量。

ZSY 集团作为中国最大的国有能源企业，也在全面加强环保管理，注重环保科技创新，不断提升环保管理水平，强化风险控制能力，严格遵守国际、国内的相关法律法规。另外，ZSY 集团还积极参与国际合作。2015 年，ZSY 集团全面加强与石油和天然气气候倡议组织（Oil and Gas Climate Initiative, OGCI）的各成员企业的合作，参与行业低碳发展路线图的研究和温室气体排放控制示范工程的建设，与其他成员企业合力探寻提高能效的路径、寻找天然气的最佳利用模式、推进碳捕捉和封存技术的商业化。

11.2.4.4　促进就业

促进就业是企业社会责任的重要体现。保障就业、稳定就业，是社会稳定和发展的大计。中国是世界上人口最多的国家，又是世界上最大的发展中国家。面对庞大的人口数量，中国要让尽可能多的劳动者享受改革发展的成果、促进社会稳定和谐，就要最大限度地创造就业机会。这不仅是各级政府的责任，也是企业应尽的义务。中国的企业家身上不能只流淌着“金钱和利润的血液”，更应流淌着“道德的血液”，应该做超越资本运营者的更高层次的企业家。

为此，社会责任应用指引对企业在促进充分就业方面的社会责任做出了明确的规定。

企业应当以宽广的胸怀接纳各方人士，为国家和社会分担压力、促进充分就业。在各级政府通过组织培训来提高劳动者专业技能和素质、为鼓励企业扩大就业而给予税收等方面的优惠待遇的同时，企业应结合实际需要，转变陈旧或功利的用人观念，在满足自身发展的情况下，公开招聘、公平竞争、公正录用，为社会提供尽可能多的就业岗位，特别是建筑企业、服务型企业、商业零售企业、劳动服务企业等劳动密集型企业，应当成为吸纳农民工就业的主体。企业在录用员工时，不能因民族、性别等的不同而歧视员工，要保证劳动者依法享有平等就业和自主择业的权利。

11.2.4.5　保护员工的合法权益

员工是企业生存发展的内在动力。不断提高员工的素质、维护员工的合法权益，既是社会和谐、稳定的需要，也是企业长远发展的需要。企业应当尊重员工、关爱员工、维护员工的权益，促进企业与员工和谐、稳定和共同发展。为此，社会责任应用指引提出了以下要求。

一是建立并完善科学的员工培训和晋升机制。培训的目的是提高员工的能力。企业应当为员工提供公平、公正的晋升机会，让每个员工自己决定自己的命运。适应快、能力强的人能迅速掌握各阶段的技能，自然能更快得到晋升。企业应针对不同员工开展个性化的培训，使员工及时获得必要的知识技能。

二是建立科学、合理的员工薪酬增长机制。薪酬无疑是吸引和争夺人才的一个关键性因素。企业应当遵循按劳分配、同工同酬的原则，结合内外部因素和员工自身表现等，建立科学有效的薪酬增长机制，最大限度地激发员工的工作热情、培养员工的敬业精神和提升员工地工作能力。企业应当及时发放员工工资等薪酬，及时缴纳足额的员工社会保险，不得无故拖欠和克扣员工薪酬。企业应当重视和关注并积极缩小高管与员工之间的收入差距。

三是维护员工的身心健康。现代社会的激烈竞争和快节奏，导致员工身心高度紧张、承受过重的职业压力，很多员工处于亚健康状态。企业应当关心员工的身体健康，保障员工的休息、休假的权利，广泛开展娱乐休闲活动；加强职工代表大会和工会组织建设，通过企业内部员工热线、内部媒体、员工建议箱等渠道，保证员工与企业高层交流畅通，帮助员工减压，不断提高员工的身体素质；加强安全生产管理工作，贯彻落实国家有关职业卫生的法律法规定期对劳动者进行体检，建立员工职业健康档案等，预防、控制和有效消除职业危害，确保员工身心健康。

11.2.4.6 重视产学研用结合

我国企业、高校和科研机构在实践中积极探索产学研用结合的有效模式和机制，取得了明显成效，为我国产业技术进步和相关行业的发展提供了支撑，推动了教育改革和应用型人才的培养。

企业应当重视产学研用的结合，确立企业技术创新的主体地位，把产学研用结合的重点放在人才培养方面；要充分运用市场机制和手段，积极开展与高校和科研院所的战略合作，联合创建国家重点实验室、工程中心等研发和产业化基地，进行优势互补，激发科研机构的创新活力；要重视和加强与高校和科研院所人才交流，加速科技成果的转化和产业化，引导技术创新要素聚集到企业创造社会财富的过程中来，使企业获得持续创新的动力；促进应用型人才的培养，确保企业在发展中所需的人才不断得到补充。

【例 11-7】2017 年 9 月，ZGSF 与上海交通大签署了民机试飞科研合作协议。根据协议，双方将汇集优势资源，紧密贴合有关飞机的国家战略，深化“产学研用”合作，推动“民用飞机空地一体化试飞验证平台”项目的全方位、深层次合作。双方将开展数字化试飞模型建模、试飞数据空地对比监控、试飞风险智能管控等关键技术攻关，研发面向大型客机试飞任务现场支持的数字化风险管控平台，对试飞风险进行识别、评估和管控，降低试飞生产作业的风险等级，提高任务执行的安全性和有效性。

11.2.4.7 支持慈善事业

中华民族具有深厚的慈善文化底蕴，乐善好施、扶贫济困、安老助孤、帮残助医、支教助学等慈善爱心活动，是中华民族传统美德和人类社会文明的重要组成部分。大力推动企业支持社会慈善爱心活动，对于组织调动社会资源、调节贫富差距、缓解社会矛盾、促进社会公平、构建和谐社会具有重要而深远的意义。

因此，社会责任应用指引要求企业重视、支持慈善事业，帮助社会弱势群体。

予人玫瑰，手有余香。通过捐赠等慈善公益事业，企业能够实现无与伦比的广告效应，既能享受税收优惠，又能提升自身的形象和消费者的认可度，获得消费者的赞誉，提高市场占有率。著名的 WLJ 公司 2007 年的销售收入是 46 亿元，在 2008 年捐赠汶川地震灾区后，全年销售收入实现 96 亿元，1 亿元的捐赠换来了 50 亿元的收入。

仰承福泽，报效桑梓。企业在关注自身发展的同时，应当勇于承担社会责任，积极支持慈善事业，奉献爱心，帮助社会弱势群体，把参与慈善活动作为开拓产品和服务的潜在市场，将慈善行为与企业发展目标有机地联系起来，不断提高自身参与社会慈善事业的积极性和可持续性，以实际行动履行企业的社会责任。

【例 11-8】HH 集团于 2010 年独家发起成立非公募组织海南省慈航基金会，2013 年又将其约 22% 的股份捐赠予慈航基金，使其不但成为 HH 集团最大的股东，也成为该集团践行社会责任的重要平台与载体。

HH 集团联合慈航基金会开展了多领域、深层次的公益项目，如在海南省开展了“海南 SDGS 扶贫示范村”“关爱海南见义勇为英模”等项目；在国内打造了多项明星公益项目，其中连续开展了多年的“海航光明行”已累计为国内外 7 100 多名贫困白内障患者实施了免费复明治疗。此外，HH 集团通过慈航基金会还积极与联合国教科文组织等国际组织展开合作，参与了“亚非妇女及女童教育保护”“叙利亚难民救助”等公益项目。据悉，HH 集团已经累计在公益领域投入逾 100 亿元人民币，慈航基金会也累计捐赠 4 亿元善款。HH 集团的公益事业得到了国内外的广泛认可，多次获得“中华慈善奖”等荣誉。

11.2.5　企业履行社会责任的意义

根据《社会责任应用指引》对社会责任的描述，企业履行社会责任的意义至少包括以下几点。

11.2.5.1　企业创造利润和履行社会责任是有机统一的

企业创造利润或财富与履行社会责任是统一的有机整体。企业在创造利润或财富后，要依法纳税、向股东分红，并向管理者和员工发放年薪或工资。企业创造的利润或财富越多，上缴税收和分红就越多，员工的工资也随之升高，从而为国家社会做出贡献，同时促进自身发展。这在本质上也属于履行社会责任。在这一过程中，企业要做到安全生产，提升产品质量，重视环境保护和资源节约，促进就业与保护员工权益。这属于企业直接为社会做出的贡献。两者的目标是一致的，不应将两者对立起来。只有正确处理两者的关系，实现两者的有机统一，企业才能进入良性发展的轨道。反之，企业如果单纯为了追求利润或财富而不履行社会责任，就难以实现发展战略。

11.2.5.2 企业履行社会责任是提升发展质量的重要标志

随着我国经济的高速发展，党中央和国务院强调转变发展方式，归根结底就是要提升发展质量。履行社会责任是企业提升发展质量的重要标志。众所周知，如果企业做不到安全生产，事故频发、人员伤亡，必然会使企业破产倒闭；如果产品质量低劣，损害消费者利益，企业将很快失去市场，或者在全国乃至国际市场上给自身造成负面影响，甚至会导致企业停产；如果以牺牲环境为代价追逐利润，更是违背了企业发展宗旨。由此可见，企业在制定和实现发展战略的过程中，应当履行社会责任，否则企业无法生存和发展。企业只有重视和履行社会责任，才能从根本上转变发展方式、提升发展质量，实现长远发展的目标。

11.2.5.3 企业履行社会责任是打造和提升企业形象的重要举措

企业形象是指企业的社会认同度，包括国内认同度和国际认同度。社会认同度高的企业必然是优质企业。企业如何提升社会认同度呢？有的企业通过广告宣传，有的企业利用包装手段，方式有多种多样。但是，这些方式的效果都不持久，企业形象的提升真正取决于企业履行社会责任的情况。一个企业只有切实做到安全生产、产品质量第一、环境保护符合国家标准、避免掠夺性资源开发、促进社会就业等，并在发展质量上下功夫、苦练内功、重视内涵，在认真履行社会责任的前提下实现发展目标，或将履行社会责任作为发展战略的重要组成部分，才能从根本上不断提升企业形象，在此基础上树立的企业形象必然会被社会广泛认可。

11.2.6 企业如何履行社会责任

企业重视并切实履行社会责任，既是为企业前途、命运负责，也是为社会、为国家、为人类负责。企业应当高度重视社会责任的履行，积极采取措施促进社会责任的履行。

11.2.6.1 企业负责人要高度重视企业履行社会责任的义务

企业社会责任的履行很大程度上取决于企业负责人的意识和态度。企业负责人应当高度重视这项工作，树立社会责任意识，把履行社会责任提上企业重要议事日程，经常研究和部署社会责任工作，加强全员的社会责任意识的培养，不断创新管理理念和工作方式，努力形成重视履行社会责任的企业价值观和企业文化。

11.2.6.2 将履行社会责任的义务融入企业生产经营

建立和完善履行社会责任的体制和运行机制时，企业要把履行社会责任融入企业发展战略，落实到生产经营的各个环节，明确归口管理部门，编制预算计划，逐步建立和完善企业社会责任指标统计和考核体系，为企业履行社会责任提供坚实的基础与保障。

11.2.6.3 建立企业社会责任报告制度

建立企业社会责任报告制度并发布社会责任报告，是企业履行社会责任的重要组成部分。企业通过发布社会责任报告，让股东、债权人、员工、客户、社会等各方面知晓自己在社会责任方面所做的工作、所取得的成就，从而增强企业的战略管理能力，使企业由外而内地深入审视其与社会的互动关系，全面提高企业的服务能力和水平，提升企业的品牌形象和价值。

近几年来，国务院国有资产监督管理委员会、上海证券交易所、深圳证券交易所等政府机构相继出台政策文件，要求和建议企业发布社会责任报告，越来越多的企业争做“优秀企业公民”，积极主动地发布社会责任报告。但目前企业发布的社会责任报告包含的信息非常有限，信息披露的深度和广度存在不足、覆盖面不高，难以发挥与利益相关方进行沟通的作用，需要企业不断加以完善。企业可以从以下 3 个方面着手完善社会责任报告。

一是认真执行政府监管部门和社会行业组织的要求。企业应当根据政府监管部门、社会行业组织的要求，积极主动发布社会责任报告。执行财政部等五部委印发的《企业内部控制基本规范》及其配套指引的企业，应当单独发布社会责任报告。条件尚不成熟的企业，在披露年度自我评价报告时，应当将企业履行社会责任的情况作为内部环境自我评价的重要内容。

二是社会责任报告应当覆盖企业已履行的所有社会责任。企业发布的社会责任报告，面对的是政府有关监管部门、股东、债权人、员工、客户等利益相关者。因此，社会责任报告的覆盖面要广，应至少涵盖安全生产、产品质量、环境保护和资源节约、促进就业、员工权益保护、慈善捐赠等方面的内容。

三是社会责任报告应当经过独立的第三方的审验。企业对外公布的社会责任报告，应当内容真实完整、实事求是。企业可请独立的第三方出具意见，或聘请大中型会计师事务所进行审验并出具审验声明或报告，保证企业社会责任报告客观、公允。同时，企业也可通过信函调查等方式，听取政府有关监管部门、股东、债权人、客户、员工等利益相关者的反馈意见和建议，以便查漏补缺、持续改进。

11.3　实务案例

11.3.1　BSF：践行责任关怀，成就领袖风范

2014 年 10 月 25 日，第四季“滨江森林环保行”活动在上海浦东高桥镇如期举办。BSF 展台前人头攒动，一系列创新产品让附近社区的居民体验到了化学创新为环保带来的众多益处。走入当地社区，贴近普通消费者，让公众了解并亲身感受化学的魅力，这是 BSF 积极参与社区共建、践行“责任关怀”的又一举措。

这并不是 BSF 第一次举办这类活动。作为“责任关怀行动”的发起者之一，2006 年，BSF 正式签署了由国际化工协会联合会（International Council of Chemical Asscoiation，ICCA）制定的《责任关怀全球宪章》，旨在通过信息共享建立严格的现场检查、绩效评估与审核系统，帮助化工行业逐步改善其在环境、健康与安全方面的表现。

（1）以安全为本，实施责任关怀管理体系

BSF 深知，作为一家化工公司，实现安全生产和运输是首要责任。多年来，BSF 始终以安全为本。早在 2007 年，BSF 就开始实施责任关怀管理体系，并在全球执行统一标准。BSF 责任关怀管理体系涵盖以下准则。

① 产品安全监管。从研发到生产，最后到客户的应用和弃置，BSF 全程关注产品的安全性。BSF 为客户和公众提供关于其化学产品的丰富信息，以及 30 多种语言（包括中文）的产品安全技术说明书，其目的是确保化学产品在其整个生命周期内，从制造、销售、运输、处理、加工到使用和弃置都符合安全标准。

BSF 持续监控《全球化学品统一分类和标签制度》的实施情况。该制度是一套由联合国制定的化学品分类和标签系统，基于健康、物理与环境危害等特定标准对化学品进行了分类。不仅如此，BSF 还将所有最新的法规要求纳入了其产品安全信息系统，以确保中文产品安全技术说明书和产品安全标签都符合中国的法规要求。在公司内部，BSF 使用全球贸易合规控制系统。它是 BSF 内部实施的合规检查与控制制度，用于保护和支持商业活动。

BSF 不仅严格遵守国内的各项法律规定，同时还执行全球统一的公司内部规范。2014 年初，国家安全生产监督管理总局授予 BSF 上海某基地“危险化学品从业单位安全生产标准化一级企业”称号。该项评选是中国在安全管理领域的最高标准，表明了 BSF 作为社会大家庭中的一员，在生产经营中对每项行动的安全负责，并确保公司的安全运营表现达到中国的最高标准。

② 物流安全。BSF 的运输及仓储安全规范和措施主要涵盖了原材料运输、生产基地与客户之间的化学品存储与分销，以及废物从公司的生产基地到处置设施的运输。BSF 制定并持续更新与在自有仓库及租赁仓库中运输和存储化学品相关的公司制度。

2014 年 1 月，在中国石油和化学工业联合会（简称石化联合会）的协调下，中华人民共和国交通运输部（简称交通部）道路运输司、交通部科学研究院及公路科学研究院的相关负责人，与来自不同企业的代表们在 BSF 浦东基地召开了危险货物道路运输管理座谈会。会议上，交通部和石化联合会的相关负责人认真听取了 BSF 等企业对于欧美国家关于有限数量及例外数量危险货物运输的实践经验的分享，并就化工企业日常实验分析和客户所需的少量危险样品的运输管理展开了热烈讨论。

除了对自身物流安全的严格把控，BSF 对全球的物流服务供应商提出了统一的规定，并在安全和质量方面对其进行评估。中国的物流服务供应商还定期参加 BSF 的安全培训。BSF 持续评估高危原材料在运输过程中的风险。如果在采取各种预防措施后仍发生意外事故，BSF 可在世界各地提供快速、专业的协调援助。

BSF 在中国拥有 24 名运输安全顾问，他们与全球各地的 BSF 运输安全顾问开展密切合作，形成了一个支持性网络。该网络帮助 BSF 建立相关程序，分享和汲取事故经验，采取妥善措施避免事故的发生。2014 年 6 月，BSF 与 YZSH-BSF 有限责任公司联合颁发了第四届最佳物流服务商奖，以表彰中国物流服务商在环境、健康与安全（Environment、Health and Safety，EHS）绩效，服务质量，提供创新和良好成本效益解决方案等方面达到业内最佳水平。来自 65 家物流服务商的 125 名代表参加了这次活动，其中不乏在中国化工物流行业中发挥重要作用的公司。

③ 职业健康与安全。BSF 非常重视员工的安全和健康。“我们在安全方面从不妥协”一直是 BSF 的核心价值观之一。作为一家想要可持续发展的化工公司，BSF 不仅要求公司员工，而且要求承包商员工严格地执行安全规范。为了最大限度地降低风险，营造更安全、健康的工作环境，BSF 提供了各种有效的职业安全管理工具，如危害识别、作业风险评估及标准化操作流程等，并要求在 BSF 工作的全体人员（包括在 BSF 提供服务的人员和承包商）报告任何事故、潜在危害和不安全状况。所有事故都被录入全球事故数据库，这有助于 BSF 识别存在的薄弱环节和采取有效的改进措施。BSF 在中国的各生产基地的 EHS 经理每月通过电话会议分享全球各地的事故，汲取教训，避免事故的发生。

2014 年，来自在中国的 24 个生产基地的 6 974 名员工和 579 名办公室员工参与了 BSF 在全球范围内发起的全球安全日和全球安全周活动。不仅如此，BSF 还不定期举办安全、健康与环境审计，应急响应，废水处理等活动以及培训研讨会和巡回展览。

此外，为了进一步加强驾驶员对自身行车安全的重视，BSF 在中国的责任关怀部门继 2013 年在上海、北京、广州先后组织了 6 场防御型驾驶培训后，又于 2014 年在上海开展了 2 场讲座，旨在提高公司租赁用车及员工私家车驾驶员的安全意识及驾驶技巧。通过此类培训，驾驶员了解到安全驾驶的重要性，特别是在驾驶途中遇到突发状况时应采取的正确措施。

④ 工艺安全。BSF 工艺安全准则旨在确保工厂安全，防止发生火灾、爆炸、化学品意外泄漏及其他危险事故，以保护操作人员及周边环境。该准则从工艺设计开始，贯穿于整个操作过程以及日常维护过程，推动公司识别安全的薄弱环节，以不断提高自身的安全程度。

在设计新装置时，BSF 采用了一套 5 步骤的安全、健康、环保审查体系，贯穿于新装置规划和建设的各个阶段，从项目概念到装置试车的整个过程都考虑了与环境、健康、安全相关的重要因素。BSF 利用风险矩阵来评估事件发生的可能性和潜在的影响，并确定相应的保护措施。针对现有装置，BSF 依照变更管理的要求进行管理，识别变更过程中产生的风险，并采取有效的控制措施，以确保设施满足高标准的安全、健康和环保要求。BSF 坚持对现有装置进行定期审查，对于高风险和中风险的装置，其装置安全概念每 5 年进行一次修订、每 10 年进行一次重新审核；对于低风险的装置，其装置安全概念每 10 年进行一次修订。

⑤ 社区意识和应急响应。应急响应是责任关怀管理体系的准则之一。这一准则意味着员工应为公司可能发生的事故做好应有的准备，适用于产品生产、储存和运输的整个过程。

BSF 在全球工厂和基地实行应急响应准则。BSF 应急响应管理体系与 BSF 在全球的公司、客户、邻居和社区休戚相关。一旦发现事故或潜在危险，BSF 的每位员工都有义务在第一时间告知相关部门。

危险预防系统只有在员工予以重视的情况下才能有效运行，因而 BSF 每年都组织针对员工的安全培训，涵盖急救、灭火等基本技能；现场事故管理小组的成员还需额外接受常规的危机管理培训。此外，BSF 还定期组织员工在生产基地进行消防演习，检验应急系统的有效性，确保每位员工都知道如何应对紧急情况，不断地提高安全意识。

BSF 在所有的生产基地都设立了应急响应体系，相关团队在国家和地区层面紧密协作、相互支持。在德国总部消防队的组织及协调下，全球的消防部门形成了一个庞大、高效的网络，在世界范围内共享知识和经验。合格的应急人员与先进的技术装备是提升应急处置能力的基础和保障。比如，驻扎于上海漕泾 BSF 生产基地的消防队，除了配备有常规的消防车外，还拥有一辆特殊的化学救援车。除了比普通消防车的体量更大之外，它的特别之处主要在于其车身所装载的特殊化学救援器材和装备，以应对各类与化学品相关的突发事件。这辆消防车除了服务于 BSF 漕泾基地外，还为周边的另外 4 家公司提供应急服务，同时会配合上海市化学工业园，在当地消防部门的指导下为 29.4km^2 的整个化工区提供援助。

⑥ 污染防治。BSF 致力于提高能源利用效率及保护全球气候。为此，该公司建立了高能效的生产工艺，并采用高效技术生产产品。此外，通过与业务伙伴的合作，BSF 努力减少在整个价值链中的污染物排放。

首先是致力于减少水的消耗，并尽可能地进行循环使用。广东、江苏和上海的几个生产基地循环使用冷凝水及雨水，并将其用于工艺流程。为了避免意外排放，BSF 不断检查多个生产基地的水保护机制。BSF 在中国的许多基地已经建立了废水在线监测系统，使 BSF 的相关人员能够快速监测并发现废水中的污染物。

其次是致力于减少废物排放，并进行回收利用。例如，上海的一个生产基地将废弃的颗粒物产品回收利用；广东地区的一个生产基地则优化了包装回收流程，重新利用了 58% 的废物桶。

再次是不断改善废气处理设施。例如，广东和辽宁的两个基地分别改善了各自的锅炉和过滤系统以减少粉尘排放；位于上海和山东的两个基地优化了他们的工艺以减少氮氧化物及粉尘的排放。

在公司积极开展节能减排工作的同时，BSF 还响应政府号召，积极参与在全国开展的碳排放交易试点项目。自 2012 年起，BSF 在上海的 6 个生产基地均（包括位于浦东的基地）参加了中华人民共和国国家发展和改革委员会（简称国家发改委）设立的碳排放交易试点项目。BSF 积极参加有关碳排放交易的各项活动，如培训课程、提交数据、确认其分配到的初始免费配额以及交易履约等。该项目使 BSF 积累了丰富的经验并提高了团队的能力，为政府在全国范围内推广、统一碳排放交易市场奠定了良好基础。

（2）以行业为先，推动价值链的可持续性

化工行业拥有较长的价值链，需要上、下游公司和服务承包商齐心协力开展安全环保工作。因此，BSF 责任关怀活动不局限于在中国的所有基地，也同时面向公司的客户和供应商。从 2002 年在北京召开首届可持续发展专题研讨会，到 2006 年启动“1+3”企业社会责任项目，再到 2014 年 9 月推出供应商可持续发展培训课程，BSF 通过不断演变和进化的活动与倡议，始终致力于推动价值链的可持续性，保持并深化与供应商之间的协作关系。

2006 年，BSF 依托中国可持续发展工商理事会的平台发起了“1+3”企业社会责任项目。根据“1+3”的理念，每个公司可与其供应链上的三大业务合作伙伴（客户、供应商和物流服务供应商）分享可持续发展管理理念，内容涵盖公司治理，可持续管理报告，以及环境、健康与安全（EHS）等方面的实践经验，再由这些合作伙伴将相同的理念传递给各自价值链中的其他公司。迄今为止，有多家 BSF 的合作企业参加了“1+3”项目，并取得了显著的进步。例如，一家企业通过对废气处理装置进行改造，减少了废气排放，另计划在燃煤锅炉上安装布袋除尘器，从而进一步减少烟尘排放；还有一家合作企业建立了安全指导委员会，并在企业内部建立了一套完整的 EHS 管理制度，加强职业安全和环境保护。一些合作企业投入的总资金已将达到约 1 000 万元人民币。

2014 年 9 月 18 日，BSF 与华东理工大学携手打造的中国供应商可持续发展培训课程正式启动。为期一天的首场培训涵盖了企业治理与管理、劳工与人权，以及环境、健康与安全等方面的内容。来自 BSF 的 40 多家供应商的近 100 名代表，包括企业高管和 EHS 经理参加了此次培训。最终这一课程将覆盖 BSF 在中国的所有采购合作伙伴。

2013 年，BSF 连同多家国际化工公司发起“携手实现可持续发展”（Together for Sustainubility，TFS）的化学行业倡议，旨在制定和实施全球供应商参与计划，以评估和改进生态社会可持续的采购行为。2014 年 10 月 22 日，首届会议在中国上海召开，供应商、TFS 成员代表、国内外行业协会和非政府组织的约 350 名代表出席了此次会议。会议的主要议题是可持续的化工供应链以及对化工行业可持续发展的具体要求。TFS 成员完成了多份评估报告和供应商审计报告。此外，联合审计项目也确定了多条主要审计标准，并建立了相关的审计资料库。

（3）以睦邻为重，积极与所在社区沟通

社区认知是责任关怀的重要组成部分。积极与附近的社区沟通，保持信息透明，坦诚对话，承担社会责任是企业获得经营许可的基础。作为一家化工企业，BSF 深知自身对周边邻居负有的责任。为此，BSF 在全球建立了 84 个社区咨询委员会（Community Advisory Panel，CAP），其中大部分位于其大型生产基地的附近。CAP 主要由居住在化工基地附近的居民或当地社区机构代表组成，它为居民与基地管理层之间坦诚、开放的交流提供了平台。作为一个独立机构，CAP 代表了当地社区的利益。BSF 在定期会议上与 CAP 讨论邻居和所在社区感兴趣的问题，如投资、教育、噪声和粉尘等。在中国，BSF 建立了多个 CAP。开放透明的对话帮助 BSF 与当地的社区建立了和谐的关系。

BSF 在上海浦东基地的社区咨询委员会成立于 2000 年。在上海浦东基地，BSF 多年来积极与当地政府沟通交流，举办了多项活动，捐助当地的社区和学校，并支持贫困大学生完成学业。该基地获得了政府部门授予的众多奖励和赞誉。这些坦诚且经常性的对话，帮助 BSF 与当地社区建立了和谐的关系。2014 年 12 月，上海浦东新区高桥镇人民政府授予 BSF“感动高桥”慈善公益之星的称号，表彰其对高桥镇 2014 年慈善公益事业的大力支持和杰出贡献。

BSF 南京基地的社区咨询委员会成立于 2002 年。在南京，BSF 每年都会与当地政府、周边邻居就环境保护及潜在的合作事项进行交流。

BSF 在重庆的首个社区咨询委员会成立于 2011 年 8 月，为 BSF 在重庆长寿化工园区建设二苯基甲烷二异氰酸酯（MDI）项目提供咨询。BSF 从 200 名申请者当中挑选出 16 位市民代表组成了该委员会。

合抱之木，生于毫末；九层之台，起于垒土。毋庸置疑，BSF 在与中国共成长的岁月里，将经济上的成功，与社会责任和环境保护相结合，同时将责任关怀体系精细化，并融入公司经营活动的方方面面。2014 年 11 月 20 日，BSF 荣获中国石油和化学工业联合会责任关怀组织奖。该奖项肯定了 BSF 长期以来在石油化工行业持续推动责任关怀、助力可持续发展等方面所做出的杰出贡献。展望未来，BSF 将继续承担社会责任，积极推行责任关怀，以身作则，为化工行业的整体可持续发展贡献一分力量。

11.3.2 企业社会责任案例分析——BG 集团

（一）BG 集团背景介绍

上海 BG 集团公司（以下简称 BG）是以 BSGT（集团）公司为主体，联合重组 SHYJ 控股（集团）公司和 SHMS（集团）公司，于 1998 年 11 月 17 日成立的特大型钢铁联合企业。

BG 是中国最具竞争力的钢铁企业，年产钢 2 000 万吨左右，盈利水平居世界领先地位，产品畅销国内外市场。2003 年 10 月，“标准普尔”公布了对 BG 的外币信用的最新评级，从“BBB-”提升为“BBB”，前景展望为稳定。2004 年 7 月，BG 位列《财富》杂志评选的 2004 年度“世界 500 强”排行榜的第 372 位，成为中国竞争型行业和制造业中首批跻身世界 500 强的企业。

BG 注重环境保护，推行清洁生产，着力打造“绿色 BG”。BG 是中国冶金系统第一家通过 ISO-14001 环境认证的企业，厂区绿化率达 42.71%，厂区空气质量达到国家风景区标准，是中国第一个国家级工业旅游景区。

（二）BG 的企业社会责任表现

BG 热心回报社会，助力社会公益事业，其先后设立了“BG 艺术奖”“BG 教育奖”，奖励了一大批优秀文艺工作者和优秀教师、学生；BG 为“希望工程”捐资近 900 万元，用于建设 25 所希望小学和 1 所中学。

（1）健康与安全

BG 认为安全和健康管理是钢铁生产企业最重要的任务之一。BG 在每一个钢铁生产企业都建立了安全生产委员会，领导和监督各个方面的安全和健康管理工作，对管理者的安全绩效进行考核。BG 在每一个钢铁生产企业都建立了安全生产管理机构，承担着安全生产和职业健康监督、管理的任务。

（2）安全

BG 将安全生产和职业健康作为公司的考核目标之一，与各级管理者签订涵盖安全和健康考核指标的《绩效目标责任书》。BG 还根据各分公司、子公司生产规模的大小和危险程度的高低，分 3 类进行考核。

① 在全体员工中开展“安全承诺”活动，制定安全生产准则和本岗位安全守则，告知员工本岗位的主要危险有害因素，强化全体员工的安全责任意识和事故防范意识。每一位员工都必须以对自己和他人的生命高度负责的精神来兑现自己的承诺。

② 注重生产现场的本质化安全。对项目可行性研究、初步设计和竣工验收的各个阶段进行严格审查，对系统中的危险有害因素采取相应的对策措施；确保建设工程中的劳动安全健康设施与主体工程同时设计、同时施工、同时竣工投产；确保职业健康安全管理体系（Occupation Heatth Safety Management System，OHSMS）建设在 BG 以及其分公司、子公司得到大力推进；通过作业危险性评价，辨识出各类危险源，发现事故隐患和潜在职业危害，提出改善措施，形成了从《管理手册》《程序文件》《补充程序文件》到《作业指导书》的 4 级文件体系。

③ 注重员工安全培训，BG 在教育培训中心开设了多种形式的安全教育培训班，主要有：各级管理者安全培训、管理层安全管理人员培训、新进人员 3 级安全教育培训，特种作业人员安全培训，转岗、复岗人员安全培训，以及其他人员安全培训。

（3）健康

BG 疾病控制中心承担着 BG 职业卫生专业技术管理工作，以建造“清洁、健康的工作场所，提高员工职业生活质量”为目标，履行《中华人民共和国职业病防治法》等有关法律法规和标准，强调职业危害源头预防和过程控制，开展全过程职业健康管理工作；通过对员工进行职业健康监护、健康检查，识别其健康隐患，确定治疗方案，记录治疗的详细情况并对员工进行完备的卫生管理和康复管理。BG 开展定期和非定期的职业健康检查：上岗前、在岗期间、离岗时和接触急性职业病危害时的健康检查；对在职业活动中接触各种职业病危害的员工进行职业健康监护；对承包商（相关方）的职业健康活动进行监督；对疑似有职业病的员工实施诊断、医疗观察；对职业病患者实施医疗、康复及保障措施。BG 还会开展职业病危害事故应急救援和管理工作；具体项目有职业卫生管理、实施作业现场职业病危害因素控制、职业病患者管理、岗位职业病危害因素检测、职业性健康监护。

（4）公益事业

BG 时刻不忘回报社会。近年来，BG 投入 5 000 万元来设立教育基金，奖励 118 所高校、科研院所，10 000 多名优秀教师、优秀学生；BG 与中华人民共和国教育部（简称教育部）等联合出资，在全国范围内的中小学教师中评选“教育十杰”；BG 在中西部地区及当年红军长征沿线的贫困地区，捐建了 38 所希望小学；BG 与国家自然科学基金委员会出资，设立“钢铁联合研究基金”，用于冶金新技术及有关工艺、材料、能源、环境、装备、信息等具有重要科学意义和应用价值的基础研究与应用基础研究项目；BG 出资 1 000 万元设立了“振兴上海高雅艺术奖励基金”。在 1998 年抗洪抢险、2003 年抗击非典事件中，BG 捐助上千万元；BG 还先后向云南对口扶贫地区捐助 1 190 万元，向西藏仲巴县捐助 4 214 万元，向红十字会、慈善基金各捐助 2 000 万元。近年来，BG 的职工还广泛开展献爱心活动，“一日捐”活动收到的捐款总额已超过 1 000 万元。

（三）基于利益相关者的分析

（1）投资者（资本市场）

虽然 BG 是特大型的国有企业，但其上市之后必然也要接受投资者的挑选。从资本市场对企业的挑选条件来看，资产本身的质量自然是最重要的一个因素，然而除了资产质量之外，企业和投资者之间的沟通也十分的重要。BG 非常重视与投资者的沟通。从机构的设置到信息的及时公开，BG 都做了大量的工作，并且在 2006 年荣获《证券市场周刊》和南京大学工程管理学院联合评选的“最佳大型公司奖”“最佳股改奖”“最佳沟通奖”和“投资者关系管理 50 强”的第二名，以及英国权威的投资者关系杂志（《IR Magazine》）评选的“投资者关系最佳进步奖”等奖项。

（2）员工（劳动力市场）

BG 作为全国钢铁行业的“排头兵”，会比一般的钢铁企业受到外界更多的关注和质疑。因此，对 BG 来说，技术改造的压力和动力都显著增加了。此外，为了形成规模效应，BG 不但迅速扩大某一生产环节上的产能，还将业务范围延伸到了产业链的上游。这就对管理提出了更高的要求，进而要求引进更多的管理人才。由 BG 的成功案例可以看出，企业在人力资源市场上的竞争是综合性竞争，而不仅仅是薪水的竞争。BG 在为员工提供有竞争力的薪水和福利的同时，还考虑了员工的身体健康、职业发展空间等诸多方面。

（3）客户（产品市场）

一方面，BG 的产品策略不单单是传统意义上的“质优价廉”。它还考虑到客户主要是企业这一现状，从价值链的角度整合自己的产品体系，与客户结为战略伙伴，强化与客户的协同效应从而为客户创造价值、创造利润。另一方面，BG 率先在国内钢铁行业开展客户满意度调查，从服务的层面提升了 BG 产品的价值内涵，并且由于客户满意度是一个综合性的指标，从而为 BG 赢得产品市场中利益相关者的支持打下良好的基础。

（4）政府、社区（公共服务市场）

企业和政府，特别是当地政府之间的合作是企业对外合作的重要方面。就 BG 的案例来看，我们可以发现，企业和政府之间的关系并不仅仅是缴税和收税的关系，而是一种双向的关系。2006 年 10 月 26 日，事关 BG 与宝山区长远发展的宝山区长江口南岸（BG 段）

滩涂圈围工程开工。BG 和宝山区为实现长远合作、互动发展，于 2006 年 3 月决定启动滩涂圈围工程，计划用 1 年时间完成滩涂圈围、防浪墙和防汛墙建设、绿化种植等工作，其中防汛墙设计标准为一级，可抵抗 200 年一遇的高潮位。这项工程的建设，对发展钢铁精品基地的延伸产业、加快打造“精钢宝山”、加强 BG 与宝山区的长远合作有着积极意义。BG 在缴纳税款、积极与政府合作的同时，还参与到社区的建设之中。同时，良好的社区环境也提升了 BG 在产业进化过程中的竞争力。

（5）环境、公众

环境污染是任何一个钢铁企业都无法回避的问题，BG 作为大型钢铁企业更是对环境保护负有不可推卸的责任。从利益相关者的角度看，BG 开展环境保护工作，其首要的利益相关者是企业的员工。从员工的角度看，BG 制定了环境安全管理制度并严格执行了该制度。同时，BG 每年都会对新增环境因素进行识别，制定相应管理措施和应急预案。

第 12 章
企业内部控制应用指引第 5 号——企业文化

12.1 法规原文

企业内部控制应用指引第 5 号——企业文化

第一章 总 则

第一条 为了加强企业文化建设，发挥企业文化在企业发展中的重要作用，根据《企业内部控制基本规范》，制定本指引。

第二条 本指引所称企业文化，是指企业在生产经营实践中逐步形成的、为整体团队所认同并遵守的价值观、经营理念和企业精神，以及在此基础上形成的行为规范的总称。

第三条 加强企业文化建设至少应当关注下列风险：

（一）缺乏积极向上的企业文化，可能导致员工丧失对企业的信心和认同感，企业缺乏凝聚力和竞争力。

（二）缺乏开拓创新、团队协作和风险意识，可能导致企业发展目标难以实现，影响可持续发展。

（三）缺乏诚实守信的经营理念，可能导致舞弊事件的发生，造成企业损失，影响企业信誉。

（四）忽视企业间的文化差异和理念冲突，可能导致并购重组失败。

第二章 企业文化的建设

第四条 企业应当采取切实有效的措施，积极培育具有自身特色的企业文化，引导和规范员工行为，打造以主业为核心的企业品牌，形成整体团队的向心力，促进企业长远发展。

第五条 企业应当培育体现企业特色的发展愿景、积极向上的价值观、诚实守信的经营理念、履行社会责任和开拓创新的企业精神，以及团队协作和风险防范意识。

企业应当重视并购重组后的企业文化建设，平等对待被并购方的员工，促进并购双方的文化融合。

第六条 企业应当根据发展战略和实际情况，总结优良传统，挖掘文化底蕴，提炼核心价值，确定文化建设的目标和内容，形成企业文化规范，使其构成员工行为守则的重要组成部分。

第七条 董事、监事、经理和其他高级管理人员应当在企业文化建设中发挥主导和垂范作用，以自身的优秀品格和脚踏实地的工作作风，带动影响整个团队，共同营造积极向上的企业文化环境。

企业应当促进文化建设在内部各层级的有效沟通，加强企业文化的宣传贯彻，确保全体员工共同遵守。

第八条　企业文化建设应当融入生产经营全过程，切实做到文化建设与发展战略的有机结合，增强员工的责任感和使命感，规范员工行为方式，使员工自身价值在企业发展中得到充分体现。

企业应当加强对员工的文化教育和熏陶，全面提升员工的文化修养和内在素质。

第三章　企业文化的评估

第九条　企业应当建立企业文化评估制度，明确评估的内容、程序和方法，落实评估责任制，避免企业文化建设流于形式。

第十条　企业文化评估，应当重点关注董事、监事、经理和其他高级管理人员在企业文化建设中的责任履行情况、全体员工对企业核心价值观的认同感、企业经营管理行为与企业文化的一致性、企业品牌的社会影响力、参与企业并购重组各方文化的融合度，以及员工对企业未来发展的信心。

第十一条　企业应当重视企业文化的评估结果，巩固和发扬文化建设成果，针对评估过程中发现的问题，研究影响企业文化建设的不利因素，分析深层次的原因，及时采取措施加以改进。

12.2　原文讲解

《企业内部控制应用指引第 5 号——企业文化》（后文简称《企业文化应用指引》）共 3 章、11 条。这 3 章对企业文化进行了详细的解读。企业兴旺的原因在于管理，管理的关键在于文化。企业文化对企业的生产经营具有重要的意义。企业文化内部控制旨在通过培育积极向上的企业文化，开拓创新的企业精神，以及团队协作和风险防范意识，以确保企业实现发展目标。

本小节将按照《企业文化应用指引》的内容对企业文化内部控制进行详细的解读。

12.2.1　企业文化的定义

《企业文化应用指引》所称企业文化，是指企业在生产经营实践中逐步形成的、为整体团队所认同并遵守的价值观、经营理念和企业精神，以及在此基础上形成的行为规范的总称。企业文化主要包括以下 3 个要素。

12.2.1.1　价值观

企业文化是在一定的社会历史条件下，企业在生产经营和管理活动中所创造的具有本企业特色的精神财富。它包括文化观念、价值观、企业精神、道德规范、行为准则、历史传统、企业制度、文化环境等。其中，价值观是企业文化的核心。这里的价值观不是泛指企业管理中的各种文化现象，而是指企业职工对企业存在的意义、经营目的、经营宗旨的价值评价和为之追求的整体化的群体意识，是企业全体职工共同的价值准则。只有在共同的价值准则的基础之上，企业才能制定正确的价值目标，才会有奋力追求价值目标的动力，企业才有希望。

美国学者托马斯·彼得斯和罗伯特·沃特曼在《追求卓越》一书中指出“我们研究的所有优秀公司都很清楚它们的主张是什么，并认真建立和形成了公司的价值准则。事实上，一个公司缺乏明确的价值准则或价值观念不正确，我们则怀疑它是否有可能获得经营上的成功”。因此，企业价值观决定着职工的行为取向，关系到企业的生死存亡。只顾企业自身经济效益的价值观，不仅会损害国家和人民的利益，还会影响企业的形象；只顾眼前利益的价值观，会使企业急功近利、搞短期行为，从而使企业失去后劲，甚至灭亡。

12.2.1.2 经营理念

经营理念是一个企业特有的有关生产经营和管理活动的方法论原则。它是指导企业行为的基础。一个企业在激烈的市场竞争环境中，面临着各种矛盾和多种选择。这就要求企业有科学的方法论来指导、有一套逻辑思维方面的程序来决定自己的行为。这就是企业的经营理念，是企业一切行为的逻辑起点。因此，树立正确的经营理念，是企业文化建设的一项重要任务。

12.2.1.3 企业精神

企业精神是指企业基于自身特定的性质、任务、宗旨、时代要求和发展方向，并经过精心培养而形成的企业全体员工的精神风貌。

企业要通过全体职工有意识的实践活动体现企业精神，通过一些既富有哲理，又简洁明快的语言表达企业精神，使职工将其铭记在心。这样也便于对外宣传，从而在社会上形成个性鲜明的企业形象。因此，它又是企业职工观念意识和进取心理的外化。

企业精神以价值观念为基础，以价值目标为动力，对企业经营理念、管理制度、道德风尚、团体意识和企业形象起着决定性的作用。可以说，企业精神是企业的灵魂。

同时要注意的是，构成企业文化的行为规范不能仅仅依赖于书面形式。美国哈佛大学教育研究院的教授泰伦斯·迪尔和 MKX 咨询公司顾问艾伦·肯尼迪在 1981 年 7 月出版的《企业文化——企业生存的习俗和礼仪》一书中用丰富的例证指出：杰出而成功的企业都有强有力的企业文化，为全体员工共同遵守，但往往是自然约定俗成的而非书面的行为规范，并有各种各样用来宣传、强化这些价值观念的仪式和习俗。

12.2.2 企业进行文化建设时应关注的风险

企业在加强文化建设时至少应当关注下列风险。

12.2.2.1 缺乏积极向上的企业文化

积极向上的企业文化可以在企业中营造团结友爱、相互信任的和睦气氛，强化团体意识，使企业职工之间形成强大的凝聚力和向心力。这种文化能够使每个职工都感到自己的存在和行为的价值，而自我价值的实现是人的最高精神需求的一种满足。这种满足必将产生强大的激励作用。同时，它让职工把企业看成是一个命运共同体，把本职工作看成是实现共同目标的重要组成部分，使整个企业步调一致，形成统一的整体。这时，“厂兴我荣，厂衰我耻”成为职工发自内心的真挚感情，“爱厂如家”就会变成职工的实际行动，从而增强企业的凝聚力和竞争力。

12.2.2.2　缺乏开拓创新、团队协作和风险意识

当一个企业缺乏开拓创新、团队协作和风险意识，便潜在地构成了无法避免的可持续经营风险。企业若不对这种风险加以控制和规避，便会导致企业内部决策效率低下、组织涣散、沟通中断，从而使企业蒙受巨大损失，最终可能使企业走向衰败甚至灭亡。因此，企业必须积极培养全体员工的开拓创新、团队协作和风险意识，制定正确的风险管理策略。

12.2.2.3　缺乏诚实守信的经营理念

诚实守信的经营理念是从伦理关系的角度来约束企业领导者和职工的行为的。人们如果违背了道德规范的要求，就会受到舆论的谴责，心理上也会感到内疚。

12.2.2.4　忽视企业间的文化差异和理念冲突

由于企业内外部的发展环境不同，以及不同企业的经营理念、方式不同，因此不同的企业形成了不同的企业文化。将在一种特定文化环境中行之有效的管理方法，应用到另一种文化环境中，也许会产生截然相反的结果。所以，在企业并购过程中除了存在着融资、债务和法规等风险因素，还存在着企业文化风险，企业应当防止由文化的不相容而导致的并购风险。

总而言之，企业在进行文化建设过程中可能面临的风险如图 12-1 所示。

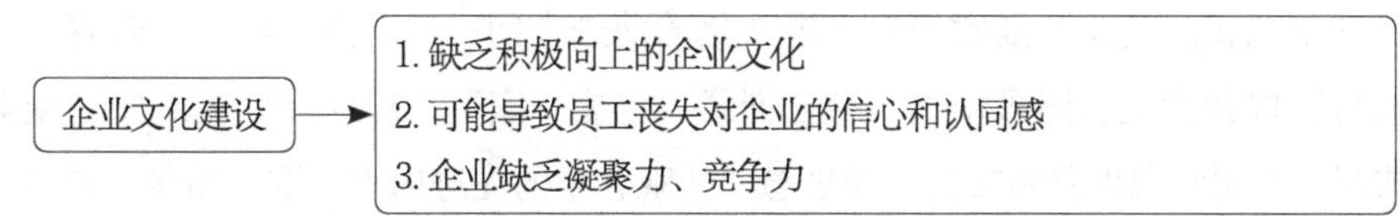

图 12-1　企业在进行文化建设过程中面临的风险

12.2.3　企业文化的风险管控

针对企业在进行文化建设时过程中面临的风险，企业可实施的风险管控活动如图 12-2 所示。

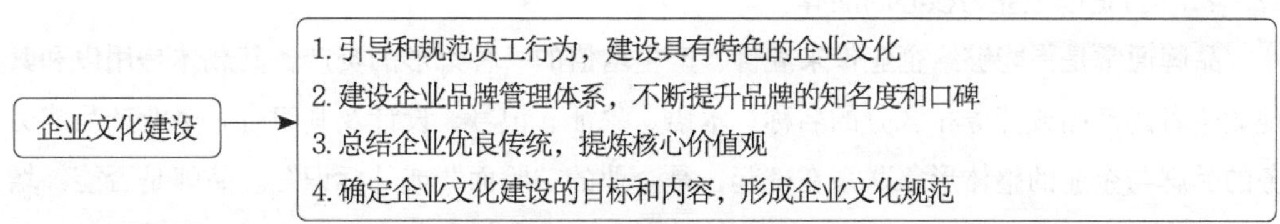

图 12-2　企业文化的风险管控

12.2.4 企业文化建设的主要内容

企业文化建设主要包括：总结优良传统，挖掘文化底蕴，提炼企业核心价值观，构筑履行社会责任和开拓创新的企业精神；根据企业发展战略，培育体现企业特色、充满生机而又符合企业实际的经营理念，形成以诚实守信为核心的企业道德，培养团队协作和风险防范意识；确定文化建设的目标和内容，形成企业文化规范，使其成为员工行为守则的重要组成部分；加强企业文化的宣传贯彻，推动企业文化建设在内部各层级之间的有效沟通，确保全体员工能够共同遵守。

12.2.4.1 塑造企业核心价值观

核心价值观是企业在经营过程中坚持、努力使全体员工都必须信奉的信条，体现了企业核心团体的精神。企业家往往身体力行地坚守着企业核心价值观。它明确了哪一种行为是企业所推崇的，鼓励大家去做的；哪一种行为是企业所反对的，大家不应该去做的。正如一个人的所有行为都是由他的价值观决定的，一个企业的行为取向也是由企业的价值观决定的。这种价值观和理念是一个企业的文化核心，凝聚着董事、监事和其他高级管理人员和全体员工的思想观念，从而使大家朝着一个方向努力，并反映出一个企业的价值取向。比如，DSN公司的核心价值观就是“健康而富有创造力”，简短而内涵丰富。企业文化建设始于核心价值观的精心培育，终于核心价值观的维护、延续和创新。这是企业成功的不变法则。为此，企业应当关注以下3个方面的工作。

一要着力挖掘自身文化。企业要注意从特定的外部环境和内部条件出发，把共性和个性、一般和个别有机地结合起来，总结出本企业的优良传统和经营风格，挖掘并整理出本企业长期形成的宝贵的文化资源，在企业精神提炼、理念概括、实践方式上体现出鲜明的特色，形成既具有时代特征又独具魅力的企业文化。

二要博采众长。企业要紧紧把握先进文化的前进方向，以开放、学习、兼容、整合的态度，坚持“以我为主、博采众长、融合创新、自成一家”，广泛借鉴国外先进企业的优秀文化成果，大胆吸取世界新文化、新思想、新观念中的先进内容，取其精华，融会贯通。

三要以塑造形成的核心价值观指导企业的实际行动。要使企业文化有生命力，企业就必须使塑造的核心价值观和精神理念深入每一位员工的内心，形成向上向善的力量，使制度约束演变为员工发自内心的自觉行为，从而真正实现企业文化对企业日常经营和员工实际行动的引导作用。

12.2.4.2 打造以主业为核心的品牌

品牌通常是指能够给企业带来溢价、产生增值的一种无形的资产，其载体是用以和其他竞争者的产品或劳务相区分的名称、术语、象征、记号、设计及其组合。企业产品或劳务的品牌与企业的整体形象联系在一起，是企业的“脸面”或“标识”。品牌是否能够增值，主要取决于消费者形成的对于其载体的印象。在市场竞争中，企业无一不重视其产品或劳务的品牌建设。打造以主业为的核心品牌，是企业文化建设的重要内容。企业应当将核心价值观贯穿于自主创新、产品质量、生产安全、市场营销、售后服务等方面的文化建设中，着力打造源于主业且能够让消费者长久认可、在国内外市场上彰显强大竞争优势的品牌。

2009 年 9 月曝光的“三聚氰胺毒奶粉”事件，让我们看到企业如果没有诚信经营作为基础、没有优秀的企业文化作为支撑是多么脆弱。企业不管规模多大、发展多快，品牌价值多高，如果失信于消费者，都有可能在一夜之间轰然倒塌。

品牌的形成是一个逐渐发展的过程，也是企业信誉、形象的集中表现。品牌价值的核心是信誉，品牌管理的核心是对企业信誉的管理。企业应坚守诚实守信的经营理念，只有在实践中避免种种片面、狭隘、短期的逐利行为，才能使企业品牌具有强大的生命力和竞争力。

12.2.4.3　充分体现以人为本的理念

“以人为本”是企业在进行企业文化建设时应当坚持的重要原则。托马斯·沃森在执掌 IBM 期间，创建了“沃森哲学”，并将其作为 IBM 的核心价值观，其中最核心的准则之一就是必须尊重个人。企业要在企业文化建设过程中牢固树立以人为本的思想，坚持“全心全意依靠全体员工办企业”的方针，尊重劳动、尊重知识、尊重人才、尊重创造，用美好的愿景鼓舞人，用宏伟的事业凝聚人，用科学的机制激励人，用优美的环境熏陶人。企业应努力为全体员工搭建发展平台，提供发展机会，挖掘创造潜能，增强其主人翁意识和社会责任感，激发其积极性、创造性和团队精神。同时，企业要尊重全体员工的首创精神，在统一领导下，有步骤地发动全体员工广泛参与创造，从基层文化抓起，集思广益，群策群力，全员共建。企业应努力使全体员工在主动参与中了解企业文化建设的内容，认同企业的核心理念，营造上下同心、共谋发展的良好氛围。

【例 12-1】JY 电器有限公司（简称 JY）的董事长认为企业不论大小，都应重视企业文化的建设。

企业文化不是一次性运动，而是在长期的发展中形成的。企业最好能在自身规模较小的时候就开始着手企业文化的建设，因为规模大了以后，再去建设企业文化就比较困难了。一个企业的文化底蕴有多深，企业发展潜能就有多大。浅薄的企业文化不可能使企业发展成为强势企业。JY 的目标是成为一个百年企业。纵观世界上百年不衰的企业，他们都有一个共同特点，即重视企业文化建设，不把追求利润作为企业唯一的目标，都有超越追求利润的社会目标。这是他们共同的企业价值观，也是企业文化的核心之一。这也正是 JY 努力学习的典范。

JY 的企业文化可概括为 8 个字，即“人本、团队、责任、健康”。“人本”即“以人为本”，就是既要尊重员工，又要发挥其潜能。JY 鼓励员工自觉地融入团队。在 JY，自私的、不协作的员工是不受欢迎的，也是没有前途的。JY 的价值观是做有责任感的企业，对员工、消费者、合作者与社会负责，并在企业经营中努力让他们感到满意；同时，JY 倡导每位员工都要做有责任感的人。JY 的健康理念是让员工拥有健康的身心和健康的生活方式，企业拥有健康的机制，以保证企业能够长期生存和发展。

12.2.4.4 要强化企业文化建设中的领导责任意识

在建设优秀企业文化的过程中，领导是关键。俗话说，一头狮子带领一群绵羊，久而久之，这群绵羊就会变成“狮子”。要建设好企业文化，领导必须高度重视、认真规划、狠抓落实，这样才能取得实效。企业主要负责人应当站在促进企业长远发展的战略高度开展企业文化建设，切实履行第一责任人的职责，对企业文化建设进行系统思考，“出思想、谋思路、定对策”，确定企业文化建设的目标和内容，提出正确的经营管理理念。

微软公司的创始人——比尔·盖茨是典型的工作狂，他常工作到很晚，在深夜或凌晨向下属发送电子邮件。盖茨这种对工作的狂热精神，感染了微软的员工。在他的带动下，微软的员工更加敬业，并视为一种追求。盖茨通过自己对工作的热爱和全身心的投入，激发了员工最大的潜力，使员工团结一致，为微软的发展共同努力，从而创造了微软的辉煌。

企业文化建设的领导体制要与现代企业制度和法人治理结构相适应。企业要明确企业文化建设的主管部门，安排专（兼）职人员负责此项工作，形成企业文化建设主管部门负责组织、各职能部门分工落实、员工广泛参与的工作体系。与此同时，企业要深入调研、制定规划，认真梳理、整合各项工作任务，分清轻重缓急，扎实推进企业文化建设。企业要着力将核心价值观转化为企业文化规范，通过梳理、完善相关管理制度，对员工日常行为和工作行为进行细化，逐步形成企业文化规范，以理念引导员工的思维，以制度规范员工的行为，增强全体员工的主人翁意识，做到与企业同呼吸、共命运、同成长、共发展，真正实现“人企合一”，充分发挥核心价值观对企业发展的强大推动作用。

12.2.5 企业文化建设的程序

12.2.5.1 积极培育具有自身特色的企业文化

企业应当采取切实有效的措施，积极培育具有自身特色的企业文化，引导和规范员工行为，打造以主业为核心的企业品牌，形成整体团队的向心力，促进企业长远发展。

培育具有自身特色的企业文化，一是要根据企业所在行业的特点，确定和强化企业的个性与经营优势，通过这种确定和强化唤起职工的认同感，增强职工奋发向上的信心和决心，形成企业的向心力、凝聚力和发展动力；二是以主业为核心，培育企业职工“创名牌、争一流、上水平”的意识和经营风尚，使企业在市场竞争中立于不败之地；三是大力提倡团结协作精神，使企业成为一个精诚合作的整体，贯彻以人为本的理念，营造尊重人、关心人、理解人的文化氛围，激发职工的参与意识，使他们把自己与企业视为一体，积极为企业的发展兴旺献计献策，从而促进企业长远发展。

12.2.5.2 培育体现企业特色的发展愿景、价值观和经营理念

企业应当培育体现企业特色的发展愿景、积极向上的价值观、诚实守信的经营理念、履行社会责任和开拓创新的企业精神，以及团队协作和风险防范意识。

企业要实现可持续发展，必须有一个符合企业自身特点的发展愿景。有关企业确立发展愿景的方法，虽有某些共同的方法论要素，但各企业人、财、物的状况不同、所处的环境不同，所以不同企业确立发展愿景的方法不尽相同。这就需要经营者对本企业的经营状况和特点进行全面的调查，运用某些哲学观念分析研究企业的发展目标和目标实现的途径，并在此基础上确立具有本企业特色的发展愿景。

积极向上的价值观规定了企业的价值取向，使员工对事物的评判达成共识，有着共同的价值目标。这样，企业的领导和员工就会为了现实他们所认定的价值目标而行动。

诚实守信的经营理念决定了企业经营的思维方式和处理问题的法则。这些方式和法则指导经营者进行正确的决策，指导员工采用科学的方法从事生产经营活动。企业通常应通过代表企业精神的文字体现经营理念。这不仅有利于内部渗透，而且也便于顾客识别企业的特色。

履行社会责任和开拓创新的企业精神能使企业在竞争中立于不败之地。作为市场竞争主体，企业应履行相应的社会责任。因此，在企业文化建设过程中，企业的经营管理者必须充分理解这种责任，确保企业持续健康发展。同时，一个企业的核心竞争力往往体现在对创新文化的培育上。经营管理者应当深刻认识到只有不断创新，才能使核心竞争力动态化，同时使竞争对手难以跟踪模仿，从而创造持续竞争优势。企业应通过创新企业文化，促进自身不断发展。

企业必须把培养员工的团队协作精神和风险防范意识作为企业文化建设的一部分。企业发展目标的实现，离不开员工之间的相互协作。只有通过培养团队协作精神，企业才能不断创造新业绩。同时，企业通过对员工进行风险防范教育，可以使全体员工与企业同呼吸、共成长。企业文化只有得到全体员工的认同，才能发挥出应有的导向作用，才能成为全体员工的行动纲领。

12.2.5.3　重视并购重组后的企业文化建设

企业应当重视并购重组后的企业文化建设，平等对待被并购方的员工，促进并购双方的文化融合。一个企业的文化是其所有成员共同遵循的行为模式，是保证其成员的行为能够确定地指向企业目标的某种思想体系。并购活动导致双方的文化发生直接碰撞与交流。这就会使一个企业之中存在两种或两种以上的企业文化。这时，对于被并购方的员工来说，识别企业目标都将是困难的，同样，当其为达到企业目标而努力时，判断针对不同情景应当采取何种行为也会是困难的。所以企业在并购活动中，应当正确评估所面临的文化差异的基本特征及风险，探寻科学有效的管理策略，平等对待被并购方的员工，促进并购双方的文化融合。

12.2.5.4　根据发展战略确定企业文化建设的目标和内容

企业文化建设的目标代表着企业文化发展的方向，没有正确的目标就等于迷失了方向。企业应从实际出发，根据发展战略和实际情况，总结优良传统，挖掘文化底蕴，提炼核心价值，以科学的态度去确定企业文化建设的目标和内容。这种目标和内容一定具有可行性和科学性。然后形成企业文化规范，构成员工行为守则的重要组成部分，使企业员工在这一目标的指导下从事生产经营活动。

12.2.5.5 发挥领导人的模范带头作用

美国学者约翰·科特和詹姆斯·赫斯克特认为，“企业文化是指一个企业中各个部门，至少是企业高层管理者们所共同拥有的那些企业价值观念和经营实践……”，这就要求董事、监事、经理和其他高级管理人员应该身体力行，在企业文化建设中发挥主导和垂范作用，以自身的优秀品格和脚踏实地的工作作风，给企业中其他员工提供可供学习的榜样。

12.2.5.6 加强企业内部沟通

企业应当加快内部的文化网络建设，建立各种正式与非正式的信息传递渠道，促进文化建设在内部各层级的有效沟通。同时，企业应当加强企业文化的宣传贯彻，确保全体员工共同遵守。企业还可以通过各种表彰和奖励活动及聚会等，把企业中发生的某些事情戏剧化和形象化，来生动地宣传和体现本企业的文化，使员工通过这些活动来领会企业文化的内涵。

12.2.5.7 将企业文化建设与生产经营相结合

企业文化建设应当融入生产经营全过程，切实做到文化建设与发展战略的有机结合，增强员工的责任感和使命感，规范员工的行为方式，使员工自身价值在企业发展中得到充分体现。

企业应当加强对员工的文化教育和熏陶，全面提升员工的文化修养和素质。

企业文化建设是一个由服从到认同，最后内化的过程。服从是在企业文化建设的初期，企业通过某种外部作用（如人生观教育）使企业中的成员被动地接受某种价值观念，并以此来约束自己的思想和行为；认同是人们受外界影响（如模范人物的感召）而自觉地接受某种价值观念，但未能真正地理解和接受这一观念；内化是指人们不仅自愿地接受某种价值观念，而且对它的正确性有真正的理解，会按照这一价值观念自觉地约束自己的思想和行为，并在这个过程中实现自身价值。

企业中的每个成员都有自己的价值观念，但由于他们的资历不同、生活环境不一样、受教育的程度也不相同，因此他们的价值观念也千差万别。企业可以通过教育、倡导和模范人物的宣传感召等方式，使企业职工扬弃传统落后的价值观念，树立正确的、有利于企业生存发展的价值观念，并与企业达成共识，同时，将该价值观念作为全体职工思想和行为的准则，全面提升员工的文化修养和内在素质。

12.2.6 企业文化建设中的注意事项

12.2.6.1 个性是企业文化的生命

个性是企业文化的一个重要特征。文化本来就是在企业发展的历史过程中形成的。每个企业都有自己的历史传统和经营特点。企业在文化建设过程中要充分利用这一点，建设具有自身特色的文化。企业只有培育具有自身特色的企业文化，而且被顾客所认可，才能在企业之林中独树一帜，才有竞争的优势。

12.2.6.2　强化以人为本的理念

文化应以人为载体，人是文化生成与承载的第一要素。对于一个企业来说，核心是“人”。这个“人”代表企业的全体职工。只有当企业的全体成员有共同的价值观念，有一致的奋斗目标，并形成向心力时，企业才能成为一个具有战斗力的整体。企业文化就是把全体成员的力量集中起来，形成强大的凝聚力。因此，企业在文化建设过程中要强调“关心人、尊重人、理解人、信任人”的原则。如此，企业才能获得成功。

12.2.6.3　科学的企业文化体系应当是清晰的、实用的

企业文化属于意识形态的范畴，但它又要通过企业或职工的行为和外部形态表现出来。这就容易形成表里不一致的现象。在建设企业文化时，企业必须先从职工的思想观念入手，使其树立正确的价值观，并在此基础上形成企业精神和企业形象，防止搞形式主义。形式主义不仅不能使企业建设好企业文化，而且是对企业文化概念的歪曲。

企业文化建设的突出问题就是“深植力差”。出现该问题的主要原因是企业文化体系本身没有可操作性和企业没有科学的操作规划，而企业文化体系本身没有可操作性是问题的主要根源。

12.2.6.4　不能忽视经济性

企业是一个微观经济组织，而企业文化是一个微观经济组织的文化，所以其应具有经济性。所谓经济性，是指企业文化必须为企业的经济活动服务，要有利于提高企业生产力和经济效益，有利于企业的生存和发展。前面讨论的关于企业文化的各项内容中，虽然并不涉及“经济”两字，但建设和实施这些内容时，最终目的都不会离开促进企业经济目标的实现和谋求企业的生存和发展。所以，企业绝对不能忽视企业文化的经济性。

12.2.7　企业文化的评估

12.2.7.1　建立企业文化评估制度

企业应当建立企业文化评估制度，明确评估的内容、程序和方法，落实评估责任制，避免企业文化建设流于形式。

企业文化与企业文化评估制度之间是相互支撑、相互辅助的关系。企业文化评估制度形成于生产经营实践活动中，对人的行为带有强制性。制度文化是企业文化的重要组成部分。在制度文化建设中，要明确评估的内容、程序和方法，建立科学的企业决策机制和人力资源开发机制，制定完善的企业运行机制和经营管理制度，构建精干、高效的组织架构，保证各项工作衔接紧密，保证企业目标顺利实现。同时，企业要强化监督，规范管理行为，落实评估责任制，营造和谐、平等的文化氛围。

12.2.7.2 重点关注企业员工的责任履行情况

企业文化评估，应当重点关注董事、监事、经理和其他高级管理人员在企业文化建设中的责任履行情况、全体员工对企业核心价值观的认同感、企业经营管理行为与企业文化的一致性、企业品牌的社会影响力、参与企业并购重组各方文化的融合度，以及员工对企业未来发展的信心。

企业应对董事、监事、经理和其他高级管理人员在企业文化建设中的责任履行情况进行评估，因为高层刻意形成的“经营理念”在企业中具有最顽强的生命力，其几乎影响了企业内的一切，包括目标、思想、观念、语言、行为、沟通、成果等，甚至超过了企业内的有形组织结构，是员工行为与思想的规范和准则，其影响力在任何个人与任何机构的影响力之上。

只有当全体员工对企业核心价值观的认同感非常强烈的时候，企业的每个员工才会把自己的工作和行为都看成是实现企业目标的组成部分，为自己是企业的成员而感到自豪，对企业的成就产生荣誉感，从而把企业看成是自己的利益共同体和归属。他们才会为实现企业的目标而努力奋斗，自觉地放弃与实现企业目标不一致的行为，保证企业健康发展。

另外，企业在进行文化评估时不仅要立足于现在，而且要着眼于未来。评估员工对企业未来发展的信心不仅能使管理者对企业的长期发展方向和未来业务有一个清晰的认识，而且可以促使每个员工能够自觉将自己的思想与行为同企业的经营业务和目标结合起来，增强企业的抗风险能力。

12.2.7.3 重视企业文化的评估结果

企业应当重视企业文化的评估结果，巩固和发扬文化建设成果，针对评估过程中发现的问题，研究影响企业文化建设的不利因素，分析深层次的原因，及时采取措施加以改进。

企业文化评估的目的是通过总结成功经验，清晰核心价值，理顺价值差异，统一管理思想，明确共同语言和准则；通过对内的整合达到对外部竞争环境的适应，提高企业运作效率，塑造整体形象，提高企业核心竞争能力，实现企业经营业绩和价值的持续健康增长。因此，企业应当定期评估企业文化，及时巩固和发扬文化建设成果，采取科学有力的措施应对评估过程中发现的问题并加以改进，只有这样，企业才能促进企业文化渗透且深植于企业内部，使企业的内部整合与外部变化相适应，才能推动企业文化不落空谈，不断进步。

12.2.8 企业文化评估过程中的注意事项

12.2.8.1 注重企业文化评估的实质而非形式

在企业文化评估过程中最突出的问题就是相关企业盲目追求企业文化评估的形式，而忽略了企业文化评估的实质。企业文化活动和企业形象设计都是企业文化表层的表现方式。没有内在价值与理念的企业文化是没有意义的，不能形成企业发展的推动力。如国际跨文化管理权威霍夫施泰德所说：“分析企业文化并不只是了解领导人期望的、向外宣布的那些价值观，而是看经过管理实践，有多少价值观被所有成员接受，并体现在工作中。”所以在对企业文化进行梳理和定位时，企业要详尽分析企业管理的各个层级、各个序列等各种亚文化与“倡导文化”之间的异同，尤其是反映在实际管理行为中的价值导向的异同。这就需要企业在详尽的科学调研之后，制定切实可行的企业文化评估制度，明确评估的内容、程序和方法，落实评估责任制，使企业文化评估有章可依。

12.2.8.2　企业文化评估应当系统考虑各因素

企业文化是指在某一文化背景下，对企业自身发展阶段、发展目标、经营策略、企业内外部环境等多种因素进行综合考虑而确定的一整套的文化管理模式。这其中涉及了创业者个人在成长过程中形成的对人性的基本假设、价值观和世界观，也凝结了创业者在创业过程中集体形成的经营理念。这些因素相互影响，相互融合，形成了完整的企业文化。因此，企业在进行企业文化评估时，应当系统考虑各方面因素，不要只考虑某一个或几个问题。其中，需要企业重点关注董事、监事、经理和其他高级管理人员在企业文化建设中的责任履行情况、全体员工对企业核心价值观的认同感、企业经营管理行为与企业文化的一致性、企业品牌的社会影响力、参与企业并购重组各方文化的融合度，以及员工对企业未来发展的信心。这些因素直接关系着企业的价值创造和可持续发展能力。

12.2.8.3　避免陷入定性与定量分析的矛盾之中

当前，世界上还没有成熟的理论或管理实践方法应用于企业文化评估这方面。西方管理理论认为人们可以对企业文化进行定量分析。目前，用于企业文化评估的方法大致有如下几种：基于组织氛围的企业文化评估、基于文化四层面结构的企业文化评估、基于员工满意度的企业文化评估、基于价值观取向的企业文化评估、基于企业文化类型的企业文化评估、基于企业文化现状的企业文化评估、基于领导风格或员工士气的企业文化评估等。这些方法多涉及问卷调查，从面上情况进行摸底；也涉及量表，即确定关键因素后进行因素分解及量表设计。

但事实是，在以感性思维为主导的企业文化评估中单纯采用定量分析的方式将使文化本身以及文化的实践变得索然无味，而且这种方式也确实难以全面地揭示文化本身的面貌。企业文化中“人”的因素的存在，使评估体系变得复杂多样。因此，企业者完全依赖于某些假设条件的评估则不能够得到较客观的分析结论。正如对于“幸福”的感觉，人们是很难通过绝对的量化指标来测量的，因为它更多是人的一种主观感受。企业文化也是一样的。它是企业员工的一种精神上的集中反映，是一种感受，仅仅用定量分析法得到的结论往往和现实有较大的差距。因此，集两者方式之所长，结合企业实际情况，综合得到的结论将是最真实、合理的。

企业通过企业文化评估要解决的主要问题并不仅仅是对于文化现状的评估，更重要的是应当将现状置于未来发展需要的前提下，通过未来与现状的对比找出文化的差距或者进行优劣性分析，确定支撑管理变革的文化创新方案。在这里我们强调文化表象的背后是理念、是价值观，如果仅仅通过由外及内、由表及里的分解方法，而不真正从价值观取向方面来获取结论，那么企业始终难以得到有效的结论。

12.3 实务案例

12.3.1 IBM 的企业文化

IBM 公司（简称 IBM）是有明确原则和坚定信念的公司。这些原则和信念似乎很简单、很平常，但正是这些简单、平常的原则和信念构成了 IBM 特有的企业文化。

IBM 拥有 40 多万名员工，年营业额超过 500 亿美元，几乎在全球各国都有分公司，其分布之广、成就之大，让人惊叹不已。若要了解此企业，则必须要了解它的经营观念。许多人不易理解，为何像 IBM 这么庞大的公司会具有人性化的性格，并且正是这些人性化的性格，才使 IBM 获得了不可思议的成就。

老托马斯•沃森在 1911 年创办 IBM 时设立过“行为准则”。正如每一位有野心的企业家一样，他希望他的公司财源滚滚，同时也希望能借“行为准则”反映出他个人的价值观。因此，他把这些“行为准则”写下来，并将其作为公司的基石，使任何为他工作的人都明白公司的要求是什么。老托马斯•沃森的儿子将其发扬光大，于是，在小托马斯•沃森 1956 年接任 IBM 总裁时，从总裁至收发室，没有一个人不知晓老托马斯•沃森所规定的“行为准则”，准则的内容如下。

① 必须尊重个人。

② 必须尽可能给予顾客最好的服务。

③ 必须追求优异的工作表现。

这些准则一直被牢记在公司每位员工的心中，任何一个行动及政策都直接受到这 3 条准则的影响。IBM 对公司的“规章”“准则”或“哲学”并无专利权。“准则”可能会很快地变成空洞的口号。在企业运营中，任何处于主管职位的人都必须明白公司的“准则”。他们必须向下属说明，而且要一再重复“准则”，使员工知道“准则”是多么重要。IBM 把公司的“准则”贯彻在会议、内部刊物、备忘录、集会所规定的事项中，甚至在员工的私人谈话中我们都可以发现“准则”的存在。如果 IBM 的主管人员不能身体力行，那么这些准则都成了空洞的口号。主管人员需要发挥主导和垂范作用。全体员工都知道，公司的成功，以及个人的成功，都取决于员工对这些准则的遵循。若要全体员工一致对公司产生信任，公司是需要很长的时间才能做到的，但是一旦公司能做到这一点，公司在任何方面都将受益无穷。

第一条准则：必须尊重个人。任何人都不能违反这一准则，也没有人会承认他不尊重别人。毕竟许多文化与宗教戒律也一再呼吁人们尊重个人的权利与尊严。虽然几乎每个人都同意这个观念，但将其列入公司准则中的却很少见。当然 IBM 并不是唯一呼吁尊重个人权利与尊严的公司，但却没有几家公司能做得像 IBM 这样好。

沃森家族都知道，公司最重要的资产不是金钱或其他东西，而是员工。每一位员工都可以使公司变成不同的样子，所以每位员工都认为自己是公司的一分子，公司也试着去创造小型企业的气氛。IBM的分公司永远保持小型编制。IBM一般安排1个主管管辖12个员工。每位经理人员都了解工作成绩的标准，也了解要不断地激励员工士气。成绩优异的员工就会获得表扬、晋升机会、奖金。在IBM，没有自动晋升与调薪这回事。晋升和调薪取决于工作成绩。一位新进入公司的市场代表拿的薪水有可能比一位在公司工作多年的员工要高。IBM以每位员工对公司所做的贡献来确定薪水，绝非以资历而论。有特殊表现的员工，也将得到特别的报酬。

自从IBM创立以来，公司就有一套完备的人事运用传统，直到今天依然不变。任何一位有能力的员工都有一份有意义的工作。IBM同其他公司一样，也曾有不景气的时候，但IBM都能制定很好的计划，保证所有员工都不会失业。IBM的计划是对员工进行再培训，而后调整他们的工作。例如，在1969—1972年的经济大萧条时期，1.2万名IBM的员工，从生产工厂、实验室、总部被调整到需要他们的地方。5 000名员工接受再培训后从事销售、设备维修、外勤行政与企划工作。大部分人反而因此被调到了一个较满意的岗位。

公司应该给予有能力的员工具有挑战性的工作，使他们知道自己做了有价值的事；使他们在工作时能够体会到公司对他们的关怀，都愿意为公司的成长贡献一分力量。IBM永远首先在自己公司员工中挑选管理人员。如果管理职位一有空缺就从外界找人来担任，那么这对那些有干劲的员工来说是一种打击，而且他们可能会深受挫折、意志消沉。IBM有许多方法让员工知道，每一个人都可使公司变成不同的样子。在纽约州阿蒙克市的IBM里，每间办公室门上、每张桌子上都没有任何头衔字样，洗手间也没有写着“主管专用”，停车场也没有为主管预留位置，没有主管专用餐厅。总而言之，那是一个非常民主的环境，每个人都同样受人尊敬。

IBM的管理人员必须尊重公司里的任何员工，同时也希望每一位员工尊重顾客。即使对待竞争对手，IBM的员工也应给予其同样的尊重，要求任何一位IBM的员工都不可诽谤或贬抑竞争对手。销售靠的是产品的品质、服务的态度，公司在推销自己产品的长处的同时，不可攻击他人产品的弱点。

第二条准则：必须尽可能地给予顾客最好的服务。老托马斯•沃森致力于使IBM的服务成为全球第一，不仅是IBM，每一个销售IBM产品的公司也要遵循这一准则。他特别强调IBM是一个“顾客至上”的公司，也就是IBM的一举一动都以顾客需要为前提。因此，IBM在为员工制定的“工作说明”中特别提到要为顾客、未来可能的顾客提供最佳的服务。

为了让顾客感觉到自己是重要的，无论顾客有任何问题，IBM一定会在24小时之内解决，如果不能立即解决，也会给予顾客一个满意的答复。如果顾客打电话要求服务，IBM通常都会在一个小时之内派人去服务。IBM的专家们随时在电话旁等着为顾客提供服务或解决软件方面的问题，而且相关费用是由公司承担。此外，IBM还通过邮寄或专人送零件等服务来增加服务范围。IBM还要求任何一个IBM的新零件，一定要比原先被换下来的零件好，而且也要比市场上同级的产品好。服务的品质取决于公司对员工的培训。在这方面，IBM已经在其下属公司投入了大量的钱财，所提供的培训是其他任何公司无法比拟的。相信员工在 IBM 受训所花费的时间应该超过任何一所大学的授课时间。每年，每一位 IBM 的经理要接受 40 个小时的培训课程，而后回到公司内教导其他员工。

有时，IBM 甚至定期邀请顾客前来一同上课。任何公司都应设法抓住目标顾客。最优异的顾客服务能使顾客再次惠顾。

第三条准则：必须追求优异的工作表现。IBM 要求员工要以追求完美为目标去工作，要使产品或服务永远保持完美无缺的状态。当然完美无缺是永远不可能达到的，但是目标不能放低，否则整个计划都会受到影响。IBM 设立了一些关于满足工作要求的指数，并定期抽样检查市场服务的品质。IBM 在挑选员工方面就开始遵守这一准则。IBM 认为挑选全国最好的大学里的最优秀的学生，并让他们接受公司的密集培训，必定可以收到良好的教育效果，这些员工日后定有优异的工作表现。为了达到较高的水准，他们必须接受使自身变得优异的培训，并使他们产生一种使命感——一定要成功。IBM 是一个具有高度竞争环境的公司。它所营造出来的气氛，可以培养出优异的人才。在 IBM，同辈竞相追求优异的工作成绩。因此，IBM 的每个员工都不可以自满，都要力争上游。每个人都认为任何有可能做到的事，自己都能做得到。这种态度令人振奋。

小托马斯 • 沃森说：“对任何一个公司而言，若要生存并获得成功，就必须有一套健全的准则，可供全体员工遵循，但最重要的是大家要对此准则产生信心。”

在公司经营过程中，公司的任何运营计划都有可能改变。世界上的事就像这样不断变迁着。在任何公司里，一个人若要生存，一定要有应变的能力。在科技高速发展的今日，社会形态与环境变化很快，公司倘若不能随机应变，就可能会衰败。你不往前进，就会往后退，不可能在原处不动。在任何一个发达的公司里，唯一不能改变的就是“准则”。不论此“准则”的内容是什么，它永远是指引公司航行的明灯。当然公司在许多方面要保持弹性，随机应变，但“准则”的信念是不可变更的，由于 IBM 将这 3 条基本准则作为基石，其业务的成功是必然的。

公司必须不断地把其准则灌输给员工。IBM 的新进人员工培训课程就包含了如下内容：公司经营哲学、公司历史及传统。公司的信念与价值观不能仅是空谈而已，至于能否让其在公司发挥作用，那是另外一回事。在公司里空谈无益，最重要的是：运用策略、采取行动、切实执行；衡量效果、重视奖赏、以示决心。

IBM 的新进销售人员无论在办公室或外出接洽业务，都能遵守公司的准则，因为他们知道 IBM 准则中的“必须尊重个人”的真谛是什么。他们一进公司就感受到别人对待他们的方式是基于尊重准则的。他们也看到，公司员工是怎样对待顾客的，也亲耳听到顾客对市场代表、系统工程师及服务人员的赞美。他们周围的人都在那里努力寻求优异的成绩。其下属公司在相关刊物上定期刊载 IBM 的准则；IBM 亦常在培训课程中、在分公司会议中、在邀请顾客参加的讨论会中介绍有关 IBM 优异服务的实例，其主要目的是一再重复公司的准则，以确保准则被公司员工牢记在心。

12.3.2　微软的文化个性

1975年，保罗·艾伦和比尔·盖茨合伙创建微软公司，雇员为3人，当年收入16 000美元。1977年，微软在日本推广BASIC语言；1982年，微软在英国建立欧洲分部；1986年，微软在NASDAQ上市。

到1995年，微软的年收入已达59亿美元，拥有200多种产品，约17 800名雇员。微软占据了个人计算机软件市场中最重要的部分——操作系统的80%~85%的市场份额。该操作系统在计算机上运行，使用户能在计算机上执行特定的任务。没有哪一个与计算机或信息技术有关的行业和用户不受到微软及其产品的影响。

微软从最早卖程序设计语言，到出售操作系统，再到向零售店出售各种应用软件产品，从美国国内到美国国外，不断发展。但微软始终保留着公司早期结构松散、反官僚主义、微型小组文化等特性的基本部分，从而与顾客更接近，更了解市场的需要。

面对市场和技术方面的挑战，微软总是奉行最基本的战略，向未来进军。它拥有出色的总裁和高级管理队伍，以及才华过人的雇员；拥有高度有效和一致的竞争策略与组织目标，组织机构灵活，产品多，开发能力强、效率高。微软有一种敢于否定自我、不断学习与提高的精神。当然，在众多优点和成绩背后也潜藏着很多弱点，但微软正是在克服弱点和发挥优势的过程中不断向前发展的。

微软公司令人吃惊的成长速度，引起世人的广泛关注。透过辉煌业绩，我们不难发现其成功的原因不仅在于科技创新和优异的经营管理模式，更重要的是创设了知识型企业独特的文化个性。

（1）比尔·盖茨创设了微软文化个性

比尔·盖茨独特的个性和高超技能影响了微软公司的文化品位。这位精明的、精力充沛且富有幻想的公司创始人，极力寻求并任用与自己类似的、既懂得技术又善于经营的经理人员。他向来强调以产品为中心来组织管理公司，超越经营职能，大胆实行组织创新，极力在公司内部和应聘者中挖掘同自己一样富有创新和合作精神的人才并委以重任。比尔·盖茨被其员工形容为一个幻想家、一个不断积蓄力量和疯狂追求成功的人。他的这种个性深深地影响着公司。他雄厚的技术知识存量和高度敏锐的战略眼光以及在他周围汇集的一大批精明的软件开发和经营管理人才，使自己及其公司矗立于这个迅速发展的行业的最前沿。比尔·盖茨善于洞察机会，并紧紧抓住这些机会，他能使自己个人的精神风范在公司内贯彻到底，从而使整个公司的经营管理和产品开发等活动都带有“盖茨色彩”。

（2）管理创造性人才和技术的团队文化

知识型企业的一个重要特征就是拥有一大批具有创造性的人才。微软文化能把那些不喜欢大量规则、组织、计划，强烈反对官僚主义的程序员团结在一起，遵循“组建职能交叉专家小组”的策略准则；授权专业部门自己定义他们自己的工作，招聘并培训新雇员，使工作种类灵活机动，让雇员们保持独立的思想；专家小组的成员可在工作中学习，向有经验的人学习。微软没有太多的官僚主义规则和干预，没有过时的正式培训项目，没有“职业化”的管理人员，没有要“政治手腕”、搞官僚主义的风气。经理人员非常精干且平易近人，从而使大多数雇员认为微软是该行业的最佳工作场所。这种团队文化为员工提供了有趣的、不断变化的工作及大量学习和决策的机会。

（3）始终如一的创新精神

企业在知识经济时代的核心工作内容就是创新。创新精神应是知识型企业文化的精髓。微软始终作为开拓者——创造或进入一个潜在的大规模市场，然后不断改进已达到市场标准的产品。微软公司不断进行渐进的产品革新，并不时取得重大突破，在公司内部形成了一种不断创新的机制，使竞争对手很少有机会能对微软构成威胁；其不断改进新产品、定期淘汰旧产品的机制，始终使公司产品成为或不断成为行业标准。创新是贯穿微软经营全过程的核心精神。

（4）创建学习型组织

世界已经进入学习型组织的时代，真正创建学习型组织的企业，才是最有活力的企业。微软为此制定了自己的战略，通过自我批评、信息反馈和交流力求进步，向未来进军。微软在充分衡量产品开发过程的各要素之后，极力在进行更有效的管理和避免过度官僚化之间寻求一种新平衡，以更彻底地分析企业与客户之间的联系，视客户的支持为自己进步的依据；系统地从过去和当前的研究项目与产品中学习，不断地进行自我批评、自我否定；通过电子邮件与其他企业建立广泛的联系和信任，比尔·盖茨及其他经理人员极力主张人们保持密切联系，加强互动式学习，实现资源共享；通过建立共享机制影响企业文化的发展战略，促进企业组织发生着变化，保持着充足的活力；建立学习型组织，使企业整体结合得更加紧密，以更高的效率向未来进军。

第13章 企业内部控制应用指引第6号——资金活动

13.1 法规原文

企业内部控制应用指引第6号——资金活动

第一章 总则

第一条 为了促进企业正常组织资金活动，防范和控制资金风险，保证资金安全，提高资金使用效益，根据有关法律法规和《企业内部控制基本规范》，制定本指引。

第二条 本指引所称资金活动，是指企业筹资、投资和资金营运等活动的总称。

第三条 企业资金活动至少应当关注下列风险：

（一）筹资决策不当，引发资本结构不合理或无效融资，可能导致企业筹资成本过高或债务危机。

（二）投资决策失误，引发盲目扩张或丧失发展机遇，可能导致资金链断裂或资金使用效益低下。

（三）资金调度不合理、营运不畅，可能导致企业陷入财务困境或资金冗余。

（四）资金活动管控不严，可能导致资金被挪用、侵占、抽逃或遭受欺诈。

第四条 企业应当根据自身发展战略，科学确定投融资目标和规划，完善严格的资金授权、批准、审验等相关管理制度，加强资金活动的集中归口管理，明确筹资、投资、营运等各环节的职责权限和岗位分离要求，定期或不定期检查和评价资金活动情况，落实责任追究制度，确保资金安全和有效运行。

企业财会部门负责资金活动的日常管理，参与投融资方案等可行性研究。总会计师或分管会计工作的负责人应当参与投融资决策过程。

企业有子公司的，应当采取合法有效措施，强化对子公司资金业务的统一监控。有条件的企业集团，应当探索财务公司、资金结算中心等资金集中管控模式。

第二章 筹资

第五条 企业应当根据筹资目标和规划，结合年度全面预算，拟订筹资方案，明确筹资用途、规模、结构和方式等相关内容，对筹资成本和潜在风险作出充分估计。

境外筹资还应考虑所在地的政治、经济、法律、市场等因素。

第六条 企业应当对筹资方案进行科学论证，不得依据未经论证的方案开展筹资活动。重大筹资方案应当形成可行性研究报告，全面反映风险评估情况。

企业可以根据实际需要，聘请具有相应资质的专业机构进行可行性研究。

第七条　企业应当对筹资方案进行严格审批，重点关注筹资用途的可行性和相应的偿债能力。重大筹资方案，应当按照规定的权限和程序实行集体决策或者联签制度。

筹资方案需经有关部门批准的，应当履行相应的报批程序。筹资方案发生重大变更的，应当重新进行可行性研究并履行相应审批程序。

第八条　企业应当根据批准的筹资方案，严格按照规定权限和程序筹集资金。银行借款或发行债券，应当重点关注利率风险、筹资成本、偿还能力以及流动性风险等；发行股票应当重点关注发行风险、市场风险、政策风险以及公司控制权风险等。

企业通过银行借款方式筹资的，应当与有关金融机构进行洽谈，明确借款规模、利率、期限、担保、还款安排、相关的权利义务和违约责任等内容。双方达成一致意见后签署借款合同，据此办理相关借款业务。

企业通过发行债券方式筹资的，应当合理选择债券种类，对还本付息方案作出系统安排，确保按期、足额偿还到期本金和利息。

企业通过发行股票方式筹资的，应当依照《中华人民共和国证券法》等有关法律法规和证券监管部门的规定，优化企业组织架构，进行业务整合，并选择具备相应资质的中介机构协助企业做好相关工作，确保符合股票发行条件和要求。

第九条　企业应当严格按照筹资方案确定的用途使用资金。筹资用于投资的，应当分别按照本指引第三章和《企业内部控制应用指引第 11 号 ——工程项目》规定，防范和控制资金使用的风险。

由于市场环境变化等确需改变资金用途的，应当履行相应的审批程序。严禁擅自改变资金用途。

第十条　企业应当加强债务偿还和股利支付环节的管理，对偿还本息和支付股利等作出适当安排。

企业应当按照筹资方案或合同约定的本金、利率、期限、汇率及币种，准确计算应付利息，与债权人核对无误后按期支付。

企业应当选择合理的股利分配政策，兼顾投资者近期和长远利益，避免分配过度或不足。股利分配方案应当经过股东（大）会批准，并按规定履行披露义务。

第十一条　企业应当加强筹资业务的会计系统控制，建立筹资业务的记录、凭证和账簿，按照国家统一会计准则制度，正确核算和监督资金筹集、本息偿还、股利支付等相关业务，妥善保管筹资合同或协议、收款凭证、入库凭证等资料，定期与资金提供方进行账务核对，确保筹资活动符合筹资方案的要求。

第三章　投 资

第十二条　企业应当根据投资目标和规划，合理安排资金投放结构，科学确定投资项目，拟订投资方案，重点关注投资项目的收益和风险。企业选择投资项目应当突出主业，谨慎从事股票投资或衍生金融产品等高风险投资。

境外投资还应考虑政治、经济、法律、市场等因素的影响。

企业采用并购方式进行投资的，应当严格控制并购风险，重点关注并购对象的隐性债务、承诺事项、可持续发展能力、员工状况及其与本企业治理层及管理层的关联关系，合理确定支付对价，确保实现并购目标。

第十三条　企业应当加强对投资方案的可行性研究，重点对投资目标、规模、方式、资金来源、风险与收益等作出客观评价。

企业根据实际需要，可以委托具备相应资质的专业机构进行可行性研究，提供独立的可行性研究报告。

第十四条　企业应当按照规定的权限和程序对投资项目进行决策审批，重点审查投资方案是否可行、投资项目是否符合国家产业政策及相关法律法规的规定，是否符合企业投资战略目标和规划、是否具有相应的资金能力、投入资金能否按时收回、预期收益能否实现， 以及投资和并购风险是否可控等。重大投资项目，应当按照规定的权限和程序实行集体决策或者联签制度。

投资方案需经有关管理部门批准的，应当履行相应的报批程序。投资方案发生重大变更的，应当重新进行可行性研究并履行相应审批程序。

第十五条　企业应当根据批准的投资方案，与被投资方签订投资合同或协议，明确出资时间、金额、方式、双方权利义务和违约责任等内容，按规定的权限和程序审批后履行投资合同或协议。

企业应当指定专门机构或人员对投资项目进行跟踪管理，及时收集被投资方经审计的财务报告等相关资料，定期组织投资效益分析，关注被投资方的财务状况、经营成果、现金流量以及投资合同履行情况，发现异常情况，应当及时报告并妥善处理。

第十六条　企业应当加强对投资项目的会计系统控制，根据对被投资方的影响程度，合理确定投资会计政策，建立投资管理台账，详细记录投资对象、金额、持股比例、期限、收益等事项，妥善保管投资合同或协议、出资证明等资料。

企业财会部门对于被投资方出现财务状况恶化、市价当期大幅下跌等情形的，应当根据国家统一的会计准则制度规定，合理计提减值准备、确认减值损失。

第十七条　企业应当加强投资收回和处置环节的控制，对投资收回、转让、核销等决策和审批程序作出明确规定。

企业应当重视投资到期本金的回收。转让投资应当由相关机构或人员合理确定转让价格，报授权批准部门批准，必要时可委托具有相应资质的专门机构进行评估。核销投资应当取得不能收回投资的法律文书和相关证明文件。

企业对于到期无法收回的投资，应当建立责任追究制度。

第四章　营运

第十八条　企业应当加强资金营运全过程的管理，统筹协调内部各机构在生产经营过程中的资金需求，切实做好资金在采购、生产、销售等各环节的综合平衡，全面提升资金营运效率。

第十九条　企业应当充分发挥全面预算管理在资金综合平衡中的作用，严格按照预算要求组织协调资金调度，确保资金及时收付，实现资金的合理占用和营运良性循环。

企业应当严禁资金的体外循环，切实防范资金营运中的风险。

第二十条　企业应当定期组织召开资金调度会或资金安全检查，对资金预算执行情况进行综合分析，发现异常情况，及时采取措施妥善处理，避免资金冗余或资金链断裂。

企业在营运过程中出现临时性资金短缺的，可以通过短期融资等方式获取资金。资金出现短期闲置的，在保证安全性和流动性的前提下，可以通过购买国债等多种方式，提高资金效益。

第二十一条　企业应当加强对营运资金的会计系统控制，严格规范资金的收支条件、程序和审批权限。

企业在生产经营及其他业务活动中取得的资金收入应当及时入账，不得账外设账，严禁收款不入账、设立“小金库”。

企业办理资金支付业务，应当明确支出款项的用途、金额、预算、限额、支付方式等内容，并附原始单据或相关证明，履行严格的授权审批程序后，方可安排资金支出。

企业办理资金收付业务，应当遵守现金和银行存款管理的有关规定，不得由一人办理货币资金全过程业务，严禁将办理资金支付业务的相关印章和票据集中一人保管。

13.2　原文讲解

《企业内部控制应用指引第 6 号——资金活动》（后文简称《资金活动应用指引》）共 4 章、21 条。这 4 章对企业的资金活动进行了详细的阐述。企业资金活动与生产经营活动息息相关，资金活动及企业对其实施的内部控制对企业生产经营具有重大影响。资金活动内部控制的失误，通常会给企业带来致命的打击，因此，企业应建立严密的资金管理制度。

本小节将按照《资金活动应用指引》的内容对企业资金活动内部控制进行详细的解读。

13.2.1　企业资金活动的定义

《资金活动应用指引》所称资金活动，是指企业筹资、投资和资金营运等活动的总称。

资金是企业流动性最强、控制风险最高的资产，是企业生存和发展的基础。为了保证资金安全，提高资金使用效益，企业必须加强资金管理与控制。

《资金活动应用指引》所称的资金，是企业拥有或控制的库存现金、银行存款（包括外币存款项目）、备用金、其他货币资金等。

13.2.2　资金活动的主要内容

企业资金的最初来源主要是股东对企业的投资、企业从银行借款或发行债券。企业将资金用于购买材料、设备，支付人工成本和其他费用等，然后通过销售产品，收回货币资金进行再生产。当企业有可分配利润时，企业向股东分配利润；当借款或债券到期时，企业应还本付息。当拥有较多资金时，企业可以进行投资，以期获得一定的投资收益，提高资金使用效率；当资金短缺时，企业可将部分投资的金融产品出售，以满足生产经营对资金的需求。我们可以将资金活动分成筹资活动、投资活动和资金营运活动等 3 个主要环节。

13.2.3　筹资活动

筹资活动是企业资金活动的起点，也是企业整个经营活动的基础。通过筹资活动，企业取得投资和日常生产经营活动所需的资金，从而使企业投资、生产经营活动能够顺利进行。企业应当根据经营和发展战略的资金需要，确定投融资战略目标和规划，结合年度经营计划和预算安排，拟订筹资方案，明确筹资用途、规模、结构和方式等相关内容，对筹资成本和潜在风险做出充分估计。如果进行境外筹资，还必须考虑所在地的政治、经济、法律和市场等因素。

筹资活动的内部控制，不仅决定着企业能不能顺利筹集生产经营和未来发展的所需资金，而且决定着企业能以什么样的筹资成本筹集所需资金，能以什么样的筹资风险筹集所需资金，并决定着企业所筹集资金的最终使用效益。较低的筹资成本、合理的资本结构和较低的筹资风险，能够使企业应付自如、进退有据，不至于背负沉重的压力，可以从容地追求长期目标，实现可持续发展；而较高的筹资成本、不合理的资本结构和较高的筹资风险，常常使企业经营压力倍增。企业一方面要保持更高的资金流动性以应付不合理资本结构带来的财务风险，另一方面要追求更高的投资收益以补偿高昂的筹资成本。因此，企业难以追求长期目标，而容易过度追求短期利益，饮鸩止渴或者铤而走险，使发展战略不能被很好执行、经营活动的可持续性得不到保证、企业经营和发展难以为继、难以摆脱财务风险，从而使企业的正常发展受到严重制约。

13.2.4　筹资活动的业务流程

企业应该根据筹资活动的业务流程，区分不同筹资方式，按照业务流程中不同环节可能出现的风险，结合资金成本与资金使用效益，采用不同措施对筹资活动进行控制。因此，设计筹资活动的内部控制制度，首先必须深入分析筹资活动的业务流程。通常情况下，筹资活动的业务流程如下。

第一，提出筹资方案。一般由企业的财务部门根据企业经营战略、预算情况与资金现状等因素，提出筹资方案。一个完整的筹资方案应包括筹资金额、筹资形式、利率、筹资期限、资金用途等内容。提出筹资方案的同时，财务部门还应与其他生产经营相关业务部门沟通协调。这样才能形成初始筹资方案。

第二，论证筹资方案。初始筹资方案还应经过充分的可行性论证。企业应组织相关专家对筹资方案进行可行性论证。可行性论证是筹资活动内部控制的重要环节。一般可以从下列几个方面进行可行性论证。一是筹资方案的战略性评估，主要评估筹资方案是否符合企业整体发展战略；控制企业筹资规模，防止因盲目筹资而给企业造成沉重的债务负担。

企业应对筹资方案是否符合企业整体战略方向进行评估，只有符合企业发展需要的筹资方案才具有可行性。二是筹资方案的经济性评估，主要分析筹资方案是否符合经济性要求，是否以最低的筹资成本获得了所需的资金，筹资成本是否还有降低的空间，是否还有更好的筹资方式，筹资期限等是否经济、合理，利息、股息等是否在企业可承受的范围之内。企业必须认真评估筹资成本，并结合收益与风险进行筹资方案的经济性评估。三是筹资方案的风险性评估。对筹资方案面临的风险进行分析，特别是对利率、汇率、货币政策、宏观经济走势等重要条件进行预测分析，对筹资方案面临的风险做出全面评估，并有效地应对可能出现的风险。比如，若选择债权筹资方式，其按期还本付息的要求对于企业来说是一种刚性负担，带给企业的现金流压力较大；若选择股权筹资方式，在股利的支付政策上企业有较大的灵活性，且无需还本，因而企业的现金流压力较小，但股权筹资的成本比较高，而且股权筹资可能会使企业面临较大的控制权风险。所以，企业应在不同的筹资方式之间进行权衡。

第三，审批筹资方案。通过可行性论证的筹资方案，企业需要在企业内部按照分级授权审批的原则对其进行审批，重点关注筹资用途的可行性。重大筹资方案，应当提交股东（大）会审议；筹资方案需经有关管理部门批准的，应当履行相应的报批程序。审批人员与筹资方案编制人员应适当分离。在审批过程中，企业应贯彻集体决策的原则，实行集体决策或者联签制度。在综合正、反两方面意见的基础上进行决策，而不应由少数人主观决策。筹资方案发生重大变更的，应当重新进行可行性研究以及履行相关审批程序。

第四，编制与执行筹资计划。企业应根据审核批准后的筹资方案，编制较为详细的筹资计划，经过财务部门批准后，严格按照相关程序筹集资金。企业通过银行借款方式筹资的，应当与有关金融机构进行洽谈，明确借款规模、利率、期限、担保、还款安排、相关的权利义务和违约责任等内容。双方达成一致意见后签署借款合同，据此办理相关借款业务。企业通过发行债券方式筹资的，应当合理选择债券种类，如普通债券、可转换债券等，并对还本付息方案做出系统安排，确保按期、足额偿还到期本金和利息。企业通过发行股票方式筹资的，应当依照《中华人民共和国证券法》等有关法律法规和证券监管部门的规定，优化企业组织架构，进行业务整合，并选择具备相应资质的中介机构（如证券公司、会计师事务所、律师事务所等）协助企业做好相关工作，确保符合股票发行条件和要求。同时，企业应当选择合理的股利分配政策，兼顾投资者的近期与长远利益，调动投资者的积极性，避免分配不足或过度；股利分配方案最终应经股东（大）会批准，并按规定履行披露义务。另外，企业应通过及时、足额还本付息及合理分配和支付股利来保持企业良好的信用记录。这一点对于企业顺利进行再融资具有重要意义。

第五，筹资活动的监督、评价与责任追究。企业要加强对筹资活动的检查监督，严格按照筹资方案确定的用途使用资金，确保款项的收支、股息和利息的支付、股票和债券的保管等符合有关规定。筹资活动完成后要按规定进行筹资后评价，对存在违规现象的，企业应严格追究相关责任。

筹资活动的业务流程如图 13-1 所示。

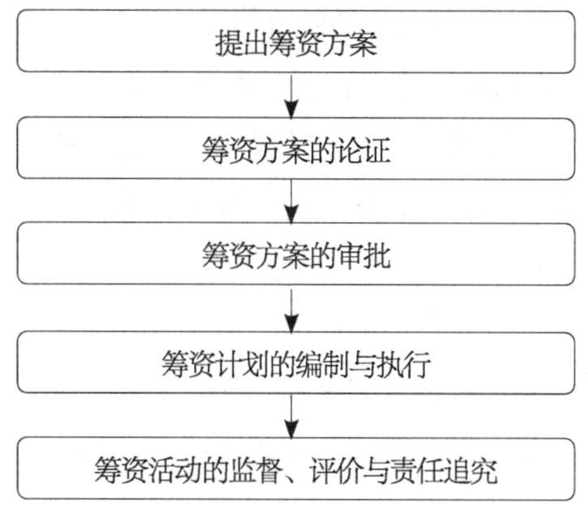

图 13-1　筹资活动的业务流程图

13.2.4.1　筹资活动的主要风险及其控制措施

企业筹资业务可能面临的重要风险的类型较多，因此，企业在相应的内部控制控制活动中应注意识别关键风险，设计相关内部控制制度，有效地进行风险控制。

第一，因缺乏完整的筹资战略规划而导致的风险。企业在筹资活动中，应以企业在资金方面的战略规划为指导，具体包括资本结构、资金来源、筹资成本等方面的规划。企业在具体的筹资活动中，应贯彻既定的资金战略，以目标资本结构为指导，协调企业的资金来源、期限结构、利率结构等。如果忽视战略导向，缺乏对目标资本结构的清晰认识，很容易导致盲目筹资，使企业资本结构、资金来源结构、利率结构等处于频繁变动中，给企业的生产经营带来巨大的财务风险。

第二，因缺乏对企业资金现状的全面认识而导致的风险。企业在筹资之前，应首先对企业的资金现状进行全面、正确的了解，并在此基础上结合企业战略、宏观经济形势、微观经济形势等提出筹资方案。如果资金预算和资金管控工作不到位，就会使企业无法全面了解资金现状，无法正确评估资金的实际需要以及期限等。这样很容易导致筹资过度或者筹资不足。特别是对于大型企业集团来说，如果没有对全集团的资金现状进行深入、全面的了解，很可能出现一部分企业资金结余，而其他部分企业仍然对外筹资的情况，从而使集团的资金利用效率低下，增加了不必要的财务成本。

第三，缺乏完善的授权审批制度导致的风险。筹资方案必须经过完整的授权审批流程方可正式实施。这一流程既是企业上下沟通的过程，同时也是各部门、各管理层级对筹资方案进行审核的重要风险控制程序。企业在审批流程中的每一个环节都应对筹资方案的风险控制等问题进行评估，并认真履行审批职责。完善的授权审批制度有助于企业对筹资风险进行管控。如果企业忽略这一完善的授权审批制度，则其有可能忽视筹资方案中的潜在风险，从而给企业带来严重的损失。

第四，因缺乏对筹资条款的认真审核而导致的风险。企业在筹资活动中，要签订相应的筹资合同、协议等法律文件。筹资合同一般应载明筹资数额、期限、利率、违约责任等内容。企业应认真审核、仔细推敲筹资合同的具体条款，防止因合同条款而给企业带来潜在的不利影响，致使企业在未来可能发生的经济纠纷或诉讼中处于不利地位。在这一方面，企业可以邀请专业的法律中介机构来进行合同文本的审核。

第五，因无法保证支付筹资成本而导致的风险。任何筹资活动都需要企业支付相应的筹资成本。对于债权类筹资活动来说，相应的筹资成本表现为固定的利息费用，是企业的刚性成本，企业必须按期足额支付，以作为资金提供者的报酬。对于股权类筹资活动来说，虽然没有固定的利息费用而且没有还本的压力，但是企业应同样保证股权投资者的报酬。企业应认真制定股利支付方案，包括股利金额、支付时间、支付方式等。股利支付不足，或者给股权投资者的报酬不足，将会导致股东抛售股票，从而使企业股价下跌，给企业的经营带来重大不利影响。

第六，因缺乏严密的跟踪管理制度而导致的风险。企业筹资活动的流程很复杂，不仅包括资金的筹集到位，还包括资金使用过程中的利息、股利等筹资费用的计提支付，以及最终的还本工作。这一流程一般贯穿企业整个经营活动的始终，是企业的一项常规管理工作。企业在筹资跟踪管理方面应制定完整的管理制度，包括资金到账、资金使用、利息支付、股利支付等方面的内容，并时刻监控资金的动向。如果缺乏严密的跟踪管理，可能会使企业资金管理失控，因资金被挪用而导致财务损失，也可能因此导致利息没有及时支付而被银行罚息。这些都会使企业面临不必要的财务风险。

筹资活动的流程较长。企业根据筹资业务流程，找出其中的关键风险控制点并进行风险控制，可以提高风险管控的效率（见表 13–1）。一般来说，筹资活动的各环节的主要风险控制点如下。一是提出筹资方案。提出筹资方案是筹资活动的第一个重要环节，也是筹资活动的起点。筹资方案的内容是否完整、考虑是否周密、测算是否准确等，直接决定着筹资决策的正确性，关系到整个筹资活动的效率和风险。二是审批筹资方案。相关责任部门拟订筹资方案并进行可行性论证以后，股东（大）会或者董事会、高管层应对筹资方案进行严格的审批。审批中，企业应实行集体决策审议或者联签制度，避免“一人说了算”或者“拍脑袋”行为。三是编制筹资计划。根据批准的筹资方案，财务部门应编制严密、细致的筹资计划，企业应根据筹资计划，对筹资活动进行周密安排和控制，使筹资活动在严密控制下高效、有序进行。四是实施筹资计划。筹资计划经层层授权审批之后，就应付诸实施。在实施筹资计划的过程中，企业必须认真做好筹资合同的签订以及资金的划拨、使用和跟踪管理等工作，保证筹资活动按计划进行，妥善管理所筹集的资金，保证资金的安全性。五是筹资活动的监督、评价与责任追究。筹集资金到位以后，企业应该做好筹资费用的计提、支付以及会计核算等工作。对于债券类筹资，企业应按时计提并及时支付债务利息，保持良好的信用记录；对于股权类筹资，企业应制定科学、合理的并能让股东满意的股利支付方案，并严格按方案支付股利。筹资费用的管理事关资金提供者的积极性，对保持良好的筹资环境来说极为重要。

表 13-1　筹资活动的关键控制点、控制目标与控制措施

关键控制点	控制目标	控制措施
提出筹资方案	进行筹资方案可行性论证	1. 进行筹资方案的战略性评估，包括是否与企业发展战略相符合，筹资规模是否适当 2. 进行筹资方案的经济性评估，包括筹资成本是否最低，资本结构是否恰当，筹资成本与资金收益是否匹配 3. 进行筹资方案的风险性评估，包括筹资方案面临哪些风险，风险大小是否适当、可控，是否与收益匹配
审批筹资方案	选择批准最优筹资方案	1. 根据分级授权审批制度，按照规定程序严格审批经过可行性论证的筹资方案 2. 审批中应实行集体审议或联签制度，保证决策的科学性
编制筹资计划	编制切实可行的具体筹资计划，科学规划筹资活动，保证低成本、高效率筹资	1. 根据筹资方案，结合当时经济金融形势，分析不同筹资方式的资金成本，正确选择筹资方式和不同方式的筹资数量，财务部门或资金管理部门编制具体筹资计划 2. 根据授权审批制度报有关部门批准
实施筹资计划	保证筹资活动正确、合法、有效进行	1. 根据筹资计划进行筹资 2. 签订筹资协议，明确权利义务 3. 按照岗位分离与授权审批制度，各环节和各责任人正确履行审批监督责任，实施严密的筹资程序控制和岗位分离控制 4. 做好严密的筹资记录，发挥会计控制的作用
筹资活动的监督、评价与责任追究	保证所筹集资金的正确、有效使用，维护企业信用	1. 促成各部门严格按照确定的用途使用资金 2. 督促各环节严密保管未发行的股票、债券 3. 督促相关部门正确计提、支付利息 4. 加强债务偿还和股利支付环节的监督管理 5. 评价筹资活动过程，追究违规人员责任

13.2.4.2　筹资业务的会计系统控制

筹资业务的会计系统控制具体从以下几个方面入手。一是对筹资业务进行准确的账务处理。企业应按照国家统一的会计准则和制度，对筹资业务进行准确的会计核算与账务处理，应通过相应的账户准确进行筹集资金核算、本息偿付、股利支付等工作。二是应妥善保管筹资合同、收款凭证、入库凭证等资料。对于与筹资活动相关的重要资料，如合同、协议、凭证等，企业的会计部门需登记造册、妥善保管，以备查用。三是企业财会部门应做好具体资金管理工作，随时掌握资金情况。财会部门应编制贷款申请表、内部资金调拨审批表等，严格管理筹资程序；财会部门应通过编制借款存量表、借款计划表、还款计划表等，掌握贷款资金的动向；财会部门还应定期与资金提供者进行账务核对，以保证资金及时到位与资金安全。四是财会部门还应协调好企业筹资的利率结构、期限结构等，力争最大限度地降低企业的筹资成本。

【例 13-1】借款筹资的流程及关键风险控制

（一）筹资项目的基本情况

20×8 年 10 月，A 集团拟通过在国外设立全资子公司（B 公司）的方式收购国外公司 C 国际 20% 的股权。考虑到该项目（简称 S 项目）总投资需要 3 亿美元，A 集团自有资金相对不足，因此，A 集团拟对外筹资以满足项目的资金需求，并为此成立 S 项目工作组。

（二）筹资方案的提出

A 集团成立的 S 项目工作组是一个由财务、战略、技术等各部门人员组成的综合性工作组。由 S 项目融资小组首先提出筹资方案。方案的主要内容为：筹资主体为 A 集团，采用银行借款形式，借款银行拟为 K 银行，拟采用信用贷款形式，利率以 3 个月美元伦敦同业拆借利率（London Interbank offered Rate，LIBOR）为基础上下浮动，借款金额为 1.6 亿美元，期限为 5 年。

（三）筹资方案的可行性论证

S 项目工作提出筹资方案以后，S 项目工作组重点围绕以下几方面对该方案进行了可行性论证。

① 投资项目战略方向。投资于 C 国际，可以帮助公司打造完整的产业链，提升公司在行业内的整体竞争力。这一投资项目与公司整体发展战略一致。

② 筹资形式。相对于债券筹资和股票筹资来讲，借款筹资是一种用时短、操作性强、综合成本较低的方式，而且 S 项目在时间上存在一定的紧迫性，因此，向银行借款是更适合 S 项目的筹资方式。

③ 筹资主体。考虑到 A 集团和 B 子公司的财务状况和资金实力，以及和各商业银行的合作关系等方面，显然 A 集团更适合作为借款主体，B 子公司实质上仅作为集团间接投资 C 国际的“桥梁”。

④ 筹资银行。在与 A 集团长期合作的多家商业银行中，K 银行资金实力雄厚、外币头寸充裕、外币项目经验丰富，且鉴于该笔贷款的用途是用于股权收购，属于并购贷款性质，当时有关并购贷款的相关规定尚未正式出台。A 集团通过相关部委等主管部门的审批后，K 银行可操作“并购贷款”业务，因此，A 集团选择了 K 银行作为借款银行。

⑤ 筹资金额与期限。A 集团根据现有自有资金的规模以及未来几年产业发展所需资金的规划和预算来决定筹资金额与期限。S 项目总投资额的 50% 来源于银行贷款，根据产业发展规划预计借款期限为 5 年。因此，A 集团确定借款 1.6 亿美元，期限为 5 年。

⑥ 利率。银行外币贷款的一般市场利率为 3 个月美元 LIBOR+×× 基点（Busis Point，BP）。其中，3 个月美元 LIBOR 完全由货币市场决定，上浮多少 BP 则取决于 A 集团与 K 银行双方关于 S 项目具体情况协商的结果，因此 A 集团需要与 K 银行积极沟通争取最有利的贷款利率。

⑦ 担保条件。从降低贷款成本、提高公司资金流动性的角度，A 集团希望尽可能争取信用贷款，但是否需要追加保证、抵押和质押等增信措施，最终取决于 A 集团和 K 银行双

方谈判和协商的结果。

⑧ 筹资风险。S 项目的主要风险来自两个方面。一是对于某些具体条款 A 集团还需要和银行沟通、协商，尚存在不确定性。二是外币贷款产生的汇率和利率风险，美元对人民币汇率的变化将会影响企业的利息支付，对筹资成本的影响重大。A 集团一方面通过对宏观经济形势的分析，预计美元 LIBOR 将一路走低，人民币对美元汇率水平基本持平稳；另一方面指定专人时刻关注美元汇率和利率的走势情况，监控汇率和利率风险。

通过可行性论证，S 项目工作组认为，该筹资方案符合整体战略发展方向，各筹资条件均在公司能够接受的范围内。同时，S 项目工作组也对筹资风险进行了评估并拟定了应对措施，形成了可行性论证报告。

（四）筹资方案的审批流程

可行性论证通过后，S 项目工作组将筹资方案向上逐级呈报审批。首先由 S 项目工作组负责人审批，然后向董事会、集团党组逐级详细汇报，最后由集团党组会议审议通过。

A 集团 S 项目的借款筹资方案审批程序为：首先确定项目，成立项目组并提出筹资方案，然后进行筹资方案论证，再由项目工作组中负责筹资工作的筹资小组就上述筹资方案的可行性向项目组全体成员进行详细汇报，通过后由项目组负责人审批，接着由项目组就项目整体投资方案（包括上述筹资方案）向董事会、集团党组逐级详细汇报，由董事会和集团党组进行审批，最终形成针对上述筹资方案的原则性意见。

（五）筹资方案的执行

经董事会和集团党组审议通过后，S 项目工作组的融资小组负责根据 K 银行对 S 项目的信用评级、贷款评审的相关要求，提供相应的贷款申请材料。同时，A 集团在 K 银行（北京分行）开立美元账户（原只有人民币账户，没有美元账户）。K 银行经过自身一系列的内部审批程序并获得总行的正式批复文件后，与 A 集团签订借款合同，上述合同签署完毕后，K 银行正式向 A 集团发放贷款 1.6 亿美元。至此，A 集团 S 项目的筹资工作已经全部完成。

资金到位后，A 集团财务部和资金部的相关人员负责贷款后续工作，主要包括根据合同约定的还款安排筹措资金归还借款本金、筹措资金按季度支付借款利息、银行单据催收和公司账务处理等。

【分析】A 集团在借款筹资过程中，按照比较完整的内部控制要求和程序，对战略、筹资成本、筹资风险等方面进行了严格的可行性论证，通过可行性论证对筹资活动进行了深入分析，对风险进行了评估与控制，从而保证了筹资决策的正确性。在审批过程中，A 集团建立了完整的审批决策流程，通过各部门协调沟通，以及集体决策等形式，保证了决策的正确性有效性。在执行过程中，A 集团也通过规范的合同以及严格的会计控制程序保证了筹资方案的有效执行。

【例 13-2】发行债券筹资的流程及关键风险控制

（一）项目基本情况

B 集团经过改组整合，现已形成工程建设、设计咨询等四大核心业务板块，并且是两家 A 股上市公司的控股股东。20×8 年年初，为了补充集团中期流动资金和置换银行贷款，B 集团拟发行中期票据。

（二）筹资方案的提出

首先资金部提出了发行方案，筹资额度为 60 亿元人民币，分两期发行，首期计划发行 30 亿元，并在获得注册后立即发行，利率为 3 年期固定利率。第二期的 30 亿元拟在 20×8 年第三季度至第四季度发行。

（三）筹资方案的可行性论证

方案提出后，B 集团重点围绕以下几个方面对筹资方案进行了论证。

① 筹资用途。对于 B 集团来说，一方面，其承揽的工程项目一般为国家重点项目，以及特大型、优质工程，该类工程具有技术性强、工程造价高、工期长等特点。在项目建设中，除施工前可获得部分预付款外，B 集团仍需要垫付大量的自有资金购买工程所需物资以及支付相关费用等。另一方面，施工行业的行业惯例和结算特点使 B 集团的巨额资金被占压。如施工期间质押的履约保证金，完工后扣留的质保金等，基本为 2~3 年的中期占压，因此，B 集团在以自有资金缴纳保证金后，将产生一定的中期流动资金缺口。B 集团每年的中期贷款增量均与主营业务增量保持一定的比例关系。基于对未来几年业务稳定增长的预期，B 集团希望发行中期票据弥补主营业务增长带来的中期流动资金缺口。

② 对资本结构的影响。在 B 集团现有的债务结构中，一年以内的短期债务在负债总额中与比较高。通过本次 3 年期中期票据的发行，B 集团可适度增加中期债务而减少流动负债，使自身的债务结构得到改善，降低短期集中偿债的压力，更好地平衡资产负债结构。

③ 筹资资本。B 集团发行中期票据，可在业务规模不断扩大、合理满足相应的资金结构性需求的同时进一步节约财务费用，提高集团的整体盈利水平。

④ 筹资风险。在集团的偿债能力方面，截至 20×7 年 12 月 31 日，B 集团的总资产率为 1 804 亿元，净资产为 929 亿元，如获准发行 60 亿元的中期票据，则应付债券余额与净资产比例为 6.45%。B 集团 20×7 年实现营业收入为 1 806 亿元，利润总额为 104 亿元，净利润为 82 亿元。B 集团有充足的流动资金和较强的偿债能力。另外，B 集团已经拟订了切实可行的偿债方案。

（四）筹资方案的审批流程

可行性论证后，因该项目筹资金额大，根据 B 集团内部管理规定，该资金方案需经董事会审议。20×8 年 4 月 10 日，筹资方案经 B 集团董事会第十次会议审并以书面决议形式通过。20×8 年 4 月，B 集团向中国银行间市场交易商协会申请登记注册，并于 6 月获批准，成功发行第 1 期 30 亿元中期票据。

【分析】B 集团在筹资过程中，有完整的论证过程和审批流程：在可行性论证中对筹资方案的必要性、可行性都进行了论证；在决策中，以董事会集体决策的形式保证了决策的科学合理；相关流程完整，并对关键风险点进行了有效控制。B 集团的整个筹资流程符合企业内部控制的要求。

【例 13-3】发行股票筹资的流程及关键风险控制

（一）筹资方案的提出

C 科技股份有限公司（以下简称公司）于 20×8 年年底开始筹划股权融资项目的准备工作，经过项目组成员前期与外部券商的反复交流、论证，初步形成公司本次非公开发行规划方案：拟通过定向增发方式筹资 30 亿元。

（二）筹资方案的可行性论证

① 投资战略方向评估。此次定向增发所筹集的资金的投资方向为新型智能卡研发及产业化项目、银行卡研发及产业化项目、数据融合产品研发及产业化项目，另外部分资金将用于偿还银行贷款。这些投资方向符合公司的产业发展战略。这些项目能够带动公司核心产业升级、改善资本结构，以帮助公司顺利完成战略转型及发展目标。

② 筹资形式。定向增发可以为公司筹得充裕资金，同时还可改善公司资本结构，降低资本负债率，又可以降低风险和费用。定向增发不需要经过烦琐的审批程序，可以缩短筹资时间。公司各项条件符合定向增发的要求。

③ 筹资成本。采用定向增发方式，券商承销的佣金大概是传统方式的一半。公司选择了在业界实力雄厚且经验丰富的券商进行合作，同时本公司也成立了专职项目组负责与券商进行对接配合，各部门积极配合提供材料，提高工作效率，可以最大限度地降低筹资成本。

④ 筹资风险评估。通过定向增发形式进行筹资，风险主要来源于发行。按相关规定，目前资本市场非公开发行股票的定价基准日有 3 种选择，而最终发行价格均需要通过询价方式来确定。因此，在证监会审核通过后，公司可能面临在推介期间公司市价跌破发行价而难以足额筹集资金的风险。为此，公司拟定了相关应对措施——采取严格的保密措施，并结合专业咨询机构对资本市场中长期趋势的判断选择最佳的发行时间窗口。此外，公司还将加大对机构投资者的推介力度，选择坚持长期投资理念的机构投资者为发行对象，并拟采取"一对一"和"一对多"的综合路演方式，让投资者更深入地了解公司的现状和未来发展前景。

通过可行性论证，项目组于 20×9 年 4 月底完成了筹资方案的所有可行性报告材料，并向公司领导申报。

（三）筹资方案的审批流程

该筹资方案的主要审批流程如下。

第一，在形成筹资规划方案时，公司就向其母公司 C 集团进行了汇报请示，于 20×9 年 3 月获得 C 集团原则性通过的批复。

第二，方案可行性论证通过后，相关议案已依次经公司 20×9 年第四届董事会第二十九次会议、20×9 年第二次临时东大会审议通过。

第三，公司完成本次非公开发行全部申报文件的汇编及定稿后，正式向中国证券监督管理委员会（简称监证会）递交申报材料并获证监会正式受理。待得到证监会审核批复后，公司正式实施本次非公开发行计划。

（四）筹资方案的执行

公司成立了定向增发项目组，然后该项目组完成了选聘负责本次定向增发项目的保荐、承销机构的工作，并正式开展项目的具体工作。

经过证监会批准，公司最终成功实施定向增发计划，募得资金 30 亿元。

【分析】该案例中，公司对筹资方式的选择符合其整体发展战略，同时，也采用了公司在当时特定的时点下最有利的筹资方式。在筹资方案提出后，该公司对筹资方案进行了充分的可行性论证，充分评估了风险并拟订了对策。总的来说，这一筹资过程符合内部控制的要求。

13.2.5 投资活动

企业投资活动是筹资活动的延续，也是筹资的重要目的之一。投资活动作为企业的一种盈利活动，对于补偿筹资成本和创造企业利润，具有举足轻重的意义。企业应该根据自身发展战略和规划，结合企业资金状况以及筹资可能性，确定投资目标，制定投资计划，合理安排资金投放的数量、结构、方向与时机，慎选投资项目，突出主业，谨慎从事股票或衍生金融产品等高风险投资。企业在境外投资还应考虑政治、经济、金融、法律、市场等因素的影响。企业如果采用并购方式进行投资，则应当严格控制并购风险，注重并购的协同效应。

13.2.5.1 投资活动的业务流程

企业应该根据投资活动的业务流程，以及流程中各个环节体现出来的风险，采用不同的具体措施对投资活动进行内部控制。投资活动的业务流程如图 13–2 所示。

第一，提出投资方案。企业应根据企业发展战略、宏观经济环境、市场状况等，提出本企业的投资项目规划，然后在对项目进行筛选的基础上，确定投资项目。

第二，投资方案的可行性论证。企业应对投资项目进行严格的可行性研究与分析。企业需要从投资战略是否符合企业的发展战略，是否有可靠的资金来源，能否取得稳定的投资收益，投资风险是否处于可控或可承担范围内，投资活动的技术可行性、市场容量与前景等几个方面进行可行性论证。

第三，投资方案的审批。企业应按照规定的权限和程序并通过分级审批、集体决策的方式来对投资项目进行审批。决策者应与方案制定者适当分离。企业应重点审查投资方案是否可行、投资项目是否符合投资战略目标和规划、是否具有相应的资金能力、投入资金能否按时收回、预计收益能否实现，以及投资和并购风险是否可控等。重大投资项目，实行联签制度或者集体决策。投资方案需要经过有关管理部门批准的，应当履行相应的报批程序。

第四，投资计划的编制与审批。根据审批通过的投资方案，与被投资方签订投资合同或协议，编制详细的投资计划，明确不同阶段的资金投入数量、项目具体内容、项目进度、完成时间、质量标准与要求等，并按程序报有关部门批准后履行投资合同或协议。

第五，投资计划的实施。投资项目往往周期较长，企业需要指定专门机构或人员对投资项目进行跟踪管理和有效管控。在投资项目执行过程中，企业必须加强对投资项目的管理，密切关注投资项目的市场条件和政策的变化，准确做好投资项目的会计记录和处理。企业应及时收集被投资方的经审计的财务报告等相关资料，定期组织投资效益分析，关注被投资方的财务状况、经营成果、现金流量以及投资合同履行情况，若发现异常情况，应当及时报告并妥善处理。同时，在项目实施过程中，企业还必须根据各种条件，准确对投资项目的价值进行评估，根据投资项目的公允价值进行会计记录。如果发生投资减值，则企业应及时计提减值准备。

第六，投资项目的到期处置。企业对已到期投资项目的处置同样要经过相关审批流程，妥善处置并实现企业最大的经济收益。企业应加强投资收回和处置环节的控制，对投资收回、转让、核销等决策和审批程序做出明确规定；重视投资到期本金的回收；转让投资应当由相关机构或人员合理确定转让价格，报授权批准部门批准，必要时可委托具有相应资质的专门机构进行评估；核销投资应当取得不能收回投资的法律文书和相关证明文件。

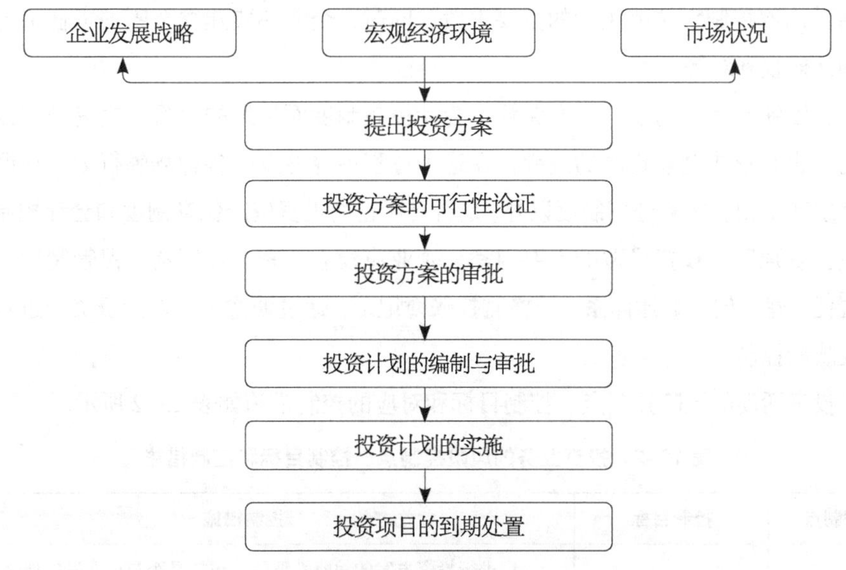

图 13–2　投资活动的业务流程

13.2.5.2　投资活动的主要风险及其控制措施

第一，因投资活动与企业发展战略不符而导致的风险。企业发展战略是企业投资活动、生产经营活动的指南。企业的投资活动应该以企业发展战略为导向，正确选择投资项目，合理确定投资规模，恰当权衡收益与风险。企业的投资活动要突出主业，妥善选择并购目标，控制并购风险；要避免盲目投资，避免贪大、贪快、乱铺摊子以及投资无所不及、无所不能的现象。

第二，因投资与筹资在资金数量、期限、成本与收益上不匹配而导致的风险。对于投资活动的资金需求，企业需要通过筹资予以满足。企业采用的筹资方式不同，则可筹集资金的数量、偿还期限、筹资成本就不一样。这就要求企业应量力而为，不可贪大、求全，不可对超过企业资金实力和筹资能力的项目进行投资。投资的现金流量在数量和时间上要与筹资的现金流量保持一致，以避免发生财务危机；投资收益要与筹资成本相匹配，保证筹资成本的足额补偿和投资的盈利性。

第三，因忽略资产结构与流动性而导致的风险。企业的投资活动会形成特定资产，并由此影响企业的资产结构与资产流动性。对企业而言，资产流动性和盈利性是矛盾的。这就要求企业在投资中要恰当处理资产流动性和盈利性的关系，通过投资保持合理的资产结构，在保证企业资产的适度流动性的前提下追求盈利最大化。这也是投资风险与收益的均衡问题。

第四，因缺乏严密的授权审批制度和不相容职务分离制度而导致的风险。授权审批制度是投资活动合法性和有效性的重要保证，不相容职务分离制度则通过相互监督与牵制，保证企业在严格控制下进行投资活动。这是堵塞漏洞、防止舞弊的重要手段。没有严格的授权审批制度和不相容职务分离制度，企业的投资活动就会呈现出随意、无序、无效的状况，从而导致投资失误和企业生产经营失败。因此，授权审批制度和不相容职务分离制度是投资活动内部控制、防范风险的重要手段。同时，企业还应建立严密的责任追究制度，使责任和任何权利对等。

第五，因缺乏严密的投资资产保管与会计控制制度而导致的风险。投资是直接使用资金的行为，也是形成企业资产的过程，在这个过程中容易发生各种舞弊行为。在严密的授权审批制度和不相容职务分离制度以外，是否有严密的投资资产保管制度和会计控制制度，也是影响投资风险、投资成败的重要因素。企业应建立严密的投资资产保管制度，明确资产保管责任，建立健全账簿体系，严格监控账簿记录，通过账簿记录对投资资产进行详细、动态的反映和控制。

企业投资活动的风险控制点、控制目标和对应的控制措施如表 13–2 所示。

表 13–2　投资业务的风险控制点、控制目标和控制措施

风险控制点	控制目标	控制措施
提出投资方案	进行投资方案可行性论证	1. 进行投资方案的战略性评估，包括是否与企业发展战略相符合 2. 投资规模、方向和时机是否适当 3. 对投资方案进行技术、市场、财务等方面的可行性研究，深入分析项目的技术可行性与先进性、市场容量与前景，以及项目预计现金流量、风险与报酬，比较或评价不同项目的可行性

续表

风险控制点	控制目标	控制措施
审批投资方案	选择批准最优投资方案	1. 明确投资业务的授权批准方式和程序以及审批人的权限和责任，审批人不得越权 2. 审批中应实行集体决策审议或者联签制度 3. 与有关被投资方签署投资协议
编制投资计划	编制切实可行的具体投资计划，作为对投资项目进行控制的依据	1. 核查企业当前资金额及正常生产经营预算对资金的需求量，积极筹措投资项目所需资金 2. 编制详细的投资计划，并根据授权审批制度报有关部门审批
实施投资计划	保证投资活动按计划合法、有序、有效进行	1. 根据投资计划进度，严格分期、按进度适时投放资金，严格控制资金流量和投放时间 2. 以投资计划为依据，按照职务分离制度和授权审批制度，各环节和各责任人正确履行审批监督责任，对项目实施过程进行监督和控制，防止各种舞弊行为，保证项目建设符合质量和进度要求 3. 做好严密的会计记录，发挥会计控制的作用 4. 做好跟踪分析工作，及时评价投资的进展，将分析和评价的结果反馈给决策层，以便及时调整投资策略或制定投资退出策略
投资资产的处置和控制	保证投资资产的处理符合企业的利益	1. 投资资产的处置应该通过专业中介机构，选择相应的资产评估方法，客观评估投资价值，同时确定处置策略 2. 投资资产的处置必须经过董事会的授权批准

13.2.5.3 投资活动的会计系统控制

企业应当按照会计准则和制度的规定，准确进行投资活动的会计处理。企业应根据对被投资方的影响程度，合理确定投资会计政策，建立投资管理台账，详细记录投资对象、金额、期限、收益等事项，妥善保管投资合同或协议、出资证明等资料。当被投资方出现财务状况恶化、市价当期大幅下跌等情形时，企业财会部门应当根据国家统一的会计准则和制度的规定，合理计提减值准备、确认减值损失。

企业投资活动的会计系统控制具体包括以下几点。一是企业必须按照会计准则的要求，对投资项目进行准确地会计核算、记录与报告，确定合理的会计政策，准确反映企业投资的真实状况。二是企业应当妥善保管投资合同、协议、备忘录、出资证明等重要的资料。三是企业应当建立投资管理台账，详细记录投资对象、金额、期限等情况，作为企业重要的档案资料以备查用。四是企业应当密切关注投资项目的营运情况，一旦出现财务状况恶化、市价大幅下跌等情形，必须按会计准则的要求，合理计提减值准备。企业必须准确、合理地对减值情况进行估计，而不应滥用会计估计，不应把减值准备作为操纵利润的手段。

【例 13-4】股权投资

（一）投资方案的提出

某股份有限公司（以下称 A 公司）为一国有控股的上市公司，于 20×9 年年初成立投资小组以完成年度收购计划。经过与业内多家公司深入交流并对其进行比较后，结合产业融合度和财务筹划需要，A公司最终锁定某民营企业（B公司）为本次股权投资项目的目标公司。

（二）投资方案的可行性论证

20×9年7月，A公司在投资小组的基础上组建了由投资、战略、技术、市场、人力、法务等相关部门人员参与的B公司收购“尽职调查工作组”，并同时委托会计师事务所、评估事务所、律师事务所分别对B公司进行审计、评估及法律方面的尽职调查。在完成现场尽职调查后，工作组出具了尽职调查报告与评估分析报告，中介机构分别出具了审计报告、评估报告和法律意见书。

在收购风险方面，投资小组认为可能存在如下风险，并提出了应对措施。

（1）收购后的整合风险及应对措施

国有控股的上市公司与民营公司在管理体制与企业文化等方面存在较大差异，并购后企业文化的冲突可能对其盈利能力造成影响。

应对措施：保留B公司原管理团队，A公司派出财务总监；日常经营由原管理团队负责，A公司通过管理审计对B公司进行监控；在规范的基础上，沿袭目标公司的经营模式，保持目标公司高效运转的状态；在保持盈利能力的基础上，继续实施“高效益、高薪资”的激励政策，保持团队相对稳定；在章程和协议中进行事前的原则约定，保证后续的执行；A公司只收购B公司30%的股权，应保持管理的灵活性。

（2）政策风险及应对措施

国家宏观产业政策的不确定，使B公司的产品被间接影响的程度存在不确定性，从而为后续持续盈利带来一定的风险。

应对措施：加大B公司产品的开发推广和力度，通过提升客户质量，规避政策风险；加大在海外市场的推广力度，促进海外市场销量的稳步增长，弥补政策风险可能导致的国内市场销量下滑。

（3）协同效应难以实现的风险及应对措施

并购的最佳效果是取得协同效应，然而如果存在产业规划重叠、资产闲置、内部竞争等情况，则A公司难以取得协同效应。

应对措施：收购后，A公司尽快加强产品规划的实施，围绕A、B公司的产品尽快完成整合。

经过对B公司的深入评估分析及对项目并购方案的可行性论证，A公司通过了项目可行性评估。

（三）投资方案的审批流程

20×9年7月底至9月中旬，根据A公司章程及公司相关业务流程，工作组将B公司收购项目逐级上报至A公司总裁办公室、董事会、股东（大）会进行审议并通过。

（四）投资方案的执行

选定投资对象后，A 公司设计出初步投资方案，并与 B 公司股东就股权转让事宜达成初步合作意向，双方于 20×9 年 6 月底签署了保密协议与合作备忘录。可行性研究论证通过后，根据 A 公司董事会决议和股东（大）会决议，A 公司与 B 公司就股权转让事宜及后续合作进行了协商并签署了文件。A 公司以自有资金 1.3 亿元收购了 B 公司 30% 的股权，相关法律文件正式生效，外部审批流程履行完毕，股权交割工作圆满完成。

（五）投资业务的执行与监控

股权交割完毕后，A 公司立即成立了收购整合工作小组，并以“制度建设 + 财务监控 + 管理审计”的方式按计划推进整合工作，通过设立规范的法人治理结构、外派财务负责人及定期召开董事会、股东（大）会等方式实现与 B 公司的及时互动和对 B 公司的有效监控。

【分析】本案例中，A 公司组建的尽职调查工作组包括了投资、战略、技术、市场、人力、法务等各个相关部门的人员，保证了尽职调查的全面性、客观性。同时，A 公司还委托了会计师事务所、评估事务所、律师事务所等外部专业机构参与收购。多部门和专业机构的参与提高了本次收购的决策质量，对风险进行了全面评估，并提出了相应的应对措施。这是值得其他公司在内部控制制度设计方面借鉴的。

13.2.6　资金营运活动

企业资金营运活动内部控制的主要目标包括 3 个方面。第一，保持生产经营各环节资金供求的动态平衡。企业应当将资金合理安排到采购、生产、销售等各环节，做到实物流和资金流的相互协调，使资金收支在数量和时间上相互协调。第二，促进资金合理循环和周转，提高资金使用效率。资金只有在不断流动的过程中才能带来价值增值。企业加强资金营运活动的内部控制，就是要努力促使资金正常周转，为短期资金寻找适当的投资机会，避免出现资金闲置等低效现象。第三，确保资金安全。企业的资金营运活动大多与流动资金尤其是货币资金相关。货币资金的流动性很强，更易引发错误和舞弊问题，更需要企业保证其安全性。

13.2.6.1　资金营运活动的业务流程

企业资金营运活动是一种价值运动。为保证资金价值运动的安全、完整、有效，企业应对资金营运活动的流程进行控制。

第一，资金收付需要以业务发生为基础。企业收付资金，应该有根据，不能凭空付款或收款。所有收款或者付款需求，都由特定的业务引起，因此，真实的业务发生，是资金收付的基础。

第二，企业授权部门进行审批。收款方应该向对方提交相关业务发生的票据或者证明，再收取资金。资金支付涉及企业经济利益流出，应严格履行授权分级审批制度。不同责任人应该在自己权限范围内，审核业务的真实性、金额的准确性，以及申请人提交票据或者证明的合法性，严格监督资金支付过程。

第三，财务部门复核。财务部门收到经过企业授权部门审批签字的相关凭证或证明后，应再次复核业务的真实性、金额的准确性、相关票据的齐备性，以及相关手续的合法性和完整性，并签字认可。

第四，出纳或资金管理部门在收款人签字后，根据相关凭证支付资金。

13.2.6.2 资金营运内部控制的关键控制点及控制措施

资金营运内部控制的关键控制点如下。

一是审批控制点。把收支审批点作为关键点，是为了控制资金的流入和流出。审批权限的合理划分是资金营运活动业务顺利开展的前提条件。审批控制点包括：制定资金的限制接近措施，经办人员进行业务活动时应该得到授权审批，未经授权的人员不得办理资金收付业务；使用资金的部门应提出用款申请，记载用途、金额、时间等事项；经办人员在原始凭证上签章；经办部门负责人、主管总经理和财务部门负责人审批并签章。

二是复核控制点。复核是减少错误和舞弊的重要环节。根据企业内部层级的隶属关系可以将复核划分为纵向复核和横向复核这两种类型。前者是指上级对下级活动的复核；后者是指平级或无上下级关系人员之间的相互核对，如财务系统内部的核对。复核控制点包括：资金营运活动会计主管审查原始凭证反映的收支业务是否真实、合法，审核通过并签字盖章后才能填制原始凭证；凭证上的主管、审核、出纳和制单等印章是否齐全。

三是收付控制点。资金的收付导致资金流入、流出，反映着资金的来源和去向。该控制点包括：出纳人员按照审核后的原始凭证收付款，并对已完成收付的凭证加盖印章，并登记日记账；主管会计人员及时、准确地将收付业务记录在相关账簿中，并定期与出纳人员的日记账进行核对。

四是记账控制点。资金的凭证和账簿是反映企业资金流入、流出的信息源，如果记账环节出现管理漏洞，很容易导致整个会计信息处理结果失真。记账控制点包括：出纳人员根据资金收付凭证登记日记账；会计人员根据相关凭证登记有关明细分类账；主管会计登记总分类账。

五是对账控制点。对账是账簿记录的最后一个环节，也是报表生成前的一个环节，对保证会计信息的真实性起到重要作用。对账控制点包括：账证核对、账账核对、账表核对、账实核对等。

六是银行账户管理控制点。企业应当严格按照《支付结算办法》等有关规定，加强对银行账户的管理，严格按规定开立账户，办理存款、取款和结算业务。银行账户管理控制点包括是否对银行账户的开立、使用和撤销进行授权；下属企业或单位是否有账外账。

七是印章保管控制点。印章是明确责任、表明业务执行及完成情况的标记。印章的保管要贯彻不相容职务分离的原则，严禁将办理资金支付业务的相关印章和票据集中一人保管，印章要与空白票据分管，财务专用章要与企业法人章分管。

为了加强对资金营运风险的管控，企业应当着力做好 3 项工作。一是强化资金预算管理，保证资金整体平衡。资金营运管理必须与企业的全面预算管理相一致，服从并服务于企业整体发展战略。企业应认真做好资金营运预算和计划，以销售预算、采购预算、投资预算、人工预算、费用预算等为基础，构建全面的资金营运预算体系，事先掌握各流动项目和资本支出的变动趋势，预先消除影响资金营运状况的消极因素，提高企业营运效率。在预算基础上，建立并强化资金营运管理考核机制，加强企业内部审计的监督力度。二是灵活调度资金。资金调度不合理会带来资金冗余、筹资成本偏高或者资金不足、资金链断裂等问题。通过资金在企业内部的灵活调度，企业可以调剂母、子公司之间的资金余缺，提高资金使用效益。企业应实行资金集中调度管理，推行主办银行制和统一银行授信的方式对外进行筹资，可以提高企业与银行的谈判能力。三是加大资金管控力度。有子公司的企业或企业集团，要强化对成员企业资金业务的管控。企业集团组建资金管理中心或者财务公司后，应统一管理成员企业的银行账户，实施收支两条线的资金集中管理，将收入与支出两个资金流分开，防范成员企业的坐收、坐支行为，堵塞预算外资金管理漏洞，从而加强对企业资金安全的管理。

企业资金营运内部控制的关键控制点及对应的控制目标和控制措施如表 13–3 所示。

表 13–3　资金营运内部控制的关键控制点、控制目标及控制措施

关键控制点	控制目标	控制措施
审批	合法性	未经授权不得经办资金收付业务；明确不同级别的管理人员的权限
复核	真实性与合法性	对相关凭证进行横向复核和纵向复核
收付	收入入账完整，支出手续完备	出纳根据审核后的相关收付款原始凭证收款和付款，并加盖印章
记账	真实性	出纳人员根据资金收付凭证登记日记账；会计人员根据相关凭证登记有关明细分类账；主管会计登记总分类账
对账	真实性和财产安全	账证核对、账表核对与账实核对等
保管	财产安全与完整	授权专人保管资金；定期、不定期盘点
银行账户管理	防范“小金库”；加强业务管控	银行账户的开立、使用与撤销的授权；是否有账外账
印章保管	财产安全	票据统一印制或购买；票据由专人保管；印章与空白票据分管；财务专用章与企业法人章分管

总之，强化企业资金管理、控制资金风险，有利于保障企业资金安全、发挥资金的规模效益，有利于企业宏观掌握和控制资金筹措、运用及平衡，促进企业可持续、健康发展。

【例 13–5】10 分钟的悲剧

2008 年 9 月 15 上午 10 点，拥有 158 年历史的美国第四大投资银行——雷曼兄弟（以下简称 LMXD）公司向法院申请破产保护。此消息瞬间传遍世界各地。

匪夷所思的是，在如此明朗的情况下，德国国家发展银行（以下简称KFW），于当日10点10分，居然按照外汇掉期协议，通过计算机自动付款系统，向LMXD即将冻结的银行账户转入了3亿欧元。毫无疑问，3亿欧元将是“肉包子打狗——有去无回”。

转账风波曝光后，德国社会舆论哗然。德国当时销量最大报刊的《图片报》在9月18日的头版标题中，指责KFW是德国迄今为止“最愚蠢的银行”。

以下是律师事务所调查员向德国国会和财政部递交的一份调查报告中的记载。它可以告诉我们在短暂而又关键的10分钟内，KFW有关部门的人员都是怎么想的，又是怎么做的。

首席执行官乌尔里奇·施罗德：我知道今天要按照协议约定转账，至于是否撤销这笔巨额交易，应该让董事会讨论决定。

董事长保卢斯：我们还没有得到风险评估报告，无法及时做出正确的决策。

董事会秘书史里芬：我打电话给国际业务部催要风险评估报告，可总是占线，我想还是隔一会儿再打吧。

国际业务部经理克鲁克：星期五晚上准备带上全家人去听音乐会，我得提前打电话预定门票。

国际业务部副经理伊梅尔曼：忙于其他事情，没有时间去关心LMXD公司的消息。

负责处理与LMXD公司的业务的高级经理希特霍芬：我让文员上网浏览新闻，若有LMXD公司的消息就立即向我报告，现在我要去休息室喝杯咖啡了。

文员施特鲁克：上午10点3分，我在网上看到了LMXD公司向法院申请破产保护的新闻，马上就跑到希特霍芬的办公室，可是他不在，我就写了张便条放在办公桌上，他回来后会看到的。

结算部经理德尔布吕克：今天是协议规定的交易日子，我没有接到停止交易的指令，那就按照原计划转账吧。

结算部自动付款系统操作员曼斯坦因：德尔布吕克让我执行转账操作，我什么也没问就做了。

信贷部经理莫德尔：我在走廊里碰到了施特鲁克，他告诉我LMXD公司破产的消息，但是我相信希特霍芬和其他职员的专业素养，一定不会犯低级错误，因此也没必要提醒他们。

公关部经理贝克：LMXD公司破产是板上钉钉的事，我想跟乌尔里奇·施罗德谈谈这件事，但上午要会见几个克罗地亚的客人，等下午再找他也不迟，反正不差这几个小时。

【分析】这个案例至少告诉我们两点内容。

第一，在资金营运内部控制中，严谨的流程设计与审批权限的划分十分重要。企业不仅应考虑正常情况下的流程，而且应当考虑某些特殊情况下的流程，否则就会违背内部控制的精髓，进而使内部控制失效。首席执行官乌尔里奇·施罗德和董事长保卢斯的做法即证明了这一点。如果他们没有完全依赖于正常情况下的流程，而在非常事件出现时采取了非常措施，则3亿欧元的损失是可能避免的。

第二，收支审批点作为关键控制点，企业必须考虑其特殊情况。当情况发生重大变化、处理原已过时的事项将明显导致企业发生损失时，有关人员有权重新报批。按照这一要求，经办业务的人员面对发生重大变化的情况时，不应根据原已生效的协议，而应按照经过修正的流程办理业务，重新向上级报批。如果是这样，则 3 亿欧元的损失也是可以避免的。

13.2.7　加强资金活动管控的意义

加强资金活动管控对于维护资金的安全与完整、防范资金活动风险、提高资金效益、促进企业健康发展具有重要意义。

13.2.7.1　资金活动的风险管控事关企业的生死存亡

第一，资金活动影响企业生产经营的全过程。企业的资金活动与生产经营过程密不可分。企业生产经营活动的开展，都依赖于一定形式的资金支持；生产经营的过程和结果，也是通过一定形式的资金活动体现出来的。因此，资金管理一直被视为企业财务管理的核心内容，构成了企业经营管理的重要部分。

第二，资金活动内部控制通常是企业内部控制的关键且薄弱的环节。影响企业资金活动的因素很多、涉及面很广、不确定性很强，因此，企业在对资金活动进行管理和控制时所面临的难度很大。要做好资金活动的管控，企业首先需要对自身业务活动进行科学、准确的定位；其次，企业需要对自身所处的政治、经济、文化和技术等环境做出客观、清晰的判断；最后，企业需要相机抉择，合理处理自身与外界的各种关系和矛盾。企业由于受到主观、客观条件的限制，很难做到自动对资金活动施以有效控制。资金活动内部控制的失误，往往给企业带来致命的打击。众多事实表明，资金活动内部控制失效，轻则带来巨额损失，重则可能将企业的百年基业毁于一旦。可见资金活动及其内部控制情况，对企业生产经营的影响巨大；加强和改进资金活动内部控制，是企业生存和发展的内在需要。

13.2.7.2　资金活动应用指引的实施有利于企业可持续发展

第一，有利于企业防范资金活动风险，维护资金安全。资金活动贯穿企业生产经营的全过程，企业内部各部门、企业外部相关单位和个人都直接或间接参与企业资金活动，其中任何一个环节、任何一个机构和个人出现差错，都可能危及资金安全、导致企业发生损失。加强资金活动内部控制，有利于企业及时发现问题，防范并化解有关风险。

第二，可以促进企业资金的合理使用，提高资金使用效率。企业生产经营活动的有效开展，依赖于资金的合理存量和流量。企业应根据资金活动应用指引开展资金活动内部控制，正确评价企业的资源条件和未来前景，科学地进行筹资和投资，并对生产经营中的资金余缺进行合理调剂。这样做有利于资金均衡流动、提高资金的使用效率，从而使企业获得更好的经济效益。

第三，可以规范企业经营活动，推动企业可持续发展。由于资金活动与企业生产经营活动紧密结合，因此，企业根据资金活动应用指引规范企业的资金活动，实际上是从资金流转的角度对生产经营过程进行控制。这样做有利于促使企业规范地开展业务活动、实现长期可持续发展。

13.2.8 资金活动内部控制的总体要求

对资金活动实施内部控制，企业需要建立健全相应的内部控制制度，即根据国家和地方有关法律法规和监管制度的要求，结合企业生产经营的实际需要，设计科学合理、重点突出、便于操作的业务流程，同时还要制定针对关键控制点以及主要风险来源的内部控制措施。

13.2.8.1 科学决策是核心

推进资金管理信息化建设，将资金预算管理与资金实时监控相结合，及时、准确地反映资金运行状况和风险，可以提高决策的科学性，提高资金管理的及时性。具体地说，企业应当根据自身发展战略，综合考虑宏观经济政策、市场环境、环保要求等因素，结合本企业发展实际，科学确定投融资目标和规划。如果目标不明确，决策不正确，控制措施就难以执行到位，资金活动将难以顺利进行。

13.2.8.2 制度建设是基础

制度是企业顺利开展各项经营管理活动的基础性保障，有利于提高资金运作的合法性和规范性。企业应当根据法律法规及企业自身的管理需要，完善资金管理制度，强化资金内部控制管理。企业资金活动内部控制制度主要涉及资金授权、批准、审验等方面。比如，企业可通过资金集中归口管理制度，明确筹资、投资、营运等各环节的相关部门和人员的职责权限；通过不相容职务分离制度，形成有力的内部牵制关系；通过严格的监督检查和项目后评价制度，跟踪资金活动内部控制的实际情况，以修正制度、改善控制效果。

13.2.8.3 业务流程是重点

对资金活动实施内部控制，本质上是对资金业务流程的控制。企业在设计资金活动相关内部控制制度时，应该重点明确各种资金活动的业务流程，确定每一个环节、每一个步骤的工作内容和应该履行的程序，并将其落实到具体部门和人员。此外，很多资金业务是伴随企业生产经营活动的开展而开展的，两者相互联系又互相影响，因此，在设计资金活动业务流程的同时，企业要充分考虑相关生产经营活动的特征，根据生产经营活动的流程设计合理的资金控制流程。反之，企业也可以根据资金控制流程调整和优化生产经营活动的流程，达到通过控制资金活动来规范企业生产经营活动的目的。

13.2.8.4 风险控制点是关键

在资金活动较为复杂的情况下，企业在对资金活动进行内部控制时不可能面面俱到。因此，企业必须识别并关注主要风险来源和主要风险控制点，以提高内部控制的效率。具体而言，在明确业务流程以后，企业应该针对流程中的每一个环节、每一个步骤，认真、细致地进行分析，根据风险不确定性的大小、危害的严重程度等，明确关键的业务、关键的程序、关键的人员和岗位等，从而确定关键的风险控制点；然后针对关键风险控制点制定有效的控制措施，集中精力管控关键风险。

13.2.8.5 资金集中管理是方向

一般认为，企业规模越大，管理的难度也越大。如果管理技能一定，企业应当平衡集权与分权。科学技术的快速发展极大地提高了企业资金管理的能力，资金集中管理的优势明显扩大，并且日益成为规模较大的企业首选的资金管控模式。另外，集团公司是企业发展到一定规模后，为了进一步优化资源配置而采用的一种组织形式。对于集团公司的资金管控模式，同样首推资金集中管控模式。也就是说，无论是企业还是企业集团，都应该加强资金的统一管控。企业有子公司的，更加应当采取合法、有效的措施，强化对子公司资金业务的统一管控；有条件的企业集团，应当探索财务公司、资金结算中心等资金集中管控模式。

13.2.8.6 严格执行是保障

企业如果只是将好的制度、措施停留在纸上，而不严格执行，那么这些制度、措施就只能流于形式而无法发挥效用。在对资金活动进行内部控制时，有些企业虽然找对了业务流程、找准了关键风险控制点，但是没有采取具体措施对关键风险进行有效控制，这样可能造成严重损失。因此，严格执行制度是整个内部控制活动发挥实效的关键。企业只有严格执行内部控制制度，才有可能实现资金活动的目标。为了加强对资金活动的管控，促使资金活动内部控制制度得到切实有效的实施，企业财会部门应负责资金活动的日常管理，参与投融资方案的可行性研究；总会计师或分管会计工作的负责人应当参与投融资决策过程。

13.3 实务案例：关于 A 公司货币资金内部控制失效的思考[4]

（一）公司背景

A 公司是一家大型国有控股能源公司，其规模位于世界 500 强企业前列。A 公司以建设世界级水平的综合性国际公司为发展目标，着力增强自主创新能力，扩大开放合作，提升管理水平，强化安全环保，从而实现生产稳定增长、效益稳定向好的发展战略目标。B 公司是 A 公司的全资子公司，其业务涉及工程技术、生产服务、生活服务业务和多元投资四大板块，实力雄厚。

（二）案例回放

2004 年 10 月初，B 公司财务部出纳人员 C 某突然失踪，经查，C 某伪造银行承兑汇票 2 张，盗窃资金共计 1 200 万元。这一事件震惊了 B 公司全体人员。

C 某，男，30 岁，是国内知名财经大学财会专业的毕业生，从 2002 年 3 月起任 B 公司财务部出纳，负责现金、银行存款的收支，银行承兑汇票的保管、到期兑付和背书转让等

4 杨昱菁. 企业货币资金管理案例分析 [J]. 北京：城市建设理论研究（电子版），2014.

工作。C某给人的印象是为人朴实、待人诚恳，其担任出纳后，表现出较高的工作热情，工作基础扎实。可以说没有人相信C某会做出这样的事情。经过查实，C某伙同其大学同学，将盗取的大部分资金投入股市，用于购买股票。

银行承兑汇票是一种远期支付票据，在方便客户的同时也给不法分子提供了可乘之机。这也是票据风险中危害最大、最难防范的一种风险。不法分子通过伪造票据、票据调包、票据圈钱和票据讨债等手段达到侵吞企业财产的目的。B公司每年的现金流量金额巨大，其中银行承兑汇票的金额就达十几亿元，C某恰好负责该票据的保管工作，便有了可乘之机。他采用私刻公章、伪造票据充抵库存余额的手段，以达到贪污、盗窃的目的。

在该案件发生后，B公司管理层高度重视，经多方努力，追回大部分被盗资金，同时第一时间在全公司范围内开展清理、整顿工作，并采取了如下措施。

① 加强现金和银行票据的管理。

② 加强会计工作的内部监督控制，全面启动建设内部控制体系的工作。

③ 加强资金安全意识，完善会计系统控制体系。

④ 加强会计人员职业道德教育，完善员工激励约束机制。

经过几年的努力，B公司内部控制体系运行顺畅，再没发生过类似事件。

（三）案例分析

该案例暴露出B公司在内部会计控制制度建设中的一些问题，以及制度执行不到位的情况，给了我们很多警示。

（1）建立健全内部监督控制制度

内部监督控制制度不健全包括两种情况：一是未建立相关制度；二是虽有内部监督控制制度，但形同虚设，执行不到位，或者各项制度完备，但是执行过程中随意改变、简化流程。如果负责监管的相关人员没有严格执行，或者监督不到位，就容易出现问题。企业在完善各项规章制度的同时，也应该高度重视制度的执行情况，加强检查和监督的力度。

（2）完善高风险业务控制制度

随着市场经济的不断发展，市场上涌现出许多新兴的金融业务。这些业务风险较大，而大型国有企业涉及高风险业务的管理制度相对较少。为此，企业应重视高风险经济业务，对可能的风险做出科学预判，加快完善高风险业务控制制度，并加强监督、检查的力度。

（3）建立风险预警机制

除了常见的控制措施以外，企业还应建立重大风险预警机制和突发事件应急处理机制，明确风险预警的标准，为可能发生的重大风险或突发事件制定应急预案，明确责任人员，规范处理程序，确保突发事件得到及时处理。

（4）加强财务人员职业道德教育

在本案中，C某沉溺于股市，缺乏会计人员应具备的素质和职业道德，为后来挪用公款的行为留下隐患。C某的社会责任意识淡薄，为了追求物质利益铤而走险，抓住一切漏洞和机会，频频作案。为此，企业应该加强对财务人员的思想教育和业务培训。尽管制度的作用巨大，但思想道德教育还是必不可少的。

此外，企业还应适时实施轮岗制度。德国公务员制度规定 5 年必须轮岗；容易滋长腐败的部门则 3 年轮岗。会计在各单位之间轮岗，可以取长补短，也有助于防止既得利益集团的形成和团伙作案。

（5）完善员工激励约束机制

再好的制度也要靠人来执行，所以企业财会人员的高素质是内部控制制度有效的关键因素。人所具有的潜能也需要外在条件激发出来。企业人力资源政策应当有利于企业可持续发展，包括员工的聘用、培训、辞退与辞职，以及员工的薪酬、考核、晋升与奖惩等都应该有利于提高员工的综合素质，有利于调动和提高员工的积极性，有利于增强员工的事业心和责任感。企业应当将职业道德修养和专业胜任能力作为选拔和聘用员工的重要标准，切实加强对员工的培训和继续教育，不断提升员工素质。

（6）充分利用系统控制的方法，提高内部控制执行效果

系统控制具有标准统一、规范，业务流程规范、高效，权限控制严格、便捷等特点。企业在建设会计系统时，可以将业务发起端前移、结束端后移，也就是将非财务流程也纳入系统。这样在标准统一的同时也可以提高业务的安全性。比如，目前大中型企业采用的银企直连的付款方式，全程在线办理业务，在很大程度上减少了犯罪分子的可乘之机。

（四）案例总结

本案例足以让我们再三反思。资金安全管控不是一朝一夕的事情，任重而道远。企业应不断探究科学的管理方法，通过实施科学的制度来实现工作程序的规范化、管理方法的科学化，同时对员工进行指导和约束，鞭策和激励员工遵纪守法、抵制诱惑、努力学习、勤奋工作。

第14章 企业内部控制应用指引第7号——采购业务

14.1 法规原文

企业内部控制应用指引第7号——采购业务

第一章 总则

第一条 为了促进企业合理采购，满足生产经营需要，规范采购行为，防范采购风险，根据有关法律法规和《企业内部控制基本规范》，制定本指引。

第二条 本指引所称采购，是指购买物资（或接受劳务）及支付款项等相关活动。

第三条 企业采购业务至少应当关注下列风险：

（一）采购计划安排不合理，市场变化趋势预测不准确，造成库存短缺或积压，可能导致企业生产停滞或资源浪费。

（二）供应商选择不当，采购方式不合理，招投标或定价机制不科学，授权审批不规范，可能导致采购物资质次价高，出现舞弊或遭受欺诈。

（三）采购验收不规范，付款审核不严，可能导致采购物资、资金损失或信用受损。

第四条 企业应当结合实际情况，全面梳理采购业务流程，完善采购业务相关管理制度，统筹安排采购计划，明确请购、审批、购买、验收、付款、采购后评估等环节的职责和审批权限，按照规定的审批权限和程序办理采购业务，建立价格监督机制，定期检查和评价采购过程中的薄弱环节，采取有效控制措施，确保物资采购满足企业生产经营需要。

第二章 购买

第五条 企业的采购业务应当集中，避免多头采购或分散采购，以提高采购业务效率，降低采购成本，堵塞管理漏洞。企业应当对办理采购业务的人员定期进行岗位轮换。重要和技术性较强的采购业务，应当组织相关专家进行论证，实行集体决策和审批。

企业除小额零星物资或服务外，不得安排同一机构办理采购业务全过程。

第六条 企业应当建立采购申请制度，依据购买物资或接受劳务的类型，确定归口管理部门，授予相应的请购权，明确相关部门或人员的职责权限及相应的请购和审批程序。

企业可以根据实际需要设置专门的请购部门，对需求部门提出的采购需求进行审核，并进行归类汇总，统筹安排企业的采购计划。

具有请购权的部门对于预算内采购项目，应当严格按照预算执行进度办理请购手续，并根据市场变化提出合理采购申请。对于超预算和预算外采购项目，应先履行预算调整程序，由具备相应审批权限的部门或人员审批后，再行办理请购手续。

第七条　企业应当建立科学的供应商评估和准入制度，确定合格供应商清单，与选定的供应商签订质量保证协议，建立供应商管理信息系统，对供应商提供物资或劳务的质量、价格、交货及时性、供货条件及其资信、经营状况等进行实时管理和综合评价，根据评价结果对供应商进行合理选择和调整。

企业可委托具有相应资质的中介机构对供应商进行资信调查。

第八条　企业应当根据市场情况和采购计划合理选择采购方式。大宗采购应当采用招标方式，合理确定招投标的范围、标准、实施程序和评标规则；一般物资或劳务等的采购可以采用询价或定向采购的方式并签订合同协议；小额零星物资或劳务等的采购可以采用直接购买等方式。

第九条　企业应当建立采购物资定价机制，采取协议采购、招标采购、谈判采购、询比价采购等多种方式合理确定采购价格，最大限度地减小市场变化对企业采购价格的影响。

大宗采购等应当采用招投标方式确定采购价格，其他商品或劳务的采购，应当根据市场行情制定最高采购限价，并对最高采购限价适时调整。

第十条　企业应当根据确定的供应商、采购方式、采购价格等情况拟订采购合同，准确描述合同条款，明确双方权利、义务和违约责任，按照规定权限签订采购合同。

企业应当根据生产建设进度和采购物资特性，选择合理的运输工具和运输方式，办理运输、投保等事宜。

第十一条　企业应当建立严格的采购验收制度，确定检验方式，由专门的验收机构或验收人员对采购项目的品种、规格、数量、质量等相关内容进行验收，出具验收证明。涉及大宗和新、特物资采购的，还应进行专业测试。

验收过程中发现的异常情况，负责验收的机构或人员应当立即向企业有权管理的相关机构报告，相关机构应当查明原因并及时处理。

第十二条　企业应当加强物资采购供应过程的管理，依据采购合同中确定的主要条款跟踪合同履行情况，对有可能影响生产或工程进度的异常情况，应出具书面报告并及时提出解决方案。

企业应当做好采购业务各环节的记录，实行全过程的采购登记制度或信息化管理，确保采购过程的可追溯性。

第三章　付款

第十三条　企业应当加强采购付款的管理，完善付款流程，明确付款审核人的责任和权力，严格审核采购预算、合同、相关单据凭证、审批程序等相关内容，审核无误后按照合同规定及时办理付款。

企业在付款过程中，应当严格审查采购发票的真实性、合法性和有效性。发现虚假发票的，应查明原因，及时报告处理。

企业应当重视采购付款的过程控制和跟踪管理，发现异常情况的，应当拒绝付款，避免出现资金损失和信用受损。

企业应当合理选择付款方式，并严格遵循合同规定，防范付款方式不当带来的法律风险，保证资金安全。

第十四条　企业应当加强预付账款和定金的管理。涉及大额或长期的预付款项，应当定期进行追踪核查，综合分析预付账款的期限、占用款项的合理性、不可收回风险等情况，发现有疑问的预付款项，应当及时采取措施。

第十五条　企业应当加强对购买、验收、付款业务的会计系统控制，详细记录供应商情况、请购申请、采购合同、采购通知、验收证明、入库凭证、商业票据、款项支付等情况，确保会计记录、采购记录与仓储记录核对一致。

企业应当指定专人通过函证等方式，定期与供应商核对应付账款、应付票据、预付账款等往来款项。

第十六条　企业应当建立退货管理制度，对退货条件、退货手续、货物出库、退货货款回收等作出明确规定，并在与供应商的合同中明确退货事宜，及时收回退货货款。涉及符合索赔条件的退货，应在索赔期内及时办理索赔。

14.2　原文讲解

《企业内部控制应用指引第 7 号——采购业务》（后文简称《采购业务应用指引》）共 3 章、16 条。这 3 章对企业采购业务进行了详细的规范。企业生产能力的发挥，在很大程度上受采购供应管理水平的制约；企业要满足客户要求，需要控制的第一个环节也是采购，因此，采购业务对企业的经营发展起着至关重要的作用。

本小节将按照《采购业务应用指引》的内容对企业采购业务内部控制进行详细的解读。

14.2.1　企业采购业务的定义

《采购业务应用指引》所称采购，是指企业购买物资（或接受劳务）及支付款项等相关活动。其中，物资主要包括企业的原材料、商品、工程物资、固定资产等。采购是企业生产经营的起点，既是企业“实物流”的重要组成部分，又与“资金流”密切关联。众所周知，采购物资的质量和价格、供应商的选择、采购合同的订立、物资的运输与验收等供应链状况，在很大程度上决定了企业的生存与可持续发展。

企业在健全采购业务内部控制时，应当比照健全资金、资产活动内部控制的方法，着力从全面梳理相关流程入手。在此过程中，企业应当对采购业务管理现状进行全面分析与评价，既要对照现有采购管理制度，检查相关管理制度是否落实到位，又要审视相关管理流程是否科学合理、是否能够较好地保证物资和劳务供应顺畅、物资采购是否能够与生产和销售等供应链其他环节紧密衔接。在此基础上，企业要着力健全各项采购业务管理制度，落实责任制，不断提高制度执行力，确保物资和劳务采购按质、按量、按时并且经济高效地满足生产经营的需求。

采购业务流程主要涉及编制需求计划和采购计划、请购、选择供应商、确定采购价格、订立框架协议或采购合同、管理供应过程、验收、退货、付款、会计控制等环节，如图 14–1 所示。图 14–1 列示的采购流程适用于各类企业的一般采购业务，具有通用性。企业在实际开展采购业务时，可以参照此流程，并结合自身情况予以扩充和具体化。

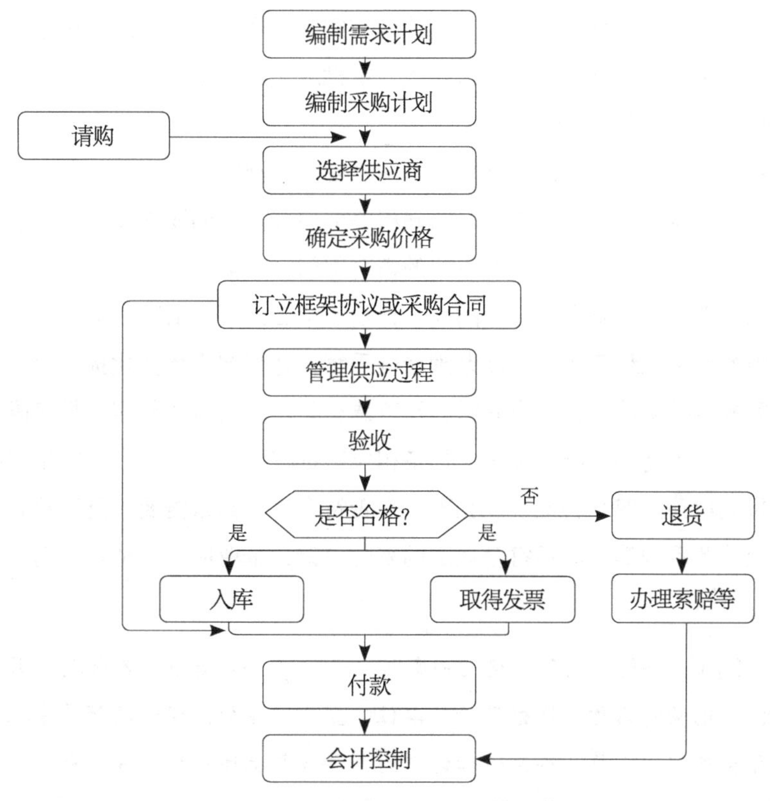

图 14–1 企业采购业务的流程

14.2.2 采购业务的主要风险及管控措施

企业的采购业务内部控制涉及 9 个主要的风险管控点，具体如下。

14.2.2.1 编制需求计划和采购计划

采购业务从编制计划（或预算）开始，包括编制需求计划和采购计划。企业实务中，需求部门一般根据生产经营需要向采购部门提出物资需求计划，采购部门根据该需求计划归类汇总并平衡现有库存物资后，统筹安排采购计划，并按规定的权限和程序审批后执行。该环节的主要风险是：需求或采购计划不合理、不按实际需求安排采购或随意超计划采购，甚至与企业生产经营计划不协调等。

主要管控措施如下。第一，生产、经营、项目建设等部门，应当根据实际需求准确、及时地编制需求计划。需求部门提出需求计划时，不能指定或变相指定供应商。对独家代理、专有、专利等特殊产品的采购应提供相应的独家、专有资料，由专业技术部门研讨后，由具备相应审批权限的部门或人员进行审批。第二，采购计划是企业年度生产经营计划的一部分，因此，在制定年度生产经营计划的过程中，企业应当根据发展目标的实际需要，结合库存和在途情况，科学安排采购计划，防止采购过量或不足。第三，采购计划应纳入采购预算管理，经相关负责人审批后，作为企业刚性指令严格执行。

14.2.2.2 请购

请购是指企业生产经营部门根据采购计划和实际需要，提出的采购申请。该环节的主要风险是：缺乏采购申请制度，请购未经适当审批或超越权限审批，可能导致采购物资过量或不足，影响企业正常生产经营。

主要管控措施如下。第一，建立采购申请制度，依据购买物资或接受劳务的类型，确定归口管理部门，授予相应的请购权，明确相关部门或人员的职责权限及相应的请购和审批程序。企业可以根据实际需要设置专门的请购部门，对需求部门提出的采购需求进行审核，并进行归类汇总，统筹安排企业的采购计划。第二，具有请购权的部门对于预算内采购项目，应当严格按照预算执行进度办理请购手续，并根据市场变化提出合理采购申请。对于超预算和预算外采购项目，应先履行预算调整程序，由具备相应审批权限的部门或人员审批后，再行办理请购手续。第三，具备相应审批权限的部门或人员审批采购申请时，应重点关注采购申请内容是否准确、完整，是否符合生产经营需要，是否符合采购计划，是否在采购预算范围内等。对不符合规定的采购申请，企业应要求请购部门调整请购内容或拒绝批准。

【例 14–1】DF公司制定了严格的内部控制制度，要求如下：各部门按月填报“产品需求计划”，明确物资名称、规格型号、单位、数量等指标，经部门领导审批后，于每月月底前报电子商务中心汇总，编制追加计划的也要履行上述审批程序；电子商务中心接到“产品需求计划”后，复核各下属单位和专业主管上报的“产品需求计划”，审核品种、数量、编制人、审批人是否签字或盖章，并对计划进行编号。

【分析】该公司制定以上内部控制制度主要是为了防范采购业务的如下风险：采购需求计划没有经过必要的审批；采购需求计划与实际需求不符。该公司拟通过以上内部控制制度，保证需求计划都经过必要的审批，并保证采购需求计划与实际需求相符。

14.2.2.3 选择供应商

选择供应商，也就是确定采购渠道。它是企业采购业务流程中非常重要的环节。该环节的主要风险是：供应商选择不当，可能导致采购物资质次价高，甚至出现舞弊行为。

主要管控措施如下。第一，企业建立科学的供应商评估和准入制度，对供应商资质、信誉情况的真实性和合法性进行审查，确定合格的供应商清单，健全统一的供应商网络。企业新增供应商的市场准入、供应商新增服务关系以及调整供应商物资目录，都要由采购部门根据需要提出申请，并按规定的权限和程序审核批准后，才能纳入供应商网络。企业可委托具有相应资质的中介机构对供应商进行资信调查。第二，采购部门应当按照公平、公正和竞争的原则，择优确定供应商，在切实防范舞弊风险的基础上，与供应商签订质量保证协议。第三，建立供应商管理信息系统和供应商淘汰制度，对供应商提供物资或劳务的质量、价格、交货及时性、供货条件、资信、经营状况等进行实时管理和考核评价，根据考核评价结果，提出供应商淘汰和更换名单，经相关部门和人员审批后对供应商进行合理选择和调整，并在供应商管理系统中做好相应记录。

【例 14–2】某公司是一家汽车制造类公司。公司明确了各部门关于供应商评价管理的职责。生产经营部负责组织制定供应商评价标准，负责组织相关部门对供应商进行评价，负责供应商评价工作小组的组织、管理工作。采购部参与供应商的评价工作，负责对供应商的日常评价工作，负责提供供应商的信息资料。商品研发院负责编制供应商的评价计划，参与供应商评价工作，负责维护供应商数据库，并提供相关的信息资料。审计部负责对评价活动的程序和结果的合格性、正确性、完整性进行监督，对供应商所提供的资质等相关资料的真实性、合法性随时展开调查、审计。品质保证部负责提供现有供应商信息资料，参与供应商评价工作。公司还成立了由生产经营部、商品研发院、采购部相关人员组成的供应商评价工作小组，负责标准的制定、修改工作，负责工作计划的制定工作，负责培训工作，负责督促供应商进行改进的工作，负责结果的评估工作。

该公司的供应商评价管理工作流程及控制点如下。

① 制定供应商评价计划。商品研发院把供应商评价计划及要求传递给生产经营部。采购部把供应商日常评价情况及审核要求传递给生产经营部。生产经营部提供整体质量状况评价并提出审核需求。生产经营部组织工作小组成员策划并制定评价计划。

② 评价计划制定完成后提交生产经营部审批。

③ 根据需要，供应商评价工作小组先将供应商评价自查表发给供应商自查；供应商将自查结果资料报给工作小组；工作小组审定结果合格后再组织现场评价，对供应商的资质信誉等情况做出评价。

④ 计划实施前一周供应商评价工作小组确定具体审核人员，指定审核组长。审核组长根据计划制定具体审核日程安排，并将审核日程安排传递给相关审核人员和供应商，同时通知供应商按产品图纸要求准备好实物项目检验卡并在审核前传递给审核组长。

⑤ 审核人员按检查表的要求实施供应商现场评价，并做好相关记录。

⑥ 审核组审核完成后要在一周内提交评价报告。审核人员根据评价的情况编写评价工作总结，并提交给审核组长；审核组长编写供应商审核评价报告（评价报告包括评价情况、评价结论以及评价相关的原始资料），将完整资料提交给供应商评价工作小组。

⑦ 供应商评价工作小组评估审核组的审核情况，如果审核结果有问题，要及时和审核组长进行沟通。该小组重新确定审核结论后，审核组工作结束。

⑧ 供应商评价工作小组将审核报告递交给采购委员会。

⑨ 采购委员会对评价报告进行最终审批。

⑩ 生产经营部将最终的评价报告发送给合格供应商及相关部门，并要求供应商提交相应改进措施，按期改进。生产经营部对改进效果进行确认，工作小组督促供应商完成改进措施。公司与合格的供应商签订质量保证协议。生产经营部将全部评审资料存档。

⑪ 对于评价不合格的供应商，只传递评价结论，不传递评价报告。

⑫ 相关部门根据批准后的评价报告来维护和更新供应商管理信息系统，对供应商名单进行调整。

⑬ 对评价工作小组进行考核。在出现供应商投诉的情况时，如情况属实，审计部纪检监察室将根据问题的严重性考核小组成员。评价工作小组将对审核组工作的有效性进行评价。

⑭ 对于公司紧急需要的供应商，经采购委员会认可后，该供应商可以先供货，供货期间要提供产品合格的检验报告，要成为公司的合格供应商仍需经过公司选择供应商的相关程序。

【分析】第一，公司明确了各部门关于供应商评价管理工作的分工，设立了供应商评价管理工作的相关岗位。第二，公司建立了科学的供应商评估和准入制度，对供应商资质、信誉的情况进行了审查。第三，公司建立了严格的供应商审核工作制度，在切实防范舞弊风险的基础上，与供应商签订质量保证协议。第四，公司建立了供应商管理信息系统和供应商淘汰制度，对供应商情况进行实时管理和考核评价，据考核评价结果对供应商进行合理选择和调整。可见，该公司的供应商评价管理工作流程及控制要点符合采购业务内部控制规范，能够有效地防范供应商选择环节的风险。

14.2.2.4 确定采购价格

如何以最优“性价比”采购到符合需求的物资，是采购部门的永恒主题。该环节的主要风险是：采购定价机制不科学，采购定价方式选择不当，缺乏对重要物资品种价格的跟踪监控，导致采购价格不合理，可能造成企业资金损失。

主要管控措施如下。第一，企业应建立健全采购物资定价机制，采取协议采购、招标采购、询比价采购、动态竞价采购等多种方式，科学合理地确定采购价格。对标准化程度高、需求计划性强、价格相对稳定的物资，通过招标、联合谈判等公开、竞争方式签订框架协议。第二，采购部门应当定期研究大宗通用重要物资的成本构成与市场价格变动趋势，确定重要物资品种的采购执行价格或参考价格。企业应建立采购价格数据库，定期开展重要物资的市场供求形势及价格走势商情分析并合理利用。

14.2.2.5 订立框架协议或采购合同

框架协议是企业与供应商之间为建立长期物资购销关系而做出的一种约定。采购合同是指企业根据采购需要、确定的供应商、采购方式、采购价格等事项与供应商签订的具有法律约束力的协议。该协议对双方的权利、义务和违约责任等情况进行了明确规定。该环节的主要风险是：框架协议签订不当，可能导致物资采购不顺畅；未经授权对外订立采购合同，合同对方主体资格、履约能力等未达要求，合同内容存在重大疏漏和欺诈，可能导致企业合法权益受到侵害。

主要管控措施如下。第一，企业应对拟签订框架协议的供应商的主体资格、信用状况等进行风险评估；框架协议的签订应引入竞争制度，确保供应商具备履约能力。第二，企业应根据确定的供应商、采购方式、采购价格等事项，拟订采购合同，准确描述合同条款，明确双方权利、义务和违约责任，按照规定权限签署采购合同。对于影响重大、涉及较高专业技术或法律关系复杂的合同，企业应当组织法律、技术、财会等专业人员参与谈判，必要时可聘请外部专家参与相关工作。第三，对重要物资的验收量与合同量之间允许的差异，企业应当做出统一规定。

【例 14–3】某公司在采购合同的管理方面，制定的内部控制制度如下。

① 根据公司管理信息系统中标准合同模板拟订合同文本，标准合同模板已经法律事务处确认；合同盖章生效前，需经法律事务处审核。

② 经办人形成合同文本；采办部主任、商务部中心主任分别对合同内容进行审核；法律事务处审核确认；公司主管经理审批生效后由法律事务处盖章。

③ 采办部主任、商务部中心主任分别对采购价格进行审核。

【分析】① 是为了防范合同没有完整地描述涉及法律规定的必要条款的风险；② 是为了防范合同内容存在重大疏漏和欺诈以及采购合同未经有效授权的风险；③ 主要是为了防范采购价格未经审批的风险。

14.2.2.6　管理供应过程

管理供应过程，主要是指企业建立严格的采购合同跟踪制度，科学评价供应商的供货情况，并根据合理选择的运输工具和运输方式，办理运输、投保等事宜，实时掌握物资采购供应过程的情况。该环节的主要风险是：缺乏对采购合同履行情况的有效跟踪，运输方式选择不合理，忽视运输过程保险的风险，可能导致采购物资损失或无法保证物资的供应。

主要管控措施如下。第一，企业应依据采购合同中确定的主要条款跟踪合同履行情况，对有可能影响生产或工程进度的异常情况，出具书面报告并及时提出解决方案，采取必要措施，保证需求物资的及时供应。第二，对于重要物资，企业应建立并执行合同履约过程中的巡视、点检和监造制度。对于需要监造的物资，企业应择优确定监造单位，签订监造合同，落实监造责任人，审核确认监造大纲，审定监造报告，并及时向技术等部门通报。第三，企业应根据生产建设进度和采购物资特性等因素，选择合理的运输工具和运输方式，办理运输、投保等事宜。第四，企业应实行全过程的采购登记制度或信息化管理，确保采购过程的可追溯性。

【例 14-4】某公司采购业务的供应过程管理如下。

（1）严密跟踪供应过程，保证订单正常执行

依据采购合同中确定的主要条款跟踪合同的履行情况，及时反馈发现的问题，需要中途变更条款的，应立即解决。按照准备过程不同，将不同种类的物料分为两类：一类是供应商需要按照样品或图纸定制的物料，存在加工过程、周期长、变化多；另一类是供应商有库存，不存在加工过程、周期短。对于存在加工过程以及涉及重要物资的物料，公司应向供应商单位派驻代表，沟通信息、指导技术、监督检查，代表应深入生产线各个工序、各个管理环节，帮助发现问题，提出改进措施，切实保证彻底解决有关问题；对于不存在加工过程的物料，公司可视情况分别采用定期或不定期到供应商的工厂进行监督检查，或者设监督点对关键工序或特殊工序进行监督检查的办法。

（2）紧密响应生产需求情况

如果市场生产需求紧急，要求本批物料立即到货，则采购人员应当马上与供应商进行协调，必要时还应该帮助供应商解决疑难问题，保证需求物料的准时供应。如果市场上产品滞销，公司经过研究决定延缓或取消本次物料供应，则采购人员应当立即与供应商进行沟通，确认可以承受的延缓时间，或者终止本次采购操作，同时应该给予供应商相应的赔款。

（3）慎重处理库存

保持与正常经营状况相适应的商品库存量，避免公司库存短缺或积压。

（4）控制好采购交货过程

根据采购物资的性质，选择运输工具和运输方式，办理运输、投保等相关事宜。物料到达订单规定的交货地点，对于国内供应商一般是指到达公司的材料库房，对境外供应商一般是指到达公司的国际物流中转中心。在境外交货的情况下，供应商在交货之前会将到货情况表单传真给采购人员。采购人员必须按照原先所下的订单对到货的物品、批量、单价及总金额等进行确认，并进行录入归档，开始办理付款手续。

（5）做好采购供应过程的相关记录

【分析】第一，公司依据采购合同中确定的主要条款跟踪合同履行情况，对有可能影响生产或工程进度的异常情况，采取了严密跟踪、沟通协调等必要措施。第二，对于加工时间长的物资和重要物资，公司通过派驻代表等形式，建立并执行了合同履约过程中的检查监督制度。第三，公司慎重处理了库存。第四，公司能够根据采购物资的特性，选择合理的运输工具和运输方式，办理运输、投保等事宜。第五，公司实行了采购过程的记录制度，确保了采购过程的可追溯性。可见，该公司供应过程管理的相关做法符合采购业务内部控制规范。

14.2.2.7 验收

验收是指企业对采购物资和劳务的检验接收，以确保其符合合同相关规定或产品质量要求。该环节的主要风险是：验收标准不明确、验收程序不规范、对验收中存在的异常情

况不做处理，可能造成账实不符、采购物资损失。

主要管控措施如下。第一，企业应制定明确的采购验收标准，结合物资特性确定必检物资目录，规定此类物资出具质量检验报告后方可入库。第二，验收机构或人员应当根据采购合同及质量检验部门出具的质量检验证明，重点关注采购合同、发票等原始单据与采购物资的数量、质量、规格型号等是否一致。对验收合格的物资，填制入库凭证，加盖物资“收讫章”，登记实物账，及时将入库凭证传递给财会部门。物资入库前，采购部门须检查质量保证书、商检证书或合格证等证明文件。验收时涉及技术性强的、大宗的和新、特物资的，还应进行专业测试，必要时可委托具有检验资质的机构或聘请外部专家协助验收。第三，对于验收过程中发现的异常情况，如无采购合同或大额超采购合同的物资、超采购预算采购的物资、毁损的物资等，验收机构或人员应当立即向企业有权管理的相关机构报告，相关机构应当查明原因并及时处理。对于不合格物资，采购部门依据检验结果办理让步接收、退货、索赔等事宜。延迟交货造成生产经营损失的，采购部门要按照合同约定索赔。

【例 14–5】某公司制定了严格的内部控制制度。关于采购验收，该公司有如下规定。

① 保管员于到货当日做好到货记录，次日通知计划员，不得拖延。

② 保管员在到货记录表上登记收货信息（合格证或质检单等），也需在技术保管卡上登记相关信息并归档。

③ 保管员入库验收以货物实物、质量、数量、入库验收单及软件材料与合同规定的内容相符为条件。

④ 对验收人员进行专业培训，委托有资质的单位协助检验。

⑤ 凡进厂的产品必须经过检验。检验分为库检、委托检验、中间检验、出厂前检验、直达现场的联合验收 5 种形式。库检由仓库主管安排保管员进行，各厂检验中心的检验统一由驻厂服务部高级主管负责；委托检验、中间检验、出厂前检验由商务部质量验收员统一组织；直达现场的联合验收由驻厂服务部高级主管负责组织；最终由保管员在物资供应管理信息系统中确认入库验收单。

⑥ 对验收过程中发现的异常情况，验收入员应当及时报告相关部门。

【分析】该公司的内部控制规定是为了防范验收标准不明确、验收程序不规范、对验收中存在的异常情况不进行处理，可能造成的账实不符、采购物资损失的风险。具体来讲，是为了：保证收货信息被及时记录；防止收货信息丢失；防止与合同不一致的货物被验收入库；防范验收标准不明确的风险，防止与验收单不一致的货物被验收入库；防范验收程序不规范的风险，防止没有定购的货物被验收入库；保证验收人员具备必要的资质；保证采购物资经过有效的验收，对采购和收货进行适当的职权分离；保证及时对验收中存在的异常情况进行处理。

14.2.2.8 付款

付款是指企业在对采购预算、合同、相关单据凭证、审批程序等内容审核无误后，按照采购合同规定及时向供应商办理支付款项的过程。该环节的主要风险是：付款审核不严格、付款方式不恰当、付款金额控制不严，可能导致企业资金损失或信用受损。

企业应当加强采购付款的管理，完善付款流程，明确付款审核人的责任和权力，严格审核采购预算、合同、相关单据凭证、审批程序等相关内容，审核无误后按照合同规定，合理选择付款方式，及时办理付款。企业要关注以下列 3 方面的工作。第一，严格审查采购发票等票据的真实性、合法性和有效性，判断采购款项是否确实应予支付。如审查发票填制的内容是否与发票种类相符合、发票加盖的印章是否与票据的种类相符合等。企业应当重视采购付款的过程控制和跟踪管理，如果发现异常情况，应当拒绝向供应商付款，避免资金损失和信用受损。第二，根据国家有关支付结算的相关规定和企业生产经营的实际，合理选择付款方式，并严格遵循合同规定，防范付款方式不当带来的法律风险，保证资金安全。除了不足转账起点金额的采购可以支付现金外，采购价款应通过银行办理转账。第三，加强预付账款和定金的管理，涉及大额或长期的预付款项，应当定期进行追踪核查，综合分析预付账款的期限、占用款项的合理性、不可收回风险等情况，发现有疑问的预付款项，应当及时采取措施，尽快收回款项。

【例 14–6】某国有公司制定了严格的内部控制制度。其中，关于应付账款和付款的控制制度，该公司有如下规定。

① 材料入库会计在电子商务中心提交合同、发票、入库单等原始单据时，需进行签收，并在交接单上盖章，制票后装订归档；材料入库会计在电子商务中心提交原始单据时，需审核发票日期，若开票日期距签收日期已超过规定期限，则需经电子商务中心主任签字确认后方予以签收。

② 材料入库会计对红字发票的合法性和真实性进行审核，并对红字发票和红字单据进行配比。

③ 电子商务中心业务人员填制报账单，按规定权限报主管或中心领导审核发票，确认业务的真实性；材料挂账岗位的工作人员审核发票、入库单、合同等单据，确认数量全、单位准确无误后编制记账凭证；材料岗负责人及会计总稽核岗对记账凭证进行复核，并在凭证上盖章；财务岗负责人审核后，在财务管理系统中过账。

④ 月末，材料入库会计根据电子商务中心提供的各类物资暂估入库明细表进行暂估入账。

⑤ 电子商务中心业务人员根据入库情况提出付款申请，按规定权限由财会机构负责人或总会计师审批后，交材料挂账岗审核填制的付款单位与供应商名称、地址、账号等是否一致，付款方式与合同规定的结算方式是否一致，付款余额是否在挂账金额内等。

⑥ 将容差（接收入库数量允许大于或小于合同规定的数量）记录在企业资源计划（Enterprise Resource Planning，ERP）系统中。

【分析】该公司的上述内部控制制度规定是为了防范付款审核不严格、付款方式不当、付款金额控制不严可能导致的企业资金损失或信用受损的风险。具体来讲是为了：防止丢失原始单据，促使相关人员及时、准确的报账；防止随意冲销应付账款；防止虚假入库挂账；保证月末真实反映库存情况；保证资金支付经过恰当的审核、审批；防止接收货物数量超出规定的容差，付款金额增加。

14.2.2.9　会计控制

会计控制主要指采购业务会计系统控制。该环节的主要风险是：缺乏有效的采购会计系统控制，未能全面真实地记录和反映企业采购各环节的资金流和实物流情况，相关会计记录与相关采购记录、仓储记录不一致，可能导致企业采购业务未被如实反映，以及采购物资和资金受损。

主要管控措施如下。第一，企业应当加强对购买、验收、付款业务的会计系统控制，详细记录供应商情况、采购申请、采购合同、采购通知、验收证明、入库凭证、退货情况、商业票据、款项支付等情况，做好采购业务各环节的记录，确保会计记录、采购记录与仓储记录核对一致。第二，企业应当指定专人通过函证等方式，定期向供应商寄发对账函，核对应付账款、应付票据、预付账款等往来款项，对供应商提出的异议应及时查明原因，报有权管理的部门或人员批准后，做出相应调整。

14.2.3　采购业务内部控制的目标

采购是存货管理的第一环节。它与生产和销售计划联系密切。它直接导致货币资金的支出或对外负债的增加。采购业务发生频繁、工作量大、运行环节多，容易使企业产生管理漏洞。对于生产型企业来说，采购是生产的准备阶段，为了生产适销对路的盈利产品，其必须采购生产适用、价格公道、质量合格的原材料。对于流通型企业来说，要使企业获得尽可能多的销售收入，其必须采购适销对路且价格公道的商品。

采购业务内部控制的具体目标如下。

① 采购要与生产、销售业务的要求保持一致。

② 保持货款支付或负债增加的真实性与合理性。

③ 合理揭示企业应享有的购货折扣与折让。

④ 防止采购环节中违法乱纪、侵吞企业利益等不法行为的发生。

⑤ 保证采购业务在内、外部各环节的运行通畅和高效率。

⑥ 及时、准确提供采购的会计信息。

14.2.4　采购业务内部控制应遵循的原则

14.2.4.1　相互牵制原则

一项完整的采购业务，如果经过两个以上相互制约的环节并对其进行监督和核查，其发生错误和舞弊现象的可能性就很小。就具体内部控制措施来说，相互牵制必须考虑横向和纵向两个方面的制约关系。从横向关系来讲，完成某个环节的工作需要来自彼此独立的两个部门或人员协调运作、相互监督、相互制约、相互证明；从纵向关系来讲，完成某个工作需经过互不隶属的两个或两个以上的岗位和环节，以使下级受上级监督，上级受下级牵制。例如，在材料采购控制系统中，采购部门只有凭领导审批后的采购单或合同（纵向牵制）进行采购，而采购的材料必须经过验收（横向牵制）后，才能办理有关手续。因此，采购业务只有经过横向关系和纵向关系的核查和制约，才能使发生错误和舞弊的可能性降至最低，或者即使发生问题，企业也易尽早发现，及时纠正。

14.2.4.2 成本效益原则

企业最关心的是经济效益，如果单纯从控制的角度来考虑，参与控制的人员和环节越多，控制措施越严密，控制的效果就越好，其发生的错误和舞弊现象就越少，但因控制活动造成的控制成本就越高。因此，在设计采购业务内部控制制度时，企业一定要考虑投入成本和产出效益之比，要根据自身经营的实际情况，权衡实施成本与预期效益，力争以最小的控制成本取得最好的控制效果。

14.2.4.3 岗位责任原则

采购业务内部控制制度的设立是与企业的管理模式紧密联系的，企业按照其推行的管理模式设立工作岗位，并赋予其责、权、利，规定相应的操作规程和处理程序。企业在设置岗位时必须考虑到授权岗位和执行岗位的分离、执行岗位和审核岗位的分离、保管岗位和记账岗位的分离等，通过不相容职务的分离，各部门和人员之间相互审查、核对和制衡，避免由一个人控制一项业务的全部环节，以防止员工的舞弊行为。

14.2.4.4 协调配合原则

采购业务内部控制制度要有利于各部门之间、人员之间的相互配合、协调同步、紧密衔接，避免只管相互牵制而不顾办事效率的做法，以及不必要的扯皮和脱节现象。因此，企业在对采购业务进行内部控制时，必须做到既相互牵制，又相互协调，保证经营管理活动连续、有效地进行。

14.2.5 采购业务内部控制应注意的问题

14.2.5.1 关于采购业务控制点的设立

一般认为，在采购业务方面一般分 5 个控制点进行控制，即申请、计划、合同、验收、入库。这无疑是正确的。但在市场经济条件下，由于各种经济成分同时并存和价格机制调节作用日益加强，因此采购业务应引入市场调研和招投标这一控制点。这样企业可以通过对供应商信用和规模、产品质量和价格等方面的比较买到物美价廉的材料、设备，同时避免舞弊行为。引入这一控制点后，企业可先将产品的数量、规格、质量要求和采购原则通过信函、电话、网络等方式告诉供应商；供应商会发函或派人将有关产品说明书、产品质量检验证明、价格表等发送给企业；企业筛选出规模大、历史悠久及产品质量好、价格低的供应商进行考察；企业将收集到的信息汇总，并最终选定供应商。对于原材料的采购，企业可每年进行一次招投标，以增强现有供应商的竞争意识。这就是许多企业推崇的"扬出去、收回来、走出去、定下来"的采购方法。

14.2.5.2 关于采购业务的内部控制

对于许多国有企业来说，按照业务职能对各主管领导进行分工是一种十分常见的模式。比如，生产物资的采购、仓储、质检以及产品的生产由生产经理负责；产品的运输、营销由销售经理负责；财务经理和人事经理则不管销售、生产方面的事。这种模式虽然有利于企业进行生产、销售等方面的协调，但从内部控制方面来看却有很大的缺陷。对于采购业务的内部控制，企业还应该明确采购的不同环节应由不同部门来执行。这些部门由各自的分管经理负责，以形成不同部门和分管经理之间的相互制约。

14.2.5.3 关于采购业务内部控制的设计

企业在设计采购业务内部控制时，应将材料的采购、仓储、质检职能授予不同的部门，并将采购环节中的一些控制职能如价格审议交给另一部门。这样既可完善内部控制，也可达到优化业务流程、减员增效的目的。企业在设计采购业务内部控制制度的过程中不应将内部控制设计孤立起来，而应与企业管理的其他方面的改革结合起来。

14.2.6 采购业务的后评估

由于采购业务对企业生存与发展具有重要影响，所以采购业务应用指引强调企业应当建立采购业务后评估制度。企业应当定期对物资需求计划、采购计划、采购渠道、采购价格、采购质量、采购成本、协调或合同签约与履行情况等物资采购供应活动的各个因素进行专项评估和综合分析，及时发现采购业务流程中的薄弱环节，优化采购业务流程，同时，将物资需求计划管理、供应商管理、储备管理等方面的关键指标纳入业绩考核体系，促进物资采购与生产、销售等环节进行有效衔接，不断防范采购风险，全面提升采购效率。

14.3 实务案例：WEM 全球采购[5]

沃尔玛公司（以下简称 WEM）是全世界零售业收入最高的巨头企业，以精确掌握市场、快速传递商品和满足客户需求的优点著称，连续多年在著名的"世界 500 强排行榜"中居首位，而全球采购正是 WEM 成功的必要条件之一。

（一）WEM 全球采购网络

（1）WEM 发展全球采购网络

在 WEM，全球采购是指某个国家的 WEM 店铺通过全球采购网络从其他国家的供应商那里采购商品，而从该国供应商进货则由在该国的 WEM 的采购部门负责。

① 全球采购网络的地理布局。WEM 结合零售业务的特点以及世界制造业和全球采购的总体变化趋势，在全球采购网络的布局上采取以地理布局为主的形式。在 WEM 设立的

5 韩泳琴 . 全球采购模式对公司财务管理的影响——基于沃尔玛的案例分析 [D]. 广州：中山大学，2010.

四大区域中，大中华及北亚区的采购量最大，占全部采购量的 70% 之多，其中，中国分公司又是采购量第一的分公司，因此，WEM 全球采购网络的总部就设在中国深圳。

② 全球采购总部。全球采购总部是 WEM 全球采购网络的核心，也是 WEM 的全球最高采购机构。在全球采购总部，除了 4 个直接领导采购业务的区域副总裁向总裁汇报以外，总裁还领导着支持性和参谋性的总部职能部门。

（2）WEM 全球采购网络

WEM 的全球采购网络相当于一个“内部服务公司”，为 WEM 在各个零售市场上的店铺买家服务，具体服务类别如下。

① 商品采集和物流。全球采购网络要尽可能在全球搜索到最好的供应商和最适当的商品——WEM 的全球采购网络实际上承担了商品采集和物流的工作，对店铺买家来说，他们只有一个供应商。

② 向店铺买家推荐新的供应商和商品。WEM 没有现成的供应商，它通过全球采购网络的业务人员参加展会、介绍等途径找到新的供应商和商品。店铺买家会到全球采购网络推荐的供应商那里和他们直接谈判以及购买产品。

③ 帮助在其他国家（或地区）的 WEM 店铺采购商品。WEM 的全球采购网络为全世界各个国家（或地区）的 WEM 店铺采购商品，而不同国家（或地区）之间的贸易政策往往存在差别。这些差别随时都需要 WEM 加以跟踪，并在采购政策上做出相应的调整。

（二）WEM 的全球采购流程

采购是一个比较复杂的过程，为了提高采购活动的科学性、合理性和有效性，企业必须建立和完善系统的采购流程。可以从宏观和微观两个方面来说明 WEM 的全球采购流程。

（1）宏观方面

全球采购办公室是 WEM 负责全球采购的组织。但是这个全球采购办公室并不会采购任何东西，在 WEM 的全球采购流程中，其作用就是在 WEM 的全球店铺买家和全球供应商之间架起买卖的桥梁。因此，WEM 在进行全球采购活动时都必须以其采购政策、全球采购网络为基础，并严格遵循其采购程序。在全世界商品质量相对稳定的情况下，只有紧密有序的采购程序才能保证 WEM 采购到足量的商品。

（2）微观方面

WEM 的商品采购是为保证销售需要，通过等价交换取得商品资源的一系列活动过程，包括筛选供应商、收集商品信息及报价单、决定采购的商品、与供应商谈判等环节。

① 筛选供应商。WEM 在采购中对供应商有严格的要求，不仅在商品的规格、质量等方面对其有要求，还对供应商工厂内部的管理有严格要求。

② 收集商品信息及报价单。通过电子确认系统，WEM 向全世界 4 000 多家供应商发送采购订单并收集商品信息和报价单，并向全球 2 000 多家店铺供货。

③ 决定采购的商品。WEM 有一个专门的采办会负责采购。经过简单的分类后，该采办会会用电子邮件的方式和 WEM 全球主要店铺的买手们进行沟通。这个过程花费的时间

比较长。在世界各大区的买手来到中国前（一般一年 2~3 次），采办会的员工会准备好样品，样品上标明价格和规格，但绝不会出现厂家的名字，由买手决定采购的商品。

④ 与供应商谈判。买手决定了采购的商品后，买手和采办人员对该商品进行价格方面的内部讨论，定下大致的采购数量和价格，再由采办人员同供应商进行细节和价格方面的谈判。对于谈判，WEM 采取地点统一化和内容标准化的措施。

⑤ 审核并给予答复。WEM 要求供应商集齐所有商品文献（包括商品目录、价格清单等），以及选择好样品后提交，并会在提交后的 90 天内给予答复。

⑥ 跟踪检查。在谈判结束后，WEM 会随时检查供应商的状况，如果供应商达不到 WEM 的要求，则根据合同，WEM 有理由解除双方的合作。

（三）WEM 全球采购政策

WEM 的全球采购总部有一个部门专门负责检测国际贸易领域和全球供应商的新变化对其全球采购活动的影响，并据此指定和调整公司的全球采购政策。WEM 的采购政策大致可以包括以下 3 方面内容。

（1）永远不要买得太多

WEM 提出，减少单品的采购数量，能够方便管理库存，更主要的是可以节省营运成本。WEM 的通信卫星、全球定位系统以及高效的物流系统使它能够以最快的速度更新其库存，真正做到零库存管理，也使“永远不要买得太多”的策略得到有力的保证。

（2）价廉物美

WEM 对采购活动的另一个要求是价廉物美。在 WEM 看来，供应商应该弄清楚自己的商品跟其他同类商品有什么区别，以及在自己的商品中究竟哪个是最好的。供应商最好尽可能生产出一种商品专门提供给 WEM。WEM 希望以会员价给顾客提供尽可能多的、在其他地方买不到的商品。

（3）突出商品采购的重点

WEM 一直积极地在全球寻找最畅销的、新颖的、有创意的、令人动心并能创造“价值”的商品，实现一种令顾客高兴、动心的购物效果，从而吸引更多的顾客。WEM 商品采购的价格决策和品项政策密不可分。它以全面压价的方式从供应商那里争取利润以实现“天天低价”。WEM 还跟供应商建立起直接的伙伴关系以减少中间商，直接向制造商订货，避免向中间商支付佣金，在保证商品质量的同时实现利润最大化。

（四）WEM 对全球供应商的管理

供应商参与了 WEM 价值链的形成过程，对其全球经营效益有着举足轻重的影响。与全球供应商建立战略性合作伙伴关系是 WEM 市场战略的重点。

（1）全球供应商管理制度

WEM 在全球的供应商总数达到了 6.8 万，其通过建立一套完整、有效的供应商管理制度，来达到以最低的成本满足市场需要的目的。

① 建立准入制。WEM 建立供应商准入制度，目的是从一开始就淘汰和筛选出不合格

的供应商，节约谈判时间。当供应商的资金实力、技术条件、资信状况、生产能力等达到基本要求后，WEM 的采购人员会将本公司对具体供应商关于商品的质量和包装要求，商品的送货、配货和退货要求，商品的付款要求等要点告知供应商，初步询问供应商是否能够接受。若对方能够接受，方可准入，并且将这些要点作为双方进一步谈判的基础。

② 建立供应商会见制度。在供应商获得准入后，WEM 为了规范采购和提高谈判效率，在同供应商接洽中建立了严格的供应商会见制度，要求所有的供应商都到其总部或各地的采购机构，进行包括货物采购以及各项合作在内的谈判。该制度主要包括与接待时间、接待地点和洽谈内容 3 方面相关的要求。

③ 定期评价供应商。WEM 的供应商多达几万家，WEM 通过对供应商进行分类和编号，建立供应商基本资料档案，建立供应商商品台账，统计供应商销售数量的方法来对供应商进行管理，否则业务的推广必定困难。

（2）全球供应商信息管理

WEM 的全球采购总部设在中国深圳，并向世界延伸了 20 个采购据点。但这个全球采购总部不发生实际的购买行为。它所做的主要工作是在全球范围内为 WEM 搜寻新的商品与合适的供应商，并将其集合起来。这种信息管理方式有以下好处。

①WEM 全球采购总部收集了丰富的市场信息和商品信息，使其对供应商的选择更加具有目的性和针对性。

② 供应商可以通过零售链了解到自己的商品在 WEM 各个店铺的销售情况。宝贵的市场信息不仅可以帮助供应商有效控制库存和生产节奏，也给供应商开发新商品和调整商品战略提供了依据。

③ 通过对供应商数据的跟踪和总结，WEM 全球采购总部可以方便地提取各个供应商的验厂报告、销售记录以及会议等重要信息，从而为其管理供应商提供客观依据。

第15章 企业内部控制应用指引第8号——资产管理

15.1 法规原文

企业内部控制应用指引第8号——资产管理

第一章 总则

第一条 为了提高资产使用效能，保证资产安全，根据有关法律法规和《企业内部控制基本规范》，制定本指引。

第二条 本指引所称资产，是指企业拥有或控制的存货、固定资产和无形资产。

第三条 企业资产管理至少应当关注下列风险：

（一）存货积压或短缺，可能导致流动资金占用过量、存货价值贬损或生产中断。

（二）固定资产更新改造不够、使用效能低下、维护不当、产能过剩，可能导致企业缺乏竞争力、资产价值贬损、安全事故频发或资源浪费。

（三）无形资产缺乏核心技术、权属不清、技术落后、存在重大技术安全隐患，可能导致企业法律纠纷、缺乏可持续发展能力。

第四条 企业应当加强各项资产管理，全面梳理资产管理流程，及时发现资产管理中的薄弱环节，切实采取有效措施加以改进，并关注资产减值迹象，合理确认资产减值损失，不断提高企业资产管理水平。

企业应当重视和加强各项资产的投保工作，采用招标等方式确定保险人，降低资产损失风险，防范资产投保舞弊。

第二章 存货

第五条 企业应当采用先进的存货管理技术和方法，规范存货管理流程，明确存货取得、验收入库、原料加工、仓储保管、领用发出、盘点处置等环节的管理要求，充分利用信息系统，强化会计、出入库等相关记录，确保存货管理全过程的风险得到有效控制。

第六条 企业应当建立存货管理岗位责任制，明确内部相关部门和岗位的职责权限，切实做到不相容岗位相互分离、制约和监督。

企业内部除存货管理、监督部门及仓储人员外，其他部门和人员接触存货，应当经过相关部门特别授权。

第七条 企业应当重视存货验收工作，规范存货验收程序和方法，对入库存货的数量、质量、技术规格等方面进行查验，验收无误方可入库。

外购存货的验收，应当重点关注合同、发票等原始单据与存货的数量、质量、规格等核对一致。涉及技术含量较高的货物，必要时可委托具有检验资质的机构或聘请外部专家协助验收。

自制存货的验收，应当重点关注产品质量，通过检验合格的半成品、产成品才能办理入库手续，不合格品应及时查明原因、落实责任、报告处理。

其他方式取得存货的验收，应当重点关注存货来源、质量状况、实际价值是否符合有关合同或协议的约定。

第八条　企业应当建立存货保管制度，定期对存货进行检查，重点关注下列事项：

（一）存货在不同仓库之间流动时应当办理出入库手续。

（二）应当按仓储物资所要求的储存条件贮存，并健全防火、防洪、防盗、防潮、防病虫害和防变质等管理规范。

（三）加强生产现场的材料、周转材料、半成品等物资的管理，防止浪费、被盗和流失。

（四）对代管、代销、暂存、受托加工的存货，应单独存放和记录，避免与本单位存货混淆。

（五）结合企业实际情况，加强存货的保险投保，保证存货安全，合理降低存货意外损失风险。

第九条　企业应当明确存货发出和领用的审批权限，大批存货、贵重商品或危险品的发出应当实行特别授权。仓储部门应当根据经审批的销售（出库）通知单发出货物。

第十条　企业仓储部门应当详细记录存货入库、出库及库存情况，做到存货记录与实际库存相符，并定期与财会部门、存货管理部门进行核对。

第十一条　企业应当根据各种存货采购间隔期和当前库存，综合考虑企业生产经营计划、市场供求等因素，充分利用信息系统，合理确定存货采购日期和数量，确保存货处于最佳库存状态。

第十二条　企业应当建立存货盘点清查制度，结合本企业实际情况确定盘点周期、盘点流程等相关内容，核查存货数量，及时发现存货减值迹象。企业至少应当于每年年度终了开展全面盘点清查，盘点清查结果应当形成书面报告。

盘点清查中发现的存货盘盈、盘亏、毁损、闲置以及需要报废的存货，应当查明原因、落实并追究责任，按照规定权限批准后处置。

第三章　固定资产

第十三条　企业应当加强房屋建筑物、机器设备等各类固定资产的管理，重视固定资产维护和更新改造，不断提升固定资产的使用效能，积极促进固定资产处于良好运行状态。

第十四条　企业应当制定固定资产目录，对每项固定资产进行编号，按照单项资产建立固定资产卡片，详细记录各项固定资产的来源、验收、使用地点、责任单位和责任人、运转、维修、改造、折旧、盘点等相关内容。

企业应当严格执行固定资产日常维修和大修理计划，定期对固定资产进行维护保养，切实消除安全隐患。

企业应当强化对生产线等关键设备运转的监控，严格操作流程，实行岗前培训和岗位许可制度，确保设备安全运转。

第十五条 企业应当根据发展战略，充分利用国家有关自主创新政策，加大技改投入，不断促进固定资产技术升级，淘汰落后设备，切实做到保持本企业固定资产技术的先进性和企业发展的可持续性。

第十六条 企业应当严格执行固定资产投保政策，对应投保的固定资产项目按规定程序进行审批，及时办理投保手续。

第十七条 企业应当规范固定资产抵押管理，确定固定资产抵押程序和审批权限等。

企业将固定资产用作抵押的，应由相关部门提出申请，经企业授权部门或人员批准后，由资产管理部门办理抵押手续。

企业应当加强对接收的抵押资产的管理，编制专门的资产目录，合理评估抵押资产的价值。

第十八条 企业应当建立固定资产清查制度，至少每年进行全面清查。对固定资产清查中发现的问题，应当查明原因，追究责任，妥善处理。

企业应当加强固定资产处置的控制，关注固定资产处置中的关联交易和处置定价，防范资产流失。

第四章 无形资产

第十九条 企业应当加强对品牌、商标、专利、专有技术、土地使用权等无形资产的管理，分类制定无形资产管理办法，落实无形资产管理责任制，促进无形资产有效利用，充分发挥无形资产对提升企业核心竞争力的作用。

第二十条 企业应当全面梳理外购、自行开发以及其他方式取得的各类无形资产的权属关系，加强无形资产权益保护，防范侵权行为和法律风险。无形资产具有保密性质的，应当采取严格保密措施，严防泄露商业秘密。

企业购入或者以支付土地出让金等方式取得的土地使用权，应当取得土地使用权有效证明文件。

第二十一条 企业应当定期对专利、专有技术等无形资产的先进性进行评估，淘汰落后技术，加大研发投入，促进技术更新换代，不断提升自主创新能力，努力做到核心技术处于同行业领先水平。

第二十二条 企业应当重视品牌建设，加强商誉管理，通过提供高质量产品和优质服务等多种方式，不断打造和培育主业品牌，切实维护和提升企业品牌的社会认可度。

15.2 原文讲解

《企业内部控制应用指引第 8 号——资产管理》（后文简称《资产管理应用指引》）共 4 章、22 条。这 4 章对企业资产管理进行了详细的规范。资产是企业从事生产经营活动、实现发展战略的物质基础。资产管理贯穿于企业生产经营全过程。资产管理的内部控制就是通过资产管理保障资产安全、提升资产管理效能。

本小节将按照《资产管理应用指引》的内容对企业资产管理内部控制进行详细的解读。

15.2.1 资产管理的定义

《资产管理应用指引》所称资产，是指企业拥有或控制的存货、固定资产和无形资产。资产作为企业重要的经济资源，是企业从事生产经营活动并实现发展战略的物质基础。资产管理贯穿于企业生产经营全过程，也就是通常所说的“实物流”管控。在企业早期的资产管理实践中，如何保障货币性资产的安全是内部控制的重点。在现代企业制度下，资产管理内部控制已从如何防范资金挪用、非法占用和实物资产被盗拓展到重点关注资产效能，充分发挥资产资源的物质基础作用。

15.2.2 资产管理的总体要求

为促进实现资产管理目标，《资产管理应用指引》要求企业加强对各项资产的管控，全面梳理资产管理流程，及时发现资产管理中的薄弱环节，采取有效措施及时加以改进。

15.2.2.1 全面梳理资产管理流程

在一般的工商企业中，存货、固定资产和无形资产在资产总额中占比最大。无论是新企业或是存续企业，为组织生产经营活动，都需要制定相关的资产管理制度，按照严格的制度管理各项资产。为了保障资产安全、提升资产管理效能，企业应当全面梳理资产管理流程。

在梳理过程中，企业既要注意从大类上区分存货、固定资产和无形资产，又要分别对存货、固定资产和无形资产等进行细化和梳理。比如，存货需要从原材料、在产品、半成品、产成品、商品、周转材料等方面进行梳理；固定资产需要从房屋建筑物、机器设备和其他固定资产等方面进行梳理；无形资产需要从专利权、非专利技术、商标权、特许权、土地使用权等方面进行梳理。企业梳理资产管理流程，应当贯穿各类存货、固定资产和无形资产“从进入到退出”的各个环节。比如，对于存货，企业通常可以从验收入库、仓储保管、出库、盘点和处置等环节进行梳理。企业梳理存货、固定资产和无形资产管理流程时，不仅要对照现有管理制度，检查相关管理要求是否落实到位，而且应当审视相关管理流程是否科学、是否能够较好地保证物流顺畅、是否能够不断减少物流风险、是否能够不断降低相关成本费用、各项资产是否最大限度地发挥了应有的效能等。

15.2.2.2 查找资产管理中的薄弱环节

通过全面梳理资产管理流程来查找资产管理中的薄弱环节，是企业强化资产管理的关键步骤。企业若不重视这些薄弱环节并及时加以改进，这些薄弱环节通常会引发资产流失或运行风险，或者使企业资产不能发挥应有的效能。资产管理应用指引针对当前企业资产管理实务中存在的实际问题，分别从存货、固定资产和无形资产 3 方面入手，要求企业关注下列主要风险：一是存货积压或短缺，可能导致流动资金占用过量、存货价值贬损或生产中断；二是固定资产更新改造不够、使用效能低下、维护不当、产能过剩，可能导致企业缺乏竞争力、资产价值贬损、安全事故频发或资源浪费；三是无形资产缺乏核心技术、权属不清、技术落后、存在重大技术安全隐患，可能导致企业法律纠纷、缺乏可持续发展能力。企业应当在全面梳理资产管理流程的基础上，着重围绕上述 3 个方面的主要风险，结合企业实际进行资产细化，全面查找资产管理漏洞，确保资产管理处于不断优化的状态。

15.2.2.3　健全和落实资产管控措施

在全面梳理资产流程、查找资产管理中的薄弱环节之后，企业应当对发现的薄弱环节和问题进行归类整理、深入分析、查找原因、健全和落实相关措施。企业应当按照内部控制规范提出的对各项存货、固定资产和无形资产进行管理的要求，结合所在行业和企业的实际情况，建立健全各项资产管理措施。属于缺乏相关资产管理制度的，企业应当建立健全相关制度；属于现行管理制度不健全的，企业应当对现行制度予以补充完善；属于现行制度执行不到位的，企业应当加大制度执行力，避免形式主义，避免“表面文章”。一些企业对“实物流”的管控不严，导致重大风险的发生，往往不是因为制度不健全，而是制度一大堆、手册到处有，但更多的是用于应付检查，这和实际执行是两回事。这种做法属于自欺欺人，到头来还是企业自身遭受损失。在激烈的竞争时代，企业只有进行科学管理，强化管控措施，确保各项资产安全并发挥效能，才能防范资产风险，提升核心竞争力，实现发展目标。

15.2.3　存货

存货主要包括：原材料、在产品、产成品、半成品、商品及周转材料等；企业代销、代管、代修、受托加工的存货，虽不归企业所有，也应被纳入企业存货管理范畴。不同类型的企业有不同的存货业务特征和管理模式；即使是同一企业，不同类型的存货的业务流程和管控方式也可能不尽相同。企业建立和完善存货内部控制制度，必须结合本企业的生产经营特点，针对业务流程中主要风险点和关键环节，制定有效的控制措施；同时，企业应充分利用计算机信息管理系统，强化会计、出入库等相关记录，确保存货管理全过程的风险得到有效控制。图 15–1、图 15–2 分别列示了生产型企业和商品流通型企业存货流转的程序。

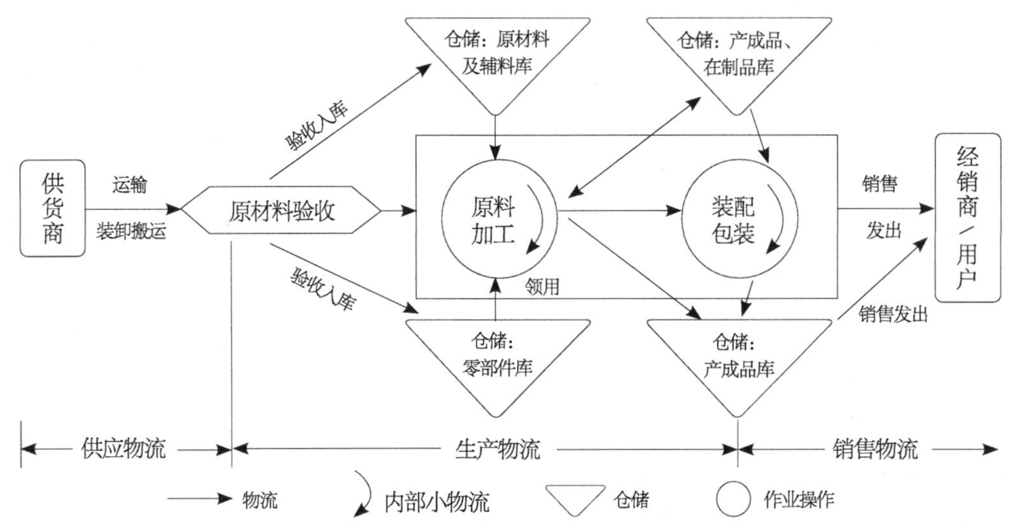

图 15-1　生产型企业存货流程的程序

从图 15-1 中可以看出，一般生产型企业的存货业务流程可分为取得、验收、仓储保管、生产加工、盘点处置等几个阶段，历经取得存货、验收入库、仓储保管、领用发出、原料加工、装配包装、盘点清查、销售处置等主要环节。具体到某个特定的生产型企业，存货业务流程可能较为复杂，不仅涉及上述所有环节，甚至有更多、更细的流程，且存货在企业内部要经历多次循环。比如，原材料要经历验收入库、领用加工，形成半成品后又入库保存或现场保管，领用半成品继续加工，加工成为产成品后再入库保存，发出销售等过程。也有部分生产型企业的生产经营活动较为简单，其存货业务流程可能只涉及上述阶段中的某几个环节。

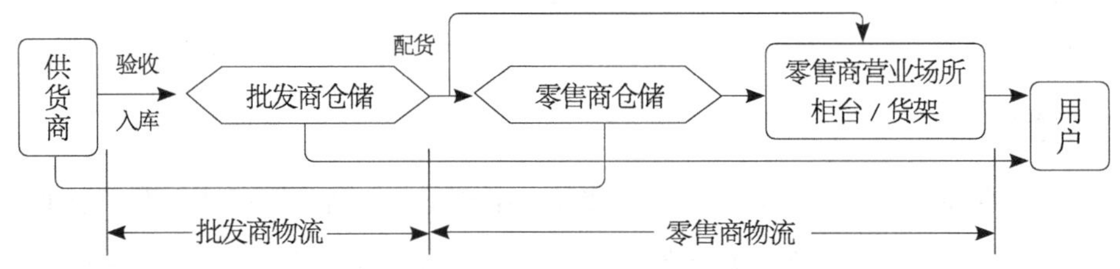

图 15-2　商品流通型企业存货流转的程序

从图 15-2 中可以看出，作为商品流通型企业，批发商的存货通常经过取得、验收入库、仓储保管和销售发出等主要环节；零售商从生产型企业或批发商（经销商）那里取得商品，经验收后入库保管或者直接放置在经营场所对外销售。比如，仓储式超市货架里摆放的商品就是超市的存货，商品仓储与销售过程紧密联系在一起。

概括地讲，无论是生产型企业，还是商品流通型企业，取得存货、验收入库、仓储保管、领用发出、盘点清查、存货处置等是其存货流转的共有的环节。下面对这些环节中可能存在的主要风险及管控措施加以阐述。

与存货相关的内部控制涉及企业供、产、销的各个环节，包括采购、验收、仓储、领用、加工、装运出库等各个方面，还包括存货数量的盘存制度。需要说明的是，与存货内部控制相关的措施有很多，其有效程度也存在差异。存货内部控制的关键控制点、主要风险与控制措施如表 15–1 所示。

表 15–1　存货内部控制的关键控制点、主要风险与控制措施

关键控制点	主要风险	控制措施
取得存货	存货预算编制不科学、采购计划不合理，可能导致存货积压或短缺	在实务中，企业应根据各存货采购间隔期和当前库存，综合考虑企业生产经营计划、市场供求等因素，合理确定存货采购日期和数量，确保存货处于最佳库存状态
验收入库	验收程序不规范、标准不明确，可能导致数量克扣、以次充好、账实不符	外购存货的验收，应当重点关注合同、发票等原始单据与存货的数量、质量、规格等核对一致。自制存货的验收，应当重点关注产品质量，通过检验合格的半成品、产成品才能办理入库手续，不合格品应及时查明原因、落实责任、报告处理。其他方式取得存货的验收，应当重点关注存货来源、质量状况、实际价值是否符合有关合同或协议的约定
仓储保管	存货仓储保管方法不适当、监管不严密，可能导致存货损坏变质、价值贬损、资源浪费	存货在不同仓库之间流动时，应当办理出入库手续。企业应按照仓储物资所要求的储存条件分类妥善储存存货。在生产现场，要按照有助于提高生产效率的方式摆放加工原料、同转材料和半成品等，同时防止浪费、被盗和流失。对于代管、代销、暂存、受托加工的存货，企业应单独存放和记录，避免与本单位存货混淆。企业应加大存货的保险投入。企业应安排人员每日巡查和定期抽检
领用发出	存货领用发出审核不严格、手续不完备，可能导致货物流失	确定适用的存货发出管理模式，制定严格的存货准出制度，明确存货发出和领用的审批权限，健全存货出库手续，加强存货领用记录。储存部门应当根据经审批的销售（出库）通知单发出货物
盘点清查	存货盘点清查制度不完善、计划不可行，可能导致工作流于形式、无法查清存货真实状况	企业应当建立存货盘点清查工作规程，结合本企业实际情况确定盘点周期、盘点流程、盘点方法等相关内容，定期盘点和不定期抽查相结合。企业至少应当于每年年度终了开展全面的存货盘点清查
存货处置	存货报废处置责任不明确、审批不到位，可能导致企业利益受损	企业应定期对存货进行检查，及时、充分了解存货的存储状态，对于存货变质、毁损、报废或流失的处理要分清责任、分析原因、及时合理

15.2.3.1　取得存货

存货的取得方式很多，比如外购、委托加工或自行生产等，企业应根据行业特点、生产经营计划和市场因素等进行综合考虑，本着成本效益原则，确定不同类型的存货的取得方式。该环节的主要风险是：存货预算编制不科学、采购计划不合理，可能导致存货积压或短缺。

主要管控措施：企业在存货管理实务中，应当根据各种存货采购间隔期和当前库存，综合考虑企业生产经营计划、市场供求等因素，充分利用信息系统，合理确定存货采购日期和数量，确保存货处于最佳库存状态。考虑到存货取得的相关风险管控措施主要体现在预算编制和采购环节，企业应使用相关的预算和采购方面的内部控制应用指引对其加以规范。

15.2.3.2 验收入库

不论是外购原材料或商品，还是本企业生产的产品，都必须经过验收（质检）环节，以保证存货的数量和质量符合合同等有关规定或产品质量要求。该环节的主要风险是：验收程序不规范、标准不明确，可能导致数量克扣、以次充好、账实不符。

主要管控措施：企业应当重视存货验收工作，规范存货验收程序和方法，着力做好以下工作。

① 对于外购存货的验收，企业应当重点关注合同、发票等原始单据与存货的数量、质量、规格等核对一致。对于涉及技术含量较高的货物，企业在必要时可委托具有检验资质的机构或聘请外部专家协助验收。

② 对于自制存货的验收，企业应当重点关注产品质量，通过检验合格的半成品、产成品才能办理入库手续。对于不合格品，企业应及时查明原因、落实责任、报告处理。

③ 对于其他方式取得存货的验收，企业应当重点关注存货来源、质量状况、实际价值是否符合有关合同或协议的约定。

经验收合格的存货应当入库或进入销售环节。仓储部门对于入库的存货，应根据入库单的内容对存货的数量、质量、品种等进行检查，符合要求的予以入库；不符合要求的，应当及时办理退换货等相关事宜。仓储部门应真实、完整地记录存货入库情况，并定期与财会部门等相关部门核对，不得擅自修改相关记录。

15.2.3.3 仓储保管

一般而言，生产型企业为保证生产过程的连续性，需要对存货进行仓储保管；商品流通型企业的存货从购入到销往客户之间的过程中也存在仓储保管环节。该环节的主要风险是：存货仓储保管方法不适当、监管不严密，可能导致存货损坏变质、价值贬损、资源浪费。

主要管控措施如下。

① 存货在不同仓库之间流动时，应当办理出入库手续。

② 企业应按照仓储物资所要求的储存条件妥善贮存存货，做好防火、防洪、防盗、防潮、防病虫害、防变质等保管工作，不同批次、型号和用途的产品要分类存放。在生产现场，要按照有助于提高生产效率的方式摆放加工原料、周转材料、半成品等，同时防止浪费、被盗和流失。

③ 对于代管、代销、暂存、受托加工的存货，企业应单独存放和记录，避免与本单位存货混淆。

④ 企业应结合实际情况，加大存货的保险投入，保证存货安全，合理降低存货意外损失风险。

⑤ 仓储部门应对库存物料和产品进行每日巡查和定期抽检，详细记录库存情况；发现毁损、存在跌价迹象的，应及时与生产、采购、财务等相关部门沟通。进出仓库的人员应办理进出登记手续，未经授权的人员不得接触存货。

15.2.3.4　领用发出

生产部门领用原材料、辅料、燃料和零部件等用于生产加工，仓储部门根据销售部门开出的发货单向经销商或用户发出产成品，商品流通领域的批发商根据合同或订货单等向下游经销商或零售商发出商品，消费者凭交款凭证等从零售商处取走商品等环节，都涉及存货领用发出的问题。该环节的主要风险是：存货领用发出审核不严格、手续不完备，可能导致货物流失。

主要管控措施如下。企业应当根据自身的业务特点，确定适用的存货发出管理模式，制定严格的存货准出制度，明确存货发出和领用的审批权限，健全存货出库手续，加强存货领用记录。通常情况下，一般生产型企业的仓储部门应核对经过审核的领料单或发货通知单的内容，做到单据齐全，名称、规格、计量单位准确；符合条件的准予领用或发出，并与领用人当面核对、点清交付。商场超市等商品流通型企业在存货销售发出环节应侧重于防止商品失窃、随时整理弃置商品、每日核对销售记录和库存记录等。无论是何种企业，对于大批存货、贵重商品或危险品的发出，企业均应当实行特别授权；仓储部门应当根据经审批的销售（出库）通知单发出货物。

15.2.3.5　盘点清查

企业进行存货盘点清查时一方面要核对实物的数量，看其是否与相关记录相符、是否账实相符；另一方面也要关注实物的质量，看其是否有明显的损坏。该环节的主要风险是：存货盘点清查制度不完善、计划不可行，可能导致工作流于形式、无法查清存货的真实状况。

主要管控措施如下。

① 企业应当建立存货盘点清查制度，结合本企业实际情况确定盘点周期、盘点流程、盘点方法等相关内容。

② 盘点清查时，企业应拟定详细的盘点计划，合理安排相关人员，使用科学的盘点方法，保持盘点记录的完整，以保证盘点的真实性、有效性。

③ 对于盘点清查结果，企业要及时编制盘点表，形成书面报告，包括盘点人员、时间、地点，实际所盘点存货的名称、品种、数量、存放情况以及盘点过程中发现的账实不符情况等内容。

④ 对盘点清查中发现的问题，企业应及时查明原因并追究责任，按照规定权限批准后处理。

⑤ 多部门人员共同盘点时，应当充分体现相互制衡原因，严格按照盘点计划，认真记录盘点情况。

⑥ 企业至少应当于每年年度终了开展全面的存货盘点清查，及时发现存货减值迹象，将盘点清查结果形成书面报告。

15.2.3.6　存货处置

存货处置是存货退出企业生产经营活动的环节，包括商品和产成品的正常对外销售以及因变质、毁损等而对存货进行的处置。该环节的主要风险是：存货报废处置责任不明确、审批不到位，可能导致企业利益受损。

主要管控措施：企业应定期对存货进行检查，及时、充分地了解存货的存储状态，对于存货变质、毁损、报废或流失的处理要分清责任、分析原因、及时合理。

【例 15-1】某企业仓库保管员负责登记存货明细账，以便对仓库中的所有存货项目的收、发、存数量及价值等进行永续记录。当收到验收部门送交的存货和验收单时，仓库保管员根据验收单登记存货明细账。

平时，各车间或其他部门如果需要领取原材料，都可以填写领料单，仓库保管员根据领料单发出原材料。该企业辅助材料的用量很少，因此该企业没有要求各车间或其他部门在领取辅助材料时使用领料单。各车间经常有辅助材料剩余（根据每天特定工作购买而未消耗完，但其实还可再为其他工作所用）这些材料由车间自行保管，无须通知仓库。

【分析】该企业的存货管理环节存在如下漏洞。

① 存货的保管和记账职责未分离，将可能导致仓库保管员监守自盗，并通过篡改存货明细账来掩饰其舞弊行为，使存货数量可能被高估。

② 仓库保管员收到存货时不填制入库通知单，而是以验收单作为记账依据，将可能导致存货数量或质量出现问题时，无法明确是验收部门还是仓库保管员的责任。

③ 领取原材料时未进行审批控制，将可能导致原材料的浪费或被侵占。

④ 领取辅助材料时未使用领料单和未进行审批控制、对剩余的辅助材料缺乏控制，将可能导致辅助材料的领用失控，造成辅助材料的浪费或被侵占，以及生产成本的虚增。

⑤ 未实行定期盘点制度，将可能导致存货出现账实不符现象，且存在不能及时发现和计价不准确的问题。

通过分析，该企业采取了以下改进措施。

① 企业应建立永续盘存制，安排仓库保管员设置存货台账，按存货的名称分别登记存货收、发、存的数量；安排财务部门设置存货明细账，按存货的名称分别登记存收、发、存的数量、单价和金额。

② 仓库保管员应在收到验收部门送交的存货和验收单后，根据入库情况填制入库通知单，并据此登记存货实物收、发、存台账。入库通知单应事先连续编号，并由交接各方签字后留存。

③ 企业应对原材料和辅助材料等各种存货的领用实行审批控制。各车间根据生产计划编制领料单，经授权人员批准签字，仓库保管员经检查手续齐备后，办理领用。

④ 企业应对剩余的辅助材料实施退库控制，保证剩余辅助材料的合理利用，避免资源浪费。

⑤ 企业应实行存货的定期盘存制。企业应当建立存货盘点清查机制，结合本企业实际情况确定盘点周期、盘点流程、盘点方法等相关内容，定期盘点和不定期抽查相结合。盘

点清查时，企业应拟订详细的盘点计划，合理安排相关人员，使用科学的盘点方法，保持盘点记录的完整，以保证盘点的真实性、有效性。

15.2.4　固定资产

固定资产主要包括房屋、建筑物、机器、机械、运输工具以及其他与生产经营活动有关的设备、器具、工具等。固定资产属于企业的非流动资产，是企业开展正常的生产经营活动必要的物资条件，其价值随着企业生产经营活动逐渐转移到产品成本中。固定资产的安全、完整直接影响到企业生产经营的可持续发展能力。

企业应当根据固定资产的特点，分析、归纳、设计合理的业务流程，查找固定资产管理中的薄弱环节，制定全面风险管控措施，保证固定资产安全、完整、高效运行。固定资产的业务流程，通常可以分为取得、登记造册、日常维护、资产改造和报废淘汰等环节，如图 15-3 所示。

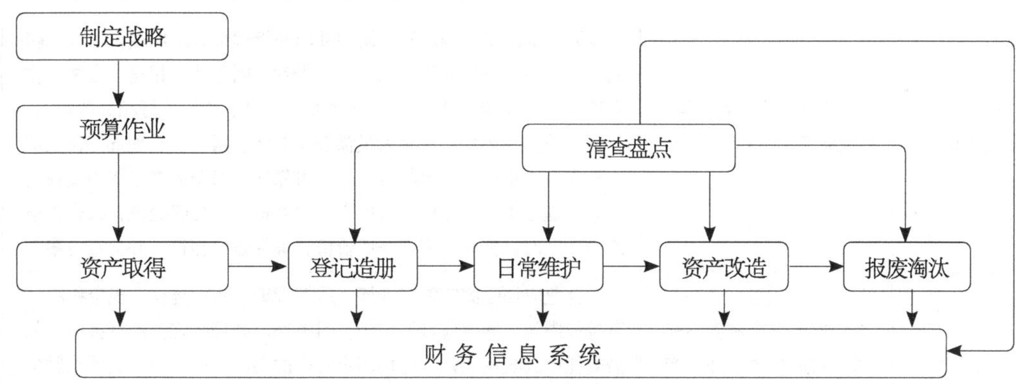

图 15-3　固定资产的业务流程图

固定资产内部控制的关键控制点、主要风险与控制措施如表 15-2 所示。

表 15-2　固定资产内部控制的关键控制点、主要风险与控制措施

关键控制点	主要风险	控制措施
取得	新增固定资产验收不规范，可能导致资产质量不符合要求，影响资产运行效果；投保制度不健全，可能导致应投保资产未投保、索赔不力，不能防范损失风险	建立严格的固定资产交付使用验收制度，对于具有权属证明的资产，企业在取得时必须有合法的权属证书。重视和加强固定资产的投保工作
登记造册	固定资产登记内容不完整，可能导致资产流失、资产信息失真、账实不符	制定适合本企业的固定资产目录，列明固定资产的编号、名称、种类、所在地点、使用部门、责任人、数量、账面价值、使用年限、损耗等内容。这有利于企业了解固定资产使用情况的全貌。为单项资产建立固定资产卡片。固定资产卡片应在资产编号上与固定资产目录保持对应，详细记录各项固定资产的来源、验收、使用地点、责任单位和责任人、运转、维修、改造、折旧、盘点等相关内容，便于固定资产的有效识别。对于固定资产目录和卡片，企业均应定期或不定期复核，保证信息的真实和完整

续表

关键控制点	主要风险	控制措施
运行维护	固定资产操作不当、失修或维护过剩，可能造成资产使用效率低下、产品残次率高，甚至发生生产事故或资源浪费	将资产日常维护流程体制化、程序化、标准化，定期检查，切实消除安全隐患。固定资产使用部门和管理部门建立固定资产运行管理档案，并制定合理的修理计划，并经主管领导审批。固定资产实物管理部门审核施工单位资质，并建立管理档案；修理项目分类，明确需要招投标的项目。修理完成的，由施工单位出具交工验收报告，经资产使用和管理部门核对工程质量并审批。对于重大项目，应进行专项审计。应对操作人员进行岗前培训，对特殊设备实行岗位许可制，保证资产使用流程与操作流程相符
升级改造	固定资产升级改造不够，可能造成企业产品线老化、缺乏市场竞争力	企业应结合盈利能力和企业发展的可持续性定期对固定资产技术先进性评估。资产使用部门根据需要提出技改方案，与财务部门一起进行预算可行性分析，并且方案需经过管理部门的审核批准。管理部门需对技改方案实施过程适时监控、加强管理。有条件的企业可建立技改专项资金并定期或不定期对资金使用状况进行审计
资产清查	固定资产丢失、毁损等造成账实不符或资产贬值严重	财务部门组织固定资产使用部门和管理部门定期进行清查，明确资产权属，确保实物与固定资产卡片、财务账表相符，在清查作业实施之前编制清查方案，经过管理部门审核后进行相关的清查作业。清查结束后，清查人员需要编制清查报告，管理部门需就清查报告进行审核，确保其真实性、可靠性。对于清查过程中发现的盘盈（盘亏），企业应分析原因，追究责任，妥善处理，报告审核通过后及时调整固定资产账面价值，确保账实相符，并上报备案
抵押、质押	固定资产抵押制度不完善，可能导致抵押资产价值低估和资产流失	企业应加强固定资产抵押、质押管理，明晰流程，规定程序和审批权限等，同时应做好记录。财务部门办理固定资产抵押时，如需委托中介机构鉴定、评估固定资产的实际价值，应当会同金融机构有关人员、固定资产管理部门、固定资产使用部门现场勘验抵押品，对其价值进行评估，并编制专门的抵押资产目录
处置	固定资产处置方式不合理，可能造成企业经济损失	对于使用期满、正常报废的固定资产，固定资产使用部门或管理部门应填制固定资产报废单，经企业授权部门或人员批准后对该固定资产进行报废清理。对于使用期限未满、非正常报废的固定资产，固定资产使用部门应提出报废申请，注明报废理由、估计清理费用和可回收残值、预计处置价格等。企业应组织有关部门进行技术鉴定，按规定程序审批后进行报废清理。对于拟出售或投资转出及非货币交换的固定资产，有关部门或人员应提出处置申请，对固定资产价值进行评估，并出具资产评估报告，报经企业授权部门或人员批准后予以出售或转让

15.2.4.1 固定资产的取得

固定资产的取得涉及外购、自行建造、非货币性资产交换等方式。对于生产设备、运输工具、房屋建筑物、办公家具和办公设备等不同类型的固定资产，企业有不同的验收程序和技术要求，同一类固定资产也会因标准化程度、技术难度等的不同而对验收工作提出不同的要求。通常来说，办公家具、计算机、打印机等标准化程度较高的固定资产的验收过程较为简单，而对与一些复杂的大型生产设备，尤其是定制的高科技精密仪器以及建筑物竣工验收等，需要一套规范、严密的验收程序。该环节的主要风险是：新增固定资产验收程序不规范，可能导致资产质量不符合要求进而影响资产运行效果；固定资产投保制度不健全，可能导致应投保资产未投保索赔不力，不能有效防范资产损失风险。

主要管控措施如下。

① 建立严格的固定资产交付使用验收制度。企业在外购固定资产时应当根据合同、供应商发货单等对所购固定资产的品种、规格、数量、质量、技术要求及其他内容进行验收，出具验收单，编制验收报告。对于企业自行建造的固定资产，建造部门、固定资产管理部门、使用部门应共同填制固定资产移交使用验收单，验收合格后移交使用部门投入使用。对于未通过验收的不合格资产，企业不得接收，必须按照合同等有关规定办理退换货或采取其他弥补措施。对于具有权属证明的资产，企业在取得时必须有合法的权属证书。

② 重视和加强固定资产的投保工作。企业应当通盘考虑固定资产状况，根据各固定资产的性质和特点，确定各固定资产的投保范围，严格执行相关政策力求投保金额与投保项目相适应。企业应按规定程序审批投保的固定资产项目，办理投保手续，规范投保行为，以应对固定资产损失风险。对于重大固定资产项目的投保，企业应当考虑采取招标方式来确定保险人，防范固定资产投保舞弊风险。已投保的固定资产发生损失的，企业应及时调查原因并确定受损金额，并向保险公司索赔。

15.2.4.2　固定资产的登记造册

企业取得每项固定资产后均需要对其进行详细登记，编制固定资产目录，建立固定资产卡片，以便企业对固定资产进行统计、检查和后续管理。该环节的主要风险是：固定资产登记内容不完整，可能导致资产流失、资产信息失真、账实不符。

主要管控措施如下。

① 企业应根据固定资产的定义，结合自身实际情况，制定适合本企业的固定资产目录，列明固定资产的编号、名称、种类、所在地点、使用部门、责任人、数量、账面价值、使用年限、损耗等内容。这样做有利于企业了解固定资产使用情况的全貌。

② 企业应为单项资产建立固定资产卡片。固定资产卡片应在资产编号上与固定资产目录保持对应关系，详细记录各项固定资产的来源、验收、使用地点、责任单位和责任人、运转、维修、改造、折旧、盘点等相关内容，便于固定资产的有效识别。

对于固定资产目录和卡片，企业均应定期或不定期复核，保证信息的真实和完整。

15.2.4.3　固定资产的运行维护

该环节的主要风险是：固定资产操作不当、失修或维护过剩，可能造成资产使用效率低下、产品残次率高，甚至发生生产事故或资源浪费。

主要管控措施如下。

① 固定资产使用部门会同资产管理部门负责固定资产的日常维修、保养，将资产日常维护流程体制化、程序化、标准化，定期检查，及时消除风险，提高固定资产的使用效率，切实消除安全隐患。

② 固定资产使用部门及管理部门建立固定资产运行管理档案，制定合理的日常维修和大修理计划，并经主管领导审批。

③ 固定资产实物管理部门审核施工单位的资质和资信，并建立管理档案；修理项目应分类，明确需要招投标的项目。修理完成的，由施工单位出具交工验收报告，经资产使用和实物管理部门核对工程质量并审批。对于重大项目应进行专项审计。

④ 企业生产线等关键设备的运作效率与效果将直接影响企业的安全生产和产品质量，因此，企业应在操作人员上岗前安排具有资质的技术人员对其进行充分的岗前培训。企业应建立特殊设备实行岗位许可制度，要求这些岗位的工作人员持证上岗。企业必须对资产运转情况进行实时监控，保证资产使用流程与既定操作流程相符，确保运行安全，提高资产使用效率。

15.2.4.4 固定资产的升级改造

企业需要定期或不定期地对固定资产进行升级改造，以不断提高产品质量，开发新品种，减少资源消耗，保证生产的安全环保。固定资产更新包括部分更新与整体更新两种情形。部分更新通常包括局部技术改造、更换高性能部件、增加新功能等方面。企业需权衡更新固定资产的成本与效益并进行综合决策。整体更新主要指对陈旧设备的淘汰与全面升级，更侧重于资产技术的先进性，使固定资产符合企业的整体发展战略。该环节的主要风险是：固定资产升级改造不够，可能造成企业产品线老化、缺乏市场竞争力。

主要管控措施如下。

① 企业应结合盈利能力和企业发展的可持续性定期对固定资产技术的先进性进行评估；资产使用部门根据需要提出技改方案，与财务部门一起进行预算可行性分析，并且方案需经过管理部门的审核批准。

② 管理部门需对技改方案实施过程适时监控、加强管理。有条件的企业可建立技改专项资金并定期或不定期对资金使用状态进行审计。

15.2.4.5 固定资产的清查

企业应建立固定资产清查制度，至少应每年对其进行全面清查，保证固定资产账实相符，使企业及时掌握资产盈利能力和市场价值。对于企业固定资产清查中发现的问题，企业应当查明原因，追究责任，妥善处理。该环节的风险主要是：固定资产丢失、毁损等造成账实不符或资产贬值严重。

主要管控措施如下。

① 财务部门组织固定资产使用部门和管理部门定期对固定资产进行清查，明确资产权属，确保实物与固定资产卡片、财务账表相符，在清查作业实施之前编制清查方案，经过管理部门审核后进行相关的清查作业。

② 在清查结束后，清查人员需要编制清查报告，管理部门需就清查报告进行审核，确保其真实性、可靠性。

③ 对于清查过程中发现的盘盈（盘亏），企业应分析原因，追究责任，妥善处理，上报且经审核通过后及时调整固定资产账面价值，确保账实相符，并上报备案。

15.2.4.6　固定资产的抵押、质押

抵押是指债务人或者第三人在不转移对其财产的占有权的情况下，而将该财产作为债权的担保。当债务人不履行债务时，债权人有权依法以该财产折价或以拍卖、变卖该财产的价款优先受偿。质押也称质权，就是指债务人或第三人将其动产移交给债权人占有，将该动产作为债权的担保。当债务人不履行债务时，债权人有权依法就该动产卖得的价款优先受偿。企业有时因资金周转需要等以其固定资产作为抵押物或质押物向银行或其他金融机构借款，如到期不能归还借款，银行或其他金融机构则有权依法将该固定资产折价或拍卖。该环节的主要风险是：固定资产抵押制度不完善，可能导致抵押资产价值被低估和资产流失。

主要管控措施如下。

① 企业应加强固定资产抵押、质押的管理，明晰固定资产抵押、质押流程，规定固定资产抵押、质押的程序和审批权限等，确保资产抵押、质押经过授权审批及适当程序。同时，企业应做好相应记录，保障企业资产安全。

② 财务部门办理资产抵押时，如需要委托专业中介机构鉴定、评估固定资产的实际价值，应当会同金融机构有关人员、固定资产管理部门、固定资产使用部门现场勘验抵押品，对抵押资产的价值进行评估。对于抵押资产，财务部门应编制专门的抵押资产目录。

15.2.4.7　固定资产的处置

该环节的主要风险是：固定资产处置方式不合理，可能造成企业经济损失。

主要管控措施：企业应当建立健全固定资产处置的相关制度，区分不同固定资产的处置方式，采取相应控制措施，确定固定资产处置的范围、标准、程序和审批权限，保证固定资产处置的科学性，使企业的资源得到有效的运用。

① 对使用期满、正常报废的固定资产，固定资产使用部门或管理部门应填制固定资产报废单，经企业授权部门或人员批准后对该固定资产进行报废清理。

② 对使用期限未满、非正常报废的固定资产，固定资产使用部门应提出报废申请，注明报废理由、估计清理费用和可回收残值、预计处置价格等。企业应组织有关部门进行技术鉴定，按规定程序审批后进行报废清理。

③ 对拟出售或投资转出及非货币交换的固定资产，有关部门或人员应提出处置申请，对固定资产价值进行评估，并出具资产评估报告，报经企业授权部门或人员批准后予以出售或转让。企业应特别关注固定资产处置中的关联交易和处置定价。固定资产的处置应由独立于固定资产管理部门和使用部门的获得企业授权的相关人员办理。固定资产处置价格应报经企业授权部门或人员审批后确定。对于重大固定资产的处置，企业应当考虑聘请具有资质的中介机构进行资产评估，采取集体审议或联签制度。涉及产权变更的，企业应及时办理产权变更手续。

④ 出租固定资产时，相关管理部门应提出出租或出借的申请，写明理由和原因，并由

相关授权人员和部门就申请进行审核。审核通过后，企业应签订出租或出借合同，包括合同双方的具体情况，出租的原因和期限等内容。

【例 15-2】某市检察院接到举报：某公司供销科科长张某在外买房，该行为与其收入情况明显不符。调查后，检察院发现张某在公司的权力很大，每年公司的供应材料采购几乎由他一手操办。按内部规定，一次性采购款超过 30 万元的，应由上级领导审批，但只要“把好尺度”不“上线”，所有业务都由张某一人说了算。案发时，张某当上科长已近 10 个月，就受贿达 17 余万元。而追根溯源，拉张某“下水”的是供销科采购员李某。张某上任之初，李某就授意某商行经理，在张某的办公室放了 1 万元“见面礼”。同样，经李某介绍，张某又收了某私营物资公司 1 万元，以购买该公司 40 万元的供应材料作为交换。而在此前后，李某本人也利用职务之便，受贿 9.21 万元。随着案件调查的深入，与工程分包、材料采购有关的高层领导也纷纷落马。熊某，加工科科长，主管外发钢结构加工业务。“身居要职”的他透露想买家具后，客户立刻开车送其夫人到外地家具城挑选。他先后收受贿赂 6.6 万元。杨某，金属结构厂副厂长，利用负责外发加工项目的职务便利，收受承包人“感谢费”4 万元。朱某，金属结构厂厂长，在购买设备等方面“做手脚”，捞取不义之财 6.4 万元。徐某，副经理，主管公司所有工程项目的施工。在麻将桌上，业务单位的 5 万元借款不明不白地成了“礼金”。同案牵扯出来的还有公司下属原压力容器厂副厂长陈某和公司机械部部长祝某，两人通过截留、套现等方式，贪污数万元。

【分析】上述案例说明，固定资产购建和工程项目外发环节发生的贪污舞弊，不仅在工程（劳务）外包环节上会发生，而且还向分包和材料采购领域渗透。案件的发生促使公司反思其内部控制制度的设计和执行，究竟是哪些环节、哪些部门出现了问题。

（1）职责分工与授权批准。

公司应当建立固定资产业务的岗位责任制，明确相关部门和岗位的职责、权限，确保与办理固定资产业务相关的不相容职务相互分离、制约和监督。本案中，公司每年的供应材料几乎由供销科科长张某一手操办，采购的申请和批准职务没有分离，以至于张某利用这个制度漏洞大肆收受贿赂，损害了公司的利益。

（2）取得与验收控制

① 固定资产采购过程应当透明、规范。对于一般固定资产采购，采购部门应充分了解和掌握供应商的情况，采用比质比价的方法选定供应商。本案中那些违法犯罪分子利用手中的采购权，与供应商串通一气，不惜损害公司利益，行贿受贿。

② 对材料采购业务审批者的授权和复核。案例中的公司在审批环节就存在漏洞。一般而言，采购业务需按照金额的大小分级进行审批，金额较小的采购业务由部门经理或项目经理审批，而金额比较大的采购业务需要总经理甚至董事会审批，但这种刚性的分级审批制度容易被钻空子。就上述案例而言，按公司的内部规定，一次性采购款超过 30 万元的应采购业务由上级领导审批，但只要“把好尺度”不“上线”，所有业务可由科长一人说

了算。

③ 公司外购固定资产时，应当根据合同协议、供应商发货单等对所购固定资产的品种、规格、数量、质量、技术进行验收，验收合格后可投入使用。案例中的“掌权者”在选供应商和外包方时丝毫没有进行监督和比较，以至于在价格、质量等方面不能完全保证企业价值最大化，甚至收取回扣、贿赂。

该公司分析并吸取教训，采取了以下控制措施。

① 与材料采购业务相关的职务相互分离。工程承建公司在接到项目以后，即要着手进行材料的采购。由于工程项目标的数额一般都比较大，所以对工程材料采购这个环节的控制尤为重要。

② 材料采购批准后，应由专门的采购部门进行采购。采购时，采购部门应货比三家。

③ 对固定资产采购业务审批者的授权和复核。除了授权以外，必须设置独立的第三者对采购业务进行复核，对审批通过的采购业务进行再监督，防止在审批环节出现漏洞造成损失。

④ 工程分包、采购业务实行招投标制度。招投标制度可以保证供应商的选择是公开、公平、公正的，保证材料成本和质量。

15.2.5　无形资产

无形资产是企业拥有或控制的没有实物形态的可辨认非货币性资产，通常包括专利权、非专利技术、商标权、著作权、特许权、土地使用权等。企业应当加强对无形资产的管理，建立健全无形资产分类管理制度，保护无形资产的安全，提高无形资产的使用效率，充分发挥无形资产对提升企业创新能力和核心竞争力的作用。

无形资产管理的基本流程包括取得无形资产、验收并落实权属关系、技术升级与更新换代、处置无形资产等环节，如图 15-4 所示。

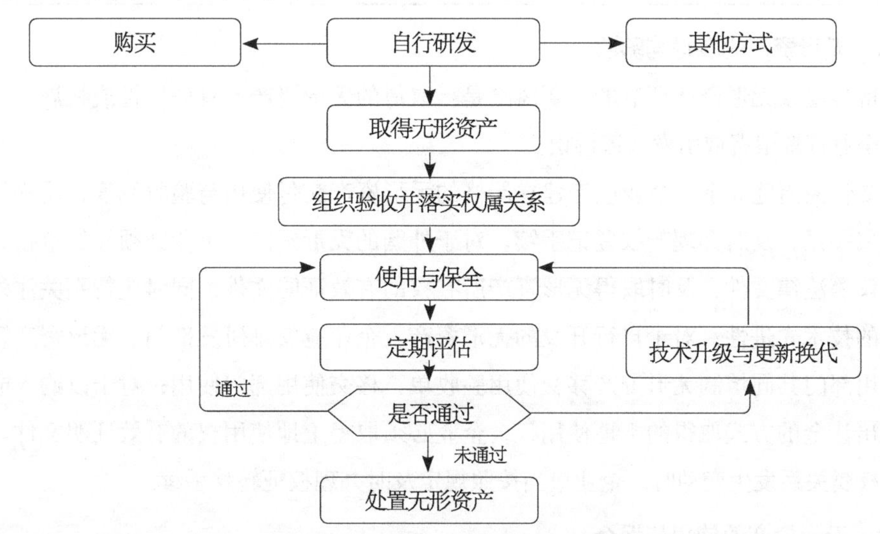

图 15-4　无形资产管理的基本流程图

企业应当在对无形资产取得、验收、使用、保护、评估、技术升级、处置等环节进行全面梳理的基础上，明确无形资产管理流程中的主要风险，并采用适当的控制措施实施无形资产内部控制。无形资产内部控制的关键控制点、主要风险与控制措施如表 15–3 所示。

表 15–3　无形资产内部控制关键控制点、主要风险与控制措施

关键控制点	主要风险	控制措施
取得与验收	取得的无形资产不具先进性或权属不清，可能导致企业资源浪费或引发法律诉讼	企业应建立严格的无形资产交付使用与验收制度，明确权属关系，及时办理产权登记手续（如外购、自行开发、投入等）
使用与保全	无形资产使用效率低下，效能发挥不到位；缺乏严格的保密制度，致使体现在无形资产中的商业机密泄露；由于对商标等无形资产疏于管理，导致其他企业侵权，严重损害企业利益	企业应当强化对无形资产使用过程的风险管控，充分发挥无形资产对提升企业产品质量和市场影响力的重要作用；建立健全无形资产核心技术保密制度，严格限制未经授权人员直接接触技术资料，对技术资料等无形资产的保管及接触应保有记录，实行责任追究，保证无形资产的安全与完整；对侵害本企业无形资产的，要积极取证并形成书面调查记录，提出维权对策，按规定程序审核并上报等
技术升级与更新换代	无形资产内含的技术未能及时升级换代，导致技术落后或存在重大技术安全隐患	企业应当定期对专利、专有技术等无形资产的先进性进行评估。发现某项无形资产给企业带来经济利益的能力受到重大不利影响时，应当考虑淘汰落后技术，同时加大研发投入，不断推动企业自主创新与技术升级，确保企业在市场经济竞争中始终处于优势地位
处置	无形资产长期闲置或低效使用，就会逐渐失去其使用价值；无形资产处置不当，往往造成企业资产流失	企业应当建立无形资产处置的相关管理制度，明确无形资产处置的范围、标准、程序和审批权限等要求。无形资产的处置应由独立于无形资产管理部门和使用部门的其他部门或人员按照规定的权限和程序办理；相关部门或人员应当选择合理的方式确定处置价格，并报经企业授权部门或人员审批；对于重大的无形资产，企业应当委托具有资质的中介机构进行资产评估

15.2.5.1　无形资产的取得与验收

取得与验收无形资产环节的主要风险是：取得的无形资产不具先进性或权属不清，可能导致企业资源浪费或引发法律诉讼。

主要管控措施如下。企业应当建立严格的无形资产交付使用与验收制度，明确无形资产的权属关系，及时办理产权登记手续。对于外购的无形资产，企业必须仔细审核有关合同、协议等法律文件，及时取得无形资产所有权的有效证明文件，同时应特别关注外购无形资产的技术先进性；对于自行开发的无形资产，企业应安排研发部门、无形资产管理部门、使用部门共同填制无形资产移交使用验收单，移交使用部门使用；对于以购入或者支付土地出让金的方式取得的土地使用权，企业必须取得土地使用权的有效证明文件。当无形资产权属关系发生变动时，企业应当按照规定及时办理权证转移手续。

15.2.5.2　无形资产的使用与保全

使用与保全无形资产的使用与保全环节的主要风险是：无形资产使用效率低下，效能发挥不到位；缺乏严格的保密制度，致使体现在无形资产中的商业机密泄露；由于对商标等无形资产疏于管理，导致其他企业侵权，严重损害企业利益。

主要管控措施：企业应当强化对无形资产使用过程的风险管控，充分发挥无形资产对提升企业产品质量和市场影响力的重要作用；建立健全无形资产核心技术保密制度，严格限制未经授权人员直接接触技术资料，对技术资料等无形资产的保管及接触应保有记录，实行责任追究，保证无形资产的安全与完整；对侵害本企业无形资产的，要积极取证并形成书面调查记录，提出维权对策，按规定程序审核并上报等。

15.2.5.3　无形资产的技术升级与更新换代

无形资产的技术升级与更新换代环节的主要风险是：无形资产内含的技术未能及时升级换代，导致技术落后或存在重大技术安全隐患。

主要管控措施如下。企业应当定期对专利、专有技术等无形资产的先进性进行评估。发现某项无形资产给企业带来经济利益的能力受到重大不利影响时，企业应当考虑淘汰落后技术，同时加大研发投入，不断推动企业自主创新与技术升级，确保企业在市场经济竞争中始终处于优势地位。

15.2.5.4　无形资产的处置

无形资产的处置环节的主要风险是：无形资产长期闲置或低效使用，就会逐渐失去其使用价值；无形资产处置不当，往往造成企业资产流失。

主要管控措施如下。企业应当建立无形资产处置的相关管理制度，明确无形资产处置的范围、标准、程序和审批权限等要求。无形资产的处置应由独立于无形资产管理部门和使用部门的其他部门或人员按照规定的权限和程序办理；相关部门或人员应当选择合理的方式确定处置价格，并报经企业授权部门或人员审批；对于重大的无形资产，企业应当委托具有资质的中介机构进行资产评估。

【例 15-3】某监督检查局对 DS 公司进行检查时发现该公司在 2009 年 4 月外购的一项专利技术（入账价值为 75 万元），仅有使用部门和卖方签订的合同，既没有公司相关技术分析、可行性分析文件，也没有管理部门的审批文件、更没有验收交付单据。经调查，该公司没有专业人员办理无形资产业务，管理部门也没有针对无形资产的审批程序。

审计人员在检查 DS 公司无形资产摊销情况时发现，2009 年 12 月以前各月无形资产摊销都是 15 万元，而 12 月却摊销了 150 万元，是平时的 10 倍，并计提了无形资产减值准备 10 万元。审计人员以此为点开始进一步调查，通过审阅、检查“无形资产”“管理费用”等明细账以及相关单据，并未发现可用于证明该无形资产减值的证据，该公司也未能向审计人员提交有关摊销方法变更的审批程序文件。

审计人员在检查公司无形资产转让业务时发现公司当年向某公司转让了已入账的商标使用权。该商标使用权的账面价值为 83 万元，双方协商定价 4 万元，所得收入计入“营业外收入”。这项业务再一次引起审计人员的注意，经过进一步调查发现，该公司销售部门擅自与甲公司签订出售商标使用权的协议，并由销售部门人员办理相关出售手续。经实地调查，该商标对DS公司尚有较大的使用价值。

【分析】监督检查局认为DS公司在购入、管理、处置无形资产过程中存在的问题主要体现在以下3个方面。

（1）DS公司对其在2009年4月外购所得的专利技术的处理方式反映出公司在无形资产管理方面存在的缺陷

根据规定，首先，企业应当对无形资产业务建立严格的授权批准制度，明确授权批准的方式、权限、程序、责任和相关控制措施，规定经办人的职责范围与工作要求。严禁未经授权的机构或人员办理无形资产业务。其次，企业应当规范无形资产业务流程，明确无形资产投资预算编制、自行开发无形资产预算编制、取得与验收、使用与保全、处置和转移等环节的控制要求，并设置相应的记录或凭证，如实记载各环节业务开展情况，及时传递相关信息，确保无形资产业务全过程得到有效控制。再次，企业应当建立严格的无形资产交付使用与验收制度，确保无形资产符合使用要求。无形资产交付使用的验收工作由无形资产管理部门、使用部门及相关部门共同实施。最后，企业应当配备合格的人员办理无形资产业务。办理无形资产业务的人员应当具备良好的业务素质和职业道德。

DS公司在取得无形资产时既没有进行技术分析和可行性分析，也没有指派管理部门进行审批，更没有形成验收交付的单据。经调查，该公司没有专业人员办理无形资产业务，管理部门也没有针对无形资产的审批程序。根据上述规定可以看出，该公司缺乏无形资产的审批程序和无形资产使用的记录程序，还缺乏具备办理无形资产业务资格的合格人员。

（2）DS公司在2009年12月计提的摊销额和计提的减值准备反映了该公司在资产的使用和保全方面存在的缺陷

根据有关规定，企业应当依据国家有关规定，结合企业实际，确定无形资产的摊销范围、摊销年限、摊销方法、残值等。摊销方法一经确定，不得随意变更。确需变更的，企业应当按照规定程序进行审批。此外，无形资产存在减值迹象的，企业应当计算其可收回金额；可收回金额低于账面价值的，企业应当按照国家统一的会计准则制度的规定计提减值准备，确认减值损失。

在本案例中，审计人员在检查DS公司无形资产摊销情况时还发现2009年12月以前各月无形资产摊销额都是15万元，而12月摊销了150万元，为平时的10倍。无形资产的摊销应当采用平均摊销法，而且摊销方法一经确定不得随意变更。该公司在12月的摊销额明显不符合规定。对于该公司12月计提的减值准备，经审查，审计人员未发现可以用于证明无形资产存在减值迹象的证据。因此，该公司计提的减值准备不符合管理上的规定。

（3）DS公司转让和处置无形资产的方式反映了公司在无形资产转让和处置方面存在的缺陷

根据规定，企业应区分不同的无形资产的处置方式，并采取相应的控制措施。对拟出售或投资转出的无形资产，应由有关部门或人员提出处置申请，列明该无形资产的基本情况、已提折旧、预计使用年限、已使用年限、预计出售价格或转让价格等，报经企业授权部门或人员批准后予以出售或转让。

另外，无形资产的处置应由独立于无形资产管理部门和使用部门的其他部门或人员办理。对于无形资产处置的价格，相关人员应当选择合理的方式，报经企业授权部门或人员审批后确定。对于重大的无形资产处置，企业应当委托具有资质的中介机构进行资产评估，以确定无形资产处置价格。

DS 公司转让无形资产时，该公司销售部门擅自与甲公司签订出售商标使用权的协议，并由销售部门人员办理相关出售手续。这违反了无形资产处置时应由独立于无形资产管理部门和使用部门的部门来办理的规定，同时也违反了对拟转出的无形资产应由有关部门或人员提出处置申请，报经企业授权部门或人员批准后予以出售或转出的规定。对于转出价格的确定，相关人员根据规定应当选择合理的方式，报经企业授权部门或人员批准后予以出售或转让。对于重大的无形资产处置，企业应当委托具有资质的中介机构进行资产评估，以确定无形资产处置价格。而 DS 公司的销售部门只是通过自己与甲公司协商来确定价格。

监督检查局对该公司进行了处理，同时根据企业内部控制规范的要求，提出了以下改进建议。

第一，DS 公司应建立、健全、完善无形资产的各项管理制度，增加必要的管理程序。

① 对于无形资产的确认、取得，DS 公司应严格按照国家规定建立请购与审批制度，完善相应的请购与审批程序。

② 完善无形资产业务流程，提出符合自己公司实际情况的对无形资产的购入、投资、自行开发、使用与保全、处置、审批等多环节的控制要求，保存相应的记录，及时传递相关信息，确保无形资产业务全过程得到有效控制。

③ 根据国家规定确定无形资产的摊销方法、摊销范围、残值，合理计提无形资产减值准备，摊销方法一经确定不得随意变更，更不可以为了偷逃税款多增摊销费用，违反会计准则和国家法律规定。

④ 健全定期由无形资产管理部门和会计部门检查、分析无形资产的效能，定期核对无形资产账目的制度。

⑤ 公司领导应加强对无形资产管理的认识，建立严格的授权审批制度。

第二，明确人员分工，根据公司实际情况设立办理无形资产业务的岗位，明确相关部门的职责权限，确保办理无形资产业务的不相容岗位相互分离、制约和监督。

① 公司应配备合格的人员办理无形资产业务。

② 对于购入的无形资产，公司应明确请购部门和审批部门的职责权限，不得缺失审批环节。

③ 公司应加强对无形资产的日常管理，设立相应的岗位，授权具体人员负责其日常使用和保全的管理工作。

④ 处置无形资产时，严禁无形资产使用部门擅自处理正在使用的无形资产，经审批部门或审批人员审批后，应由独立于使用部门的合格人员办理无形资产的处置事宜。

第三，加强对无形资产取得、使用、处置等各个环节的监督检查。

① 根据公司实际情况，建立对无形资产定期或不定期的监督检查机制，检查其使用部门是否有违反公司内部控制规范的行为。

② 监督检查部门或人员应独立于无形资产管理部门和使用部门。

③ 利用会计核算对无形资产的使用情况进行规范和监督，及时发现无形资产对企业未来经济效益的影响，调整差异。

15.3 实务案例：CAF 公司的固定资产内部控制分析

（一）CAF 公司及其固定资产内部控制流程

CAF 公司的总部坐落在长江上游的经济中心——重庆市，是由中国汽车工业最大的“百年老店”——长安汽车集团和世界领先的福特汽车公司共同出资成立的，双方各拥有 50% 的股份，专业生产满足中国消费者需求的轿车。该公司拥有世界一流的整车生产线，2005 年年产量达到 15 万辆，并已在南京市兴建第二厂区。

CAF 公司的主要管理架构是由合资双方各派代表组成的董事会、执行委员会及各个部门组成。公司的内部控制系统是在借鉴美国福特公司具有 100 多年历史的内部控制体系的基础上建立而成的，拥有较高的起点。它的内部控制内容主要包括控制环境、风险评估、控制活动、信息与沟通、监督这五大要素。CAF 公司在 COSO 内部控制整体框架的指引下，结合我国国情形成了具有一定特色和较高水准的内部控制系统。

CAF 公司首先界定了固定资产的范围及内容，其控制流程如下（简要）。

（1）固定资产投资项目的决策

（2）固定资产购置流程

（3）固定资产处置流程

（4）固定资产实物台账管理和报废流程

① 台账的设置和保管要求：专人负责台账登记工作；登记凭证的要求；保管期限等。

② 台账的登记：包括入库登记、领用登记、报废或转移登记。

③ 期末报告：按季向财务部报送报表。

④ 盘点制度。

⑤ 固定资产地点转移：包括部门内部在厂区内移动，部门之间在厂区内移动，转移给其他单位的，买入时直接存放在其他单位的固定资产等。

⑥ 固定资产报废、出售的审批和实物处置：包括不同固定资产报废的程序。

⑦ 通则。

⑧ 记录：规定了固定格式。

⑨ 发布 / 修订记录：规定了固定格式。

（5）固定资产盘点制度

① 目的：通过盘点来确定公司固定资产是否安全，促进固定资产账实相符。

② 使用范围：列入公司固定资产账目的所有固定资产项目。

③ 参考资料。

④ 职责：包括财务部门、主管部门及使用部门的职责。

⑤ 程序：包括基础工作、盘点方法和盘点时间、差异处理以及盘盈、盘亏的会计处理。

⑥ 记录：规定了固定格式。

⑦ 发布 / 修订记录：规定了固定格式。

（二）CAF 公司固定资产的内部控制特点

（1）注重流程管理

从上述的介绍中可以看到，CAF 公司在进行固定资产内部控制时注重流程管理。从固定资产投资项目的决策、固定资产的购置到固定资产的日常管理、最后处置都有一系列的流程图，相关业务经办人员根据这些流程图办理有关固定资产的业务。不少企业虽然有一整套的管理制度，但是执行起来却不尽人意，很多业务人员经办有关事项时，不遵守企业的规章制度。很多情况下，并不是业务人员有意违反企业的制度，而是企业缺乏具有可操作性的流程来指导业务人员办理经济业务。CAF 公司在这方面做得就比较好，其采用的是福特公司的管理经验，在流程设计上比较科学合理，有效地指导了业务人员的工作。CAF 公司的不少员工提到，在很多情况下，他们的工作不是来自领导的命令，而是按程序办事。

（2）加强固定资产实物台账管理

固定资产的内部控制是全方位的控制，从固定资产投资决策、购置到日常管理和处置，每个环节都很重要。很多企业比较重视固定资产的购置，但将固定资产购买回来后，对固定资产的日常管理却不够重视。CAF 公司建立了完善的固定资产实物台账管理制度，对台账的设置、登记、保管、报告进行了详细的规定，并加以执行。通过对固定资产的台账进行管理，CAF 公司较好地保证了固定资产的完整性和安全性，维护了资产的正常运行。

（3）注重固定资产的内部控制自我评价

内部控制的评价，在很多企业的内容控制流程中一直是一个薄弱环节。一般来说，企业都有相应的内部控制制度。但不少企业却对如何评价和考核内部控制的运行情况缺乏经验和有效的手段。CAF 公司的内部控制制度的一个重要组成部分就是内部控制评价。该公司制定了详尽的内部控制审核规定，从固定资产的购置到日常管理和处置，都是企业内部控制审核小组关注的对象。通过内部控制的审核，CAF 公司有效地监督了内部控制的运行情况，能够及时发现问题并予以纠正。

第16章 企业内部控制应用指引第9号——销售业务

16.1 法规原文

企业内部控制应用指引第9号——销售业务

第一章 总则

第一条 为了促进企业销售稳定增长，扩大市场份额，规范销售行为，防范销售风险，根据有关法律法规和《企业内部控制基本规范》，制定本指引。

第二条 本指引所称销售，是指企业出售商品（或提供劳务）及收取款项等相关活动。

第三条 企业销售业务至少应当关注下列风险：

（一）销售政策和策略不当，市场预测不准确，销售渠道管理不当等，可能导致销售不畅、库存积压、经营难以为继。

（二）客户信用管理不到位，结算方式选择不当，账款回收不力等，可能导致销售款项不能收回或遭受欺诈。

（三）销售过程存在舞弊行为，可能导致企业利益受损。

第四条 企业应当结合实际情况，全面梳理销售业务流程，完善销售业务相关管理制度，确定适当的销售政策和策略，明确销售、发货、收款等环节的职责和审批权限，按照规定的权限和程序办理销售业务，定期检查分析销售过程中的薄弱环节，采取有效控制措施，确保实现销售目标。

第二章 销售

第五条 企业应当加强市场调查，合理确定定价机制和信用方式，根据市场变化及时调整销售策略，灵活运用销售折扣、销售折让、信用销售、代销和广告宣传等多种策略和营销方式，促进销售目标实现，不断提高市场占有率。

企业应当健全客户信用档案，关注重要客户资信变动情况，采取有效措施，防范信用风险。

企业对于境外客户和新开发客户，应当建立严格的信用保证制度。

第六条 企业在销售合同订立前，应当与客户进行业务洽谈、磋商或谈判，关注客户信用状况、销售定价、结算方式等相关内容。

重大的销售业务谈判应当吸收财会、法律等专业人员参加，并形成完整的书面记录。

销售合同应当明确双方的权利和义务，审批人员应当对销售合同草案进行严格审核。重要的销售合同，应当征询法律顾问或专家的意见。

第七条　企业销售部门应当按照经批准的销售合同开具相关销售通知。发货和仓储部门应当对销售通知进行审核，严格按照所列项目组织发货，确保货物的安全发运。企业应当加强销售退回管理，分析销售退回原因，及时妥善处理。

企业应当严格按照发票管理规定开具销售发票。严禁开具虚假发票。

第八条　企业应当做好销售业务各环节的记录，填制相应的凭证，设置销售台账，实行全过程的销售登记制度。

第九条　企业应当完善客户服务制度，加强客户服务和跟踪，提升客户满意度和忠诚度，不断改进产品质量和服务水平。

第三章　收款

第十条　企业应当完善应收款项管理制度，严格考核，实行奖惩。销售部门负责应收款项的催收，催收记录（包括往来函电）应妥善保存；财会部门负责办理资金结算并监督款项回收。

第十一条　企业应当加强商业票据管理，明确商业票据的受理范围，严格审查商业票据的真实性和合法性，防止票据欺诈。

企业应当关注商业票据的取得、贴现和背书，对已贴现但仍承担收款风险的票据以及逾期票据，应当进行追索监控和跟踪管理。

第十二条　企业应当加强对销售、发货、收款业务的会计系统控制，详细记录销售客户、销售合同、销售通知、发运凭证、商业票据、款项收回等情况，确保会计记录、销售记录与仓储记录核对一致。

企业应当指定专人通过函证等方式，定期与客户核对应收账款、应收票据、预收账款等往来款项。

企业应当加强应收款项坏账的管理。应收款项全部或部分无法收回的，应当查明原因，明确责任，并严格履行审批程序，按照国家统一的会计准则制度进行处理。

16.2　原文讲解

《企业内部控制应用指引第9号——销售业务》（后文简称《销售业务应用指引》）共3章、12条。这3章对企业销售业务进行了详细的规范。企业生存、发展、壮大的过程在一定程度上就是不断加大销售力度、拓宽销售渠道、扩大市场份额的过程。企业对销售业务进行内部控制，应以促进企业销售额稳定增长、扩大市场份额、规范销售行为为出发点，建立健全销售业务管理制度，全面梳理销售业务流程，明确销售、发货、收款等环节的职责和审批权限，从不同方面对销售业务的主要风险进行管控。

本小节将按照销售业务应用指引的内容对企业销售业务内部控制进行详细的解读。

16.2.1 销售的定义

本书所称销售是指企业出售商品（或提供劳务）及收取款项等相关活动。

企业如不能实现商品销售额的稳定增长，售出的货款如不能足额收回或不能及时收回，必将导致企业持续经营受阻、难以为继。

商品的销售过程是商品价值的实现过程。企业只有将商品及时销售出去，取得销售收入，才能补偿企业经营管理过程中的各种耗费，从而保证企业再生产得以顺利进行。

16.2.2 销售业务流程

企业要强化销售业务的管理，应当首先从全面梳理相关业务流程入手，对销售业务管理的现状进行全面分析与评价，认真查找各环节的主要风险点及现行管理中可能存在的漏洞。在此过程中，企业不仅要全面审视相关业务流程是否科学合理、现有管理制度是否健全，而且要对照已有制度，检查其是否落实到位。在做好上述工作的基础上，企业应着力健全各项销售业务管理制度，明确以风险为导向、符合成本效益原则的销售管控措施，实现销售与生产、资产、资金等方面的衔接，有效防范和化解经营风险，确保销售目标的实现。

企业的销售业务并不是简单的交易过程，而是分步骤的交易行为：从收到对方的订单、洽谈交易事宜，到货物的交接，再到货款的支付，甚至还包括退货和折让的发生等。在此过程中，企业不仅需要调查客户的信用、与客户展开激烈的价格谈判、全力生产客户需要的货物，而且还需要灵活地处理销售折让和销售退回。在这些环节中还可能出现事先无法预料到的情况，所以销售是一项复杂的系统工程。

图 16–1 所示的销售业务流程图，具有普适性。但是企业在实际操作中，应当充分结合自身业务特点和管理要求，构建并优化销售业务流程。

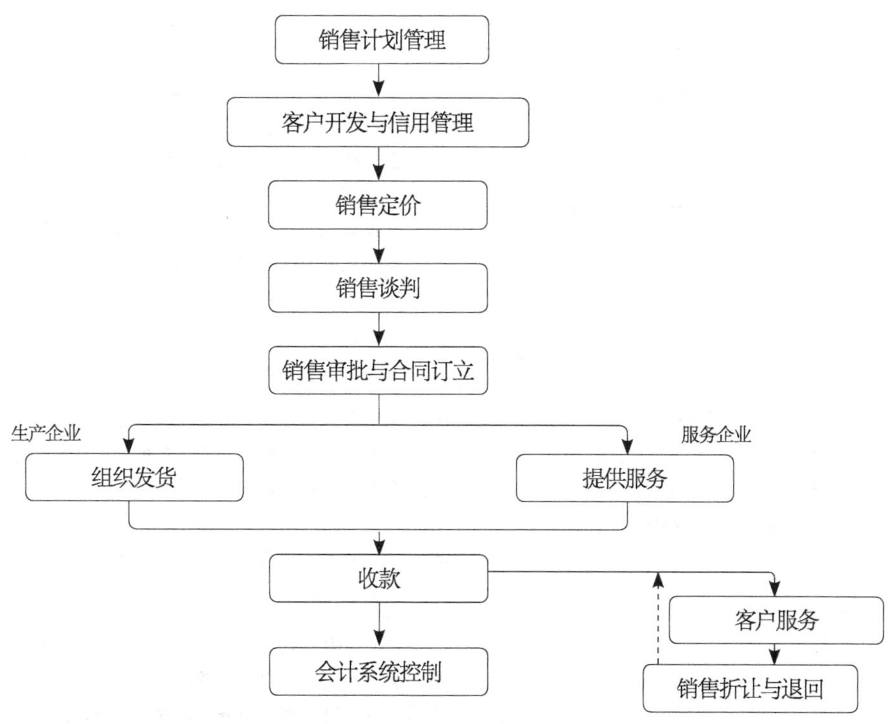

图 16-1　企业销售业务流程图

16.2.3　销售业务的主要风险及管控措施

表 16-1 是企业销售业务内部控制的关键控制点、主要风险与控制措施。

表 16-1　销售业务内部控制的关键控制点、主要风险与控制措施

关键控制点	主要风险	控制措施
销售计划管理	销售计划缺乏或不合理，或未经授权审批，导致产品结构和生产安排不合理，难以实现企业生产经营的良性循环	企业应根据发展战略和年度生产经营计划，制定年度和月度计划、审批后执行；定期分析销售情况，结合生产现状调整销售计划，调整后的计划需要经过审批。
客户开发与信用管理	现有客户不足、潜在市场需求开发不够，可能导致客户丢失或对市场拓展不利。客户档案不健全，缺乏合理的资金评估，可能导致客户选择不当、款项不能收回或遭受欺诈，影响企业的资金流转和正常经营	企业应通过市场调查，确定目标市场、确定定价机制和信用方式，运用多种策略，提高市场占有率；建立并不断更新客户信用动态档案，由信用部门对客户付款情况进行跟踪，划定信用等级，从此作为的依据。企业应对境外和新开发客户实行信用保证制度
销售审批与合同订立	合同内容存在重大疏漏和欺诈，未经授权对外订立销售合同，可能导致企业合法权益受到侵害。销售价格、收款期限等违背企业销售政策，可能导致企业经济利益受损	订立前，企业应指定专人对客户进行洽谈、磋商，重大销售业务还应吸收财务、法律人员参加。企业应建立销售合同订立及审批制度，明确合同范围，规范签订程序，确定审核、审批程序等。销售合同草案经审批同意后，企业应授权有关人员与客户签订正式合同

续表

关键控制点	主要风险	控制措施
组织发货或提供服务	未经授权发货或发货不符合合同约定，可能导致货物损失或客户与企业之间生产销售争议、销售款项不能收回	销售部门按经审核后的合同开具发货通知给仓储部门和财会部门。仓储部门应做好核对工作，按规定发货，将单据连续编号。以运输合同或协议等方式写明运输方式、明确相关责任，确保货物的安全发运，由全客户验收确认。企业应做好各环节记录、设置销售台账，执行过程的销售登记制度
收款	企业信用管理不到位，结算方式选择不当，票据管理不善，账款回收不力，导致销售款项不能收回或遭受欺诈。收款过程中存在舞弊行为，使企业经济利益受损	企业应根据政策选择结算方式，明确应收票据的受理范围和管理措施建立票据管理制度，明确相关程序，防止票据欺诈；指派专人保管票据，对即将到期的应收票据及时的托收，定期核对盘点。加强赊销管理，完善相应审批手续；加强应收款项管理，妥善保存催收记录；加强代销业务款项管理，及时结清款项；将收入及时存入银行并登记入账，尽量防止由销售人员直接收款
客户服务	客户服务水平低，消费者满意度不高，影响公司品牌形象，造成客户流失	企业应摸清竞争对手的客户服务水平，建立和完善客户服务的制度，包括服务的内容、标准、方式等；设专人或部门进行客户服务和跟踪；建立产品质量管理制度，加强销售、生产、研发、质检等部门间的沟通；做好客户回访工作，定期或不定期开展满意度调查；建立客户投诉制，记录所有的客户投诉，分析原因并找出解决方法；加强销售退回控制
会计系统控制	缺乏有效的销售业务会计系统控制，可能导致企业账实不符、账证不符、账账不符或者账表不符，影响销售收入、销售成本、应收款项等会计核算的真实性和可靠性	详细记录客户、合同、销售通知、发运凭证、商业票据、款项收回等情况，确保会计记录、销售记录与仓储记录核对一致。企业应建立应收账款清收核查制度，销售部门应定期与客户对账并取得书面对账凭证，财会部门负责办理资金结算并监督款项回收。企业应及时收集应收账款相关凭证资料并妥善保管，及时要求客户提供担保，及时清收欠款。加强坏账管理

16.2.3.1 销售计划管理

销售计划是指企业在进行销售预测的基础上，结合企业自身的生产能力，设定总体销售目标额及不同产品的销售目标额，进而为实现该目标而设定的具体营销方案和实施计划，以促进未来一定时期内销售额的实现。该环节的主要风险是：销售计划缺乏或不合理，或未经授权审批，导致产品结构和生产安排不合理，难以实现企业生产经营的良性循环。

主要管控措施：第一，企业应当根据发展战略和年度生产经营计划，结合企业实际情况，制定年度销售计划，在此基础上，结合客户订单情况，制定月度销售计划，并按规定的权限和程序经审批通过后下达执行；第二，定期对各产品（商品）的区域销售额、进销差价、销售计划与实际销售情况等进行分析，结合生产现状，及时调整销售计划，调整后的销售计划需履行相应的审批程序后才能实施。

【例 16–1】某药品销售企业采取以下措施对销售计划执行情况进行管理。

① 由销售代表每周编制销售报告，其中包括本期新开发客户、本期拜访客户、本期销售数量和金额、销售费用、促销活动效果、客户反馈（包括产品质量、发货时间、价格、配套服务等）、与销售计划的差异分析及跟进计划。

② 由区域销售经理每周分析区域销售报告，并与销售代表的报告进行比较，编制区域销售业绩分析，在每月的全国销售经理会议上向销售总监报告。

③ 销售总监定期或不定期向区域销售经理了解当期销售情况以及影响销售的主要因素发生的变化，如监管环境、竞争对手、客户需求变化等，并提出改进意见。当出现重大改变时，销售总监会向企业管理层提出修改销售政策和计划的申请。

④ 管理层复核区域销售报告，并与销售计划、当期财务报告进行比较，详细了解重大差异产生的原因并制定解决方案。其中，管理层应重点关注以下事项：按产品和客户大类分别统计销售数量、销售金额和利润率及这些指标与计划之间的差异；单笔重大销售订单，销售退回、折扣和返利；标准销售价格和折扣变动等。

【分析】在本案例中，企业定期对产品的区域销售额、销售计划与实际销售情况进行层层分析和汇总，并根据销售报告的分析情况，结合企业实际和市场状况，及时采取应对措施，确保销售计划的完成。在影响销售的相关因素发生重大变化时，企业及时对销售计划进行适当调整。

16.2.3.2　客户开发与信用管理

企业应当积极开拓市场，加强现有客户的维护，开发潜在的目标客户，对有意向的客户进行资信评估，根据企业自身风险接受程度确定其具体的信用等级。该环节的主要风险是：现有客户不足、潜在市场需求开发不够，可能导致客户丢失或对市场拓展不利；客户档案不健全，缺乏合理的资信评估，可能导致客户选择不当、销售款项不能收回或遭受欺诈，从而影响企业的资金流转和正常经营。

主要管控措施如下。第一，企业应当在进行充分市场调查的基础上，合理细分市场并确定目标市场，根据不同目标群体的具体需求，确定定价机制和信用方式，灵活运用销售折扣、销售折让、信用销售、代销和广告宣传等多种策略和营销方式，促进销售目标实现，不断提高市场占有率。第二，企业应建立和不断更新、维护客户信用动态档案，由与销售部门相对独立的信用管理部门对客户付款情况进行持续跟踪和监控，提出划分、调整客户信用等级的方案。根据客户信用等级和企业信用政策，拟定客户赊销限额和时限，报销售、财会等部门具有相关权限的人员进行审批。对于境外客户和新开发客户，企业应当建立严格的信用保证制度。

【例 16–2】某办公设备制造和销售企业为提高信用管理效率、加速账款回收，在财务部门下单独成立了信用管理小组，组长（即信用管理经理）直接向财务总监报告。该信用管理小组主要负责客户的信用评估、信用额度的控制工作。具体工作情况如下。

① 每年 1 月、2 月，对现有客户进行一次信用评估。在此过程中，信用管理小组成员会按客户名单逐一打印出该客户过去一年的应收账款周转天数、逾期付款表、销售订单解冻报告等。在对上述资料进行分析评估的基础上，信用管理小组成员结合客户当期财务报表，对客户的信用进行打分，并根据打分结果确定客户的信用等级。该企业按客户信用等级将客户分为 5 类：信用良好的长期大客户、信用良好的长期普通客户、信用一般的长期大客户、信用一般的长期普通客户及其他客户。

② 信用管理人员根据销售人员提供的该客户今年预计产生的销售合同金额和合同期间计算相应的信用额度。

信用额度＝销售合同金额 ÷ 销售合同期间 ÷ 信用等级对应的付款期 ÷30

信用管理人员将信用额度计算表提交给信用管理经理、财务总监和销售总监审批。取得正式批准后，信用管理人员向客户发送年度信用额度确认函，并抄送给负责该客户的销售人员。与此同时，由信用管理人员在销售系统中录入信用额度金额，作为未来销售订单控制和收款控制的一个条件。这一过程中，只有信用管理人员才有权进行信用额度的修改操作。

【分析】在本案例中，该企业对客户开发和信用管理环节采取了以下控制措施。

① 成立了独立于销售部门的信用管理小组负责客户的信用评估工作、信用额度的控制工作。

② 每年对现有客户的信用进行一次评估。

③ 根据确定的几个评价指标，对客户的信用进行打分，根据打分结果，确定客户的信用等级。

④ 建立标准的公式，计算客户信用额度。

⑤ 信用额度计算表由信用管理经理、财务总监和销售总监审批。

⑥ 向客户发送年度信用额度确认函。

⑦ 信用管理人员在销售系统中输入信用额度金额，作为对客户收款实施控制的依据。

⑧ 只有信用管理人员有权进行信用额度的修改操作。

【例 16-3】2000—2008 年，某医药公司的财务陷入困境，应收账款逐年递增，最高时达到 11 亿元。2009 年，该公司开始加强信用管理，销售额每年增长 30% 以上，且逾期应收账款每年降低了 4%。

具体做法：强化总部信用管理职能；筛选客户，根据信用等级分类，将 800 多家客户减到 400 多家；用资信限额控制每份合同的发货数量，将在途资金控制在允许的范围内；由销售人员督促客户收货、确认发票，定期与客户对账；控制逾期货款，对于产生逾期货款的客户，企业应扣罚利息，并停止发货。

16.2.3.3　销售定价

销售定价是指商品价格的确定、调整及相应的审批。该环节的主要风险是：定价或调价不符合价格政策，未能结合市场供需状况、盈利测算等对价格进行适时调整，导致价格定得过高或过低、销售量受损；商品销售价格未经恰当审批，或存在舞弊行为，可能损害企业经济利益或者企业形象。

主要管控措施如下。第一，企业应根据有关价格政策，综合考虑企业财务目标、营销目标、产品成本、市场状况及竞争对手情况等多方面的因素，确定产品的基准定价。定期评价产品基准价格的合理性，定价或调价需经具有相应权限的人员的审核批准。第二，在执行基准定价的基础上，针对某些商品，企业可以授予销售部门一定限度的价格浮动权，销售部门可结合产品市场特点，使用价格浮动权实现价格逐级递减，同时明确权限执行人。价格浮动权执行人必须严格遵守规定的价格浮动范围，不得擅自突破。第三，销售折扣、销售折让等政策的制定应获得具有相应权限的人员的批准。对于实现销售折扣、销售折让时涉及的实际金额、数量、原因及对象，相关人员应予以记录，并归档备查。

【例 16-4】某消费品生产企业每年要对其价格政策进行复核，结合企业财务目标、营销目标、产品成本、市场状况及竞争对手等多方面的因素，对政策进行必要的更新。在此基础上确定各产品、不同客户类型的基准定价、折扣、折让等事项，报送总经理批准后，由销售部门文员录入销售系统中。

销售人员在与客户进行合同谈判时，需在销售系统中填写合同申请单，说明客户名称、代码、销售价格、折扣等主要条款信息。系统自动根据客户代码查找客户所属类型，以及该类型下的基准价格和折扣。如果合同价格低于系统中的基准价格，系统会提示错误，同时将该合同申请单的状态自动改为“冻结”状态。如果需要将冻结的合同申请单解冻，需由销售人员提出申请，详细说明其理由，并将申请上交相关领导进行审批。

每月月末，企业总经理会对当月的合同申请汇总报告进行审阅，结合相关产品的销售及回款情况等分析原因、研究对策。

【分析】在本案例中，该企业针对销售定价环节采取了以下管控措施。

① 综合考虑企业自身情况和市场状况，确定并及时调整商品价格。目的是防止销售定价偏离实际，不符合市场供需状况或企业的营销目标。

② 定价和调价需经恰当的审批，并录入企业的销售系统。这样做的目的是确保商品价格在企业内部得到统一有效的执行，防止有关人员任意调价、与客户串通舞弊等情况的发生，以免损害企业经济利益或者企业形象。

③ 不符合销售价格、折扣等事项的合同申请单由销售系统自动冻结，如需解冻，需由销售人员提出申请，由具有相关权限的人员进行审批。目的是保证销售定价的原则性与灵活性的统一。某些特定情况下，经过恰当审批后，销售人员会被允许突破既定的基准价格和折扣条件。

16.2.3.4 订立销售合同

企业与客户订立销售合同，明确双方权利和义务，以此作为开展销售活动的基本依据。该环节的主要风险是：合同内容存在重大疏漏和欺诈，未经授权对外订立销售合同，可能导致企业合法权益受到侵害；销售价格、收款期限等违背企业销售政策，可能导致企业经济利益受损。

主要管控措施如下。第一，订立销售合同前，企业应当指定专门人员与客户进行业务洽谈、磋商或谈判，关注客户信用状况，明确销售定价、结算方式、权利与义务条款等相关内容。重大的销售业务谈判还应当吸收财会、法律等专业人员参加，并形成完整的书面记录。第二，企业应当建立健全销售合同订立及审批管理制度，明确合同的范围，规范合同订立程序，确定具体的审核、审批程序和所涉及的部门人员及相应权责。审核、审批时，企业应当重点关注销售合同草案中提出的销售价格、信用政策、发货及收款方式等。对于重要的销售合同，企业应当征询法律专业人员的意见。第三，销售合同草案经审批同意后，企业应授权有关人员与客户签订正式销售合同。

【例 16–5】某制造业中游企业，其产品在市场上有较大的价格优势，竞争者较少。但是，由于该类产品的终端市场开发不完全，所以下游厂商开工能力不足且支持能力有限，导致公司合同变更频繁。因此，这家企业采取如下措施对销售合同订立与管理流程进行控制。

① 客户向业务员询价后，业务员与上级主管沟通并依据企业标准报价表确定销售价格并填写报价单，若报价金额低于标准报价表上的售价，需经各相关领导审核批准。

② 业务员根据报价单，用企业标准合同文本编写合同草案，填写合同审批表，报销售部、生产部、法务部、财务部等相关部门的人员进行审核。合同草案审核通过后，企业总经理直接签订或授权销售经理签订正式的销售合同。

③ 业务员收到客户签字盖章的销售合同后，按照不同的合同类型在销售系统中进行相应记录。销售主管审核业务员在系统中录入的信息是否正确，然后在系统中确认。销售系统记录每个销售合同对应的销售订单、发货、销售发票开具、应收账款、销售退回等情况。

④ 为确保销售数据的准确性、完整性，由销售部门文员人工维护销售台账，并定期与系统数据进行核对。文员在收到新的合同、合同执行情况、变更请求等原始资料后，在销售台账上做好相应记录。每月月末，文员核对销售台账与销售系统中的数据是否相符，针对存在差异的情况，查明原因，并进行汇报。

【分析】在本案例中，该企业对销售合同订立环节采取了以下控制措施。

① 若销售价格低于标准价格，业务员在报价单上说明超出下浮区间的原因，按企业审批权限表规定，经各相关领导审核批准。

② 使用企业的标准合同文本编写销售合同草案。

③ 相关人员和领导按照权限审批表规定的权限，审核批准销售合同。

④ 销售主管审核销售系统中的合同信息是否与销售合同一致，并在系统中确认。

⑤ 销售部门文员在收到新的合同或合同执行情况、变更请求后，在销售台账上好做相应记录。每月月末，文员核对销售台账与销售系统中的数据是否相符，对存在差异的情况，查明原因，并进行汇报。

其中，上述控制措施中的第三点、第五点和第六点是企业根据自身特色确定的控制措施。因为该企业的产品的竞争优势大，所以企业处于比较强势的地位，可以要求其客户使用企业的销售合同和销售条款。但同时，由于合同变更频繁，因此，企业销售主管需要对合同信息进行审核，并由文员定期核对销售系统中的合同信息和手工记录，确保合同数据的及时性和准确性。

【例 16-6】沿用例 16-5，企业业务员根据销售合同约定的各批次交货期，在规定交货期前 60 天和客户电话确认交货数量、地点和时间；然后，在 ERP 系统销售模块中录入销售订单。系统将自动核查：客户的可用信用额度是否高于销售订单金额；客户是否按合同要求支付预付款。只有同时满足上述两个条件，销售订单才能被保存并自动进入生产模块，形成生产计划；否则，系统将提示客户信用额度不足，无法保存该订单。与此同时，系统设置自动链接和检查功能，保证销售订单上的产品规格、型号、售价与系统中对应的销售合同中的内容一致，总金额计算准确。

【分析】在本案例中，企业对销售订单生成环节采取了以下控制措施。

① 业务员在销售合同规定交货期前 60 天和客户电话确认交货数量、地点、时间，然后编制销售订单。

② 系统提供自动链接和检查功能，保证销售订单上产品规格、型号、售价与系统中对应的销售合同中的内容一致，总金额计算准确。

③ 销售系统自动审核业务员录入的销售订单及对应客户的信贷情况和按合同支付预付款的情况，若客户可用信用额度低于销售订单赊销额度，则该销售订单不能生效。

在上述控制措施中，第一点是根据该企业特色制定的控制措施，也和例 16-5 分析中提到的该企业合同变更频繁有关，因此需要销售人员提前和客户确认交货数量、地点和时间，然后将销售订单作为销售的依据。第二点和第三点是企业常见的控制措施，本案例中该企业是通过 ERP 系统进行价格、数量的检查和过账，实现了自动控制，当然实务中也可以通过人工手段实实施措施。

16.2.3.5　发货

发货是根据销售合同的约定向客户提供商品的环节。该环节的主要风险是：未经授权发货或发货不符合合同约定，可能导致货物损失或客户与企业之间产生销售争议、销售款项不能收回。

主要管控措施如下。第一，销售部门应当按照经审核后的销售合同开具相关的销售通知交仓储部门和财会部门。第二，仓储部门应当落实出库、计量、运输等环节的岗位责任，对销售通知进行审核，严格按照所列的发货品种和规格、发货数量、发货时间、发货方式、接货地点等，按规定时间组织发货，形成相应的发货单据，并应连续编号。第三，企业应当以运输合同或条款等形式明确运输方式和商品短缺、毁损或变质的责任及到货验收方式、运输费用承担、保险等内容，应在货物交接环节做好装卸和检验工作，确保货物的安全发运，由客户验收确认。第四，企业应当做好发货各环节的记录，填制相应的凭证，设置销售台账，执行全过程的销售登记制度。

【例 16-7】沿用例 16-5 和例 16-6，企业销售主管应根据生产部门的生产计划、仓库的库存信息，以及销售订单中明确的交货日期，制定发货计划。业务员根据发货计划做好安排，在销售模块中对应的销售订单下开具发货通知单。销售系统经过设置后，对于在系统中未经保存的销售订单，应无法开具发货通知单。

业务员打印发货通知单，由主管审核后，交到仓库组织出货，同时联系运输部门安排车辆，进行货物装运。

仓库保管员根据发货通知单，安排装车。在装车后，仓库保管员与运输部门司机共同清点发出商品的数量、规格，确认是否和发货通知单一致。确认无误后，双方在发货通知单上签字，作为装运凭证。同时，仓库保管员在仓储系统内确认已发货，系统自动根据发货数量生成出库单，并结转销售成本。

财务部收到仓库保管员和司机签字确认的发货通知单，与销售系统中的销售订单核对，确认一致后，在销售系统中开具销售发票。系统自动从销售订单中提取产品单价，从出库单中提取发货数量，并自动计算发票总金额，同时将发票金额结转到“销售收入”和“应交税费”科目，产生相应会计分录。财务部税票主管根据销售发票开具增值税发票。

【分析】在本案例中，该企业对发货环节采取了以下控制措施。

① 仓库保管员和产品配送人员分别确认发货通知单是否经销售主管审批并在确认无误后安排出货和货物装运。

② 仓库保管员与产品配送人员在发货时共同清点发货数量、规格，确认与发货通知单一致后，在该单上签字确认并安排货物运输。

③ 发货完成后，仓库保管员根据发货通知单，在仓储系统内确认已发货。系统根据出库时产品的单价及发货通知单上的发货品种和数量，自动确认销售成本，并更新库存数量。

④ 财务部根据产品装运凭证，对已发货商品在销售系统中开具销售发票。系统保证发票单上价为销售订单上的单价，发票上产品数量为发货通知单上的实际发货数量，系统根据单价和数量自动计算发票金额。

⑤ 开具销售发票后，系统自动生成记账凭证，确认销售收入。

上述控制措施均为企业中常见的控制措施，只是企业通过系统实现了自动化，通过系统进行价格、数量的检查和过账，提高了整个过程的效率和准确性。

16.2.3.6　收款

收款指企业经授权发货后与客户结算的环节。按照发货时是否收到货款，销售可分为现销和赊销。该环节的主要风险是：企业信用管理不到位，结算方式选择不当，票据管理不善，账款回收不力，导致销售款项不能收回或遭受欺诈；收款过程中存在舞弊行为，使企业经济利益受损。

主要管控措施如下。第一，结合企业销售政策，选择恰当的结算方式，加快款项回收，提高资金的使用效率。对于商业票据，企业应结合销售政策和信用政策，明确应收票据的受理范围和管理措施。第二，建立票据管理制度，特别是加强商业汇票的管理：一是，对票据的取得、贴现、背书、保管等活动予以明确规定；二是，严格审查票据的真实性和合法性，防止票据欺诈；三是，由专人保管应收票据，对即将到期的应收票据，及时办理托收，定期核对盘点；四是，票据贴现、背书应经恰当审批。第三，加强赊销管理：一是，需要赊销的商品，应由信用管理部门按照客户信用等级审核，并经具有相应权限的人员审批；二是，赊销商品一般应取得客户的书面确认，必要时，要求客户办理资产抵押、担保等收款保证手续；三是，应完善应收款项管理制度，落实责任、严格考核、实行奖惩。销售部门负责应收款项的催收，催收记录（包括往来函电）应妥善保存。第四，加强代销业务款项的管理，及时与代销商结算款项。第五，收取的现金、银行本票、汇票等应及时交存银行并登记入账。防止由销售人员直接收取款项，如必须由销售人员收取的，应由财会部门加强监控。

16.2.3.7　客户服务

客户服务是企业在其与客户之间建立的信息沟通机制。对客户提出的问题，企业应予以及时解答、反馈或处理，不断提高商品质量和服务水平，以提升客户满意度和忠诚度。客户服务包括产品维修、销售退回、维护升级等。该环节的主要风险是：客户服务水平低，消费者满意度不高，影响公司品牌形象，造成客户流失。

主要管控措施如下。第一，企业应了解竞争对手的客户服务水平，建立和完善客户服务制度，包括客户服务的内容、标准、方式等。第二，企业应设专人或部门进行客户服务和跟踪。有条件的企业可以按产品线或地理区域建立客户服务中心，加强售前、售中和售后服务，实行客户服务人员的薪酬与客户满意度挂钩。第三，企业应建立产品质量管理制度，加强销售、生产、研发、质量检验等相关部门之间的沟通协调。第四，企业应做好客户回访工作，定期或不定期地开展客户满意度调查；建立客户投诉制度，记录所有的客户投诉，并分析产生原因，找出解决的方法。第五，企业应加强销售退回控制。销售退回需经具有相应权限的人员审批后方可执行；对于销售退回的商品，应当参照物资采购入库管理制度进行管理。

【例 16-8】某制造业企业专门设立售后服务部门，主要负责催收应收账款、客户争议解决、退换货等事项。售后服务部门建立了客户服务数据库，跟踪和分析客户服务历史记录。

企业接到客户投诉后，投诉电话会被转到对应的客户服务人员。客户服务人员听取客户投诉，并记录客户的投诉内容；在两天内指定企业内部的负责部门 / 人员进行处理。有关部门在一周内解决问题，并将相关的表单交给客户服务人员进行客户投诉记录表的更新。

客户服务人员每个月编制客户投诉跟踪报告，按状态（当月发生，当月完成，未完成）列示各类投诉的数量、性质、涉及金额和进度跟踪，以此作为管理层发现各类管理问题的依据和维护客户满意度的基础文件。

【分析】本案例中，企业对客户服务环节采取了以下控制指施。

① 客户服务由专职的售后服务部门负责。

② 售后服务部门建立了客户服务数据库，跟踪和分析客户服务历史记录。

③ 客户服务人员记录客户的投诉内容并在两天内指定企业内部的负责部门 / 人员进行处理。有关部门在一周内解决问题。

④ 客户服务人员每周跟进客户投诉的解决情况，并更新客户投诉记录表。

⑤ 客户服务人员每个月编制客户投诉跟踪报告，按状态（当月发生，当月完成，未完成）列示各类投诉的数量、性质、涉及金额和进度跟踪，以此作为管理层发现各类管理问题的依据和维护客户满意度的基础文件。

其中，控制第一点、第二点是根据该企业特色制定的控制措施，目的是将客户服务与应收账款回收更有效地结合起来。

16.2.3.8 会计系统控制

会计系统控制是指企业利用记账、核对、岗位职责落实和相互分离、档案管理、工作交接程序等会计控制方法，确保企业会计信息真实、准确、完整。会计系统控制包括销售收入的确认、应收款项的管理、坏账准备的计提和冲销、销售退回的处理等内容。该环节的主要风险是：缺乏有效的销售业务会计系统控制，可能导致企业账实不符、账证不符、账账不符或者账表不符，影响销售收入、销售成本、应收款项等会计核算的真实性和可靠性。

主要管控措施如下。第一，企业应当加强对销售、发货、收款业务的会计系统控制，详细记录销售客户、销售合同、销售通知、发运凭证、商业票据、款项收回等情况，确保会计记录、销售记录与仓储记录核对一致。具体为：财会部门开具发票时，应以相关单据（计量单、出库单、货款结算单、销售通知单等）为依据并经相关岗位审核。销售发票应遵循有关发票管理规定，严禁开具虚假发票。财会部门对销售报表等原始凭证上的销售价格、数量等进行审核，并根据国家统一的会计准则确认销售收入，登记入账。财会部门与相关部门月末应核对当月销售数量，保证各部门销售数量的一致性。第二，企业应建立应收账款清收核查制度，销售部门应定期与客户对账并取得书面对账凭证；财会部门负责办理资金结算并监督款项回收。第三，企业应及时收集应收账款相关凭证资料并妥善保管；及时要求客户提供担保；对未按时还款的客户，采取申请支付令、申请诉前保全和起诉等方式及时清收欠款。收回的非货币性资产应经评估和恰当审批。第四，对于可能成为坏账的应收账款，企业应当按照国家统一的会计准则计提坏账准备，并按照权限范围和审批程序进行审批。对于确定发生的各项坏账，企业应当查明原因、明确责任，并在履行规定的审批程序后进行会计处理。对于核销的坏账，企业应当做好备查、登记工作，做到账销案存。已核销的坏账又收回时，企业应当将其及时入账，防止形成账外资金。

总之，科学合理的销售业务流程设置以及相应的内部控制措施安排是企业正常运营、实现销售目标的重要前提和保证。企业应针对每一业务环节可能出现的风险和管理中可能存在的漏洞，建立并落实有效的措施，并不断地加以完善。与此同时，我们还应当清醒地认识到销售业务内部控制的有效性不单单由其流程控制活动本身的有效性决定。因此，企业在建设、完善销售业务内部控制的同时，还应关注企业的内部环境、风险管理、监督考核机制等。只有这样，企业才能真正有效地降低经营风险，才能在当今激烈的国内外市场经济竞争中保持健康可持续发展。

16.3　实务案例：B 公司销售与收款内部会计控制案例

（一）案例叙述

B 公司是从事机电产品制造和家电销售的国有中型企业，资产总额为 4 000 万元，其中，应收账款为 1 020 万元，占资产总额的 25.5%，占流动资产的 45%。近年来，B 公司的应收账款居高不下，营运指数连连下滑，已直接影响到生产经营。除了商业竞争的日愈加剧外，公司内部会计控制制度不健全是造成这种状态的主要原因。会计师事务所于 2004 年 3 月对该公司 2003 年度的会计报表进行了审计，在审计过程中根据获取的不同审计证据将该公司的应收账款进行了如下分类。

① 被骗损失但尚未进行账务处理的应收账款 60 万元。

② 账龄长且原销售经办人员已调离，其工作未交接，债权催收难以落实，可收回金额无法判定的应收账款 300 万元。

③ 账龄较长、回收有一定难度的应收账款 440 万元。

④ 未发现重大异常，但后期能否收回，还要待时再定的应收账款 220 万元。

针对上述各类应收账款内部控制制度存在的重大缺陷，会计师事务所向，该公司管理层出具了管理建议书，提出了改进意见，以促进管理层加强内部会计控制制度的建设，改善经营管理，避免或减少坏账损失以及资金被客户长期无偿占用的情况，同时也为企业提高会计信息质量打下良好的基础。

（二）存在的问题

①B 公司未制定详细的信用政策，未核实客户情况，也未明确规定具体的信用额度、信用期间、信用标准，更未指明经授权审批后才可办理赊销业务，而是盲目放宽赊销范围，在源头上造成了大量的坏账损失。

比如，1999 年年末，四川李老板前来 B 公司购买价值总额为 20 万元的电视机，并一次性支付现金结算货款。2000 年春节前夕，李老板再次携现金 20 万元要求购买 80 万元的电视机并承诺 60 万元的货款将在春节后一个月内结清，同时留下其公司营业执照和其本人身份证复印件以及联系方式。B 公司销售部门及有关人员在未进一步调查核实李老板的真实身份和资信状况，并且未经公司领导批准的情况下，仅凭李老板提供的复印件以及携带的大量现金就断定遇到了“财神爷”。怕失去此次乃至今后的机会，B 公司销售部门及有关人员积极组织货源向李老板供货。谁知此后李老板仿佛人间蒸发，从此毫无音讯。等到之后公安机关侦破此案时，货款已被李老板挥霍一空，60 万元货款无法收回。

②B 公司没有树立正确的应收账款管理目标，片面追求销售额最大化，从而忽视了公司的现金流量，忽视了公司财富最大化的正确目标。这其中的一个重要原因就是在对公司领导以及销售部门和销售人员进行考核时过于强调销售额指标，而没有设置应账账款回收率这样的指标。

由于公司产品销售不畅，为了扩大销量，完成利润考核指标，B 公司一味鼓励销售人员“找路子”促销产品，而对货款能否及时收回缺乏考虑，一时间应收账款快速攀升，个别销售人员甚至在未与客户订立合同的情况下，“主动”送货上门，加大了坏账风险，同时大量资金被客户白白占用。

③B 公司没有明确规定管理应收账款的责任部门，没有建立起相应的管理制度，缺少必要的合同、发运凭证等原始凭证的档案管理制度，导致对应收账款损失或长期难以收回的失误无法追究责任。

公司财务每年年度过账时抄陈账、抄死账，尤其是当销售人员调离公司后，其经手的应收账款更是无人问津或相关人员相互推诿，即使指派专人去要账，也经常因为缺失重要的原始凭证，导致要账无据而无功而返。上述原因导致公司无法对造成的坏账损失以及资金长期难以回笼的员工追究责任。

④ 对应收账款的会计监督力度不够

公司没有明确规定财务部门对应收账款的结算负有监督检查的责任、没有制定应收账款结算监督的管理办法，财务部门与销售部门基本上是“各自为政”，造成各部门是所取得的客户资料失真或失效。

此外，财务部门未定期与往来客户通过函证等方式核对账目，无法及时发现出现的异常情况，尤其是无法防止或发现货款被销售人员侵占或挪用。

（三）完善公司应收账款内部控制制度的建议

B 公司应贯彻不相容职务相互分离的原则，建立健全岗位责任制。在此基础上，B 公司对应收账款的管理应抓往以下几个环节。

① 加强对赊销业务的管理，制定切实可行的销售政策和信用管理政策。对于符合赊销条件的客户，公司方可按照内部控制管理制度规定的程序办理赊销业务。

② 加强对销售队伍的管理，包括建立对销售与收款业务的授权批准制度、销售与收款的责任与考核奖惩制度、销售人员定期轮岗及经手客户债务交接制度等。

③ 加强对客户信息的管理，公司应充分了解客户的资信和财务状况，对于长期、拥有大宗业务的客户，公司应建立包括信用额度使用情况在内的客户资料，并实行动态管理、及时更新。

④ 加强对应收账款的财务监督管理，建立应收账款账龄分析制度和逾期督促催收制度。财务部门应定期以函证方式核对与客户的往来款项，若发现异常现象，刚需及时反馈给销售部门并报告决策机构。

第 17 章
企业内部控制应用指引第 10 号——研究与开发

17.1 法规原文

企业内部控制应用指引第 10 号——研究与开发

第一章 总则

第一条 为了促进企业自主创新，增强核心竞争力，有效控制研发风险，实现发展战略，根据有关法律法规和《企业内部控制基本规范》，制定本指引。

第二条 本指引所称研究与开发，是指企业为获取新产品、新技术、新工艺等所开展的各种研发活动。

第三条 企业开展研发活动至少应当关注下列风险：

（一）研究项目未经科学论证或论证不充分，可能导致创新不足或资源浪费。

（二）研发人员配备不合理或研发过程管理不善，可能导致研发成本过高、舞弊或研发失败。

（三）研究成果转化应用不足、保护措施不力，可能导致企业利益受损。

第四条 企业应当重视研发工作，根据发展战略，结合市场开拓和技术进步要求，科学制定研发计划，强化研发全过程管理，规范研发行为，促进研发成果的转化和有效利用，不断提升企业自主创新能力。

第二章 立项与研究

第五条 企业应当根据实际需要，结合研发计划，提出研究项目立项申请，开展可行性研究，编制可行性研究报告。

企业可以组织独立于申请及立项审批之外的专业机构和人员进行评估论证，出具评估意见。

第六条 研究项目应当按照规定的权限和程序进行审批，重大研究项目应当报经董事会或类似权力机构集体审议决策。审批过程中，应当重点关注研究项目促进企业发展的必要性、技术的先进性以及成果转化的可行性。

第七条 企业应当加强对研究过程的管理，合理配备专业人员，严格落实岗位责任制，确保研究过程高效、可控。

企业应当跟踪检查研究项目进展情况，评估各阶段研究成果，提供足够的经费支持，确保项目按期、保质完成，有效规避研究失败风险。

企业研究项目委托外单位承担的，应当采用招标、协议等适当方式确定受托单位，签订外包合同，约定研究成果的产权归属、研究进度和质量标准等相关内容。

第八条　企业与其他单位合作进行研究的，应当对合作单位进行尽职调查，签订书面合作研究合同，明确双方投资、分工、权利义务、研究成果产权归属等。

第九条　企业应当建立和完善研究成果验收制度，组织专业人员对研究成果进行独立评审和验收。

企业对于通过验收的研究成果，可以委托相关机构进行审查，确认是否申请专利或作为非专利技术、商业秘密等进行管理。企业对于需要申请专利的研究成果，应当及时办理有关专利申请手续。

第十条　企业应当建立严格的核心研究人员管理制度，明确界定核心研究人员范围和名册清单，签署符合国家有关法律法规要求的保密协议。

企业与核心研究人员签订劳动合同时，应当特别约定研究成果归属、离职条件、离职移交程序、离职后保密义务、离职后竞业限制年限及违约责任等内容。

第三章　开发与保护

第十一条　企业应当加强研究成果的开发，形成科研、生产、市场一体化的自主创新机制，促进研究成果转化。

研究成果的开发应当分步推进，通过试生产充分验证产品性能，在获得市场认可后方可进行批量生产。

第十二条　企业应当建立研究成果保护制度，加强对专利权、非专利技术、商业秘密及研发过程中形成的各类涉密图纸、程序、资料的管理，严格按照制度规定借阅和使用。禁止无关人员接触研究成果。

第十三条　企业应当建立研发活动评估制度，加强对立项与研究、开发与保护等过程的全面评估，认真总结研发管理经验，分析存在的薄弱环节，完善相关制度和办法，不断改进和提升研发活动的管理水平。

17.2 原文讲解

《企业内部控制应用指引第 10 号——研究与开发》（后文简称《研究与开发应用指引》）共 3 章、13 条。这 3 章对企业研究与开发业务的内部控制进行了详细的规范。随着市场竞争的加剧，企业的技术创新以及产品研发活动越来越重要，成为企业在竞争中保持竞争力的关键因素。

本小节将按照研究与开发应用指引的内容对企业研究与开发业务的内部控制进行详细解读。

17.2.1 研究与开发概述

随着经济全球化进程的不断加快以及科学技术的飞速发展，提升资源配置效率、推动技术创新活动、加快技术创新速度、缩短产品开发周期已成为现代企业在激烈的国际竞争中获得持续竞争力的关键。因此，企业应当重视研发工作，根据发展战略，结合市场开拓和技术进步的要求，制定科学研发计划，强化研发全过程的管理，规范研发行为，促进研发成果的转化和有效利用，不断提升企业自主创新能力。

《研究与开发应用指引》所称研究与开发，是指企业为获取新产品、新技术、新工艺等所开展的各种研发活动。研究与开发可以分为研究阶段与开发阶段。不同企业应当根据自身的实际情况以及相关信息对研究阶段与开发阶段做出具体划分。

研究，是指为获取并理解新的科学或技术知识等进行的独创性的、有计划的调查。研究活动包括：意在获取知识而进行的活动；研究成果或其他知识的应用研究、评估和最终选择；材料、设备、产品、工序、系统或服务替代品的研究；新的或经改进的材料、设备、产品、工序、系统或服务的可能替代品的配制、设计、评价和最终选择等。

开发，是指在进行商业性生产或使用前，将研究成果或其他知识应用于某项计划或设计，以生产出新的或具有实质性改进的材料、装置、产品等。开发活动包括：生产前或使用前的原型和模型的设计、建造和测试；含新技术的工具、夹具、模具和冲模的设计；不具有商业性生产经济规模的试生产设施的设计、建造和运营；新的或经改造的材料、设备、产品、工序、系统或服务所选定的替代品的设计、建造和测试等。

研究阶段基本是探索性的，是为进一步的开发阶段进行资料及相关方面的准备。相对于研究阶段而言，开发阶段应当是完成研究阶段后的工作，在很大程度上具备了形成一项新产品或新技术的基本条件。因此，企业在研究阶段与开发阶段所面临的风险是不同的。

图 17–1 列示了一般生产企业研究与开发活动的业务流程。

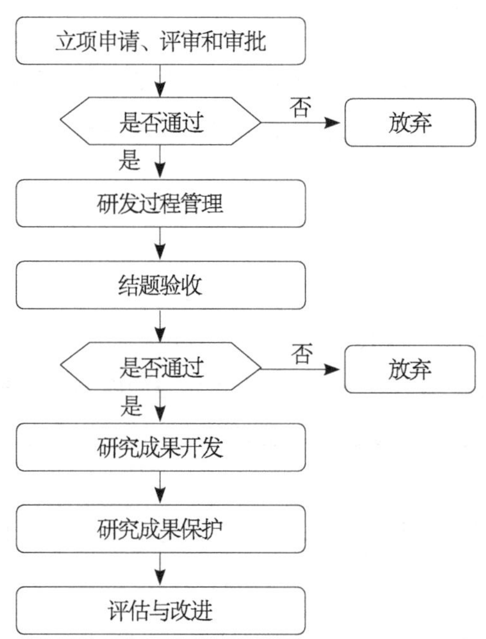

图 17–1　一般生产企业研究与开发活动的业务流程

17.2.2　研究与开发业务的主要风险及管控措施

如图 17–1 所示，研究与开发的基本流程主要涉及的关键控制点有：立项、研发过程管理、结题验收、研究成果开发、研发成果保护等。

17.2.2.1　立项

立项主要包括立项申请、评审和审批。该环节的主要风险是：研发计划与国家（或企业）科技发展战略不匹配，研发承办单位或专题负责人不具有相应资质，研究项目未经科学论证或论证不充分，评审和审批环节把关不严，可能导致创新不足或资源浪费。

主要的管控措施如下。第一，企业应建立完善的立项、审批制度，确定研究开发计划的制定原则和审批人，审查承办单位或专题负责人的资质条件和评估、审批流程等。第二，企业应结合企业发展战略、市场及技术现状，制定研究项目开发计划。第三，企业应根据实际需要，结合研发计划，提出研究项目立项申请，开展可行性研究，编制可行性研究报告。企业可以组织独立于申请及立项审批之外的专业机构和人员进行评估论证，出具评估意见。第四，研究项目应当按照规定的权限和程序进行审批，重大研究项目应当报经董事会或类似权力机构集体审议决策。审批过程中，董事会或类似权力机构应当重点关注研究项目促进企业发展的必要性、技术的先进性以及成果转化的可行性。第五，研究项目的工作人员应制定开题计划和报告，开题计划经科研管理部门负责人审批，开题报告应对市场需求与效益、国内外在该方向的研究现状、主要技术路线、研究开发目标与进度、已有条件与基础、经费等进行充分论证、分析，保证项目符合企业需求。

【例 17–1】某软件公司的主营业务为研发小型办公自动化软件，其开发的办公自动化（office Automatiom,OA）软件凭借过硬的研发技术、完善的售后服务和专业化的发展方向，已经成为小型企业办公自动化的首选软件。随着公司规模的扩大，公司股东想向其他领域扩展。由于公司创始人有金融行业从业经历，其认为开发金融行业软件的发展前途好、利润高，因此该公司选择金融行业作为实施跨越发展的方向。

为了实现这一战略目标，公司将原先的研发人员一分为二，一部分仍然继续从事小型企业 OA 软件的开发，另一部分研发人员成立项目组，针对银行和证券公司研发大型办公自动化软件。由于研发人员都是原先研发团队的成员，互相之间较为熟悉，且公司要求的时间紧、费用投入大，因此，项目组成立后立刻进行分工研发。

随着开发过程的深入，出现的问题越来越多，研发人员水平不够、项目经费开支过大、技术难题解决缓慢，而且同类软件已经在市场上出现，整个项目面临失败的风险。

【分析】该软件公司对研发项目面临失败风险的原因进行了分析，最重要的原因在于项目未按照正常的程序进行立项。

首先，按照研发项目的立项流程，第一步就要进行项目立项评审工作。在上述案例中，该公司决策者仅仅凭借自己曾经在金融行业工作过，对市场情况较为熟悉，就决定开始针对金融行业的大型软件的研发工作，既没有进行市场调研，也没有邀请外部专家进行评审。

这就注定了该项目在一开始就面临着极大的市场风险。

其次，在完成了市场调研的基础上，研发团队要编制项目可行性研究报告，详细描述整个研发项目的背景、技术方案、预计经费、完成时间、预期目标等内容。而在本案例中，由于公司决策层已经同意研发该项目，因此研发团队在面临时间和编制研究报告的选择中，只顾抢时间而忽略了对整个项目的筹划，所以在后续过程中研发费用超支、完成时间一再延期，该项目陷入了困境。

最后，该软件公司对于自己不熟悉的领域所存在的技术风险估计不足。由于该公司一直从事的是小型企业的软件开发，软件环境基本以桌面操作系统为主，而银行和证券公司等大型企业，采用的一般都是大型服务器。原先的研发人员对于大型服务器的操作系统并不熟悉，导致在研发的过程中面临着很多技术难题，直接导致完成时间一拖再拖。而竞争对手的产品已经提前问世，致使整个项目面临失败的风险。

17.2.2.2 研发过程管理

研发过程是研发的核心环节。在实务中，研发通常分为自主研发、委托研发和合作研发。

（1）自主研发

自主研发是指企业依靠自身的科研力量，独立完成项目，包括原始创新、集成创新和在引进、消化的基础上的再创新这 3 种类型。自主研发的主要风险如下。第一，研究人员配备不合理，容易导致研发成本过高、舞弊现象出现或研发失败。第二，研发过程管理不善，费用失控或科技收入形成账外资产，影响研发效率，提高研发成本甚至造成资产流失。第三，多个项目同时进行时，相互争夺资源，出现资源的短期局部缺乏，可能造成研发效率下降。第四，研究过程中未能及时发现错误，导致修正成本提高。第五，科研合同管理不善，导致权属不清，知识产权存在争议。

主要的管控措施如下。第一，企业应建立研发项目管理制度和技术标准，建立信息反馈制度和研发项目重大事项报告制度；严格落实岗位责任制。第二，企业应合理设计项目实施进度计划和组织结构，跟踪项目进展，建立良好的工作机制，保证项目顺利实施。第三，企业应精确预计工作量和所需资源，提高资源使用效率。第四，企业应建立科技开发费用报销制度，明确费用支付标准及审批权限，遵循不相容职务分离原则，完善科技经费入账管理程序，按项目正确划分资本性支出和费用性支出，准确开展会计核算，建立科技收入管理制度。第五，企业应开展项目中期评审，及时纠偏；优化研发项目管理的任务分配方式。

（2）委托研发与合作研发

委托研发是指企业委托具有相应资质的外部承办单位进行研究和开发。合作研发是指合作双方基于研发协议，就共同的科研项目，以某种合作形式进行研究和开发。

委托研发与合作研发的主要风险是：委托或合作单位选择不当，知识产权界定不清。

合作研发的风险还包括与合作单位沟通存在障碍，合作方案设计不合理，权、责、利未合理分配，资源整合不当等风险。

主要的管控措施如下。第一，企业应加强对委托或合作研发单位的资信、专业能力等方面的管理。第二，企业进行委托研发时应采用招标、议标等方式确定受托单位，制定规范详尽的委托研发合同，明确产权归属、研究进度和质量标准等相关内容。第三，企业进行合作研发时应对合作单位进行尽职调查，签订书面合作研究合同，明确双方投资、分工、权利、义务、研究成果产权归属等。第四，企业应加强项目的管理监督，严格控制项目费用，防止挪用、侵占等现象出现。第五，企业应根据项目进展、国内外技术最新发展趋势和市场需求变化情况，对项目的目标、内容、进度、资金进行适当调整。

17.2.2.3　结题验收

结题验收是对研究过程形成的交付物进行质量验收。结题验收分为检测鉴定、专家评审、专题会议 3 种方式，其主要风险包括：验收人员缺乏技术、能力、独立性等造成验收成果与事实不符；对测试与鉴定的投入不足，导致测试与鉴定不充分，不能有效地降低技术失败的风险。

主要的管控措施如下。第一，企业应建立健全技术验收制度，严格执行测试程序。第二，对于验收过程中发现的异常情况，相关人员应重新进行验收申请或进行补充研发，直至研发项目达到研发标准为止。第三，企业应落实技术主管部门的验收责任，由独立的、具备专业胜任能力的测试人员进行鉴定试验，并按计划进行正式的、系统的、严格的评审。第四，企业应加大在测试和鉴定阶段的投入。对于重要的研究项目，企业可以组织外部专家参加鉴定。

【例 17-2】药品生产企业 C 企业已经按研制计划顺利完成研制任务，研制出一种新型药品。按规定，该药品应经国家药品生产监管部门验收。C 企业决定在报经国家相关部门验收前先按企业标准自行验收。为此，C 企业组织本企业技术、市场、财务等方面的专家，并聘请 D 医药大学教授作为验收专家组成员参与验收。专家组共有 7 名成员。

负责新药研制项目的项目负责人按规定程序向验收专家组递交了以下资料。

① 产品研制的相关批文。

② 项目验收申请书。

③Y 药品检测机构出具的药品检测报告。

④ 药品动物实验报告。

⑤ 药品临床实验报告。

⑥ 项目实施总结报告和项目决算报告等。

项目专家组经过对样品和资料的评议，7 名专家中有 5 名专家对药品研制工作予以肯定，并发表了无保留意见。另 2 名专家认为，这些资料对该药品对特殊人群的适用性揭示不够充分，对可能存在的副作用估计不足。

根据议事规则，该药品通过了企业内部验收。但企业管理层对相关专家的不同意见十分重视，决定在申报国家相关部门验收前，进行相关实验，对药品的适用范围做了修正。最终，企业顺利通过了国家相关部门的验收。

【分析】实务中，关系到公共安全及其他许多领域的新产品，政府相关部门对其鉴定和验收都有明确的规定，要求这些新产品必须通过具有相关资格的检测机构（一般由政府指定或依据相关法规设立)进行的鉴定或验收,政府相关部门则对新产品实行备案或准管理。企业要获得产品“准生证”，必须取得政府或其指定的检测机构的鉴定或验证书。这本来是政府加强管理的一项重要举措，但在现实生活中，很多企业则走向了另一个极端。企业经常将取得相关证书作为研发的至高标准和目的，将研发工作验收变成了应付检查的形式，忽视了验收工作的内部控制制度建设。很多企业对待研发工作存在浮躁情绪：重资料准备，不重视实验的真实完整；重形式审查，不重视产品真实性能的改进；重证书取得，不重视后续改进。有的企业甚至为取得证书降低自我要求，甚至不惜投机取巧。这不仅不利于国家鼓励自主创新政策的落实，也将给企业的长远发展带来不利影响。

17.2.2.4　研究成果开发

研究成果开发是指企业将研究成果经过开发过程转换为企业的产品，其主要风险包括：研究成果转化应用不足，导致资源闲置；新产品未经充分测试，导致大批量生产不成熟或成本过高；营销策略与市场需求不符，导致营销失败。

主要的管控措施有：第一，企业应建立健全研究成果开发制度，促进成果及时、有效转化；第二，企业应科学鉴定大批量生产的技术成熟度，力求降低产品成本；第三，企业应坚持开展以市场为导向的新产品开发测试；第四，企业应建立研发项目档案，推进有关信息资源的共享和应用。

17.2.2.5　研究成果保护

研究成果保护是企业研发管理工作的有机组成部分。有效的研究成果保护制度，可保护企业的合法权益，其主要风险是：未能有效识别和保护知识产权，权属未能得到明确规范，开发出的新技术或产品被限制使用；缺乏核心研究人员管理激励制度，导致形成新的竞争对手或技术秘密外泄。

主要的管控措施有：第一，企业应进行知识产权评审，及时取得权属；第二，企业应在研发完成后确定采取专利或技术秘密等不同的保护方式；第三，企业应利用专利文献选择较好的工艺路线；第四，企业应建立研究成果保护制度，加强对专利权、非专利技术、商业秘密及研发过程中形成的各类涉密图纸、程序、资料的管理，严格按照制度规定借阅和使用程序，禁止无关人员接触研究成果；第五，企业应建立严格的核心研究人员管理制度，明确界定核心研究人员范围和名册清单并与之签署保密协议；第六，企业与核心研究人员签订劳动合同时，应当特别约定研究成果的归属，核心研究人员的离职条件、离职移交程序、离职后保密义务、离职后竞业限制年限及违约责任等内容；第七，企业应实施合理有效的研发绩效管理，制定科学的核心研发人员激励体系，注重长效激励。

【例 17–3】 某西方制药企业 G 公司不仅就一种药物注册一两个发明专利或实用新型专利，还就一种药物注册多项外观设计专利，即除了在生产方法、工艺、用途、使用方法、化合物、组合物等方面注册专利外，还经常就片剂的色彩、大小和形状进行专利注册。这样一来，G 公司就建立起了一张周密的专利网，对其专利药市场实施保护，使仿制药生产商、销售商规避专利侵权的概率大大降低。例如，某年 K 国著名的仿制药生产商 A 公司开始试图在美国销售 G 公司的仿制药，G 公司则用相关的专利网予以阻击。它们在两个法院打官司。尽管两个法院的最终裁定结果不同，但无论如何，A 公司的仿制药想要完全规避 G 公司专利网中的全部专利几乎是不可能的，G 公司抵制仿制药的努力将有可能取得极大成功。G 公司的这一严密的专利网也使大多数仿制药生产商"知难而退"。

【分析】 借鉴 G 公司的做法，我国制药企业和其他企业也要就一种产品积极部署专利网，试图开发原创性专利产品的企业更应如此。这种未雨绸缪的策略会使企业在抵制侵权产品时有更大的胜算。

17.2.2.6　评估与改进

企业应当建立研发活动评估制度，加强对立项与研究、开发与保护等过程的全面评估，认真总结研发管理经验，分析存在的薄弱环节，完善相关制度和办法，不断改进和提升研发活动的管理水平。控制方法包括发现性控制、控制措施和运营分析。

总之，研究与开发是企业持久发展的不竭动力。始终坚持把研究与开发作为企业发展的重要战略，紧密跟踪科技发展趋势，是切实提升企业核心竞争力、增强企业国际竞争力的重要保障。

17.2.3　研究与开发的风险应对

企业在研究与开发过程中会遇到许多市场、技术和环境的不确定性因素。因此，研究与开发是一项具有风险的活动，成功规避风险对于研究与开发工作的成功具有重大意义。企业采取以下措施，可在一定程度上减少新产品开发的风险。

（1）做好新产品开发项目的选择和中止决策

新产品开发项目的投入是一个逐次进行的过程。因此，一个产品开发项目失败或中止的时间点越往后，累计投入越大，风险损失也会随之增加。

对于一些没有前途的产品开发项目，企业若不及时中止，则这些项目会占用企业大量的人力、物力和财力资源，使企业产生资源短缺问题。在产品开发的早期阶段，如设计和试验阶段，做好项目的选择和中止决策，能实现对资源的合理分配、减少不确定性。让较少的项目处在危险之中是降低企业产品开发风险的最好办法，在全面介入之前，企业必须反复评价和提炼产品设计，以便执行最好的产品设计。

产品开发过程要有明确的继续 / 中止的决策点，以便企业对项目进行全面评价，及时中止进行不下去的或没有前途的项目。一些项目根本没有经过仔细研究就很快进入开发阶段，起源是有些企业仅仅认识到尽快实现商业化的必要性，结果可能市场并不像预测的那样大，或出现生产成本过高等问题。缺乏明确的继续 / 中止的决策点，意味着若太多项目失败；缺乏投资重点，资源就会浪费在错误的项目上。

（2）加强新产品开发人员之间的信息交流

风险源于不确定性，而信息是不确定性的负量度。有效信息的增加，就意味着不确定性因素的减少和风险的降低。可以将新产品开发过程看成企业为了进行商业化生产，把有关市场机会和技术可行性的资料转化为信息资产的过程。在开发过程中，这些信息资产通过各种媒体，包括人脑、纸张、计算机内存、软件和其他有形资料，被创造、过滤、贮存、组合、分解和转化。最终，这些信息资产就表达为详细的产品和过程设计，进而贮存在计算机辅助设计库中，最后进入生产过程。

由于新产品开发过程被看成是一个信息的收集、评价、处理、传递和应用的过程，因此，产品开发小组的任务就是最大限度地收集关于用户需求、产品技术、竞争环境以及所需资源的信息，以降低不确定性。不确定性降低得越多，产品获得商业化成功的可能性越大。在开发小组中，来自不同职能部门的人扮演不同的角色。比如，市场营销人员主要负责降低有关市场营销信息的不确定性，研发人员主要负责降低有关技术信息的不确定性，产品开发过程就是一个不确定性逐渐降低的过程。因此，加强不同职能部门（如研发、市场营销、工程、制造）的人员与外部顾客和供应商之间的交流，能实现信息共享、降低不确定性，从而降低风险。

（3）加速产品开发

比竞争对手更快地开发出新产品，能够使企业在竞争中处于主动地位，为企业创造更多发展机会，如建立产品标准、取得技术领先地位、对顾客需求做出快速反应、实现高额利润等，从而降低产品开发风险。

（4）合作产品开发

随着科学技术的发展，市场竞争程度的加剧，市场对新产品的要求不断提高，有时企业不可能具有新产品开发所需的所有人才和设备。在这种情况下，与其他企业和科研单位共同开发、销售新产品，可以强化企业的薄弱环节和分散研究开发风险。

（5）掌握新产品投入市场的时机

掌握新产品投入市场的时机，是降低产品创新风险的另一重要方法。如果新产品投入市场过早，就会影响老产品的收益最大化；反之，在老产品开始衰退时仍没有新产品投入市场，就会造成销售额和利润的急剧下降，使企业陷入困境。如果新产品相对于竞争者的新产品投入市场过早，会面临难以被顾客接受的风险；如果新产品相对于竞争对手的新产品投入市场过晚，竞争将非常激烈，没有较大的成本、质量或服务优势是很难取得成功的。

对于改进型产品，企业在老产品销售额开始下降（或销售额最大）时将其投入市场较为合适。这样既不影响原有产品的销售，又能使新产品尽快被市场接受。而对于创新型产品，企业应将其尽早投入市场，因为创新型产品往往需要较长的时间才能被市场接受，企业在早期阶段可以获得较多的利润，以尽快弥补开发费用；创新型产品技术变化速度较快，所用技术被新技术取代的可能性更大。

此外，对于新产品入市时机的选择，企业除了要考虑市场因素外，也要考虑新产品本身的技术成熟程度。企业在新产品研制工作完成后，若未经试产、试销、试用、反复验证改进，在质量尚未过关的情况下，就匆忙将新产品大量投入市场，则企业可能一时得到一些利益，但终究会因产品声誉败坏而失败。反之，在市场竞争激烈的情况下，对于一种技术相对成熟的新产品，企业若不迅速将其投入市场，就会错失良机。

17.3　实务案例：软件公司研发项目内部控制方面的风险分析

软件项目研发操作风险是指在软件项目生命周期的各个环节中，由于存在不完善的组织管理或者企业内部工作流程、人员及信息系统或外部事件存在问题，会给企业造成损失的风险。软件研发公司通过实行全面风险管理，特别是加强对日常软件项目研发操作风险的管理，及时控制风险、预防风险的发生，可以增加收入、提高管理能力并能提高软件研发效率和质量。软件项目研发操作风险会影响项目计划的实施，如果风险变成现实，就有可能影响项目的进度、增加项目的成本，甚至使项目计划不能实施。

（一）案例阐述

A 软件公司是我国一家比较知名的软件生产企业，其研发的 OA 软件凭借专业化的研发技术和完善的售后服务，已经成为小型企业办公自动化的首选软件。随着公司规模的扩大，公司股东计划向其他领域扩展。由于公司创始人原先从事过金融行业，认为开发该行业领域的软件前景好、利润高，随后便与某金融企业签订了系统开发合作。于是，A 公司将原先的研发人员一分为二，一部分继续从事原有业务，另一部分则成立项目组，专门针对银行和证券公司研发大型办公自动化软件。由于客户企业对项目完成的时间要求紧，项目组立刻进行分头开发。随着开发进程的不断深入，出现的问题也越积越多，由于 A 公司的研发人员专业水平不够、项目经费超支、技术难题解决缓慢，加上同类软件已在市场上出现，导致整个项目面临失败的风险。

（二）案例分析及内部控制防范措施

通过对以上案例的分析，我们发现如下问题并提出相应的解决措施，具体如表 17-1 所示。

表 17–1　A 公司存在的风险及控制措施

存在的风险	控制措施
（1）公司决策者仅凭借自己曾在金融行业的工作经验，就决定进行大型金融软件的开发合作，既没有进行市场调研分析，也未邀请相关外部专家进行评审	（1）结合企业发展战略、市场及技术现状，制定研究项目开发计划。 （2）企业应当根据实际需要，结合研发计划，提出研究项目立项申请，开展可行性研究，编制可行性研究报告。企业可以组织独立于申请及立项审批之外的专业机构和人员进行评估论证，出具评估意见。 （3）研究项目应按照规定的权限和程序进行审批，重大研究项目应当报经董事会或类似权力机构集体审议决策，重点关注研究项目促进企业发展的必要性、技术的先进性以及成果转化的可行性
（2）公司在未对整个研发计划的背景、技术方案、预计经费、完成时间、预期目标等方面做出筹划的情况下，研发团队就急于启动项目开发工作，导致研发费用超支，陷入困境	
（3）A 公司对于自身不熟悉的领域，面临的技术风险估计不足，导致在开发的过程中面临着诸多技术难题，项目完成时间一拖再拖，导致整个项目面临失败的风险	

随后，考虑到市场的情况，根据董事会的审议决策，A 软件公司将主营业务调整为对银行进行大型操作软件开发、调试与后期维护。对于银行而言，由软件引起的业务中断和系统失败是操作风险的内容之一。因此，A 软件公司认为，由软件项目研发中程序的错误和缺陷等引起的业务中断、交易错误、外部欺诈造成的客户资金损失等都应该属于公司操作风险的重要防范内容。软件项目研发操作风险存在于软件项目研发的需求、设计、编码、测试、投产生命周期的每一个环节中，A 公司对其在软件研发项目中可能存在的各类风险进行了全面风险管理，对风险类型的描述和应对措施分别见表 17–2 和表 17–3 所示。

表 17–2　A 软件公司项目研发的需求风险与应对措施

风险类型与描述	控制措施
描述不清：需求内容描述不清或者不完整，对如何实现需求没有详细的描述	（1）加强业务与技术的交流，建立业务与科技之间良好的交流沟通机制，业务人员要讲解需求的含义，让技术人员了解整个需求内容和达到的结果，技术部门要帮助业务部门完善需求内容。 （2）建立良好的需求变更管理制度和需求工作处理流程。 （3）做好需求的可行性分析，把分析结果发给业务部门进行确认，并就业务部门反馈结果作进一步分析，然后在与业务部门交流确认。 （4）编写业务需求说明撰写规范，引导和帮助业务部门按照规范撰写业务需求说明书
需求变化：由于业务发展或外部市场、政策变化等引起的需求变更	
理解错误：与客户沟通少，对业务了解不够，对需求了解不够，技术人员对业务需求理解出现偏差，与实际需求描述含义不一样	
分析错误：对业务部门提交需求进行可行性分析不够深入，导致出现偏差	

表 17–3　A 软件公司项目研发的设计风险与应对措施

<table>
<tr><th>风险类型与描述</th><th>控制措施</th></tr>
<tr><td>设计方案错误：在设计方案中，使用的实现方法不当或者遗漏关联内容，造成系统处理出现错误或中断</td><td rowspan="5">（1）成立评审委员会，做好对每一个设计方案的评审工作，找出方案设计、详细设计等方面存在的问题。
（2）对于设计好的功能说明书，要向提出需求的业务部门进行审定，审定完毕，让业务需求部门撰写需求确认书，确认实现的功能。
（3）规划和设计好不同应用系统之间的接口规范。
（4）建立变更管理机制，及时处理软件项目研发过程中出现的变更问题。
（5）在应用软件系统设计上尽量对一些公共、可变的需求进行参数化设计，减少程序修改频率。
（6）对新技术应用前要进行测试，熟练掌握后再应用；新技术应用中出现问题，要成立攻关小组，攻克技术难题。
（7）加强培训学习，让设计人员全面掌握系统架构和业务处理流程</td></tr>
<tr><td>详细设计错误：具体设计某个功能时，实现方法有误</td></tr>
<tr><td>设计不周全：功能设计时，只考虑了自身模块设计，遗漏了系统中相关联的其他部分</td></tr>
<tr><td>变更计划不周全：对于设计过程中出现的变化因素考虑不周，没有及时更改</td></tr>
<tr><td>使用新技术风险：因使用新技术导致方案设计出现问题；选择错误技术实现路线；对新技术掌握不充分，技术应用遇到难题</td></tr>
</table>

第18章 企业内部控制应用指引第11号——工程项目

18.1 法规原文

企业内部控制应用指引第11号——工程项目

第一章 总则

第一条 为了加强工程项目管理，提高工程质量，保证工程进度，控制工程成本，防范商业贿赂等舞弊行为，根据有关法律法规和《企业内部控制基本规范》，制定本指引。

第二条 本指引所称工程项目，是指企业自行或者委托其他单位所进行的建造、安装工程。

第三条 企业工程项目至少应当关注下列风险：

（一）立项缺乏可行性研究或者可行性研究流于形式，决策不当，盲目上马，可能导致难以实现预期效益或项目失败。

（二）项目招标暗箱操作，存在商业贿赂，可能导致中标人实质上难以承担工程项目、中标价格失实及相关人员涉案。

（三）工程造价信息不对称，技术方案不落实，概预算脱离实际，可能导致项目投资失控。

（四）工程物资质次价高，工程监理不到位，项目资金不落实，可能导致工程质量低劣，进度延迟或中断。

（五）竣工验收不规范，最终把关不严，可能导致工程交付使用后存在重大隐患。

第四条 企业应当建立和完善工程项目各项管理制度，全面梳理各个环节可能存在的风险点，规范工程立项、招标、造价、建设、验收等环节的工作流程，明确相关部门和岗位的职责权限，做到可行性研究与决策、概预算编制与审核、项目实施与价款支付、竣工决算与审计等不相容职务相互分离，强化工程建设全过程的监控，确保工程项目的质量、进度和资金安全。

第二章 工程立项

第五条 企业应当指定专门机构归口管理工程项目，根据发展战略和年度投资计划，提出项目建议书，开展可行性研究，编制可行性研究报告。

项目建议书的主要内容包括：项目的必要性和依据、产品方案、拟建规模、建设地点、投资估算、资金筹措、项目进度安排、经济效果和社会效益的估计、环境影响的初步评价等。

可行性研究报告的内容主要包括：项目概况，项目建设的必要性，市场预测，项目建设选址及建设条件论证，建设规模和建设内容，项目外部配套建设，环境保护，劳动保护与卫生防疫，消防、节能、节水，总投资及资金来源，经济、社会效益，项目建设周期及进度安排，招投标法规定的相关内容等。

企业可以委托具有相应资质的专业机构开展可行性研究，并按照有关要求形成可行性研究报告。

第六条　企业应当组织规划、工程、技术、财会、法律等部门的专家对项目建议书和可行性研究报告进行充分论证和评审，出具评审意见，作为项目决策的重要依据。

在项目评审过程中，应当重点关注项目投资方案、投资规模、资金筹措、生产规模、投资效益、布局选址、技术、安全、设备、环境保护等方面，核实相关资料的来源和取得途径是否真实、可靠和完整。

企业可以委托具有相应资质的专业机构对可行性研究报告进行评审，出具评审意见。从事项目可行性研究的专业机构不得再从事可行性研究报告的评审。

第七条　企业应当按照规定的权限和程序对工程项目进行决策，决策过程应有完整的书面记录。重大工程项目的立项，应当报经董事会或类似权力机构集体审议批准。总会计师或分管会计工作的负责人应当参与项目决策。

任何个人不得单独决策或者擅自改变集体决策意见。工程项目决策失误应当实行责任追究制度。

第八条　企业应当在工程项目立项后、正式施工前，依法取得建设用地、城市规划、环境保护、安全、施工等方面的许可。

第三章　工程招标

第九条　企业的工程项目一般应当采用公开招标的方式，择优选择具有相应资质的承包单位和监理单位。

在选择承包单位时，企业可以将工程的勘察、设计、施工、设备采购一并发包给一个项目总承包单位，也可以将其中的一项或者多项发包给一个工程总承包单位，但不得违背工程施工组织设计和招标设计计划，将应由一个承包单位完成的工程肢解为若干部分发包给几个承包单位。

企业应当依照国家招投标法的规定，遵循公开、公正、平等竞争的原则，发布招标公告，提供载有招标工程的主要技术要求、主要合同条款、评标的标准和方法，以及开标、评标、定标的程序等内容的招标文件。

企业可以根据项目特点决定是否编制标底。需要编制标底的，标底编制过程和标底应当严格保密。

在确定中标人前，企业不得与投标人就投标价格、投标方案等实质性内容进行谈判。

第十条　企业应当依法组织工程招标的开标、评标和定标，并接受有关部门的监督。

第十一条　企业应当依法组建评标委员会。评标委员会由企业的代表和有关技术、经济方面的专家组成。评标委员会应当客观、公正地履行职务、遵守职业道德，对所提出的评审意见承担责任。

企业应当采取必要的措施，保证评标在严格保密的情况下进行。评标委员会应当按照招标文件确定的标准和方法，对投标文件进行评审和比较，择优选择中标候选人。

第十二条　评标委员会成员和参与评标的有关工作人员不得透露对投标文件的评审和比较、中标候选人的推荐情况以及与评标有关的其他情况，不得私下接触投标人，不得收受投标人的财物或者其他好处。

第十三条　企业应当按照规定的权限和程序从中标候选人中确定中标人，及时向中标人发出中标通知书，在规定的期限内与中标人订立书面合同，明确双方的权利、义务和违约责任。

企业和中标人不得再行订立背离合同实质性内容的其他协议。

第四章　工程造价

第十四条　企业应当加强工程造价管理，明确初步设计概算和施工图预算的编制方法，按照规定的权限和程序进行审核批准，确保概预算科学合理。

企业可以委托具备相应资质的中介机构开展工程造价咨询工作。

第十五条　企业应当向招标确定的设计单位提供详细的设计要求和基础资料，进行有效的技术、经济交流。

初步设计应当在技术、经济交流的基础上，采用先进的设计管理实务技术，进行多方案比选。

施工图设计深度及图纸交付进度应当符合项目要求，防止因设计深度不足、设计缺陷，造成施工组织、工期、工程质量、投资失控以及生产运行成本过高等问题。

第十六条　企业应当建立设计变更管理制度。设计单位应当提供全面、及时的现场服务。因过失造成设计变更的，应当实行责任追究制度。

第十七条　企业应当组织工程、技术、财会等部门的相关专业人员或委托具有相应资质的中介机构对编制的概预算进行审核，重点审查编制依据、项目内容、工程量的计算、定额套用等是否真实、完整和准确。

工程项目概预算按照规定的权限和程序审核批准后执行。

第五章　工程建设

第十八条　企业应当加强对工程建设过程的监控，实行严格的概预算管理，切实做到及时备料，科学施工，保障资金，落实责任，确保工程项目达到设计要求。

第十九条　按照合同约定，企业自行采购工程物资的，应当按照《企业内部控制应用指引第7号——采购业务》等相关指引的规定，组织工程物资采购、验收和付款；由承包单位采购工程物资的，企业应当加强监督，确保工程物资采购符合设计标准和合同要求。严禁不合格工程物资投入工程项目建设。

重大设备和大宗材料的采购应当根据有关招标采购的规定执行。

第二十条　企业应当实行严格的工程监理制度，委托经过招标确定的监理单位进行监理。工程监理单位应当依照国家法律法规及相关技术标准、设计文件和工程承包合同，对承包单位在施工质量、工期、进度、安全和资金使用等方面实施监督。

工程监理人员应当具备良好的职业操守，客观公正地执行监理任务，发现工程施工不符合设计要 求、施工技术标准和合同约定的，应当要求承包单位改正；发现工程设计不符合建筑工程质量标准或者合同约定的质量要求的，应当报告企业要求设计单位改正。

未经工程监理人员签字，工程物资不得在工程上使用或者安装，不得进行下一道工序施工，不得拨付工程价款，不得进行竣工验收。

第二十一条　企业财会部门应当加强与承包单位的沟通，准确掌握工程进度，根据合同约定，按照规定的审批权限和程序办理工程价款结算，不得无故拖欠。

第二十二条　企业应当严格控制工程变更，确需变更的，应当按照规定的权限和程序进行审批。

重大的项目变更应当按照项目决策和概预算控制的有关程序和要求重新履行审批手续。

因工程变更等原因造成价款支付方式及金额发生变动的，应当提供完整的书面文件和其他相关资料，并对工程变更价款的支付进行严格审核。

第六章　工程验收

第二十三条　企业收到承包单位的工程竣工报告后，应当及时编制竣工决算，开展竣工决算审计，组织设计、施工、监理等有关单位进行竣工验收。

第二十四条　企业应当组织审核竣工决算，重点审查决算依据是否完备，相关文件资料是否齐全，竣工清理是否完成，决算编制是否正确。

企业应当加强竣工决算审计，未实施竣工决算审计的工程项目，不得办理竣工验收手续。

第二十五条　企业应当及时组织工程项目竣工验收。交付竣工验收的工程项目，应当符合规定的质量标准，有完整的工程技术经济资料，并具备国家规定的其他竣工条件。

验收合格的工程项目，应当编制交付使用财产清单，及时办理交付使用手续。

第二十六条　企业应当按照国家有关档案管理的规定，及时收集、整理工程建设各环节的文件资料，建立完整的工程项目档案。

第二十七条　企业应当建立完工项目后评估制度，重点评价工程项目预期目标的实现情况和项目投资效益等，并以此作为绩效考核和责任追究的依据。

18.2　原文讲解

《企业内部控制应用指引第 11 号——工程项目》（后文简称《工程项目应用指引》）共 6 章、27 条。这 6 章对企业工程项目内部控制进行了详细的规范。工程项目是指企业自行或者委托其他单位所进行的建造、安装工程。重大工程项目往往体现企业的发展战略和中长期发展规划，对于提高企业再生产能力和支撑保障能力、促进企业可持续发展具有关键作用。加强工程项目管理，旨在提高工程质量、保证工程进度、控制工程成本及防范商业贿赂等舞弊行为。

本小节将按照《工程项目应用指引》的内容对企业工程项目的内部控制规范进行详细解读。

18.2.1 工程项目概述

工程项目或称投资项目、建设项目，即建设领域的项目，是指在一个总体设计或总预算范围内，由一个或几个互有内在联系的单项工程组成，建成后在经济上可以独立核算经营，在行政上又可以统一管理的工程单位。工程项目是通过一定数量的投资和组织实施，以形成固定资产为特定目标的一次性经济活动。对工程项目的基本要求是质量达标、工期合理、造价节省、投资有效。工程项目具有唯一性、一次性、整体性、固定性、许多因素带有不确定性、不可逆转性、建设周期长和协作要求高的特点。

国有及国有控股大型企业的重大工程项目，在调整经济结构、转变经济发展方式、促进产业升级和技术进步方面起着举足轻重的作用。同时也应当看到，由于投入资源多、占用资金大、建设工期长、涉及环节多、多种利益关系错综复杂，工程项目成为经济犯罪和腐败问题的“高危区”。现实中，工程资金高估冒算、招投标环节的暗箱操作、曝光的“豆腐渣”工程，以及相关经济犯罪和腐败案例时有发生，引发社会各界对工程领域的批评和关注。针对工程项目的特点和存在的问题，《企业内部控制应用指引第 11 号——工程项目》全面梳理了立项、设计、招标、建设和验收等工程项目的主要流程，如图 18-1 所示。

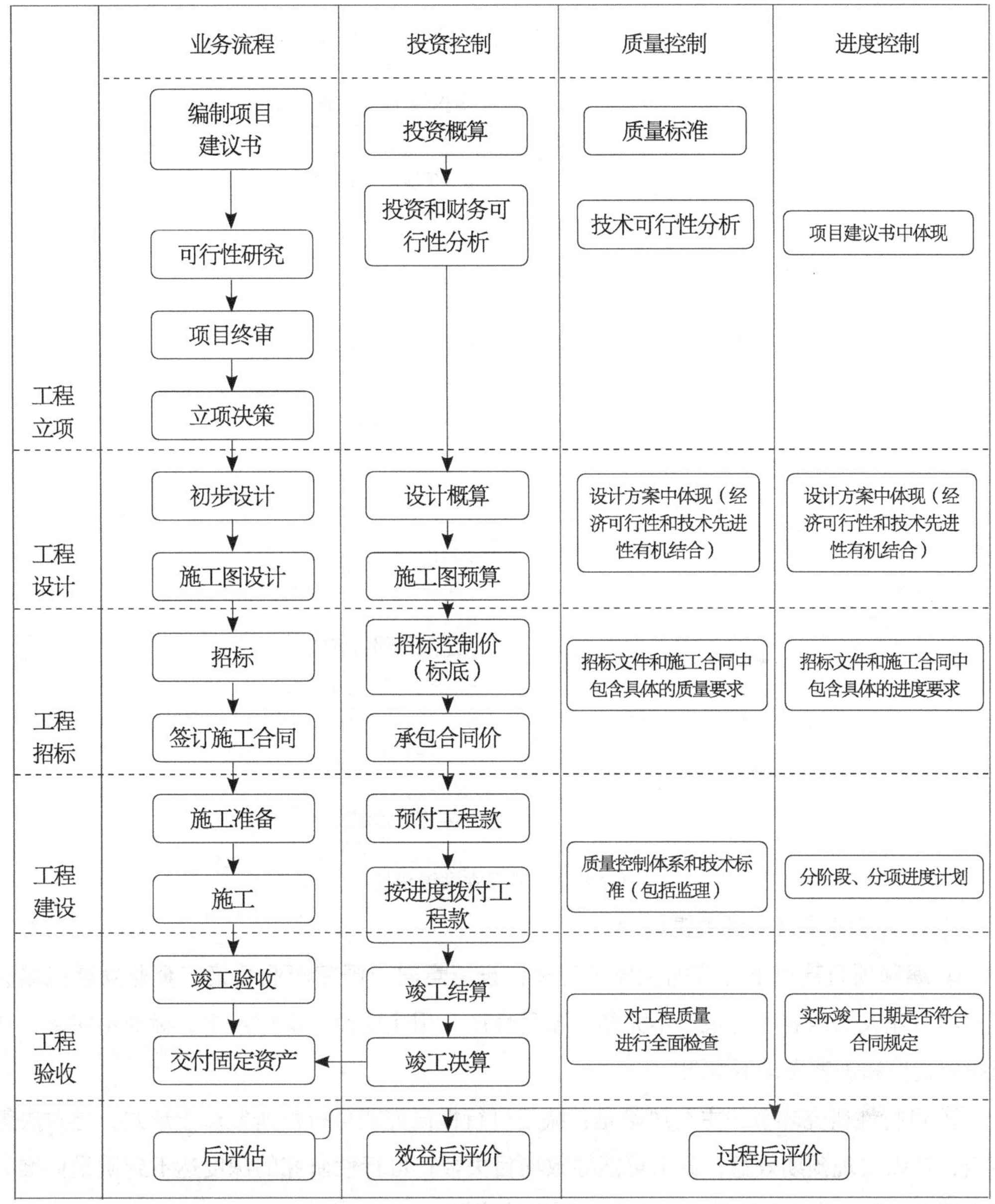

图 18–1　工程项目的主要流程

18.2.2　工程立项、设计与招标的主要风险及管控措施

18.2.2.1　工程立项

工程立项属于项目决策过程，是对拟建项目的必要性和可行性进行技术经济论证，对不同建设方案进行技术经济比较并做出判断和决定的过程。立项决策正确与否，直接关系到项目建设的成败。

（1）工程立项流程

工程立项阶段的主要工作包括编制项目建议书、可行性研究等，具体流程如图 18–2 所示。

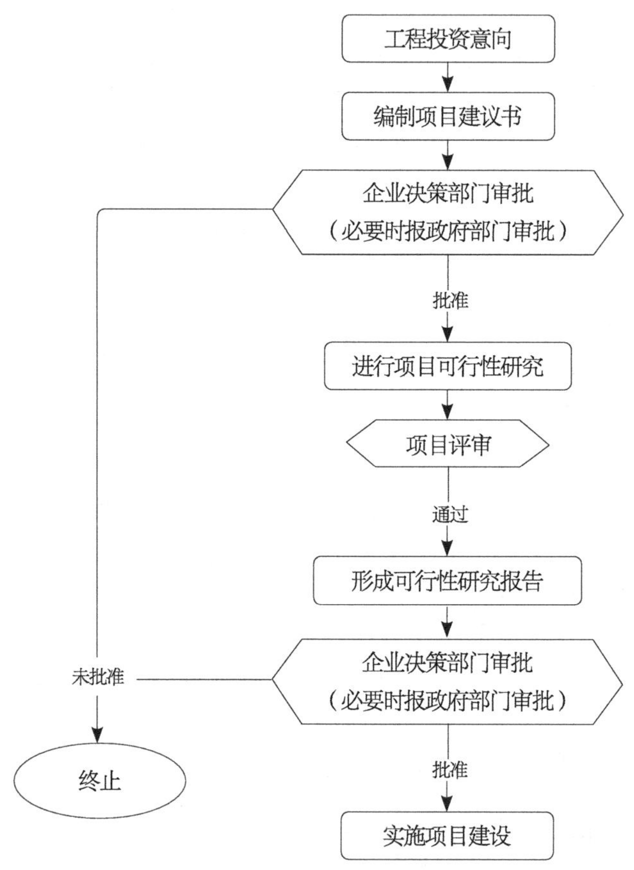

图 18-2 工程立项流程图

（2）工程立项环节的关键风险

① 编制项目建议书环节的主要风险是：投资意向与国家产业政策和企业发展战略脱节；项目建议书内容不合规、不完整，项目性质、用途模糊，拟建规模、标准不明确，项目投资估算和进度安排不协调。

② 可行性研究环节的主要风险是：缺乏可行性研究或可行性研究流于形式，导致决策不当，难以实现预期效益，甚至可能导致项目失败；可行性研究的深度达不到质量标准和实际要求，无法为项目决策提供充分、可靠的依据。

③ 项目评审与决策环节的主要风险是：项目评审流于形式，误导项目决策；权限配置不合理或者决策程序不规范，导致决策失误，给企业带来巨大经济损失。

（3）工程立项环节的风险控制措施

① 企业应当指定专门机构归口管理工程项目，根据发展战略和年度投资计划，提出项目建议书，开展可行性研究，编制可行性研究报告。

② 企业应当组织规划工程、技术、财会、法律等部门的专家对项目建议书和可行性研究报告进行充分论证和评审，出具评审意见，作为项目决策的重要依据。

③ 企业应当按照规定的权限和程序对工程项目进行决策，决策过程应有完整的书面记录。

【例 18–1】HQ 书店与 DFJ 公司签订了工程承包合同。20×9 年年初，HQ 书店计划修建一座规模较大的图书城，工程总造价 523 万元，其中装饰工程造价 150 万元。同年 6 月，HQ 书店与 DFJ 公司签订了关于修建图书城的基建工程合同，合同及其附件写明只将基建部分分包给建筑公司，将装饰工程剥离出来另行发包。

在 20×9 年年末审计的时候，审计人员发现该合同中的工程造价未将装饰工程部分的 150 万元剥离出来，仍然按 523 万元的总额包给建筑公司，这样工程总造价就高达 673 万元。这意味着建筑公司未干装饰工程的活却可以拿到装饰工程 150 万元的造价款。该书店白白送给了建筑公司 150 万元。

【分析】这是一份标底不清、造价款与工程款严重不符的工程承包合同，造成了不可挽回的损失，属于典型的内部控制失效的案例，该书店疏于内部控制而直接铸成大错。在本案例中，建造合同的签订与审批职责未分离，该书店未对合同条款进行有效审核，致使合同条款中存在明显的错误却未被发现。如果合同的签订与审批由不同的人员负责，且当职者具备良好的工作态度和一定的责任心，那么发现合同中工程造价与计划明显不符并纠正错误并非难事。管理层对这份巨款合同的重视不够，未能有效地对其进行控制。

另外，HQ 书店未对工程项目的支出进行预算控制，建设工程项目之前虽制定了计划但却没有依据计划对资产支出进行控制以降低资产支出发生错误的可能性，对计划与实际支出的差异没有予以重视并分析其原因，导致了不该有的损失。

【例 18–2】中华人民共和国审计署（简称审计署）2012 年公布的有关资料显示，A 市绕城高速公路自 2007 年 9 月通车以来，日均车流量为 2 332 辆，仅为可行性研究报告预测值的 13.8%，年收入在扣除运营和维护费用后，仅够偿还一个季度的贷款利息。2007 年 8 月竣工通车的 B 市高速公路，92% 的建设资金来自银行贷款，按年利率 5% 测算，每年应付利息 1.5 亿元；该项目 2008 年通行费收入 8 500 多万元，日均车流量、年收费收入都仅为可行性研究报告预测值的 35%。审计署指出，盲目追求规模、忽视经济效益，以及个别地方政府为了争取工程立项，在可行性研究阶段高估车流量、夸大预期效益，是上述高速公路资产利用率低下的重要原因。

【分析】该案例在立项阶段存在明显的内部控制缺陷，可行性研究和项目评审流于形式，对高速公路建设项目并未进行科学、充分的分析、研究和评审，自然不可能实现项目预期的经济和社会效益，从而造成资金浪费。

18.2.2.2　工程设计

（1）工程设计流程

工程项目立项后，能否保证工程质量、加快建设进度、节省工程投资，要看设计工作是否到位。根据国家规定，一般工程项目设计可按初步设计和施工图设计 2 个阶段进行；对于技术上复杂、在设计时有一定难度的工程，可以按初步设计、技术设计和施工图设计

3 个阶段进行。对于大型建设项目，如大型矿区、油田等的设计除按上述规定分为 3 个阶段外，还应进行总体规划设计或总体设计；对于小型工程项目，也可以简化为仅有施工图设计一个阶段。本文主要介绍初步设计和施工图设计。

（2）工程设计环节的主要风险及管控措施

① 建设单位可以自行完成初步设计或委托其他单位进行初步设计。初步设计是整个设计构思基本形成的阶段。该环节存在的主要风险是：设计单位不符合项目资质要求；初步设计未进行多方案比选；设计人员对相关资料研究不透彻，初步设计出现较大疏漏；设计深度不足，造成施工组织不周密、工程质量存在隐患、投资失控以及投产后运行成本过高等。

主要管控措施如下。第一，建设单位应当引入竞争机制，尽量采用招标方式确定设计单位，根据项目特点选择具有相应资质和经验的设计单位。第二，在工程设计合同中，建设单位要细化设计单位的权利和义务，特别是一个项目由几个单位共同设计时，要指定一个设计单位为主体设计单位，主体设计单位对建设项目设计的合理性和整体性负责。第三，建设单位应当向设计单位提供开展设计所需的详细的基础资料，并进行有效的技术经济交流，避免因资料不完整造成设计保守、投资失控等问题。第四，建设单位应建立严格的初步设计审查和批准制度，通过严格的复核、专家评议等制度，层层把关，确保评审工作质量。在初步设计审查中，技术方案是审查的核心和重点，重大技术方案必须进行技术经济分析、多方案比选。此外，建设单位还应关注初步设计规模是否与可行性研究报告、设计任务书一致，有无夹带项目、超规模、超面积和超标准的问题。

② 施工图设计主要是指通过图纸，把设计者的意图和全部设计结果表达出来。作为施工建造依据的设计阶段，该环节存在的主要风险是：概预算严重脱离实际，导致项目投资失控；工程设计与后续施工未有效衔接或过早衔接，导致技术方案未得到有效落实，影响工程质量，或造成工程变更，发生重大经济损失。

主要管控措施如下。第一，建立严格的概预算编制与审核制度。概预算的编制要严格执行国家、行业和地方政府有关建设和造价管理的各项规定和标准，完整、准确地反映设计内容和当时、当地的价格水平。建设单位应当组织工程、技术、财会等部门的相关专业人员或委托具有相应资质的中介机构对编制的概预算进行审核，重点审查编制依据、项目内容、工程量的计算、定额套用等是否真实、完整和准确。如发现施工图预算超过初步设计批复的投资概算规模，应对项目概算进行修正，并对其进行审批。第二，建立严格的施工图设计管理制度和交底制度。在对施工图设计进行审查时，应重点关注施工图设计深度能否满足全面施工及各类设备安装要求，施工图设计质量是否符合国家和行业规定，各专业工种之间是否做到了有效配合等。施工图设计基本完成后，应召开施工图会审会议，由建设单位、设计单位、施工单位、监理单位等共同审阅施工图文件；设计单位应进行技术交底，介绍设计意图和技术要求，及时沟通问题，修改不符合实际和有错误的图纸；会议应形成书面纪要。第三，制定严格的设计变更管理制度。设计单位应当提供全面、及时的现场服务，避免设计与施工脱节、减少设计变更。对于确需进行的变更，设计单位应尽量将其控制在设计阶段，采用层层审批等方法，以使投资得到有效控制。因设计单位的过失造成设计变更的，应由设计单位承担相应责任。第四，建设单位应当严格按照国家法律法规和本单位管理要求执行各项设计报批要求，上一环节尚未批准的，不得进入下一环节，杜绝出现边勘察、边设计、边施工的“三边”现象。第五，可以引入设计监理，提高设计质量。

【例 18-3】2008 年年初，W 公司投资兴建小水电站项目获批。当地某负责人表示，为节约成本，可为 W 公司指定可靠的设计和施工单位。W 公司接受了这一建议，将设计任务交给了该县水利局干部李某。当水电站工程进行到中途时，有关部门发现李某不具备“注册结构工程师”资质，对 W 公司进行罚款。W 公司不得不让市水利勘测设计院重新设计图纸，但具体工程仍按李某设计的图纸进行。施工任务也被交给了由某负责人指定的一家建筑公司，但该建筑公司从未从事过水利工程。2010 年，水电站工程被施工方宣布“竣工”，W 公司共投入了 1 500 万元。由于存在诸多质量问题，水电站建成后无法正常运行。经当地质检部门鉴定：工程设计存在重大问题，施工时未严格依据合规的设计图纸，使用的工程材料不符合水电站建设要求；一旦水电站遇到一定程度的水量，将会因为耐力强度不够而被冲垮。更为严重的是，该水电站存在的严重质量问题，直接威胁到下游村民的人身和财产安全。2011 年，该水电站被炸毁。

【分析】W 公司在设计、施工和竣工验收阶段都存在明显的内部控制缺陷。设计阶段的错误和内部控制缺陷往往在施工阶段反映出来。

首先，在设计阶段，在选聘设计单位上存在明显缺陷：W 公司未通过招标形式确定设计单位，图纸设计者也不具有设计水电站工程的资质；在发现原设计者不具备相应资质后，W 公司如果及时补救措施，暂停施工，按照新的设计图纸进行施工，也不会造成之后的重大损失。W 公司在设计审查方面也存在明显缺陷，未建立初步设计审查和批准制度，对李某提供的设计方案未进行复核和审查。这一控制制度的缺失，导致李某的设计错误直接被放行。

其次，在施工阶段，在选聘施工单位时存在明显控制缺陷：W 公司既未采用招标形式确定施工单位，也未全面考虑施工单位的资质、信誉、业务能力和经验。W 公司在对施工单位的监督方面也存在明显缺陷。这表现为 W 公司未委托监理单位对施工过程进行监督，也没有采取必要的措施对施工单位购买的工程物资进行监督，多方面因素导致工程质量低下。

最后，在竣工验收阶段，竣工验收流于形式，把关不严。

以上种种内部控制措施的缺失或缺陷，导致水电站工程无法投产使用，最终只能被炸毁，从而给 W 公司带来巨大的经济损失。

【例 18-4】某市计划筹建一家体育博物馆。按照建筑设计的一般要求，博物馆的使用年限应在 100 年左右，从 1995 年开始建设，但在 2012 年 5 月，国内多家报刊突然透露“惊人消息"："该博物馆地基出现不均匀下沉，85% 以上的地板与墙体已经出现裂缝开裂、承重钢梁断裂，存在重大安全隐患。"据有关档案记载，由于开工较晚，设计仓促，开工后出现问题较多，给施工带来诸多困难，所以在施工过程中还在不断修改设计，因而设计变更较多。在使用功能方面，该博物馆也存在着较多令人不满意的地方：有些属于考虑问题不周全，有些属于专业不熟练，有些属于忽视漏洞，有些属于各专业衔接不够。由于赶上该省的周年庆，博物馆施工方仓促赶工以使其与其他工程同时完工，验收也是"走过场"。

据施工技术文件记载，该博物馆工程与另一个场馆工程一起由 A 公司牵头设计，但该博物馆的具体设计又由 B 设计院负责。但据调查，B 设计院实际上从未参与过该博物馆的设计，验收文件上也没有盖其公章。B 设计院院长表示，当时我国的设计行业管理并不规范，使用别人的空白设计图纸画图的情况是存在的，因此不排除其他设计单位在该院不知情的情况下使用了其空白图纸。

【分析】该博物馆在设计阶段和竣工验收阶段存在着明显的内部控制缺陷。第一，在选择设计单位时没有进行有效监管，导致没有设计资质的单位实际承担了该项目的设计任务。第二，牵头设计单位应当对该博物馆设计承担总体责任，但显然牵头设计单位并未履行监督和指导的责任。第三，设计评审控制缺失，设计缺陷被带入施工阶段，由此也导致了之后不断的设计变更。第四，不切实际的赶工进一步影响了工程的质量，竣工验收环节的控制缺陷最终导致不合格的项目被验收通过、投入使用。

18.2.2.3　工程招标

工程招标是指建设单位在立项之后、项目发包之前，依照法定程序，以公开招标或邀请招标等方式，鼓励潜在的投标人依据招标文件参与竞争，通过评标择优选定中标人的一种经济活动。实行招投标是提高工程项目建设相关工作的公开性、公平性、公正性和透明度的重要制度安排，是防范和遏制工程领域商业贿赂的有效举措。

（1）工程招标流程

工程招标一般包括招标、投标、开标、评标和定标 5 个主要环节，如图 18-3 所示。

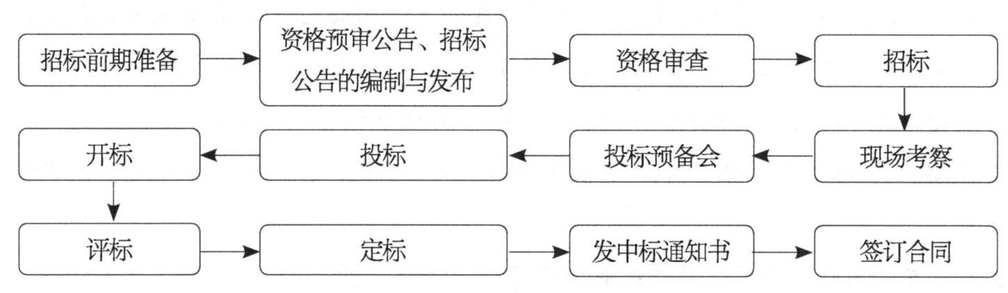

图 18-3　工程招标流程图

（2）工程招标环节的关键控制点

① 选择承保单位和监理单位。

② 发布招标公告。

③ 选择中标人。

（3）工程招标环节的风险控制措施

企业应当依法组建评标委员会。评标委员会由企业的代表和有关技术、经济方面的专家组成。评标委员会应当客观、公正地履行职务、遵守职业道德，对所提出的评审意见承担责任。评标委员会应采取必要的措施，保证评标在严格保密的情况下进行。评标委员会应当按照招标文件确定的标准和方法，对投标文件进行评审和比较，择优选择中标候选人。

评标委员会成员和参与评标的有关工作人员不得透露对投标文件的评审和比较、中标候选人的推荐情况以及与评标有关的其他情况，不得私下接触投标人，不得收受投标人的财物或者其他好处。

企业应当按照规定的权限和程序从中标候选人中确定中标人，及时向中标人发出中标通知书，在规定的期限内与中标人订立书面合同，明确双方的权利、义务和违约责任。企业和中标人不得再订立背离合同实质性内容的其他协议。

【例 18–5】S 食品公司（简称 S 公司）的分公司 Q 公司拟建设一项冷冻仓储工程。2008 年 2 月 9 日，Q 公司召开会议并决定建设冷冻仓储项目，并表示由于时间紧迫，一边向 S 公司总部报批，一边进行建设。2008 年 2 月 10 日，Q 公司委托工程设计单位，3 月 1 日通过邀请招标方式确定了施工单位，4 月 8 日取得 S 公司总部的立项批准，9 月 29 日工程完工，总投资 1 400 万元。2009 年 2 月，S 公司总部在内部审计时发现：（1）Q 公司在立项未批准的情况下即开展设计和招标，不符合公司制度规定；（2）工程总投资达到 1 400 万元，按照公司招标制度规定，应当进行公开招标。S 公司总部商议后认为 Q 公司近年来经营情况较好，该项目也符合公司发展需要，未追究相关人员责任。

【分析】S 公司存在明显的内部控制缺陷。一是 Q 公司未完成立项阶段的审批手续，即进行设计和开工建设，S 公司并未制止和纠正。二是应当公开招标的项目却采用了邀请招标方式，不符合公司管理规定。三是 S 公司总部对该项目未进行有效的监督和处罚，未及时发现问题，也未对违规行为进行处罚和责任追究，不利于 S 公司管理制度的贯彻执行。

18.2.3　工程建设的风险及管控措施

《工程项目应用指引》中的工程建设指的是工程建设实施，即施工阶段。对建设成本、进度和质量的具体控制主要就在这一阶段。该阶段的基本流程如图 18–4 所示。

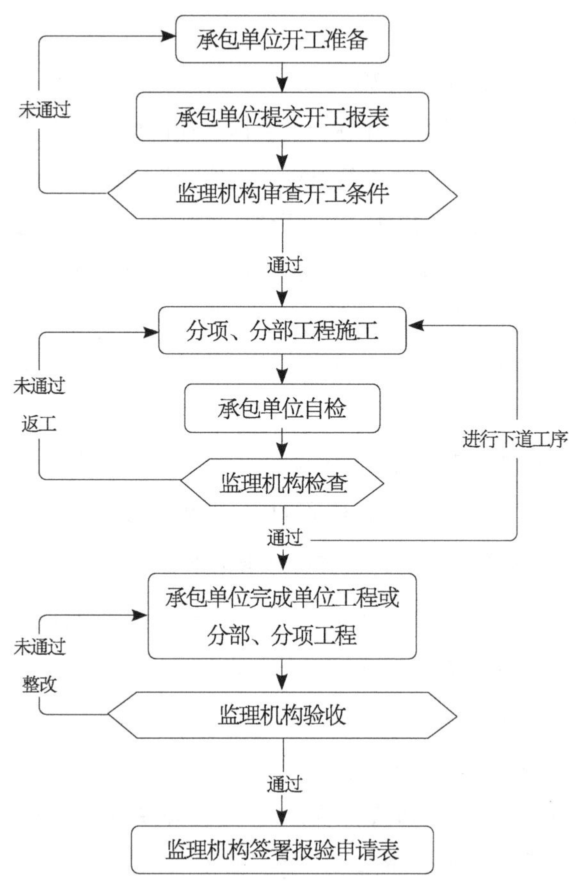

图 18–4　工程建设流程图

在工程建设阶段，有几项重要工作穿插在施工过程中，包括工程监理、工程物资采购和工程价款结算等。工程监理是指具有相关资质的监理单位受建设单位的委托，依据国家批准的工程项目建设文件、有关工程建设的法律、法规和工程建设监理合同及其他工程建设合同，代替建设单位对承建单位的工程建设实施监控的一种专业化服务活动。监理单位接受委任后应组建现场监理机构，并在发布开工通知前进驻工地，及时开展监理工作。工程监理本身就是工程中一项重要的监控措施，它与建设期间的其他工作是紧密联系在一起的，对于其相关风险及管控措施，本书将结合其他环节一并说明，不再单列。

下面将着重介绍工程建设过程中的质量、进度、安全控制，以及物资采购控制、工程价款结算控制和工程变更控制等。

18.2.3.1　施工质量、进度和安全的主要风险及管控措施

建设单位和承包单位（施工单位）应按设计和开工前签订的合同所确定的工期、进度计划等相关要求进行工程建设，并采用科学规范的管理方式保证施工质量、进度和安全。

该环节存在的主要风险有：盲目赶进度，牺牲质量、费用目标，导致工程质量低劣、费用超支；质量、安全监管不到位，存在质量隐患。主要管控措施如下。

（1）工程进度管控

第一，监理单位应当建立监理进度控制体系，明确相关程序、要求和责任。第二，承包单位应按合同规定的工程进度编制详细的分阶段或分项进度计划，报送监理机构审批后，严格按照进度计划开展工作。编制的进度计划应当适合建设工程的实际条件和施工现场的实际情况，并与承包单位劳动力、材料、机械设备的供应计划协调一致。确需调整进度的，承包单位必须优先保证质量，并同建设单位、监理机构达成一致意见。第三，承包单位至少应按月对投资完成情况进行统计、分析和对比，工程的实际进度与批准的合同进度计划不符时，承包单位应提交修订合同进度计划的申请报告，并附原因分析和相关措施，报监理机构审批。

（2）工程质量管控

第一，承包单位应当建立全面的质量控制制度，按照国家相关法律法规和本单位质量控制体系进行建设，并在施工前列出重要的质量控制点，报经监理机构同意后，在此基础上实施质量预控。质量控制点中的重点控制对象包括：人的行为，关键过程、关键操作，施工设备材料的性能和质量，施工技术参数，某些工序之间的作业顺序，某些作业之间的技术间歇时间，新工艺、新技术、新材料的应用，对工程质量产生重大影响的施工方法等。第二，承包单位应按合同约定对材料、工程设备以及工程的所有部位及其施工工艺进行全过程的质量检查和检验，定期编制工程质量报表，报送监理机构审查。关键工序作业人员必须持证上岗。第三，监理机构有权对工程的所有部位及其施工工艺进行检查验收，发现工程质量不符合要求的，应当要求承包单位立即返工修改，直至符合验收标准为止。对于主要工序作业，只有监理机构审验后，才能进行下道工序。

（3）安全建设管控

第一，建设单位应当加强对施工单位的安全检查，并授权监理机构按合同约定的安全工作内容监督、检查承包单位安全工作的实施。此外，建设单位不得对承包单位、监理机构等提出不符合建设工程安全生产法律、法规和强制性标准规定的要求，不得压缩合同约定的工期。建设单位在编制工程概预算时，应当确定建设工程安全作业环境及安全施工措施所需费用。第二，工程监理单位和监理工程师应当按照法律、法规和工程建设强制性标准实施监理，并对建设工程安全生产承担监理责任。在实施监理过程中，发现存在安全事故隐患的，应当要求施工单位整改；情况严重的，应当要求施工单位暂时停止施工，并及时报告建设单位。第三，承包单位应当设立安全生产管理机构，配备专职安全生产管理人员，依法建立安全生产、文明施工管理制度，细化各项安全防范措施。承包单位应当对所承担的建设工程进行定期和专项安全检查，并做好安全检查记录。

18.2.3.2　工程物资采购的主要风险及管控措施

工程物资包括材料和设备。为了保证项目顺利进行，建设单位需要按照施工进度，及时购置材料和设备。材料和设备采购费用一般占工程总造价的 60% 以上，对工程投资、进度、质量等具有重大影响。该环节的主要风险是：工程物资采购过程控制不力，材料和设备质次价高，不符合设计标准和合同要求，影响工程质量和进度。

主要管控措施如下。在工程物资采购管理方面，除应当遵循《企业内部控制应用指引第 7 号——采购业务》的统一要求外，建设单位还应当特别关注以下方面：第一，重大设备和大宗材料的采购应当采用招标方式；第二，对于由承包单位购买的工程物资，建设单位应当采取必要措施，确保工程物资符合设计标准和合同要求。首先，在施工合同中，建设单位应具体说明建筑材料和设备应达到的质量标准，明确责任追究方式。其次，对于承包单位提供的重要材料和工程设备，应由监理机构进行检验，查验材料合格证明和产品合格证书，对于一般材料，要进行抽检。未经监理人员签字，工程物资不得在工程上使用或安装，不得进行下一道工序施工。再次，运入施工场地的材料、工程设备，包括备品、备件、安装专用工器具等，必须专用于合同工程，未经监理人员同意，承包单位不得运出施工场地或挪作他用。

18.2.3.3 工程价款结算的主要风险及管控措施

建设单位与承包单位之间的工程价款结算是建设期间的一项重要内容。工程价款结算，是指对建设工程的发包、承包合同价款进行约定和依据合同约定进行工程预付款、工程进度款、工程竣工价款结算的活动。施工合同签订后，建设单位一般先向承包单位支付一笔预付款，之后，按周期或项目目标拨付工程进度款。实际工作中，工程进度款大部分按月结算，其结算程序如图 18-5 所示。年终或工程竣工后进行清算。该环节存在的主要风险是建设资金的使用管理混乱，项目资金不落实，导致工程进度延迟或中断。

图 18-5 工程进度款结算程序图

主要管控措施如下。第一，建设单位应当建立完善的工程价款结算制度，明确工作流程和职责权限划分，并切实遵照执行。财会部门应当安排专职的工程财会人员，认真开展工程项目核算与财务管理工作。第二，资金筹集和使用应与工程进度协调一致，建设单位应当根据项目组成（分部、分项工程）结合时间进度编制资金使用计划，作为资产管控和工程价款结算的重要依据。这方面的管控措施同时可参照《企业内部控制应用指引第 6 号——资金活动》。第三，建设单位财会部门应当加强与承包单位和监理机构的沟通，准确掌握工程进度，确保财务报表能够准确、全面地反映资产价值，并根据施工合同约定，按照规定的审批权限和程序办理工程价款结算。建设单位财会部门应认真审核相关凭证，严格按合同规定的付款方式付款，既不应违规预支，也不得无故拖欠。第四，施工过程中，如果工程的实际成本突破了工程项目预算，建设单位应当及时分析原因，按照规定的程序予以处理。

【例 18-6】2004 年，审计署驻深圳特派员办事处对长江干流某防洪隐蔽工程进行审计。这项工程由某市修防处负责，主要是对 22 公里江堤险段实行水下抛石，即按设计要求把块石平顺均匀地铺在堤脚，以起到护岸固基的重要作用。工程概预算与实际投资均为 3.46 亿元。审计人员在对 4 个块石供货单位（以下简称 4 个供货单位）的购销记录进行检查时发现这 4 个供货单位 2000—2003 年向修防处供应的块石总量居然比 4 个供货单位同期购进的块石总量多出 60 万方（1 方 =1 立方米）。经深入调查，审计人员发现 2001 年以前的块石采购工作没有进行招标，全部直接由该修防处下属的二级法人单位护岸所和开发公司供应。2002—2003 年，修防处通过自己编标、自己投标、自己评标等手段进行虚假招投标，确定了 4 个供货单位。其中 3 个单位的投标代理人均为修防处在编员工，3 个单位“中标”后，修防处立刻在其名下成立了自己控制的块石经营部。还有 1 个“中标”单位干脆就是修防处的下属开发公司。这样，修防处直接操控了块石的采购和供应。另外，在工程施工中，有 1/3 的工程由修防处原处长刘某任法定代表人的某建筑公司承包。

工程监理和测量状况则更加混乱。修防处下属的某监理公司通过“配合”其他监理公司工作的方式，派出副总监和大量现场监理人员，直接参与所有河段的施工监理，涉及块石量方、抛投计量等。最典型的是，2002 年，50 名现场监理人员中有 41 人为修防处下属监理公司的职工，相关人员实际上控制了工程块石量方和工程施工计量，并从中获利 227 万元。

至此，从管钱、供货到施工、监理，该防洪隐蔽工程完全由修防处“一条龙”运作。通过从供货单位提现等方式，刘某等人将国有资金装入了自己的腰包。

【分析】该案例从招标到监理都存在明显的内部控制缺陷：一是在招标环节存在明显漏洞和暗箱操作，未遵守公开、透明的原则；二是工程监理未发挥应有的作用，监理单位是修防处下属单位，施工单位又由修防处原处长刘某直接控制，存在利益冲突，不符合独立监督的原则。

18.2.3.4　工程变更的主要风险及管控措施

工程建设周期通常较长。在建设过程中由于某些情况发生变化，如建设单位对工程提出新要求、出现设计错误、外部环境条件发生变化等，有时需要对工程进行必要的变更。工程变更包括工程量变更、项目内容的变更、进度计划的变更、施工条件的变更等，但最终往往表现为设计变更，基本流程如图 18-6 所示。该环节存在的主要风险是现场控制不当，工程变更频繁，导致费用超支、工期延误。

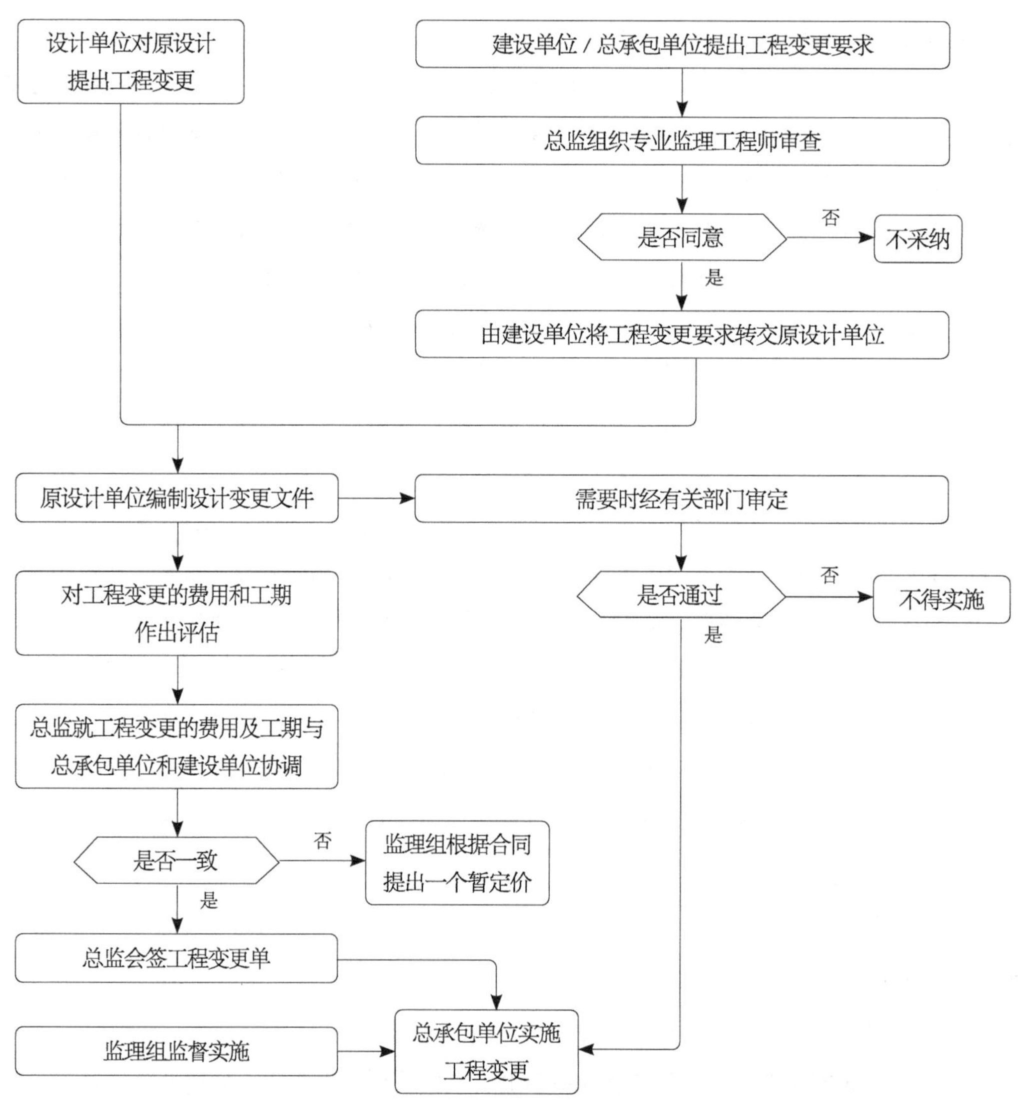

图 18-6　工程变更流程图

主要管控措施如下。第一，建设单位要建立严格的工程变更审批制度，严格控制工程变更，确需变更的，要按照规定程序尽快办理变更手续，减少经济损失。对于重大的变更事项，必须经建设单位、监理机构和承包单位集体商议，同时严加审核文件，提高审批层级，依法需报有关政府部门审批的，必须取得有关政部门同意变更的批复文件。第二，工程变更获得批准后，承包单位应尽快落实变更设计和施工，并在规定期限内全面落实变更指令。第三，如因人为原因引发工程变更，如设计失误、施工缺陷等，建设单位应当追究当事单位和人员的责任。第四，建设单位应对工程变更价款的支付实施更为严格的审批制度，变更文件必须齐备，变更工程量的计算必须经过监理机构复核并签字确认，防止承包单位虚列工程费用。

18.2.4　工程验收的风险及管控措施

18.2.4.1　竣工验收流程

竣工验收指工程项目竣工后由建设单位会同设计、施工、监理单位以及工程质量监督部门等，对该项目是否符合规划和设计要求以及建筑施工和设备安装质量进行全面检验的过程。竣工验收一般建立在分阶段验收的基础之上，对于前一阶段已经完成验收的工程项目，在验收全部工程时原则上不再重新验收。竣工验收是全面检验建设项目质量和投资使用情况的重要环节，其基本流程如图 18-7 所示。

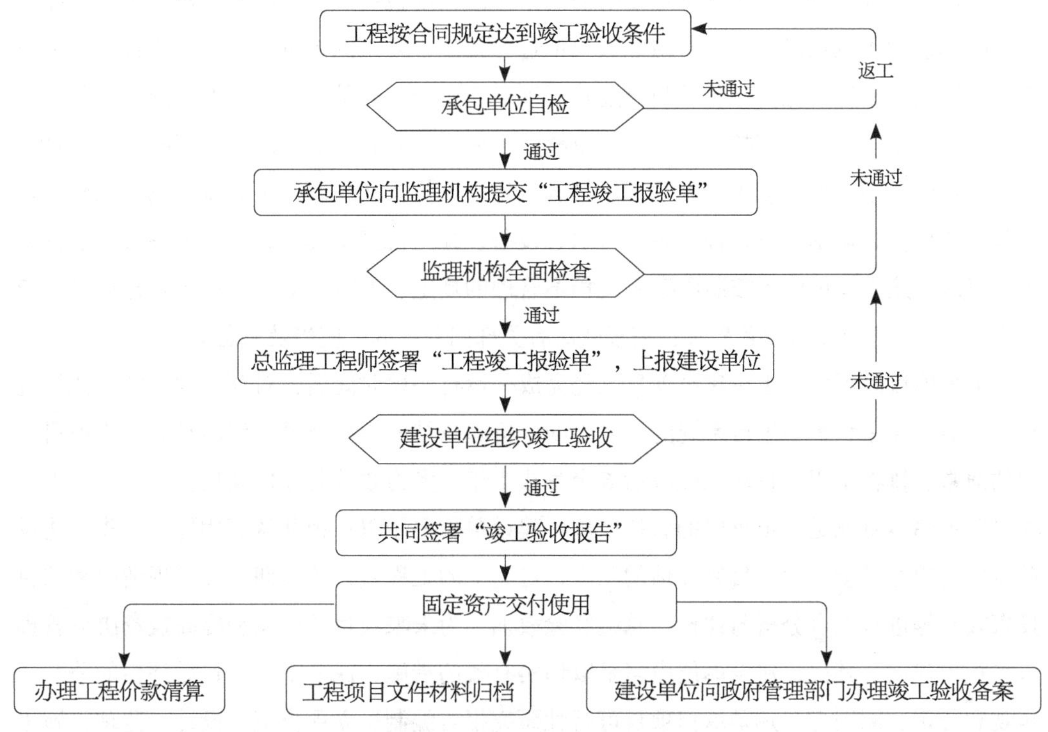

图 18-7　竣工验收流程图

18.2.4.2　竣工验收环节的主要风险及管控措施

在竣工验收环节，除对工程质量进行验收外，还有竣工结算和竣工决算两项重要工作。竣工结算是指承包单位按照合同规定的内容全部完成所承包的工程，经验收质量合格且符合合同要求之后，与建设单位进行的最终工程价款结算。竣工结算由承包单位编制，建设单位可直接进行审查，也可以委托具有相应资质的工程造价咨询机构进行审查。竣工结算办理完毕，建设单位应根据确认的竣工结算书在合同约定时间内向承包单位支付工程竣工结算价款。竣工决算是以实物数量和货币指标为计量单位，综合反映项目从筹建开始到项目竣工交付使用为止的全部建设费用、财务情况和投资效果的总结性文件。建设单位应在收到工程竣工验收报告后，及时编制竣工决算。竣工决算是办理固定资产交付使用手续的依据，竣工验收环节存在的主要风险是：竣工验收不规范，质量检验把关不严，可能导致工程存在重大质量隐患；虚报项目投资完成额、虚列建设成本或者隐匿结余资金，竣工决算失真；固定资产达到预定可使用状态后，未及时进行估价、结转。

主要管控措施如下。第一，建设单位应当健全竣工验收各项管理制度，明确竣工验收的条件、标准、程序、组织管理和责任追究等。第二，竣工验收必须履行规定的程序，至少应经过承包单位初检、监理机构审核、正式竣工验收三个程序。正式竣工验收前，根据合同规定应当进行试运行的，建设单位、监理单位和承包单位应当共同参与试运行。试运行符合要求的，才能进行正式验收。正式验收时，建设单位、设计单位、施工单位、监理单位等应组成验收组，共同审验。重大项目的验收，可吸收相关方面专家组参与评审。第三，初检后，确定固定资产达到预期可使用状态的，承包单位应及时通知建设单位，建设单位会同监理单位初验后应及时对项目价值进行暂估，转入固定资产核算。建设单位财务部门应定期根据所掌握的工程项目进度核对项目固定资产暂估记录。第四，建设单位应当加强对工程竣工决算的审核，应先自行审核，再委托具有相应资质的中介机构实施审计；未经审计的，不得办理竣工验收手续。第五，建设单位要加强对完工后剩余物资的管理。工程竣工后，建设单位对各种剩余的材料、设备、施工机械工具等，要清理核实，妥善处理。第六，建设单位应当按照国家有关档案管理的规定，及时收集、整理工程建设各环节的文件资料，建立工程项目档案；需报政府有关部门备案的，应当及时备案。

工程项目后评估是指在建设项目已经完成并运行一段时间后，对项目的目的、执行过程、效益、作用和影响进行系统的、客观的分析和总结的一种技术经济活动。工程项目后评估通常安排在工程项目竣工验收后 6 个月或 1 年，多为效益后评价和过程后评价。工程项目后评估本身就是一项重要的管控措施，建设单位要予以重视并认真用好。首先，建设单位应当建立健全工程项目后评估的制度，对完工的工程项目的预期目标实现情况和项目投资效益等进行综合分析与评价，总结经验教训，为未来项目的决策和提高投资决策管理水平提出建议。其次，建设单位应当采取切实有效的措施，保证工程项目后评估的公开、客观和公正。原则上，凡是承担项目可行性研究报告编制、立项决策、设计、监理、施工等工作的机构不得从事该项目的后评估工作，以保证后评估的独立性。最后，建设单位要严格落实工程项目决策并执行相关环节责任追究制度，应当将项目后评估结果作为绩效考核和责任追究的依据。

【例 18-7】2003 年 1 月 4 日，某市中心大桥突然整体垮塌，过往于桥上的 50 多名群众顿时坠入河中，其中 40 人死亡，直接损失上千万元。据调查，该市个别领导干部明显存在玩忽职守的问题。该项工程未经主管部门立项，无可行性研究报告，设计系个人行为。工程施工者是挂靠在该市桥梁工程总公司名下的个体业主，组织的施工队伍不具备进行市政工程建设的技术和设备力量，不具有合法的市政工程施工资质并且施工队伍偷工减料、采用劣质材料，从而导致工程施工、设计不达标。在中心大桥的建设过程中，无工程监理；1999 年建成后未经规定的竣工验收；养护管理中曾发生两次重大桥梁损坏。

【分析】该项工程从立项、设计、发包、施工到验收，均未遵循国家建筑管理规定，是典型的“六无工程”，造成了严重的后果。该案例存在的明显内部控制缺陷有：一是在工程立项环节缺乏应有的内部控制，未依法进行审批和可行性研究，未获批准就承建违反了国家规定；二是在对施工单位的选择上存在明显漏洞，施工单位没有相应的资质，建设单位对工程施工过程也缺乏监督，建设单位自身未发挥监督作用，也未委托监理单位履行监督职责；三是在竣工验收上存在明显问题，未竣工验收即投入使用；四是在使用中发现问题后，未采取及时的补救措施。

18.3　实务案例：工程项目内部控制案例分析

（一）案例阐述

2009 年 2 月，E 公司与某国政府签订了轻轨承建项目合同。根据合同，轻轨项目采用“工程采购建设（Engineering Procurement Construction, EPC）+ 运行与维修（Operation and Maintenance）”总承包模式，即 E 公司负责项目设计、采购、施工系统、车辆安装调试以及从 2010 年 11 月 13 日起进行为期 3 年的运营和维护。在签订合同前，E 公司进行过评估，认为按照当时的工程量，该轻轨项目能够盈利，能有 8%~10% 的毛利率。但该工程项目最终却亏损 13.85 亿元，那么巨额亏损是如何产生的呢？

E 公司称，由于项目在某些方面和业主理解存在差别，许多工程需要提前进行或者业主需求临时变更，直接或间接造成各项成本费用难以控制。比如，在土建桥梁跨越道路形式、结构形式、车站面积、设备参数、功能需求等方面，业主提出众多变更要求，其中仅土石方开挖就由原来的 200 万立方米变更为 520 多万立方米。“多出部分可能增加成本约 4 亿 ~5 亿元。”一位有着多年国际工程索赔经验的律师在被采访时指出。另外，在项目进入施工阶段时，实际工程量比签约时预计工程量要大得多，比如，空调最初是按照室外温度 38℃进行设计，最后提高到按照 46℃进行设计，标准提高带来了成本增加。

按照当初协议，如果项目无法完工，对方没收履约保函，最多可能损失数十亿元。但 E 公司在工程项目内容变更索赔未获业主确认的情况下，不仅没有要求停工，还从公司全系统 15 家单位持续调集人员驰援现场进行“不讲条件、不讲价钱、不讲客观”的“会战”。“但人手太多又造成‘窝工’，增加人力成本。”E 公司一位内部人士坦言。

（二）案例分析

工程项目建设，尤其是重大工程项目，一旦某个关键环节决策失误，就可能造成重大损失。从内部控制角度分析，该项目存在如下问题。

（1）投标之前对项目风险评估不足

该项目是 E 公司首次采用总承包模式进行的项目，且项目在国外面临更为复杂的风险因素。但 E 公司并没有对项目进行充分而有效的风险评估，对设计风险、分包方风险、工程变更风险、工程延期风险等认识不足、应对不力，导致风险发生时，E 公司基本上只能采取风险承担的办法，无法进行风险降低、风险转移或风险对冲。

（2）没有严格履行可行性研究程序

按照惯例，国内同等规模的轻轨项目，从设计到运营尚需 2~3 年时间。该项目合同约定了 E 公司需要在不到 2 年的时间内完成建设，但由于国外的自然环境、技术标准与规范条件与国内有所不同，增加了施工难度，再加上 E 公司又未从技术、经济、人力等方面进行有效的可行性研究分析与论证，因此，该项目从一开始就注定了是一个“赶工期”项目。

（3）合同管理不规范

E 公司应当在合同签订前就约定好工程项目内容变更的补偿条件，以获得必要的费用补偿。此外，合同中也存在条款不清、表达不明的情况。比如，根据合同内容，项目开通运营后，需达到 35% 的运能，E 公司认为开通 4 个车站即可，但业主坚持要求开通 9 个车站。

（4）项目过程管理不当

E 公司自身缺乏对项目的必要控制，计划实施力度不足，导致项目进度未达计划要求、预算超标，没有相应的应急预案；发生项目变更时，没有及时采取变更谈判、索取变更价款等行动，导致在项目上越陷越深。

综上，对于工程项目内部控制，企业加强事前、事中、事后的控制是必要的。在决策工程项目前，企业应进行专项风险评估和科学的可行性研究；应合理撰写合同文本并进行严格审核。同时，企业应加强对项目过程、成本、质量等方面的控制，建立项目变更程序，并保留相关法律证据，以便企业在费用发生后进行索赔。

第19章 企业内部控制应用指引第12号——担保业务

19.1 法规原文

企业内部控制应用指引第12号——担保业务

第一章 总则

第一条 为了加强企业担保业务管理，防范担保业务风险，根据《中华人民共和国担保法》等有关法律法规和《企业内部控制基本规范》，制定本指引。

第二条 本指引所称担保，是指企业作为担保人按照公平、自愿、互利的原则与债权人约定，当债务人不履行债务时，依照法律规定和合同协议承担相应法律责任的行为。

第三条 企业办理担保业务至少应当关注下列风险：

（一）对担保申请人的资信状况调查不深，审批不严或越权审批，可能导致企业担保决策失误或遭受欺诈。

（二）对被担保人出现财务困难或经营陷入困境等状况监控不力，应对措施不当，可能导致企业承担法律责任。

（三）担保过程中存在舞弊行为，可能导致经办审批等相关人员涉案或企业利益受损。

第四条 企业应当依法制定和完善担保业务政策及相关管理制度，明确担保的对象、范围、方式、条件、程序、担保限额和禁止担保等事项，规范调查评估、审核批准、担保执行等环节的工作流程，按照政策、制度、流程办理担保业务，定期检查担保政策的执行情况及效果，切实防范担保业务风险。

第二章 调查评估与审批

第五条 企业应当指定相关部门负责办理担保业务，对担保申请人进行资信调查和风险评估，评估结果应出具书面报告。企业也可委托中介机构对担保业务进行资信调查和风险评估工作。

企业在对担保申请人进行资信调查和风险评估时，应当重点关注以下事项：

（一）担保业务是否符合国家法律法规和本企业担保政策等相关要求。

（二）担保申请人的资信状况，一般包括：基本情况、资产质量、经营情况、偿债能力、盈利水平、信用程度、行业前景等。

（三）担保申请人用于担保和第三方担保的资产状况及其权利归属。

（四）企业要求担保申请人提供反担保的，还应当对与反担保有关的资产状况进行评估。

第六条　企业对担保申请人出现以下情形之一的，不得提供担保：

（一）担保项目不符合国家法律法规和本企业担保政策的。

（二）已进入重组、托管、兼并或破产清算程序的。

（三）财务状况恶化、资不抵债、管理混乱、经营风险较大的。

（四）与其他企业存在较大经济纠纷，面临法律诉讼且可能承担较大赔偿责任的。

（五）与本企业已经发生过担保纠纷且仍未妥善解决的，或不能及时足额交纳担保费用的。

第七条　企业应当建立担保授权和审批制度，规定担保业务的授权批准方式、权限、程序、责任和相关控制措施，在授权范围内进行审批，不得超越权限审批。重大担保业务，应当报经董事会或类似权力机构批准。

经办人员应当在职责范围内，按照审批人员的批准意见办理担保业务。对于审批人超越权限审批的担保业务，经办人员应当拒绝办理。

第八条　企业应当采取合法有效的措施加强对子公司担保业务的统一监控。企业内设机构未经授权不得办理担保业务。

企业为关联方提供担保的，与关联方存在经济利益或近亲属关系的有关人员在评估与审批环节应当回避。

对境外企业进行担保的，应当遵守外汇管理规定，并关注被担保人所在国家的政治、经济、法律等因素。

第九条　被担保人要求变更担保事项的，企业应当重新履行调查评估与审批程序。

第三章　执行与监控

第十条　企业应当根据审核批准的担保业务订立担保合同。担保合同应明确被担保人的权利、义务、违约责任等相关内容，并要求被担保人定期提供财务报告与有关资料，及时通报担保事项的实施情况。

担保申请人同时向多方申请担保的，企业应当在担保合同中明确约定本企业的担保份额和相应的责任。

第十一条　企业担保经办部门应当加强担保合同的日常管理，定期监测被担保人的经营情况和财务状况，对被担保人进行跟踪和监督，了解担保项目的执行、资金的使用、贷款的归还、财务运行及风险等情况，确保担保合同有效履行。

担保合同履行过程中，如果被担保人出现异常情况，应当及时报告，妥善处理。

对于被担保人未按有法律效力的合同条款偿付债务或履行相关合同项下的义务的，企业应当按照担保合同履行义务，同时主张对被担保人的追索权。

第十二条　企业应当加强对担保业务的会计系统控制，及时足额收取担保费用，建立担保事项台账，详细记录担保对象、金额、期限、用于抵押和质押的物品或权利以及其他有关事项。

企业财会部门应当及时收集、分析被担保人担保期内经审计的财务报告等相关资料，持续关注被担保人的财务状况、经营成果、现金流量以及担保合同的履行情况，积极配合担保经办部门防范担保业务风险。

对于被担保人出现财务状况恶化、资不抵债、破产清算等情形的，企业应当根据国家统一的会计准则制度规定，合理确认预计负债和损失。

第十三条　企业应当加强对反担保财产的管理，妥善保管被担保人用于反担保的权利凭证，定期核实财产的存续状况和价值，发现问题及时处理，确保反担保财产安全完整。

第十四条　企业应当建立担保业务责任追究制度，对在担保中出现重大决策失误、未履行集体审批程序或不按规定管理担保业务的部门及人员，应当严格追究相应的责任。

第十五条　企业应当在担保合同到期时，全面清查用于担保的财产、权利凭证，按照合同约定及时终止担保关系。

企业应当妥善保管担保合同、与担保合同相关的主合同、反担保函或反担保合同，以及抵押、质押的权利凭证和有关原始资料，切实做到担保业务档案完整无缺。

19.2　原文讲解

《企业内部控制应用指引第 12 号——担保业务》（后文简称《担保业务应用指引》）共 3 章、15 条。这 3 章对企业担保业务进行了详细的规范。该指引所称担保是指企业作为担保人按照公平、自愿、互利的原则与债权人约定，当债务人不履行偿还义务时，依照法律规定和合同规定承担相应法律责任的行为。企业对外提供担保，便会存在潜在的债务风险，当被担保人出现异常问题或重大问题而无法履行偿还义务时，企业无法逃脱担保责任和连带赔偿责任，有时甚至会导致企业陷入财务困境。因此，企业对外提供担保时，应尽可能防范担保业务风险，依法制定和完善担保业务政策及相关管理制度，规范担保申请人资信调查评估、担保申请的审核批准、担保执行过程的控制和监督环节的工作流程，确保担保业务的合法性、合规性。

本小节将按照担保业务应用指引的内容对企业担保业务内部控制进行详细的解读。

19.2.1　担保概述及背景

担保是指当事人根据法律规定或者双方约定，为促使债务人履行债务实现债权人的权利的法律制度。担保通常由当事人双方订立担保合同。担保活动应当遵循平等、自愿、公平、诚实信用的原则。近年来，随着国民经济持续快速增长，我国担保行业取得了长足发展。尤其是 2008 年以来，为了缓解中小企业资金紧张压力以及融资难等问题，国家在担保机构建立方面的推动力度逐渐加大，在此背景下各类资金看到契机，纷纷进入担保行业。担保行业涉及的业务领域较为广泛，为不同经济主体提供专业风险管理服务并承担相应的风险，在消费、投资、出口以及税收和财政等各个环节都能发挥其信用评级、信用增级以及信用放大的作用。如今，越来越多的企业为了解决自身融资难的问题，也计划设立或投资担保公司。

19.2.2 担保业务的一般流程

企业办理担保业务时，一般包括受理申请、项目初审、项目评审、签订担保合同、抵押登记、担保收费、发放贷款、保后管理、代偿和追偿、担保终结、进行日常监控等流程。具体如下：（1）担保申请人提出担保申请。（2）担保人对担保项目和被担保人资信状况进行调查，对担保业务进行风险评估。（3）担保人根据调查评估结果，结合本企业担保政策和授权审批制度，对担保业务进行审批，应将重大担保业务提交董事会或类似权力机构批准。（4）担保人依据既定权限和程序，与被担保人签订担保合同。（5）担保人切实加强对担保合同的日常管理，对被担保人经营情况、财务状况和担保项目执行情况等进行跟踪监控。（6）如果被担保人不能如期偿债，则担保人应履行代为清偿义务并向被担保人追偿债务，并且应当按照本企业担保业务责任追究制度，严格追究有关人员的责任。

19.2.3 担保业务的主要风险及管控措施

19.2.3.1 受理申请

受理申请是企业办理担保业务的第一道关口，其主要风险是：企业担保政策和相关管理制度不健全，导致难以对担保申请人提出的担保申请进行初步评价和审核；或者虽然建立了担保政策和相关管理制度，但对担保申请人提出的担保申请审查把关不严，导致申请受理流于形式；未明确担保的对象、范围、方式、条件、程序、担保限额和禁止担保等事项。

这一业务环节的主要控制措施：第一，根据公司的实际情况，严格依照法律法规制定本企业的担保政策，明确担保的对象、范围、方式、条件、程序、担保限额和禁止担保的事项；严格规范调查评估、审核批准、担保执行等环节的工作流程，保障企业严格执行公司制定的相关政策。第二，严格按照担保政策和相关管理制度对担保申请人提出的担保申请进行审核。比如，担保申请人是否属于可以提供担保的对象，担保申请人的资信状况、短期偿债能力、长期偿债能力以及现金流量状况。

【例 19-1】广发银行违规担保案件

据介绍，2016 年 12 月 20 日，广东惠州侨兴集团下属的 2 家公司在“招财宝”平台发行的 10 亿元私募债到期无法兑付。该私募债由浙商财险公司提供保证保险，但该公司称广发银行惠州分行为其出具了兜底保函。之后 10 多家金融机构拿着兜底保函等协议，先后向广发银行询问并主张债权。由此暴露出广发银行惠州分行员工与侨兴集团人员内外勾结、私刻公章、违规担保案件，涉案金额约 120 亿元，其中银行业金融机构约 100 亿元，主要用于掩盖该行的巨额不良资产和经营损失。

【分析】这是一起银行内部员工与外部不法分子相互勾结的跨机构、跨行业、跨市场的重大案件，涉案金额巨大，牵涉机构众多，情节严重，性质恶劣，社会影响极坏，为近几年罕见。案发时，该行公司治理薄弱，存在着多方面问题。首先是内控制度不健全，对分支机构既存在多头管理，又存在管理真空。特别是印章、合同、授权文件、营业场所、办公场所等方面管理混乱。其次对于监管部门设定红线的同业、理财等方面的监管禁令，涉案机构置若罔闻，违规“兜底”，承诺保本保收益，严重违反法律法规、扰乱同业市场秩序、破坏金融生态。再次涉案机构采取多种方式，违法套取其他金融同业的信用，为已出现严重风险的企业巨额融资，掩盖风险状况，致使风险扩大并在一部分同业机构之间传染，资金面临损失。最后，该行内部员工法纪意识、合规意识、风险意识和底线意识薄弱，同时该行经营理念偏差，考核激励不审慎，过分注重业绩和排名，对员工行为疏于管理。

19.2.3.2　调查和评估

企业在受理担保申请后应该由专门部门或者专业人士对担保申请人进行资信调查和风险评估，并出具符合规定的书面报告。这一环节的主要风险是：对担保申请人的资信情况如资产质量、经营情况、偿债能力、盈利水平、信用程度、行业前景调查不深入、不透彻，对担保项目的风险评估不全面、不科学；企业的担保政策和相关管理制度制定不科学，对存在资信问题的担保申请人并未识别出来；对企业的专业部门、专业人士的管理存在缺陷，导致担保申请人存在贿赂等使得企业利益受损。

主要控制措施如下。第一，选择具备良好素质和专业能力的人士对担保申请人开展调查和评估。担保申请人为企业关联方的，与关联方存在经济利益、近亲属关系、主要社会关系的有关人员应该采取回避制度。第二，对担保申请人资信状况和有关情况进行全面、客观的调查评估。在调查和评估中，应当重点关注以下事项：（1）担保业务是否符合国家法律法规和本企业担保政策的要求；（2）担保申请人的资信状况，一般包括基本情况、资产质量、财务状况、经营情况、信用程度、行业前景等；（3）担保申请人用于担保和第三方担保的资产状况及其权利归属；（4）企业要求担保申请人提供反担保的，还应对与反担保有关的资产状况进行评估。企业应该采取多种方式（如直接询问、调查、实地观察等）对担保申请人的资信状况进行详细、深入的了解，制定科学合理的指标分析和识别体系。第三，明确企业不可以受理担保申请人申请的界限范围，并结合调查评估情况做出判断。《企业内部控制应用指引第 12 号——担保》明确规定了以下 5 类不予担保的情形：担保项目不符合国家法律法规和本企业担保政策的；担保申请人已进入重组、托管、兼并或破产清算程序的；担保申请人财务状况恶化、资不抵债、管理混乱、经营风险较大的；担保申请人与其他企业存在较大经济纠纷，面临法律诉讼且可能承担较大赔偿责任的；担保申请人与本企业已经发生过担保纠纷且仍未妥善解决的，或不能及时足额交纳担保费用的。第四，根据企业的调查评估情况，出具符合规定的书面报告，全面反映调查评估情况，为担保决策提供第一手资料。

【例 19-2】Y 公司和 H 公司之间的担保和反担保

H 公司是一家大批量生产乳制品的工业企业，引进了价值上千万元的先进机器设备。H 公司的产品特色鲜明、质量好、营销策略得当，很快就打开了市场。H 公司急需通过技术改造扩大产能，增加产品品种。多家原来举棋不定的银行闻风而至，均表示要提供资金支持，但是要求H公司提供充足的不动产抵押。由于H公司初创时厂房是租赁的，所以银行对于机器设备抵押的折扣很低，所给贷款额度不能满足H公司的需要，双方陷入了僵局。随后，H公司向上游企业Y公司申请提供贷款担保。Y公司在多次到H公司进行现场调查研究、查阅相关资料、请教业内人士、走访市场客户后认为：H公司的发展是健康的，产品是有竞争力的，资金周转状况足以偿还贷款，所使用的机器设备在一定时期内丧失优势的可能性很小。支持H公司的技术改造正是促进其增加实力、提高效益、确保按时还贷的积极之举。因此，Y公司同意H公司以机器设备作为反担保抵押，先后两次为H公司提供贷款担保500万元。Y公司的担保既缓解了H公司的资金压力，又解除了银行的顾虑。通过向H公司提供担保，Y公司和自己的下游企业H公司合作关系进一步加强，为自己的产品打开了销路。随着技改项目的完成，H公司生产经营业务发展快速而健康，成为当地的明星企业。

【分析】Y公司对H公司的担保申请做了充分的调查研究，不仅对H公司的项目前景、竞争能力和行业发展趋势进行了全面的分析、评价，还以审慎的态度调查评估了H公司的反担保财产。Y公司的做法值得借鉴。

19.2.3.3 审批

审批环节是担保业务流程中非常重要的一部分。这部分是对以往调查评估形成的结果的总结，也是对接下来担保业务如何开展的一个新起点。这一环节的主要风险是：授权审批制度不健全，导致对担保业务的审批不规范；企业虽然建立了授权审批制度，但是流于形式；审批过程存在利益输送、关联交易等行为，可能导致企业利益受损。

主要控制措施如下。第一，企业应建立和完善担保授权审批制度，明确担保的对象、范围、方式、条件、程序、担保限额和禁止担保等事项，规范调查评估、审核批准、担保执行等环节的工作流程。第二，企业应建立和完善重大担保业务的集体决策审批制度。企业应当根据《公司法》等国家法律法规，结合企业章程和有关管理制度，对上市公司及其控股子公司的对外担保总额，超过最近一期经审计净资产50%以后提供的任何担保，为资产负债率超过70%的担保对象提供的担保，单笔担保额超过最近一起经审计净资产10%的担保，应取得董事会全体成员2/3以上签署同意或者经股东大会批准，未经董事会或者类似权力机构批准，不得对外提供重大担保。

【例19-3】上市公司担保圈案例

国内上市公司非关联担保正在形成一股奇异的力量。被调查的50家上市公司里，就有21家具国资背景的上市公司为非关联方提供了担保。另外，据调查，在80家被提供担保的非关联方里超过1/4的是有国资背景的公司，共计涉及金额63亿元，占总涉及金额103亿元的61%。不知是巧合，还是有一定的必然性。回顾10年的担保历史，每次事发的担保圈都摆脱不了国资的“魅影”。“福建担保圈”里问题最为严重的九州股份，已踏上“三板”之路，彼时其第一大股东为福建省财政厅。2002 年，“深圳担保圈”是最早发生严重问题的担保怪圈之一，涉及金额超过 20 亿元，10 多家上市公司和 10 多家非上市公司均牵连在内。

【分析】上市公司担保圈教训给我们以下启示：担保业务内部监督机制不容忽视。根据《公司法》，监事会有权检查公司财务，有权向公司所在地有关银行发函，核实公司的借款和担保事项。如果监事会认真履行职权，则原董事长等人违规担保事项就可以被及时发现。

19.2.3.4　签订担保合同

所谓担保合同，是指为促使债务人履行其债务，保障债权人的债权得以实现，而在债权人（同时也是担保权人）和债务人之间，或在债权人、债务人和第三人（即担保人）之间协商形成的，当债务人不履行或无法履行债务时，以一定方式保证债权人债权得以实现的协议。担保合同旨在明确担保权人和担保人之间的权利、义务关系，保障债权人的债权得以实现。

主要控制措施如下。第一，企业应根据实际情况，制定企业自身担保合同的规范文本，并且严格执行，不得随意变更。第二，企业应实行担保合同联签联签制度。对于企业的担保业务，除担保业务经办部门之外，还需要其他专业部门负责人入企业法律部门、财会部门、内审部门等参与担保合同联签，保障合同的规范性与科学性。第三，企业应规范担保合同记录、传递和保管，确保担保合同运转轨迹清晰完整、有案可查。第四，企业担保经办部门应当加强担保合同的日常管理，定期监测被担保人的经营情况和财务状况，对被担保人进行跟踪和监督，了解担保项目的执行、资金的使用、贷款的归还、财务运行及风险等情况，确保担保合同有效履行。担保合同履行过程中，如果被担保人出现异常情况，应当及时报告，妥善处理。

19.2.3.5　日常监控

担保合同签订以后，担保业务正式开展，也就意味着企业实际上成了担保人。在这一阶段，企业需要切实加强对担保合同执行情况的日常监控，及时、准确、全面地了解被担保人的经营状况、偿债能力、盈利水平等情况，最大限度地保障企业的经济利益。这一环节的主要风险是：合同后续管理不当，导致对于担保合同的执行情况监控流于形式；企业专业人员不足，缺少对于执行情况的监控，致使企业的经济利益受损；企业未及时建立重要事件的应急机制，使企业对于突发的担保事业缺乏足够的反应能力。

主要控制措施：第一，企业应选择具有专业知识的专业人员对担保申请人的经营情况进行追踪，将在追踪过程中发生的异常现象及时上报给相关责任部门或责任人员。第二，被担保人要求变更担保事项的，企业应当重新履行调查评估与审批程序。

【例 19-4】W 公司对担保项目监控不力

2008 年年底，A 集团为了促进生物质能项目的研发，向某大型商业银行提出 3 000 万元的贷款申请，由上市公司W公司作为担保证人。该商业银行经过考察，认为A集团是“国家重点高新技术企业”，是该省份的重点企业，财务状况和信用记录良好，并以其股票作为反担保质押。2008年11月30日，A集团、W公司与商业银行签订了贷款合同和担保合同，贷款金额为3 000万元，用途为生物质能项目改造，期限为3年，2011年11月30日到期。

在随后的3年中，A集团财务状况不断恶化，还款能力不断降低，主要体现在以下几个方面。

①A集团偿债时间过于集中，还款压力较大。A集团在2008—2011年的平均负债余额为5 686万元，基本上都是银行贷款，而且这些贷款都集中在2010年、2011年两年到期，偿债时间过于集中，A集团还款压力较大。

②A集团现金流严重不足，没有还款保证。A集团在2009年12月的货币资金为499万元，到2010年12月锐减到82万元，2011年也只有103万元。对于资产过亿的企业来说，这样数额的货币资金很容易诱发支付危机。

③A集团销售状况不断恶化。A集团的流动比率和速动比率看似较好，但仔细分析A集团流动资产的构成会发现流动资产主要集中在存货和应收账款，这两者占其流动资产的93.6%。这两部分的变现能力都比较差，不足以作为还款保证。更为严重的是这种状况长期得不到改善，反映出A集团的产品销售有严重缺陷，难以形成资金的有效回流。

④A集团净利润一年不如一年，缺乏成长性，还款来源没有可靠保证。但是，在3年贷款期内，W公司从未对A集团的还款能力产生怀疑，也没有采取相应的预防措施。2011年11月，3 000万元贷款到期时，A集团已无力还款。其实，到2011年6月，A集团就已无力付息。由于A集团无力还贷，W公司马上面临代偿问题。在此期间，随着国家政策的调整，用作质押的A集团股票失去了流动性，价值无法兑现。

【分析】W公司的这一担保案例给我们的启示主要有以下3点。

① 需要对担保合同日常管理高度重视。A集团偿债能力的不断恶化是一个较长的过程，但W公司和某商业银行都放松了对A集团的监控。当问题暴露出来时，担保人往往来不及采取措施来降低损失。

② 担保合同日常管理要权责分明。不少企业对担保业务的日常监控没有规定或规定不明确。担保部门只关注担保业务的办理，认为后续的合同管理是财务部门和法律部门的职责，而财务部门则认为自己只要管好财务这一领域即可，即财务部门的职责是收取担保费用或按会计准则的规定计提或有负债。法律部门只关心法律问题，认为只要审查好担保合同就尽到了义务。这种权责不明的体制往往导致企业对担保合同的监控出现盲区。

③ 对影响担保的国家政策、经济形势和产业前景要有前瞻性。本例中，由于国家对股票交易的政策调整，导致A集团用于反担保质押的股票丧失了流通价值。担保人在接受反担保时，应详细了解反担保财产是否符合国家法律法规，反担保财产价值是否真实可靠；同时，在整个担保合同有效期内，担保人要密切关注反担保财产的存续价值，以便及时采取应

对措施。

19.2.3.6　会计控制

会计控制是会计的一种重要职能，是经济控制中的一部分。企业实施会计控制的目的在于尽力保障预期内经济目标的顺利实现。所谓会计控制，主要是指企业通过会计工作，运用会计特有方法，采取政策、制度定额、计划、标准责任和流程等控制方式和手段，对企业经济活动或资金运动进行的源、监督、调整的过程。这一环节的主要风险是：会计系统自身存在缺陷，导致无法全面、准确对于企业的担保业务进行记录，或者担保会计处理和信息披露不符合有关监管要求，可能使得企业利益受损。

主要控制措施如下。第一，企业应当加强对担保业务的会计系统控制，及时足额收取担保费用，建立担保事项台账，详细记录担保对象、担保金额、担保期限、用于抵押和质押的物品或权利以及其他有关事项。第二，企业财会部门应当及时收集、分析被担保人担保期内经审计的财务报告等相关资料，持续关注被担保人的财务状况、经营成果、现金流量以及担保合同的履行情况，积极配合担保经办部门防范担保业务风险。第三，在被担保人出现财务状况恶化、资不抵债、破产清算等情形时，企业应当根据国家统一的会计准则制度规定，合理确认预计负债和损失。第四，企业应当加强对反担保财产的管理，妥善保管被担保人用于反担保的权利凭证，定期核实财产的存续状况和价值，发现问题及时处理，确保反担保财产安全完整。第五，企业应当建立担保业务责任追究制度，对在担保中出现重大决策失误、未履行集体审批程序或不按规定管理担保业务的部门及人员，应当严格追究相应的责任。第六，企业应当在担保合同到期时，全面清查用于担保的财产、权利凭证，按照合同约定及时终止担保关系。企业应当妥善保管担保合同、与担保合同相关的主合同、反担保函或反担保合同，以及抵押、质押的权利凭证和有关原始资料，切实做到担保业务档案完整无缺。

【例 19–5】NN 公司追偿担保损失案例

NN 公司是 X 市综合保税区的一家进口食品公司，2011 年起通过 A 担保公司贷款，经过 2012 年、2013 年两年续贷，至 2013 年通过 A 担保公司担保在两家银行贷款合计人民币 2 200 万元。2014 年，贷款到期，NN 公司却因管理人员个人债务及其他纠纷问题导致资金链断裂，贷款无力偿还。两家银行于 2014 年、2015 年持续扣划 A 担保公司预存保证金，直至偿清 NN 公司全部贷款本息。第一笔代偿发生后，A 担保公司马上制定了追偿方案：首先，因该公司办理担保时向 A 担保公司质押大量红酒，A 担保公司经与该公司实际控制人协商，签订了红酒出售协议，即以红酒出售款项来偿还 A 担保公司代偿款；其次，该公司办理贷款时曾向 A 担保公司抵押了厂房、土地以及设备，并在相关部门办理了抵押登记手续，A 担保公司经向律师详细咨询通过特别程序以实现担保物权的条件及实现方式，欲通过该方式直接实现担保物权。这样做既可以收回代偿款项，又能够节省时间和金钱的消耗。在 A 担保公司欲提起实现担保物权起诉时接到法院通知，NN 公司的其他债权人已先一步将 NN 公司起诉至法院，法院已查封了 NN 公司名下的房产、土地及设备，且现已进入执行程序，因 A 担保公司为上述财产的抵押权人，因此法院通知 A 担保公司可参与抵押物的分配处理。最后，A 担保公司与 NN 公司另一债权人按份处理了其共有抵押的厂房、设备及土地，占比其中 75%。项目到最后虽未收回代偿现金，但 A 担保公司在经调查企业确已无资金及其他资产的情况下，实现了抵押物权利，及时收回了相当于代偿金额的资产，并将资产进行出租以收取租金，在取得资产的同时对其再利用以创造收益，一定程度上减少了 A 担保公司的代偿损失。

【分析】首先，代偿发生后，追偿工作一定要迅速展开，抢抓时间节点。对于一些过往信誉度较好的客户尤其是老客户，往往担保公司会念及旧情，尽量选择通过协商方式温和地解决问题。可是代偿已然发生，客户无外乎两种情况，或是无钱可还或是打定了主意有钱不还，而此时协商达成协议或协议被履行的可能性很小。因此，担保公司在尝试协商无果之后，应当机立断果断采取其他追偿方式，不给别有用心的客户预留出转移财产的时间，以避免不可挽回的后果。

其次，代偿方案的制定需有专业人士协助完成。担保公司在追偿过程中，从追偿大方案的制定，到诉讼程序的进行再到各种协议的拟定，都应有专业律师的严格把关。这样可以通过严密化、合理化的专业方式少走弯路，节省时间，提高效率。

再次，担保公司一定要指派专业人员负责追偿事宜。有些担保公司实行的是项目经理负责制，从项目的考察到办理再到放款，项目由始至终全部由一人负责到底，甚至出现代偿最后的追偿工作都由一人来办理。人的精力毕竟有限，项目经理即放款又追偿，很难将全部心思都集中到一个点上，因此容易导致追偿的延误。毕竟术业有专攻，由专业人员负责项目的追偿工作，才可以集中精力，主攻重点，以此达到实现追偿目的，最大可能的追回损失。

最后，在办理业务过程中，一定要严守制度，坚持原则。追偿过程中往往可以暴露出许多业务办理过程中的问题，因此，担保公司在业务办理过程中，一定要避免经营的不规范，以免为自身发展埋下隐患。

19.2.3.7　代为清偿和权利追索

代为清偿，是指在法律没有规定或者当事人之间也没有约定清偿可以由第三人进行时，第三人向权利人所为的债务履行行为。代为清偿是清偿由第三人代而为之的制度。这一制度古已有之，罗马法上，清偿一般应是债务人，但这不是必须的，任何一个第三人均可以代替债务人清偿，只要其有履行能力和使债务人摆脱债务的清偿意图。第三人甚至可以不经债务人同意乃至不顾其禁止而代为清偿。第三人代为清偿后，基于其与债务人之间的关系，可分别提起“委托之诉”或“无因管理之诉”，也可以经转让取得债权人对债务人享有的诉权，以使自己的损失得到补偿。

追索权，是指汇票到期被拒绝付款或其他法定原因出现时，持票人获得请求其前手偿还汇票金额及有关损失和费用的权利。追索权是在票据权利人的付款请求权得不到满足时，法律赋予持票人对票据债务人进行追偿的权利，其是用弥补付款请求权对保护持票人票据权利的实现所带来的局限性的一种制度。在金融活动和票据流通过程中，票据持有人在付款人拒绝付款时，向票据的背书人和出票人索回票款的权利。在票据流通过程中，持有到期票据者，在向应付款者索要票款、兑现票据时，如果付款人拒绝付款，即可向付款人所在地的法院（或其他法定出证人）申请出具付款人拒绝付款的证书，然后凭证书向票据背书人索要票款，金额为票据金额加利息加做拒绝证书费用。被追索人付清款项后可以向他的前手再追索，直至追索到出票人。票据背书人如要避免承担这种责任，可在背书时注明不受追索。

在现实经济情况中存在部分被担保人无法偿还到期债务，致使担保企业必须按照担保合同约定承担清偿债务的责任。因此，担保企业在代为清偿被担保企业的债务后就依法对于被担保企业享有追索权。这一环节的主要风险是：违背担保合同约定不履行代为清偿义务，可能被银行等债权人诉诸法律成为连带被告，影响企业形象和声誉；承担代为清偿义务后向被担保人追索权利不力，可能造成较大经济损失。

主要控制措施如下。第一，企业全体员工尤其是业务人员需要强化法制意识和责任观念，在被担保人确实无力偿付债务时，按照担保合同的责任归属及时承担代偿义务，维护企业诚实守信的市场形象。第二，企业需要采取担保业务责任追究制度，认真分析代偿担保对象的担保业务，对在担保中未认真进行资信调查、合同签订过程中存在利益输送、出现重大决策失误的部门及人员，必须追究行政责任和经济责任，促进企业健康稳健发展。

19.3　实务案例：ST 国嘉担保事件[6]

（一）案例简介

担保是指按法律规定或者当事人约定，为确保合同履行，保障债权人利益实现的法律措施。担保作为企业的一种经营行为，是社会的一种正常的经济现象。然而近年来担保行为却在中国证券市场引爆了一颗颗上市公司的业绩“地雷”，致使许多上市公司因为曾为其他组织提供担保而深陷债务泥潭。

为已退到三板的 ST 国嘉担保的隧道股份相当无奈，其为 ST 国嘉担保共 1 亿元，均一审败诉，其中 3 500 万元已终审败诉被判决执行。根据法院的终审判决，隧道股份要在 2002 年 12 月 31 日前承担 ST 国嘉借款本金的还款连带责任，并承担相应的利息。此外，根据隧道股份的公告，中国建设银行上海市浦东分行自行将隧道股份在中国建设银行上海市第一、第二支行的存款合计 1 035 万元划转用于抵充贷款本金。

显然，隧道股份已深受担保拖累。公告显示，该公司替 ST 国嘉还债导致的现金流出已超过 4 751 万元。此外，该公司还须为这 1 亿元担保计提或有负债。实际上，这 1 亿元

6　ST 国嘉担保事件 [顾丽娟 . 担保请务必谨慎——从一个案例看担保业务的内部控制 [J]. 对外经贸 , 2005（3）:56–57.]

担保影响了隧道股份2001年度的业绩。2001年，隧道股份为这1亿元的担保计提了共计4 950万元的预计负债，并计入隧道股份当期营业外支出。至于这1亿元担保究竟会给公司带来多少损失，隧道股份有关负责人称，从隧道股份目前的状况来看，恐怕无力偿还这1亿元贷款。

（二）盲目担保的根源

除了上述的隧道股份外，因与ST兴业、ST国嘉形成互保链，上海九百、ST中西、中华企业、开开实业、长江投资、联合化纤、方正科技等11家上市公司也纷纷受到牵连。不仅如此，这十几家公司又因担保问题将另外的几十家上市公司也牵扯进来，形成了庞大的循环担保链条。此类担保链一旦断裂，不仅危及相关的上市公司，而且还可能引发一定的金融风险。像隧道股份这样进行非理性担保的根源如下。

① 信用资源的稀缺。

除了上市、发行债券和贷款外，企业几乎没有其他融资渠道。何况我国股票市场和债券市场还不够成熟，向银行贷款仍为企业主导性融资渠道，银行向企业放出贷款的风险转变为上市公司的担保风险。

② 某些上市公司内部治理结构存在缺陷。

发生非理性担保行为的绝大多数公司是由国企改制的上市公司。这类公司“一股独大”，给上市公司的部分人员提供了寻租机会，增大了发生非理性担保的可能性。

③ 大多数公司内部控制制度不健全，经营乏力。

它们风险防范意识薄弱，内部管理常常跟不上业务发展的需要。比如，有些公司在处理担保业务时，没有做到职责的适当分离，存在不正当的授权和审批，未明确担保原则、担保标准和条件，未完整保留凭证和记录，内部核查制度不存在或流于形式等。方正科技为ST国嘉担保仅仅根据其公开披露的信息资料，而未对ST国嘉所在行业的发展趋势和其竞争能力进行全面的分析评价，致使方正科技仅在半年之内，就因ST国嘉的巨额亏损而陷入不利境地。

④ 对担保企业的监控缺位，盲区多。

目前我国担保业处于监管盲区，我国担保业的监管机构几经转换，最早归中国人民银行管理；1998年政府机构改革，该职能从中国人民银行分离；1999年明确由财政部金融司监管，有关部门配合监管。后来，因为涉及住房置业和中小企业贷款，中华人民共和国住房和城乡建设部、原国家经济贸易委员会也都对担保业发展起到了重要作用，但是多头监管最终导致各自为政，没有人对担保业的整体发展进行规划设计，全行业缺乏明确的准则和规范，管理相当松散。此外，并不排除有些人以资产重组为幌子，以对外担保来掏空上市公司。

（三）加强企业担保业务的内部控制

从根源分析中可看出，有些原因是客观存在的，企业无能为力。企业唯一可以有所作为的是企业的内部控制制度，因此要防止盲目的、非理性的担保。对此，企业可以从建立、健全相关内部控制制度入手。首先，企业应严格遵守《中华人民共和国担保法》等有关法规的规定，明确担保的权利和义务责任；其次，应建立起担保的立案、调查、审议、决策等企业内部控制制度，防止个别人不顾企业全局甚至为了个人私利盲目为其他单位担保。具体来说，企业对于担保业务应制定内部控制制度。

（1）适当的职责分离

企业应当对担保业务建立严格的岗位责任制，明确相关部门和岗位的职责、权限，确保办理担保业务的不相容职务相互分离、制约和监督。与担保业务相关的应适当分离的职务如下。

① 受理担保业务申请的人员不能同时是负责最后核准担保业务的人员。担保标准和条件必须同时获得业务管理部门和专门追踪与分析被担保企业信用情况的部门（如会计部门的担保业务小组）的批准。

② 负责调查、了解被担保企业的经营与财务状况的人员必须同审批担保业务的人员分离。

③ 拟订担保合同的人员不能同时负责担保合同的复核工作。

④ 担保业务的记账人员不能同时成为担保合同的核实人员。

⑤ 担保合同的订立人员不能同时负责履行担保责任垫付款项的支付工作。

⑥ 审核履行担保业务垫付款项的人员应同付款的人员分离。

⑦ 记录垫付款项的人员不能同时担任付款业务。

⑧ 审核履行担保责任、支付垫付款项的人员必须同负责从被担保企业收回垫付款项的人员分离。

（2）正确的授权审批

① 在担保业务发生之前，担保业务经过审批。

② 非经正当审批，不得签订担保合同。

③ 担保责任、担保标准、担保条件等必须经过审核批准。

④ 为被担保企业履行债务支付垫付款项必须经过审批。前两项控制的目的在于防止企业因向虚构的或者无力支付货款的企业提供担保而蒙受损失，第三项控制的目的则在于保证担保业务按照政策规定的标准、条件等进行。

（3）充分的凭证与记录

企业应当制定担保业务流程，明确担保业务的评估审批、执行等环节的内部控制要求，并设置相应的记录与凭证，如实记载各环节业务的开展情况，确保担保业务全过程得到有效控制。

（4）定期了解被担保企业的经营与财务状况

这样做有助于了解其承担的潜在风险。企业应指派独立于担保合同核准、垫付担保责任款项的人员定期对被担保企业的经营与财务状况进行全面了解，对经营与财务状况恶化的被担保企业及时做出说明。企业可以据此检查账簿记录、担保合同条款等进行恰当的处理，尽可能避免或减少可能发生的损失。

（5）实行内部稽核制度，定期对担保业务部门进行稽核

内部稽核的内容主要包括：担保业务相关岗位及人员的设置情况；担保业务授权批准制度的执行情况。重点检查担保对象是否符合规定，担保业务评估是否科学合理，担保业务的审批手续是否符合规定，是否存在越权审批的行为；担保业务的审批情况；担保合同到期是否及时办理终结手续。

（6）建立反担保措施

一是要求被担保企业提供反担保人。反担保人必须是具有代为清偿债务能力的法人或其他组织；二是要求被担保企业提供反担保物。要按照“四易”（即易于变现、易于评估、易于执行操作、易于触动被担保企业利益）原则确认反担保物。在设定反担保物时，应首先以业主或法人代表个人财产作为抵押，然后再以企业的房产、存单及其他有价证券和知识产权作为抵押或质押。通过建立反担保措施增强对被担保企业经营者的责任，并对其进行有效约束。

（7）建立风险准备制度

企业应建设风险准备制度，以应付担保机构未来可能发生的损失。

（四）加强银行借贷业务的内部控制

在 ST 国嘉案例中提到，隧道股份已无法偿还 1 亿元贷款，那么作为放贷银行的中国建设银行将又是一个受害人。倘若中国建设银行上海分行在发放这笔贷款前严格执行贷款的授信审批制度，进行贷后跟踪，建立完善的风险预警系统，在动态中控制被担保企业风险，也许这样的巨额损失是可以避免的。可见银行信贷业务的内部控制制度对于防范担保风险也有着至关重要的作用。完善商业银行信贷业务的内部控制制度关键在于以下 5 个方面。

① 加强贷款的授权管理。强化贷款审批工作，通行授权实行专人、专家独立审批。在贷款审批权限落实到个人的基础上，还应进一步设立大额贷款审批的审慎原则。

② 完善贷款“审、贷、收”三权分立制度，建立贷款过程中的权力制衡机制。制定、实施规范的贷款操作手册，明确贷款调查、审批、发放、管理和清收等一整套标准化操作，包括应采取的方法、步骤、报告内容、格式等。在实际操作中，各级有关人员必须严格按照相应的规章、程序办理贷款业务。

③ 建立信贷风险预警体系，加强贷后跟踪，力争在短时期内改变传统管理模式下的风险判断表面化和风险反应滞后的状况，加强风险监测分析的系统性和准确性。

④ 加强贷款风险分散策略的实施。实行贷款风险的相对分散，提高银行抗御风险的能力。具体做法是使贷款在期限、客户、行业、地区等方面相对分散，广泛采用抵押、质押、担保等措施，增加非信用担保贷款，以便在借款式贷款出现问题时，银行可以依法处置被抵押的担保物，降低银行资产损失。

⑤ 健全、完善银行呆账准备金计提制度和坏账冲销制度，建立资金持续补充制度，化解信贷风险。

第 20 章 企业内部控制应用指引第 13 号——业务外包

20.1 法规原文

企业内部控制应用指引第 13 号——业务外包

第一章 总则

第一条 为了加强业务外包管理，规范业务外包行为，防范业务外包风险，根据有关法律法规和《企业内部控制基本规范》，制定本指引。

第二条 本指引所称业务外包，是指企业利用专业化分工优势，将日常经营中的部分业务委托给本企业以外的专业服务机构或其他经济组织（以下简称承包方）完成的经营行为。

本指引不涉及工程项目外包。

第三条 企业应当对外包业务实施分类管理，通常划分为重大外包业务和一般外包业务。重大外包业务是指对企业生产经营有重大影响的外包业务。

外包业务通常包括：研发、资信调查、可行性研究、委托加工、物业管理、客户服务、IT 服务等。

第四条 企业的业务外包至少应当关注下列风险：

（一）外包范围和价格确定不合理，承包方选择不当，可能导致企业遭受损失。

（二）业务外包监控不严、服务质量低劣，可能导致企业难以发挥业务外包的优势。

（三）业务外包存在商业贿赂等舞弊行为，可能导致企业相关人员涉案。

第五条 企业应当建立和完善业务外包管理制度，规定业务外包的范围、方式、条件、程序和实施等相关内容，明确相关部门和岗位的职责权限，强化业务外包全过程的监控，防范外包风险，充分发挥业务外包的优势。

企业应当权衡利弊，避免核心业务外包。

第二章 承包方选择

第六条 企业应当根据年度生产经营计划和业务外包管理制度，结合确定的业务外包范围，拟定实施方案，按照规定的权限和程序审核批准。

总会计师或分管会计工作的负责人应当参与重大业务外包的决策。

重大业务外包方案应当提交董事会或类似权力机构审批。

第七条 企业应当按照批准的业务外包实施方案选择承包方。承包方至少应当具备下列条件：

（一）承包方是依法成立和合法经营的专业服务机构或其他经济组织，具有相应的经营范围和固定的办公场所。

（二）承包方应当具备相应的专业资质，其从业人员符合岗位要求和任职条件，并具有相应的专业技术资格。

（三）承包方的技术及经验水平符合本企业业务外包的要求。

第八条　企业应当综合考虑内外部因素，合理确定外包价格，严格控制业务外包成本，切实做到符合成本效益原则。

第九条　企业应当引入竞争机制，遵循公开、公平、公正的原则，采用适当方式，择优选择外包业务的承包方。采用招标方式选择承包方的，应当符合招投标法的相关规定。

企业及相关人员在选择承包方的过程中，不得收受贿赂、回扣或者索取其他好处。承包方及其工作人员不得利用向企业及其工作人员行贿、提供回扣或者给予其他好处等不正当手段承揽业务。

第十条　企业应当按照规定的权限和程序从候选承包方中确定最终承包方，并签订业务外包合同。业务外包合同内容主要包括：外包业务的内容和范围，双方权利和义务，服务和质量标准，保密事项，费用结算标准和违约责任等事项。

第十一条　企业外包业务需要保密的，应当在业务外包合同或者另行签订的保密协议中明确规定承包方的保密义务和责任，要求承包方向其从业人员提示保密要求和应承担的责任。

第三章　业务外包实施

第十二条　企业应当加强业务外包实施的管理，严格按照业务外包制度、工作流程和相关要求，组织开展业务外包，并采取有效的控制措施，确保承包方严格履行业务外包合同。

第十三条　企业应当做好与承包方的对接工作，加强与承包方的沟通与协调，及时搜集相关信息，发现和解决外包业务日常管理中存在的问题。

对于重大业务外包，企业应当密切关注承包方的履约能力，建立相应的应急机制，避免业务外包失败造成本企业生产经营活动中断。

第十四条　企业应当根据国家统一的会计准则制度，加强对外包业务的核算与监督，做好业务外包费用结算工作。

第十五条　企业应当对承包方的履约能力进行持续评估，有确凿证据表明承包方存在重大违约行为，导致业务外包合同无法履行的，应当及时终止合同。

承包方违约并造成企业损失的，企业应当按照合同对承包方进行索赔，并追究责任人责任。

第十六条　业务外包合同执行完成后需要验收的，企业应当组织相关部门或人员对完成的业务外包合同进行验收，出具验收证明。

验收过程中发现异常情况，应当立即报告，查明原因，及时处理。

20.2　原文讲解

《企业内部控制应用指引第 13 号——业务外包》（后文简称《业务外包应用指引》）共 3 章、16 条。这 3 章对企业业务外包进行了详细的规范。业务外包的实质是企业在内部资源有限的情况下，为突出核心业务、专注经营主业，将其他业务委托给比自己更具有成本优势和专业知识的企业去经营，以达到资源配置的最佳状态，进而取得并维护持续的竞争态势。企业在实施业务外包时，不确定外包范围、承包方选择失误、忽视外包的过程管理等都会削弱企业的竞争力，所以，企业应当建立完善的业务外包控制体系，规范企业业务外包行为。

本小节将按照业务外包应用指引的内容对企业业务外包内部控制进行详细的解读。

20.2.1　业务外包概述及背景

20 世纪 90 年代，关于企业竞争力的研究转移到企业核心竞争力领域。核心竞争力理论推崇的理念是：从长远看，企业竞争力优势来源于用比对手更低的成本、更快的速度去提高自己的能力；来源于能够产生、具有强大竞争力的核心能力。任何企业拥有的资源都是有限的，不可能在所有的业务领域都取得竞争优势，因而必须将有限的资源集中在核心业务和发展核心能力上。对核心竞争力的注重必然要求企业将其他非核心业务外包给其他企业。这就是所谓的外包战略。外包是指企业整合利用外部的专业化资源，将企业内部的某项职能或某项任务委托给其他企业或组织来完成，从而降低成本、提高效率、最大限度地发挥本企业的核心优势、提高对外界环境应变能力的一种管理模式。比如，波音——世界上最大的飞机制造公司之一，却只生产座舱和翼尖；耐克——全球最大的运动鞋制造公司之一，却从未生产过一双鞋。

① 业务外包是集团型公司实现战略转型的重要内容。加强对外合作是企业不断扩大自身优势的必然选择。

② 市场竞争日趋激烈，各竞争对手大力发展社会代办力量，在很大程度上制约了公司的业务发展，传统的自营模式已不能适应发展的需要。

③ 公司上市后，成本压力较大，并且随着公司内部控制体系建设的深入推进，对业务成本的管理，包括对成本预算、成本可控的要求更为规范、严格。

④ 人力资源用工风险和人工成本压力。人力资源结构性矛盾日趋突出，随着业务的快速发展，人员增长需求压力过大、用工总量过大，使人力资源管理成本加大，影响了企业效益；同时用工不规范和事实用工的存在，使企业用工风险加大。

20.2.2　业务外包流程

业务外包流程主要包括制定业务外包实施方案、审核批准、选择承包方、签订业务外包合同、组织实施业务外包活动、业务外包过程管理、验收、会计控制等环节，如图 20-1 所示。该图列示的业务外包流程适用于各类企业的一般业务外包，具有通用性。企业在实际开展业务外包时，可以参照此流程，并结合自身情况予以扩充和具体化。

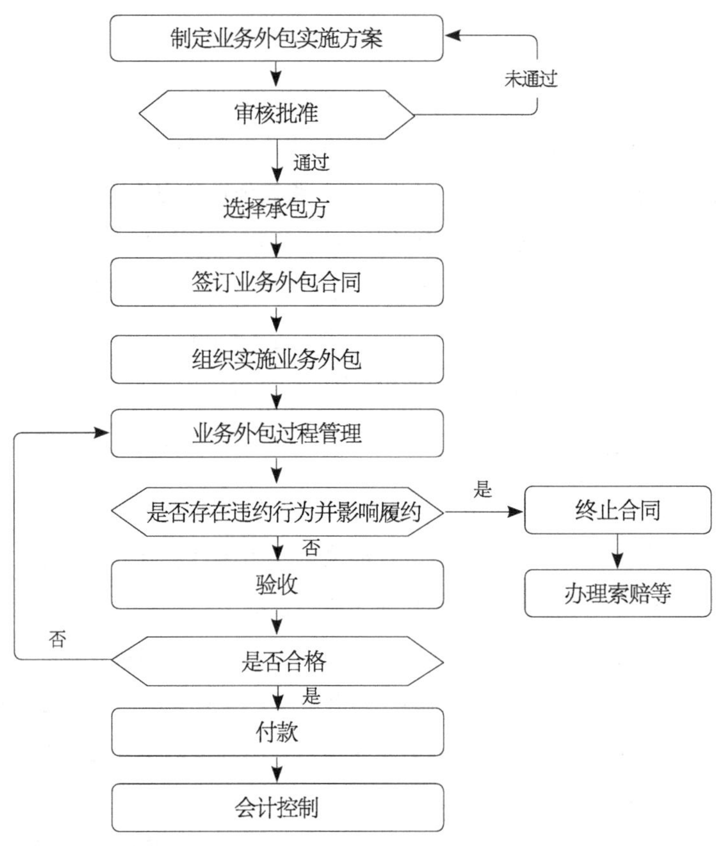

图 20-1　企业业务外包流程图

【例 20-1】某大型集团公司，结合自身生产经营特点以及战略发展规划等因素，制定了集团公司内部业务外包管理制度，其主要内容如下。

（一）业务外包范围和条件

业务可以分为 4 类。

① 与主业核心能力关联度低、可控度高、外部市场化程度高的业务，如技术简单、工作界面清晰的成熟劳动密集型业务。该类业务适合外包。

② 与主业核心能力关联度低但可控度和外部市场化程度低的业务。具备手段或能力对其外包后的质量、信息安全或成本进行有效监控的部门，可以对该类实施业务外包。

③ 对实现公司转型有重要影响并需要迅速开展的业务。公司可以根据可控度和外部市场成熟度来决定是否外包该类业务。

④ 与主业核心能力关联紧密的业务。该类业务不适合外包。

（二）业务外包的方式

根据业务范围和参与程度的不同，业务外包可以分成整体外包和部分外包。整体外包是指将业务及相关资源全部委托给承包方运营管理，双方根据该业务运营所涉及的工作量、材料和管理成本等为基础确定外包价格，公司对收入、服务质量、网络质量等结果性指标进行管控，对承包方内部运营过程和方式不进行干预的外包方式。

部分外包是指在外包过程中，公司仍然以某种形式参与业务运营的部分环节，或者承担业务运营的部分职能，双方以承包方负责环节的成本费用为基础确定外包价格的外包方式。

集团内各单位在确定业务外包方式时，应以成本效益原则为基础，综合考虑业务运营的具体特点、外部市场的成熟程度、公司的管控水平等因素，选择公司最有利的外包方式。

（三）承包方准入机制

（1）承包方的基本条件

① 依法成立和合法经营的专业服务机构或其他经济组织，并且在当地设有固定办公地点。

② 具备相应的经营范围和专业资质资格。对于国家规定需要资质的业务，承包方应具有相应资质。另外，承包方的从业人员应当具备相应的专业技术资格。

③ 承包方的技术及经验水平符合外包项目要求。

④ 承包方必须依法进行用工管理，支付劳动者报酬，缴纳各类社会保险。

（2）建立承包方备选库，有关职能部门定期对承包方的履约情况以及履约能力进行跟踪评价

（四）承包方的选择

集团公司在进行业务外包时，必须遵循公开、公平、公正的原则，采用招标等方式在承包方备选库内择优选用承包方。在业务外包前，财务会计部门人力资源部门、安全质量部门、法律事务部门等的负责人应组成业务外包工作小组，集体研究决定外包方案并报总经理或董事会批准。

（五）业务外包的实施

（1）集团公司的职责

① 负责制定外包业务质量管理规章。

② 负责对各子公司及有关单位的外包业务进行监督、指导、检查和考核。

③ 负责对外包业务质量等方面存在的问题进行协调。

④ 建立合格承包方名单，对合格承包方名单以外的承包方进行审批。

⑤ 制定外包业务评估标准，并实行动态管理。

⑥ 对承包方提供的产品或服务质量信息进行汇总、分析和发布，及时告知集团内部所属的各有关单位，实现信息共享。

⑦ 组织相关人员对重大业务承包方和承包方提供的产品或服务质量保证情况进行审核和监督检查。

（2）集团内各子公司及其他单位的职责

① 根据集团的相关制度制定本单位的外包业务管理工作程序和要求。

② 在合格承包方名单中选择承包方，对合格承包方名单以外的承包方进行评估、考察，按规定上报审批。

③ 负责外包业务质量管理，全面落实各项质量管理规定。

④ 对承包方进行业务设计审查、工艺审查和质量监督审核，对承包方提供的产品或服务进行验收。

⑤ 负责解决本单位外包业务在进度、质量等方面存在的问题。

⑥ 及时记录和上报外包业务质量信息。

（3）各归口管理部门以及人员的职责

① 人力资源部门负责对承包方工作人员进行培训、管理等工作。

② 安全质量部门负责对外包业务质量进行监督检查等工作。

③ 财务会计部门负责外包费用核算与结算工作，并对承包方履约能力进行评估等。

④ 法律事务部门负责对业务外包管理涉及法律法规的情况进行监督检查，加强对业务合同的外包管理，预防及处理相关法律纠纷和索赔等事宜。

20.2.3 业务外包的主要风险及管控措施

20.2.3.1 制定业务外包实施方案

制定业务外包实施方案，是指企业根据年度生产经营计划和业务外包管理制度，结合确定的业务外包范围，制定实施方案的业务外包环节。

该环节存在的主要风险是：企业缺乏业务外包管理制度，导致制定实施方案时无据可依；业务外包管理制度未明确业务外包范围，可能导致有关部门在制定实施方案时，将不宜外包的核心业务进行外包；实施方案不合理、不符合企业生产经营特点或内容不完整，可能导致业务外包失败。

主要管控措施如下。第一，企业应建立和完善业务外包管理制度，根据各类业务与核心主业的关联度、对外包业务的控制程度以及外部市场成熟度等标准，合理确定业务外包的范围，并根据是否对企业生产经营有重大影响对外包业务实施分类管理，以突出管控重点，同时明确规定业务外包的方式、条件、程序和实施等相关内容。第二，企业应严格按照业务外包管理制度规定的业务外包范围、方式、条件、程序和实施等内容制定实施方案，避免将核心业务外包，同时确保方案的完整性。第三，企业应根据企业年度预算以及生产经营计划，对实施方案的重要方面进行深入评估及复核，包括承包方的选择方案、外包业务的成本效益及风险、外包合同期限、外包方式、员工培训计划等，确保方案的可行性。第四，企业应认真听取外部专业人员对业务外包的意见，并根据其合理化建议完善实施方案。

20.2.3.2 审核批准

审核批准，是指企业按照规定的权限和程序审核批准业务外包实施方案的业务外包环节。

该环节存在的主要风险是：审批制度不健全，导致对业务外包的审批不规范；审批不严格或者越权审批，导致业务外包决策出现重大疏漏，可能引发严重后果；未能对业务外包实施方案是否符合成本效益原则进行合理审核以及做出恰当判断，导致业务外包不经济。

主要管控措施如下。第一，企业应建立和完善业务外包的审核批准制度，明确授权批准的方式、权限、程序、责任和相关控制措施，规定各层级人员应当在授权范围内进行审批，不得超越权限审批，同时，加大对分公司重大业务外包的管控力度，避免因分公司越权进行业务外包给企业带来不良后果。第二，在对业务外包实施方案进行审查和评价时，企业应当着重对比分析该业务项目在自营与外包情况下的风险和收益，确定外包的合理性和可行性。第三，总会计师或企业分管会计工作的负责人应当参与重大业务外包的决策，对业务外包的经济效益做出合理评价。第四，对于重大业务外包方案，应当提交董事会或类似权力机构进行审批。

20.2.3.3　选择承包方

选择承包方，是指企业按照批准的业务外包实施方案选择合适承包方的业务外包环节。该环节存在的主要风险是：承包方不是合法设立的法人主体，缺乏应有的专业资质，从业人员也不具备应有的专业技术资格，缺乏从事相关项目的经验，导致企业遭受损失甚至陷入法律纠纷；外包价格不合理，业务外包成本过高导致难以发挥业务外包的优势；存在商业贿赂等舞弊行为，导致相关人员涉案。

主要管控措施如下。第一，企业应充分调查候选承包方的合法性，即是否为依法成立、合法经营的专业服务机构或其他经济组织，是否具有相应的经营范围和固定的办公场所。第二，企业应调查候选承包方的专业资质、技术实力及其从业人员的职业履历和专业技能。第三，企业应考察候选承包方从事类似项目的成功案例、业界评价和口碑。第四，企业应综合考虑企业内外部因素，对业务外包的人工成本、营销成本、业务收入、人力资源等指标进行测算分析，合理确定外包价格，严格控制业务外包成本。第五，引入竞争机制，按照有关法律法规，遵循公开、公平、公正的原则，采用公开招标等适当方式，择优选择承包方。第六，企业应按照规定的程序和权限从候选承包方中择优做出选择，并建立严格的回避制度和监督处罚制度，避免在选择承包方的过程中出现受贿和舞弊行为。

20.2.3.4　签订业务外包合同

确定承包方后，企业应当及时与选定的承包方签订业务外包合同，约定业务外包的内容和范围、双方的权利和义务、服务和质量标准、保密事项、费用结算标准和违约责任等事项。

该环节存在的主要风险是：合同条款未能针对业务外包风险做出明确的约定，对承包方的违约责任的界定不够清晰，导致企业陷入合同纠纷和诉讼；合同约定的业务外包价格不合理或成本费用过高，导致企业遭受损失。

主要管控措施如下。第一，企业应在订立外包合同前，充分考虑业务外包实施方案中识别出的重要风险，并通过合同条款予以有效规避或降低。第二，在业务外包的内容和范围方面，企业应明确承包方提供的服务类型、数量，以及明确界定服务的环节、作业方式、作业时间、服务费用等细节。第三，在双方的权利和义务方面，企业应明确企业有权督促承包方改进服务流程和方法，承包方有责任按照合同协议规定的方式和频率，将业务外包实施的进度和现状告知企业，并就存在的问题进行有效沟通。第四，在服务和质量标准方面，企业应当规定承包方最低的服务水平要求以及如果未能满足标准应采取的补救措施。第五，在保密事项方面，企业应具体约定对于涉及本企业机密的业务和事项，承包方有责任履行保密义务。第六，在费用结算标准方面，企业应综合考虑内外部因素，合理确定业务外包价格，严格控制业务外包成本。第七，在违约责任方面，企业应制定既具有原则性又能够体现一定灵活性的合同条款，以适应环境、技术和企业自身业务的变化。

20.2.3.5 组织实施业务外包

组织实施业务外包，是指企业严格按照业务外包管理制度、工作流程和相关要求，组织业务外包过程中人、财、物等方面的资源分配，建立与承包方的合作机制，为下一环节的业务外包过程管理做好准备，确保承包方严格履行业务外包合同的业务外包环节。企业在组织开展业务外包时，应当根据业务外包合同条款，落实双方应投入的人力资源、资金、硬件及专有资产等，明确承包方的工作流程、模式及职能架构、项目实施计划等内容。

该环节存在的主要风险是：组织实施业务外包的工作不充分或未落实到位，影响下一环节业务外包过程管理的有效实施，导致难以实现业务外包的目标。

主要管控措施如下。第一，企业按照业务外包制度、工作流程和相关要求，制定针对业务外包实施过程的管控措施，包括建立与承包方之间的资产管理、信息资料管理、人力资源管理、安全保密管理等机制，确保承包方在履行外包业务合同时有章可循。第二，企业做好与承包方的对接工作，通过培训等方式确保承包方充分了解企业的工作流程和质量要求，从价值链的起点开始控制业务质量。第三，企业与承包方建立并保持畅通的沟通协调机制，以便及时发现并有效解决业务外包过程存在的问题。第四，企业梳理有关工作流程，明确每个环节上的岗位职责分工、运营模式、管理机制、质量水平等方面的要求。

【例 20-2】甲公司将其部分零部件生产以及生产流程中的产品包装、运输或间接服务等业务进行了外包。其中，产品包装、运输等业务对甲公司最终产品不构成主要影响或只产生次要影响，因此甲公司可以参照采购过程实施控制。甲公司真正关注的重点是外包的部分零部件生产业务，原因是这将对最终产品构成重要影响，会影响质量管理体系的有效性。在外包业务正式实施前，甲公司制定了相关的内部控制制度，主要内容如下。

①提供承包方所需的信息和资源（如产品规范、图样、服务规范、过程程序、确认准则、验收准则和规程、作业指导书以及其他规定），并要求承包方按规定严格实施外包业务。

②向承包方提出基础设施的适用要求。

③向承包方提出岗位人员能力胜任的要求（包括适当的培训、教育、技能和经验）。

④向承包方提出对服务过程进行持续改进的要求。

⑤向承包方提出保持产品实现的运作和对过程实施监控的完整记录。

【分析】组织实施业务外包是正式实施业务外包前的必要准备工作。俗话说，凡事预则立，不预则废。充分的准备工作是有效实施业务外包过程管理的必要条件。在本例中，甲公司为了将外包的零部件生产业务纳入自身的质量管理体系，使其成为甲公司价值链中的一个有机环节，向承包方提供了充足的信息和资源，明确了承包方必须投入的基础设施和人员的标准，提出了服务质量改进要求，并建立了收集业务外包实施过程相关信息的机制，奠定了业务外包过程管理的基础。

20.2.3.6　业务外包过程管理

根据业务外包合同的约定，承包方会采取在特定时点向企业一次性交付产品或在一定时期内持续提供服务的方式交付业务外包成果。

由于承包方交付成果的方式不同，业务外包过程也有所不同。一次性交付产品的业务外包过程是指承包方对产品的设计制造过程。在一定时期内持续提供服务的业务外包过程是指承包方持续提供服务的整个过程。

该环节存在的主要风险是：承包方在合同期内因市场变化等原因不能保持履约能力，无法继续按照合同约定履行义务，导致业务外包失败和本企业生产经营活动中断；承包方出现未按照业务外包合同约定的质量要求持续提供合格的产品或服务等违约行为，导致企业难以发挥业务外包优势，甚至遭受重大损失企业；企业对业务外包过程管控不力，导致商业秘密泄露。

主要管控措施如下。第一，在承包方提供服务或制造产品的过程中，企业应密切关注重大业务外包承包方的履约能力，采取动态管理方式，对承包方开展日常绩效评价和定期考核。第二，企业应对承包方的履约能力进行持续评估，包括承包方对该项目的投入是否能够支持其产品或服务质量达到企业的预期目标，以及承包方自身的财务状况、生产能力、技术创新能力等综合能力是否满足该项目的要求。第三，企业应建立即时监控机制，一旦发现偏离合同目标等情况，应及时要求承包方调整和改进。第四，企业应对重大业务外包的各种意外情况做出充分预计，建立相应的应急处理机制，制定临时替代方案，避免业务外包失败造成企业生产经营活动中断。第五，有确凿证据表明承包方存在重大违约行为，并导致业务外包合同无法履行的，企业应当及时终止合同，并指定有关部门按照法律程序向承包方索赔。第六，企业应切实加强对业务外包过程中形成的商业信息资料的管理。

【例 20-3】2015 年 8 月 14 日上午，小艾带朋友到上海某大型游乐园玩耍，正要入园时，竟然被告知其之前在网上买的的电子门票已经在几天前被他人使用了，所以不能入园。该游乐园的工作人员经过调查后发现，最近此类情况时有发生，遂怀疑系统内部相关票务信息被盗并被篡改后出售给他人。警方介入调查后，根据网站登录的 IP 地址顺藤摸瓜，最终将白某抓获，继而抓获多名出售伪造门票的线下“黄牛”卖家。

犯罪嫌疑人白某是一名“90 后”大学毕业生，案发前在上海一家科技公司上班。据白某交代，其所在的科技公司为该游乐园的票务服务提供后台支持和管理工作，可以获得相关记录。2015 年 6 月，白某认识了一个姓丁的女“黄牛”，丁某给了他一张游乐园电子门票，问能不能做出来。因岗位原因，白某熟知售票软件的运营情况，他就想试着做一下。

当天，白某利用票务系统漏洞成功获得电子门票，通过篡改日期变造了门票，随后萌发了利用这一方法牟利的念头。

白某通过“黄牛”票贩，利用网络等信息平台，发布出售游乐园门票的信息，再根据下家需要的数量，去更改他人已预定且已付款的电子门票的日期，最后将更改后的电子门票订单确认号和门票二维码通过电子邮件发送到下家的邮箱。由于这些改造后的电子门票大多能顺利通过安检，很多通过网络或现场“黄牛”购票的游客在不知情的情况下，就购买了所谓的打折票、低价票入园游玩了，等到真正的门票主人来游玩时，就会发现自己的门票已经被使用而无法入园。

据初步统计，从 7 月 27 日至 8 月 20 日短短一个月不到的时间内，犯罪嫌疑人白某疯狂作案，盗取门票二维码票号 2 600 余张，篡改日期后贩卖给他人的门票共计 1 700 余张，获赃款 49 万余元，造成该游乐园损失 87 万余元。

【分析】随着市场发展及产业分工的细化，大部分企业基于降低成本、提高效率、专注于增强企业核心竞争力等方面的考虑，将其非核心业务交由合作企业完成，因此业务外包市场蓬勃发展。但是，在外包过程中，企业缺乏对业务的监控，增大了企业责任外移的可能性，导致质量监控和管理难度加大。

在本案例中，该游乐园为了降低信息系统的运维成本，将信息系统进行外包管理，但是承包方工作人员找到系统漏洞，给游乐园带来 87 万余元的损失，更重要的是给游乐园的企业形象带来不良影响。所以，在业务外包中，针对各个环节，完善管控措施，规范业务外包行为，防范业务外包风险，对企业具有重要的意义。

20.2.3.7 验收

业务外包合同执行完成后需要验收的，企业应当组织相关部门或人员对完成的外包业务进行验收。

该环节存在的主要风险是：验收方式与业务外包成果交付方式不匹配、验收标准不明确、验收程序不规范，使验收工作流于形式，使企业不能及时发现业务外包质量低劣等情况，可能导致企业遭受损失。

主要管控措施如下。第一，企业应根据承包方业务外包成果交付方式的特点，制定不同的验收方式。一般而言，企业可以对最终产品或服务进行一次性验收，也可以在整个外包过程中分阶段进行验收。第二，企业应根据业务外包合同的约定，结合日常绩效评价中对外包业务质量是否达到预期目标的基本评价，确定验收标准。第三，企业应组织有关职能部门、财会部门、质量控制部门的相关人员，严格按照验收标准对承包方交付的产品或服务进行审查和全面测试，确保产品或服务符合要求，并出具验收证明。第四，对于在验收过程中发现的异常情况，企业应当立即报告，查明原因，视问题的严重性与承包方协商采取恰当的补救措施，并依法索赔。第五，企业应根据验收结果对业务外包是否达到预期目标做出总体评价，据此对业务外包管理制度和流程进行改进和优化。

20.2.3.8　会计控制

会计控制是指企业应当根据国家统一的会计准则及制度，加强对外包业务的核算与监督，并做好外包费用结算等工作的外包业务环节。

该环节存在的主要风险是：企业缺乏有效的业务外包会计系统控制，未能全面、真实地记录和反映企业业务外包各环节的资金流和实物流情况，可能导致企业资产流失或贬损；业务外包相关会计处理不当，可能导致财务报告信息失真；结算审核不严格、支付方式不恰当、金额控制不严，可能导致企业资金损失或信用受损。

主要管控措施如下。第一，企业财会部门应当根据国家统一的会计准则及制度，加强对业务外包过程中交由承包方使用的资产和涉及资产、负债变动的事项以及外包合同诉讼的潜在影响等方面的核算与监督。第二，企业应根据企业会计准则及制度的规定，结合外包的业务特点和企业管理机制，建立并完善外包成本的会计核算方法，进行有关会计处理，并在财务报告中对外包成本进行必要、充分的披露。第三，在向承包方结算费用时，企业应当依据验收证明，严格按照合同约定的结算条件、方式和标准办理结算。

【例 20-4】甲公司为制造业企业，拟将其生产经营中必需的某些机械设施以及系统外包给专业公司生产及开发，以提高自身的核心竞争力。对于如何保证业务外包有效实施的问题，该公司认为，加强对外包费用的结算管理也是有效途径之一，相关情况如下。

① 该公司财务部负责组织实施外包费用的结算工作，项目部（业务外包归口管理部门）负责协调承包方办理付款申请、进度确定、质量审核等工作。

② 该公司财务部对外包项目的结算管理模式是：按外包产品型号分别管理，按合同节点进行控制。

③ 该公司财务部采取了阶段结算和完工结算两种结算方式。阶段结算是指根据外包业务进展情况分阶段、分次进行结算的结算方式。完工结算是指项目全部完成且验收合格后一个月内进行结算的结算方式。

④ 结算程序：承包方提出结算申请报告；项目部负责牵头组织相关业务部门对申请报告中的生产及开发进度、技术质量情况进行核实；财务部负责对申请报告中的经费情况进行核实；财务部将经有关部门核实后的结算申请报告报总经理批准；总经理批准后，财务部可通知承包方开具相关票据，并在收到相关票据后 3 个月内完成费用支付。

⑤ 财务部在支付外包费用时，一般要求承包方采取下列票据开具办法：直接进行结算时，承包方必须开具发票或行政事业性收费票据；先预付后结算时，经审批可预付款项的，承包方必须开具资金往来专用发票，具有结算条件进行结算时，再开具发票或行政事业性收费票据。

【分析】在企业业务外包过程中，费用的结算管理不仅是财会人员的重要工作之一，也是业务外包风险控制的一种有力手段。在本例中，甲公司将阶段结算和完工结算两种方式有机结合，并制定了层层核实审批的结算程序，有助于保证业务外包的质量和实施进度，避免企业遭受损失。

【例 20-5】 TYQ 公司是全球最大的制造公司之一。它在全球 50 多个国家拥有汽车制造、销售、仓储管理及技术服务中心。TYQ 公司通过采用业务外包策略，把零部件的运输和物流业务外包给 LWS 物流公司。LWS 物流公司负责将 TYQ 公司的零部件运输到几个北美组装厂。TYQ 公司集中力量于其核心业务——轿车和卡车制造。TYQ 公司与 LWS 物流公司的这种外包合作关系始于 1991 年，节约了 TYQ 公司大约 10% 的运输成本、缩短了 18% 的运输时间，因此 TYQ 公司裁减了一些不必要的物流职能部门，减少了整条供应链上的库存，并且在供应链运作中保持了高效的反应能力。LWS 物流公司在克利夫兰设有一个分销中心，处理交叉复杂的运输路线，通过电子技术排列它与 TYQ 公司在北美工厂的各运输路线。这样可以动态地跟踪装运情况，并且根据实际需要实准时制生产方式（Just In Time， JIT）的运输。LWS 物流公司的卫星系统可以保证运输路线组合的柔性化。如果一个供应商的装运落后于计划，LWS 物流公司可以迅速地调整运输路线的组合。LWS 物流公司采用的“精细可视路线”技术保证了 TYQ 公司生产线上的低库存。

【分析】 由上述案例可知，TYQ 公司采用了科学、合理的业务外包策略，选择了合格的外包合作伙伴 LWS 物流公司，利用了 LWS 物流公司在运输方面的优势——通过先进的电子技术和卫星系统来准确调整运输路线，提高了运输效率，节约了运输成本，并与外包商建立了良好的合作伙伴关系。此外，TYQ 公司还准确定位了自己的核心业务，避免将其外包，将非核心的物流业务外包给 LWS 物流公司，把资源集中在核心业务上，以便获取最大的投资回报。

20.3 实务案例：DLD 公司业务外包内部控制[7]

DLD 公司是一家从事自动取款机（Automatic Teller Machine， ATM）生产经营的外商独资企业，总部设在德国帕德博恩。DLD 公司在全世界有超过 37 家子公司，是业内专为零售、银行部门提供 IT 解决方案及产品并提供相关服务的佼佼者。DLD 公司在整个零售领域的价值链中提供硬件以及软件解决方案。DLD 公司目前也采用物流外包的经营模式，每年都有约 20 000 台设备被送往各地。DLD 公司的物流服务受到客户的广泛好评，服务质量好、响应速度快、信息统一度高、信息反馈及时。DLD 公司与其物流承包商多年来保持着良好的合作关系。相比其他竞争厂商面对物流问题的束手无策，DLD 公司对物流问题的处理显得得心应手。ATM 供应商面对的最终客户是银行，而一般银行每年举行一次招标活动，以确定本年度的 ATM 供应厂商以及采购数量。在招标过程中，物流服务、送货及时度是十分重要的评分指标。在各厂商的其他指标水平都已十分相近的今天，物流服务甚至能直接影响到企业的订单量。看似无足轻重的物流问题必须引起企业的重视。

7 吴少华．广电运通公司物流外包风险研究 [D]. 济南．山东师范大学，2013.

（一）DLD 公司的风险分析

为了集中精力发展核心业务，DLD 公司选择了 SHXD 物流投资发展有限公司作为自己的物流承包商。DLD 公司面临着物流外包风险，即信息风险、管理风险、财务风险、市场风险和信用风险。DLD 公司在与物流承包商合作前进行了严密的物流外包风险分析，预测了可能发生的物流外包风险，并在物流承包协议中制定了很多柔性条款限制物流承包商，控制物流承包商的机会主义行为。下面有几点值得借鉴的风险分析方式。

第一，通过严密的物流支出数据把控，分析物流外包中的财务风险和信息风险。DLD 公司自进行物流服务外包以来，每月都会按照支出项目对物流外包费用的支出进行严密的对比分析，包括仓储费用、运输费用、整机移动费用、保险费用等。DLD 公司通过分析财务数据可以分析出物流外包过程中的财务风险。比如，在每月销售货物数量相同的情况下，仓储费用增加了，表示在仓库中还有库存的情况下，物流承包商未能及时将库存信息反馈给一线销售人员和企业的物流管理人员，导致销售人员忽略了库存而向工厂申请发货，这就说明企业和物流承包商之间存在着信息风险，即存在信息传达不及时甚至存在信息不对称的情况。DLD 公司根据发现的问题及时调整管理措施和策略，及时与物流承包商尽心沟通、共同完善。再比如，在每月销售货物数量相同的情况下，如果整机移动费用增加，则说明存在着财务风险。按照常规的发货轨迹，生产—发货—运输—配送是一个完整的流程，整机移动费用是超出这个常规流程之外的费用。而整机移动费用的产生往往是因为慢而无法满足市场需求，或者配送的货物不符合客户的接收要求，导致货物被退回仓库甚至更换其他货物。根据整机移动费用的增加，可以调出该月的整机移动费用明细进行分析，总结其原因，规避财务风险。

第二，通过收集一线市场的服务质量问题，分析物流外包中的管理风险。DLD 公司的一线销售人员每周一都需向公司提交一份表格即“物流服务满意度反馈表”。物流管理部门专门设立了一个投诉处理岗位，负责收集、处理这份表格，表格中有预警程度选项，分为：一般、严重、非常严重。一线销售人员将其了解到的物流配送情况，尤其是客户投诉等问题写入表格中，提交给公司。投诉处理岗位收集到这份表格后，按照预警程度，将非常严重的问题向高层汇报。DLD 公司会要求物流承包商对每项投诉给出处理意见，并在一周内处理完成。这样，DLD 公司就可以第一时间了解并分析物流外包过程中的管理风险，并且对物流承包商的配送服务进行监督，可以有效减少物流承包商在无人监督的情况下的机会主义行为，也可以及时处理客户提出的投诉和建议，避免因问题长时间得不到解决而影响客户对 DLD 公司的满意度。这样可以建立起 DLD 公司与物流承包商之间的投诉沟通途径，督促物流承包商提高其物流服务质量，减少 DLD 公司在物流外包过程中的管理风险。

（二）DLD 公司的物流风险分析成效

第一，物流成本降低。DLD 公司通过有效的物流风险分析、评价、控制，成功降低了其物流成本。

第二，客户满意度提高。ATM 市场的销售模式，一般是由银行直接在厂家那里下订单，所以银行一线的设备管理人员与公司销售人员直接接触的机会很少。因此，物流供应商的服务质量就决定了银行一线设备管理人员对设备供应厂商的第一印象。如果物流供应商在货物配送中态度恶劣、服务质量差，那么银行的一线设备管理人员就会觉得这家 ATM 供应商很不专业。在我国的 ATM 市场中，若对市场占有率较大的几家 ATM 供应商进行比较，则 DLD 公司的物流服务是受到好评最多的，其快速的物流服务响应速度、良好的服务态度、到位的服务赢得了银行一线设备管理人员的好评。在每年的招标活动中，他们都会为 DLD 公司争取到更高的评分，从而 DLD 公司获得更大的市场份额。

（三）DLD 公司物流风险控制的创新之处

第一，与物流供应商建立一个共同的信息系统。DLD 公司与其物流承包商共同建立了一个信息管理系统，用来分享合作所需的信息，包括货物跟踪、库存信息、签收信息等。信息系统的建立，保证了 DLD 公司与其物流承包商之间信息沟通的及时性和有效性，规避了很多因为信息不对称而产生的信息风险。另外，DLD 公司通过对库存信息的准确把握，及时清理库存，以减少因为信息不明晰而导致的长期库存、库存费用的增加。由于仓库环境有限，货物在长期被存放在仓库的期间也有可能遭受受潮、外包装受损等损害，从而影响货物的正常销售，增大财务风险。DLD 公司通过有效的库存控制，减少了物流外包过程中的财务风险。

第二，在企业内部设有物流外包风险管理机构，设立了专门针对物流服务的投诉热线。DLD 公司专门设立了投诉处理岗位。该岗位每周都会收集一线销售人员提供的“物流服务满意度反馈表”。同时，DLD 公司还设立了专门针对客户的投诉热线，并将此投诉热线贴在每台货物的外包装上。客户在收到货物时，如果对物流服务不满意，可以拨打此投诉热线对物流承包商的服务进行投诉。DLD 公司设置了 24 小时的接线服务，随时接听客户的投诉电话，并要求物流承包商也设定相关的投诉处理岗位，定期与物流承包商沟通处理，协商解决方案。投诉热线的设定有效地监督了物流承包商的物流服务，减少了物流承包商在无人监督情况下的机会主义行为，并且可以让 DLD 公司及时“听到”客户的声音，及时处理客户的投诉，减少物流风险给客户留下的不好的印象。这样做有效防范了管理风险，并减少了信用风险。

第三，签订柔性合同。DLD 公司与其物流承包商签订的物流业务外包合同中有很多的柔性条款。

（1）DLD 公司每年都会根据预估的业绩，给物流支出设定一个相应的费用基准线，最终的数字会根据实际业绩的浮动有一个调整。DLD 公司与物流承包商签订的合同中体现了这个物流费用基准线。如果物流承包商将 DLD 公司全年的物流费用控制在基准线之内，则 DLD 公司会根据实际物流费用与基准线之间的费用差额给予物流承包商一定的奖励。这样的物流承包条款，让 DLD 公司无形之中对物流承包商进行监控，有效激励着物流承包商为其节省支出，同时也将物流承包商的利益与 DLD 公司的利益捆绑起来，使物流承包商尽心尽力为 DLD 公司提供优质的服务。

（2）DLD 公司对每年客户都对物流服务的投诉设定了一个基础指标和预警指标。这些指标在合同协议中也有所体现。前文提到，DLD 公司设置了 24 小时的接线服务，随时接听客户的投诉电话，并做好相关的投诉记录和统计。如果 DLD 公司一年收到的物流服务投诉超过基础指标，则其会对物流承包商进行罚款。如果客户投诉超过预警指标，那么 DLD 公司将重新考虑与物流承包商的合作。这样的合同签订形式有效控制了物流承包商的机会主义行为。即使在无人监督的情况下，物流承包商也会自觉将客户的满意度放在第一位，因为客户的满意度直接影响了物流承包商的经济利益和其与 DLD 公司继续合作的机会。DLD 公司通过隐形激励政策，激励物流承包商提高服务质量。DLD 公司的物流管理部门与上海几家大型的外资企业的物流管理部门共同成立了一个物流外包联盟，每年都会就企业的物流外包问题开会并进行研究，同时分享各自的物流外包经验。DLD 公司在会议中对其物流承包商的褒奖，将会为物流承包商带来更多与大型企业合作的机会。这样的隐性激励政策，在 DLD 公司的物流外包过程中也起着重要的作用，让物流承包商更加有动力为 DLD 公司提供更好的物流服务。

第21章 企业内部控制应用指引第14号——财务报告

21.1 法规原文

企业内部控制应用指引第14号——财务报告

第一章 总则

第一条 为了规范企业财务报告，保证财务报告的真实、完整，根据《中华人民共和国会计法》等有关法律法规和《企业内部控制基本规范》，制定本指引。

第二条 本指引所称财务报告，是指反映企业某一特定日期财务状况和某一会计期间经营成果、现金流量的文件。

第三条 企业编制、对外提供和分析利用财务报告，至少应当关注下列风险：

（一）编制财务报告违反会计法律法规和国家统一的会计准则制度，可能导致企业承担法律责任和声誉受损。

（二）提供虚假财务报告，误导财务报告使用者，造成决策失误，干扰市场秩序。

（三）不能有效利用财务报告，难以及时发现企业经营管理中存在的问题，可能导致企业财务和经营风险失控。

第四条 企业应当严格执行会计法律法规和国家统一的会计准则制度，加强对财务报告编制、对外提供和分析利用全过程的管理，明确相关工作流程和要求，落实责任制，确保财务报告合法合规、真实完整和有效利用。

总会计师或分管会计工作的负责人负责组织领导财务报告的编制、对外提供和分析利用等相关工作。

企业负责人对财务报告的真实性、完整性负责。

第二章 财务报告的编制

第五条 企业编制财务报告，应当重点关注会计政策和会计估计，对财务报告产生重大影响的交易和事项的处理应当按照规定的权限和程序进行审批。

企业在编制年度财务报告前，应当进行必要的资产清查、减值测试和债权债务核实。

第六条 企业应当按照国家统一的会计准则制度规定，根据登记完整、核对无误的会计账簿记录和其他有关资料编制财务报告，做到内容完整、数字真实、计算准确，不得漏报或者随意进行取舍。

第七条 企业财务报告列示的资产、负债、所有者权益金额应当真实可靠。

各项资产计价方法不得随意变更，如有减值，应当合理计提减值准备，严禁虚增或虚减资产。

各项负债应当反映企业的现时义务，不得提前、推迟或不确认负债，严禁虚增或虚减负债。

所有者权益应当反映企业资产扣除负债后由所有者享有的剩余权益，由实收资本、资本公积、留存收益等构成。企业应当做好所有者权益保值增值工作，严禁虚假出资、抽逃出资、资本不实。

第八条　企业财务报告应当如实列示当期收入、费用和利润。

各项收入的确认应当遵循规定的标准，不得虚列或者隐瞒收入，推迟或提前确认收入。

各项费用、成本的确认应当符合规定，不得随意改变费用、成本的确认标准或计量方法，虚列、多列、不列或者少列费用、成本。

利润由收入减去费用后的净额、直接计入当期利润的利得和损失等构成。不得随意调整利润的计算、分配方法，编造虚假利润。

第九条　企业财务报告列示的各种现金流量由经营活动、投资活动和筹资活动的现金流量构成，应当按照规定划清各类交易和事项的现金流量的界限。

第十条　附注是财务报告的重要组成部分，对反映企业财务状况、经营成果、现金流量的报表中需要说明的事项，作出真实、完整、清晰的说明。

企业应当按照国家统一的会计准则制度编制附注。

第十一条　企业集团应当编制合并财务报表，明确合并财务报表的合并范围和合并方法，如实反映企业集团的财务状况、经营成果和现金流量。

第十二条　企业编制财务报告，应当充分利用信息技术，提高工作效率和工作质量，减少或避免编制差错和人为调整因素。

第三章　财务报告的对外提供

第十三条　企业应当依照法律法规和国家统一的会计准则制度的规定，及时对外提供财务报告。

第十四条　企业财务报告编制完成后，应当装订成册，加盖公章，由企业负责人、总会计师或分管会计工作的负责人、财会部门负责人签名并盖章。

第十五条　财务报告须经注册会计师审计的，注册会计师及其所在的事务所出具的审计报告，应当随同财务报告一并提供。

企业对外提供的财务报告应当及时整理归档，并按有关规定妥善保存。

第四章　财务报告的分析利用

第十六条　企业应当重视财务报告分析工作，定期召开财务分析会议，充分利用财务报告反映的综合信息，全面分析企业的经营管理状况和存在的问题，不断提高经营管理水平。

企业财务分析会议应吸收有关部门负责人参加。总会计师或分管会计工作的负责人应当在财务分析和利用工作中发挥主导作用。

第十七条　企业应当分析企业的资产分布、负债水平和所有者权益结构，通过资产负债率、流动比率、资产周转率等指标分析企业的偿债能力和营运能力；分析企业净资产的增减变化，了解和掌握企业规模和净资产的不断变化过程。

第十八条　企业应当分析各项收入、费用的构成及其增减变动情况，通过净资产收益率、每股收益等指标，分析企业的盈利能力和发展能力，了解和掌握当期利润增减变化的原因和未来发展趋势。

第十九条　企业应当分析经营活动、投资活动、筹资活动现金流量的运转情况，重点关注现金流量能否保证生产经营过程的正常运行，防止现金短缺或闲置。

第二十条　企业定期的财务分析应当形成分析报告，构成内部报告的组成部分。

财务分析报告结果应当及时传递给企业内部有关管理层级，充分发挥财务报告在企业生产经营管理中的重要作用。

21.2　原文讲解

《企业内部控制应用指引第 14 号——财务报告》（后文简称《财务报告应用指引》）共 4 章、20 条。这 4 章对企业财务报告进行了详细的规范。财务报告是反映企业财务状况、经营成果、现金流量的结构性文件，应至少包括资产负债表、利润表、现金流量表、所有者权益变动表以及附注等内容。财务报告内部控制缺失或不健全，将会误导报告的使用者，甚至产生不良后果。为确保企业财务报告信息真实、可靠，防范和化解企业法律责任风险，提升企业治理和经营管理水平，企业应当强化财务报告内部控制体系建设。

本小节按照《财务报告应用指引》的内容对企业财务报告内部控制进行详细的解读。

21.2.1　财务报告内部控制概述

财务报告，是指企业对外提供的反映企业某一特定日期财务状况和某一会计期间经营成果、现金流量等会计信息的文件。财务报告包括财务报表及其附注和其他应当在财务报告中披露的相关信息和资料。财务报告至少应当包括资产负债表、利润表、现金流量表、所有者权益变动表；附注是对在资产负债表、利润表、现金流量表和所有者权益变动表中列示的项目的文字描述或明细资料，以及对未能在这些报表中列示的项目的说明等。附注应当披露财务报表的编制基础，相关信息应当与资产负债表、利润表、现金流量表和所有者权益变动表等报表中列示的项目相互参照。

作为综合反映企业经营效果和效率的文件，财务报告是其他内部控制制度是否有效运行的综合体现。财务报告编制和披露的内部控制制度是会计信息准确、有用、及时、完整的重要保证，同时也是企业风险控制的重要依据。财务报告的不真实、不完整往往是企业的重要风险之源。对管理层和董事会而言，内部控制提供的只是合理的保证，而不是绝对的保证。无论内部控制措施设计得多么完美、运行得多么好，实现目标的可能性都会受到内部控制制度所固有的局限性的影响。内部控制也仅能为董事会和管理层实现目标提供合理的保证。

内部控制的运行效率和效果、财务报告的可靠性、遵守适用的法律和规章制度是财务报告内部控制的组成部分，都会对财务报告产生重大的影响。

在企业内部建立一个基本的内部控制框架，并将其作为管理层评估财务报告内部控制的基准，是企业在管理方面发展到一定程度的必然要求。它受公司治理、价值创造、风险和机会、管制、企业文化、技术发展及受托责任等各方面的影响。

与财务报告的编制与发布有关的基本流程如图 21-1 所示。企业在实际操作中，应当充分结合自身业务特点和管理要求，构建和优化财务报告内部控制流程。

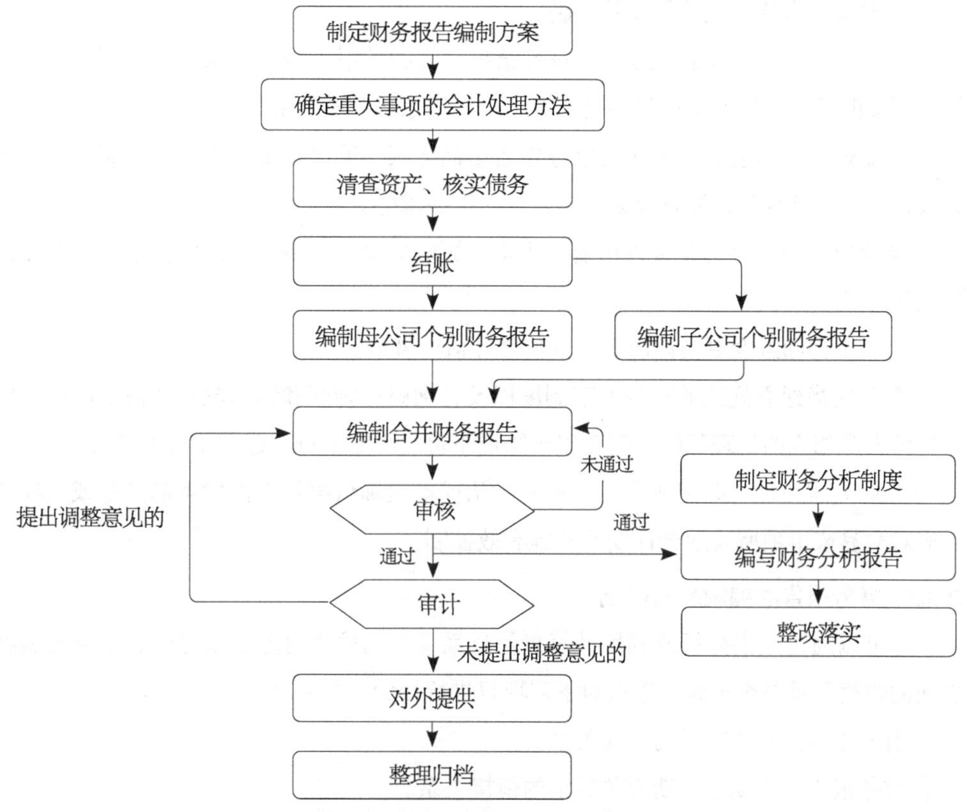

图 21-1　与财务报告的编制与发布有关的基本流程

21.2.2　财务报告内部控制的目标

（1）保证企业资产的安全、完整及对其的有效使用，使企业各项生产和经营活动有秩序、有效地进行，避免企业可能遭受的经济损失。

（2）保证会计信息及其他各种管理信息的真实、可靠和及时提供，避免因虚假记载、误导性陈述、重大遗漏和未按规定及时披露而导致的损失。

（3）保证企业管理层制定的各项经营方针、管理制度和措施的贯彻执行。

（4）尽量压缩和控制成本、费用，减少不必要的成本、费用，以求企业完成更大的盈利目标。

（5）预防和控制且尽早、尽快查明各种错误和弊端，以及及时、准确地制定和采取纠正措施，避免因重大差错、舞弊、欺诈而导致损失。

21.2.3 财务报告内部控制的内容

21.2.3.1 岗位分工与职责安排

企业应当建立财务报告编制与披露的岗位责任制，明确相关部门和岗位在财务报告编制与披露过程中的职责和权限，确保财务报告的编制、披露、审核的岗位相互分离、制约和监督，并由全体董事、监事和其他高级管理人员对企业财务报告的真实性和完整性承担责任。

21.2.3.2 财务报告的编制准备及其控制

企业必须在会计期末编制报告前进行结账，为财务报告的编制做准备，不得为赶编财务报告而提前结账，更不得预先编制财务报告后结账。基本要求如下。

① 企业财会部门应当制定年度财务报告编制方案，明确年度财务报告编制方法、年度财务报告会计调整政策、披露政策及报告的时间要求等。

② 企业应当制定对财务报告可能产生重大影响的交易或事项的判断标准，明确相应的报批程序。

③ 企业不得随意变更会计政策，调整会计估计事项。

④ 企业应当建立规范的财务调节制度以及各项财产物资和结算款项的清查制度，明确相关责任人及相应的处理程序，避免出现账证不符、账账不符、账实不符的情形。

⑤ 企业为避免出现漏记或多记、提前确认或推迟确认报告期内发生的交易或事项的情形，应对交易或事项所属的会计期间实施有效控制。

21.2.3.3 财务报告的编制及其控制

企业可以通过人工分析或利用计算机信息系统自动检查财务报表之间、财务报表各项目之间的勾稽关系是否正确，重点对下列项目进行校验。

① 财务报表内有关项目的对应关系。

② 财务报表中本期与上期有关数字的衔接关系。

③ 财务报表与附表之间的平衡及勾稽关系。

企业应当真实、完整地在财务报告附注和财务情况说明书中说明需要说明的事项。财会部门应将会计处理方法及其对财务报表的影响及时提交董事会及其审计委员会审议。

需要编制合并财务报告的企业集团，应当按照国家统一的会计准则及制度的规定，明确合并财务报告的编制范围，不得随意调整合并报告的编制范围。财会部门应将确定合并财务报告编制范围的方法、发生变更的情况及时提交董事会及其审计委员会审议。

21.2.3.4 财务报告的报送与披露及其控制

企业应当建立财务报告报送与披露的管理制度，确保在规定的时间，按照规定的方式，向内部相关负责人及财务报告的外部使用者及时报送财务报告。负有信息披露责任的企业应当根据国家法律法规及部门规章制度的规定，及时披露相关信息，确保所有财务报告使用者同时、同质、公平地获取财务报告信息，确保信息的真实和完整。

21.2.4　财务报告编制的主要风险及管控措施

21.2.4.1　制定财务报告编制方案

企业财会部门应在编制财务报告前制定财务报告编制方案，并交由财会部门负责人审核。财务报告编制方案应明确财务报告编制方法（包括会计政策和会计估计、合并方法、范围与原则等）、财务报告编制程序、职责分工（包括牵头部门与相关配合部门的分工与责任等）、编报时间安排等相关内容。

该环节存在的主要风险：会计政策未能有效更新，不符合有关法律法规；重要会计政策、会计估计变更未经审批，导致会计政策使用不当；会计政策未能有效贯彻执行；各部门职责、分工不清，导致数据传递出现遗漏、格式不一致等情况；各步骤的时间安排不明确，导致整体编制进度延后，违反相关报送规定。

主要管控措施如下。第一，企业会计政策应符合国家有关会计法规和最新监管要求的规定。第二，企业会计政策和会计估计的调整，无论是强制还是自愿，均须按照规定的权限和程序对其进行审批。第三，企业的内部会计规章制度至少要经财会部门负责人审批后才能生效，财务报告流程、年报编制方案应当经公司分管财务会计工作的负责人核准后签发。第四，企业应建立完备的信息沟通渠道，将内部会计规章制度和财务报告流程、会计科目表和相关文件及时、有效地传达至相关人员，使其了解相关职责要求、掌握适当的会计知识和会计政策并加以执行。企业还应通过内部审计等方式，定期进行测试，保证会计政策有效执行，且在不同业务部门、不同期间内保持一致。第五，企业应明确各部门的职责分工，总会计师或分管会计工作的负责人负责组织领导财会部门完成财务报告编制工作；各部门应当及时向财会部门提供编制财务报告所需的信息，并对所提供信息的真实性和完整性负责。第六，企业应根据财务报告的报送要求，倒排工时，为各步骤设置关键时间点，并由财会部门人员负责督促和考核各部门的工作进度，及时提醒相关部门或个人，对未能及时完成的部门或个人进行相关处罚。

【例 21-1】某公司 2012 年计提坏账准备和存货跌价准备 8.87 亿元，在当年出现了亏损。而在 2013 年，该公司将大量的坏账准备金及存货跌价准备金转回，使当年的管理费用从 2012 年的 11.12 亿元降至 1.35 亿元，并赚取了巨额利润。

【分析】会计政策和会计估计的调整，无论是强制还是自愿，均需经过相应授权人员的审批。本案例中的企业随意制定和变更会计政策，在第一年大量计提坏账准备和存货跌价准备，在第二年又予以转回，从而操纵和粉饰企业经营业绩，违反了会计准则及制度和法律法规的相关规定，会受到监管部门的处罚。

21.2.4.2 重大事项的会计处理

在编制财务报告前，企业应当确认对当期有重大影响的主要事项，并确定重大事项的会计处理方法。该环节存在的主要风险是：对重大事项的会计处理不合理，会导致会计信息失真，无法如实反映企业的情况。

主要管控措施如下。第一，企业应对重大事项予以关注。重大事项通常包括以前年度审计调整以及相关事项对当期的影响、会计准则制度的变化及其对财务报告的影响、新增业务和其他新发生的事项及其对财务报告的影响、年度内合并（汇总）报告范围的变化及其对财务报告的影响等。企业应建立重大事项的处理流程，报管理层审批后，予以执行。第二，企业应及时对需要专业判断的重大会计事项进行沟通并确定相应的会计处理方法。企业应规定下属各部门、各单位人员及时将重大事项信息报告至同级财会部门。财会部门应定期研究、分析并与相关部门沟通重大事项的会计处理方法，逐级报请总会计师或分管会计工作的负责人审批，并在审批后下达各相关部门执行。特别是涉及对资产减值损失、公允价值计量等的重大判断和估计时，财会部门应定期与资产管理部门进行沟通。

【例 21-2】D 公司将 2007 年应计入财务费用的借款及应付债券利息共计 9 675 万元资本化，并计入了钛白粉工程的成本；对于欠付银行的美元借款利息 89.8 万元（折合人民币 743 万元），D 公司未将该利息计提入账。两项业务共影响利润 1.0418 亿元，且该公司拒绝调整会计处理方法。因此，经办 D 公司年报审计的 E 会计师事务所对 D 公司出具了否定意见。

【分析】本案例中，D 公司将不符合相关条件的借款费用资本化，并且未计提利息，以达到虚增利润的目的，违反了会计准则及制度的规定。

21.2.4.3 清查资产、核实债务

企业应在编制财务报告前，组织财务部门和相关部门开展资产清查、减值测试和债权债务核实工作。该环节存在的主要风险为：资产、负债账实不符，虚增或虚减资产、负债；随意变更资产计价方法；提前、推迟确认甚至不确认资产、负债等。

主要管控措施如下。第一，企业应确定具体可行的资产清查、负债核实计划，安排合理的时间和工作进度，配备足够的人员，确定实物资产盘点的具体方法和过程，同时做好业务准备工作。第二，企业应做好各项资产、负债的清查、核实工作，包括与银行核对对账单、盘点库存现金、核对票据。核查结算款项，包括核查应收款项、应付款项、应交税费等是否存在，以及与债务、债权单位的相应债务、债权金额是否一致；核查原材料、在产品、自制半成品、库存商品等各项存货的实存数量与账面数量是否一致，是否有报废损失和积压物资等；核查账面投资是否存在，对于投资收益是否按照国家统一的会计准则及制度的规定进行确认和计量；核查房屋建筑物、机器设备、运输工具等各项固定资产的实存数量与账面数量是否一致，清查土地、房屋的权属证明，确定资产归属；核查在建工程的实际发生额与账面记录是否一致等。第三，对于清查过程中发现的差异，企业应当分析

原因，提出处理意见，取得合法证据并按照规定权限经审批后，将清查、核实的结果及其处理办法向企业的董事会或者相应机构报告，并根据国家统一的会计准则及制度的规定进行相应的会计处理。

21.2.4.4 结账

企业在编制年度财务报告前，应在日常定期核对信息的基础上完成对账、调账、差错更正等工作，然后实施关账操作。该环节存在的主要风险为：账务处理存在错误，导致账证、账账不符；虚列或隐瞒收入，推迟或提前确认收入；随意改变费用、成本的确认标准或计量方法，虚列、多列、不列或者少列费用、成本；结账的时间、程序不符合相关规定；关账后又随意打开已关闭的会计期间等。

主要管控措施如下。第一，企业应核对各会计账簿记录与会计凭证的内容、金额等是否一致，记账方向是否相符。第二，企业应检查相关账务处理是否符合国家统一的会计准则制度和企业制定的核算方法。第三，企业应调整有关账项，合理确定本期应计的收入和应计的费用。例如，计提固定资产折旧、计提坏账准备等；各项待摊费用按规定摊配并分别计入本期有关科目；属于本期的应计收益应确认计入本期收入。第四，企业应检查是否存在因会计差错、会计政策变更等原因需要调整的前期或者本期相关项目。对于调整项目，企业须取得和保留审批文件，以保证调整有据可依。第五，财务部门不得为了赶编财务报告而提前结账，或把本期发生的经济业务事项延至下期登账，也不得先编财务报告后结账，应在当期所有交易或事项处理完毕并经财会部门负责人审核签字确认后，实施关账和结账操作。第六，如果在关账之后需要重新打开已关闭的会计期间，则财务部门须填写相应的申请表，经总会计师或分管会计工作的负责人审批后进行。

21.2.4.5 编制个别财务报告

企业应当按照国家统一的会计准则及制度规定的财务报告格式和内容，根据登记完整、核对无误的会计账簿记录和其他有关资料编制财务报告，做到内容完整、数字真实、计算准确，不得漏报或者任意对信息进行取舍。该环节存在的主要风险为：提供虚假财务报告，误导财务报告使用者，造成财务报告使用者决策失误，干扰市场秩序；报告数据不完整、不准确；报表种类不完整；附注内容不完整等。

主要管控措施如下。第一，企业财务报告列示的资产、负债、所有者权益金额应当真实可靠。一是各项资产计价方法不得随意变更，如有减值，应当合理计提减值准备，严禁虚增或虚减资产。二是各项负债应当反映企业的现时义务，不得提前、推迟或不确认负债，严禁虚增或虚减负债。三是所有者权益应当反映企业资产扣除负债后由所有者享有的剩余权益，由实收资本、资本公积、留存收益等构成。企业应当做好所有者权益保值、增值工作，严禁虚假出资、抽逃出资、资本不实等情况发生。第二，企业财务报告应当如实列示当期收入、费用和利润。一是各项收入的确认应当遵循规定的标准，不得虚列或者隐瞒收入，推迟或提前确认收入。二是各项费用、成本的确认应当符合规定，不得随意改变费用、成本的确认标准或计量方法，不得虚列、多列、不列或者少列费用、成本。三是利润由收入减去费用后的净额、直接计入当期利润的利得和损失等构成。不得随意调整利润的计算、分配方法，编造虚假利润。第三，企业财务报告列示的各种现金流量由经营活动、投资活动和筹资活动的现金流量构成，应当按照规定划清各类交易和事项的现金流量的界限。第四，按照岗位分工和规定的程序编制财务报告。一是由财会部门制定本单位财务报告编制分工表，并由财会部门负责人审核，确保报告编制范围完整。二是财务报告编制岗位按照登记完整、核对无误的会计账簿记录和其他有关资料对相关信息进行汇总编制，确保财务报告项目与相关账户对应关系准确、计算公式无误。三是落实校验审核工作，包括期初数核对、财务报告内有关项目的对应关系审核、报告前后勾稽关系审核、期末数与试算平衡表和工作底稿核对、财务报告主表与附表之间的平衡及勾稽关系校验等。第五，按照国家统一的会计准则及制度的规定编制附注。附注是财务报告的重要组成部分。企业应对反映企业财务状况、经营成果、现金流量的报表中需要说明的事项进行真实、完整、清晰的说明，检查担保、诉讼、未决事项、资产重组等重大事项是否在附注中得到反映和披露。第六，财会部门负责人审核报告内容和报表种类的真实、完整性，通过后予以上报。

【例 21-3】WFS 财务造假事件

WFS 是一家从事稻米精加工研发、生产和销售的企业，于 2011 年 9 月 27 日正式登陆创业板，但上市不到一年即被发现业绩造假，被称为“创业板造假第一股”。2012 年 9 月 14 日，湖南省证监局立案稽查；9 月 19 日，WFS 停牌接受中国证监会调查；10 月 26 日，WFS 承认 2012 年半年报存在财务造假（虚增营业收入 1.88 亿元，虚增营业成本 1.46 亿元，虚增净利润 4 023 万元）；10 月 29 日，WFS 复牌，股价直接封死跌停；11 月 23 日，WFS 被深交所公开谴责。2013 年 3 月 2 日，WFS 发布自查公告，承认财务造假（2008—2011 年累计虚增收入 7.4 亿元左右，虚增营业利润 1.8 亿元左右，虚增净利润 1.6 亿元左右；造假最为严重的年份是 2011 年，在上市的这一年，WFS 虚增营业收入 2.8 亿元，虚增营业利润 6 541 万元，虚增净利润 5 913 万元）。

【分析】企业应当按照国家统一的会计准则及制度规定的会计报表格式和内容，根据登记完整、核对无误的会计账簿记录和其他有关资料编制跨级报表，做到内容完整、数字真实、计算准确，不得漏报或者任意对信息进行取舍。WFS 在以下几个方面存在违规行为。

（1）虚增“在建工程”

WFS 在 2011 年年度报告、2012 年上半年报告以及 2012 年年度报告中对于在建工程等重大项目的陈述，存在许多前后矛盾之处。比如，总体上看，2012 年期初金额和 2011 年期末的工程项目的性质并不能一一对应，前后差别较大，但金额却完全一致。另外，工程资金使用说明与年报中的金额不符。稻米精加工生产线技改项目在 2011 年年报和 2012 年半年报中均未被提及，但根据 2012 年年报的期初金额和期末金额的比较可以看出，2011 年期末金额 151 万元，2012 年投入金额很大，为 6 973 万元。进一步地，2012 年 4 月 16 日，从平安证券有限责任公司发布的《关于公司 2011 年度募集资金的使用和存放情况专项核查报告》中可以看出，WFS 在 2011 年为循环经济型稻米精加工生产线技改项目投资了 7 058 万元；WFS 在 2013 年 4 月 27 日发布的《2012 年募集资金存放与使用情况的专项报告》中提到其在 2012 年对循环经济型稻米精加工生产线技改项目的投资为 1.1605 亿元。显然，WFS 的几次公开资料对在建工程资金投入的说法都不一致。

（2）虚增"预付账款"

应付账款和预付账款不仅包含工程款，还包括日常经营产生的款项。但是，WFS 的应付账款很少，2012 年上半年仅为 763 万元，可以忽略不计。至于预付账款，除 2011 年年末外，金额也一直不多，而到 2011 年年末，WFS 的预付账款比上年年末增长了 449%。对此，公司方面的解释是："公司募集资金投资项目全面启动，增加了预付设备款项。"然而，从历史数据来看，WFS 日常的经营活动产生不了太多的预付账款。2011 年上半年预付账款同样不高，所以也不存在导致预付账款猛增的季节性因素。事实上，根据招股说明书，2011 年上半年预付账款中预付给经纪人的（原材料）采购款仅为 955 万元。

（3）虚增"营业收入"

WFS 通过虚构的客户及往来交易虚增营业收入，大客户都是虚构的。2008—2012 年上半年，WFS 在广东的主要客户有：佛山市南海亿德粮油贸易行（简称亿德粮油）、东莞市樟木头华源粮油经营部（简称华源粮油）、佛山市南海区洪鲁粮油店、东莞市常平湘盈粮油经销部（简称湘盈粮油）。WFS 更正后的 2012 年上半年年报称，仅半年就从湘盈粮油获得销售收入 1.6941 亿元，占公司全部营业收入的 20%，而排在第二位的亿德粮油使 WFS 获得了 6 340 万元的销售收入，占公司营业收入的 7.7%。但据调查，根本不存在亿德粮油这家公司，WFS 与华源粮油和湘盈粮油也没有合作。而根据 WFS2012 年年报，WFS 该年度将从东莞市常平湘盈粮油经销部、佛山市大沥广雅粮油站、中山民生粮食有限公司、东莞市樟木头华源粮油经营部等 4 家公司获得的销售额并入佛山市南海亿德粮油贸易行名下，合并后销售总金额为 2 464 万元，占 2012 年销售总额的 8.33%，亿德粮油成为 WFS 的第一大客户。但经走访了解，佛山市南海亿德粮油贸易行为自然人黄德义所有，而黄德义与 WFS 控股股东为亲属关系。通过以上公开资料可以看出，WFS 的大客户极有可能是虚构的。WFS 在已披露的 2012 年年报中，将之前披露的前 5 家客户中的 3 家——东莞市常平湘盈粮油经营部、东莞市樟木头华源粮油经营部、佛山市南海亿德粮油贸易行合并为一家，归为第一大客户。这种做法显然不符合企业会计准则对财务报告的客观性和真实性的要求。同时，据 WFS 公开资料显示，它们生产的"陬福牌"大米销售收入占企业总销售收入的 60% 以上，主要的销售地为湖南和广东。但据调查，在湖南省长沙市最大的粮油市场上根本找不到 WFS 的"陬福牌"大米。

（4）虚增"产量"

据 WFS 招股书披露，2008—2010 年，WFS 通过各种渠道采购的稻谷数量分别为 151 343 吨、167 678 吨和 169 447 吨。假设将这些稻谷全部加工不留存货，则 WFS 可用于生产淀粉、糖、蛋白粉的碎米分别为 10 810 吨、11 977 吨、12 103 吨。WFS 副总经理在 2010 年 1 月曾向专访公司的媒体记者透露，公司每吨碎米可加工出高麦芽糖浆 900 千克，蛋白粉 120 千克。由此可推算出公司 2008—2010 年高麦芽糖浆的产量大约为 9 729 吨、10 779 吨、10 893 吨，蛋白粉大约为产量 1 297 吨、1 437 吨、1 452 吨。但是公司招股书披露，WFS 2008—2010 年麦芽糖浆的产量为 41 946 吨、49 346 吨、56 789 吨，较其在现有技术、现有稻谷加工能力下的合理产量高出 3~4 倍；蛋白粉产量为 5 878 吨、9 180 吨、10 191 吨，较合理产量高出 4~6 倍。

21.2.4.6 编制合并财务报告

企业集团应当编制合并财务报告，分级收集合并范围内分公司及内部核算单位的财务报告并对其进行审核，进而合并全资及控股公司的财务报告，如实反映企业集团的财务状况、经营成果和现金流量。该环节存在的主要风险为：合并范围不完整；合并内部交易和事项不完整；合并抵销分录不准确。

主要管控措施如下。第一，编制合并财务报告的财会部门应依据经同级法律事务部门确认的产权（股权）结构图，并考虑所有相关情况，以确定合并范围；合并范围要符合国家统一的会计准则及制度的规定，由财会部门负责人审核、确认合并范围是否完整。第二，财会部门收集、审核下级单位的财务报告，并汇总出本级次的财务报告，报汇总单位的财会部门负责人审核。第三，财会部门制定内部交易和事项核对表及填制要求，报财会部门负责人审批后下发至纳入合并范围内的各单位。财会部门核对本单位及纳入合并范围内的各单位之间的内部交易的事项和金额，如有差异，应及时查明原因并进行调整。第四，合并抵销分录应有相应的标准文件和证据作为支撑，并由财会部门负责人审核。第五，财务部门应对合并抵销分录实行交叉复核制度，即具体编制人完成分录后提交相应复核人进行审核，审核通过后才可录入试算平衡表，以保证合并抵销分录的真实性、完整性。

21.2.5 财务报告对外提供环节的主要风险及管控措施

21.2.5.1 财务报告对外提供前的审核

财务报告对外提供前须按规定程序进行审核，主要程序包括：财会部门负责人审核财务报告的准确性并签名盖章；总会计师或分管会计工作的负责人审核财务报告的真实性、完整性、合法性、合规性，并签名盖章；企业负责人审核财务报告整体合法性、合规性，并签名盖章。该环节存在的主要风险为：在财务报告对外提供前未按规定程序进行审核，对内容的真实性、完整性以及格式的合规性等的审核不充分。

主要管控措施如下。第一，企业应严格按照规定的财务报告编制过程中的审批程序，安排各级负责人逐级把关，对财务报告内容的真实性、完整性、格式的合规性等予以审核。第二，企业应保留审核记录，建立责任追究制度。第三，财务报告在对外提供前应当装订成册，加盖公章，并由企业负责人、总会计师或分管会计工作的负责人、财会部门负责人签名并盖章。

21.2.5.2　财务报告对外提供前的审计

《公司法》等法律法规规定了企业编制的年度财务报告须依法经会计师事务所审计，审计报告应随同财务报告一并对外提供。《关于会计师事务所从事证券、期货相关业务有关问题的通知》等相关法律法规还对为特定企业提供审计服务的会计师事务所的资格进行了规定。因此，相关企业须按规定在财务报告对外提供前，选择具有相关业务资格的会计师事务所对财务报告进行审计。该环节存在的主要风险为：财务报告对外提供前未经审计；选择的审计机构不符合相关法律法规的规定；审计机构与企业串通舞弊。

主要管控措施如下。第一，企业应根据相关法律法规的规定，选择具有相关资质的会计师事务所对财务报告进行审计。第二，企业不得干扰审计人员的正常工作，并应对审计意见予以落实。第三，注册会计师及其所在的事务所出具的审计报告，应随财务报告一并对外提供。

21.2.5.3　财务报告的对外提供

一般企业的财务报告经完整审核并签名盖章后即可对外提供。上市公司的财务报告还须经董事会和监事会审批通过后方能对外提供。财务报告应与审计报告一同向投资者、债权人、政府监管部门等提供。该环节存在的主要风险为：对外提供财务报告时未遵循相关法律法规的规定，导致企业承担相应的法律责任；提供给各方的财务报告的编制基础、编制依据、编制原则和方法不一致，影响各方对企业情况的判断和所做的经济决策；未能及时对外提供财务报告，导致财务报告信息的使用价值降低，同时也会违反有关法律法规；财务报告在对外提供前被提前泄露或被不应知晓的对象获悉，导致内幕交易等的发生，使投资者或企业本身遭受损失。

主要管控措施如下。第一，企业应根据相关法律法规的要求，在相关制度性文件中明确规范财务报告对外提供的对象，并由企业负责人对其进行监督。例如，国有企业应当依法定期向监事会提供财务报告，至少每年向本企业的职工代表大会公布一次财务报告。又如，上市公司的财务报告须经董事会、监事会审核通过后才能向全社会提供。第二，企业应严格按照规定的财务报告编制中的审批程序，由财会部门负责人、总会计师或分管会计工作的负责人、企业负责人逐级把关，对财务报告内容的真实性、完整性及格式的合规性等予以审核，确保提供给投资者、债权人、政府监管部门、社会公众等各方面的财务报告的编制基础、编制依据、编制原则和方法完全一致。第三，企业应严格遵守相关法律法规和国家统一的会计准则及制度对报送时间的要求，在财务报告的编制、审核、报送流程中的每一个步骤设置时间点，对未能按时完成的相关人员进行处罚。第四，企业应设置严格的保密程序，对能够接触财务报告信息的人员进行权限设置，保证将财务报告信息的知情者在对外提供前控制在适当的范围内。企业还应对财务报告信息的访问情况予以记录，以便了解情况，及时发现可能的泄密行为，在泄密后也易于找到相应的责任人。第五，企业应将对外提供的财务报告及时整理归档，并按有关规定妥善保存。

【例 21-4】FE 房地产开发有限公司是一家国有控股企业。公司于 2003 年承建“祥瑞家园”商品房开发项目。项目在轰轰烈烈地进行时，监管部门接到群众的举报。举报称该公司将多处房屋重复销售。随后，市审计局开展该案的调查工作。经过一年的调查，市审计局发现该公司在项目建设中利用虚假的商品房买卖合同将同一处房屋重复对外销售，销售次数最多达 4 次：销售一次，向信用社抵押贷款一次，向个人高息融资一次，对外抵债一次，累计金额达 3 000 多万元。

该公司的总经理和副总经理辩称他们没有利用虚假的买卖合同，而是通过签订商品房的买卖合同进行融资，解决资金短缺的问题。但审计人员发现，该公司的内部控制制度形同虚设，内部管理一片混乱，最终导致公司的资金短缺，该公司不得不采用上述虚假的手段筹集资金。同时，审计人员也注意到，从建设部、国资委、银行等部门取得的财务报告都显示该公司的财务状况良好，甚至财务报告经过了会计师事务所的审计并得到会计事务所出具的无保留意见报告。出现这种状况，外部政府部门的监管不到位是一方面的原因，但是内部管理混乱，缺乏一个健全、有效的内部控制体系是根本的原因。下面从内部控制制度的几个方面来介绍该公司存在的问题。

① 建筑材料的采购和付款是由某副总经理一个人经办的，没有执行材料采购的采购和付款相分离的内部控制制度。由该副总经理个人的公司向该公司供应建筑材料，且材料的价格高于市场的售价，导致资金大量外流，造成资金的短缺。

② 另一副总经理向公司借款 80 万元，后用 2 辆总价值 40 万元的轿车抵债，以套取公司的现金。这一交易在会计处理上是资产形态的转变，资产的总额没有变化。如果财务报告的附注没有披露该交易，则报告的使用者是不能了解这个信息的。

【分析】上述两个事件说明 FE 房地产开发有限公司的内部控制制度存在严重的缺陷。该公司由于没有一个行之有效的内部控制系统，所以存在虚假记载、误导性陈述、重大差错、舞弊、欺诈等问题，从而导致其财务报告的编制与披露违反了国家的法律法规。资金的管理、采购的管理、工程项目的管理、筹资的管理等环节提供的信息严重失真，所以其编制的财务报告是虚假的报告。最终该公司遭受严重的损失，相关人员将接受法律的制裁。

21.2.6 加强财务报告内部控制的意义

加强财务报告编制、对外提供和分析利用全过程的内部控制，确保财务报告合法、合规、真实、完整和有效，对企业意义重大，具体包括以下几个方面。

21.2.6.1 确保财务报告真实、完整

产品质量是企业的生命和灵魂，同样会计信息质量是会计和财务报告编制与发布工作的生命与灵魂。有效的财务报告内部控制通过明确岗位分工，设计财务报告编制的规范流程，加强全过程的审核、审批，规定各岗位所承担的责任等各种手段，来保证计信息在生成、加工、分析、利用和输出全过程的质量，有效防范企业因不当的编制与披露行为对财务报告产生重大影响，确保财务报告真实、完整，提升会计信息质量，从而有助于投资者、

债权人和监管者等各利益相关方能够得到及时、有效的信息，降低信息不对称程度，促进企业管理升级和市场效率提高。

21.2.6.2　确保财务报告合法、合规

我国《会计法》和企业会计准则及制度是企业编制财务报告的依据。《会计法》要求所有在中国境内的企业必须编制财务报告，财务报告必须遵循财政部制定的会计准则制度，企业负责人应当对本单位财务报告的真实性、完整性负责。加强财务报告内部控制能够为财务报告的真实性、完整性和对法律法规的遵循性提供合理保证，将财务报告错误表述和违反法律法规要求的风险降低到一个适当的水平，有助于防范和化解企业及相关人员承担法律责任的风险。

21.2.6.3　确保财务报告的有效利用

财务报告分析是指以财务报告资料及其他资料为依据，采用一系列专门的分析技术和方法，对企业的偿债能力、运营能力、盈利能力和发展能力等进行分析与评价的经济管理活动。有效的财务报告内部控制可以保证相关信息的可靠性和及时性，提高企业对财务报告信息的利用效率，有助于管理层正确评价过去的经营成果，衡量目前的财务状况、预测未来的发展趋势，从而为管理层及时、准确地了解企业的经营管理状况和存在的问题，不断挖掘企业的潜力，提高经营管理水平，防范企业财务和经营风险，促进企业实现总体战略目标，并进一步提高企业整体的经济效益提供了保证。

21.3　实务案例：ZSY 独立编制财务报告体系建设

（一）案例简介

ZSY 天然气股份有限公司（以下简称 ZSY）于 1999 年 11 月由 ZSY 天然气集团公司作为独家发起人注册成立，并于 2000 年 4 月在纽约证券交易所和香港联合交易所挂牌上市，于 2007 年 11 月在上海证券交易所挂牌上市。作为上下游一体化的综合性石油公司，ZSY 是中国油气行业最大的油气生产商和销售商，也是全球巨型一体化油气公司之一。目前，经营业务分为勘探与生产、炼油与化工、销售、天然气与管道四大板块，生产运营遍布全国各地及海外十几个国家和地区，合并财务报告达 100 多家单位。ZSY 在编制财务报告体系建设中主要采取以下做法。

（1）建立组织保障体系

2005 年，ZSY 提出了“实现财务报告独立编制”的工作目标，将其界定为一项战略性基础工程。该目标明确了独立编制财务报告体系建设符合“财务工作服从和服务于生产经营和资本市场”的战略定位，符合 ZSY“一流的财务管理体制和运行机制，一流的财务管理队伍”两个“一流”的财务管理战略目标。

独立编制财务报告体系建设是一项复杂的系统工程，涉及总部及分、子公司财务系统和几千名财务人员、业务人员，需要调动企业外部律师、审计师，内部 4 个业务板块以及

国内外各方面的力量，由财务部和内部控制部、信息部等多个部门共同完成。

为了有效开展工作，ZSY 建立自上而下、自下而上的独立编制财务报告体系的组织保障体系，由公司领导主抓，财务系统内的会计专家及信息技术专家全程参与，并在全公司范围内设置财务报告编制岗位、配备财务报告编制人员。

（2）融合不同会计准则

建立科学、统一、规范的独立编制财务报告体系，需要协调不同的会计准则和制度，充分考虑各个上市地的监管要求和石油行业的特殊性及特殊披露规定。为此，ZSY 编制了统一的《财务报告手册》，建立编制财务报告的规则体系。通过对中国企业会计准则及国际财务报告准则进行深入、系统的分析与研究，摘录了两个准则中共 80 余项具体与 ZSY 会计业务处理相关的准则要点。

ZSY 对每个准则要点的适用范围及披露要求进行具体归纳，重点分析了中国企业会计准则与国际财务报告准则在具体规定上的差异以及对 ZSY 的影响，形成适用于 ZSY 财务报告编制的准则基础。在此基础上，结合公司会计业务实际情况和行业特点，ZSY 秉承“简洁实用、可操作、兼顾发展”的原则，编写了《财务报告手册》，全方位界定了 ZSY 独立编制财务报告时应遵循的规则。

（3）协调不同披露要求

由于 ZSY 在上海、香港、纽约三地上市，因此其财务报告的披露需要遵循不同会计准则、多个上市地的监管规则。在会计准则方面，需要满足中国企业会计准则、国际财务报告准则及美国公认会计准则的信息披露要求；在监管规则方面，需要满足上海证券交易所、香港联合交易所及纽约证券交易所的各项上市规则、披露制度及管理条例等。

为此，ZSY 对会计准则、监管规则及信息披露要求进行了全面梳理，以客观反映、充分披露为原则，建立并固化完整的财务报告体系。该报告体系突破了单一会计报表的概念，超越了单一财务数据的范围，涵盖 ZSY 财务管理的重要方面，包括中国准则财务报告、国际准则财务报告以及美国准则财务报告 3 个子体系。

（4）优化独立编制流程

为科学的组织开展独立编制财务报告的编制工作，ZSY 重塑并优化了全公司财务报告编制流程。该流程适用于上、中、下游业务，满足总部及所有分、子公司的数据字典标准。ZSY 设计了统一的数据析取模式，建立了独立编制财务报告的流程体系，并对财务报告编制流程设计了关键控制点，以提高数据收集、处理和分析能力。

自主开发信息系统。信息系统是财务报告标准化体系的载体，也是独立编制财务报告的必要保证。ZSY 一直非常重视财务管理信息系统的建设与应用。

为有效整合内外部资源，ZSY 设计开发了财务报告信息系统。该系统坚持“自主开发”的理念，依托 ZSY 会计一级集中核算的方式，在充分利用内部已有信息的基础上，设计出同时满足内外部报告的流程方案，以建设国际一流的财务管理体系为根本宗旨，满足 ZSY 总部及全部分、子公司对于财务报告数据的自动归集、报表的自动析取、报告的自动生成的需求，全面解决不同准则间的会计差异处理问题。对于信息系统的设计、网络、硬件、数据库软件、应用软件等，ZSY 坚持先进适用、科学高效的原则。

（5）建立控制体系

为保持财务报告的客观、公正，ZSY 建立了严格的财务报告控制体系。

一是依托会计一级集中核算账务系统，实现财务报告基础数据的自动生成，杜绝人为调节现象的发生。同时，按照业务类型，设计严密的析取公式、计算公式和校验公式，确保财务报告基础信息准确、完整。

二是在企业内部控制系统内，新设了针对财务报告客观性、公允性的内控测试流程，以详细描述财务报告内部控制程序；设计内部控制标准，设置独立编制财务报告流程的关键控制点，明确测试频率，并就测试结果与内部控制审计师定期沟通，以有效的风险控制手段确保财务报告客观、公正。

三是建立配合外部审计师进行定期审计报告的工作机制，形成上下结合的外部审计配合团队。

ZSY 于 2008 年全面实现了独立编制财务报告的目标。从 2008 年季度、半年度、年度以及 2009 年季度、半年度财务报告的编制情况看，ZSY 独立编制财务报告体系实际运行情况良好，达到了预期目标。ZSY 的独立编制财务报告体系获得了资本市场的高度肯定。在 2009 年度《投资者关系杂志》评选中，ZSY 的 2008 年年报获得了中国区域“最佳年报 / 正式披露奖”提名。

（二）案例分析

财务报告是资本市场了解上市公司的最重要的窗口之一，也是投资者进行投资决策的最重要的依据，特别是随着经济全球化趋势的不断增强，财务报告信息已经成为资本在资本市场上流动的风向标。同时，高质量的财务报告有助于上市公司规避披露风险，树立良好形象，提升品牌价值。近年来，国际大型上市公司都非常注重向资本市场提供高质量的财务报告，并致力于独立开展财务报告编制工作。所谓独立编制财务报告，是指为防止财务欺诈、明确上市公司管理层与外部审计师各自应承担的责任，按照美国国会 2002 年颁布的《萨班斯法案》的要求，由上市公司根据会计准则及监管规定独立编制财务报告并将财务报告提交给外部审计师进行审计。上市公司负责编制财务报告，并对财务报告的真实性、准确性、完整性负责，外部审计师的责任是对财务报告发表审计意见。

然而，独立编制财务报告并非易事。这是因为编制财务报告需要准确把握和及时跟进国内外繁杂的会计准则和监管机构的详细规定，需要协调不同会计准则和监管制度之间的差异，需要具备很高的职业判断水平和丰富的会计处理经验，需要收集、审核大量的基础数据。目前，国内大型跨国上市公司尚未全面实现独立编制财务报告。ZSY 基于对国际大型石油公司财务管理发展趋势和提升管理水平、推进国际化发展等多方面的考虑，强化独立编制财务报告体系的建设，并将其作为战略性的基础工程，从而为我们总结了一套可供借鉴的经验、提供了一个成功的范例。

第22章 企业内部控制应用指引第15号——全面预算

22.1 法规原文

企业内部控制应用指引第15号——全面预算

第一章 总则

第一条 为了促进企业实现发展战略，发挥全面预算管理作用，根据有关法律法规和《企业内部控制基本规范》，制定本指引。

第二条 本指引所称全面预算，是指企业对一定期间经营活动、投资活动、财务活动等作出的预算安排。

第三条 企业实行全面预算管理，至少应当关注下列风险：

（一）不编制预算或预算不健全，可能导致企业经营缺乏约束或盲目经营。

（二）预算目标不合理、编制不科学，可能导致企业资源浪费或发展战略难以实现。

（三）预算缺乏刚性、执行不力、考核不严，可能导致预算管理流于形式。

第四条 企业应当加强全面预算工作的组织领导，明确预算管理体制以及各预算执行单位的职责权限、授权批准程序和工作协调机制。

企业应当设立预算管理委员会履行全面预算管理职责，其成员由企业负责人及内部相关部门负责人组成。

预算管理委员会主要负责拟定预算目标和预算政策，制定预算管理的具体措施和办法，组织编制、平衡预算草案，下达经批准的预算，协调解决预算编制和执行中的问题，考核预算执行情况，督促完成预算目标。预算管理委员会下设预算管理工作机构，由其履行日常管理职责。预算管理工作机构一般设在财会部门。

总会计师或分管会计工作的负责人应当协助企业负责人负责企业全面预算管理工作的组织领导。

第二章 预算编制

第五条 企业应当建立和完善预算编制工作制度，明确编制依据、编制程序、编制方法等内容，确保预算编制依据合理、程序适当、方法科学，避免预算指标过高或过低。

企业应当在预算年度开始前完成全面预算草案的编制工作。

第六条 企业应当根据发展战略和年度生产经营计划，综合考虑预算期内经济政策、市场环境等因素，按照上下结合、分级编制、逐级汇总的程序，编制年度全面预算。

企业可以选择或综合运用固定预算、弹性预算、滚动预算等方法编制预算。

第七条　企业预算管理委员会应当对预算管理工作机构在综合平衡基础上提交的预算方案进行研究论证，从企业发展全局角度提出建议，形成全面预算草案，并提交董事会。

第八条　企业董事会审核全面预算草案，应当重点关注预算科学性和可行性，确保全面预算与企业发展战略、年度生产经营计划相协调。

企业全面预算应当按照相关法律法规及企业章程的规定报经审议批准。批准后，应当以文件形式下达执行。

第三章　预算执行

第九条　企业应当加强对预算执行的管理，明确预算指标分解方式、预算执行审批权限和要求、预算执行情况报告等，落实预算执行责任制，确保预算刚性，严格预算执行。

第十条　企业全面预算一经批准下达，各预算执行单位应当认真组织实施，将预算指标层层分解，从横向和纵向落实到内部各部门、各环节和各岗位，形成全方位的预算执行责任体系。

企业应当以年度预算作为组织、协调各项生产经营活动的基本依据，将年度预算细分为季度、月度预算，通过实施分期预算控制，实现年度预算目标。

第十一条　企业应当根据全面预算管理要求，组织各项生产经营活动和投融资活动，严格预算执行和控制。

企业应当加强资金收付业务的预算控制，及时组织资金收入，严格控制资金支付，调节资金收付平衡，防范支付风险。对于超预算或预算外的资金支付，应当实行严格的审批制度。

企业办理采购与付款、销售与收款、成本费用、工程项目、对外投融资、研究与开发、信息系统、人力资源、安全环保、资产购置与维护等业务和事项，均应符合预算要求。涉及生产过程和成本费用的，还应执行相关计划、定额、定率标准。

对于工程项目、对外投融资等重大预算项目，企业应当密切跟踪其实施进度和完成情况，实行严格监控。

第十二条　企业预算管理工作机构应当加强与各预算执行单位的沟通，运用财务信息和其他相关资料监控预算执行情况，采用恰当方式及时向决策机构和各预算执行单位报告、反馈预算执行进度、执行差异及其对预算目标的影响，促进企业全面预算目标的实现。

第十三条　企业预算管理工作机构和各预算执行单位应当建立预算执行情况分析制度，定期召开预算执行分析会议，通报预算执行情况，研究、解决预算执行中存在的问题，提出改进措施。

企业分析预算执行情况，应当充分收集有关财务、业务、市场、技术、政策、法律等方面的信息资料，根据不同情况分别采用比率分析、比较分析、因素分析等方法，从定量与定性两个层面充分反映预算执行单位的现状、发展趋势及其存在的潜力。

第十四条　企业批准下达的预算应当保持稳定，不得随意调整。由于市场环境、国家政策或不可抗力等客观因素，导致预算执行发生重大差异确需调整预算的，应当履行严格的审批程序。

第四章　预算考核

第十五条　企业应当建立严格的预算执行考核制度，对各预算执行单位和个人进行考核，切实做到有奖有惩、奖惩分明。

第十六条　企业预算管理委员会应当定期组织预算执行情况考核，将各预算执行单位负责人签字上报的预算执行报告和已掌握的动态监控信息进行核对，确认各执行单位预算完成情况。必要时，实行预算执行情况内部审计制度。

第十七条　企业预算执行情况考核工作，应当坚持公开、公平、公正的原则，考核过程及结果应有完整的记录。

22.2　原文讲解

《企业内部控制应用指引第 15 号——全面预算》（后文简称《全面预算应用指引》）共 4 章、17 条。这 4 章对企业全面预算进行了详细的规范。全面预算主要包括经营预算、资本支出预算和财务预算，各部分预算前后衔接、互相勾稽。全面预算管理是一项系统、复杂的工程。企业在预算编制、执行、考核过程中可能会面临诸多风险，存在一些误区和盲点。企业可以从风险识别和管控、流程梳理、图表控制和制度保障等方面对全面预算实施内部控制。

本小节将按照全面预算应用指引的内容对企业全面预算内部控制进行详细的解读。

22.2.1　全面预算概述

全面预算是指企业对一定期间经营活动、投资活动、财务活动等做出的预算安排。企业对自身生产经营活动进行全面预算是战略管理必不可少的组成部分，其作用主要体现在以下几个方面。

（1）全面预算是企业战略目标的具体化过程

企业编制预算，可以将企业的总目标分解成各级部门的具体目标，将战略与企业具体的生产经营与业务活动紧密联系起来，可以使企业各级部门都明确自己应该达到的水平，并据此安排自身职责范围内的经济业务活动，以确保企业完成总的战略目标，减少经营风险与财务风险。

（2）全面预算是协调企业各部门的重要手段

企业各部门的经济活动之间，存在着局部优化和整体优化的关系问题。从全局看，局部计划的最优化并不能使整体计划最优。因此，企业整体的预算计划并不是各部门最优化方案的简单结合。企业通过全面预算的编制，可以使各部门的计划得到最好的协调，使企业整个计划体系相互衔接、完整且符合实际。

（3）全面预算是企业各部门控制经济活动的工具

全面预算一经编制就要付诸执行，管理工作的重心就此转入控制，即设法使经济活动按计划进行。在执行预算的过程中，各部门可以通过计量、计算、对比和分析，寻找预算与实际执行情况之间的差异，分析原因，并立即采取必要的措施，使日常经济活动被有效地控制在预算范围之内。

（4）全面预算是考核企业各部门业绩的标准

全面预算是企业计划数量化和货币化的表现，一方面通过对企业各部门及其员工的日常活动进行规范，使经营活动有目标可循、有制度可依，另一方面也为企业各部门的业绩考核提供了标准，以便企业对各部门员工进行激励与控制。

全面预算的内容主要包括业务预算、财务预算和专项预算三大类。业务预算是指企业对在计划期内日常发生的各项具有实质性的基本活动的预算，主要包括销售预算、生产预算、采购预算、费用预算等。财务预算是指反映企业在计划期内有关现金收支、经营成果和财务状况的预算，主要包括现金预算、预计收益表和预计资产负债表等。专项预算是指企业为不经常发生的长期投资项目或筹资项目所编制的预算，通常包括资本支出预算和筹资预算等。

22.2.2　实行全面预算管理时应当关注的风险

企业实行全面预算管理，应当关注的风险有这些：预算目标不合理、编制不科学，可能导致企业资源浪费或发展战略难以实现；不编制预算或预算不健全，可能导致企业经营缺乏约束或盲目经营；预算缺乏刚性、执行不力、考核不严，可能导致预算管理流于形式。

首先，企业实行全面预算管理时，应当关注预算目标的设定。全面预算是企业战略目标的具体化过程。企业通过全面预算管理，使长期的战略方向选择在日常的生产经营与业务活动中逐步得到体现，并最终体现为战略的落实。如果预算目标不合理、预算编制不科学，可能导致企业资源浪费或发展战略难以实现。

最后，企业实行全面预算管理时，应当关注预算风险控制体系的建立。企业管理者可以通过全面预算管理具备的战略管理特征预先发现企业面临的机会、风险以及内外部环境的变化，同时也可以通过一个良好的内部控制系统对企业生产经营与业务活动中的关键控制点进行严密控制。预算管理与风险控制的结合，对企业内部控制过程中全面预算管理作用的发挥具有极大的促进作用。相反，如果企业不编制预算或预算不健全，可能导致企业经营缺乏约束或盲目经营。

最后，企业实行全面预算管理，应当关注预算的具体执行情况和考核。预算一旦编制完成，便进入执行阶段。预算执行是预算管理的核心环节，执行过程将直接影响预算目标的实现。企业在预算执行过程中，一方面必须充分调动每个员工的积极性，强化其责任意识，另一方面也需要定期对预算执行情况进行分析，对企业的生产经营与业务活动进行及时的调整和控制。预算的考核将预算执行情况与责任单位和员工的经济利益联系起来，企业应奖惩分明，从而使员工与企业形成责、权、利相统一的共同体，最大限度地调动每个员工的积极性和创造性。相反，如果预算缺乏刚性、执行不力、考核不严，可能导致预算管理流于形式。

22.2.3 全面预算管理的关键控制点及管控措施

22.2.3.1 预算编制环节的关键控制点及管控措施

① 企业应当建立和完善预算编制工作制度，明确编制依据、编制程序、编制方法等内容，确保预算编制依据合理、程序适当、方法科学，避免预算指标过高或过低。预算编制是企业实施全面预算管理的起点，也是全面预算管理的关键环节。

在编制预算之前确定全面预算的编制起点，是任何预算编制机构应当首先解决的问题。

② 企业应当根据发展战略和年度生产经营计划，综合考虑预算期内的经济政策、市场环境等因素，按照上下结合、分级编制、逐级汇总的程序，编制年度全面预算。

③ 企业预算管理委员会应当对预算管理工作机构在综合平衡基础上提交的预算方案进行研究论证，从企业发展全局的角度提出建议，形成全面预算草案，并提交董事会。

④ 企业董事会审核全面预算草案，应当重点关注预算的科学性和可行性，确保全面预算与企业发展战略、年度生产经营计划相协调。企业全面预算应当报经全面预算管理委员会审议批准。批准后，应当以文件形式下达至相关部门执行。

22.2.3.2 预算执行环节的关键控制点及管控措施

① 企业应当加强对预算执行的管理，明确预算指标分解方式、预算执行审批权限和要求、预算执行情况报告等，落实预算执行责任制，确保预算刚性，严格预算执行。

② 企业全面预算一经批准下达，各预算执行单位应当认真组织实施，将预算指标层层分解，从横向和纵向落实到内部各部门、各环节和各岗位，形成全方位的预算执行责任体系。

③ 企业应当根据全面预算管理要求，组织各项生产经营活动和投融资活动，严格预算执行和控制。

④ 企业预算管理工作机构应当加强与各预算执行单位的沟通，运用财务信息和其他相关资料监控预算执行情况，采用恰当方式及时向决策机构和各预算执行单位报告和反馈预算执行进度、执行差异及其对预算目标的影响，促进企业全面预算目标的实现。

⑤ 企业预算管理工作机构和各预算执行单位应当建立预算执行情况分析制度，定期召开预算执行分析会议，通报预算执行情况，研究、解决预算执行中存在的问题，提出改进措施。

⑥ 企业批准下达的预算应当保持稳定，不得随意调整。由于市场环境、国家政策或不可抗力等客观因素，导致预算执行发生重大差异确需调整预算的，应当履行严格的审批程序。调整预算由预算执行单位逐级向原预算审批机构提出书面报告，阐述预算执行的具体情况、客观因素变化情况及其对预算执行造成的影响程度，提出预算的调整幅度。

【例 22-1】B 公司在全面预算执行过程中的主要做法如下。

（1）预算指标分解

将经批准下达的年度全面预算指标分解到内部各部门、各环节和合岗位，并分解到季度、月度，以此作为公司预算控制的标准。

（2）资金支出的审批

B 公司制定并实行了严格的资金支出授权批准制度。对于预算内的资金支出，B 公司区分常规业务和非常规业务以及两类业务中的具体支出项目和金额大小，并分别规定了资金支出的授权审批程序。对于预算外或超预算事项，资金使用部门提出书面申请，按程序逐级申报，并区分支出事项和金额大小，分别经总经理、总经理办公会、预算管理委员会、董事会和股东（大）会批准。

（3）预算执行监控与信息反馈

财务部门（B 公司预算委员会办公室设在财务部门）及时和生产、销售、采购、供应等部门保持实时沟通，对各部门的预算完成情况进行动态跟踪、监控，不断调整偏差，以确保预算目标的实现。

在销售环节，财务部门通过计算机统一开票的方式实施监控，对每个客户建立应收账款业务结算卡，当应收账款超过一定限额时，则停止开票，避免出现坏账。同时，财务部门根据每天的销售和回款情况，编制销售日报和回款日报，并及时向有关部门和领导反映销售预算的执行情况，以确保销售预算目标的实现。

在物资采购环节，财务部门严格审核每笔业务有无公司计划处签发的“采购计划通知单”、有无公司审计处审签并盖章的经济合同和“价格审核通知单”、有无财务预算、专用发票是否规范等。财务部门为每个供应商建立应付账款业务结算卡，根据欠款金额及供应商的信誉等情况来调节付款节奏，争取最优惠的付款方式。各部门到仓库领料及到财务部门报销时必须有财务部门的会计派驻员、成本核算员或预算计划处的签章，各种领料统一在月末由预算计划处结算，从而有效地控制成本及相关费用的开支。财务部门根据每天的资金支出日报，及时向各部门和领导反映预算的执行情况，以控制资金支出。

（4）预算执行分析

财务部门依据会计资料和各部门会计派驻员掌握的动态经济信息，并通过每月召开需各部门参加的预算执行分析会议，全面、系统地分析各部门预算目标的完成情况和存在的问题，并提出纠偏的建议和措施，然后将相关情况报送至公司预算委员会和预算执行各部门。公司预算委员会依据各部门预算执行情况对各部门进行考核，经考核部门、相关责任人确认后兑现奖惩。

（5）预算调整

B 公司在预算管理制度中对年度预算调整的原则、预算调整的条件、预算调整的审批权限、预算调整程序等做了明确规定。调整的特殊因素仅限于公司体制改革、业务经营范围变更、国家宏观政策大幅调整、市场竞争形势发生重大变化、国家政治经济生活中的不可抗拒事件、大型自然灾害影响。年度预算调整申请由预算责任单位提出，财务部门负责审核并集中编制年度预算调整方案，提交预算管理委员会批准后下达执行。

【分析】本例中，B 公司在全面预算指标分解、预算执行控制、预算分析、预算调整等环节都采取了较为有效的控制措施。

22.2.3.3 预算考核环节的关键控制点及管控措施

① 企业应当建立严格的预算执行考核制度，对各预算执行单位和个人进行考核，切实做到有奖有惩、奖惩分明。

② 企业预算管理委员会应当定期组织预算执行情况考核，将各预算执行单位负责人签字上报的预算执行报告和已掌握的动态监控信息进行核对，确认各执行单位预算完成情况。必要时，企业应实行预算执行情况内部审计制度。

③ 企业实施预算执行情况考核工作时，应当坚持公开、公平、公正的原则，保证考核过程及结果应有完整的记录。

22.2.4 全面预算的工作组织

为了保障全面预算的有效性，企业应当加强对全面预算工作的组织领导。全面预算的工作组织通常由预算管理委员会、预算管理工作机构和各预算执行单位构成。预算管理委员会是预算管理的中枢，预算管理工作机构是企业预算管理委员会的下设机构，各预算执行单位是预算管理的实施主体。

（1）预算管理委员会

预算管理委员会一般由企业的董事长或总经理担任主任委员，吸纳企业内各相关部门的主管（如主管销售的副总经理、主管生产的副总经理、主管财务的副总经理以及各责任中心的主管等）为成员。预算管理委员会是企业预算管理的最高管理机构，其主要职责是：拟定预算目标和预算政策，制定预算管理的具体措施和办法，组织编制、平衡预算草案，下达执行经批准的预算，协调解决预算编制和执行中的问题，考核预算执行情况，督促完成预算目标。预算管理委员会主持召开的预算会议，要求各部门主管参加，是确定预算目标、对预算进行调整的主要形式。

（2）预算管理工作机构

预算管理工作机构是预算管理委员会的下设机构，一般设在企业的财会部门，处理与预算相关的日常事务、执行与预算相关的日常管理职能。预算管理委员会的成员大部分由企业内各部门的主管兼任，预算草案由各相关部门分别提供。获准付诸执行的预算方案是企业的全面性生产经营计划。预算管理委员会在预算会议上所确定的预算方案绝不是预算草案的简单汇总。这就需要预算管理机构对各部门提供的草案进行必要的初步审查、协调与综合平衡。为避免出现部门满意但对企业整体来说不是最优的预算执行结果，预算的执行控制、差异分析、业绩考核等工作不能由企业各部门或预算管理委员会单独完成，而需要在彼此之间沟通、协调之后确定。因此，预算管理工作机构的主要职责是：负责预算的汇总编制；在预算管理委员会和各部门之间进行协调和平衡，处理预算管理的日常事务。

（3）各预算执行单位

预算管理涉及企业的方方面面。预算的编制、执行、控制和考核等需要企业的生产、经营、财务、管理等各部门的参与，并承担相应的职责。企业内部各预算执行单位的主要职责是：各部门主管参与企业预算管理工作，各部门具体负责本部门业务预算编制、执行、控制、分析等工作；配合预算管理委员会做好企业总预算的综合平衡、控制、分析、考核等工作；部门与部门之间通过相互沟通和联系，确保相关业务预算执行情况能够相互印证、相互监督。

图 22-1 所示是企业全面预算管理组织体系的基本架构。

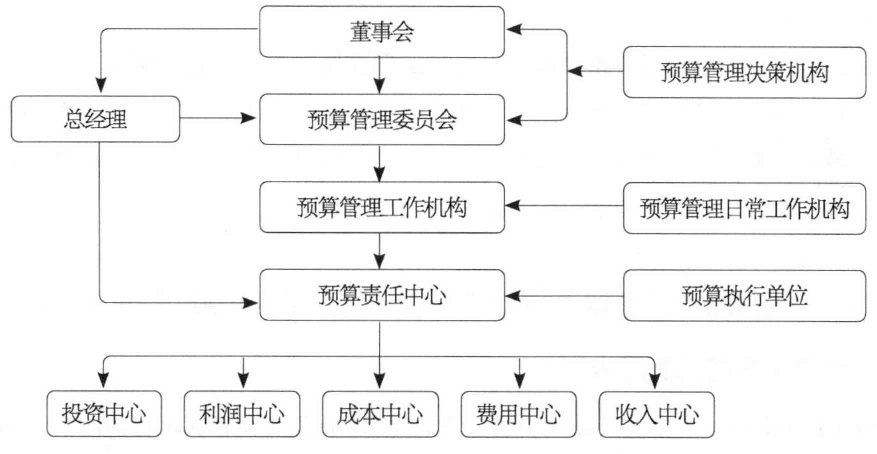

图 22-1　企业全面预算管理组织体系的基本架构

22.2.5　全面预算的基本业务流程和编制程序

企业全面预算的基本业务流程一般包括预算编制、预算执行和预算考核 3 个阶段。其中，预算编制阶段包括预算编制、预算审批、预算下达等具体环节；预算执行阶段涉及预算指标分解和责任落实、预算执行控制、预算分析、预算调整等具体环节。这些业务环节相互关联、相互作用、相互衔接，周而复始地循环，从而实现对企业整体经济活动的控制。

如前所述，全面预算是企业加强内部控制、实现发展战略的重要工具和手段，也是企业内部控制的对象。企业应结合自身情况及管理要求，制定具体的全面预算业务流程。

企业全面预算的编制工作一般应按照“上下结合、分级编制、逐级汇总”的原则进行。

（1）下达目标

企业决策机构根据企业发展战略，在对预算期内的经济形势做出初步预测和决策的基础上，一般于每年 9 月底以前提出下一年度的预算目标，包括销售目标、成本费用目标、利润目标和现金流量目标等，并确定预算编制政策，由预算管理部门将预算目标和政策下达至各预算执行单位。

（2）编制上报

企业内部的各预算执行单位，按照企业预算管理部门下达的预算目标和政策，结合自身特点以及预测的执行条件，提出本部门预算的具体方案，经本部门负责人签章确认后，于每年 10 月底以前上报企业预算管理部门。企业预算管理部门在预算编制的各个环节中，应当加强对企业内部各预算执行单位的指导、监督。对于预算编制不及时或编制质量不高的单位，相关人员应当及时向预算管理部门报告，并采取相应措施，以免影响企业预算的汇总时间和编制质量。

（3）审查平衡

企业预算管理部门对各预算执行单位上报的预算方案进行审查、汇总，提出综合平衡的建议。在审查、平衡过程中，企业预算管理部门应进行充分协调，对发现的问题提出初步调整的意见，并反馈给有关预算执行单位进行修正。

（4）审议批准

企业预算管理部门在有关预算执行单位对预算进行修正、调整的基础上，编制出企业年度预算初步方案，经过进一步修正、调整后，正式编制年度预算草案，提交企业决策机构审议，最终形成年度预算方案，并报企业最高权力机构审批。对于企业每个年度的预算方案，企业一般应在上年度 12 月 31 日之前审批完毕。

（5）下达执行

企业年度预算方案经过审批后，由预算管理部门逐级下达至各预算执行单位执行。

22.2.6 全面预算的编制方法

企业可以根据自身经济业务特点和经济活动规律，区别不同预算项目的性质，选择或综合运用固定预算、弹性预算、定期预算、滚动预算、增量预算及零基预算等方法编制预算。

（1）固定预算

固定预算又被称为静态预算，指按固定业务量编制的预算，一般按预算期内的可实现水平进行编制。这种方法的基本特征在于：不考虑预算期内业务活动水平可能发生的变动，只以预算期内计划预定的某一共同的业务活动水平为基础确定相应的数据；将实际执行结果与根据预算期内计划预定的某一共同的业务活动水平所确定的预算数进行比较分析，并据此进行业绩评价和考核。然而，如果企业的实际执行结果与预期业务活动水平相距甚远，固定预算就难以为控制服务。因此，固定预算的方法适用于那些业务活动水平较为稳定的企业和非营利组织，或固定费用及数额比较稳定的预算项目。

（2）弹性预算

弹性预算又被称为变动预算，指一种具有伸缩性的、能够适用于一系列业务量变化的预算编制方法，是为克服固定预算方法的缺点而设计的。这种方法的优点在于：比固定预算的运用范围广泛，使预算与实际情况具有可比较的基础，预算控制和差异分析更具意义和说服力；编制完成后，只要各项消耗标准和价格等依据不发生变化，就可连续使用该方法，从而大大减少了预算编制的工作量。

（3）定期预算

定期预算指在编制预算时以不变的会计期间（如日历年度）作为预算期的一种编制方法。这种方法的优点在于能够使预算期与会计年度相配合，便于考核和评价预算执行业绩。这种方法有 3 个缺点。第一，盲目性。由于定期预算往往是在年初甚至提前两三个月编制的，其对于整个预算年度的生产经营活动很难做出准确的预计，尤其是对后期的预算只能是笼统的估算，数据含糊，缺乏远期指导性，给预算的执行带来很多困难，不利于对生产经营与业务活动进行客观的考核和评价。第二，滞后性。由于定期预算不能随情况的变化及时调整，当预算中所规划的各种生产经营与业务活动在预算期内发生重大变化时（如预算期内临时调整业务活动），就会导致预算滞后过时，成为一纸空文。第三，间断性。受预算期的影响，管理层的决策视野局限于本期规划的生产经营与业务活动，通常不会考虑下期。

（4）滚动预算

滚动预算又被称为连续预算或永续预算，是指随着时间推移而自动递补预算，使其始终保持一定期限（通常为 1 年）的一种预算编制方法。滚动预算又分为逐月滚动预算和逐季滚动预算，前者以月为单位进行滚动编制，后者以季度为单位进行滚动编制。具体做法是：每过一个月（或季度），立即根据前一个月（或季度）的预算执行情况，对以后月份的预算（或季度）进行修订，并增加一个月（或季度）的预算。这种方法的优点有 3 个。第一，透明度高。滚动预算不再是预算年度开始之前的几个月的事情，而实现了预算与日常经营管理的紧密衔接，使管理人员始终能够从动态的角度把握企业近期的规划目标和远期的战略布局，使预算具有较高的透明度。第二，及时性强。滚动预算能使企业根据前期预算的执行情况，结合各种因素的变化影响，及时调整和修订近期预算，从而使预算更加切合实际，充分发挥指导和控制作用。第三，连续性、完整性和稳定性强。滚动预算在时间上不再受日历年度的限制，能够连续不断地规划未来的生产经营与业务活动，不会造成预算的人为间断，同时可以使企业管理人员了解未来 12 个月内企业的总体规划与近期预算目标，确保企业管理工作的完整性与稳定性。但这种预算编制方法的唯一缺点是预算工作量大。

（5）增量预算

增量预算指以基期各项指标的实际水平为基础，结合预算期业务量水平及有关增产、节约的措施，通过调整有关原有指标水平而编制预算的一种方法。这种方法以过去的经验为基础，实际上是承认过去所发生的一切都是合理的，主张不需在预算内容上进行较大改动，而是沿袭以往的预算项目。这种方法的缺点在于：第一，受原有指标项目的限制，可能导致预算滞后；第二，滋长预算中的“平均主义”和“简单化”倾向；第三，不利于企业的未来发展。

（6）零基预算

零基预算是为克服增量预算方法的不足而设计的一种预算编制方法。这是一种对于任何一个预算期或预算项目都不以现有的预算数为基数，而是从零开始，完全按照有关部门的职责范围和经营需要来安排有关项目的预算数额的一种预算编制方法。这种方法的基本特点是：完全排除前期有关因素对编制本期预算的影响，只从现实考虑业务量、费用开支及收益的必要性和规模，对企业的每一项独立的生产经营与业务活动进行客观描述。这种方法的优点在于：第一，不仅能压缩费用的开支，而且能够切实做到将有限的费用用在最需要的地方；第二，成本费用核定不受过去条条框框的制约，能够充分发挥各级管理人员的积极性和创造性，促使各预算执行单位精打细算，量力而行，量入为出，合理使用资金、费用，提高经济效益。

22.2.7 全面预算的执行控制

企业全面预算一经批准下达，各预算执行单位应当认真组织实施，将预算指标层层分解，从横向和纵向落实到企业内的各部门、各环节和各岗位。为了配合预算指标的执行控制，保证预算指标如期落实，企业必须建立一套完善的预算执行制度，并采取相应措施。具体措施如下。

① 企业应完善管理制度，健全凭证记录，严格执行生产经营与业务活动月度计划和成本费用的定额、定律标准，并加强监控。企业在办理采购与付款、销售与收款、成本费用、工程项目、对外投融资、研究与开发、信息系统、人力资源、安全环保、资产购置与维护等业务和事项时，均应当严格执行预算标准。

② 企业应建立预算执行情况的内部报告制度，要求各预算执行单位定期报告财务预算的执行情况，及时掌握预算的执行动态及结果。对于预算执行中发生的新情况、新问题及出现较大偏差的重大项目，预算管理部门应当责成有关预算执行单位查找原因，提出改进经营管理的措施和建议。内部报告制度应当规定报告的种类、形式、格式、内容以及报送的时间和部门。

③ 预算管理部门应当运用财务报告和其他会计资料监控预算的执行情况，及时向企业决策机构和各预算执行单位报告或反馈预算执行进度、执行差异及其对企业预算目标的影响，促进企业预算目标的实现。

④ 企业应建立预算执行情况预警机制，科学选择预警指标、合理确定预警范围，并在接收到预警信号时，积极采取应对措施。预警指标及预警范围应当根据企业的生产经营与业务活动的特点、企业的规模大小等来确定。

⑤ 企业应建立预算执行结果质询制度，要求预算执行单位对预算指标与实际结果之间的重大差异进行解释和答辩。

22.2.8 全面预算的分析控制

全面预算的分析控制是指企业在建立预算执行情况分析制度的基础上对预算执行情况所进行的控制。

22.2.8.1 建立预算执行情况分析制度

企业应当建立预算执行情况分析制度。该制度可以包括以下基本内容。

① 建立预算分析会议制度。预算分析会议制度应当明确会议的时间、内容、方法及参加人员等。预算管理部门及各预算执行单位应当定期召开预算分析会议，全面掌握预算执行情况，研究、解决预算执行过程中存在的问题，并提出改进措施。

② 企业预算管理部门和各预算执行单位应当充分收集有关财务、业务、市场、技术、政策、法律等方面的信息资料，根据不同情况分别采用比率分析、比较分析、因素分析等方法，从定量与定性两个层面充分反映预算执行单位的现状、发展趋势及其存在的潜力。

③ 对于预算执行差异，预算管理部门及预算管理单位应当客观分析产生的原因，提出解决措施或建议，提交企业决策机构研究并以此为依据进行相应的改进。

④ 建立预算执行情况审计制度。企业应通过定期或不定期的审计监督及时发现和解决执行中存在的问题，维护预算的严肃性。

22.2.8.2　预算执行情况的分析方法

（1）比率分析法

比率分析法是一种通过计算和对比经济指标的比率进行数量分析，以确定经济活动变动程度的方法。比率分析法的具体形式如下：

① 相关指标比率分析。将两个性质不同但又相关的数据进行对比，求出比率，然后再将实际数与预算数进行对比分析，以便从经济活动的客观联系中更深入地认识企业的生产经营状况。例如，将反映企业财务状况的净资产额同反映经营成果的净利润额进行对比，得出净资产利润率，再通过对比实际的净资产利润率和预算的净资产利润率了解企业当期的预算完成情况。

② 构成比率分析。构成比率是指某项经济指标的各个组成部分占总体的比重。例如，将构成产品成本的各个费用项目同成本总额相比，计算其占总成本的比重，确定成本的构成比率，再将实际的构成比率和预算的构成比率进行对比，通过观察成本构成的变化，掌握企业实际生产经营的情况，找出费用超标的项目和费用低于预算的项目，并分析原因。

③ 动态比率分析。将不同时期的同类指标的数值进行对比，求出比率，进行动态比较，据此分析该项指标的增减变动情况和变动趋势，从而发现企业在实际经营中的优点与不足。

（2）比较分析法

比较分析法是一种通过指标对比，从数量上确定差异的方法。该方法的主要作用在于揭示实际情况与预算目标在客观上存在的差距。在预算执行中，企业一般通过实际与预算之间的比较来揭示实际与预算之间的数量关系和差异，发现预算执行过程中存在的问题，为进一步分析原因指明方向。比较分析法主要是绝对额的比较，即对实际情况和预算目标进行数量、金额上的比较，如实际产量与预算产量的比较、实际利润额与预算利润额的比较等。

（3）因素分析法

因素分析法是一种分析影响因素、计算各种因素的影响程度的方法。根据计算方法和程序的不同，该方法主要有以下 3 种类型。

① 差额分析法。这种方法是对实际值和预算值之间的差异进行分析，并找出原因。例如，分析生产成本中折旧费用增加的原因，可以将原因分解为计提折旧的固定资产数量增加和单台固定资产计提折旧额增加两部分，再考察两部分对总折旧差额的不同影响以及总影响。

② 指标分解法。这种方法要求将一个综合指标细分成几个具体指标，以便分析和查找原因。例如，杜邦分析法将净资产收益率分解为销售净利率、资产周转率和权益乘数等指标，将企业总的经营情况向下分解，以便企业针对不同指标的影响采取不同的措施。

③ 连环替代法。这是用来计算几个相互联系的因素对预算差异的影响程度的一种分析方法。在计算中，先以预算数作为计算基础，然后按照公式中所列因素的同一顺序，依次以实际值替代预算值，测定各因素对相关预算指标的影响。

22.2.8.3 预算差异分析的步骤

预算差异分析主要是分析实际情况和预算之间的差异，可以作为预算执行分析过程中的参考。预算差异分析的步骤，可以由具体人员根据具体情况进行具体设计，下面列出的简单步骤仅供参考。

（1）明确分析的目的

预算差异分析中的各种运算并不是目的，不能为了分析而分析。从企业总体看，预算差异分析应该与整个企业的生产经营目标乃至发展战略联系起来；从各部门来看，不同部门也有各自的具体目标，预算差异分析应该和各部门的生产或业务目标相结合。

（2）收集有关的信息

在预算管理中，整个企业就是一个信息库，信息随时会更新和变化。进行预算差异分析时需要的信息不是信息库中所有的内容，因此要对信息有所取舍，一般只需要预算编制的结果以及与这些结果对应的实际数据。

（3）对比实际业绩和预算目标，找出差异

在预算执行中，相关人员需要随时进行对预算完成情况进行记录，并定期编制预算控制报告，将这些报告中的企业业务实际完成情况与预算目标进行对比，发现对应的项目、数据之间的差异。这时可以用到上述的比率分析法、比较分析法和因素分析法等。

（4）分析出现差异的原因

预算执行中的差异是必然存在的，而且有可能会出现各种各样的差异。我们不可能对所有差异都进行深入细致的分析，而应该有针对性。在调查差异的原因时，相关人员应该着重考察原因不明确的差异和重大差异。需要特别注意的是，并非所有低于预算目标的结果都是不利的，也并非所有超过预算目标的结果都是有利的，因此在分析差异时，相关人员要结合当时的具体环境，用动态的眼光看待问题，具体问题具体分析。

（5）提出恰当的应对措施

差异确定并分析出原因之后，企业就要分别采取相应的处理措施，解决发现的问题，防止类似问题再次出现，使企业生产经营顺利进行。对于影响企业经营的外部因素，企业应区分有利因素和不利因素，以便制定适应外部因素变化的措施，扩大有利因素的影响，限制不利因素的影响。对于能确定责任部门或人员的差异，企业应按权责利对等的原则给予其相应的奖惩；对于不能确定责任归属的差异，企业应按照受益比例划分相关部门或人员的责任，作为奖惩的依据。

22.2.9　全面预算的考核控制

企业应当建立严格的预算执行考核制度，对各预算执行单位和个人进行考核，切实做到有奖有惩、奖惩分明。预算执行考核制度应当明确考核执行机构、考核原则、考核标准和依据以及考核程序等。

（1）考核执行机构

预算管理委员会应定期组织预算执行情况考核，将各预算执行单位负责人签字上报的预算执行报告和已掌握的动态监控信息进行核对，确认各执行单位的预算完成情况。

（2）考核原则

预算执行情况的考核工作应当坚持公开、公平、公正的原则，过程及考核结果应有完整的记录。

（3）考核标准和依据

预算执行情况考核应以企业正式下达的预算方案为标准，以经过注册会计师或上级部门审定的年度财务报告信息为依据。实行中期考核的企业，应以企业中期预算为标准，以中期财务报告为依据。

（4）考核程序

预算执行情况考核应当依照预算执行单位上报预算执行报告、预算管理委员会审查核实、企业决策机构批准的程序进行。企业内部预算执行单位上报的预算执行报告，需经本部门负责人签章确认，方能有效。

【例 22-2】D 公司是一家航空公司，自 2001 年开始实施以降低成本为主要目标的全面预算管理，成立了由总经理和相关部门负责人组成的预算管理委员会。D 公司以预算指标完成情况为依据，完善了公司业绩考核体系，制定了较为完善的考核和奖惩办法并予以公布。D 公司的主要做法如下。

在预算指标逐步分解的基础上，D 公司通过建立预算考核指标体系和实行经济责任制考核来强化全面预算管理。

预算考核指标体系，是指定量指标与定性指标相结合、绝对指标与相对指标相结合的综合考核指标体系：对于生产成本预算管理，采用“吨公里成本费用”水平的达成率进行考核；对于办公费、会议费、业务招待费、差旅费等部门费用项目，以预算执行比例为标准进行考核；对于预算编制准确性、及时性以及预算程序遵守情况等则需要进行定性的考核。D 公司在考核指标体系设计中坚持可控性原则。这样，考核指标是被考核主体可以控制且通过努力可以实现的。

考核分月度、季度与年度考核。考核人员对照预算指标，逐项检查、评分，综合预算考核得分 = ∑各预算指标考核得分 × 相应权重（%）。考核得分的计算采用月度考核、季度调整、全年统算的方式，即最后以年终预算完成情况的考核得分作为最后得分，前 3 个季度多（少）计算的得分在年终减法（加回）。

经济责任制考核，即将预算指标纳入公司经济责任制考核的范围中。每年年初，D公司的总经理都要与商务部门及配餐、国旅、广告等二级公司签订经济责任书。该责任书明确规定各责任单位应完成的各项考核指标，包括销售收入指标、费用控制指标及利润指标。计财部（预算管理办公室）定期根据二级公司上报的预算执行报告分析经济责任指标的完成情况，并提出考核和奖惩建议，报预算管理委员会批准后予以实施。

为了保证预算考核结果的落实，2001年年底，D公司进行了薪酬制度改革。改革后，员工工资由基本工资、考核工资及各类奖惩基金组成，基本工资每月固定发放，考核工资经月度、季度、年度考核后发放，其中预算指标的完成情况成为评价考核结果的重要指标之一。每月计财部根据各责任部门预算指标的完成情况逐项落实责任，计算并兑现各责任部门的月度奖惩金额；年终再根据各责任部门预算指标综合考核情况和经济责任指标完成情况，对相关责任部门进行奖惩，对完成指标的部门给予奖励，对没有完成指标的部门予以惩罚。由责任部门内部对奖金金额进行二次分配，奖勤罚懒，将预算管理与激励约束机制紧密结合。

【分析】本例中，D公司通过将预算考核指标体系与经济责任制考核紧密结合，将预算执行情况纳入了考核和奖惩的范围，切实做到了有奖有罚、奖罚分明。另外，D公司对实施考核与奖惩的及时性、遵循逐级考核原则、科学设计预算考核指标体系及确保考核的公开、公平、公正等方面也进行了有效控制。

22.3 实务案例

22.3.1 HBY公司全面预算管理的内部控制[8]

（一）背景介绍

HBY公司是一家以油气勘探开发为主的大型国有企业，隶属于ZSY天然气集团公司和ZSY天然气股份有限公司。HBY公司的勘探开发建设始于20世纪70年代。1975年7月，任四井获得高产油流，宣告HBY公司诞生；1976年1月，华北石油会战指挥部成立；1981年6月，该指挥部更名为华北石油管理局；1999年10月，该管理局重组分立为华北石油管理局和HBY公司；2008年2月，重组整合为HBY公司。

经过近几年的持续重组和业务整合，HBY公司形成了勘探开发、多种经营、综合服务三大板块和常规油气、新能源、对外合作、多种经营、矿区服务、生产服务6项业务的发展格局。勘探区域集中在冀中、内蒙古中部、山西沁水盆地。HBY公司现有员工近4.2万人，下属二级单位47个，机关职能部门13个，机关附属单位7个。多年来，HBY公司创造了一系列辉煌业绩：第一个确立了古潜山“新生古储”的新概念、新理论，建成了中国最大碳酸盐岩高产大油田，建成了中国第一个数字化、规模化煤层气田。

8　许鹏.华北油田公司全面预算内部控制案例研究[D].石家庄：河北经贸大学，2014.

（二）HBY 公司内部控制实施情况

HBY 公司分 3 个阶段建立了企业内部控制与风险管理体系。第一阶段，HBY 公司从 2004 年开始建设内部控制体系，于 2006 年 3 月正式发布《HBY 公司内控分册》。该内部控制体系主要涵盖公司机关及勘探开发等 12 个二级单位。第二阶段，HBY 公司作为其所属集团公司矿区服务业务内部控制体系建设试点单位之一，其矿区服务业务内部控制体系建设工作于 2008 年完成。HBY 公司于 2009 年 1 月正式发布《矿区服务事业部内控分册》。该内部控制体系主要涵盖矿区服务事业部、8 个综合服务处和公用事业管理处、总医院、新闻中心等单位。第三阶段，HBY 公司开展了水电厂、器材供应处等其他托管企业的内部控制体系建设工作，托管企业的业务流程将全部融入《HBY 公司内控分册》中。该分册于 2011 年 1 月 1 日正式发布执行。HBY 公司最终形成了以《HBY 公司内控分册》和《矿区服务事业部内控分册》两套手册覆盖公司全部业务单位的管理方式。

（三）HBY 公司全面预算体系概况

为适应公司重组后的统一管理、实现公司的发展战略和满足集团公司财务管理的需要，HBY 公司探索并实施了提升公司整体价值的预算管理。自 2008 年以后，HBY 公司进行了专业化重组，并且逐渐形成了三大板块、六项业务的发展格局。由于业务链较长且关联度高、互补性强，统筹协调发展不同业务的难度很大。勘探开发板块是 HBY 公司的核心，面临稳健发展常规油气、大力发展新能源的迫切需求；综合服务板块历史包袱沉重、积留问题较多，解困扭亏压力大，面临如何实现可持续发展的突出问题；多种经营板块创新能力不强、核心特色技术较少，面临优化产业结构、提高投资效益的发展瓶颈。2009 年，HBY 公司财务处从发挥整体优势、实现整体效益最大化的目标出发，以转变发展方式为主线，及时跟进公司发展战略，将公司重组前各业务原有的不同的财务预算管理模式进行了有机融合，构建并实施了促进全面协调可持续发展的预算管理体系，不断完善预算机制，适时调整预算政策，大力实施“一企一策”差异化预算管理。HBY 公司对勘探开发板块实施积极的预算政策，坚持重点发展，持续做大做强；对多种经营和综合服务板块实施稳健的预算政策，调整并优化投资回报和现金贡献，突出经济效益和综合绩效，从而使三大板块、六项业务相互促进、共同发展。

HBY 公司全面预算的内部控制是以传统的预算管理为基础，对外拓展与内部深化进行优化，将宏观经济效益、微观经济效益、社会效益进行有效的统一。同时，该公司在整体价值的视角下对多种经营、综合服务以及勘探开发 3 个业务板块之间的关系进行有效的梳理，将分配成本、投资等纳入预算管理的范围中，非常注重预算管理的全面性。同时，HBY 公司对未上市与上市子公司的预算模式和制度进行了有效的整合和梳理，从而在流程制度、费用标准、指标核定等各个方面实现了统一。HBY 公司通过一体化管理机制最终使得公司无论是在管理的高度、深度还是广度上都有着更高的水平。

HBY 公司通过实施全面预算内部控制，有效整合了资源和业务，构建了统一的预算管理体系，提升了财务预算的管理和服务水平，提高了企业竞争力，实现了公司整体价值的提升。

（四）HBY 公司全面预算组织机构

由于企业的内外部环境、行业的特点、经营规模和企业组织结构都不尽相同，所以不同企业选择的全面预算管理体制和方式也不尽相同，但是各企业必须要将高效有力、权责分明、全面系统以及合法科学等作为其工作的基本原则，建设预算管理决策机构、预算管理执行单位、预算管理工作机构三种层次的组织机构。

HBY 公司的预算管理体制是三级业务、两级行政的模式，在预算管理的方式上采用的是分级负责、全面管理的方式。这样可以使全面预算组织机构更有效地发挥其领导作用，同时，也可以明确各个级别的组织机构的责任和权利。以该公司的预算管理委员会为核心，各个级别的预算管理组织机构发挥的作用都是非常重要的。同时，组织机构的保障使经营决策、经营目标以及经营思想等方面得到了充分的体现，并且会渗透到各业务单元之中，从而使预算管理体系可以被有效实施。

（1）全面预算内部控制体制

HBY 公司对全面预算管理的决策机构进行了专门的建设，即成立了预算管理委员会。该委员会的成员主要是各个部门的负责人以及公司的负责人。预算管理委员会的职责主要是：从公司的整体出发，制定预算管理制度并对上年度的决算进行审定；审定当年的相关预算的方案；对预算的调整方案进行有效的批准和审查；对预算的执行情况进行分析和监督；分析并解决预算执行中的各种问题。

由于在 HBY 公司中，预算管理委员会并不是常设机构，所以 HBY 公司还必须要设立日常管理机构来执行预算管理工作。HBY 公司在企业财务部门设立了预算管理办公室，以总会计师为主要负责人，研发、人力、销售等各个部门的人员负责全面预算管理过程中相应的工作。预算管理办公室的主要职责包括：负责对财务预算管理办法提出提议；负责框架目标预算的研究工作并提出提议；负责年度预算的编制；对各个单位的预算进行汇总和审查；对公司的总预算进行有效的协调；负责对公司的年度预算提出相关的建议；解决公司各个单位在预算执行中遇到的问题；负责对各个单位进行业绩考核，并且对考核结果发表相关的意见。

全面预算执行单位在整个企业中承担着一定的责任，但是也会享有一定的权利。全面预算执行单位在一般情况下是指以在企业的总体预算目标实现的过程中划分各种职责的为依据而产生的经济业务单位，其既包括企业的各种职能部门，也包括企业的子公司和分公司。HBY 公司设置了勘探开发业务各单位预算管理委员会、综合服务业务各单位预算管理委员会、多种经营业务各单位预算管理委员会。在预算管理委员会的指导下，预算执行单位能够有效地组织并开展公司的预算编制工作，并且对已经批准下达的预算进行有效的执行。各单位预算管理委员会的主要职责包括分派预算指标、编制并上报本单位预算方案、提供编制各项预算所需的基础资料、检查和监督本单位预算执行的情况、解决预算执行中的问题、报告和分析本单位预算的相关情况。

（2）全面预算的授权批准程序和工作协调机制

建立和完善全面预算内部控制的相关体系后，企业就要制定并完善预算管理工作的相关流程。通过对预算管理体系的分析可以看出，不相容的职务是必须要分离的，企业应合理分配各个岗位以及各个部门的权限。各个岗位或各个部门不能滥用全力，更不能越位。在预算工作执行的过程中，HBY 公司的预算管理办公室处于核心地位，其对各种预算工作进行有效的协调。HBY 公司下属的勘探开发业务各单位预算管理委员会、综合服务业务各单位预算管理委员会、多种经营业务各单位预算管理委员会都应该按照预算管理办公室的相关要求，对自身的实际情况进行深入的分析，从而编制自身的预算方案，并且配合预算管理办公室进行预算管理。

22.3.2　XSF 公司预算管理模式分析[9]

为实现以成本费用为中心的预算管理模式，XSF 公司设计了图 22-2 所示的预算管理框架。

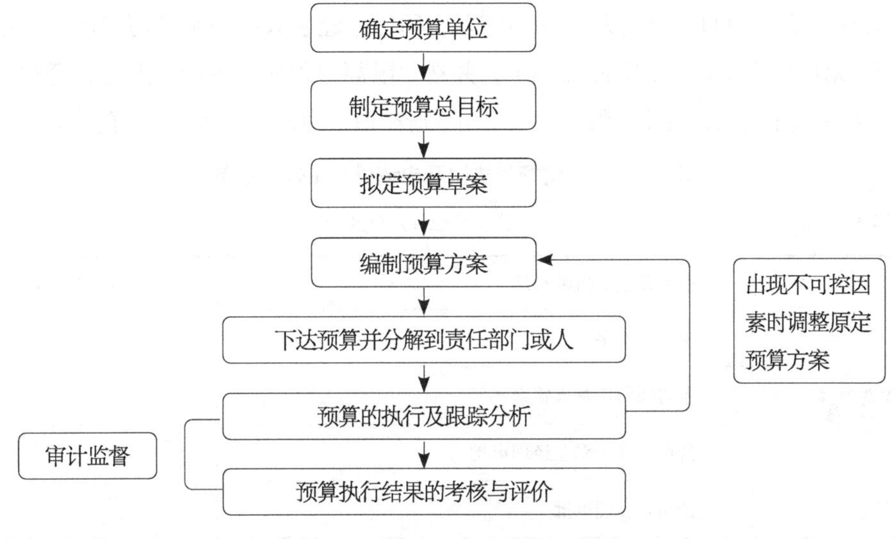

图 22-2　XSF 公司的预算管理框架

（1）预算的编制

XSF 公司采用零基预算的方法编制预算。每月由各部门根据其资金收支情况编制预算，经总会计师和总经理确认预算合理以后，由财务部门将全公司的预算进行汇总，形成全公司的月度资金使用总预算。各部门月度资金收支申报表如表 22-1 所示。

表 22-1　月度资金收支申报表

申报部门：　　　　　　　　　　申报时间：

收支时间	收入项目内容及金额（元）	支出项目内容及金额（元）

9　张瑞君．e 时代财务管理 [M]．北京：中国人民大学出版社，2004，279-281.

预算是建立在对公司业务情况进行一定的假设的基础上的，而公司的实际业务情况不一定在假设范围内，因此各部门有时需要根据业务发展态势调整本月预算。出现这种情况时，追加用款的部门需填写“月度用款追加计划申请表”，说明申请追加用款的理由及金额，经总经理审批通过后，该追加用款方可纳入预算范围内。月度用款追加计划申请表如表 22–2 所示。

表 22–2　月度用款追加计划申请表

申请部门：　　　　　　　　　　　　申请时间：

申请追加用款的理由	申请追加用款金额（元）	申请用款时间	申请人	总经理审批签字

（2）预算的执行和控制

该公司采用双轨制记录预算的执行情况，即对于每一笔支出，财务人员都需要填制凭证，在总账子系统中自动登记总账和明细账；同时，经手人都必须填写“申请领用支票及申请付款工作联系单”（见表 22–3），并在“限额费用使用手册”上进行登记（见表 22–4），控制成本费用的发生。限额费用使用手册类似于为预算管理所设计的责任会计账。

表 22–3　申请领用支票及申请付款工作联系单

供货单位全称：　　　　　　　　　　　　供货单位开户行及账号：

申请内容	申请领用、付款日期	年　月　日
	申请人签字	
	申请部门负责人签字	
	公司主管、副总经理审批	
	公司总经理审批	
计划申请金额	财务主管核实资金计划及资金调度意见	

表 22–4　限额费用使用手册

年	月	日	支出内容	支出金额（元）	累计支出金额（元）	支付形式	经手人

（3）预算的考评

相关部门或人员于每月月末对限额费用使用手册进行汇总，得到预算使用汇总表，随后将汇总表和预算进行比较，找出两者之间的差异，并进一步分析差异形成的原因。预算使用差异分析表如表 22–5 所示。

表 22-5　预算使用差异分析表

部门	费用项目	本月完成（元）	本月预算（元）	完成		本年累计完成（元）	本年预算（元）	完成全年预算	
				差额（元）	百分比			差额(元)	百分比

XSF 公司在预算的基础上对各部门的费用支出进行了有效控制。这对整个公司的成本费用的控制确实起到了非常好的监控作用。另外，事后的差异分析为各部门的业绩考核提供了依据，是 XSF 公司实行奖惩制度的基础。

第23章 企业内部控制应用指引第16号——合同管理

23.1 法规原文

企业内部控制应用指引第16号——合同管理

第一章 总则

第一条 为了促进企业加强合同管理，维护企业合法权益，根据《中华人民共和国合同法》等有关法律法规和《企业内部控制基本规范》，制定本指引。

第二条 本指引所称合同，是指企业与自然人、法人及其他组织等平等主体之间设立、变更、终止民事权利义务关系的协议。

企业与职工签订的劳动合同，不适用本指引。

第三条 企业合同管理至少应当关注下列风险。

（一）未订立合同、未经授权对外订立合同、合同对方主体资格未达要求、合同内容存在重大疏漏和欺诈，可能导致企业合法权益受到侵害。

（二）合同未全面履行或监控不当，可能导致企业诉讼失败、经济利益受损。

（三）合同纠纷处理不当，可能损害企业利益、信誉和形象。

第四条 企业应当加强合同管理，确定合同归口管理部门，明确合同拟定、审批、执行等环节的程序和要求，定期检查和评价合同管理中的薄弱环节，采取相应控制措施，促进合同有效履行，切实维护企业的合法权益。

第二章 合同的订立

第五条 企业对外发生经济行为，除即时结清方式外，应当订立书面合同。合同订立前，应当充分了解合同对方的主体资格、信用状况等有关内容，确保对方当事人具备履约能力。

对于影响重大、涉及较高专业技术或法律关系复杂的合同，应当组织法律、技术、财会等专业人员参与谈判，必要时可聘请外部专家参与相关工作。

谈判过程中的重要事项和参与谈判人员的主要意见，应当予以记录并妥善保存。

第六条 企业应当根据协商、谈判等的结果，拟订合同文本，按照自愿、公平原则，明确双方的权利义务和违约责任，做到条款内容完整，表述严谨准确，相关手续齐备，避免出现重大疏漏。

合同文本一般由业务承办部门起草、法律部门审核。重大合同或法律关系复杂的特殊合同应当由法律部门参与起草。国家或行业有合同示范文本的，可以优先选用，但对涉及权利义务关系的条款应当进行认真审查，并根据实际情况进行适当修改。

合同文本须报经国家有关主管部门审查或备案的，应当履行相应程序。

第七条　企业应当对合同文本进行严格审核，重点关注合同的主体、内容和形式是否合法，合同内容是否符合企业的经济利益，对方当事人是否具有履约能力，合同权利和义务、违约责任和争议解决条款是否明确等。

企业对影响重大或法律关系复杂的合同文本，应当组织内部相关部门进行审核。相关部门提出不同意见的，应当认真分析研究，慎重对待，并准确无误地加以记录；必要时应对合同条款作出修改。内部相关部门应当认真履行职责。

第八条　企业应当按照规定的权限和程序与对方当事人签署合同。正式对外订立的合同，应当由企业法定代表人或由其授权的代理人签名或加盖有关印章。授权签署合同的，应当签署授权委托书。

属于上级管理权限的合同，下级单位不得签署。下级单位认为确有需要签署涉及上级管理权限的合同，应当提出申请，并经上级合同管理机构批准后办理。上级单位应当加强对下级单位合同订立、履行情况的监督检查。

第九条　企业应当建立合同专用章保管制度。合同经编号、审批及企业法定代表人或由其授权的代理人签署后，方可加盖合同专用章。

第十条　企业应当加强合同信息安全保密工作，未经批准，不得以任何形式泄露合同订立与履行过程中涉及的商业秘密或国家机密。

第三章　合同的履行

第十一条　企业应当遵循诚实信用原则严格履行合同，对合同履行实施有效监控，强化对合同履行情况及效果的检查、分析和验收，确保合同全面有效履行。

合同生效后，企业就质量、价款、履行地点等内容与合同对方没有约定或者约定不明确的，可以协议补充；不能达成补充协议的，按照国家相关法律法规、合同有关条款或者交易习惯确定。

第十二条　在合同履行过程中发现有显失公平、条款有误或对方有欺诈行为等情形，或因政策调整、市场变化等客观因素，已经或可能导致企业利益受损，应当按规定程序及时报告，并经双方协商一致，按照规定权限和程序办理合同变更或解除事宜。

第十三条　企业应当加强合同纠纷管理，在履行合同过程中发生纠纷的，应当依据国家相关法律法规，在规定时效内与对方当事人协商并按规定权限和程序及时报告。

合同纠纷经协商一致的，双方应当签订书面协议。合同纠纷经协商无法解决的，应当根据合同约定选择仲裁或诉讼方式解决。

企业内部授权处理合同纠纷的，应当签署授权委托书。纠纷处理过程中，未经授权批准，相关经办人员不得向对方当事人作出实质性答复或承诺。

第十四条　企业财会部门应当根据合同条款审核后办理结算业务。未按合同条款履约的，或应签订书面合同而未签订的，财会部门有权拒绝付款，并及时向企业有关负责人报告。

第十五条　合同管理部门应当加强合同登记管理，充分利用信息化手段，定期对合同进行统计、分类和归档，详细登记合同的订立、履行和变更等情况，实行合同的全过程封闭管理。

第十六条　企业应当建立合同履行情况评估制度，至少于每年年末对合同履行的总体情况和重大合同履行的具体情况进行分析评估，对分析评估中发现合同履行中存在的不足，应当及时加以改进。

企业应当健全合同管理考核与责任追究制度。对合同订立、履行过程中出现的违法违规行为，应当追究有关机构或人员的责任。

23.2　原文讲解

《企业内部控制应用指引第 16 号——合同管理》（后文简称《合同管理应用指引》）共 3 章、16 条。这 3 章对企业合同管理进行了详细的规范。企业在日常生产经营过程中，会签订各种各样的合同：与供应商之间的采购合同，与客户之间的销售合同，与银行之间的借贷合同，还有各类工程项目合同、对外担保合同、对外投资合同、融资合同等。合同是企业与外部进行实物、资金、信息交换的重要保障，因此，企业合同管理是否完善对企业的生存和发展具有重要影响。

本小节将按照《合同管理应用指引》的内容对企业合同管理内部控制进行详细的解读。

23.2.1　合同管理概述

《合同管理应用指引》中的合同是指企业与自然人、法人及其他组织等平等主体之间设立、变更、终止民事权利义务关系的协议，是以当事人之间民事权利和义务关系为内容的法律文件。

《合同管理应用指引》中的第二章——合同的订立实际上可分为合同的起草和谈判两部分；合同的起草是对内的，要求内部达成一致；合同的谈判则要求在对内形成一致意见的基础上就合同所涉及的本方的利益（包括权利和义务）与对方展开博弈，以期达到双赢的目的。

《合同管理应用指引》中的第三章——合同的履行则对合同订立后的执行情况做出了规范，帮助企业不因执行过程中出现的问题而遭受经济利益方面的损失。企业应该本着诚实守信的原则，认真履行自己的应尽的责任和义务；对于合同履行过程中出现的摩擦和纠纷，企业应当本着互谅互信的原则，在问题出现的初始时刻及时与双方沟通交流，向对方说明情况，做到相互谅解，不因一些小事和不应有的误会而停止彼此之间的合作以及失去长远发展的可能。这对于树立良好的企业形象、维护企业的信誉以及支持企业的长期发展是大有裨益的。

合同管理当中的合同订立和合同履行是相辅相成的，两者不可偏废。合同订立是合同履行的前提和基础，而合同履行则是合同订立之后能够发挥作用的保障。

企业应加强合同管理，不仅要注重合同订立前对对方当事人的资信调查和对合同文本的审查，还应关注对合同履行、纠纷处理、结算等环节的管理，对于合同履行中出现的异常情况，还应及时采取谈判协商、调解、仲裁、诉讼等多种方式来解决合同纠纷。企业的合同管理部门应及时了解和掌握合同的履行情况，通过合同登记和评估制度，及时总结合同管理中的经验教训、提高合同管理水平、维护企业合法权益。

23.2.2　合同管理的总体要求

企业需要通过建立一系列的制度体系来促进合同管理的作用得到有效发挥。

23.2.2.1　建立分级授权管理制度

企业应当根据经济业务性质、组织机构设置和管理层级安排，建立合同分级授权管理制度。属于上级单位管理权限范围内的合同，下级单位不得签署。对于重大投资类、融资类、担保类、知识产权类、不动产类合同，上级单位应加强管理。下级单位认为确有需要签署涉及上级单位管理权限的合同时，应当提出申请，并经上级合同管理机构批准后方可签署。上级单位应当加强对下级单位的合同订立、履行情况的监督检查。

23.2.2.2　实行统一归口管理

企业可以根据实际情况指定法律部门等作为合同归口管理部门，对合同实施统一、规范的管理。合同归口管理部门具体负责制定合同管理制度，审核合同条款中权利义务的对等性，管理合同标准文本，管理合同专用章，定期检查并找出合同管理中的薄弱环节，采取相应的控制措施，促进合同的有效履行等。

23.2.2.3　明确职责分工

企业各业务部门作为合同的承办部门负责在职责范围内承办相关合同约定的事项，并履行在合同调查、谈判、订立、履行和终结等环节的相应职责。企业财会部门主要履行对合同进行财务监督的职责。

23.2.2.4　健全考核与责任追究制度

企业应当健全合同管理中的考核与责任追究制度，开展合同管理后的评估工作，对于合同订立、履行过程中出现的违法、违规行为，企业应当追究有关机构或人员的责任。

【例 23-1】HW 公司是一家生产、销售通信设备的民营通信科技公司，凭着强大的技术创新能力、良好的海外市场经营绩效获得了如今通信业龙头的地位。HW 公司在企业建设中加强问责制的实行。在过渡时期，HW 公司曾通过设置廉洁账户给违规人员一个改过自新的机会。如今没有了廉洁账户，员工就要更加严格地要求自己。关闭廉洁账户，并不是HW公司反腐力度减弱了，而是更进一步加强对员工的自我约束。就地司法就是一种形式。通过问责制的建立，HW 公司使员工愿意按照正确的规则做事、愿意尽职尽责地做事。

23.2.3　合同管理流程

合同管理流程从大的方面可以分为合同订立阶段和合同履行阶段。合同订立阶段包括合同调查、合同谈判、合同文本拟定、合同审核、合同签署等环节；合同履行阶段涉及合同履行、合同补充和变更、合同解除、合同结算、合同登记等环节。图 23-1 列示的企业合同管理流程具有一定的通用性。

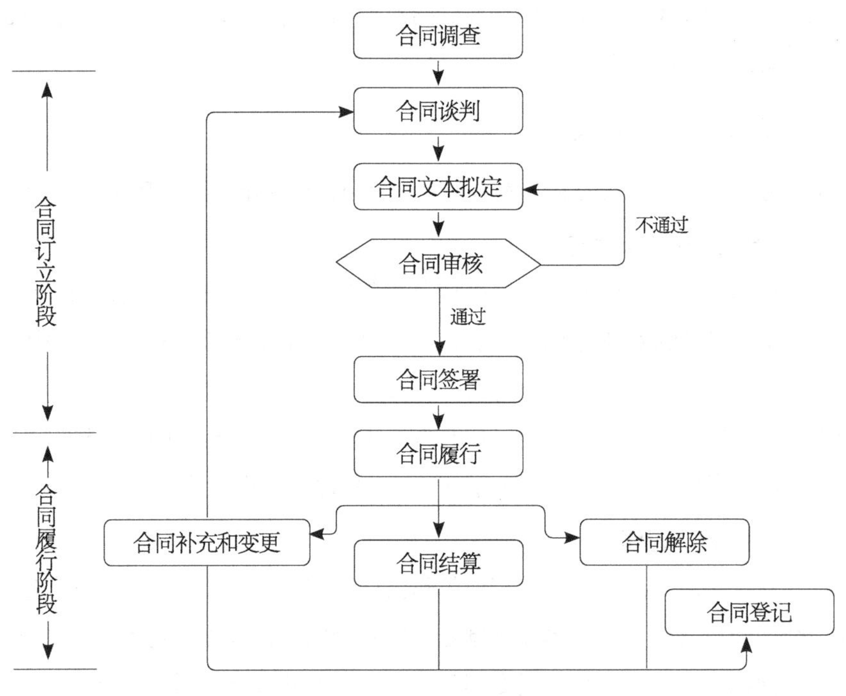

图 23-1　企业合同管理流程

23.2.4　合同管理的主要风险及管控措施

23.2.4.1　合同调查

合同订立前，企业应当进行合同调查，充分了解对方的主体资格、信用状况等有关情况，确保对方当事人具备履约能力。该环节存在的主要风险是：未审查被调查对象的主体资格，对方当事人不具有相应的民事权利能力和民事行为能力，或不具备特定资质，或与无权代理人、无处分权代理人签订合同，可能导致合同无效，或引发潜在风险；在合同订立前错误判断被调查对象的信用状况，或在合同履行过程中没有持续关注对方的资信变化，致使企业蒙受损失；对被调查对象的履约能力给出不当评价，导致对方难以满足本企业的生产经营需要。

主要管控措施如下。第一，企业应审查被调查对象的身份证件、法人登记证书、资质证明、授权委托书等证明原件，必要时，可通过发证机关查询证书的真实性和合法性，在充分收集相关证据的基础上评价主体是否具备相应资格。第二，企业应获取被调查对象经审计的财务报告、以往交易记录等财务和非财务信息，分析其获利能力、偿债能力和营运能力，评估其财务风险和信用状况，并在合同履行过程中持续关注其资信变化，建立并及时更新合同对方的商业信用档案。第三，企业应对被调查对象进行现场调查，实地了解和全面评估其生产能力、技术水平、产品类别和质量等生产经营情况，分析其合同履行能力。第四，企业应与被调查对象的主要供应商、客户、开户银行、主管税务机关和工商管理部门等沟通，了解其生产经营、商业信誉、履约能力等情况。

【例 23-2】XH 制药是中国制药工业的 50 强企业之一。该公司旗下有多家控股子公司。XH 制药因山东 XKQ 医药有限公司（简称 XKQ 医药）及二者之间的担保关系存在 6.07 亿元的应收账款。但是由于 XKQ 医药资金链断裂、经营出现异常等情况，XH 制药无法收回应收账款，遭受重大经济损失。

【分析】上述重大经济损失发生的原因是：XKQ 医药是 XH 制药的重要客户、对其经营有重大影响，但是 XH 制药对 XKQ 医药的财务状况没有给予应有的关注。假如 XH 制药在对 XKQ 医药进行担保之前能够进行资信评估，同时实时关注 XKQ 的运营状况，将很有可能减少甚至避免此次损失。

23.2.4.2 合同谈判

初步确定拟签约对象后，企业内部的合同承办部门应当在授权范围内与对方进行合同谈判，按照自愿、公平原则，磋商合同内容和条款，明确双方的权利、义务和违约责任。该环节存在的主要风险是：忽略合同重大问题或在重大问题上做出不恰当让步；谈判经验不足，缺乏技术、法律和财会知识的支撑，导致企业利益受损；泄露本企业谈判策略，导致企业在谈判中处于不利地位。

主要管控措施如下。第一，企业应收集谈判对手资料，充分熟悉谈判对手的情况，做到知己知彼；研究国家相关法律法规、行业监管规定、产业政策、同类产品或服务价格等与谈判内容相关的信息，正确制定本企业的谈判策略。第二，企业应关注合同核心内容、条款和关键细节。具体包括合同标的的数量、质量或技术标准，合同价款的确定方式与支付方式，履约期限和方式，违约责任和争议的解决方法，合同变更或解除条件等。第三，对于影响重大、涉及较高专业技术或法律关系复杂的合同，企业应组织法律、技术、财会等专业人员参与谈判，充分发挥团队智慧，及时总结谈判过程中的得失，研究确定下一步的谈判策略。第四，企业必要时可聘请外部专家参与相关工作，并充分了解外部专家的专业资质、胜任能力和职业道德情况。第五，加强保密工作，建立严格的责任追究制度。第六，对于谈判过程中的重要事项和参与谈判的人员的主要意见，企业要予以记录并妥善保存，作为避免合同舞弊的重要手段和责任追究的依据。

【例 23-3】中国的铁矿石进口量占世界铁矿石产量的 50%。作为最大的买家，中方理应在铁矿石的进口价格谈判上拥有话语权。但是，在历年的谈判中中方多处于被动地位，不得不一次次接受外国公司的涨价要求。后经查实，某外国公司的 4 名工作人员采取不正当手段，拉拢收买中国个别钢铁生产企业的内部人员，以获取企业生产安排、炼炼钢配比、采购计划、毛利率、库存量等内部资料以及中方谈判组内部会议纪要。外商据此推算出中国对铁矿石的需求量，即对铁矿石的依存度，并掌控价格的涨幅。而价格一两个百分点的变化，就会导致中国企业数十亿元，乃至上百亿元的亏损。有专家估计，泄密事件给中国整个钢铁行业带来了高达 7 000 多亿元的经济损失。

【分析】合同标的数量、合同价款、谈判策略等属于企业谈判的关键信息和核心机密，直接关系到合同谈判的成败，对企业的经济利益具有重大影响。本案例中，中国少数企业没有做好合同谈判中的保密工作，将谈判关键信息泄露，导致自身利益严重受损，甚至危害国家经济安全。

23.2.4.3 合同文本拟定

企业在合同谈判后，根据协商谈判结果，拟定合同文本。该环节存在的主要风险是：选择不恰当的合同形式；合同与国家法律法规、行业和产业政策、企业总体战略目标或特定业务经营目标发生冲突；合同内容和条款不完整，表述不严谨、不准确，或存在重大疏漏和欺诈，导致企业合法利益受损；有意拆分合同、规避合同管理规定等；合同文本须报经国家有关主管部门审查或备案的，未履行相应程序。

主要管控措施如下。第一，对外发生经济行为时，除采用即时结清方式外，企业还应当订立书面合同。第二，企业应严格审核合同需求与国家法律法规、产业政策、企业整体战略目标的关系，保证其协调一致；考察合同是否以生产经营计划、项目立项书等为依据，确保完成具体业务经营目标。第三，合同文本一般由业务承办部门起草，法律部门审核；重大合同或法律关系复杂的特殊合同应当由法律部门参与起草；国家或行业有合同示范文本的，可以优先选用，但对涉及权利义务关系的条款应当进行认真审查，并根据实际情况进行适当修改。各部门应当各司其职，保证合同内容和条款的完整、准确。第四，企业应通过统一归口管理和授权审批制度，严格进行合同管理，防止通过化整为零等方式故意规避招标的做法和越权行为。第五，对于由签约对方起草的合同，企业应当认真审查，确保合同内容准确反映企业诉求和谈判达成的一致意见，特别留意“其他约定事项”等需要补充填写的栏目，如果不存在其他约定事项，则要注明“此处空白”或“无其他约定”，防止合同后续被篡改。第六，合同文本须报经国家有关主管部门审查或备案的，应当履行相应程序。

【例 23-4】20×9 年 2 月，甲食品加工公司（简称甲公司）与乙盐业公司（简称乙公司）签订购销合同，甲公司从乙公司购买 10 吨食盐，合同价款共计 1 万元，合同中没有约定违约责任。20×9 年 3 月，甲公司与丙连锁超市（简称为超市）签订 15 万元的酱菜销售合同，合同约定甲公司应于 20×9 年 6 月 30 日前交货，若不能如期交货，甲公司须向丙超市支付 3 万元违约金。20×9 年 5 月，甲公司用从乙公司购得的食盐生产酱菜，发现酱菜出现大量褐色泡沫。经查，此情况为食盐质量不符合国家质量标准所致，价值 15 万元的酱菜全部报废。甲公司匆忙向丙超市支付了 3 万元违约金，同时向法院起诉乙公司，要求乙公司退回 1 万元购盐款，承担甲公司经济损失 15 万元，承担甲公司向丙超市支付的违约金 3 万元和相关诉讼费用。法院经审理后判决，乙公司向甲公司退回购盐款 1 万元、承担甲公司的经济损失 15 万元及相关诉讼费用，但对甲公司提出的承担 3 万元违约金的请求未予支持。

【分析】本案例中，甲公司与乙公司签订的合同缺少违约责任条款，导致合同不严密、内容不完整，也是甲公司对合同风险的分析不足而没有规定相应对策的体现，直接导致甲公司自行承担向丙超市支付的违约金。

23.2.4.4　合同审核

合同文本拟定完成后，企业应进行严格审核。该环节存在的主要风险是：合同审核人员因专业素质或工作态度等原因，未能发现合同文本中的不当内容和条款；审核人员虽然通过审核发现问题但未提出恰当的审核意见；合同起草人员没有根据审核人员的审核意见修改合同，导致合同中的不当内容和条款未被纠正。

主要管控措施如下。第一，审核人员应当对合同文本的合法性、经济性、可行性和严密性进行重点审核，关注合同的主体、内容和形式是否合法，合同内容是否符合企业的经济利益，对方当事人是否具有履约能力，合同权利和义务、违约责任和争议解决条款是否明确等。第二，建立会审制度。对于影响重大或法律关系复杂的合同文本，企业应组织财会部门、内部审计部、法律部、业务相关部门进行审核，各相关部门应当认真履行职责。第三，认真分析研究，慎重对待审核意见，准确无误地记录审核意见，必要时对合同条款作出修改并再次提交审核。

23.2.4.5　合同签署

对于经审核同意签订的合同，企业应当与对方当事人正式签署合同并加盖企业合同专用章。该环节存在的主要风险是：超越权限签署合同，合同印章管理不当，签署后的合同被篡改，因手续不全导致合同无效等。

主要管控措施如下。第一，企业应按照规定的权限和程序与对方当事人签署合同。正式对外订立的合同应当由企业法定代表人或由其授权的代理人签名或加盖有关印章。授权签署合同的，应当签署授权委托书。第二，企业应严格实施合同专用章保管制度，合同经编号、审批及企业法定代表人或由其授权的代理人签署后，方可加盖合同专用章。用印后，保管人应当立即收回合同专用章，并按要求妥善保管，以防止他人滥用。保管人应当记录合同专用章使用情况以备审查，如果发生合同专用章遗失或被盗现象，应当立即报告公司负责人并采取相应措施，如向公安机关报案、登报声明作废等，以最大限度消除可能带来的负面影响。第三，企业应采取恰当措施防止已签署的合同被篡改，如在合同各页码之间加盖骑缝章、使用防伪印记、使用不可编辑的电子文档格式等。第四，按照国家有关法律、行政法规的规定，对于需办理批准、登记等手续之后方可生效的合同，企业应当及时按规定办理相关手续。

23.2.4.6 合同履行

合同订立后，企业应当与合同对方当事人共同遵循诚实信用的原则，根据合同的性质、目的和交易习惯履行通知、协助、保密等义务。该环节存在的主要风险是：本企业或合同对方当事人没有恰当地履行合同中约定的义务；合同生效后，对合同条款未明确约定的事项没有及时进行协商补充，导致无法正常履行合同；在合同履行过程中，未能及时发现已经或可能导致企业利益受损的情况，或未能采取有效措施；合同纠纷处理不当，导致企业遭受外部处罚、诉讼失败，损害企业利益、信誉和形象等。

主要管控措施如下。第一，企业应强化对合同履行情况及效果的检查、分析和验收，全面、适当地履行本企业的义务，敦促对方积极履行合同，确保合同双方全面、有效地履行合同。第二，企业应对合同对方的合同履行情况实施有效监控，一旦发现有违约可能或违约行为，应当及时提示风险，并立即采取相应措施将合同损失降到最低。第三，企业应根据需要及时补充、变更甚至解除合同。一是对于合同没有约定或约定不明确的内容，双方协商一致后对原有合同进行补充；无法达成补充协议的，按照国家相关法律法规、合同有关条款或者交易习惯确定。二是对于显失公平、条款有误或存在欺诈行为的合同，以及因政策调整、市场变化等客观因素已经或可能导致企业利益受损的合同，企业应按规定程序及时报告，并经双方协商一致，按照规定权限和程序办理合同变更或解除事宜。三是对方当事人提出中止、转让、解除合同，造成企业经济损失的，企业应向对方当事人书面提出索赔。第四，企业应加强合同纠纷管理，在合同履行过程中发生纠纷的，应当依据国家相关法律法规，在规定时效内与对方当事人协商并按规定权限和程序及时报告。合同纠纷经协商一致的，双方应当签订书面协议；合同纠纷经协商无法解决的，根据合同约定选择仲裁或诉讼方式解决。

企业内部授权处理合同纠纷时，应当签署授权委托书。纠纷处理过程中，未经授权批准，相关经办人员不得向对方当事人做出实质性答复或承诺。

23.2.4.7 合同结算

合同结算是合同管理的重要环节，既是对合同签订的审查，也是对合同执行的监督，一般由财会部门负责办理。该环节存在的主要风险是：违反合同条款，未按合同规定的期限、金额或方式付款；疏于管理，未能及时催收到期合同款项；在没有合同依据的情况下盲目付款等。

主要管控措施为：第一，财会部门应当在审核合同条款后办理结算业务，按照合同规定付款，及时催收到期欠款；第二，未按合同条款履约或应签订书面合同而未签订的，财会部门有权拒绝付款，并及时向企业有关负责人报告。

23.2.4.8 合同登记

合同登记管理制度体现了合同的全过程封闭管理，合同的签署、履行、结算、补充或变更、解除等事项都需要进行登记。该环节存在的主要风险是：合同档案不全，合同泄露，合同滥用等。

主要管控措施如下。第一，合同管理部门应当加强合同登记管理，充分利用信息化手段，定期对合同进行统计、分类和归档，详细登记合同的订立、履行、变更、终结等情况；合同终结时应及时办理销号和归档手续，以实行合同的全过程封闭管理。第二，企业应建立合同文本统一分类和连续编号制度，以防止或及早发现合同文本的遗失。第三，企业应加强合同信息安全保密工作，未经批准，任何人不得以任何形式泄露合同订立与履行过程中涉及的国家机密或商业秘密。第四，企业应规范合同管理人员的职责，明确合同流转、借阅和归还的职责权限和审批程序等有关要求。

【例 23-5】在 A 公司的众多供应商中，B 公司年供货量不到 100 万元，且和 A 全司有 2 年以上的合作经历。A 公司账面上欠 B 公司的货款一直维持在 20 万元左右。因为 A 公司账面上重点供应商的货款常常在 1 000 万元以上，所以 A 公司相关人员对账面上欠 B 公司的货款的日常管理并未给予足够的重视。受 2008 年国际金融危机的冲击，A 公司遭遇市场冲击，资金周转出现困难。“屋漏偏逢连夜雨”，A 公司接到法院通知，称 B 公司已向法院提起诉讼，要求 A 公司支付全部欠款 21 万元、违约金 3.5 万元及相关诉讼费用 2.5 万元，法院已冻结 A 公司的基本账户。A 公司财务部门按照公司合同惯例计算出应付给 B 公司的违约金不足 1 万元，因此，A 公司对 B 公司的违约金主张提出质疑，并决定打这场官司。然而，在向法院提供证据的过程中，A 公司在合同档案中未能找到 2008 年与 B 公司例行续签的经济合同。B 公司则提供了一份经 A 公司盖章的 2008 年的合同原件，其中在“其他约定事项”栏中有附加的手写条款——如果出现争议，由双方协商解决，在协商不成的情况下，由原告方提请人民法院依法解决；货款延期支付的，按银行贷款利率的 3 倍执行违约提高赔偿。据 A 公司相关业务人员回忆，在 2008 年年初办理与 B 公司的合同续签时，业务人员按照 A 公司法律顾问设计的范本将合同拟好并报领导审核。A 公司领导口头指示工作人员，在将合同空白项目填写完整后可以直接签章，业务人员一时疏忽未按领导要求修改合同，而是直接签章后向对方寄出合同，并要求对方盖章后回寄，但此后却又忘记了主动追回合同，导致未能拿到对方盖章确认的合同。业务人员确信，自己当时寄出的合同原件中的“其他约定事项”栏是空白的，并未添加上述手写条款，B 公司也从未要求 A 公司就上述事项做出承诺。显然，B 公司私下在合同上添加了所谓的“其他约定事项”。在经过律师论证、调查了解、赴异地出庭、当庭辩解、法官调解等诸多程序之后，法院判决 A 公司除需支付账面全部欠款 21 万元外，还应额外向 B 公司支付 6 万元的违约金及相关诉讼费用。

【分析】对本案例中 A 公司在与 B 公司签订合同前后的不合理操作的分析如下。第一，合同文本的内容和条款不完整。A 公司使用的合同文本是公司合同范本，条款中有“其他约定事项”等项目，但是为了针对不同供应商的不同需要，项目下的内容一般不固定，需要在具体谈判后根据双方的共同意见填列。如果没有其他约定就应该在此栏注明“此项空白”或“无其他约定事项”等字样。A 公司正是忽略了这一细节，使 B 公司有了可乘之机，进而篡改了合同。第二，合同审核不到位。A 公司领导在对合同进行审核后，虽然发现了合同内容不完整的问题，但只是口头提出修改建议，并没有将审核意见准确无误地加以记录也没有跟踪合同的实际修改情况，导致合同中的不当内容和条款未被纠正。第三，合同章管理不善。从一般意义上讲，在把握基本原则的前提下，与客户签订合同时主要以满足对方的合理要求为合同的行为导向，具体表现为合同文本的使用、异地合同谁先盖章等。在供大于求的市场环境下，供应方往往处于被动地位，合同谈判后一般先由供应商在合同上签章再传递给购买方。即使需要购买方先签章确认，购买方也应该关注合同的后续进展，要求对方在签章后将合同原件寄回。本案例中，A公司的业务人员没有将B公司签章的合同追回并归档，从而导致损失发生。

23.2.5 合同管理的后评估

合同作为企业承担独立民事责任、履行权利义务的重要依据，是企业管理活动的重要环节，也是企业风险管理的主要载体。为此，合同管理应用指引强调企业应当建立合同管理的后评估制度，至少于每年年末对合同履行的总体情况和重大合同履行的具体情况进行分析评估，对于分析评估中发现的合同履行中存在的不足，企业应当及时采取有效措施加以改进。

23.2.6 合同管理中的注意事项

随着市场竞争的加剧，企业经济合同管理的问题日益突出并受到广泛关注。任何一个经济合同对于当事人来说，都有一个约定权利和义务—履行义务—取得权利，即签约—生产（产品、服务）—清结的过程。只要这个过程的任何一环出了问题，而企业又不能及时发现和解决的话，就不可避免地要发生纠纷。企业在合同管理中应该把握现阶段合同管理中存在的问题及其产生的原因，同时对于这些问题的解决，企业应当有一定的思路和方法。

23.2.6.1 企业经济合同管理中存在的主要问题及原因

当前，企业在经济合同管理中存在着不少问题，这些问题主要表现在以下几个方面。

（1）经济合同管理工作流于形式

经济合同管理工作流于形式，为了应付检查，企业并没有把经济合同管理工作落到实处，也没有把经济合同管理作为一项重要的企业管理工作来开展，致使经济合同管理工作无法渗透到企业生产—销售的全过程。

（2）经济合同签约率不高

有的企业认为与其合同对方是老合作伙伴，碍于情面，搞口头上的“君子协议”，而不签订书面经济合同；有的企业怕麻烦，图简单或只签了内容、条款不全的形式合同；有的企业则为了偷逃税款（如印花税），故意不签书面合同。

（3）经济合同签订把关不严，签约随便，解约自由

视经济合同为儿戏，不依法签订经济合同，高兴就履约，不高兴就解约。需要变更或解除经济合同时，不按法定条件、法定期限和法定形式办理，打个电话或口头上打个招呼，简单了事。这些行为使得企业发生经济合同纠纷的风险很大。

（4）不懂法，不依法办事，违约不究，自我保护能力差

存在上述经济合同管理问题的主要原因如下。

（1）企业领导对经济合同管理的重要性认识不足，经济合同法律意识薄弱

企业领导只关注企业的经济效益，忽视了市场经济是法治经济、契约经济、合同经济，忽视了经济合同管理的重要性，尤其是对市场与合同、合同与合同管理、合同与合同法律这三对关系缺乏认识。

（2）外部经济、法制环境不完善，影响企业经济合同管理工作的开展

不少企业对市场销势、市场价格缺乏应有的敏感性与判断能力，不适应出现在经济关系中的市场价格波动与变化，更难形成根据市场价格变动而及时调整经营计划的能力。这就导致经济合同的订立、履行受制于市场销势和价格，合同纠纷大量产生，合同管理难度大。

另外，印花税的实施也给企业带来了一定的影响。

（3）多层次的经济合同管理网络尚未形成，使企业经济合同管理缺乏推动力

工商行政管理部门、业务主管部门、金融机构还没有形成在各司其职的同时又相互配合的多层次经济合同管理网络，使企业缺乏外部推动力。

（4）企业经济合同管理缺乏激励机制

现在除了工商行政管理部门大面积推行“重合同、守信用”活动以外，基本上没有什么明确有力的奖惩措施。

23.2.6.2　加强企业经济合同管理的对策

（1）企业领导应充分认识到企业经济合同管理是市场经济条件下企业管理的核心内容之一

企业应围绕着这个核心开展企业管理工作，只有正确地处理好了市场与合同、合同与合同管理、合同与合同法律这三对关系，合同管理才能真正到位，责任履行才能真正落实。

企业领导要熟悉经济合同法律知识。因此，企业要对在职的企业领导有计划地且分期、分批地进行培训，要把经济合同管理列入企业领导任期目标责任制的范围，使企业树立起以依法签约、依法履行为前导的依法经营思想，把抓经济合同管理放到与企业抓质量管理和产品开发一样重要的位置，把经济合同管理列入企业管理的议事日程中。

（2）建立、健全经济合同管理体系

现代企业的生产经营活动是一个极其复杂的过程，不能无章可循，否则，就会使经济合同管理处于自流失控的状态。企业必须结合自身的实际，建设具体、明确、切实可行的合同管理体系。这是企业经济合同管理中的一项基础工作，是搞好企业经济合同管理的保证和前提。

合同管理全过程的每个环节都应遵循以下制度。

①合同审查会签制度：明确经济合同的签约权，即洽谈权、审查权、会签权、批准权，并划为 4 道关口，由 4 种人员分别行使这 4 项权力。

② 授权委托制度：由于法定代表人不可能参与每一项经营活动、签订每一份合同，因此，企业必须建立这一制度，使业务承办人取得签订合同的合法资格，在授权范围和期限内依法签订合同。

③ 函电登记回复制度：来函、来电往往涉及合同具体的实质性的内容，甚至引起合同权利义务的变化转移，如不建立这一制度，企业就有可能在发生合同纠纷后变为被动方，甚至败诉。

④ 资信调查制度：也就是在正式签订合同前，由合同承办人就对方当事人的资金信用、主体资格、权利能力、履行偿付能力等情况进行全面的调查。

⑤ 合同变更、解除制度：企业如不依法变更或解除原订合同，就会违约并承担违约责任。合同变更、解除必须以书面形式，并在法律规定的期限内进行。

⑥ 合同台账登记、统计制度：企业应对经济合同的签订、履行、变更、解除等情况单独设立账簿，进行系统、全面、连续的记载和汇总，以反映合同履行过程的所有情况。

⑦ 印章保管制度：企业应加盖企业合同专用章、法人公章的空白合同文本以及法人授权委托书是企业对外签订合同时代表企业、具有法律效力的凭证。因此不能滥用印章，且印章必须由合同管理员统一编号、保管、使用。

⑧ 合同档案保管制度：企业应对已生效的合同文本、变更或解除后的协议、洽谈纪要、往来书信电函、邮寄凭证、货单、运单、产品说明书、质保书、合格证以及其他各种相关的凭证、原件或复印件等资料进行全面的搜集、汇总、统一保管，切实做到“一份合同，一份档案”。

⑨ 合同传递制度：其目的是将合同规定的内容能及时、准确地传递到需要履行合同义务的有关职能部门，以便各部门密切配合、通力协作，及时、实际、全面地履行合同。

⑩ 合同自查制度：企业必须对各部门签订的合同进行必要的检查。可定期与不定期开展检查工作，以便及时发现和纠正合同在履行过程中出现的问题。

⑪ 奖惩考核制度：合同的奖惩制度必须与内部经济责任制挂钩。凡忠于职守、认真工作、严格执行各项合同管理制度，并取得显著成绩的，应及时表彰，予以奖励；反之，则根据情节严重程度、责任大小和后果，分别予以处罚。

同时，在运行过程中，企业也应对合同管理体系进行动态控制，检查该体系是否适应合同管理的需要和市场需要，对于不适应部分，企业应及时进行调整，不断完善。

（3）把好经济合同的签订关和审查关

在经济合同管理中，把好经济合同的签订关和审查关是关键。它是提高经济合同履约率的重要保证。企业应对合同业务人员提出“六要”“六防”的签约要求。

六要：主要条款要完备，合同内容要合法，权利义务要对等，经济责任要明确，文字表达要清楚，签约手续要齐全。

六防：防止草率签约，不订“扯皮合同”；防止强加于人，不订“霸王合同”；防止越权代理，不订“衙门合同”；防止资信不明，不订“空头合同”；防止不正之风，不订

“后门合同”；防止投机钻营，不订“违法合同”。

企业经济合同的审查部门和企业法律顾问在审查经济合同时，应从合同当事人的资格合格性、意思表示真实性、合同内容合法性 3 个方面进行审查，以确保经济合同符合法律要求，减少纠纷和避免不必要的经济损失。

（4）积极参加工商行政管理部门组织的“重合同、守信用”活动

从经济活动的角度看，企业在签订合同、履行合同中重合同、守信用，是企业在激烈的市场竞争中赖以生存并得以发展的重要前提，直接关系到企业的经济效益和社会效益；从法律角度看，依法签约和依法履约是法律要求企业所必须承担的法定义务，是企业依法从事生产经营活动的综合反映。所以，企业应当围绕“重合同、守信用”和提高履约率开展经济合同管理工作。企业应当自觉地参加这项活动，接受合同管理机关的检查和考核，争取“重合同、守信用”单位的荣誉。

有条件的企业要加快企业局域网建设，创建良好的信息共享平台，以努力推进管理手段现代化。一些合同，尤其是需要民主管理和民主监督的合同，可以在局域网内实现信息资源共享，以监督合同的时效性和履约率。

（5）要为企业创造良好的外部环境

一些重要的关于商品经济与市场的法律，如《公司法》等，尽管对我国的改革开放、市场经济发展起到了极重要的作用，但其尚有不完善之处。这在一定程度上加大了经济合同管理的难度。

各专业银行要通过信贷管理和结算管理，加强对企业经济合同管理的监督，要避免不正当的竞争，杜绝企业多头开户；对于企业间的托收承付，必须审查相关合同，以免乱拒付、乱支付，给企业造成不应有的损失；要实行“倾斜”政策，对“重合同、守信用”的单位，给予优先贷款、优惠利率。

（6）工商行政管理部门要加强企业经济合同管理工作

工商行政管理部门要进一步增强为企业服务的意识；要宣传经济合同相关法律，定期培训企业领导，专、兼职经济合同管理员和业务人员；要帮助企业搞好经济合同管理，搞好经济合同法律咨询服务工作，为企业排忧解难。

（7）依靠法律保障经济合同的履行

作为市场运行秩序基础的法律尊严和契约约束力的强化，是通过处理和解决合同纠纷而实现的。因此，执法部门必须严格执法，真正做到有法必依、违法必究、执法必严，保护和支持企业依法办事，让法律起到为企业依法生产和经营护航的作用，促进企业经济合同履行率的提高。

23.2.7　加强合同管理的意义

按照现代企业理论，企业的本质就是一系列合同的联合体。企业通过合同将其与股东、债权人、供应商、消费者、职工以及政府等有机地联合在一起。合同管理贯穿于企业各项

经营、投资和筹资活动的始终，做好合同管理，实际上在很大程度上就做好了企业资金资产管理、采购销售管理、担保管理等多项业务管理。加强合同管理对于企业防范和降低合同风险、促进长期可持续发展具有重要意义。

23.2.7.1 加强合同管理有助于企业防范法律风险，维护合法权益

企业在日常经营活动中所面临的一个重大风险便是法律风险，防范和降低法律风险一直是企业内部控制和风险管理的重要内容。在市场经济条件下，企业为了实现自身利益最大化，在参与社会经济活动时与其他合同当事人产生利益冲突在所难免。合同作为调节企业和其他组织或个人之间经济活动关系的依据，能够以法律形式规范企业在合同订立与履行过程中的行为，保护了合同当事人的合法权益。有效的合同管理，一方面能够增加企业信用，推动企业自觉履行合同义务，预防经济纠纷，防止招致不必要的经济损失；另一方面能够在经济纠纷产生时，保护企业在合同中的预期利益和交易成果，维护企业的合法权益不受违约方侵害。

随着我国经济改革的深入，各类新型经济业务层出不穷，行纪合同、居间合同等新型合同也应运而生，即使是买卖合同、借款合同、保管合同等一些常见的合同也趋向复杂化。对合同实施有效的内部控制管理，有助于企业增强应变、发展和竞争能力，促使企业在竞争中提高预见能力、减少失误，使其管理活动符合国家法律要求，从根本上维护企业在合同中的合法权益。

23.2.7.2 加强合同管理有助于企业降低经营风险，提高经营管理水平

一个企业经营管理水平的高和低主要体现在供、产、销或者资金的筹集与运用等多环节的衔接上。如果制造企业原材料供应不及时，或者质量不合格，就会影响生产；如果生产的安排不以合同信息为基础，生产产品的规格、数量、质量等与销售环节相脱节，就会影响销售；如果销售计划无法完成，销售合同不能正常履行，销售收入不能合理兑现，则企业的整个资金流和下一个供、产、销循环都将受到影响，企业的价值创造将无从谈起。合同是企业生产经营活动的先导，是计划安排的依据。合同管理贯穿于企业对一系列活动进行组织、监督和检查的全过程。有效利用合同管理能够协调企业内部各方的关系，有利于提高企业经营管理水平、提升企业竞争力、降低经营风险、促进企业可持续发展。

23.2.7.3 加强合同管理有助于企业控制财务风险，提升资金使用效率

在世界经济高速发展的今天，企业已经越来越多地参与到金融活动中去，能否通过合同管理有效控制金融和财务风险关系到企业的生死存亡。2008 年的金融危机为我们敲醒了警钟，过度运用金融杠杆、无视金融风险、盲目追求高收益必将把企业引入破产的深渊。有效利用合同管理，对复杂金融合同制定对冲策略，有效监控和计量财务风险，则能够合理保证合同目标与企业财务战略目标相协调，控制企业的投融资风险。同时，有效的合同管理能够帮助企业节省交易时间、降低交易成本、保证交易正常进行、加速资金周转、减少费用，以最少的消耗获取最大的收益，提升企业资金使用效率。

23.3 实务案例：ZSY 合同管理的内部控制体系

（一）项目背景

ZSY 股份公司（简称 ZSY）每年签订各类商业合同的数量为 15 万份左右，标的金额为 2 500 亿元左右。这些合同的覆盖率很高，是 ZSY 的生产经营正常运转的法律保障。合同管理是公司经营管理基础工作的重要内容，通过加强合同管理，规范公司合同的订立和履行，能够有效地防范风险、优化管理、降低成本、提高效益。ZSY 自重组上市以来，一直把合同管理作为法律工作的重中之重，致力于不断提高管理水平。1999 年，ZSY 委托 WR 公司开发合同管理系统，并经历了第一版静态、第二版动态，目前，ZSY 已基本实现合同管理办公自动化，正在向信息化管理的方向发展。截至 2006 年，ZSY 已在股份公司范围内全面推行合同管理系统，欲在 2007 年在集团公司内试行。针对 ZSY 提出的研究需求，研究课题组提出了 3 个研究子方向：合同信息管理、合同风险管理和合同绩效管理。这 3 个方向相辅相成，在分析合同管理系统信息项的基础上，将数据加工、提炼成信息解释性指标和现实性指标，结合法律人员的专业知识，将数据转变成管理信息。企业通过实时监测指标和定期汇总指标，来监控企业的合同管理风险。最后合同管理的效果要通过绩效测评来体现。

（二）ZSY 合同管理历程

ZSY 对外交易量大、交易类型复杂、管理层次多，因此，优化合同管理机制，对其防范控制交易的法律风险、提高交易效率和管理水平具有重要意义。ZSY 在总结以往合同管理经验教训的基础上，重点突出了合同管理制度化、标准化和信息化建设。

一是完善合同管理制度。根据合同管理的实际需要，强化了合同选商、谈判、审查、订立、履行等合同管理主要环节的制度建设，从制度层面明确了合同管理职责、权限、流程等内容，实现了合同管理全过程的制度覆盖，加强了对合同管理薄弱环节的控制，解决了合同管理中存在的重订立轻履行、重实体轻程序、重业务轻法律、重效率轻安全等弊端。

二是推进合同文本标准化。石油行业合同专业化程度高，不同企业的交易类型、交易方式和交易条件有共同规律，分散制作文本效率低、风险大。2002 年以来，ZSY 本着整合资源、提高效率、减少关联交易矛盾、防范法律风险的原则，组织编制主要业务领域的 53 个合同示范文本，明确规定其下属企业在文本使用过程中，对必备条款的修订必须征得法律部门同意。这有效地避免了滥签合同现象的出现。

三是打造合同管理信息化工程。2004 年以来，ZSY 和国际著名软件公司 WR 公司合作，研究开发了股份公司合同管理信息系统，在合同文本标准化的基础上，搭建了总部与地区公司之间的合同管理信息化平台，实现了合同立项、选商、审查、审批、履行、归档和信息数据统计分析等环节的网上运行。合同管理机制的优化，有效地规范了交易行为，提高了交易质量和工作效率，降低了交易成本，提高了交易管理透明度，同时对反腐倡廉也起到了积极作用。

（三）ZSY 合同管理内部控制中的风险

（1）组织结构风险。该项又细分为合同管理体制、专门合同管理机构的设置情况、合同管理部门功能的健全性、外聘企业法律顾问 / 律师的能力 4 个子项。合同管理体制主要考察合同管理体制是否与股份公司和地区公司的发展相符合。从目前来看，合同管理体制主要有分级授权管理体制和集中管理体制两种。两种体制各有利弊，关键看合同管理体制是否能促进地区公司的发展，能否保障地区公司的运营。专门合同管理机构的设置情况考察地区公司设置专门的合同管理机构的情况，有少数地区公司至今尚未配备专职的法律人员，无需单独设置专门的法律机构，所以考察此项有助于掌握合同管理机构的设置情况；合同管理部门功能的健全性主要考察合同管理部门功能的完备性。外聘企业法律顾问律师的能力主要考察法律机构中外聘人员的素质对于合同管理水平的影响。

（2）人力资源风险。

该项包含公司负责人的法律意识、合同管理部门负责人的法律知识和法律工作经验、合同管理人员的业务操作能力、相关部门对法律工作的支持程度、法律人员配备的充足性、法律队伍的稳定性 6 个子项。前 4 项分别从公司负责人、合同管理部门负责人、合同管理人员、相关部门人员的角度，即从高层决策者、中层管理者、基层操作者、相关人员的角度，来考察他们对法律工作尤其是合同管理工作的影响程度。这是一个纵横交错、由上到下的评价过程。另外，ZSY 还考虑了人员数量、人员稳定性的问题。

（3）合同管理制度风险

该项包含制度健全程度、制度明确程度、制度动态调整性、制度和谐性 4 项内容。制度健全程度考察制度的全面性。制度明确程度考察制度的明晰性。制度动态调整性着重考察随时间发展，制度能否及时调整，以减轻制度与实践的不适应情况。制度和谐性重在考察有无政出多门、相互矛盾的情形。

（4）合同管理业务流程风险

业务流程的规范性、业务流程的效率性、业务流程的可操作性、业务流程的有效性 4 个子项可能存在的问题组成了合同管理业务流程风险。业务流程的规范性以考察各地区公司所制定的合同管理业务流程是否符合公司规定和管理要求为主。业务流程的效率性考察合同管理业务流程的便捷性。业务流程的可操作性主要考察所制定的业务流程是否符合管理实践，有无不合理之处。业务流程的有效性着重考虑流程的操作效果，业务流程能否有效地防范预计到的合同管理中的各种风险。

（5）合同管理系统风险

此项又细分为信息及时性、可靠性、有用性和网络安全性 4 项。对于信息而言，传递的及时性、来源的可靠性、决策的有用性是信息的重要特点和应达到的基本要求，利用网络来对合同业务进行操作，信息的网络安全性也成为 ZSY 建设合同管理系统时应考虑的一个方面。

（6）标准文本风险。

标准文本是 ZSY 为了提高合同管理效率、改善合同管理质量而专门制定的各类合同的示范文本，其影响重大，意义深远。ZSY 单独考察标准文本。标准文本风险重点考虑了标准文本的全面性、内容的明确性、适用范围的明确性、对合同管理实践的适用性 4 个方面。首先考察标准文本是否覆盖了合同业务的全部领域，其次考察标准文本的质量高低，然后考察标准文本的适用范围是否明确，有无发生适用错误的情形，最后考察标准文本与实践是否相符。

第24章 企业内部控制应用指引第17号——内部信息传递

24.1 法规原文

企业内部控制应用指引第17号——内部信息传递

第一章 总 则

第一条 为了促进企业生产经营管理信息在内部各管理层级之间的有效沟通和充分利用，根据《企业内部控制基本规范》，制定本指引。

第二条 本指引所称内部信息传递，是指企业内部各管理层级之间通过内部报告形式传递生产经营管理信息的过程。

第三条 企业内部信息传递至少应当关注下列风险。

（一）内部报告系统缺失、功能不健全、内容不完整，可能影响生产经营有序运行。

（二）内部信息传递不通畅、不及时，可能导致决策失误、相关政策措施难以落实。

（三）内部信息传递中泄露商业秘密，可能削弱企业核心竞争力。

第四条 企业应当加强内部报告管理，全面梳理内部信息传递过程中的薄弱环节，建立科学的内部信息传递机制，明确内部信息传递的内容、保密要求及密级分类、传递方式、传递范围以及各管理层级的职责权限等，促进内部报告的有效利用，充分发挥内部报告的作用。

第二章 内部报告的形成

第五条 企业应当根据发展战略、风险控制和业绩考核要求，科学规范不同级次内部报告的指标体系，采用经营快报等多种形式，全面反映与企业生产经营管理相关的各种内外部信息。

内部报告指标体系的设计应当与全面预算管理相结合，并随着环境和业务的变化不断进行修订和完善。设计内部报告指标体系时，应当关注企业成本费用预算的执行情况。

内部报告应当简洁明了、通俗易懂、传递及时，便于企业各管理层级和全体员工掌握相关信息，正确履行职责。

第六条 企业应当制定严密的内部报告流程，充分利用信息技术，强化内部报告信息集成和共享，将内部报告纳入企业统一信息平台，构建科学的内部报告网络体系。

企业内部各管理层级均应当指定专人负责内部报告工作，重要信息应及时上报，并可以直接报告高级管理人员。

企业应当建立内部报告审核制度，确保内部报告信息质量。

第七条　企业应当关注市场环境、政策变化等外部信息对企业生产经营管理的影响，广泛收集、分析、整理外部信息，并通过内部报告传递到企业内部相关管理层级，以便采取应对策略。

第八条　企业应当拓宽内部报告渠道，通过落实奖励措施等多种有效方式，广泛收集合理化建议。

企业应当重视和加强反舞弊机制建设，通过设立员工信箱、投诉热线等方式，鼓励员工及企业利益相关方举报和投诉企业内部的违法违规、舞弊和其他有损企业形象的行为。

第三章 内部报告的使用

第九条　企业各级管理人员应当充分利用内部报告管理和指导企业的生产经营活动，及时反映全面预算执行情况，协调企业内部相关部门和各单位的运营进度，严格绩效考核和责任追究，确保企业实现发展目标。

第十条　企业应当有效利用内部报告进行风险评估，准确识别和系统分析企业生产经营活动中的内外部风险，确定风险应对策略，实现对风险的有效控制。

企业对于内部报告反映出的问题应当及时解决；涉及突出问题和重大风险的，应当启动应急预案。

第十一条　企业应当制定严格的内部报告保密制度，明确保密内容、保密措施、密级程度和传递范围，防止泄露商业秘密。

第十二条　企业应当建立内部报告的评估制度，定期对内部报告的形成和使用进行全面评估，重点关注内部报告的及时性、安全性和有效性。

24.2　原文讲解

《企业内部控制应用指引第 17 号——内部信息传递》（后文简称《内部信息传递应用指引》）共 3 章、12 条。这 3 章对企业内部信息传递进行了详细的规范。内部信息传递是企业管理层了解和掌握企业经营动态最有效的方式之一。内部信息传递可以有效地促进企业内部各管理层级之间的沟通，但是如果企业内部信息传递管理不善，也会引发诸如内部信息传递不及时、不畅通，泄露商机机密等事件。这就可能导致企业管理层决策失误、相关政策难以落实，甚至会削弱企业的核心竞争力。因此，企业实施内部控制时，必须加强对企业内部信息传递的控制。

本小节将按照《内部信息传递应用指引》的内容对企业内部信息传递的内部控制进行详细的解读。

24.2.1　内部信息传递概述

《内部信息传递应用指引》中的内部信息传递是指企业内部各管理层级之间通过内部报告形式传递生产经营管理信息的过程。《企业内部控制基本规范》十分重视信息与沟通这一控制要素，多次强调内部信息传递的重要性。

内部信息传递环节主要存在以下重要风险：一是如果企业内部报告系统缺失、功能不健全、内容不完整，可能会影响生产经营的有序运行；二是如果内部信息传递不通畅、不及时，则可能导致企业决策失误、相关政策措施难以落实；三是如果内部信息传递中泄露商业秘密，可能削弱企业核心竞争力。

针对这些重要风险，《内部信息传递应用指引》要求企业建立科学的内部信息传递机制，明确内部信息传递的内容、保密要求、密码分类、传递方式、传递范围以及各管理层级的职责权限等，促进内部报告的有效利用，充分发挥内部报告的作用。一是企业应当根据发展战略、风险控制和业绩考核要求，科学规范不同级次内部报告的指标体系，采用经营快报等多种形式，全面反映与企业生产经营管理相关的各种内外部信息。二是企业应当制定严密的内部报告流程，充分利用信息技术，强化内部报告信息集成和共享，将内部报告纳入企业统一信息平台，构建科学的内部报告网络体系。三是企业应当拓宽内部报告的渠道，通过落实奖惩措施等多种有效方式，广泛收集合理化建议。四是企业应当重视内部报告的使用。企业各级管理人员应当充分利用内部报告管理和指导企业的生产经营活动，及时反映全面预算执行情况，协调企业内部相关部门和各单位的运营进度；企业应当有效利用内部报告进行风险评估，准确识别和系统分析企业生产经营活动中的内外部风险，确定风险应对策略，实现对风险的有效控制。

24.2.2 企业内部信息的主要形式

企业内部信息到底是什么？目前还没有统一定论。从不同的侧面分析，对其的描述也不同。信息主要是为消除不确定的东西而存在，因此，对于企业内部信息来说，主要有以下几种来源。

24.2.2.1 企业主业务管理运营所产生的信息

企业的运作是从企业定位开始的。企业通过定位企业发展战略和方向，将企业目标分解成结构化的目标体系，然后通过企业内部运营体系实现企业目标。在这个过程中，所有的程序文件（不管是流程或是其他形式）、作业指导书、工作记录、外来协助文件等都是信息的一个重要组成部分。

24.2.2.2 企业主业务监控所产生的信息

企业要在运行过程中形成闭环，除了严密的程序外，更需要对运行过程进行监督与控制。企业通过对目标和计划的跟踪监督和控制，以实现程序的有效运行，是企业执行监控的一种体现。企业管理者必须注重在这些过程中所产生的信息。

24.2.2.3 重大评审或不确定评审所产生的信息

企业发展状况是不断变化的，因此企业必须定期或不定期地接受评审。由此产生的信息是企业解决问题的一种支持，所以企业必须对该类信息加以共享和控制。

【例 24–1】JH 集团 2013 年、2014 年和 2015 年分别虚增收入 1 726 万元、8 755 万元、1.6 亿元。2015 年虚构 3 亿元银行存款，且未披露借款 3 亿元并质押的信息。2016 年 4 月 21 日，利安达会计师事务所（以下简称利安达）出具审计报告，对 JH 集团 2013 年度至 2015 年度财务报表发表了标准无保留意见。JH 集团通过虚构业务，虚增收入 2.64 亿元，利用第三方借款和票据质押，虚构银行存款 3 亿元。

【分析】在浙江证监局已提示关注 3 亿元定期存单的情况下，利安达未执行有效审计程序，审计结论仍为“未见异常情况”。利安达在审计前，未取得充分的供应商与客户实际交易情况的确认资料，缺少客户销货合同、发票、发货单、收款凭证等证明供应商收入的相关证据；审计时未发现 JH 集团收入的真实性存在问题。以上案例充分说明重大评审对于发现企业舞弊行为造假有重要意义。

24.2.2.4　企业重大决策或决定所产生的信息

企业的运作与决策是相辅相成的，决策需要运作来落实，同样运作需要决策的支持。

24.2.2.5　重大失误或突发事件所产生的信息

对于内部管理运营中出现的与重大失误或突发事件相关的信息，企业必须及时反馈和共享。一次工作失误、一次工作事故或者一个小小的错误，都有可能影响企业的管理运营。

【例 24–2】2008 年年初，某会计师事务所在对甲公司 2007 年年报进行审计时发现：该公司 2006 年、2007 年的销售收入分别为 4 563 万元、5 323 万元，呈上升趋势；而废旧物资销售的数量分别是 863 吨、510 吨，废旧物资销售的收入分别是 78 万元、40 万元，呈下降趋势。正常情况下，生产过程中产生的边角料等废旧物资应该与生产规模同比例增长或下降。此后，该事务所发现物资处处长、综合室主任、仓库主任、废旧回收站站长、计划员 5 人为了小团体的利益，擅自决定出售、截留废旧物资 400 吨，款项 30 余万元。截至审计时，这 5 人已经将私自出售和截留废旧物资所得的销售收入私分，同时擅自决定降价销售废旧物资，给该公司造成损失 20 万元。

【分析】该案例暴露的与内部报告有关的问题：一是内部报告单据管理混乱；二是物资处等单位不遵守内部信息传递程序，对废旧物资的管理缺乏定期报告制度，致使物资处处长钻了空子。该案例主要起因是物资处主要领导的一个错误决定，参与的另外 4 个人没有按岗位职责和规章制度予以抵制。看似微小的一次工作事故，却说明该公司的内部控制存在严重缺陷。

24.2.3　建立信息收集、加工机制

企业应当对收集的各种内部信息和外部信息进行合理筛选、核对、整合，提高信息的有用性。从内部信息来讲，要求企业根据经营目标等建立与其经营活动相适应的信息系统，持续性地收集经营活动所生成的各种信息。企业应当通过财务会计资料、经营管理资料、

调研报告、专项信息、内部刊物、办公网络等渠道获取内部信息。从外部信息来讲，要求企业通过行业协会组织、社会中介机构、业务往来单位、市场调查、来信来访、网络媒体以及有关监管部门等渠道获取外部信息。由于所收集的各种信息来自不同的渠道和信息源，属于零散的、非系统的，所以企业必须对所收集的信息进行必要的筛选、整理和加工，以提供给有关方面使用。

24.2.4 内部信息传递流程

企业的内部控制活动离不开信息的沟通与传递。企业在经营管理过程中，需要不断按照某种形式辨别、取得确定的信息，并进行传递和沟通，以使各部门人员能够履行其责任。这些信息包括：员工从管理人员处获得的履行其职责的信息，上级部门从下级部门获得的生产经营情况的信息，各部门开展业务时从同级其他部门获得的便于其开展业务的信息等。根据信息传递介质的不同，可将内部信息传递的方式分为自上而下、自下而上和平行传递 3 种方式。

内部报告是相对于外部报告而言的，是企业在管理控制系统运行中为企业内部的各级管理层以定期或非定期方式记载企业内部信息的各种图表和文字资料。内部报告在企业内部控制中起着非常重要的作用：一方面，内部报告可以为管理层提供更多的企业信息，为管理层做出更加科学合理的决策奠定基础；另一方面，内部报告也可以检查并反馈现行管理政策在执行过程中出现的问题，从而实现对管理政策和企业员工执行情况的有效监督。

图 24-1 列示的企业内部信息传递流程具有通用性。企业在实际操作过程中，应该充分结合自身业务特点和管理要求，构建和优化内部信息传递流程。

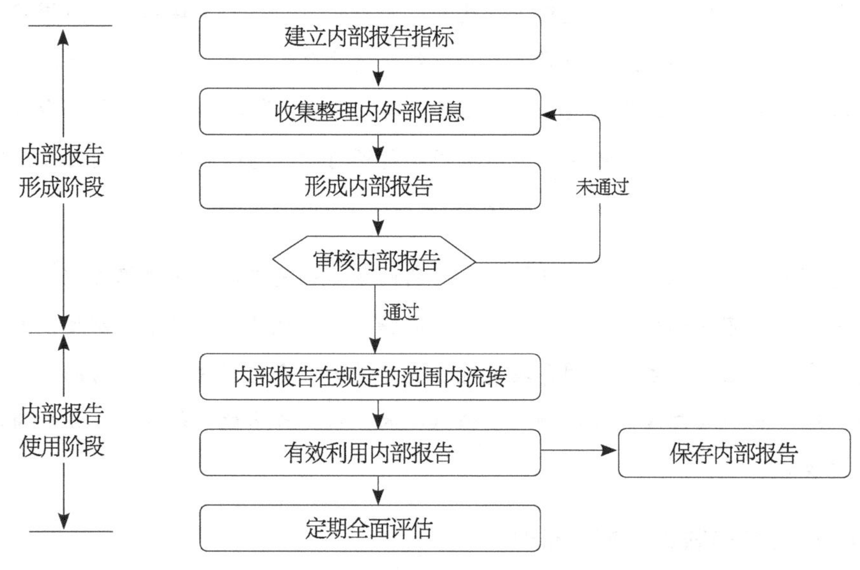

图 24-1 企业内部信息传递流程

24.2.5 完善信息传递机制

信息传递的最终目标在于使用，为企业经营目标的实现服务，处于内部控制之中的信息则必须服务于内部控制及其有效性。为了提高内部控制的有效性，企业必须完善以下两个方面。

24.2.5.1　信息的内部传递

企业应当将相关信息在企业内部各管理级次、责任单位、业务环节之间进行内部传递。企业一方面要完善信息向下传递的机制，使企业内部参与经营活动的各个方面和全体人员了解企业实现经营目标方面的信息，明确各自的职责，了解自身在内部控制体系中的地位和作用；另一方面要完善信息向上传递的机制，使全体员工能够及时将其在企业经营活动中所了解的重要信息向管理层及董事会等方面传递；此外，还须建立信息横向传递机制，特别是要使信息在管理层与企业董事会及其委员会之间进行传递。

【例 24–3】DH 公司是专注于新型高强度功能玻璃制造技术的研究和特高压输变电绝缘器材开发的大型企业。该公司通过持续的技术创新，逐步在玻璃绝缘材料制造、玻璃绝缘子产品制造和玻璃绝缘子工业外观设计 3 个领域内形成了 7 项核心专有技术。DH 公司内部信息传递的控制措施的优势在同行业中十分突出。DH 公司根据发展战略、风险控制和业绩考核要求构建指标体系，合理设置关键信息指标和辅助信息指标，并及时进行补充和完善。DH 公司在进行内部信息传递时，明确传递对象，有选择性和针对性地将信息传递到用户手中；建立科学合理的内部报告评估制度，定期组织对内部报告的形成和使用情况的全面评估工作，重点关注内部报告的及时性、安全性和有效性。

24.2.5.2　信息的外部沟通

企业应当建立良好的外部沟通渠道，加强与外部投资者、客户、供应商、中介机构和监管部门等有关方面的沟通和反馈。企业在进行外部沟通时应重点关注以下方面。

① 加强与投资者之间的沟通，根据有关法律、行政法规和企业章程，建立本企业的信息披露政策与程序，及时、公平地向投资者披露企业的战略规划、经营成果、投融资计划、年度预算、重大财务担保、合并分立、资产重组、财务状况、经营成果、利润分配方案等方面的信息。

② 加强与客户的沟通，通过座谈会、走访等形式，采集客户对消费偏好、销售政策、产品质量、售后服务、货款结算等方面的意见和建议，及时发现并处理存在的问题。

③ 加强与供应商的沟通，通过供需见面会、订货会、业务洽谈会等与供应商就供货渠道、产品质量、技术性能、交易价格、信用政策、结算方式等问题进行沟通，及时发现并处理存在的问题。

④ 加强与监管机构的沟通，及时了解监管要求，积极反映诉求和建议。

⑤ 加强与注册会计师的沟通，听取注册会计师对内部控制等方面的建议，保证内部控制的有效运行。

⑥ 企业应当根据有关法律、行政法规要求和管理需要，与律师保持有效沟通。

24.2.6 企业内部信息传递的主要风险和管控措施

24.2.6.1 建立内部报告指标体系

内部报告指标体系是否科学直接关系到内部报告反映的信息是否完整和有用。这就要求企业应当根据自身的发展战略、风险管控和业绩考核特点，系统、科学地规范不同级次的内部报告指标体系，合理设置关键信息指标和辅助信息指标，并将指标体系与全面预算管理等相结合，同时应随着环境和业务的变化不断对内部报告指标体系进行修订和完善。在设计内部报告指标体系时，企业应当根据内部各“信息用户”的需求选择信息指标，以满足其经营决策、业绩考核、企业价值与风险评估的需要。

该环节存在的主要风险是：指标体系的设计未能结合企业的发展战略，指标体系的级次混乱，与全面预算管理要求脱节；指标体系设定后，企业未能根据环境和业务的变化对其进行调整。

主要管控措施如下。第一，企业应认真研究企业的发展战略、风险控制要求和业绩考核标准，根据各管理层级对信息的需求，建立一套级次分明的内部报告指标体系。企业明确的战略目标和具体的战略规划为内部报告控制目标的确定提供了依据。第二，企业在内部报告的控制指标确定后，应对指标进行细化、层层分解，使企业中各责任中心及各相关职能部门都有自己明确的目标，以利于控制风险和业绩考核。由此可见，企业的战略目标、战略规划，内部报告的控制目标，各责任中心以及各职能部门的控制目标，是一个通过内部信息传递而相互联系、不断细化的体系。第三，内部报告需要依据全面预算的标准进行信息反馈，将预算控制的过程和结果报告给企业内部管理部门，以有效控制预算执行情况、明确相关责任、以科学的方式考核业绩；根据新的环境和业务，调整决策部署，以更好地规划和控制企业的资产和收益，实现资源的有效配置和管理的协同效应。

24.2.6.2 收集内外部信息

为了随时掌握有关市场状况、竞争情况、政策变化及环境的变化，保证企业发展战略和经营目标的实现，企业应当完善内外部重要相关信息的收集机制和传递机制，使相关人员能够及时获得重要信息并向上级呈报。企业可以通过行业协会组织、社会中介机构、业务往来单位、市场调查、来信来访、网络媒体以及有关监管部门等渠道，获取外部信息；通过财务会计资料、经营管理资料、调研报告、专项信息、内部刊物、办公网络等渠道，获取内部信息。企业应当广泛收集、分析、整理内外部信息，并通过内部报告传递到企业内部相关管理层级，以便及时采取应对策略。

该环节存在的主要风险是：收集的内外部信息过于散乱，不能突出重点；内容准确性差，据此信息进行的决策容易误导经营活动；获取内外部信息的成本过高，违反了成本效益原则。

主要管控措施如下。第一，企业应根据特定服务对象的需求，选择信息收集过程中重点关注的信息类型和内容。为特定对象、特定目标服务的信息，具有更高的适用性，对于使用者来说具有更现实、更重要的意义。因此，企业应根据信息需求者的要求按照一定的标准对信息进行分类汇总。第二，企业应对信息进行审核和鉴别，对已经筛选的资料做进一步的检查，确定其真实性和合理性。企业应当检查信息在事实与时间上有无差错，是否合乎逻辑，其来源单位、资料份数、指标等是否完整。第三，企业应当在收集信息的过程中考虑获取信息的便利性及获取成本的高低。如果需要以较大代价获取信息，则企业应当权衡其成本与信息的使用价值，确保所获取的信息符合成本效益原则。

【例 24-4】A 公司自 2013 年改制上市至 2016 年，其年度会计报表审计一直委托 B 会计师事务所负责。然而，在 2016 年的 A 公司年度会计报表审计过程中，B 会计师事务所未能发现 A 公司的虚构利润问题，对 A 公司年度会计报表出具了标准的无保留意见审计报告，存在重大过失。该事务所没能通过 2017 年度证券期货相关业务许可证年检，然后于 2018 年 2 月又被政府有关主管部门予以撤销会计师事务所和吊销相关注册会计师执业资格的行政处罚。

【分析】导致 A 公司审计失败的内部信息包括：从原料购进到生产、销售、出口涉及全部单据，包括采购原料合同、购货发票、银行汇款单、出口销售合同等 200 多份财务关键资料均是伪造的；上市公司的法人治理结构不健全，“一股独大”“内部人控制”的问题严重。

导致 A 公司审计失败的外部信息包括：安排的审计人员不能满足专业胜任能力的要求，在质量控制上未能切实履行多级复核程序；现行的行业监管方式使监管部门难以达到监管目标等。

24.2.6.3　编制及审核内部报告

内部报告的范围十分广泛，按性质一般分为以下 4 类：一是与对外合同相关的内部报告，如有关对外投资合同、担保合同、债权债务重组合同以及管理类合同签订过程中的系列报告等；二是管理类内部报告，如股东会、董事会会议纪要、内部职能部门重大调整、人力资源情况、成本定额、定期财务报表等；三是研究调查类内部报告，既包括对市场、客户等进行调查形成的报告及对有关产品进行研究开发形成的报告，也包括对内部生产经营过程中出现的异常情况进行调查、分析形成的报告；四是完成经营计划情况类内部报告，包括资本经营决策、资产经营决策、商品经营决策和生产经营决策 4 个层次。内部报告通过完整地反映企业完成计划情况的实际信息，为企业的下一步发展提供依据。在各类内部报告之下，还可以进行细分。其中，为便于管理内部报告，重要的细分方式是按金额或程序对各类内部报告进行再分类，以明确内部报告从提供者到接受者所历经的各部门、分管领导等。另外，内部报告按时间还可以分为定期报告（如成本月度进度表、年度财务报表等）、即时报告（如经营快报等）。

企业各职能部门应对收集到的有关资料进行筛选、抽取，然后根据各管理层级对内部报告的信息需求和先前制定的内部报告指标体系建立各种分析模型，提取有效数据并进行反馈汇总。在此基础上，对分析模型进行进一步改造，分析资料，起草内部报告，形成总结性结论，并提出相应的建议，从而对发展趋势、策略规划、前景预测等提供重要的分析指导，为企业的效益分析、业务拓展提供有力的保障。因报告类型不同、反映的信息特点不同，企业各类内部报告的格式也不尽相同。一般情况下，企业内部报告应当包括报告名、文件号、执行范围、内容、起草或制定部门、报送和抄送部门及时效要求等内容。

该环节存在的主要风险是：未能根据各使用单位的需求编制内部报告，报告内容不完整、编制不及时，未经审核即向有关部门传递。

主要管控措施如下。第一，企业内部报告的编制单位应紧紧围绕内部报告使用者的信息需求，以内部报告指标体系为基础，编制内容全面、简洁明了、通俗易懂的内部报告，便于企业各管理层级和全体员工掌握相关信息、正确履行职责。第二，企业应合理设计内部报告编制程序，提高编制效率，保证能在第一时间将内部报告提供给相关管理部门；对于重大突发事件应以速度优先，尽可能快地编制出内部报告，并向董事会报告。第三，企业应当建立内部报告审核制度，设定审核权限，确保内部报告的信息质量。企业必须对岗位与职责分工进行控制，内部报告的起草与审核岗位分离，内部报告在传递前必须经签发部门负责人审核。对于重要信息，企业应当委派专门人员对其传递过程进行复核，确保信息正确地传递给使用者。

【例 24-5】深圳市 ××× 电子科技有限公司 2016 年内部审核总结报告（节选）

尊敬的总经理 / 各部门负责人：

自 2016 年所有管理规定发布后，我部于 2016 年 4 月 18 日实施的第一次内部审核（简称内审）得到了公司领导和各部门的大力支持和配合，因此，本次审核工作已顺利完成，在此对各位表示感谢。

① 内审目的：依据部门流程规定，公司对其管理体系进行内部审核，认清优势，找出不足，必要时提出纠正与预防措施和建议，以不断完善和改进本公司管理体系。

② 内审范围：本公司质量手册中涉及质量管理体系运作的相关部门及要素（5.6 条款除外）。

③ 内审依据为 ISO9001：2015 标准，本公司质量体系文件，客户要求和法律法规，客户订单。

④ 内审方式：以抽样审查的方式，通过现场交谈、询问、观察、审阅文件和质量记录等获取客观证据。

⑤ 内审日期：2016 年 10 月 7 日。

⑥ 审核结果：在现场审核前，审核组集中对本公司的质量管理体系文件进行审核，基本上没发现大（严重不符合上述依据）的问题，说明本公司的质量管理体系文件基本上符合 ISO9001：2015 标准的要求和法律法规的要求。

24.2.6.4　构建内部报告流程及渠道

内部信息传递流程，是指信息从信息源出发，凭借一定的传递媒介，通过一定的渠道到达信息接收点的过程。企业应当制定严密的内部报告流程，充分利用信息技术，强化内部报告信息集成和共享，将内部报告纳入企业统一信息平台，构建科学的内部报告网络体系。企业内部各管理层级均应指定专人负责内部报告工作。正常情况下，内部报告应当按照职责分工和权限指引中规定的报告关系传递信息。但为了保证信息传递的及时性，重要信息应当及时传递给董事会、监事会和经理层。内部信息沟通、传递不畅，将降低管理效率和决策的正确性。比如，财务部门如不能及时提供有关应收账款的发生、拖欠、付款情况等信息，将导致销售部门不断地向已经拖欠款项的用户，甚至已经无偿付能力的用户继续赊销商品，最终将产生大量坏账，影响企业的现金流，甚至影响企业的经营。同时，企业要选择恰当的信息渠道，既保证信息渠道畅通，又要减少干扰，防止信息失真。企业应当拓宽内部报告渠道，通过落实奖励措施等多种有效方式，广泛收集合理化建议。

该环节存在的主要风险是：缺乏内部报告传递流程，内部报告未按传递流程进行传递，内部报告传递不及时。

主要管控措施如下。第一，企业应当制定内部报告传递流程制度。企业可根据信息的重要性、内容等特征，确定不同的传递环节。第二，企业应严格按设定的传递流程进行传递。企业各管理层对内部报告的传递应做好记录，对于未按照传递制度进行的事件，应当调查其原因，并做相应处理。第三，企业应及时更新信息系统，确保有效安全地传递内部报告。企业应在实际工作中尝试精简信息系统的处理程序，使信息在企业内部被更快地传递。对于重要紧急的信息，可以越级向董事会、监事会或经理层直接报告，便于相关负责人迅速做出决策。

24.2.6.5　内部报告的有效使用及保密要求

企业各级管理人员应当充分利用内部报告进行有效决策管理和指导企业的日常生产经营活动，及时反映全面预算执行情况，协调企业内部相关部门和各单位的运营进度，严格实施绩效考核和责任追究制度，确保企业实现发展战略和经营目标。企业应当有效利用内部报告进行风险评估，准确识别和系统分析企业生产经营活动中的内外部风险，确定风险应对策略，实现对风险的有效控制。企业对于内部报告反映出的问题应当及时解决。企业应当制定严格的内部报告保密制度，明确保密内容、保密措施、密级程度和传递范围，防止泄露商业秘密。

该环节存在的主要风险是：企业管理层在决策时并没有使用内部报告提供的信息，内部报告未能用于风险识别和风险控制，商业秘密通过企业内部报告被泄露。

主要管控措施如下。第一，企业在预算控制、生产经营管理决策和业绩考核时应充分使用内部报告提供的信息。企业应当将预算控制和内部报告接轨，通过内部报告及时反映全面预算的执行情况；企业应尽可能利用内部报告的信息对生产、销售、采购、投资、筹资等业务进行因素分析、对比分析和趋势分析等，一旦发现问题便及时查明原因并加以改进；将绩效考评与内部报告联系起来，企业应依据及时、准确、按规范流程提供的信息进行透明、客观的定期业绩考核。第二，企业管理层应通过内部报告提供的信息对企业生产经营管理中存在的风险进行评估，准确识别和系统分析企业生产经营活动中的内外部风险，涉及突出问题和重大风险的，应当启动应急预案。第三，企业应对内部信息传递的时间、空间、节点、流程等方面实施控制，通过不相容职务相互分离、授权接触、监督和检查等手段防止泄露商业秘密。

24.2.6.6 内部报告的保管

在企业的经营管理活动中，会产生大量的数据信息。管理好这些数据信息，对于分析和解决企业管理中的问题至关重要。但是，有些企业对这些管理活动中产生的大量数据采取不重视的态度，甚至丢失一些重要数据，造成不可挽回的损失。例如，在原材料采购和商品销售过程中的市场价格的调查资料、选择供应商和销售商的依据、对方企业的资金信用状况等数据资料，不仅是企业以后开展采购和销售工作的重要参考依据，同时也是实行财务监督的重要依据。但是许多企业对以上资料不做长期保留，致使企业在原材料出现质量问题或者应收账款变成坏账时，在企业内部找不到责任人，分析不出失误的原因，更找不到解决问题的方法。

该环节存在的主要风险是：企业缺少内部报告的保管制度；内部报告的保管、存放杂乱无序；对重要资料的保管期限过短，保密措施不严。

主要管控措施如下。第一，企业应当建立内部报告保管制度，各部门应当指定专人按类别保管相应的内部报告。第二，为了方便相关人员查阅、对比分析内部报告，改善内部报告的格式，提高内部报告的有用性，企业应按类别保管内部报告，对于影响较大的、涉及金额较多的内部报告一般要严格保管，如企业重大重组方案、企业债券发行方案等。第三，对于不同类别的内部报告，企业应按其影响程度规定其保管年限，只有超过保管年限的内部报告方可予以销毁。对于影响重大的内部报告，企业应当永久保管，如公司章程及相应的修改记录、公司股东登记表等。有条件的企业应当建立电子内部报告保管库，按照性质、类别、时间、保管年限、影响程度及保密要求等分门别类地储存电子内部报告。第四，企业应当制定严格的内部报告保密制度，明确保密内容、保密措施、密级程度和传递范围，防止泄露商业秘密。有关公司商业秘密的重要文件要由企业较高级别的管理人员负责保管，至少由两人共同管理，放置在专用保险箱内。相关人员查阅保密文件时，必须经该较高级别的管理人员同意，由两人分别开启相应的锁具后方可查阅。

24.2.6.7 内部报告评估

由于内部报告传递对企业具有重要影响，所以《内部信息传递应用指引》强调企业应当建立内部报告评估制度。企业应当对内部报告是否全面、完整，内部信息传递是否及时、有效，对内部报告的利用是否符合预期做到心中有数。这就要求企业建立内部报告评估制度。企业应通过对一段时间的内部报告的编制和利用情况进行全面的回顾和评价，掌握内部信息的真实状况。企业应当定期对内部报告进行评估，具体频率由企业根据自身管理要求做出规定，至少每年度对内部报告进行一次评估。企业应当重点关注内部报告的及时性，内部信息传递的有效性和安全性。经过评估发现内部报告存在缺陷的，企业应当及时进行修订和完善，确保内部报告提供的信息及时、有效。

该环节存在的主要风险是：企业缺乏完善的内部报告评估体系，对各信息传递环节和传递方式的控制不严，针对传递不及时、信息不准确的内部报告的责任人缺乏相应的惩罚机制。

主要管控措施如下：第一，企业应建立并完善企业内部报告评估制度，严格按照评估制度对内部报告进行合理评估，考核内部报告在企业生产经营活动中所起的真实作用；第二，为保证信息传递的及时、正确，企业必须执行奖惩机制，对经常不能及时或准确传递信息的相关人员进行批评和教育，并将内部报告评估与绩效考核体系挂钩。

24.2.7　加强信息技术的运用

随着信息技术的发展，新技术在信息系统中得到越来越广泛的运用。在建立内部信息系统时，企业应当利用信息技术促进信息的集成与共享，充分发挥信息技术在信息与沟通中的作用；根据企业经营目标、内部控制目标以及经营活动的特点，建立自身的信息系统。企业的信息系统在内部控制体系中发挥着控制活动的作用。但另一方面，由于信息系统在内部控制中的重要性，其本身又是内部控制的对象，所以企业应当在信息系统的开发与维护、访问与变更、数据输入与输出、文件储存与保管、网络安全等方面加强控制，保证信息系统的安全、稳定。

【例 24-6】A 公司是一家通信行业的龙头企业，在内部审计中运用大量信息技术。A 公司采用了计算机辅助审计，使用电子表格、数据库和审计软件等进行数据的采集转化和分析核查。A 公司通过大量使用 Excel、Oracle、 SQL Server 等数据处理软件，以及 IDEA、ACL 等专用审计软件，开展海量数据分析工作。A 公司还采用了审计抽样的方法，对各单位进行内部控制评价测试或在全面风险评估时着重运用统计抽样方法。在已经确定审计重点和有针对性的实质性审计时，A 公司将统计抽样和非统计抽样的方法结合起来使用，提高了审计结果的精确度和可靠性。

24.2.8　建立投诉制度

投诉是信息沟通的重要手段之一，是信息自下而上传递的重要形式。企业员工处于经营活动的第一线，能够及时发现经营活动及内部控制实施过程中存在的问题、缺陷以及舞弊行为，并能就完善内部控制体系提出合理化建议和改进意见。为此，企业应当建立举报投诉制度，设置举报专线，明确举报投诉处理程序、办理时限和办结要求，确保举报、投诉成为企业有效掌握信息的重要途径。

24.2.9 加强内部信息传递的重要意义

24.2.9.1 内部信息传递是提高企业管理能力的重要抓手

第一时间收集、掌握重要信息，是企业管理层尤其是高管团队管理水平较高的重要标志。管理层要领导企业实现发展战略和经营目标，必须拥有和掌握丰富的信息资源。如果没有及时、有效的信息传递机构，管理者就容易变成“聋子”和“瞎子”，企业生产经营管理就具有盲目性和滞后性。可以说，内部信息传递系统相当于一个人的血液循环和神经系统，没有这个系统，企业管理就失去了指挥中枢，管理者的管理能力就会大打折扣，难以引领企业实现发展战略。

24.2.9.2 内部信息传递是提升企业市场竞争力的重要支撑

现代市场竞争异常激烈，外部环境瞬息万变。企业作为市场经济的主体和细胞，只有全面、充分地用好、用足信息传递，才能应对国内外激烈的市场竞争，才能应对后金融危机时期的各种风险和挑战。从一定程度上讲，信息就是竞争力。企业需要及时、准确地把握市场环境的变化、宏观经济政策的导向和同行业竞争状况等，从而把握自己的市场定位、谋求更大的发展空间。特别是“走出去”参与国际竞争的企业，更需要了解国际市场的行情变化。“知己知彼，百战不殆”。如果没有有效的信息传递，企业参与市场竞争时就失去了罗盘和方向。

24.2.9.3 内部信息传递是有效实施内部控制的重要保证

信息与沟通是建立与实施内部控制的重要条件，无论是实现内部控制的五目标，还是贯彻落实内部控制的其他四要素，没有信息与沟通在其中穿针引线，都是难以完成的。内部信息传递作为信息与沟通的重要方式，在建立与实施内部控制中具有不可或缺的重要作用。如果没有科学、快速、上传下达的信息传递机制，则内部控制就难以有效实施，内部控制的缺陷也得不到反映和揭示，企业也无法及时防范和管控内部控制的重大风险。企业只有建立和不断完善内部信息传递机构，才能够促进内部控制有效实施。

【例 24-7】在 2012 年 3 月 23 日，XYZ 会计师事务所对 XH 制药公司出具了否定意见的内部控制审计报告。

【分析】原因是 XH 制药公司的内部信息传递出了问题。销售部门往往片面追求高销售额，没有从全局考虑，所以不太注重和财务部门及信用部门的合作，使得公司应收账款金额巨大，应收账款风险增高。XH 制药公司出现了部分客户的赊销金额超过其注册资本以及未授权发货的情况，反映了企业的销售部门、财务部门以及信用部门之间缺乏沟通和联系。XH 制药公司在销售管理方面的内部控制主要是针对流程设计的，而没有站在公司的角度，按组织机构的职责管理进行宏观上和总体上的协调。XH 制药公司的应收账款管理体系存在漏洞。各部门只是通过自己部门的数据来进行分析和决策，而忽视了部门之间和分公司之间的沟通与合作，各部门数据独立、分裂，未能从集团的角度进行有效的数据分析和控制。

24.3 实务案例：少校的命令

降低信息失真率，使决策建立在真实和可靠的信息基础之上，就可以最大限度地减少决策失误。

据说历史上某部队一次命令传递的过程是这样的。

少校对值班军官说：“今晚 8 点左右，将可能在这个地区看见哈雷彗星。人类每隔 76 年才能看见一次这种彗星。命令所有士兵穿野战服在操场上集合，我将向他们解释这一罕见的现象。如果下雨，就在礼堂集合，我会为他们放一部关于彗星的影片。”

值班军官对上尉传达的命令如下：“根据少校的命令，今晚 8 点，76 年出现一次的哈雷彗星将在操场上空出现。如果下雨，就让士兵穿着野战服列队前往礼堂，这一罕见现象将在那里出现。”

上尉对中尉传达的命令如下：“根据少校的命令，今晚 8 点，非凡的哈雷彗星将身穿野战服在礼堂出现。如果下雨，少校将下达另一个命令。这种命令每隔 76 年才出现一次。”

中尉对上士传达的命令如下：“今晚 8 点，少校将带着哈雷彗星在礼堂出现。这是每隔 76 年才有的事。如果下雨，少校将命令彗星穿上野战服到操场上去。”

上士对士兵传达的命令如下：“在今晚 8 点下雨的时候，著名的 76 岁的哈雷将军将在少校的陪同下，身着野战服，开着他那‘彗星’牌汽车，经过操场前往礼堂。”经过 5 次传递，少校的命令已经变得“面目全非”，信息失真率达到 90% 以上。企业决策在信息传递的过程中也会出现这种失真的情况，那么如何避免出现这种失真的情况？具体说来，企业可以采取以下多种措施。

① 减少决策传递的层次，关键性决策要直接面对企业所有员工，要使员工直接全面地了解重大决策。

② 充分利用信息网络化的成果，建立企业的网络平台，使企业的所有决策和企业的经营信息在企业网络平台上展现出来。每一个员工都可以通过这个网络平台了解企业的经营信息。

③ 在企业内部要理顺信息传递的机制与渠道。

④ 建立决策执行失真的责任追究制度。决策在执行的过程中会出现两种失真的情况：一是没有真正理解决策就盲目执行，使执行出现偏差；二是执行人有意使决策出现失真的情况，从而有利于自己的利益。对于这两种情况企业都应当建立相应的责任追究制度，从而降低失真率。

⑤ 建立决策听证与评估制度，定期对企业决策的执行情况进行评估。通过评估，企业管理层可以知道决策执行中是否存在失真问题。若存在，则管理层要弄清为何存在，知道怎样解决。

第25章 企业内部控制应用指引第18号——信息系统

25.1 法规原文

企业内部控制应用指引第18号——信息系统

第一章 总则

第一条 为了促进企业有效实施内部控制，提高企业现代化管理水平，减少人为因素，根据有关法律法规和《企业内部控制基本规范》，制定本指引。

第二条 本指引所称信息系统，是指企业利用计算机和通信技术，对内部控制进行集成、转化和提升所形成的信息化管理平台。

第三条 企业利用信息系统实施内部控制至少应当关注下列风险。

（一）信息系统缺乏或规划不合理，可能造成信息孤岛或重复建设，导致企业经营管理效率低下。

（二）系统开发不符合内部控制要求，授权管理不当，可能导致无法利用信息技术实施有效控制。

（三）系统运行维护和安全措施不到位，可能导致信息泄漏或毁损，系统无法正常运行。

第四条 企业应当重视信息系统在内部控制中的作用，根据内部控制要求，结合组织架构、业务范围、地域分布、技术能力等因素，制定信息系统建设整体规划，加大投入力度，有序组织信息系统开发、运行与维护，优化管理流程，防范经营风险，全面提升企业现代化管理水平。

企业应当指定专门机构对信息系统建设实施归口管理，明确相关单位的职责权限，建立有效工作机制。企业可委托专业机构从事信息系统的开发、运行和维护工作。

企业负责人对信息系统建设工作负责。

第二章 信息系统的开发

第五条 企业应当根据信息系统建设整体规划提出项目建设方案，明确建设目标、人员配备、职责分工、经费保障和进度安排等相关内容，按照规定的权限和程序审批后实施。

企业信息系统归口管理部门应当组织内部各单位提出开发需求和关键控制点，规范开发流程，明确系统设计、编程、安装调试、验收、上线等全过程的管理要求，严格按照建设方案、开发流程和相关要求组织开发工作。

企业开发信息系统，可以采取自行开发、外购调试、业务外包等方式。选定外购调试或业务外包方式的，应当采用公开招标等形式择优确定供应商或开发单位。

第六条　企业开发信息系统，应当将生产经营管理业务流程、关键控制点和处理规则嵌入系统程序，实现手工环境下难以实现的控制功能。

企业在系统开发过程中，应当按照不同业务的控制要求，通过信息系统中的权限管理功能控制用户的操作权限，避免将不相容职责的处理权限授予同一用户。

企业应当针对不同数据的输入方式，考虑对进入系统数据的检查和校验功能。对于必需的后台操作，应当加强管理，建立规范的流程制度，对操作情况进行监控或者审计。

企业应当在信息系统中设置操作日志功能，确保操作的可审计性。对异常的或者违背内部控制要求的交易和数据，应当设计由系统自动报告并设置跟踪处理机制。

第七条　企业信息系统归口管理部门应当加强信息系统开发全过程的跟踪管理，组织开发单位与内部各单位的日常沟通和协调，督促开发单位按照建设方案、计划进度和质量要求完成编程工作，对配备的硬件设备和系统软件进行检查验收，组织系统上线运行等。

第八条　企业应当组织独立于开发单位的专业机构对开发完成的信息系统进行验收测试，确保在功能、性能、控制要求和安全性等方面符合开发需求。

第九条　企业应当切实做好信息系统上线的各项准备工作，培训业务操作和系统管理人员，制定科学的上线计划和新旧系统转换方案，考虑应急预案，确保新旧系统顺利切换和平稳衔接。系统上线涉及数据迁移的，还应制定详细的数据迁移计划。

第三章　信息系统的运行与维护

第十条　企业应当加强信息系统运行与维护的管理，制定信息系统工作程序、信息管理制度以及各模块子系统的具体操作规范，及时跟踪、发现和解决系统运行中存在的问题，确保信息系统按照规定的程序、制度和操作规范持续稳定运行。

企业应当建立信息系统变更管理流程，信息系统变更应当严格遵照管理流程进行操作。信息系统操作人员不得擅自进行系统软件的删除、修改等操作；不得擅自升级、改变系统软件版本；不得擅自改变软件系统环境配置。

第十一条　企业应当根据业务性质、重要性程度、涉密情况等确定信息系统的安全等级，建立不同等级信息的授权使用制度，采用相应技术手段保证信息系统运行安全有序。

企业应当建立信息系统安全保密和泄密责任追究制度。委托专业机构进行系统运行与维护管理的，应当审查该机构的资质，并与其签订服务合同和保密协议。

企业应当采取安装安全软件等措施防范信息系统受到病毒等恶意软件的感染和破坏。

第十二条　企业应当建立用户管理制度，加强对重要业务系统的访问权限管理，定期审阅系统账号，避免授权不当或存在非授权账号，禁止不相容职务用户账号的交叉操作。

第十三条　企业应当综合利用防火墙、路由器等网络设备，漏洞扫描、入侵检测等软件技术以及远程访问安全策略等手段，加强网络安全，防范来自网络的攻击和非法侵入。

企业对于通过网络传输的涉密或关键数据，应当采取加密措施，确保信息传递的保密性、准确性和完整性。

第十四条　企业应当建立系统数据定期备份制度，明确备份范围、频度、方法、责任人、存放地点、有效性检查等内容。

第十五条　企业应当加强服务器等关键信息设备的管理，建立良好的物理环境，指定专人负责检查，及时处理异常情况。未经授权，任何人不得接触关键信息设备。

25.2　原文讲解

《企业内部控制应用指引第18号——信息系统》（后文简称《信息系统应用指引》）共3章、15条。这3章对企业信息系统进行了详细的规范。企业信息系统可以有效地提升企业的管理效率，但是如果信息系统规划与开发不合理，可能会造成信息孤岛、重复建设、资源浪费等；而系统运行维护和安全措施不到位，可能导致信息泄露或毁损，系统无法正常运行。因此，企业实施内部控制时，必须加强对信息系统的控制。

本小节将按照《信息系统应用指引》的内容对企业信息系统内部控制进行详细的解读。

25.2.1　信息系统概述

《信息系统应用指引》所称的信息系统，是指企业利用计算机和通信技术，对内部控制进行集成、转化和提升所形成的信息化管理平台。信息系统内部控制的目标是促进企业有效实施内部控制，提高企业现代化管理水平，减少人为因素；同时，信息系统内部控制也可增强信息系统的安全性、可靠性和合理性以及相关信息的保密性、完整性和可用性，为建立有效的信息与沟通机制提供支持和保障。信息系统内部控制的主要对象是信息系统，由计算机硬件、软件、人员、信息流和运行规程等要素组成。

现代企业的运营越来越依赖于信息系统，比如，航空公司的网上订票系统、银行的资金实时结算系统、旅行网的客户服务系统等。若没有信息系统的支撑，企业就很难开展业务。还有一些新兴产业和新兴企业，其商业模式完全依赖于信息系统，如各种网络公司、各种电子商务公司。若没有信息系统，则这些公司可能会失去生存之基。

同时应当看到，企业信息系统内部控制以及利用信息系统实施内部控制也面临诸多风险，企业至少应当关注下列3个方面：一是信息系统缺乏或规划不合理，可能造成信息孤岛或重复建设，导致企业经营管理效率低下；二是系统开发不符合内部控制要求，授权管理不当，可能导致无法利用信息技术实施有效控制；三是系统运行维护和安全措施不到位，可能导致信息泄漏或毁损，系统无法正常运行。

鉴于信息系统在实施内部控制和现代化管理中具有十分独特而重要的作用，加之信息系统本身的复杂性和高风险特征，《信息系统应用指引》规定，企业负责人对信息系统建设工作负责。换言之，信息系统建设是“一把手”工程。

企业负责人只有站在战略和全局的高度亲自组织领导信息系统建设工作，才能统一思想、提高认识、加强各方面的协调地配合，从而使信息系统建设工作在整合资源的前提下高效、协调地推进。企业应当重视信息系统在内部控制中的作用，根据内部控制要求，结合组织架构、业务范围、地域分布、技术能力等因素，制定信息系统建设总体规划，加大投入，有序组织信息系统开发、运行与维护工作，优化管理流程，防范经营风险，全面提升企业现代化管理水平。

25.2.2　信息系统的开发

企业根据发展战略和业务需要进行信息系统建设，首先要确立信息系统建设目标，根据目标进行信息系统建设战略规划，再将规划细化为项目建设方案。企业开展信息系统建设，可以根据实际情况，选择自行开发、外购调试或业务外包等方式。选择外购调试或业务外包方式的企业，应当采用公开招标等形式择优选择供应商或开发单位。选择自行开发信息系统的企业，其信息系统归口管理部门应当组织企业内部相关业务部门进行需求分析，合理配置人员，明确系统设计、编程、安装调试、验收、上线等全过程的管理要求。企业信息系统归口管理部门应当加强对信息系统开发全过程的跟踪管理，增进开发单位与企业内部业务部门的日常沟通和协调，组织独立于开发单位的专业机构对开发完成的信息系统进行检查验收，并组织系统上线运行。

25.2.2.1　制定信息系统开发的战略规划

信息系统开发的战略规划是信息系统建设的起点，是以企业发展战略为依据制定的企业信息化建设的全局性、长期性规划。企业制定信息系统战略规划时面临的主要风险是：第一，规划不合理，可能造成信息孤岛或重复建设，导致企业经营管理效率低下；第二，没有将信息系统与企业业务需求结合起来，降低了信息系统的应用价值。信息孤岛现象是不少企业信息系统建设中存在的普遍问题，根源在于这些企业往往忽视了战略规划的重要性，缺乏整体观念和整合意识，常常陷于“头痛医头、脚痛医脚”的误区。这就导致有的企业出现财务管理信息系统、销售管理信息系统、生产管理信息系统、人力资源管理系统、办公自动化系统等各系统孤立存在的现象，削弱了信息系统的协同效用，甚至引发系统冲突。

主要控制措施如下：第一，企业必须制定信息系统开发的战略规划和中长期发展计划，并在每年制定经营计划的同时制定年度信息系统建设计划，促进经营管理活动与信息系统建设的协调统一；第二，企业在制定信息系统战略规划的过程中，要充分调动和发挥信息系统归口管理部门与业务部门的积极性，使各部门广泛参与、充分沟通，提高战略规划的科学性、前瞻性和适应性；第三，信息系统战略规划要与企业的组织架构、业务范围、地域分布、技术能力等相匹配，避免相互脱节。

25.2.2.2　选择适当的信息系统开发方式

信息系统的开发建设是信息系统生命周期中技术难度最大的环节。在开发建设环节，开发人员要将企业的业务流程、内部控制措施、权限配置、预警指标、核算方法等嵌入信息系统，因此开发建设的好坏直接影响信息系统的成败。

开发建设主要包括自行开发、外购调试、业务外包等方式。

（1）自行开发

自行开发是企业依托自身力量完成整个开发过程的开发方式。自行开发的优点是：开发人员熟悉企业情况，可以较好地满足本企业的需求，尤其是具有特殊性的业务需求。通过自行开发，企业还可以培养、锻炼自己的开发队伍，便于后期的运行和维护。自行开发的缺点是：开发周期较长、难以保证技术水平和规范程度、开发成功率相对较低。因此，自行开发方式的适用条件通常是：企业自身技术力量雄厚，而且市场上没有能够满足企业需求的成熟的商品化软件和解决方案。比如，百度自行开发搜索引擎系统。

（2）外购调试

外购调试的基本做法是企业购买成熟的商品化软件，通过参数配置和二次开发满足企业需求。外购调试的优点是：开发建设周期短；成功率较高；成熟的商品化软件质量稳定，可靠性高；专业的软件供应商经验丰富。外购调试的缺点是：难以满足企业的特殊需求；系统的后期升级进度受制于商品化软件供应商产品更新换代的速度，企业自主权不大，较为被动。

外购调试方式的适用条件通常是：企业的特殊需求较少，市场上已有成熟的商品化软件和系统实施方案。比如，大部分企业开发财务管理系统、ERP 系统、人力资源管理系统等系统时多采用外购调试方式。

（3）业务外包

信息系统的业务外包是指委托其他单位开发信息系统，基本做法是企业将信息系统开发项目外包出去，由专业公司或科研机构负责开发、安装实施，由企业直接使用。业务外包的优点是：企业可以充分利用专业公司的专业优势，构建全面、高效、满足企业需求的个性化系统；企业不必培养、维持庞大的开发队伍，节约了人力资源成本。业务外包的缺点是：沟通成本高，系统开发方难以深刻理解企业的需求，可能导致开发出的信息系统与企业的期望产生较大偏差；同时，由于外包信息系统与系统开发方的专业技能、职业道德和敬业精神存在密切关系，也要求企业必须加大对外包项目的监督力度。业务外包方式的适用条件通常是：市场上没有能够满足企业需求的成熟的商品化软件和解决方案，企业自身技术力量薄弱或出于对成本效益原则的考虑不愿意维持庞大的开发队伍。

25.2.2.3 自行开发方式的主要风险及管控措施

虽然信息系统的开发方式包括自行开发、外购调试、业务外包等多种方式，但基本流程大体相似，通常包含项目计划、需求分析、系统设计、编程和测试、上线等环节。

（1）项目计划环节

企业通常将完整的信息系统分成若干子系统，并分阶段建设不同的子系统。比如，制造型企业可以将信息系统划分为财务管理系统、人力资源管理系统、物资需求计划（Material Requirement Plamning，MRP）系统、计算机辅助设计和制造系统、客户关系系统、电子商务系统等若干子系统。项目就是指本阶段需要建设的相对独立的一个或多个子系统。

项目计划通常包括项目范围说明、项目进度计划、项目质量计划、项目资源计划、项目沟通计划、风险对策计划、项目采购计划、需求变更控制、配置管理计划等内容。项目计划不是完全静止、一成不变的。在项目启动阶段，企业可以先制定一个具有原则性的项目计划，确定项目的主要内容和重大事项，然后根据项目的大小和性质以及项目进展情况进行调整、充实和完善。项目计划环节存在的主要风险是：信息系统建设缺乏项目计划或者计划不当，导致项目进度滞后、费用超支、质量低下。

主要管控措施如下。第一，企业应当根据信息系统建设整体规划提出分阶段的项目建设方案，明确建设目标、人员配备、职责分工、经费保障和进度安排等相关内容，按照规定的权限和程序审批后实施。第二，企业可以采用标准的项目管理软件编制项目计划，并加以跟踪。企业可在关键环节进行阶段性评审，以保证过程可控。第三，项目关键环节编制的文档应参照《GB8567–88 计算机软件产品开发文件编制指南》等相关国家标准和行业标准，以提高项目计划的编制水平。

（2）需求分析环节

需求分析的目的是明确信息系统需要实现哪些功能。该项工作是指系统分析人员和用户单位的管理人员、业务人员在深入调查的基础上，详细描述业务活动涉及的各项工作以及用户的各种需求，从而建立未来目标系统的逻辑模型。这一环节存在的主要风险是：第一，需求本身不合理，对信息系统提出的功能、性能、安全性等方面的要求不符合业务处理和控制的需要；第二，技术上不可行、经济上成本效益倒挂，或与国家有关法规制度存在冲突。第三，需求文档表述不准确、不完整，未能真实、全面地表达企业的需求，存在表述缺失、表述不一致甚至表述错误等问题。

主要管控措施如下。第一，信息系统归口管理部门应当组织企业内部各有关部门提出开发需求，加强系统分析人员和有关部门的管理人员、业务人员之间的交流，经综合分析并提炼后形成合理的需求。第二，编制表述清晰、表达准确的需求文档。需求文档是业务人员和技术人员共同理解信息系统的桥梁，必须准确表述系统建设的目标、功能和要求。企业应当采用标准建模语言，综合运用多种建模工具和表现手段，参照《GB8567–88 计算机软件产品开发文件编制指南》等相关国家标准和企业标准，提高系统需求文档的编写质量。第三，企业应当建立健全需求评审和需求变更的控制流程。依据需求文档进行设计（含需求变更设计）前，企业应当评审其可行性，由需求提出人和编制人签字确认，并经业务部门与信息系统归口管理部门负责人审批。

（3）系统设计环节

系统设计是指根据需求分析环节所确定的目标系统逻辑模型，设计出一个能在企业特定的计算机和网络环境中实现的方案，即建立信息系统的物理模型的过程。系统设计包括总体设计和详细设计。总体设计的主要任务是：第一，设计系统的模块结构，合理划分子系统边界和接口；第二，选择系统实现的技术路线，确定系统的技术架构，明确系统重要组件的内容和行为特征，以及组件之间、组件与环境之间的接口关系；第三，设计数据库，包括主要的数据库结构设计、存储设计、数据权限和加密设计等；第四，设计系统的网络拓扑结构、系统部署方式等。详细设计的主要任务包括：程序说明书编制、数据编码规范设计、输入输出界面设计等内容。

系统设计环节的主要风险是：第一，设计方案不能完全满足用户需求，不能实现需求文档中设定的目标；第二，设计方案未能有效控制开发建设成本，不能保证建设质量和进度；第三，设计方案不全面，导致后续变更频繁；第四，设计方案没有考虑信息系统建成后对企业内部控制的影响，导致信息系统运行后产生新的风险。

主要管控措施如下。第一，系统设计部门应当就总体设计方案与业务部门进行沟通和讨论，说明方案对用户需求的覆盖情况；存在备选方案的，应当详细说明各方案在成本、建设时间和用户需求响应上的差异；信息系统归口管理部门和业务部门应当对选定的设计方案予以书面确认。第二，企业应参照《GB8567-88 计算机软件产品开发文件编制指南》等相关国家标准和行业标准，提高系统设计说明书的编写质量。第三，企业应建立设计评审制度和设计变更控制流程。第四，企业在设计系统时应当充分考虑信息系统建成后的控制环境，将生产经营管理业务流程、关键控制点和处理规程嵌入系统程序，实现手工环境下难以实现的控制功能。例如，对于某一财务软件，当输入支出凭证时，可以让计算机自动检查银行存款余额，防止透支。第五，企业应充分考虑信息系统环境下的新的控制风险，比如，要通过信息系统中的权限管理功能控制用户的操作权限，避免将不相容职务的处理权限授予同一用户。第六，企业应当针对不同的数据输入方式，强化对进入系统的数据的检查和校验功能。比如凭证的自动平衡校对。第七，在设计系统时，企业应当考虑在信息系统中设置操作日志功能，确保操作的可审计性。对于异常的或者违背内部控制要求的交易和数据，应当设计系统自动报告与跟踪处理机制。第八，企业应预留必要的后台操作通道，对于必需的后台操作，应当加强管理，建立规范的操作流程，确保留有完整的日志记录，保证后台操作的可监控性。

（4）编程和测试环节

编程环节是将详细设计方案转换成某种计算机编程语言的过程。编程完成之后，要进行测试，测试的目的为：一是发现软件开发过程中的错误，分析错误的性质，确定错误的位置并予以纠正；二是通过对某些系统的测试，了解系统的响应时间、事务处理吞吐量、载荷能力、失效恢复能力以及系统实用性等指标，以便对整个系统做出综合评价。测试环节在系统开发中有着举足轻重的地位。编程和测试环节存在的主要风险是：第一，编程结果与设计方案不符；第二，各程序员编程风格差异大，程序可读性差，导致后期维护困难，维护成本高；第三，缺乏有效的程序版本控制，导致重复修改或修改不一致等问题；第四，测试不充分。单个模块正常运行但多个模块集成运行时出错，开发环境下测试正常而生产环境下运行出错，开发人员自测正常而业务部门用户使用时出错，导致系统上线后可能出现严重问题。

主要管理措施如下。第一，项目组应建立并执行严格的代码复查评审制度。第二，项目组应建立并执行统一的编程规范，在标识符命名、程序注释等方面统一风格。第三，项目组应控制软件系统的版本，保证所有开发人员基于相同的组件环境开展项目工作，协调开发人员对程序的修改工作。第四，项目组应区分单元测试、组装测试（集成测试）、系统测试、验收测试等不同测试类型，建立严格的测试工作流程，提高最终用户在测试工作中的参与度，改进测试用例的编写质量，加强测试分析，尽量采用自动测试工具提高测试工作的质量和效率。具备条件的企业，应当组织独立于开发建设项目组的专业机构对开发完成的信息系统进行验收测试，确保其在功能、性能、控制要求和安全性等方面符合开发需求。

（5）上线环节

系统上线是指将开发出的系统（可执行的程序和关联的数据）部署到实际运行的计算机环境中，使信息系统按照既定的用户需求运转，切实发挥信息系统作用的过程。这一环节的主要风险是：第一，缺乏完整可行的上线计划，导致系统上线混乱无序；第二，人员培训不足，不能正确使用系统，导致业务处理错误，或者未能充分利用系统功能，导致开发成本浪费；第三，初始数据设置不合格，导致新旧系统数据不一致、业务处理错误。

主要管控措施如下。第一，项目组应当制定信息系统上线计划，并经归口管理部门和用户部门审核批准。上线计划一般包括人员培训、数据准备、进度安排、应急预案等内容。第二，系统上线涉及新旧系统切换的，项目组应当在上线计划中明确应急预案，保证新系统失效时能够顺利切换回旧系统。第三，系统上线涉及数据迁移的，项目组应当制定详细的数据迁移计划，并对迁移结果进行测试。

用户部门应当参与数据迁移过程，对迁移前后的数据予以书面确认。

25.2.2.4　其他开发方式的关键控制点及主要管控措施

采用业务外包、外购调试方式时，企业对系统设计、编程、测试环节的参与度明显低于自行开发方式，因此可以适当简化相应的风险管控措施，但同时也因开发方式的差异而产生了一些新的风险，需要采取有针对性的控制措施。

（1）业务外包方式的主要风险及管控措施

① 选择外包服务商这一环节存在的主要风险是：由于企业与外包服务商之间的关系本质上是一种“委托—代理”关系，所以合作双方的信息不对称容易诱发道德风险，外包服务商可能会实施损害企业利益的自利行为，如偷工减料、放松管理、信息泄露等。

主要管控措施如下：第一，企业在选择外包服务商时要充分考虑服务商的市场信誉、资质条件、财务状况、服务能力、对本企业业务的熟悉程度、承包服务成功案例等因素，对外包服务商进行严格筛选；第二，企业可以借助业界标准来判断外包服务商的综合实力；第三，企业要严格控制外包服务审批及管控流程，对于信息系统外包业务，原则上应采用公开招标等形式选择外包服务商，并实行集体决策审批制度。

② 签订外包合同这一环节存在的主要风险是：合同条款不准确、不完善，可能导致企业的正当权益无法得到有效保障。

主要控管控措施如下：第一，企业在与外包服务商签约之前，应针对外包过程中可能出现的各种风险损失，拟定恰当的合同条款，对涉及的工作目标、合作范畴、责任划分、所有权归属、付款方式、违约赔偿及合约期限等问题做出详细说明，并由法律部门或法律顾问审查把关。第二，开发过程中涉及商业秘密、敏感数据的，企业应当与外包服务商签订详细的“保密协定”，以保证数据安全。第三，在合同中约定付款事宜时，企业应当选择分期付款方式，应当在系统运行一段时间并经评估验收后再支付尾款。第四，企业应在合同条款中明确要求外包服务商保持专业技术服务团队的稳定性。

③ 持续跟踪评价外包服务商的服务过程这一环节存在的主要风险是：企业缺乏外包服务跟踪评价机制或跟踪评价不到位，可能导致外包服务质量水平不能满足企业信息系统开发需求。

主要管控措施如下。第一，企业应当规范外包服务评价工作流程，明确相关部门的职责权限，建立外包服务质量考核评价指标体系，定期对外包服务商进行考评，公布服务周期的评估结果，以及对外包服务水平的跟踪评价。第二，必要时，企业可以引入监理机制，降低外包服务风险。

（2）外购调试方式的主要风险及管控措施

采用外购调试方式时，一方面，企业面临与业务外包方式类似的问题，企业要选择软件产品的供应商和服务供应商、签订合约、跟踪评价服务质量，因此，企业可采用与业务外包方式类似的管控措施；另一方面，外购调试方式也有其特殊之处，企业需要有针对性地采取某些管控措施。

① 在外购调试方式下，企业对软件供应商的选择和其对软件产品的选型是密切相关的。这一环节存在的主要风险是：第一，软件产品选型不当，产品在功能、性能、易用性等方面无法满足企业需求；第二，软件供应商选择不当，产品的支持服务能力不足，产品的后续升级缺乏保障。

主要管控措施如下。第一，企业应明确自身需求，对比分析市场上成熟的软件产品，合理选择软件产品的模块组合和版本。第二，企业在进行软件产品选型时应广泛听取行业专家的意见。第三，企业在选择软件产品和服务供应商时，不仅要评价其现有产品的功能、性能，还要考察其服务支持能力和后续产品的升级能力。

② 企业不仅需要选择合适的软件供应商和软件产品，也需要选择合适的咨询公司等服务提供商，以指导企业将通用的软件产品与本企业的实际情况进行有机结合。这一环节存在的主要风险是：服务提供商选择不当，削弱了外购软件产品的功能，导致其无法有效满足企业需求。

主要管控措施为：企业在选择服务提供商时，不仅要考核其对软件产品的熟悉、理解程度，也要考核其是否深刻理解企业所处行业的特点、是否理解企业的个性化需求、是否有过相同或相近的成功案例。

【例 25-1】M 公司于 2009 年 5 月中标某单位（甲方）的企业管理信息系统的开发项目。该单位要求企业管理信息系统必须在 2009 年 12 月之前投入使用。王某是 M 公司的项目经理，并且刚成功地领导 1 个 6 人的项目团队完成了 1 个类似项目，因此，M 公司指派王某带领原来的团队负责该项目。王某带领原项目团队结合以往经验顺利完成了需求分析、项目范围说明书编制等前期工作，并通过了审查，得到了甲方的确认。由于时间紧张，王某又向公司申请调来了 2 个开发人员进入项目团队。项目开始实施后，项目团队原成员和新加入成员之间经常发生争执，对于出现的错误，相互推诿。项目团队原成员认为新加入成员效率低下，延误项目进度；新加入成员则认为项目团队原成员不好相处，不能进行有效沟通。王某认为这是正常的项目团队磨合过程，没有过多干预。同时，王某批评新加入成员效率低下，认为项目团队原成员更有经验，要求新加入成员要多向原成员虚心请教。项目实施两个月后，王某发现大家汇报的项目进度言过其实，进度实际上没有达到计划的目标。

【分析】案例中，工作人员内部不和谐，领导未能有效解决，导致项目的进度无法达到预期，这是很多企业在研发信息中常出现的问题。该案例给我们启示有：企业应制定良好的人力资源管理计划，对新老成员的争执点进行调研和评审；成功的团队需要有效沟通、目标一致、高效工作，能按照规章很好地完成任务；正面解决团队矛盾，分析存在的问题，对于进度落后的情况，应在保证开发质量的前提下赶工或者加快速度。

25.2.3　信息系统的开发步骤

从系统观点出发，将“三维结构”体系用于信息系统开发过程中，可将系统开发分为如下几个阶段。

25.2.3.1　可行性分析阶段

可行性分析也称可行性研究，其主要内容是分析经济效益。在现代化管理中，经济效益评价是决策的重要依据。企业开始一项重大的改革和投资行动之前，首先关心的是效益。目前，可行性分析已被广泛应用于新产品开发、基建、工业企业、交通运输、商业设施等各种领域。新的信息系统开发耗资多、耗时长、风险大，因此，在进行大规模系统的开发之前，企业要从有益性、可能性和必要性 3 个方面进行初步分析，避免盲目投资，减少不必要的损失。这一阶段的总结性成果是可行性报告。企业要在可行性报告中所阐述的可行性分析内容经过充分论证，被证明是正确的之后方可进行下一阶段的工作。

25.2.3.2　信息系统规划阶段

在企业或组织中，来源于企业或组织内外的信息很多，如何收集、整理、加工、使用这些信息，发挥信息的整体效益，以满足不同层次的管理需要，显然不是通过分散、局部考虑就能解决的问题，必须由高层制定统一的、全局的规划来解决问题。

系统规划阶段的任务就是要从全局的角度出发，对系统中的信息进行统一的、总体的考虑。另外，信息系统的开发需要开发人员长时间的努力，需要相应的开发资金，因而在开发之前要确定开发顺序，合理安排人力、物力和财力。具体地说，系统规划在可行性分析论证之后，从总体的角度来规划系统应该由哪些部分组成，在这些组成部分中有哪些数据库（这里所规划的数据库是被系统各个模块所共用的主题数据库），各组成部分之间的信息交换关系是如何通过数据库来实现的；系统规划需根据信息与功能需求提出计算机系统硬件网络配置方案；同时，根据管理需求确定这些模块的开发优先顺序，制定出总体规划报告，要在管理人员特别是高级管理管理人员、系统开发人员的共同参与下对这个报告进行论证。

25.2.3.3 信息系统分析阶段

系统分析阶段的任务是按照总体规划的要求，逐一对系统规划中所确定的各组成部分进行详细的分析。这时的分析包含两个方面的内容：一是分析内部的信息需求，除了要分析企业内部对主题数据库的需求外，还要分析为实现最终用户（即管理人员）的特定的功能需求而必须建立一些专用数据库的需求；二是进行功能分析，即详细分析系统各部分如何对信息进行加工处理，实现最终用户的功能需求。在对系统的各个组成部分进行分析之后要利用适当的工具将分析结果表达出来，与用户进行充分的交流和验证，检验正确后可进入下一阶段的工作。

25.2.3.4 信息系统设计阶段

系统设计阶段的任务是根据系统分析的结果，结合计算机的具体情况，设计系统的各个组成部分在计算机中的结构，即采用一定的标准和准则，对信息系统的总体架构和模块之间的联系进行设计，对信息系统中的信息进行分类编码设计及输入 / 输出方式设计等。

25.2.3.5 信息系统开发实施阶段

系统开发实施阶段的任务包括两个方面：一方面是系统硬件设备的购置和安装，另一方面是应用软件的程序设计。程序设计必须遵循一定的设计原则，最终的成果是大量的程序清单及系统使用说明书。

25.2.3.6 信息系统测试阶段

程序设计工作的完成并不标志着系统开发的结束，还需要对应用程序进行充分的调试和测试。在调试和测试过程中往往需要使用一些试验数据，为此需精心选择一些贴近实际的信息加载到系统中进行测试。系统测试是指从总体出发，测试系统应用软件的总体效果及系统的各个组成部分的功能完成情况，测试系统的运行效率和系统的可靠性等。

25.2.3.7 信息系统安装调试阶段

系统测试工作的结束表明信息系统已初具规模。这时，企业必须投入大量的人力从事系统安装、数据加载等系统运行前的一些新旧系统的转换工作。一旦转换结束，相关人员便可对计算机硬件和软件系统进行系统的联合调试。

25.2.3.8 信息系统试运行阶段

系统调试结束后便可进入系统运行阶段。一般来说，系统在正式运行之前都要经过一定时间的试运行。因为信息系统是整个企业或组织的协调系统，如果不经过一段时间的实际检验就将系统投入使用，一旦出现问题可能会导致整个系统瘫痪，风险极大，所以最好的方法是将新开发出的系统与原来的旧系统并行运行一段时间，对新开发出的系统进行全方位的检验。新旧系统的并行运行可以大大降低风险，但是两套系统同时运行会使得投资增大。因此，企业可以根据实际运行情况适当缩短试运行的时间。

25.2.3.9　信息系统运行维护阶段

在完成系统开发的各项工作准备正式运行系统之前，企业除了要做好管理员的培训工作外，还要制定一系列管理规则和制度。企业在这些规则和制度的约束下实施新系统的运行操作，如系统的备份、数据库的恢复、运行日志的建立、系统功能的修改与增加、数据库操作权限的更改等。同时，企业要定期对系统进行评审，经过评审后一旦认为这个信息系统已经不能继续满足管理的需求，则应该考虑进入下一个阶段。

25.2.3.10　信息系统更新阶段

该阶段的主要任务就是在上一阶段提出更新需求后，对信息系统进行充分的评估和论证，提出信息系统的建设目标和功能需求，准备进入一个崭新的信息系统开发周期。

在整个系统开发过程中，为了使开发的信息系统成为一个成功的系统，避免出现各类问题，除了要在正确的方法指导下进行每个阶段的工作之外，企业还要利用一系列的计算机辅助系统工程工具来开展系统开发工作。

信息系统的开发是一项长期而艰巨的系统工程。对于整个开发过程，企业必须严格划分工作阶段，保证每个阶段都要有阶段性的成果。阶段性的成果分别为：可行性报告、总体规划方案报告、系统分析报告、系统设计报告、系统使用说明书、系统测试报告、系统安装验收报告、系统试运行总结报告、系统运行审计报告。与这些阶段性总结报告相伴的是一系列文档资料。每个报告的完成标志着系统开发阶段工作的基本完成。每个阶段工作可以通过评审来进行检验；通过评审的文档是该阶段的“里程碑”；未通过评审，相关人员则要考虑对该阶段工作进行修正。这就相当于对产品生产的每道工序的质量执行检查，只有保证即将进入下一道工序的半成品是合格的，最终才能生产出合格的产品。

【例 25-2】A 公司为家电生产企业，产品适销对路，供不应求。为进一步提高物流效率，该公司认为现代企业运作的主要驱动力是订单，需要围绕订单进行采购、设计、制造、销售等一系列工作，因此系统建设的核心问题是物流。A 公司通过信息系统解决物流效率问题，实现“一只手抓用户需求，另一只手抓可以满足用户需求”的目标。通过认真研究与对比分析，A 公司采用了外购调试的方式，采购了 B 公司提供的全球供应链系统。

【分析】B 公司提供的全球供应链系统包括五大模块，可使信息同步集成，提高了信息的实时性与准确性，加快了 A 公司对供应链的响应速度。该系统的成功开发运行的原因主要包括如下。一是正确选择开发方式，由于市场中已经存在成熟的商业化信息系统，通过二次开发即可满足企业需求。这种情况下，外购调试是合理选择。二是实施“一把手”工程和全员参与，有效推进信息系统的运行。三是培训工作同步进行，保证信息系统的实施效果。

25.2.4 信息系统开发中的一些常见问题

25.2.4.1 信息系统开发人员对需求的理解出现偏差

信息系统开发的基本过程是：首先各层管理人员即最终用户提出信息处理需求，系统分析员在充分理解这些需求的基础上进行系统分析，产生信息系统的逻辑结构；系统设计人员依据这个逻辑结构进行系统设计；由程序设计人员按照设计方案进行程序设计和编程，最终产生一个新的信息系统。系统分析员是在理解用户需求的基础上开展工作的，是否能真正理解用户的需求在很大程度上取决于系统分析员的基本技能和工作经验；系统设计人员是在理解系统分析结果的基础上开展工作的；程序设计人员仍然是在充分理解分析、设计的结果的基础上开展工作的。可见理解需求、理解前一阶段的工作成果是各个阶段开发人员的工作基础，但是这种理解往往受到人员对知识的掌握程度、开发经验、头脑反应程度等条件的限制而出现偏差，进而使最后所开发出来的信息系统与用户的需求相差甚远，最终导致系统开发的失败。

25.2.4.2 “堆栈”现象

信息系统的开发过程是分阶段进行的，每个阶段都有可能因理解诸多因素而引入错误。经验表明在系统开发的不同阶段所引入的错误的“潜伏期”是不同的，越早到入的错误会越晚被发现，类似“堆栈”现象。

25.2.4.3 重编程，轻规划，轻分析

信息系统的建设有其自身的发展规律，最初计算机作为信息处理工具往往被用在小型的单项系统中。这些小型信息系统需求简单、功能单一，并且在开发过程中可以较少地考虑与外界的信息交换问题。因此，系统开发人员很快就能进入程序设计阶段，开发出信息系统。在小型信息系统开发过程中系统开发人员积累了一定的开发经验，形成了一定的工作方法。这些经验和方法使得一些系统开发人员习惯于在接受任务后就“急功近利”地开始编制程序，并为自己的工作“沾沾自喜”，但是随着信息系统开发的不断深入，当需要将所开发出的单项系统连接起来发挥整体效益的时候，他们又会很快陷入深深的绝望之中，不知道如何来协调各个单项系统之间的关系。

25.2.4.4 当信息系统开发进度减缓时，采用增加人员的方式来加快速度

信息系统开发过程有别于其他类型的工程，其是一个循序渐进的过程。对于一项拖延了很久的开发工作，增加人员不但不能加快开发步伐，反而使速度更慢，同时也为企业协调这些人员之间的工作增加难度。

25.2.4.5 过于低估信息系统的投资而使开发工作夭折

信息系统的投资有些是可预见的，如系统的硬件投资、系统软件的投资、应用系统的

开发投资等；有些是不可预见的，如在系统开发过程中管理需求发生变化所带来的修改费用，系统运行过程中为了满足不断变化的需求所必需的系统维护费用，以及管理方式的变化所必需的投资等。有人用“冰山”来比喻这一现象。露出水面的冰山像是可以预见的投资；而在水面下还有相当大的冰块存在，这些不可预见的投资有时甚至要比可预见的投资更大。如果过于低估信息系统的投资，就有可能使信息系统在其开发过程中夭折，所造成的损失则是巨大的。

由此，人们对信息系统开发的方法、质量、进度管理、成本控制以及信息系统的适应性、融合性等一系列问题进行了深入的思考，把注意力从过去单纯对软件开发的研究转移到从客观现实出发，对信息系统关于客观对象的融合性方面的研究；以客观现实与软件关系的认知为指导，对软件结构的研究；以开发阶段和开发内容为基础，对信息系统开发过程的研究。再有就是对“方法”本身进行深入的思考，人们认为应该重视信息系统开发过程的研究；认为应该在重视信息系统开发的基础上，对科学理论进行研究（方法论）的同时，也要注重对开发工具及语言的研究，使开发方法和开发技术在有效的工具和合适的语言的支持下得到更好、更有效的贯彻实施。

25.2.5　信息系统的运行与维护

信息系统的运行与维护主要包含 4 个方面的内容：日常运行维护、系统变更、安全管理和系统终结。

25.2.5.1　日常运行维护的主要风险和管控措施

日常运行维护的目标是保证系统正常运转，主要工作内容包括系统的日常操作、系统的日常巡检和维修、对系统运行状态的监控、异常事件的报告和处理等。这一环节存在的主要风险是：第一，没有建立规范的信息系统日常运行管理规范，计算机软硬件的内在隐患容易爆发，可能导致企业信息系统出错；第二，没有执行例行检查，导致一些人为恶意攻击会长期隐藏在系统中，可能造成严重损失；第三，企业信息系统数据未能定期备份，可能导致数据损坏后无法恢复，从而造成重大损失。

主要管控措施如下。第一，企业应制定信息系统使用操作程序、信息管理制度以及各模块子系统的具体操作规范，及时跟踪、发现和解决系统运行中存在的问题，确保信息系统按照规定的程序、制度和操作规范持续、稳定的运行。第二，企业应切实做好系统运行记录，尤其是对于系统运行不正常或无法运行的情况，应对异常现象发生时间和可能的原因进行详细记录。第三，企业要重视系统运行的日常维护，在硬件方面，日常维护主要包括各种设备的保养与安全管理、故障的诊断与排除、易耗品的更换与安装等。这些工作应由专人负责。第四，企业应配备专业人员负责处理信息系统运行中的突发事件，必要时应会同系统开发人员或软硬件供应商共同解决。

【例 25-3】信息系统在审计方面的应用十分普遍。信息系统审计主要是对信息系统的构建、规划及管理进行实时监督和有力控制。采集审计数据是开展信息系统审计工作的第一步，同时也是获取审计材料的主要途径。具体过程是：将待审计企业或单位的数据传输到审计人员使用的信息系统中；审计人员需要先对采集到的数据质量进行检验，当发现数据缺失现象时，可以通过手动操作，对多个数据源进行综合分析，通过推导将缺失数据补充完整。审计数据分析分为整体分析和重点分析两部分。在进行整体分析时，审计人员需要对被审计企业和单位的表格及账目进行仔细核对，明确具体财务变化及经济活动情况，实现对待审计企业和单位的审计数据的全面把控。

25.2.5.2　系统变更的主要风险和管控措施

系统变更主要包括硬件的升级扩容、软件的修改与升级等。系统变更是为了更好地满足企业的需求，但同时应加强对变更申请、变更成本与进度的控制。这一环节存在的主要风险是：第一，企业没有建立严格的变更申请、审批、执行、测试流程，导致系统随意变更；第二，系统变更后的效果达不到预期目标。

主要管控措施如下。第一，企业应当建立标准流程来实施和记录系统变更，保证变更过程得到适当的授权与管理层的批准，并对变更后的系统进行测试。信息系统变更应当严格遵照管理流程进行操作。信息系统操作人员不得擅自进行软件的删除、修改操作；不得擅自升级、改变软件版本；不得擅自改变软件系统的环境配置。第二，系统变更（如软件升级）需要遵循与新系统开发项目同样的验证和测试程序，必要时还应当进行额外测试。第三，企业应加强对紧急变更的控制管理。第四，企业应加强对将变更移植到生产环境中的控制管理，包括系统访问授权控制、数据转换控制、用户培训等。

25.2.5.3　安全管理的主要风险和管控措施

安全管理的目标是保障信息系统安全。信息系统安全是指信息系统包含的所有硬件、软件和数据都受到保护，不因偶然和恶意的原因而遭到破坏、更改和泄露，信息系统能够连续正常运行。这一环节存在的主要风险如下。第一，硬件设备分布范围广，设备种类繁多，安全管理难度大，可能导致设备生命周期短。第二，业务部门信息安全意识薄弱，对系统和信息安全缺乏有效的监管手段。少数员工可能恶意或非恶意滥用系统资源，造成系统运行效率降低。第三，企业对系统程序的缺陷或漏洞的安全防护不够，导致系统遭受黑客攻击，造成信息泄露。第四，企业对各种计算机病毒的防范、清理不力，导致系统运行不稳定甚至瘫痪。第五，企业缺乏对信息系统操作人员的严密监控，可能导致其舞弊和利用计算机犯罪。

主要管控措施如下。

第一，企业应建立信息系统相关资产的管理制度，保证电子设备的安全。硬件和网络设备不仅是信息系统运行的基础载体，也是价值昂贵的固定资产。企业应在健全设备管理制度的基础上，建立专门的电子设备管控制度，对于关键信息设备（如银行的核心数据库服务器），未经授权，不得接触。

第二，企业应成立专门的信息系统安全管理机构，由企业主要领导负责，对企业的信息安全做出总体规划并进行全方位的严格管理，具体实施工作可由企业的信息主管部门负责。企业应强化全体员工的安全保密意识，特别要对重要岗位员工进行信息系统安全保密培训，并与其签署安全保密协议。企业应当建立信息系统安全保密制度和泄密责任追究制度。

第三，企业应当按照国家相关法律法规以及信息安全技术标准，制定信息系统安全实施细则。企业应根据业务性质、重要程度、涉密情况等确定信息系统的安全等级，建立不同等级信息的授权使用制度，采用相应技术手段保证信息系统运行安全、有序。对于信息系统的使用者和不同安全等级信息之间的授权关系，企业应在信息系统开发建设阶段就形成方案并加以设计，在软件系统中预留这种对应关系的设置功能，以便根据使用者岗位和职务的变化进行调整。

第四，企业应当有效利用 IT 技术手段，对硬件配置调整、软件参数修改严加控制。例如，企业可利用操作系统、数据库系统、应用系统提供的安全机制，设置安全参数，保证系统访问安全；对于重要的计算机设备，企业应当利用技术手段防止员工擅自安装、卸载软件或者改变软件系统配置，并定期对上述情况进行检查。

第五，企业委托专业机构进行系统运行与维护管理的，应当严格审查被委托方的资质条件、市场声誉和信用状况等，并与其签订正式的服务合同和保密协议。

第六，企业应当采取安装安全软件等措施防范信息系统受到病毒等恶意软件的侵入和破坏。企业应当特别注重加强对服务器等关键部分的防护：对于存在网络应用的系统，企业应当综合利用防火墙、路由器等网络设备，采用内容过滤、漏洞扫描、入侵检测等软件技术加强网络安全，严密防范来自互联网的黑客攻击和非法侵入；对于通过互联网传输的涉密或者关键业务数据，企业应当采取必要的技术手段确保信息传递的保密性、准确性、完整性。

第七，企业应当建立系统数据定期备份制度，明确备份范围、频度、方法、责任人、存放地点、有效性检查等内容。系统首次上线运行时应当完全备份，然后根据业务频率和数据重要性程度，定期做好增量备份。数据正本与备份应分别存放于不同地点，防止因火灾、水灾、地震等事故对其产生不利影响。企业可综合采用磁盘、磁带、光盘等备份存储介质。

第八，企业应当建立信息系统开发、运行与维护等环节的岗位责任制度和不相容职务分离制度，防范利用计算机舞弊和犯罪。一般而言，信息系统不相容职务涉及的人员可以分为 3 类：信息系统开发建设人员、信息系统管理和维护人员、信息系统操作使用人员。信息系统开发建设人员在运行阶段不能操作使用信息系统，否则就可能掌握其中的涉密数据，并对数据进行非法利用；信息系统管理和维护人员承担密码保管、授权、系统变更等关键任务，如果允许其使用信息系统，其就可能较为容易地篡改数据，从而达到侵吞财产或滥用计算机信息的目的。此外，负责某些工作的信息系统使用人员，包括负责业务数据录入、数据检查、业务批准等的信息系统使用人员之间也应相互牵制。企业应建立用户管理制度，加强对重要业务系统的访问权限的管理，避免将不相容职责授予同一用户。企业应当采用密码控制等技术手段进行用户身份识别。对于重要的业务系统，企业应当采用数字证书、生物识别等可靠性强的技术手段识别用户身份。对于发生岗位变化或离岗的用户，用户部门应当及时通知系统管理人员调整其在系统中的访问权限或者注销该用户的账号。企业应当定期对系统中的账号进行审阅，避免存在授权不当或未授权的账号。对于超级用户，企业应当严格规定其使用条件和操作程序，并对其在系统中的操作全程进行监控或审计。

第九，企业应积极开展信息系统风险评估工作，定期对信息系统进行安全评估，及时发现信息系统安全问题并加以整改。

25.2.5.4 系统终结的主要风险和管控措施

系统终结是信息系统生命周期的最后一个阶段。在该阶段，信息系统将停止运行。停止运行的原因通常有：企业破产或被兼并、原有信息系统被新的信息系统代替。这一环节存在的主要风险是；第一，因经营条件发生变化，数据可能泄密；第二，信息档案的保管期限不够长。

主要管控措施如下。第一，要做好善后工作，不管因何种情况导致信息系统停止运行，都应将废弃信息系统中有价值或者涉密的信息销毁、转移。第二，严格按照有关法规制度，妥善保管相关信息档案。

【例 25-4】A 会计师事务所在对 B 公司进行信息系统审计时，发现 B 公司综合业务应用系统中的 56 个账号中，有 4 个系统管理员用户，其中 3 个系统管理员用户均为应用系统开发商的系统维护人员。这些系统管理员用户拥有登录业务管理、账务管理、统计报表等子系统的权限，并且有权开启后台操作通道。因此，如果系统开发商的系统维护人员通过后台舞弊，则 B 公司将承受极大损失。

【分析】以业务外包或外购调试方式建设信息系统的企业，应在信息系统投入实际运行后关闭系统开发商或服务商的系统管理员权限。对于系统管理员用户，企业必须对其操作进行严格监控，检查其操作是否经过授权，防止系统管理员用户的非法操作。信息系统的后台操作通道，即信息系统的“后门”，是为便于维护信息系统而留的一条通道。企业必须对“后门”进行严格管理，对后台操作进行审批。信息系统维护完成后，企业要及时关闭“后门”“后门”开启过程中，企业必须对相关操作进行严密监控。

25.2.6 信息系统安全

信息系统本身存在着来自人文环境、技术环境和物理自然环境的安全风险，安全威胁无时无处不在。对于大型企业信息系统的安全问题而言，企业不可能单凭一些集成了信息安全技术的安全产品来解决问题，而必须考虑技术、管理和制度的因素，全方位地、综合地解决信息系统安全问题，建立企业的信息系统安全保障体系。

25.2.6.1 分析企业信息系统安全管理中存在的普遍问题

随着信息科技的发展，计算机技术越来越普遍地被应用于企业的生产经营，而企业的信息系统普遍都经历了由点及面、由弱渐强的发展过程，并在企业内形成了较为系统的信息一体化应用。随着企业信息系统建设工作的全面开展，企业的经营管理等对信息系统的依赖性也越来越强，信息系统甚至成了企业生存发展的基础和保证。因此，企业信息系统的安全可靠性越来越重要，信息系统安全成为企业迫切需要解决的问题。信息系统专业人员面对的是一个复杂多变的系统环境。比如，设备分布范围大，设备种类繁多；大部分终用户缺乏信息安全意识；系统管理员对用户的行为缺乏有效的监管；少数用户恶意或非恶意滥用系统资源；系统性的缺陷或漏洞无法避免；各种计算机病毒层出不穷等。一系列的问题都严重威胁着信息系统的安全。因此，“如何构建完善的信息系统安全防范体系，以保障企业信息系统的安全运行”成为企业信息化建设过程中必须面对并急需解决的问题。

25.2.6.2　与信息系统安全相关的几点认识

① 解决信息系统的安全问题要有系统的观念。企业必须从系统性的、全面性的角度着手，而不能只从某一方面来解决信息系统的安全问题。从系统的角度来看，信息系统由计算机系统和用户组成，因此信息系统安全包括人和技术的因素。

② 信息系统的安全问题是动态的、变化的。

③ 信息系统的安全是相对的。

④ 保障信息系统的安全是一项长期的工作。企业需制定长效的机制来保障信息系统的安全，不能期望一劳永逸。

25.2.6.3　信息系统安全管理中管理因素的应用

在信息系统安全管理中，“风险评估＋安全策略”的安全保障体系体现了管理因素。

① 为保障企业信息系统的安全，企业必须成立专门的信息系统安全管理组织。该组织由企业主要领导负责，通过信息系统安全管理小组对企业的信息系统安全保障工作制定总体规划并实施管理。具体的实施工作由企业的信息主管部门负责。

② 企业应该出台关于保证信息系统安全的管理标准。该标准应该包括与信息系统各类型用户的权限和职责、用户在操作过程中必须遵守的规范、信息安全事件的报告和处理流程、信息保密、系统的账号和密码管理、信息安全工作的检查和评估、数据的管理、中心机房管理等相关的标准，而且在信息系统运行管理过程中，企业应该根据发展的需要不断地对该标准进行补充及完善。

③ 企业应积极开展信息系统风险评估工作。企业应定期对信息系统进行安全评估，主动发现信息系统中存在的安全问题。企业应重点关注信息系统的网络基础设施（拓扑、网络设备、安全设备等）；信息系统中的关键主机、应用系统及安全管理；当前的威胁形势和控制措施。企业通过对企业信息系统内支撑主要应用系统的 IT 资产进行调查，对存在的技术和管理弱点进行识别，全面评估企业的信息安全现状，得出企业当前的全面风险视图，从而为下一步的安全建设提供参考和指导方向，为企业信息安全建设打下坚实的基础。

④ 企业应加强信息系统（设备）的运维管理，包括如下几方面的措施：建立信息完善

的设备、系统的电子台账，包括设备的软、硬件配置以及其他相关的技术文档；规范信息系统管理的各项日常工作，包括对设备安装、系统安装以及各项操作都进行闭环管理；建立完善的工作日志，必须对日常的各项操作、系统运行等进行记录；规范普通用户的行为，只分配给各种用户满足应用需要的资源、权限。

25.2.6.4 信息系统安全管理中技术因素的应用

在信息系统安全管理中，“防御体系 + 实时检测 + 数据恢复”的安全保障体系体现了技术因素。在信息安全保障体系建设过程中，企业需从多个方面、多个角度综合考虑，采用分步实施、逐步实现的方法。企业可以采取的技术手段如下。

（1）对关键的系统采取冗余的配置，以提高系统的安全性

比如，对于核心交换机、中心数据库系统、数据中心的存储系统、关键应用系统的服务器，企业可以采取双机甚至群机的配置，以避免重要系统的单点故障，加强对网络系统的管理。网络系统是企业信息系统的核心内容之一，也是对信息系统安全具有重大影响的因素。很多信息系统安全的风险都是由网络系统的不安全引起的。在网络安全方面，系统需采取的技术手段如下。

① 加强网络的接入管理。这是保障网络安全的基础工作。与公用网络系统不同，企业的网络系统是企业专有的网络系统，只允许规定的用户接入，因此，企业必须实施接入管理。在实际的工作中，企业可采取边缘认证的方式。

② 利用虚拟局域网（Virtual Local Area Network，VLAN）技术，根据物理分布及应用情况适当划分系统子网。这样做有多方面的好处：首先对网络广播流量进行了隔离，避免人为或系统故障引起的网络风暴影响整个系统；其次提高了系统的可管理性，通过子网的划分，企业可以对不同的子网采取不同的安全策略、将故障定位在更小的范围内等；再次，企业可以根据应用的需要实现某些应用系统的相对隔离。

③ 加强对网络出口的管理。比如，企业可在内部网络与 Internet（或其他不可信任的网络）连接的边界架设防火墙作为安全网关，并制定安全的访问策略，架设防病毒网关，尽可能将计算机病毒隔离在企业内部网络之外。

④ 采用网络运维管理平台，实现对企业网络系统的监控、IP 地址与服务分布的查询和定位、网络数据流异动报警功能。

⑤ 部署网络入侵和安全审计系统。比如，企业可采用旁路方式接入网络，对网络内部和外部的用户活动进行监控，侦察系统中存在的现有和潜在的安全威胁，对与安全有关的活动信息进行识别、记录、存储和分析。

（2）通过桌面管理系统等实现对外围以及终端用户的行为的监控和管理

统计数据表明，企业的信息系统安全事故大部分来自企业内部网络。如何实现对内部用户的有效管理，防止用户有意或无意地滥用系统资源而对整个信息系统造成危害是企业需要解决的重要问题。在边缘认证系统的支持下，对外围设备进行集中的监控和管理、对

用户行为进行有效管理和跟踪是较为有效的方法。而桌面管理系统能帮助系统管理人员实现这些目标。该系统可对企业的 IT 资源进行动态的跟踪、收集，动态生成最新的 IT 资源清单，也可对设备异动进行报告，还能实现对硬件、软件资源的远程维护及管理。

（3）选择合适的防病毒产品，部署安全且适用的防病毒系统

近年来，计算机病毒是威胁信息系统安全的重要因素，层出不穷的计算机病毒严重威胁着企业的信息系统。根据应用系统的不同，选择合适的防病毒产品来部署企业的防病毒系统是非常重要的。根据应用系统安全等级要求的不同，企业可以选择多种防病毒产品，对不同的应用系统采取不同的查、杀、拦截的策略。比如，对于服务器、重要的系统，企业就应当采取以保护系统的数据安全、维护系统运行的稳定性为前提的病毒防护策略，而对于个人计算机等终端设备则要采取以不能因它而威胁整个系统安全为原则的病毒防护策略。相反，一台工作站的连续运行能力就不是企业要重点考虑的对象了。

25.3　实务案例

25.3.1　ZYD 内控管理系统案例

（一）客户背景

ZYD 通信集团公司（简称 ZYD）于 2000 年 4 月 20 日成立，注册资本为 518 亿元人民币，资产规模超过 7 000 亿元。ZYD 是专注于移动通信运营的运营商，拥有全球第一的网络和客户规模，是 2008 年北京奥运会的合作伙伴。

ZYD 通信集团公司全资拥有 ZYD（香港）集团有限公司，由其控股的 ZYD 有限公司在国内多个省（自治区、直辖市）设立了全资子公司，并在中国香港和美国纽约上市。ZYD 主要经营移动话音、数据、IP 电话和多媒体等业务，并拥有计算机互联网国际联网单位经营权和国际出入口局业务经营权。

ZYD 在我国移动通信大发展的进程中，始终发挥着主导作用，并在国际移动通信领域占有重要地位。经过多年的建设与发展，ZYD 已建成了覆盖范围广、通信质量高、业务品种丰富、服务水平一流的移动通信网络。网络规模和客户规模位列全球第一。

（二）项目背景

ZYD 在内部控制方面须严格按照相关法律、法规，循序渐进地开展有效的工作，以保障公司达成战略目标，实现稳健、可持续的发展。首先，作为在美国上市的公司，ZYD 受到《萨班斯法案》的管辖；其次，国内的监管力度也在逐步加大，国资委、财政部、证监会都下发了相关的法规、规范，因此 ZYD 还需要遵循国内相关监管机构提出的法规和规范。

ZYD 在运营过程中，逐步发现了手工工作量大、统计层次多、信息传递环节繁杂、人工处理效率低、缺乏统一的信息共享平台等问题。因此，ZYD 决定建设健全的企业管控体系。

（三）项目介绍

通过对 ZYD 内部控制（以下简称内控）、内部审计（以下简称内审）业务的理解和分析，HD 科技结合自身在内控、内审系统上的产品积累以及经验积累，特别是在为国内大中型集团公司服务的过程中所积累的 IT 架构与系统规划经验，与 PHYD 合作，为 ZYD 设计了内控、内审管理平台的建设规划。该规划将 ZYD 的企业管控 IT 支撑系统建设划分成 5 步：内控内审管理平台基础建设、内控内审管理平台优化、风险管理基础模块建设、风险管理优化模块、全面风险管控体系完善优化。整个 ZYD 内控、内审管理平台被分解成网络基础设施层、应用支撑与工具层、业务系统应用层、信息门户与展现层、安全管理层、系统管理层等模块。总体架构包括了系统近期的建设内容与中长期建设内容。系统设计时充分考虑了业务发展和技术发展的需要，系统可以实现近期目标向中长期目标的平滑演进与衔接。

目前，在已经完成的一期工程中，功能模块主要包括了内控管理和内审管理两个子系统：内控管理子系统是一个以内控管理、内控测试、内控分析、内控信息交流等为核心功能的一体化管理系统。该系统适用于集团所有被纳入内控评价范围的业务单元（包括公司总部、省级公司、地市级分公司等），主要满足 ZYD 进行内控和管理的需求、对内控工作人员提供系统支撑的需求以及外部审计师的审计需求，旨在减少手工工作量、提高工作效率、降低公司内控风险，实现内控管理工作的自动化、常态化。内审管理子系统是一个以计划管理、资源管理、作业管理、信息管理等为核心功能的一体化管理系统。该系统适用于公司所有内审业务的管理，主要满足 ZYD 对内审业务的管理和对内审人员开展内审业务提供支撑的需求，旨在提高内审业务管理水平，加强内审业务的统筹性和计划性，促进审计信息的共享，减少手工工作量，提高内审工作效率和工作质量，实现内审工作的高效化、规范化。

功能节点主要体现在 5 个方面：系统管理，包括组织和用户管理、个人 / 部门工作台、工作流程管理、业务系统集成、交流平台等；文档与知识管理，包括各种内控、内审文档的查询及版本管理、在线论坛等；内控管理，包括手册管理、测试、缺陷修补、人员管理、考核、实时监控与风险分析等；内审管理，包括计划管理、作业管理、资源管理和集成等；统计分析与报告，包括定制报告、各种统计分析报表、管理者视图等。

（四）平台价值

ZYD 通过建立内控、内审管理平台，为企业高管层、内控和内审的管理者、内控测评人员、审计人员、其他业务人员提供了一个简单易用的内控活动管理和内审管理的平台。该管理平台不仅能够减少手工工作量，提高工作效率和工作质量，以此为契机，为企业提供检查风控执行效果的 IT 支持，还为审计人员提供了内审的作业平台，使各项工作有机地联系起来，从公司长期战略出发改进了内控、内审管理和风险管理的方式。该平台的价值集中体现在以下几个方面。

（1）使管控、审计合规——企业管控信息可报告

（2）辅助企业管控决策——企业管控过程可展示

（3）构建常态化管控体系——企业管控体系可管理

（4）支撑管控工作执行——企业管控任务可执行

25.3.2 广东 LT 信息系统内部控制案例[10]

（一）项目背景

ZLT 有限公司（简称 ZLT）是中国三大电信运营商之一，同时在纽约、香港、上海三地上市。

ZLT 有限公司广东省分公司（以下简称广东 LT）是 ZLT 设在广东的分公司，主要负责广东地区通信网络的建设和运营。

（二）广东 LT 信息系统的结构

电信运营企业是技术、信息密集型的企业，是企业信息化建设的积极倡导者和先行者。广东 LT 在建网初期就高度重视运营支撑体系的信息化建设，高起点、高标准地规划建设企业信息系统。经过多年的高速发展与基础设施的投入，广东 LT 信息系统已经达到很高的水平。

根据全球电信运营企业运作流程的特点，电信管理论坛（Tele Management Forum，TMF）制定了一个电信运营流程的参考框架——增强型电信运营图（enhanced Telecom Operations Map，eTOM）模型。依照 eTOM 模型，我国电信运营企业普遍接受了 BSS/OSS/MSS 的信息系统框架。广东 LT 信息系统主要包括三大系统域：运营支撑系统域、业务支撑系统域和管理支撑系统域。

运营支撑系统域属于生产管理系统，面向服务和资源，为综合运营提供支持，主要包括集成订单管理系统、服务开通管理系统、综合资源管理系统、综合生产调度系统、动力监控系统等。

业务支撑系统域属于业务管理系统，为市场营销、客户服务等企业经营活动提供全面支撑，主要包括外部门户系统、客户关系管理（Customer Relationship Management，CRM）系统、合作伙伴管理系统、经营分析系统、综合计费账务系统、综合结算系统和综合采集系统等。

管理支撑系统域属于管理支持系统，为企业管理活动提供有力的支撑和保障，主要包括内部门户系统、企业决策支持系统、ERP 系统、OA 系统等。ERP 系统又包括会计信息、采购管理、库存管理、人力资源管理等子系统。

（三）广东 LT 信息系统内部控制状况分析

在美国上市的公司，其管理层必须保证内部控制系统及相应控制程序充分有效，同时

---

10 吴炎太，林斌，刘伟贤 . 信息系统内部控制案例分析——以广东联通为例 [J]. 财务与会计：综合版，2009（11）：57-58.

提供最近财务年度管理层和会计师事务所对内部控制体系及控制程序有效性的评价报告。ZLT作为在纽约、上海和香港同时上市的公司也不例外。广东LT作为ZLT的一个分公司，自2005年开始着手进行内部控制体系建设工作，增强财务报告的真实性及完整性。经过几年的摸索、实践，广东LT结合公司自身特点和控制重点，逐步建立和健全了内部控制体系，并于2006年、2007年顺利通过了由PHYD负责的内部控制评审。

信息系统内部控制是广东LT内部控制体系的重要组成部分。信息系统内部控制包括信息系统一般控制和信息系统应用控制。在内部控制体系建设过程中，广东LT对2 200多个风险点（其中信息系统关键控制点有349个）进行了详细分析，并制定了对应的控制措施。

（1）广东LT信息系统一般控制

信息系统一般控制是指对信息系统的开发和应用环境进行的控制。信息系统一般控制主要包括信息系统控制环境管理、系统开发管理、系统变更管理、日常运行维护与管理、系统安全管理等内容。广东LT强调信息系统全生命周期管理，明确了信息系统各阶段的风险控制点。

为了加强信息系统一般控制，ZLT及广东LT制定了一系列制度。这些制度包括：《ZLT广东分公司信息系统项目建设规程》《ZLT信息系统管理规范订立及修改细则》《ZLT企业信息化系统运行维护规程》《ZLT信息系统开发管理细则》《ZLT信息系统变更管理细则》《ZLT数据备份管理细则》《ZLT信息安全管理规程》《ZLT信息系统管理职责分工标准》等。

（2）广东LT信息系统应用控制

信息系统应用控制是指利用信息系统对业务处理实施的控制。根据业务处理环节划分，信息系统应用控制包括输入控制、处理控制和输出控制等内容。广东LT信息化程度高，其生产经营完全依赖信息系统。因此，信息系统应用控制与公司的生产经营业务密不可分。广东LT通过梳理业务流程，强化职责分工，实现不相容职务相互分离，以加强信息系统应用控制。广东LT将各项业务进行了认真研究和梳理，制定了《ZLT内部控制制度规范》，内容涵盖公司的经营管理、信息系统控制、投资融资管理、财务监控、法律法规监督等，涉及资本性支出、收入、成本费用、资金及资产、财务信息披露、其他共性等6个方面共351个业务流程，并用文字、流程图、风险控制文档等多种形式，对各业务和事项的风险类型、控制目标、关键控制点、控制措施、控制频率加以规定和说明，形成与经营管理制度有机结合的内部控制体系。为了加强信息系统应用控制，广东LT制定了一系列制度。这些制度包括：《实行综合营账版本部署管理的规范》《系统支撑中心日常运维规范》《广东LT企业信息系统运行维护规程——基础篇试行版》《广东LT企业信息系统运行维护规程——运维篇（试行版）》，以及各种应用系统的用户管理规定和操作规范等。

（四）广东LT案例对加强信息系统内部控制建设的启示

（1）信息系统相关部门的积极参与是做好信息系统内部控制工作的基础

信息系统内部控制建设不仅仅是公司信息管理部门的工作职责，还需要信息系统应用部门的积极参与和配合。信息系统内部控制建设工作涉及与信息系统有关的每个岗位、每个员工。信息系统内部控制制度的有效执行，离不开企业的各级管理者和员工的积极参与。广东 LT 经过大力宣传与贯彻实施内部控制相关措施，使内部控制管理理念深入人心；通过编制流程环节与岗位对应表，将每个环节落实到在岗的员工。每位在岗的员工通过切实执行内部控制制度，逐步加强基础管理工作，有力推动了公司的内部控制建设。

（2）信息系统内部控制工作要与生产经营活动紧密结合

内部控制工作是否有效取决于流程和制度是否得到了有效的执行，而内部控制制度是否被有效执行，又取决于流程和制度是否符合生产经营活动的实际情况。因此，企业只有结合实际工作制定具体风险问题的防范措施，将信息系统内部控制工作的流程设计、制度制定、措施贯彻等各个环节与生产经营活动紧密结合，才能让企业员工易于理解和接受，才能更好地发挥内部控制制度的作用。

（3）从公司战略角度建立信息系统

针对信息系统的开发和变更，以及各子系统之间的整合问题，公司应该从战略的角度出发建立公司的信息系统，根据公司战略发展的需要，构建信息系统大平台，建立相应的信息系统模块与流程，及时更新系统，以适应公司业务流程的变化和各子系统之间的整合。

（4）大力培养既懂审计业务又熟悉信息技术的审计人员

要做好信息系统的内部控制工作，审计人员除了具备审计专业知识外，还要掌握各业务系统之间的数据生成流程和丰富的信息技术知识。只有这样，审计人员才能发现整个信息系统的风险所在，提出切实可行的风险防范措施。

（5）要建立长效机制

内部控制工作是一项长期的任务，复杂而艰巨。信息系统的开发和变更、业务处理流程的变化等都会产生风险。企业必须适时修正控制流程和控制措施，完善内部控制制度规范，保证制度规范的健全。企业应通过建立检查督导制度，巩固已经整改的成果，防止犯同样错误，建立健全长效机制，长抓不懈，避免出现前清后乱、工作反复的弊病。

第26章 企业内部控制评价指引

26.1 法规原文

企业内部控制评价指引

第一章 总则

第一条 为了促进企业全面评价内部控制的设计与运行情况，规范内部控制评价程序和评价报告，揭示和防范风险，根据有关法律法规和《企业内部控制基本规范》，制定本指引。

第二条 本指引所称内部控制评价，是指企业董事会或类似权力机构对内部控制的有效性进行全面评价、形成评价结论、出具评价报告的过程。

第三条 企业实施内部控制评价至少应当遵循下列原则：

（一）全面性原则。评价工作应当包括内部控制的设计与运行，涵盖企业及其所属单位的各种业务和事项。

（二）重要性原则。评价工作应当在全面评价的基础上，关注重要业务单位、重大业务事项和高风险领域。

（三）客观性原则。评价工作应当准确地揭示经营管理的风险状况，如实反映内部控制设计与运行的有效性。

第四条 企业应当根据本评价指引，结合内部控制设计与运行的实际情况，制定具体的内部控制评价办法，规定评价的原则、内容、程序、方法和报告形式等，明确相关机构或岗位的职责权限，落实责任制，按照规定的办法、程序和要求，有序开展内部控制评价工作。

企业董事会应当对内部控制评价报告的真实性负责。

第二章 内部控制评价的内容

第五条 企业应当根据《企业内部控制基本规范》、应用指引以及本企业的内部控制制度，围绕内部环境、风险评估、控制活动、信息与沟通、内部监督等要素，确定内部控制评价的具体内容，对内部控制设计与运行情况进行全面评价。

第六条 企业组织开展内部环境评价，应当以组织架构、发展战略、人力资源、企业文化、社会责任等应用指引为依据，结合本企业的内部控制制度，对内部环境的设计及实际运行情况进行认定和评价。

第七条 企业组织开展风险评估机制评价，应当以《企业内部控制基本规范》有关风险评估的要求，以及各项应用指引中所列主要风险为依据，结合本企业的内部控制制度，对日常经营管理过程中的风险识别、风险分析、应对策略等进行认定和评价。

第八条　企业组织开展控制活动评价，应当以《企业内部控制基本规范》和各项应用指引中的控制措施为依据，结合本企业的内部控制制度，对相关控制措施的设计和运行情况进行认定和评价。

第九条　企业组织开展信息与沟通评价，应当以内部信息传递、财务报告、信息系统等相关应用指引为依据，结合本企业的内部控制制度，对信息收集、处理和传递的及时性、反舞弊机制的健全性、财务报告的真实性、信息系统的安全性，以及利用信息系统实施内部控制的有效性等进行认定和评价。

第十条　企业组织开展内部监督评价，应当以《企业内部控制基本规范》有关内部监督的要求，以及各项应用指引中有关日常管控的规定为依据，结合本企业的内部控制制度，对内部监督机制的有效性进行认定和评价，重点关注监事会、审计委员会、内部审计机构等是否在内部控制设计和运行中有效发挥监督作用。

第十一条　内部控制评价工作应当形成工作底稿，详细记录企业执行评价工作的内容，包括评价要素、主要风险点、采取的控制措施、有关证据资料以及认定结果等。

评价工作底稿应当设计合理、证据充分、简便易行、便于操作。

第三章　内部控制评价的程序

第十二条　企业应当按照内部控制评价办法规定的程序，有序开展内部控制评价工作。

内部控制评价程序一般包括：制定评价工作方案、组成评价工作组、实施现场测试、认定控制缺陷、汇总评价结果、编报评价报告等环节。

企业可以授权内部审计部门或专门机构（以下简称内部控制评价部门）负责内部控制评价的具体组织实施工作。

第十三条　企业内部控制评价部门应当拟订评价工作方案，明确评价范围、工作任务、人员组织、进度安排和费用预算等相关内容，报经董事会或其授权机构审批后实施。

第十四条　企业内部控制评价部门应当根据经批准的评价方案，组成内部控制评价工作组，具体实施内部控制评价工作。评价工作组应当吸收企业内部相关机构熟悉情况的业务骨干参加。评价工作组成员对本部门的内部控制评价工作应当实行回避制度。

企业可以委托中介机构实施内部控制评价。为企业提供内部控制审计服务的会计师事务所，不得同时为同一企业提供内部控制评价服务。

第十五条　内部控制评价工作组应当对被评价单位进行现场测试，综合运用个别访谈、调查问卷、专题讨论、穿行测试、实地查验、抽样和比较分析等方法，充分收集被评价单位内部控制设计和运行是否有效的证据，按照评价的具体内容，如实填写评价工作底稿，研究分析内部控制缺陷。

第四章　内部控制缺陷的认定

第十六条　内部控制缺陷包括设计缺陷和运行缺陷。企业对内部控制缺陷的认定，应当以日常监督和专项监督为基础，结合年度内部控制评价，由内部控制评价部门进行综合分析后提出认定意见，按照规定的权限和程序进行审核后予以最终认定。

第十七条　企业在日常监督、专项监督和年度评价工作中，应当充分发挥内部控制评价工作组的作用。内部控制评价工作组应当根据现场测试获取的证据，对内部控制缺陷进行初步认定，并按其影响程度分为重大缺陷、重要缺陷和一般缺陷。

重大缺陷，是指一个或多个控制缺陷的组合，可能导致企业严重偏离控制目标。

重要缺陷，是指一个或多个控制缺陷的组合，其严重程度和经济后果低于重大缺陷，但仍有可能导致企业偏离控制目标。

一般缺陷，是指除重大缺陷、重要缺陷之外的其他缺陷。

重大缺陷、重要缺陷和一般缺陷的具体认定标准，由企业根据上述要求自行确定。

第十八条　企业内部控制评价工作组应当建立评价质量交叉复核制度，评价工作组负责人应当对评价工作底稿进行严格审核，并对所认定的评价结果签字确认后，提交企业内部控制评价部门。

第十九条　企业内部控制评价部门应当编制内部控制缺陷认定汇总表，结合日常监督和专项监督发现的内部控制缺陷及其持续改进情况，对内部控制缺陷及其成因、表现形式和影响程度进行综合分析和全面复核，提出认定意见，并以适当的形式向董事会、监事会或者经理层报告。重大缺陷应当由董事会予以最终认定。

企业对于认定的重大缺陷，应当及时采取应对策略，切实将风险控制在可承受度之内，并追究有关部门或相关人员的责任。

第五章　内部控制评价报告

第二十条　企业应当根据《企业内部控制基本规范》、应用指引和本指引，设计内部控制评价报告的种类、格式和内容，明确内部控制评价报告编制程序和要求，按照规定的权限报经批准后对外报出。

第二十一条　内部控制评价报告应当分别内部环境、风险评估、控制活动、信息与沟通、内部监督等要素进行设计，对内部控制评价过程、内部控制缺陷认定及整改情况、内部控制有效性的结论等相关内容作出披露。

第二十二条　内部控制评价报告至少应当披露下列内容：

（一）董事会对内部控制报告真实性的声明。

（二）内部控制评价工作的总体情况。

（三）内部控制评价的依据。

（四）内部控制评价的范围。

（五）内部控制评价的程序和方法。

（六）内部控制缺陷及其认定情况。

（七）内部控制缺陷的整改情况及重大缺陷拟采取的整改措施。

（八）内部控制有效性的结论。

第二十三条　企业应当根据年度内部控制评价结果，结合内部控制评价工作底稿和内部控制缺陷汇总表等资料，按照规定的程序和要求，及时编制内部控制评价报告。

第二十四条　内部控制评价报告应当报经董事会或类似权力机构批准后对外披露或报送相关部门。

企业内部控制评价部门应当关注自内部控制评价报告基准日至内部控制评价报告发出日之间是否发生影响内部控制有效性的因素，并根据其性质和影响程度对评价结论进行相应调整。

第二十五条　企业内部控制审计报告应当与内部控制评价报告同时对外披露或报送。

第二十六条　企业应当以 12 月 31 日作为年度内部控制评价报告的基准日。

内部控制评价报告应于基准日后 4 个月内报出。

第二十七条　企业应当建立内部控制评价工作档案管理制度。内部控制评价的有关文件资料、工作底稿和证明材料等应当妥善保管。

26.2　原文讲解

26.2.1　内部控制评价概述

26.2.1.1　内部控制评价的定义

《企业内部控制评价指引》（简称《评价指引》）的第二条规定，内部控制评价是指企业董事会或类似权力机构对内部控制的有效性进行全面评价、形成评价结论、出具评价报告的过程。

理解内部控制评价的定义时，读者应注意以下几点。

① 该定义明确了企业内部控制建设的责任主体，即董事会（或类似权力机构），其是建立健全和实施内部控制评价工作的主要责任方。

② 该定义明确了内部控制评价的评价内容与评价要求。评价内容为内部控制的有效性，包括财务报告内部控制有效性和非财务报告内部控制有效性。内部控制评价要具有全面性，要求企业的评价工作包括内部控制的设计与运行并涵盖企业及其所属单位的业务和事项，并在此评价基础上，关注主要业务单位、重大业务事项和高风险领域。

③ 执行基本规范及企业内部控制配套指引的企业对内部控制的有效性进行自我评价后，必须按照规定的要求披露年度自我评价报告。

26.2.1.2　内部控制评价的目标

企业实施内部控制评价工作，对于揭示、防范和管理企业风险，实现企业经营目标和发展战略具有重大意义。内部控制评价通过评价企业内部控制体系的充分性、合规性、有效性和适宜性，促使企业切实加强内部控制体系的建设并认真执行相关内部控制措施。企业应该从内部控制的目标出发，来对内部控制的设计和运行进行评价，考核内部控制所规定的目标是否实现。内部控制评价的目标如下。

① 建立健全内部控制机制，保证内部控制体系的有效性。

② 确保企业经营业务的合法性合规性。

③ 保障企业资产的安全性、完整性。

④ 增强企业财务信息和管理信息的真实性、完整性。

⑤ 为企业提高风险管理水平提供信息服务和决策支持。

⑥ 提高企业经营效率和效果，促进企业实现发展战略。

26.2.1.3 内部控制评价原则

根据《评价指引》第三条，企业实施内部控制评价应当遵循下列原则。

① 全面性原则。评价工作应当包括内部控制的设计与运行，涵盖企业及其所属单位的各种业务和事项。

② 重要性原则。评价工作应当在全面评价的基础上，关注重要业务单位、重大业务事项和高风险领域。

③ 客观性原则。评价工作应当准确地揭示经营管理的风险状况，如实反映内部控制设计与运行的有效性。

应该注意的是，以上是企业实施内部控制评价时应当遵循的3项最基本的原则。同时，企业应根据评价目标与企业自身的特点，补充参考以下原则。

① 风险导向原则。内部控制评价应当以风险评估为基础，根据风险发生的可能性和风险对企业单个或整体控制目标的影响程度来确定需要评价的重点业务单元、重要业务领域或流程环节。

② 独立性原则。内部控制评价机构的确定及评价工作的组织实施应当保持相应的独立性。

③ 成本效益原则。企业实施内部控制评价时应当以适当的成本实现科学有效的评价。

26.2.2 内部控制评价的内容

企业实施内部控制评价时要结合内部控制的五大要素来对被评价单位内部控制系统的总体情况进行评估。五大要素来源于管理层经营企业的方式，并与管理过程融合在一起。各个要素之间相互联系。每一个要素都能够影响其他构成要素，最终影响企业内部控制体系运行的有效性。下面列示了这五大要素及其包含的重点评价内容。

26.2.2.1 内部环境

内部环境是企业实施内部控制的基础，支配着企业全体员工的内部控制意识，影响着全体员工实施控制活动和履行控制责任的态度、认识和行为。内部环境类应用指引有5项，包括组织架构、发展战略、人力资源、企业文化和社会责任应用指引。与以上5项应用指引相对应，内部评价环境的主要关注点包括：诚信道德与企业价值观，员工胜任能力，董事会、公司治理层的管理理念和经营风格，公司组织机构，权力和责任的分配，人力资源政策及其实施情况。

【例 26-1】西藏 QZ 藏药股份有限公司（简称 QZ 公司）出创建于 1993 年，是国内最大的藏药制造企业。在 2009 年度，XYZ 会计师事务所对 QZ 公司出具了内部控制审计报告。QZ 公司有严重的内部环境缺陷，一是未完善董事会专门委员会议事规则；二是未制定防止控股股东和实际控制人占有上市公司资金的具体管理办法；三是未制定董事会责任追究制度。

26.2.2.2　风险评估

企业在组织开展风险评估机制评价时，应从公司层面目标的制定、业务活动层次目标的制定、风险分析及系统应对变化的能力这 3 个方面着手，具体评价的主要关注点如下。

（1）公司层面目标

① 公司总体目标设置的合理性、充分性，与公司愿景和期望的相关性。

② 公司总体目标沟通与传递方式的有效性。

③ 公司总体目标与战略计划的关联性和一致性。

④ 商业计划、预算与公司目标、战略计划及当前情况的一致性。

（2）业务活动层次目标

① 业务活动层次目标与公司目标及战略计划的一致性。

② 业务活动层次目标与其他活动的一致性。

③ 业务流程与业务活动层次目标的相关性。

④ 业务活动层次目标的具体性。

⑤ 资源的充足性。

⑥ 是否明确影响企业实现整体目标的关键因素。

⑦ 管理层参与制定企业目标以及他们对目标的实现所承担的责任。

（3）风险分析及系统应对变化的能力

① 企业识别外部风险的机制是否健全。

② 企业识别内部风险的机制是否健全。

③ 是否为业务活动层次的每一个重要目标的实现识别相关的重要风险。

④ 风险分析程序的全面性和相关性，包括估计风险因素的重要程度、评估风险发生的可能性以及决定应采取的行动。

⑤ 对于那些影响企业或业务活动层次目标实现的事件和活动，企业是否存在一种预见和识别机制，企业是否能及时做出适当的反应。

⑥ 是否存在一种机制可以识别和处理那些对企业有深远影响的变革，高级管理层是否高度关注这些变革。

【例 26-2】YF 公司为我国江西景德镇地区的一家大型企业，主要业务为生产和销售青花瓷器。该公司 2006 年年末经审计的财务报表显示其资产总额为 3 543 万元，销售收入为 1.2560 亿元，利润总额为 2 300 万元。自 2003 年以来，YF 公司历年的财务报表均由

ZTH 会计师事务所审计。在了解 YF 公司及其环境、评估重大的错报风险时，A 和 B 注册会计师发现 2005 年以来，YF 公司所在地用于生产优质瓷器所需的特殊泥土初步显现出枯竭的迹象。为维持正常的经营，YF 公司自 2005 年 8 月起派出专家在全国各地寻找该种特殊泥土。2006 年 2 月，经专家建议，并经董事会决定，YF 公司出资 5000 万元在四川省广元地区设立分公司，以利用当地泥土生产瓷器。

【分析】YF 公司面临的风险是：尽管新的经营场所经过了专家的考察，但在新基地生产的产品能否得到市场的认可仍有待观察。该风险可能影响公司的财务状况，进而导致财务报表产生重大错报，并增加 YF 公司的经营风险。

26.2.2.3 控制活动

控制活动是企业为保障管理层指令的有效实施和企业目标的实现而制定的政策和程序。各控制活动的评价标准因业务类型不同的而不尽相同，但评价企业控制活动时一般应考虑以下因素：控制活动的类型，包括人工控制和自动控制、预防性控制和发现性控制等；控制活动的复杂性，通常与企业的组织机构、市场环境、经营规模、员工素质等相关；实施控制活动需要的职业判断程度；控制活动所针对的风险事项及其重要性；该控制活动对其他控制活动有效性的依赖程度。评价控制活动的主要关注点如下。

① 企业针对每一项业务活动是否都制定了恰当的控制政策和程序。

② 已确定的控制政策和程序是否得到持续、恰当的执行。

【例 26-3】企业良好的内部控制活动和内部审计密不可分。HW 公司的内部审计一直为外界称赞，主要归功于内部审计的独立性。首先，内部审计部门关注重点部门。HW 公司是以技术为主导的公司，因此审计部门着重对与技术和系统相关的部门或业务进行审计。其次，内部审计部门对单项业务十分熟悉，乃至对企业整体有比较了解。最后，内部审计部门对企业的发展要建言献策，提供改进内部控制制度的建议。

26.2.2.4 信息与沟通

信息与沟通是指及时、准确、完整地收集与企业经营管理相关的各种信息，并使这些信息以适当的方式在企业有关层级之间进行及时传递、有效沟通和正确应用的过程。信息与沟通是实施内部控制的重要条件。信息与沟通的评价工作主要集中在信息收集、处理和传递的及时性，反舞弊机制的健全性，财务报告的真实性，信息系统的安全性，以及利用信息系统实施内部控制的有效性等方面。评价工作的主要关注点如下。

（1）信息系统

① 相关人员是否有效地获取了内部和外部信息，并向管理层报告企业既定目标的实现情况。

② 相关人员是否及时向适当的其他人员汇报足够的信息，以使他们有效地履行其职责。

③ 信息系统的建立或修改是否基于对信息系统的战略规划并着眼于实现企业各个层次的目标。

④ 管理层是否通过承诺适当的资源，以表现出对建立必要的信息系统的支持态度。

（2）沟通

① 管理层是否向员工传达了其职责和控制责任的有效性。

② 企业是否建立了适当的沟通渠道供员工反映他们注意到的可疑问题。

③ 管理层对员工提出的提高生产效率、质量的建议或其他改进建议的接受能力。

④ 整个企业内部是否充分交流、信息传递是否完整和及时、信息能否满足相关人员有效地履行职责的需要。

⑤ 是否存在开放、有效的渠道使企业与客户、供应商和外部其他方面经常交流，以了解不断变化的客户需求。

⑥ 外部相关方了解企业道德标准的程度。

⑦ 在收到客户、供应商、监管者和其他外部人员反映的情况后，管理层是否采取了及时、适当的应对措施。

【例 26-4】 MKT 集团光学工业总公司的前身是 1993 年 2 月成立的 MKT 集团机电开发总公司。这是一家联营公司，4 家出资者分别为 MKT 集团公司、WMZ 公司、XGX 有限公司和 GSG 工业公司。没有厂房、土地和大多数设备的产权的 MKT 集体光学工业总公司，几乎不可能拥有巨额资产，也达不到上市条件。但是通过一系列造假手段，MKT 集团光学工业总公司成功上市。该公司通过将虚假会计报表进行合并，虚增了净资产、净利润和应付股东利润等。整个过程中必然存在公司自身造假的事实，且是第三方失职也助推了这次事件的发生。在该公司上市的过程中，深圳 HP 会计师事务所为其出具了严重失实的审计报告，广东 DZ 联合资产评估有限责任公司为其出具了严重失实的资产评估报告，广东 MD 律师事务所为其出具了严重失实的法律意见书，NZQ 有限公司参与编制了严重失实的发行申报文件。没有及时、准确披露信息，没有和财务信息使用者有效沟通导致此次财务造假事件越演越烈。

26.2.2.5　内部监督

本书中，内部监督分为日常监督和专项监督。日常监督是指企业对建立与实施内部控制的情况进行常规、持续的监督检查；专项监督是指在企业发展战略、组织结构、经营活动、业务流程、关键岗位员工等发生较大调整或变化的情况下，对内部控制的某一或者某些方面进行有针对性的监督检查。监督要素还应包括向相关管理人员和董事会上报内部控制缺陷并采取相关的改进措施。与此相应的，评价内部监督的主要关注点是日常监督、专项监督和缺陷报告。

26.2.3　内部控制评价的程序

企业应当按照内部控制评价办法规定的程序，有序开展内部控制评价工作。内部控制评价程序一般包括以下几个阶段。

26.2.3.1 准备阶段

该阶段的主要任务是制定内部控制评价工作方案，组成内部控制评价工作组。内部控制评价工作方案主要包括评价范围、工作任务、人员组织、进度安排和费用预算等相关内容。企业内部控制评价部门应当根据经批准的评价方案，组成内部控制评价工作组，具体实施内部控制评价工作。内部控制评价工作组应当吸收企业内部相关机构熟悉情况的业务骨干作为成员。内部控制评价工作组成员对本部门的内部控制评价工作应当实行回避制度。企业也可以委托中介机构实施内部控制评价。为企业提供内部控制审计服务的会计师事务所，不得同时为同一企业提供内部控制评价服务。

【例 26–5】内控评价准备阶段除了需要审计组人员完成相应的工作外，还需要被审计方按时完成资料收集工作。银行审计第一阶段的资料准备工作包括：分行大量资料的影印扫描和收集工作，准备公司存款、公司贷款、同业存放、电子银行、理财业务、财务管理等多个项目的资料复印件及电子版，准备相关贷款档案的扫描件等。

26.2.3.2 实施阶段

评价人员根据审批后的内部控制评价方案实施具体的测试、评价工作。在评价实施中，评价工作组应就成员之间以及评价工作组成员与被评价部门之间的沟通做出正式、合理的安排。评价工作组应通过适当的方法充分收集可证明被评价单位内部控制设计和运行是否有效的证据，对评价项目与有关数据进行确认和分析。

内部控制评价工作组在对被评价单位进行现场测试时，可以综合运用个别访谈法、调查问卷法、专题讨论会法、穿行测试法、实地查验法、抽样法、比较分析法等方法。

【例 26–6】内控评价实施阶段，需要被审计方及时配合完成资料确认、发送工作。银行审计第二阶段实施工作包括：根据资料准备阶段收集的资料，确认银行存款询证函、应收账款等询证函，并加盖公章及时发出等。

26.2.3.3 汇总评价成果、编制评价报告阶段

评价工作组应全面复核和确认检查出来的各种问题，分析并汇总评价结果，提出认定意见并编制评价报告。详细内容参见内部控制缺陷的认定和内部控制评价报告部分。

26.2.3.4 报告反馈与跟踪阶段

内部控制是一个持续改进的动态过程。对于评价中认定的内部控制缺陷企业应采取应对策略实施整改工作。整改后的内部控制运行一段时间之后，企业应就整改工作的效果及新的内部控制运行的有效性进行核查，确保整改成功。

【例 26–7】内控评价报告反馈与跟踪阶段，需要审计方与被审计方及时沟通审计中发现的问题，并根据问题制定相应的内部控制机制，以及被审计方需要进行后续的跟踪调查。银行审计第三阶段报告反馈与跟踪的工作包括：根据被审计工程中暴露出的银行在贷款资质审核过程中发现的问题，及时制定公司的资质审核完整规则，并严格执行，并由被审计

方持续的跟踪调查及时反馈，确保整改成功。

26.2.4　内部控制缺陷的认定

26.2.4.1　内部控制缺陷的分类

当内部控制的设计或运行不允许管理层或员工通过发挥他们的职能作用来及时防止错误与舞弊的发生时，就会产生内部控制缺陷。根据内部控制缺陷发生的阶段，内部控制缺陷一般可分为设计缺陷和运行缺陷。

① 设计缺陷，是指缺少为实现控制目标所必需的控制，或现存内部控制设计不适当。这时，即使内部控制正常运行，也难以实现控制目标。

② 运行缺陷，是指现存、设计完好的内部控制没有按设计意图运行，或执行者没有获得必要授权或缺乏胜任能力以有效地实施控制。

根据内部控制缺陷的影响程度，可将内部控制缺陷分为重大缺陷、重要缺陷和一般缺陷。

（1）重大缺陷，是指一个或多个控制缺陷的组合，可能导致企业严重偏离控制目标。

（2）重要缺陷，是指一个或多个控制缺陷的组合，其严重程度和经济后果低于重大缺陷，但仍有可能导致企业偏离控制目标。

（3）一般缺陷，是指除重大缺陷、重要缺陷之外的其他缺陷。

26.2.4.2　内部控制缺陷的认定流程

企业内部控制缺陷的认定流程具体如下。

（1）评价工作组初步认定阶段

该阶段，内部控制评价工作组根据现场测试获取的证据，对内部控制缺陷进行初步认定，并按其影响程度分为重大缺陷、重要缺陷和一般缺陷。

（2）工作组负责人审核阶段

首先，企业内部控制评价工作组依据评价质量交叉复核制度对评价结果进行复核；其次，评价工作组负责人对评价工作底稿进行严格审核，并对所认定的评价结果签字确认后，提交企业内部控制评价部门。

（3）内部控制评价部门综合分析、全面复核阶段

该阶段，企业内部控制评价部门应当编制内部控制缺陷认定汇总表，结合日常监督和专项监督发现的内部控制缺陷及其持续改进情况，对内部控制缺陷及其成因、表现形式和影响程度进行综合分析和全面复核，提出认定意见，并以适当的形式向董事会、监事会或者经理层报告。重大缺陷应当由董事会予以最终认定。企业对于认定的重大缺陷，应当及时采取应对策略，切实将风险控制在可承受度之内，并追究有关部门或相关人员的责任。

26.2.4.3　内部控制缺陷的认定标准

企业对于内部控制评价过程中发现的问题，应当从定量和定性两个方面进行衡量，判

断该问题是否构成内部控制缺陷。

内部控制缺陷的认定，特别是非财务报告内部控制缺陷的认定，还缺乏一个统一的数量标准。企业一般根据内部控制缺陷的严重程度来界定重大缺陷、重要缺陷和一般缺陷。但对缺陷的严重性的评估应当包括定量分析和定性分析两个方面。

（1）定性分析就是从总体上运用归纳与演绎、分析与综合以及抽象与概括等方法来对评价对象进行“质”的方面的分析与把握，以确定内部控制缺陷的严重程度的分析方式。根据各类缺陷的定义，以及国际上对各种可能性的规定，表 26–1 简单列示了 3 种类型的缺陷的定性认定标准。

表 26–1　3 种类型的缺陷的定性认定标准

缺陷分类	影响内部控制的可能性	且 / 或	影响的严重程度
重大缺陷	可能或很可能	且	严重影响
重要缺陷	可能或很可能	且	介于重大缺陷与一般缺陷之间
一般缺陷	较小可能	或	一般

（2）定量分析就是指对评价对象进行量化处理与分析的分析方式。例如，财务报告内部控制缺陷的严重程度可由该缺陷可能导致的财务报表错报的重要程度来确定。这种重要程度主要取决于两方面的因素：一是该缺陷是否具备导致企业不能及时防止、发现并纠正财务报表错报的可能性；二是该缺陷单独或连同其他缺陷可能导致的潜在错报金额的大小。对于错报的量化工作，即错报的概率，企业可以借鉴我国《企业会计准则第 13 号——或有事项》应用指南中的规定：“基本确定”为大于 95% 但小于 100%；“很可能”为大于 50% 但小于等于 95%；“可能”为大于 5% 但小于或等于 50%；“极小可能”为大于 0 但小于或等于 5%。对于错报金额大小的量化方法，企业可以借鉴《中国注册会计师审计准则第 1221 号——重要性》的规定，根据以下参考数值，确定重要性水平：对于以盈利为目的的企业，来自经常性业务的税前利润或税后净利润的 5%，或总收入的 0.5%；对于非盈利组织，费用总额或总收入的 0.5%；对于共同基金公司，净资产的 0.5%。

【例 26–8】福建 SYDVQL 通讯股份有限公司内部控制缺陷的认定标准如下。

（1）定性标准

重大缺陷：公司董事、监事、高级管理人员舞弊且给公司造成重大损失或不利影响；已经发现并报告给管理层的财务报告内部控制重大缺陷在经过合理时间后，未得到整改；发现存在重大会计差错，公司未对已披露的财务报告进行更正；注册会计师发现当期财务报告存在重大错报，但在公司内部控制运行中未能发现该错报；审计委员会和内部审计部门对公司财务报告内部控制的监督无效。

重要缺陷：未依照公认会计准则选择和应用会计政策；未制定反舞弊程序和控制措施；对于非常规或特殊交易的账务处理没有建立相应的控制机制或没有实施重要缺陷控制机构

且没有相应的补偿性控制；对于期末财务报告过程的控制存在一项或多项缺陷且不能合理保证财务报表达到真实、准确的目标。

一般缺陷：除重大缺陷、重要缺陷之外的其他内部控制缺陷。

（2）定量标准

对于与资产管理相关的内部控制缺陷，以资产总额指标来衡量。如果该缺陷单独或连同其他缺陷可能导致的财务报告错报金额小于或等于资产总额的 1%，则认定为一般缺陷；如果超过资产总额的 1% 但小于或等于 2%，则认定为重要缺陷；如果超过资产总额的 2%，则认定为重大缺陷。

26.2.4.4　内部控制缺陷的整改

《评价指引》第十九条规定，企业对于认定的重大缺陷，应当及时采取应对策略，切实将风险控制在可承受度之内，并追究有关部门或相关人员的责任。企业应将执行的程序和评价的结果形成文件，将发现的全部缺陷汇总、分析缺陷产生的原因并提出改进建议。对于重要控制弱点，企业应采取对策，实施整改工作。整改后的内部控制运行一段时间之后，企业应就整改工作的效果及新的内部控制运行的有效性进行核查，确保整改成功。

【例 26–9】哈尔滨 QL 集团股份有限公司（简称 QL 集团）2016 年关于对内部控制缺陷的整改报告（节选）如下。

缺陷一：存在对关联方 HJ 贵金属经营有限公司销售收入（含税）16 377 544.98 元和关联方天津 JZ 黄金制品有限公司销售收入（含税）200 万元的交易，上述交易未按照日常关联交易相关管理制度履行决策和授权程序。

整改措施：2016 年 3 月山东 QXL 矿业有限公司的法定代表人已经变更完毕，天津 JZ 黄金制品有限公司、HJ 贵金属经营有限公司与 QL 集团不存在关联关系；2016 年，公司将加强对全资子公司的内部管理，责令相关责任人继续认真学习公司内部管理制度，按规定履行重要事项上报审批程序。

缺陷二：该公司于 2015 年 12 月销售镶嵌饰品，出纳通过个人银行账户收取货款，此事项违反资金管理有关制度。

整改措施：考虑到经办人并无恶意侵占公司资金的动机，并且经办人已及时将资金转入公司账内，公司无损失，所以对通过个人账户结转资金金额较大的出纳予以辞退处理，对涉及金额较少的出纳进行了批评教育、留用观察。公司将进一步严格推进对资金结算制度的执行和监督工作，杜绝此类情况再次发生。

26.2.5　内部控制评价报告

内部控制评价报告是内部控制评价工作的重要组成部分。内部控制评价报告就是企业董事会或类似权力机构以报告的形式对内部控制评价状况出具评价意见，并提供给相关信息使用者的一种书面文件。

26.2.5.1 内部控制评价报告的质量特征

为了更好地发挥内部控制评价报告的作用，有效揭示和防范企业风险，内部控制评价报告应具备基本的质量特征。这些质量特征主要包括相关性、可靠性、可比性、清晰性、完整性、重要性等。

26.2.5.2 内部控制评价报告的披露内容

《评价指引》第二十二条规定，内部控制评价报告至少应当披露下列内容。

① 董事会对内部控制报告真实性的声明。

② 内部控制评价工作的总体情况。

③ 内部控制评价的依据。

④ 内部控制评价的范围。

⑤ 内部控制评价的程序和方法。

⑥ 内部控制缺陷及其认定情况。

⑦ 内部控制缺陷的整改情况及重大缺陷拟采取的整改措施。

⑧ 内部控制有效性的结论。

26.2.5.3 对外披露内部控制评价报告时的注意事项

① 内部控制评价报告应当报经董事会或类似权力机构批准后对外披露或报送相关部门。年度内部控制评价报告的基准日为12月31日。内部控制评价报告应于基准日后4个月内报出。

② 企业内部控制评价部门应当关注自内部控制评价报告基准日至评价报告发出日之间是否发生影响内部控制有效性的因素，并根据其性质和影响程度对评价结论进行相应调整。

【例26-10】江苏ZT科技股份有限公司2017年度内部控制评价报告（节选）如下。

江苏ZT科技股份有限公司全体股东：

根据《企业内部控制基本规范》及其配套指引的规定和其他内部控制监管要求（以下简称企业内部控制规范体系），结合本公司（以下简称公司）内部控制制度和评价办法，在日常监督和专项监督的基础上，我们于2017年12月31日（内部控制评价报告基准日）对公司的内部控制有效性进行了评价。

一、重要声明

按照企业内部控制规范体系的规定，建立健全和有效实施内部控制，评价其有效性，并如实披露内部控制评价报告是公司董事会的责任。监事会对董事会建立和实施内部控制进行监督。经理层负责组织、领导企业内部控制的日常运行。

二、 内部控制评价结论

1. 公司于内部控制评价报告基准日，是否存在财务报告内部控制重大缺陷

□是 √否

2. 财务报告内部控制评价结论是否有效

√有效　□无效

根据公司对财务报告内部控制重大缺陷的认定情况，于内部控制评价报告基准日，公司不存在财务报告内部控制重大缺陷。董事会认为，公司已按照企业内部控制规范体系和相关规定的要求在所有重大方面保持了有效的财务报告内部控制。

3. 是否发现非财务报告内部控制重大缺陷

□是　√否

根据公司非财务报告内部控制重大缺陷的认定情况，于内部控制评价报告基准日，未发现非财务报告内部控制重大缺陷。

4. 自内部控制评价报告基准日至内部控制评价报告发出日之间是否发生影响内部控制有效性评价结论的因素

□是　√否

自内部控制评价报告基准日至内部控制评价报告发出日之间未发生影响内部控制有效性评价结论的因素。

5. 内部控制审计意见是否与公司对财务报告内部控制有效性的评价结论一致

√是　□否

6. 内部控制审计报告对非财务报告内部控制重大缺陷的披露是否与公司内部控制评价报告对其的披露一致

√是　□否

三、 内部控制评价工作情况

（一）内部控制评价范围

（二）内部控制评价工作的依据及内部控制缺陷的认定标准……

（三）内部控制缺陷的认定及整改情况……

四、其他内部控制相关重大事项说明

2017 年，公司内部控制运行情况良好，公司治理更加规范，制度约束更加有力，有效防范了各方面的风险；财务报告严格遵循相关规则，准确反映了公司财务状况和经营成果；未发生内部控制重大缺陷和重要缺陷。2018 年，公司将继续完善内部控制制度，强化内部控制制度的执行，重点落实内控监督检查和子公司内控机制建设工作，以消除可能存在的不规范因素，有效防范各类风险，促进公司健康、可持续发展。

董事长（已经董事会授权）：×××

江苏 ZT 科技股份有限公司

2018 年 4 月 24 日

26.3 实务案例

26.3.1 TL 石油服务公司的内部控制评价工作[11]

（一）背景介绍

TL 石油服务公司（本例简称公司），是我国某大型石油企业的子公司，成立于 1997 年，经过多年的不断努力，已发展成为一家具有丰富作业经验的石油服务公司。公司的服务涉及石油及天然气勘探、开发及生产的各个阶段，从最初主要为集团内其他石油公司提供设备租赁及技术服务业务，发展到与国内其他石油服务企业竞标，独立经营、自负盈亏，其业务分为钻井服务、油井技术服务、船舶服务、物探勘察服务四大板块，业务范围遍及全国各地。

目前，公司具有一套内部控制制度。该内部控制制度是公司在成立之初，参照集团公司的内部控制制度制定的，其操作流程较为粗放，缺乏详尽的、具有很强操作性的岗位操作流程。在进行此次内部控制自我评价之前，由集团公司的内部审计人员与本公司内部审计人员于每年年末评价。

随着公司业务的开展，公司不断地发展壮大，负责的项目也越来越多。公司管理层逐渐认识到现有内部控制制度的不足，改善内部控制制度是公司发展和治理的需要。

TL 石油服务公司由于其业务的特殊性，面临的经营风险和操作风险都比较大，但员工并没有将风险意识提到应有的高度。公司缺乏有效的风险管理机制。公司管理层决定在 2008 年 3 月，对内部控制进行一次全面、系统的自我评价。

（二）实施过程

首先，公司的高层管理人员同外部审计顾问共同研究，设计了一份内部控制调查问卷。问卷的第一部分主要围绕公司的内部环境、风险评估、控制活动、信息与沟通、内部监督这 5 个方面，第二部分是有针对性地对不同部门提出问题。管理层在公司的各个部门下发该问卷，问卷中的问题较为简单，要求员工按自己的观察和了解回答“是”或“否”，以及“有”或“无”即可，将近 70% 的人员完成并提交了问卷。

公司管理层和审计人员根据收集到的问卷和穿行测试的结果，确定了本次需重点评价的部门——工程服务部、财务部和人力资源部。

评价小组由审计顾问、公司高层管理人员、关键控制点的工作人员组成，其中，半数以上的工作人员所在来自本次需要重点评价的 3 个部门。考虑到公司此次是初次实施内部控制自我评价，所以在召开研讨会前，审计顾问组织评价小组的其他成员召开了一次培训会议，主要讲解了内部控制评价的理念、实施过程、需要注意的问题及在实施过程中各成员积极参与的重要作用。管理人员在会议上也明确表示，希望大家能够积极配合，各抒己见，切实发挥本次自我评价的作用，及时地发现问题，并找到解决问题的方案。

11　李娜 . 企业内部控制自我评价体系研究 [D]. 天津：天津财经大学，2009.

研讨会由审计顾问担当引导者。在每次召开研讨会前，审计顾问都会向参加人员提供本次讨论需要关注的重要问题，同时审计顾问和管理人员根据本次会议讨论发现的问题，对下次的讨论计划进行适当调整。会议有专人进行记录，首先由审计顾问发言，介绍本次会议的讨论方向和关注点，引导小组成员进行讨论。讨论后，每位成员就讨论的问题进行一次总结发言。为避免小组成员不敢提出问题或发现问题的成员没有机会参加研讨会，公司在会议室外设置了一个意见箱，员工可以用匿名的方式反应所发现的问题。

本次研讨会重点关注两个层面的问题，一个是控制层面的，一个是业务流程层面的。大家针对高风险区域及控制的薄弱环节展开了讨论。讨论过程中，小组成员就自己所熟悉的业务、发现的问题相互进行了交流，并对某些问题提出了看法和解决方案。这不仅是一个发现问题、解决问题的过程，还是一个大家相互学习的过程。通过讨论，小组成员对公司的内部控制及业务流程方面更加熟悉，也有利于改进措施的推广、实施工作。公司在实施内部控制自我评价的过程中，充分尊重员工的意见，调动了大家的积极性，大大增强了员工的归属感。

研讨会结束后，评价小组根据讨论的情况出具了内部控制自我评价报告，将风险分为"A""B""C""D""E"5 个等级，其中，"A"为最高风险等级，"E"为最低风险等级。评价小组针对讨论的几个方面分别划分了适当的风险等级，并将讨论的改进措施落实到具体的责任人。

整改措施的落实是公司实行内部控制自我评价的最终意义所在。为促进落实整改措施，审计人员会对以后的落实情况进行追踪调查，同时公司也保留了意见箱，鼓励公司员工积极反映工作中发现的问题，并为完善公司的制度措施献计献策。

（三）工作成果

公司通过实施内部控制自我评价，确实发现了公司内部控制的很多不足。经过讨论，评价小组修改和健全了企业内部控制制度，并针对发现的问题提出了解决方案。比如，公司目前没有独立的审计部门，内部审计人员隶属于财务部，甚至兼任财务工作，内部审计人员的独立性较差。随着公司的壮大，公司迫切需要建立一个独立的内部审计部门，内部审计部门应独立于管理层，由公司董事会直接领导。财务部从公司成立之初，除人员变动外，就没有实行过轮岗制度。目前公司在保证岗位牵制和不相容岗位分离的前提下，在财务部有计划地实行轮岗制度并对财务人员进行培训。工程服务部的人员也提出了不少问题，如在交接岗位时，后接班的人员缺少对工作进展情况的了解，工作人员一般口头传达进展情况，不能及时将仪器设备的调整、变更情况传达到全部的工作人员。这会导致操作风险加大，解决方案是：取消口头传达，工作人员在交接时要填写操作情况报告；要将仪器设备的调整记录在案并及时更新；要将变动通知到所有有关的工作人员。人力资源部与工程服务部合作，要派有经验的工程师参与新入职人员的培训工作，同时为了确保安全，工作经验不满两年的新人佩戴橙色安全帽，区别于工程师的红色安全帽。

26.3.2 公司内部控制评价指标体系的建立[12]

（一）项目背景

A电信分公司（本例简称公司）是一家拥有1.2亿元资产的县级电信公司，现有员工120人。公司在总经理的领导下分设人力资源部、计划财务部、市场经营部、网络维护部、综合部和8个乡镇经营部。综合部主要负责办公室管理和安全保卫方面的工作；网络维护部主要负责安装电话和宽带，维护数据，维护机站的建设方面的工作。

公司主要经营国内各类固定电话、网络与相关设施等业务。公司把“让客户尽情享受信息新生活”作为公司使命，以“提供一流服务，培养一流员工，创造一流业绩，铸就一流企业”为宗旨，按照建立现代企业制度的要求，积极推进机制创新、管理创新和服务创新，不断规范和完善企业、员工的行为准则，竭诚为社会和广大客户提供优良的通信服务。公司非常重视自身的内部控制建设，依据《内部会计控制规范》和电信公司《内部控制指引》，积极开展内部控制制度建设工作。

（二）内部控制评价指标体系的构建过程

1.A电信分公司内部控制评价指标体系的确定

A电信分公司各控制点是公司制度上规定的相关内部控制制度，显然，其并没有按照内部控制的控制点去执行。这就需要对内部控制执行情况进行了解。相关专家遵循评价指标体系的构建原则，根据A电信分公司的自身特点，通过研究、比较，依据指标筛选的步骤，经评定，建立了涵盖产品定价、主要业务受理、计费、收款、退款5个主要业务环节的综合评价指标体系，包括40个控制点。下面分别通过控制子目标、风险评估、关键控制点来分析各个业务环节。

（1）产品定价

1）控制子目标

① 产品价格的制定和更改经过适当授权审批，符合国家有关法律、法规和规定。

② 产品价格被正确地反映在通信业务收入中。

2）风险评估

未经适当授权，违反国家相关法律、法规和规定，导致企业遭受处罚或损失。定价不合理，引起用户投诉。

3）关键控制点

① 对于地区性的大客户，优惠幅度超过分公司客户部经理权限的，由市公司大客户事业部主任审批；未超过优惠幅度的，要向市公司大客户事业部报备。

② 对于业务定价，在分公司、大客户事业部职权范围内的报市场部备案；超过范围的，需报市场经营部审批，并由市公司分管领导审批。

12　戴彦．企业内部控制评价体系的构建——基于A省电网公司的案例研究[J].会计研究，2006（1）:69–76，94.

③ 只有经过授权的计费部门或运维部门人员，才可以在计费账务系统中变更相关资费标准。

④ 新产品的资费标准或调整后的资产标准在正式上线前，需经过计费部门和需求发起部门对测试结果进行书面确认；对于测试中发现的问题，由相关部门和技术人员改进后进行重新测试。计费部门和需求发起部门分别执行资费设置变更和测试结果确认，以确保职责分工合理。

（2）主要业务受理

1）控制子目标

① 确保通过业务受理过程所收集到的用户信息的真实性、准确性、完整性和及时性，确保安装开通的及时性和准确性。

② 确保通过业务受理过程收取的现金的准确性、安全性及相关财务处理的真实性、准确性、完整性和及时性。

2）风险评估

① 用户信息不准确导致应收账款无法收回，从而造成收入流失或产生坏账；安装开通不及时和不准确导致客户投诉，引起法律纠纷，从而使公司遭受处罚。

② 多计或少计业务受理过程中收取的现金。

3）关键控制点

① 新装业务需提供申请人本人（单位）身份证等有效证件；享受相关业务的优惠时，申请人需签订相应的优惠协议。

② 计费部门安排专人每月检查欠费记录的修改记录或日志，并保留检查记录。

③ 修改用户账号和密码只能由具有修改权限的工作人员根据用户的申请进行。

④ 安装人员到分公司营销服务部领取发票和工单，并登记记录。

⑤ 由专人核对营业日报表、银行进账单及相应的发票。

⑥ 财务人员根据银行回单和营业报表定期进行财务处理，并由另外一名财务人员进行复核。

⑦ 稽核岗人员定期监控、核对用户数据，并保留记录备查，以确保其准确性和及时性。

⑧ 交换机房等根据工单自动生成或通过人工制作用户数据。网管系统出现异常时自动产生报警信息，由专人跟踪处理，并保留处理记录。如果由人工制作用户数据，则需要机房专人核对用户数据，并保留核对记录。

⑨ 安装人员完成安装调测后，用户在工单上签字确认，工单管理人员对交回的工单进行审核。

⑩ 营业人员不能直接更改计费账务系统的资料，计费人员也没有更改营业系统用户资料的权限。

⑪ 计算机中心从报竣之日起计费，并由专人对费用进行核对，以确保用户账务数据的准确性和及时性。

⑫ 计费账务系统和营业系统的接口中存在错误预警或检查校验机制。出现错误时，该机制会产生差异报告，由专人负责监控并对发现的差异进行跟踪处理，保留处理记录，以确保数据的准确性和及时性。

⑬ 服务质量监督管理人员定期对超过时限要求的工单进行考核处理。

（3）计费

1）控制子目标

① 确保计费数据的采集、处理、传递正常运行确保用户账务资料的真实性、准确性、完整性和及时性。

② 确保收入记录的真实性、准确性、完整性和及时性。

③ 确保数据能够得到安全、及时的备份与恢复。

2）风险评估

① 不能正常地采集、处理和传递计费数据，以及用户账务数据等相关业务资料的不真实、不准确、不完整和不及时，导致通信业务收入多计或少计。

② 多计或少计通信业务收入以及无法正确结转相应的预收账款、应收账款。

③ 计费数据未能安全、及时地备份与恢复，导致数据丢失。

3）关键控制点

① 对于价目调整公司必须根据市场经营部正式下发的资费标准文件或传真申报进行。

② 所有费率的变更，都必须通过正式的授权审批流程。在计费账务系统中保留修改日志，防止未授权的修改。

③ 设专人对价目调整资料及计费结果进行审核，最终生成资料设置日志；对于重要业务调整需提交业务主管审阅。

④ 普遍性优惠以及对商业客户的优惠需经市公司市场经营部审批，对大客户的优惠需经市公司大客户事业部审批。以上优惠的申请按照相关规定执行。

⑤ 计费账务系统自动分拣、标示那些因为没有与目的地对应的费率而无法批价的话单，并由计费部门专人及时解决。

⑥ 异常话单会被记录到异常报告当中，由计费部门派专人及时处理，并保留处理记录。

⑦ 计费账务系统对批价前后的话单数进行比对，产生话单文件平衡核对结果记录，并由计费部门派专人审阅。

（4）收款

1）控制子目标

确保应收账款中的用户欠费和预收账款中的预收话费记录的真实性、准确性、完整性、及时性，确保应收账款的可收回性，确保收取的现金的准确性、安全性，确保相关财务处理的真实性、准确性、完整性和及时性。

2）风险评估

多计或少计应收账款中应收话费和用户欠费、预账款中的预收话费，未能确保应收账款及时收回；由于用户欠费收回不及时或未能及时发现恶意拖欠的用户，而造成收入流失或产生坏账。

3）关键控制点

① 营业厅的工作人员无权修改计费账务系统中的话费数据，而只能查看用户话费。

② 只有计费部门、营业部门、代办点的授权人员才可以在计费账务系统、营业系统中执行销账、反销账和撤单操作。

③ 采用银行上门收款方式时，银行收款人员要在指定人员的交款登记簿上签字，并于次日签章后将现金收讫单或支票回单返回指定人员。银行收款后将当日尾款送存营业厅保险柜。营业厅派人不定期对尾款进行抽查，支局所应指定值班人员定期（不能超过 5 个工作日）将全部营业收入存入指定银行账户，并及时安排其他人稽核营收报表和账号数据的一致性。

④ 对于受理业务，营业厅收款人员每日需要填写营业交款日报单，并交营业厅由专人进行核对，核对无误后，由专人编制营业交款汇总日报单。

⑤ 对于计费业务，营业厅收款人员每日需要打印总账对账结果，并交营业厅由专人进行核对。核对无误后，由专人填制交款汇总表并签字确认。

⑥ 每月 4 号前，计算机中心提供上月 1 日至上月月底计费账务系统的月末营业员、营业点收款报表，供财务人员稽核营业厅收款人员的收款情况。

⑦ 发现错收的用户电信费用属于跨期费用时，由计算机中心进行返销账处理。

⑧ 对收回的原发票进行作废处理，单独保管作废发票，备查。

⑨ 稽核人员从后台查询营业系统中的记录，并与收到的营业日报表和银行进账单进行核对，并保留核对记录，确保营业账款准确无误。稽核人员无权修改营业系统中的记录。

（5）退款

1）控制子目标

确保退款现金的准确性、安全性，确保相关财务处理的真实性、准确性、完整性和及时性。

2）风险评估

多计或少计退款而造成收入流失或产生坏账。

3）关键控制点

① 非正常退款（如违约金退款、协议退款、话费争议退款等）需经过营业前台负责人审核。

② 退款原始依据交分公司财务部门稽核，财务部门对其进行账务处理。

③ 用户凭保证金原始收据在营业厅退款。

④ 撤单会导致营业系统产生操作日志，由营收稽核人员每日对操作日记进行稽核，以保证撤单操作的准确性。

⑤ 其他营业退款必须交由市场经营部、公众客户部、客户服务中心、分公司等的具体业务经办人员签字盖章；部门的主管签字确认后，再交营业厅处理；客户服务中心可从公众客户部借支备用金处理退款，根据退款依据，每月到财务部门进行财务处理。

⑥ 退款申请单由营业厅退款人员填写，由用户确认。相关的退款原始凭证交分公司的财务部门稽核，财务部门对其进行相应的财务处理。

⑦ 所有的退款手续均要求记录用户有效证件信息或经办人有效证件信息、退款金额、时间、退款缘由等；应当从当日备用金中直接支付现金退费。

2.A 电信分公司内部控制的评估过程

对于 A 电信分公司的内部控制，本小节运用模糊层次分析法来进行评价。模糊层次分析法主要是指将层次分析法和模糊综合评价方法相结合来进行运算：先利用层次分析法把评价指标体系分为目标层、准则层和指标层，计算每个指标的权重；再通过模糊综合评价方法计算每一层的评价矩阵，最后得出总的分数。

第 27 章 企业内部控制审计指引

27.1 法规原文

企业内部控制审计指引

第一章 总则

第一条 为了规范注册会计师执行企业内部控制审计业务，明确工作要求，保证执业质量，根据《企业内部控制基本规范》《中国注册会计师鉴证业务基本准则》及相关执业准则，制定本指引。

第二条 本指引所称内部控制审计，是指会计师事务所接受委托，对特定基准日内部控制设计与运行的有效性进行审计。

第三条 建立健全和有效实施内部控制，评价内部控制的有效性是企业董事会的责任。按照本指引的要求，在实施审计工作的基础上对内部控制的有效性发表审计意见，是注册会计师的责任。

第四条 注册会计师执行内部控制审计工作，应当获取充分、适当的证据，为发表内部控制审计意见提供合理保证。

注册会计师应当对财务报告内部控制的有效性发表审计意见，并对内部控制审计过程中注意到的非财务报告内部控制的重大缺陷，在内部控制审计报告中增加“非财务报告内部控制重大缺陷描述段”予以披露。

第五条 注册会计师可以单独进行内部控制审计，也可将内部控制审计与财务报表审计整合进行（以下简称整合审计）。

在整合审计中，注册会计师应当对内部控制设计与运行的有效性进行测试，以同时实现下列目标：

（一）获取充分、适当的证据，支持其在内部控制审计中对内部控制有效性发表的意见。

（二）获取充分、适当的证据，支持其在财务报表审计中对控制风险的评估结果。

第二章 计划审计工作

第六条 注册会计师应当恰当地计划内部控制审计工作，配备具有专业胜任能力的项目组，并对助理人员进行适当的督导。

第七条　在计划审计工作时，注册会计师应当评价下列事项对内部控制、财务报表以及审计工作的影响：

（一）与企业相关的风险。

（二）相关法律法规和行业概况。

（三）企业组织结构、经营特点和资本结构等相关重要事项。

（四）企业内部控制最近发生变化的程度。

（五）与企业沟通过的内部控制缺陷。

（六）重要性、风险等与确定内部控制重大缺陷相关的因素。

（七）对内部控制有效性的初步判断。

（八）可获取的、与内部控制有效性相关的证据的类型和范围。

第八条　注册会计师应当以风险评估为基础，选择拟测试的控制，确定测试所需收集的证据。

内部控制的特定领域存在重大缺陷的风险越高，给予该领域的审计关注就越多。

第九条　注册会计师应当对企业内部控制自我评价工作进行评估，判断是否利用企业内部审计人员、内部控制评价人员和其他相关人员的工作以及可利用的程度，相应减少可能本应由注册会计师执行的工作。

注册会计师利用企业内部审计人员、内部控制评价人员和其他相关人员的工作，应当对其专业胜任能力和客观性进行充分评价。

与某项控制相关的风险越高，可利用程度就越低，注册会计师应当更多地对该项控制亲自进行测试。

注册会计师应当对发表的审计意见独立承担责任，其责任不因为利用企业内部审计人员、内部控制评价人员和其他相关人员的工作而减轻。

第三章　实施审计工作

第十条　注册会计师应当按照自上而下的方法实施审计工作。自上而下的方法是注册会计师识别风险、选择拟测试控制的基本思路。注册会计师在实施审计工作时，可以将企业层面控制和业务层面控制的测试结合进行。

第十一条　注册会计师测试企业层面控制，应当把握重要性原则，至少应当关注：

（一）与内部环境相关的控制。

（二）针对董事会、经理层凌驾于控制之上的风险而设计的控制。

（三）企业的风险评估过程。

（四）对内部信息传递和财务报告流程的控制。

（五）对控制有效性的内部监督和自我评价。

第十二条　注册会计师测试业务层面控制，应当把握重要性原则，结合企业实际、企业内部控制各项应用指引的要求和企业层面控制的测试情况，重点对企业生产经营活动中的重要业务与事项的控制进行测试。

注册会计师应当关注信息系统对内部控制及风险评估的影响。

第十三条　注册会计师在测试企业层面控制和业务层面控制时，应当评价内部控制是否足以应对舞弊风险。

第十四条　注册会计师应当测试内部控制设计与运行的有效性。

如果某项控制由拥有必要授权和专业胜任能力的人员按照规定的程序与要求执行，能够实现控制目标，表明该项控制的设计是有效的。

如果某项控制正在按照设计运行，执行人员拥有必要授权和专业胜任能力，能够实现控制目标，表明该项控制的运行是有效的。

第十五条　注册会计师应当根据与内部控制相关的风险，确定拟实施审计程序的性质、时间安排和范围，获取充分、适当的证据。与内部控制相关的风险越高，注册会计师需要获取的证据应越多。

第十六条　注册会计师在测试控制设计与运行的有效性时，应当综合运用询问适当人员、观察经营活动、检查相关文件、穿行测试和重新执行等方法。

询问本身并不足以提供充分、适当的证据。

第十七条　注册会计师在确定测试的时间安排时，应当在下列两个因素之间作出平衡，以获取充分、适当的证据：

（一）尽量在接近企业内部控制自我评价基准日实施测试。

（二）实施的测试需要涵盖足够长的期间。

第十八条　注册会计师对于内部控制运行偏离设计的情况（即控制偏差），应当确定该偏差对相关风险评估、需要获取的证据以及控制运行有效性结论的影响。

第十九条　在连续审计中，注册会计师在确定测试的性质、时间安排和范围时，应当考虑以前年度执行内部控制审计时了解的情况。

第四章　评价控制缺陷

第二十条　内部控制缺陷按其成因分为设计缺陷和运行缺陷，按其影响程度分为重大缺陷、重要缺陷和一般缺陷。

注册会计师应当评价其识别的各项内部控制缺陷的严重程度，以确定这些缺陷单独或组合起来，是否构成重大缺陷。

第二十一条　在确定一项内部控制缺陷或多项内部控制缺陷的组合是否构成重大缺陷时，注册会计师应当评价补偿性控制（替代性控制）的影响。企业执行的补偿性控制应当具有同样的效果。

第二十二条　表明内部控制可能存在重大缺陷的迹象，主要包括：

（一）注册会计师发现董事、监事和高级管理人员舞弊。

（二）企业更正已经公布的财务报表。

（三）注册会计师发现当期财务报表存在重大错报，而内部控制在运行过程中未能发现该错报。

（四）企业审计委员会和内部审计机构对内部控制的监督无效。

第五章 完成审计工作

第二十三条 注册会计师完成审计工作后，应当取得经企业签署的书面声明。书面声明应当包括下列内容：

（一）企业董事会认可其对建立健全和有效实施内部控制负责。

（二）企业已对内部控制的有效性作出自我评价，并说明评价时采用的标准以及得出的结论。

（三）企业没有利用注册会计师执行的审计程序及其结果作为自我评价的基础。

（四）企业已向注册会计师披露识别出的所有内部控制缺陷，并单独披露其中的重大缺陷和重要缺陷。

（五）企业对于注册会计师在以前年度审计中识别的重大缺陷和重要缺陷，是否已经采取措施予以解决。

（六）企业在内部控制自我评价基准日后，内部控制是否发生重大变化，或者存在对内部控制具有重要影响的其他因素。

第二十四条 企业如果拒绝提供或以其他不当理由回避书面声明，注册会计师应当将其视为审计范围受到限制，解除业务约定或出具无法表示意见的内部控制审计报告。

第二十五条 注册会计师应当与企业沟通审计过程中识别的所有控制缺陷。对于其中的重大缺陷和重要缺陷，应当以书面形式与董事会和经理层沟通。

注册会计师认为审计委员会和内部审计机构对内部控制的监督无效的，应当就此以书面形式直接与董事会和经理层沟通。

书面沟通应当在注册会计师出具内部控制审计报告之前进行。

第二十六条 注册会计师应当对获取的证据进行评价，形成对内部控制有效性的意见。

第六章 出具审计报告

第二十七条 注册会计师在完成内部控制审计工作后，应当出具内部控制审计报告。标准内部控制审计报告应当包括下列要素：

（一）标题。

（二）收件人。

（三）引言段。

（四）企业对内部控制的责任段。

（五）注册会计师的责任段。

（六）内部控制固有局限性的说明段。

（七）财务报告内部控制审计意见段。

（八）非财务报告内部控制重大缺陷描述段。

（九）注册会计师的签名和盖章。

（十）会计师事务所的名称、地址及盖章。

（十一）报告日期。

第二十八条 符合下列所有条件的，注册会计师应当对财务报告内部控制出具无保留意见的内部控制审计报告：

（一）企业按照《企业内部控制基本规范》《企业内部控制应用指引》《企业内部控制评价指引》以及企业自身内部控制制度的要求，在所有重大方面保持了有效的内部控制。

（二）注册会计师已经按照《企业内部控制审计指引》的要求计划和实施审计工作，在审计过程中未受到限制。

第二十九条 注册会计师认为财务报告内部控制虽不存在重大缺陷，但仍有一项或者多项重大事项需要提请内部控制审计报告使用者注意的，应当在内部控制审计报告中增加强调事项段予以说明。

注册会计师应当在强调事项段中指明，该段内容仅用于提醒内部控制审计报告使用者关注，并不影响对财务报告内部控制发表的审计意见。

第三十条 注册会计师认为财务报告内部控制存在一项或多项重大缺陷的，除非审计范围受到限制，应当对财务报告内部控制发表否定意见。

注册会计师出具否定意见的内部控制审计报告，还应当包括下列内容：

（一）重大缺陷的定义。

（二）重大缺陷的性质及其对财务报告内部控制的影响程度。

第三十一条 注册会计师审计范围受到限制的，应当解除业务约定或出具无法表示意见的内部控制审计报告，并就审计范围受到限制的情况，以书面形式与董事会进行沟通。

注册会计师在出具无法表示意见的内部控制审计报告时，应当在内部控制审计报告中指明审计范围受到限制，无法对内部控制的有效性发表意见。

注册会计师在已执行的有限程序中发现财务报告内部控制存在重大缺陷的，应当在内部控制审计报告中对重大缺陷作出详细说明。

第三十二条 注册会计师对在审计过程中注意到的非财务报告内部控制缺陷，应当区别具体情况予以处理：

（一）注册会计师认为非财务报告内部控制缺陷为一般缺陷的，应当与企业进行沟通，提醒企业加以改进，但无需在内部控制审计报告中说明。

（二）注册会计师认为非财务报告内部控制缺陷为重要缺陷的，应当以书面形式与企业董事会和经理层沟通，提醒企业加以改进，但无需在内部控制审计报告中说明。

（三）注册会计师认为非财务报告内部控制缺陷为重大缺陷的，应当以书面形式与企业董事会和经理层沟通，提醒企业加以改进；同时应当在内部控制审计报告中增加非财务报告内部控制重大缺陷描述段，对重大缺陷的性质及其对实现相关控制目标的影响程度进行披露，提示内部控制审计报告使用者注意相关风险。

第三十三条 在企业内部控制自我评价基准日并不存在、但在该基准日之后至审计报告日之前（以下简称期后期间）内部控制可能发生变化，或出现其他可能对内部控制产生重要影响的因素。注册会计师应当询问是否存在这类变化或影响因素，并获取企业关于这些情况的书面声明。

注册会计师知悉对企业内部控制自我评价基准日内部控制有效性有重大负面影响的期后事项的，应当对财务报告内部控制发表否定意见。

注册会计师不能确定期后事项对内部控制有效性的影响程度的，应当出具无法表示意见的内部控制审计报告。

第七章　记录审计工作

第三十四条　注册会计师应当按照《中国注册会计师审计准则第 1131 号——审计工作底稿》的规定，编制内部控制审计工作底稿，完整记录审计工作情况。

第三十五条　注册会计师应当在审计工作底稿中记录下列内容：

（一）内部控制审计计划及重大修改情况。

（二）相关风险评估和选择拟测试的内部控制的主要过程及结果。

（三）测试内部控制设计与运行有效性的程序及结果。

（四）对识别的控制缺陷的评价。

（五）形成的审计结论和意见。

（六）其他重要事项。

附录：内部控制审计报告的参考格式

1. 标准内部控制审计报告

内部控制审计报告

×× 股份有限公司全体股东：

按照《企业内部控制审计指引》及中国注册会计师执业准则的相关要求，我们审计了 ×× 股份有限公司（以下简称 ×× 公司）×× 年 × 月 × 日的财务报告内部控制的有效性。

一、企业对内部控制的责任

按照《企业内部控制基本规范》《企业内部控制应用指引》《企业内部控制评价指引》的规定，建立健全和有效实施内部控制，并评价其有效性是企业董事会的责任。

二、注册会计师的责任

我们的责任是在实施审计工作的基础上，对财务报告内部控制的有效性发表审计意见，并对注意到的非财务报告内部控制的重大缺陷进行披露。

三、内部控制的固有局限性

内部控制具有固有局限性，存在不能防止和发现错报的可能性。此外，由于情况的变化可能导致内部控制变得不恰当，或对控制政策和程序遵循的程度降低，根据内部控制审计结果推测未来内部控制的有效性具有一定风险。

四、财务报告内部控制审计意见

我们认为，×× 公司按照《企业内部控制基本规范》和相关规定在所有重大方面保持了有效的财务报告内部控制。

五、非财务报告内部控制的重大缺陷

在内部控制审计过程中，我们注意到 ×× 公司的非财务报告内部控制存在重大缺陷【描述该缺陷的性质及其对实现相关控制目标的影响程度】。由于存在上述重大缺陷，我们提醒本报告使用者注意相关风险。需要指出的是，我们并不对 ×× 公司的非财务报告内部控制发表意见或提供保证。本段内容不影响对财务报告内部控制有效性发表的审计意见。

×× 会计师事务所　　　　　　　　中国注册会计师：×××（签名并盖章）

（盖章）　　　　　　　　　　　　中国注册会计师：×××（签名并盖章）

中国 ×× 市　　　　　　　　　　　　　　　　　　××年×月×日

2. 带强调事项段的无保留意见内部控制审计报告

内部控制审计报告

×× 股份有限公司全体股东：

按照《企业内部控制审计指引》及中国注册会计师执业准则的相关要求，我们审计了 ×× 股份有限公司（以下简称 ×× 公司）×× 年 × 月 × 日的财务报告内部控制的有效性。

【“一、企业对内部控制的责任”至“五、非财务报告内部控制的重大缺陷”参见标准内部控制审计报告相关段落表述】

六、强调事项

我们提醒内部控制审计报告使用者关注【描述强调事项的性质及其对内部控制的重大影响】。本段内容不影响已对财务报告内部控制发表的审计意见。

×× 会计师事务所　　　　　　　　中国注册会计师：×××（签名并盖章）

（盖章）　　　　　　　　　　　　中国注册会计师：×××（签名并盖章）

中国 ×× 市　　　　　　　　　　　　　　　　　　××年×月×日

3. 否定意见内部控制审计报告

内部控制审计报告

×× 股份有限公司全体股东：

按照《企业内部控制审计指引》及中国注册会计师执业准则的相关要求，我们审计了 ×× 股份有限公司（以下简称 ×× 公司）×× 年 × 月 × 日的财务报告内部控制的有效性。

【“一、企业对内部控制的责任”至“三、内部控制的固有局限性”参见标准内部控制审计报告相关段落表述】

四、导致否定意见的事项

重大缺陷，是指一个或多个控制缺陷的组合，可能导致企业严重偏离控制目标。

【指出注册会计师已识别出的重大缺陷，并说明重大缺陷的性质及其对财务报告内部控制的影响程度】

有效的内部控制能够为财务报告及相关信息的真实完整提供合理保证，而上述重大缺陷使 ×× 公司内部控制失去这一功能。

五、财务报告内部控制审计意见

我们认为，由于存在上述重大缺陷及其对实现控制目标的影响，×× 公司未能按照《企业内部控制基本规范》和相关规定在所有重大方面保持有效的财务报告内部控制。

六、非财务报告内部控制的重大缺陷

【参见标准内部控制审计报告相关段落表述】

×× 会计师事务所　　　　　　　　　中国注册会计师：×××（签名并盖章）

（盖章）　　　　　　　　　　　　　中国注册会计师：×××（签名并盖章）

中国 ×× 市　　　　　　　　　　　　　　　　　　　×× 年 × 月 × 日

4. 无法表示意见内部控制审计报告

内部控制审计报告

×× 股份有限公司全体股东：

我们接受委托，对 ×× 股份有限公司（以下简称 ×× 公司）×× 年 × 月 × 日的财务报告内部控制进行审计。

【删除注册会计师的责任段，"一、企业对内部控制的责任"和"二、内部控制的固有局限性"参见标准内部控制审计报告相关段落表述】

三、导致无法表示意见的事项

【描述审计范围受到限制的具体情况】

四、财务报告内部控制审计意见

由于审计范围受到上述限制，我们未能实施必要的审计程序以获取发表意见所需的充分、适当证据，因此，我们无法对 ×× 公司财务报告内部控制的有效性发表意见。

五、识别的财务报告内部控制重大缺陷（如在审计范围受到限制前，执行有限程序未能识别出重大缺陷，则应删除本段）

重大缺陷，是指一个或多个控制缺陷的组合，可能导致企业严重偏离控制目标。

尽管我们无法对 ×× 公司财务报告内部控制的有效性发表意见，但在我们实施的有限程序的过程中，发现了以下重大缺陷：

【指出注册会计师已识别出的重大缺陷，并说明重大缺陷的性质及其对财务报告内部控制的影响程度】

有效的内部控制能够为财务报告及相关信息的真实完整提供合理保证。

27.2 原文讲解

《企业内部控制审计指引》（以下简称《审计指引》）共 7 章、35 条，并附有 4 份不同审计意见类型的内部控制审计报告，阐明了什么是内部控制审计、如何开展内部控制审计工作等问题。《审计指引》的内容框架如表 27-1 所示。本小节将根据框架内容对《审计指引》进行解读。

表 27-1　《审计指引》框架

章 节	条 款	内 容
第一章"总则"	第一条至第五条	明确了立法依据、适用范围和内部控制审计的概念等
第二章"计划审计工作"	第六条至第九条	说明了注册会计师如何计划内部控制的审计工作
第三章"实施审计工作"	第十条至第十九条	说明了注册会计师实施内部控制的审计工作的程序和方法
第四章"评价控制缺陷"	第二十条至第二十二条	说明了如何评价控制缺陷
第五章"完成审计工作"	第二十三条至第二十六条	说明了完成审计工作阶段的主要内容和要求
第六章"出具审计报告"	第二十七条至第三十三条	说明了出具内部控制审计报告的要求和内容
第七章"记录审计工作"	第三十四条至第三十五条	说明了编制内部控制审计工作底稿的要求和内容

27.2.1　内部控制审计的含义

根据《审计指引》第二条，内部控制审计，是指会计师事务所接受委托，对特定基准日内部控制设计与运行的有效性进行审计。这里面包含了 5 层意思。

第一，实施内部控制审计的主体是会计师事务所和注册会计师。这样规定的主要原因如下。一是内部控制以及内部控制审计在我国还处在起步阶段，主要还是由注册会计师在对企业的财务报告进行审计的同时整体地对报告中相应的内容进行评价。二是注册会计师长期进行审计业务，熟练地掌握了财务理论与实务，同时定期的后续教育使注册会计师既具有专业知识，又熟知审计程序。内部控制审计过程中的很多事项需要审计师运用职业知识进行判断。无疑，注册会计师在我国是内部控制审计工作的最佳人选。三是由于在一般情况下，内部控制审计与财务报告审计是同时进行的，我国企业的内部控制报告也都包含在企业财务报告之中，因此，由注册会计师一同进行审核，可以减少审计成本，提高审计结果的质量。将财务报告审计与内部控制审计进行整合也是国际上的一个大趋势。

第二，内部控制审计的对象是"控制文件与控制信息资料"。"控制文件与控制信息资料"是经济组织设计和执行内部控制过程中所形成的所有资料，其中，"控制文件"是针对内部控制的设计来说的，是在设计内部控制过程中形成的文件，包括预算制度、审批制度、内部报告制度等各种管理制度及业务程序手册、岗位说明书等，"控制信息资料"是针对内部控制的执行来说的，是执行内部控制过程中形成的记录控制信息的资料，不仅包括账簿凭证报表、订货单、销货单等与会计有关的资料，还包括各类内部分析报告、重大决策过程记录等记录控制信息的资料。"控制文件与控制信息资料"实际上是内部控制系统运行过程中形成的各种文件和信息资料。

第三，内部控制审计的目标是保证企业内部控制的有效性。内部控制的重要性不言而喻，但是如何保证企业的内部控制符合规范，怎样证明企业出具的内部控制报告的真实性，即如何做好内部控制工作呢？内部控制审计的概念随着某些企业内部出现舞弊行为而渐渐被各企业重视起来。内部控制审计的直接目的就是保证企业内部控制的有效性，对企业出具的内部控制报告以及内部控制的有效性进行鉴证，从而保证企业出具的财务报告的可靠性。

第四，注册会计师是对特定基准日的内部控制进行审计。财务报告的可靠性并不能过分依赖于内部控制的外部审计保证，更多的责任仍在于企业管理层，但是对整个年度的内部控制进行评价，其成本是极其昂贵的，也是无法实现的。同时，企业内部控制制度具有一定的持续性，并不是经常变化的，因此，从会计期末的内部控制也可以大概了解企业整个期间的内部控制情况。综合以上分析，由注册会计师对某个时点的内部控制发表意见是一个不错的选择。

第五，建立、健全和有效实施内部控制，评价内部控制的有效性是企业管理层的责任，具体来讲是董事会的责任，而注册会计师的责任是在实施审计工作的基础上对内部控制的有效性发表审计意见。

27.2.2　整合审计

根据《审计指引》第五条，注册会计师可以单独进行内部控制审计，也可以将内部控制审计与财务报表审计进行整合（简称整合审计）。

理解这一规定，要明确两点：一是内部控制审计与财务报表审计是两种不同的审计业务，两种审计的目标不同；二是可以将内部控制审计与财务报表审计进行整合。

27.2.2.1　内部控制审计与财务报表审计的异同

表 27–2 对内部控制审计与财务报表审计进行了比较。

表 27–2　内部控制审计和财务报表审计的区别

区 别	内部控制审计	财务报表审计
目标	在内部控制审计中，注册会计师应当计划和实施对内部控制设计和运行的有效性的测试，以同时实现以下目标。 1. 获取充分、适当的证据，支持其在内部控制审计中对内部控制有效性发表的意见。 2. 获取充分、适当的证据，支持其在财务报表审计中对控制风险的评估结果	在执行财务报表审计工作时，注册会计师的总体目标如下。 1. 对财务报表是否在所有重大方面按照适用的财务报告编制基础编制发表审计意见。 2. 按照审计准则的规定，根据审计结果对财务报表出具审计报告，并与管理层沟通
对内部控制有效性的测试	1. 应当获取财务报表涵盖期间内部控制有效运行的证据，并测试所有相关认定的内部控制，以获取其设计和运行有效性的证据。 2. 如果仅对财务报表发表审计意见，则注册会计师可能不需要测试内部控制。 3. 在对内部控制有效性形成结论时，应当同时考虑财务报表审计中实施的所有针对内部控制设计和运行有效性的测试的结果	1. 如果将某项财务报表认定的控制风险评估为低于最高水平，则注册会计师需要获取拟信赖的相关控制在整个期间有效运行的证据。但注册会计师不必将所有相关认定的控制风险评估为低于最高水平，因此，可能不对所有控制的运行有效性进行测试。 2. 在评估控制风险时，应当同时考虑内部控制审计中实施的所有针对内部控制设计和运行有效性的测试的结果

续表

区 别	内部控制审计	财务报表审计
内部控制有效性的测试对实质性程序的影响	识别出某项控制缺陷时，注册会计师应当评价该项缺陷对财务报表审计中拟实施的实质性程序的性质、时间和范围的影响	无论控制风险或重大错报风险的评估水平如何，注册会计师都应当针对所有重大的各类交易、账户余额及列报实施实质性程序。为对内部控制的有效性发表意见而实施的测试程序并不会减少注册会计师遵守上述规定的责任
实质性程序对内部控制有效性结论的影响	1. 应当评价财务报表审计中实施的实质性程序的结果对内部控制有效性结论的影响。评价内容应当包括以下几个方面 （1）注册会计师做出的、与选择和实施实质性程序相关的风险评估 （2）发现的违反法规行为和关联方交易方面的问题 （3）表明管理层在选择会计政策和做出会计估计时存在偏见的情况，尤其是与舞弊相关的风险评估 （4）实施实质性程序的发现的错报。 2. 应当通过直接测试内部控制以获取内部控制是否有效的证据，而不能根据实质性程序没有发现错报来推断该项内部控制的有效性	根据实质性程序没有发现错报来推断该项内部控制的有效性

27.2.2.2 两种审计的结合

当前主流的财务报表审计方法是风险导向审计。它要求注册会计师在实施进一步审计程序之前，要了解被审计单位及其环境，其中包括内部控制，即实施风险评估程序。注册会计师根据在风险评估阶段了解到的被审计单位内部控制的设计情况和其是否得到执行决定进一步的审计程序。如果被审计单位的内部控制本身的设计是合理的，且得到执行，则注册会计师就要测试内部控制运行的有效性，并据此决定实质性程序的性质、时间和范围；否则，注册会计师会直接实施实质性程序。由此可见，对内部控制的了解和评价是财务报表审计的一个必要阶段，同时也是对被审计单位内部控制审计必须实施的程序。因此，内部控制审计中获取的证据可以用于财务报表审计，同样财务报表审计中发现的问题可以为内部控制审计提供审计证据的线索，同一审计证据可以用于两种审计。这样做也有利于提高审计的效率和质量。

《审计指引》第五条也进一步指出，在整合审计中，注册会计师应当对内部控制设计与运行的有效性进行测试，获取充分、适当的证据，支持其在内部控制审计中对内部控制有效性发表的意见，也支持其在财务报表审计中对控制风险的评估结果。

【例 27-1】2001 年 12 月，美国能源公司 AR 公司突然申请破产保护。2002 年，TK 国际和 STK 也相继爆出财务舞弊案件。此后，财务方面的负面新闻层出不穷，案件规模也越来越大。各国纷纷将注意力从财务报告本身的信息质量转向财务报告内部控制系统是否健全，由被动的事后监管转向过程控制。《萨班斯法案》规定了企业管理层对内部控制应承担的责任，加强了注册会计师的独立性，强化了企业的财务披露义务，加重了违法行为的处罚，并强制要求会计师事务所就管理层对财务会计报告内部控制有效性所出具的评估报告发表鉴证意见。两种审计的结合在实务操作中变得越来越普遍。

27.2.3 计划审计工作

27.2.3.1 总体要求

凡事预则立，不预则废。高质量的审计计划有助于注册会计师恰当地组织和管理审计资源，提高审计效率和效果，顺利完成审计工作，并与客户保持良好的工作关系。注册会计师应当计划内部控制审计工作，配备具有专业胜任能力的项目组，并对助理人员进行适当的监督。

在计划审计工作时，注册会计师应当评价下列事项对内部控制、财务报表以及审计工作的影响。

① 与企业相关的风险。一方面，与企业相关的风险越高，内部控制存在缺陷的可能性就越大；另一方面，根据与企业相关的风险，也可以确定重要的审计领域，如资金结算频繁的企业通常要重点关注与货币资金相关的内部控制。

② 相关法律法规和行业概况。通常企业都会有相应的内部控制程序，这些程序使企业遵循相关的法律法规。这些都应该成为注册会计师关注的领域。行业性质、行业状况等也会影响企业内部控制以及审计工作。

③ 企业组织结构、经营特点和资本结构等相关重要事项。

④ 企业内部控制最近发生变化的程度。注册会计师应该对最近发生变化的企业内部控制给予足够的重视。

⑤ 与企业沟通过的内部控制缺陷。

⑥ 重要性、风险等与确定内部控制重大缺陷相关的因素。

⑦ 对内部控制有效性的初步判断。

⑧ 可获取的、与内部控制有效性相关的证据的类型和范围。

所获取的证据越可靠、范围越广，所做出的关于内部控制有效性的判断就越准确。

【例 27-2】A 集团系中央直属的国有重要骨干企业集团之一，主营业务为大型发电设备的制造安装和成套设备的出口，对水电、煤电、气电、核电、新能源产品、环保产品、舰船驱动、电力驱动与控制保护、现代制造服务业均有涉足，并且兼营房地产业务。该集团拥有一家中国香港上市公司。

计划审计工作应重点关注的事项如下。

（1）坏账准备的计提。各级子公司在原则上必须执行集团统一制定的会计政策与会计估计制度。根据对 A 集团 2013 年度会计报表的初步分析，发现如果全部按账龄计算，A 集团计提的坏账准备是不充分的少提，差异原因是可能存在个别认定的因素，故在审计过程中应关注该问题，判断其个别认定的依据是否充分。

（2）长期股权投资的核算。已初步了解到 A 集团对个别长期股权投资的权益核算方法存在差异。这类差异不仅直接影响母公司的损益，而且对合并报表的编制产生影响，尤其在存在以前年度差异的情况下，因此在审计时应充分关注该类问题。需要纳入合并范围的子公司的长期股权投资核算差异（不适用重要性）均应提请被审计单位进行调整。

（3）高风险业务。集团目前经济效益较好，资金相对比较充裕，某些子公司可能因此而从事高风险业务（股票、债券、基金、委托贷款或理财）。这些业务属于表外交易，所以需要关注现金流、（隐性）关联方资金往来、可能形成账外资金的途径（废品处置、商业回扣）等方面。

（4）对外担保。对外担保会给 A 集团带来潜在的风险和实际的损失，是审计中必须重点关注的事项之一。

27.2.3.2 重视风险评估

在内部控制审计中，注册会计师应当以风险评估为基础，选择拟测试的内部控制，确定测试所需收集的证据。

通常，对企业整体风险的评估和把握由经验丰富的项目管理人员来完成。风险评估结果的变化将体现在具体审计步骤及关注点的变化中。

内部控制的特定领域存在重大缺陷的风险越高，给予该领域的审计关注就越多。注册会计师应该更多地关注高风险领域，而没有必要测试那些即使有缺陷，也不可能导致财务报表重大错报的控制。

在进行风险评估及确定审计程序时，企业的组织架构、业务流程或业务单元的复杂程度可能产生的重要影响均是注册会计师应当考虑的因素。

【例 27–3】HX 公司风险评估要点：了解 HX 公司经营及其所处的环境状况、HX 公司的性质、HX 公司对会计政策的选择和运用；识别重大错报风险，注册会计师应当从财务报表和各类交易、账户余额和列报认定两个层次考虑财务报表的重大错报；了解 HX 公司对有关销售与收款等环节的控制情况，注册会计师应当逐项指出上述控制与何种交易或账户的何种认定有关；测试内部控制设置是否能够防止和发现重大错报。

27.2.4 实施审计工作

注册会计师可以利用内部审计工作的成果，但是应当对企业内部控制自我评价工作进行评估，判断是否可以利用企业内部审计人员、内部控制评价人员和其他相关人员的工作成果以及可利用的程度。注册会计师利用企业内部审计人员、内部控制评价人员和其他相关人员的工作成果时，应当对其专业胜任能力和客观性进行充分评价。与某项控制相关的风险越高，可利用程度就越低，注册会计师应当更多地对该项控制亲自进行测试。注册会计师应当对发表的审计意见独立承担责任，其责任不因为利用企业内部审计人员、内部控制评价人员和其他相关人员的工作成果而减轻。

27.2.4.1 自上而下的方法

注册会计师应当按照自上而下的方法实施审计工作。自上而下的方法是注册会计师识别风险、选择拟测试内部控制的基本思路。自上而下的方法就是要求注册会计师首先将注意力集中于企业层面的控制，然后集中于重大账户，最后关注过程中、交易或应用层次的具体控制。

内部控制的重大缺陷可能存在于企业层面控制某一特定领域的风险程度与对这一领域投入的关注直接相关。企业层面控制某一特定领域的重大缺陷的风险程度越高，注册会计师对这一领域投入的精力越多；反之，可相应减少投入精力。根据风险导向审计的要求，内部控制审计主要应分为 5 个部分：了解内部控制设计、制定内部控制审计方案、测试内部控制执行情况、发现内部控制缺陷、出具内部控制审计意见。

【例 27–4】 LDD 生物科技股份有限公司（简称 LDD）的前身是云南河口 LDD 实业有限公司，成立于 1996 年 6 月，公司注册资本 1.5 亿元，2001 年 3 月以整体变更方式成为股份有限公司。它以绿化工程和苗木销售为主营业务，是云南的特色苗木生产企业，也是国内绿化行业第一家上市公司，号称园林行业上市第一股。2010 年 3 月，LDD 因涉嫌信息披露违规被立案调查。证监会发现该公司存在涉嫌“虚增资产、虚增收入、虚增利润”等多项违法违规行为。2010 年 12 月，LDD 的董事长持有的 4325.8 万股的 LDD 股票被冻结，引发投资者大量抛售。四个交易日内，LDD 的市值蒸发了 12.2 亿元，超过 80% 的投资人损失惨重。注册会计师当初就是采用自上而下的审计方法，以财务报表要披露的科目为目标，来对科目的具体构成进行审计。审计中，注册会计师发现 LDD 公司通过阴阳合同，大幅度地增加资产的账面价值，“随意”调整净利润的账面价值。

27.2.4.2 企业层面控制与业务层面控制的测试

注册会计师在实施审计工作时，可以将企业层面控制和业务层面控制的测试结合进行。

注册会计师测试企业层面控制时，应当把握重要性原则，至少应当关注以下事项。

① 与内部环境相关的控制。

② 针对董事会、经理层凌驾于控制之上的风险而设计的控制。

③ 企业的风险评估过程。

④ 对内部信息传递和财务报告流程的控制。

⑤ 对控制有效性的内部监督和自我评价。

注册会计师测试业务层面控制，应当把握重要性原则，结合企业实际、企业内部控制各项应用指引的要求和企业层面控制的测试情况，重点对企业生产经营活动中的重要业务与事项的控制进行测试。

【例 27-5】2012 年 10 月 25 日晚间，WFS 公司（简称 WFS）发布公告称，其在 2012 年半年报中虚增营业收入 1.88 亿元、虚增营业成本 1.46 亿元、虚增利润 4 023.16 万元，未披露公司上半年停产事项。2013 年 3 月 2 日，WFS 又发布公告称，经公司自查发现，2008 年至 2011 年累计虚增收入 7.4 亿元左右，虚增营业利润 1.8 亿元左右，虚增净利润 1.6 亿元左右。此前，WFS 披露其在 2012 年半年报中虚增营收 1.88 亿元。这意味着，这家于 2011 年 9 月 27 日挂牌上市的公司，目前披露的累计虚增收入已高达 9.28 亿元。“有的农业公司的交易方式很原始，即使业绩造假，单看调整后的业绩报表也不容易识破。”一位深交所的相关人士称。有保荐人士认为，WFS 采用难以被发现的虚假采购模式：WFS 将已实际入库的粮食运出，以农户的名义再次卖给粮食经纪人，后者再卖给公司，即一批粮食多次入库，每次都有实际的入库记录。

【分析】WFS 之所以存在财务造假，以及利用管理交易虚增营业收入和净利润的现象，是因为管理层凌驾于控制之上，生产库存管理部门的内部控制不佳。管理层凌驾于控制之上是十分常见的企业层面的控制缺陷。注册会计师在企业审计中需要高度重视此类情况。

27.2.4.3　内部控制测试的方法

内部控制测试的主要方法如下。

（1）询问法

注册会计师为了解被审计单位各项业务操作是否符合控制要求，而向有关人员询问某些内部控制和业务执行情况。例如，注册会计师通过询问计算机管理人员，就可以知道未经授权的人员是否可以接触计算机文件。

（2）观察法

注册会计师亲临被审计单位的工作现场，实地观察有关人员的实际工作情况，以确定既定控制措施是否得到严格执行。比如，注册会计师亲自到现场观察材料验收和入库情况，就可知道材料是否经过严格验收并及时入库，以及库存材料是否有序摆放、是否安全存放。

（3）证据检查法

注册会计师抽取一定数量的账表、凭证等书面证据和其他有关证据，检查被审计单位是否认真执行相关控制制度，以判断内部控制是否得到有效的贯彻执行。比如，注册会计师检查货款的支付是否经过相关责任人、经办人的批准和签字，来判断实际工作中是否执行了批准控制程序。

（4）穿行测试

注册会计师追踪交易在财务报告信息系统中的处理过程。

（5）重复执行法

审计人员就某项内部控制制度来按照被审计单位的业务程序全部或部分重做一次，以验证既定的控制措施是否被贯彻执行。

注册会计师在测试控制设计与运行的有效性时，应当综合运用询问法、观察法、证据检查法、穿行测试和重新执行法等方法。

【例 27-6】ZSY 审计跟单测试的目的是通过流程跟单测试，找出流程描述和风险控制文档的内容与实际执行情况的差异，分析差异产生的原因，并提出整改完善建议，使内控文档和实际情况保持一致，为顺利通过外部审计师测试提供保障。审计跟单测试的内容如下。查找内控设计方面的不足，集团、股份公司确定的重要风险和关键控制在被测试单位是否被采用，如果没有被采用，分析其合理性；被测试单位业务流程中存在的特殊重要风险是否被识别，相应的关键控制是否被确认并准确记录；在设计满足的情况下，查找一般控制和关键控制是否被有效执行，即设计的控制在实际中是否被执行，该控制执行后能否防范风险；查找文本规范性问题，比如风险控制文档与流程图不一致、风险点及控制点标注不准确等设计方面的文本规范问题。

27.2.4.4 测试运行有效性

注册会计师应当通过确定控制执行是否符合设计、执行人员是否拥有必要授权和有效执行控制的专业胜任能力，以测试控制运行的有效性。

如果某项控制由拥有必要授权和专业胜任能力的人员按照规定的程序与要求执行，能够实现控制目标，则表明该项控制的设计是有效的。

【例 27-7】ZSY 业务层面控制的有效性的测试方法是：检查集团、股份公司统一确定的风险和控制是否在海外勘探被采用，如果没有被采用，则注册会计师应通过访谈内部控制部门相关人员初步分析其合理性；检查海外勘探是否存在新增的特殊风险和控制，如果有，则注册会计师应进一步通过访问内部控制部门相关人员初步分析其风险评估和相应控制的合理性。

27.2.5 评价内部控制缺陷

27.2.5.1 评价内部控制缺陷的总体要求

内部控制缺陷按其成因分为设计缺陷和运行缺陷，按其影响程度分为重大缺陷、重要缺陷和一般缺陷。重要缺陷和一般缺陷又统称为重要不足。

如果控制缺陷可能导致的错报或漏报对财务报表没有明显的实质性影响，不足以改变使用者的决策，那么这种控制缺陷就不具有重要性；相反，如果控制缺陷可能导致的错报或漏报并能够改变报表使用者的决策，那么这样的控制缺陷对于报表使用者来说就具有重要性。注册会计师应当评价其识别的各项内部控制缺陷的严重程度，以确定这些缺陷单独或组合起来，是否构成重大缺陷。

在确定一项内部控制缺陷或多项内部控制缺陷的组合是否构成重大缺陷时，注册会计师应当评价补偿性控制（替代性控制）的影响。企业执行的补偿性控制应当具有同样的效果。

内部控制可能存在重大缺陷的迹象如下。

① 注册会计师发现董事、监事和高级管理人员舞弊。

② 企业更正已经公布的财务报表。

③ 注册会计师发现当期财务报表存在重大错报，而内部控制在运行过程中未能发现该错报。

④ 企业审计委员会和内部审计机构对内部控制的监督无效。

27.2.5.2　对内部控制缺陷的处理

注册会计师应当与企业沟通审计过程中识别的所有内部控制缺陷，对于其中的重大缺陷和重要缺陷，应当以书面形式与董事会和经理层沟通。注册会计师认为审计委员会和内部审计机构对内部控制的监督无效的，应当就此以书面形式直接与董事会和经理层沟通。书面沟通应当在注册会计师出具内部控制审计报告之前进行。

【例 27–8】高新技术企业研发部常见的内部控制缺陷和应对策略如下。

内部控制缺陷：研发周期过长，造成项目的领先优势减弱，人力物力占用量大，影响整个部门的效益，产品系列化速度减慢；技术趋势判断错误，对新产品市场成熟度的预测过早，技术转换成本过高与产业化较慢。

应对策略：针对研发周期过长，研发部门将增加研发团队力量，由各项目组长负责任务分配及研发计划，计划在本年度内完成整改工作；针对技术趋势判断错误，企业应在新产品开发初期做好准备工作，具体措施由各组长带领全组成员与专家共同讨论分析，于本年度完成。

27.2.6　完成审计工作

27.2.6.1　形成审计意见

注册会计师需要评价从各种来源获取的证据，包括对控制的测试结果、财务报表审计中发现的错报以及已经识别的所有内部控制缺陷，以形成对内部控制有效性的意见。在评价证据时，注册会计师需要查阅本年度与内部控制相关的内部审计报告或类似报告，并评价这些报告中提到的内部控制缺陷。

只有在审计范围内没有受到限制时，注册会计师才能对内部控制的有效性形成意见。如果审计范围受到限制，则注册会计师需要解除业务约定或出具无法表示意见的内部控制报告。

27.2.6.2　获取管理层书面声明

注册会计师完成审计工作后，应当取得经企业签署的书面声明。书面声明应当包括下列内容。

① 企业董事会认可其对建立健全和有效实施内部控制负责。

② 企业已对内部控制的有效性做出自我评价，并说明评价时采用的标准以及得出的结论。

③ 企业没有利用注册会计师执行的审计程序及其结果作为自我评价的基础。

④ 企业已向注册会计师披露识别出的所有内部控制缺陷，并单独披露其中的重大缺陷和重要缺陷。

⑤ 企业对于注册会计师在以前年度审计中识别的重大缺陷和重要缺陷，是否已经采取措施予以解决。

⑥ 企业在内部控制自我评价基准日后，内部控制是否发生重大变化，或者存在对内部控制具有重要影响的其他因素。

如果企业拒绝提供或以其他不当理由回避书面声明，则注册会计师应当将其视为审计范围受到限制，可以解除业务约定或出具无法表示意见的内部控制审计报告。

【例 27–9】在 MD 集团 2017 年年报中，管理层的书面声明如下。

MD 集团管理层负责按照企业会计准则的规定编制财务报表，并设计、执行和维护必要的内部控制，以使财务报表不存在由于舞弊或错误导致的重大错报。在编制财务报表时，管理层负责评估 MD 集团的持续经营能力，披露与持续经营相关的事项（如适用），并运用持续经营假设，除非管理层计划清算 MD 集团、终止运营或别无其他现实的选择。治理层负责监督 MD 集团的财务报告过程。

27.2.7 出具审计报告

27.2.7.1 审计报告的类型

内部控制审计报告的类型包括标准内部控制审计报告、无保留意见的内部控制审计报告、否定意见内部控制审计报告和无法表示意见内部控制审计报告。

符合下列所有条件的，注册会计师应当对财务报告内部控制出具无保留意见的内部控制审计报告。

① 企业按照《企业内部控制基本规范》《企业内部控制应用指引》《企业内部控制评价指引》以及企业自身内部控制制度的要求，在所有重大方面保持了有效的内部控制。

② 注册会计师已经按照《企业内部控制审计指引》的要求计划和实施审计工作，在审计过程中未受到限制。

注册会计师认为财务报告内部控制虽不存在重大缺陷，但仍有一项或者多项重大事项需要提请内部控制审计报告使用者注意的，应当在内部控制审计报告的增加强调事项段中予以说明。注册会计师应当在强调事项段中指明，该段内容仅用于提醒内部控制审计报告使用者关注，并不影响对财务报告内部控制发表的审计意见。

注册会计师认为财务报告内部控制存在一项或多项重大缺陷的，除非审计范围受到限制，应当对财务报告内部控制发表否定意见。

注册会计师出具否定意见的内部控制审计报告，还应当包括下列内容。

① 重大缺陷的定义。

② 重大缺陷的性质及其对财务报告内部控制的影响程度。

注册会计师在审计范围受到限制时，应当解除业务约定或出具无法表示意见的内部控制审计报告，并就审计范围受到限制的情况，以书面形式与董事会进行沟通。注册会计师在出具无法表示意见的内部控制审计报告时，应当在内部控制审计报告中指明审计范围受到限制，无法对内部控制的有效性发表意见。注册会计师在已执行的有限程序中发现财务报告内部控制存在重大缺陷的，应当在内部控制审计报告中对重大缺陷做出详细说明。

【例 27-10】ABC 会计师事务所接受委托对 A 股份有限公司 20×1 年度财务报表进行审计。注册会计师于 20×2 年 3 月 18 日完成了外勤审计工作，按审计业务约定书的要求，应于 20×2 年 3 月 28 日提交审计报告。A 公司在 20×1 年度审计前的利润总额为 120 万元。注册会计师确定的财务报表层次的重要性水平为 10 万元。现假定存在以下几种情况。

① 在某诉讼案中，A 公司于 20×1 年 4 月被 H 公司起诉侵权，H 公司要求赔偿 75 万元。至 20×1 年 12 月 31 日，该案胜负仍难以预料。截至 20×2 年 3 月 28 日，法院尚未判决。A 公司预计的可能赔偿的金额为 10 万元，但诉讼案和可能的影响均已列示在财务报表附注中。

② 注册会计师得知 A 公司 20×1 年涉及的 M 公司起诉 A 公司侵权案于 20×2 年 3 月 20 日判决，A 公司败诉，应向原告赔偿 45 万元。A 公司对判决结果没有提出异议，并在财务报表附注中进行了披露。注册会计师在 3 月 26 日完成了对该事项的审计工作，提请 A 公司调整 20×1 年财务报表（A 公司已在 20×1 年 12 月 31 日预计了可能的赔偿金额 25 万元），被 A 公司拒绝。

【分析】（1）带强调事项段的无保留意见审计报告

符合企业会计准则的要求，已预计了损失，并进行了充分披露，符合发表无保留意见的要求。但因属于重大诉讼案件，为提醒审计报告使用者关注，注册会计师应当对诉讼进行强调。

（2）保留意见

A 公司拒绝调整 20×1 年度的财务报表，违背了财务报表的合法性和公允性。应调整的金额为 20 万元，超过了财务报表重要性水平 10 万元，但不具有广泛性，不会导致注册会计师发表否定意见。

27.2.7.2　期后事项

在企业内部控制自我评价基准日并不存在但在该基准日之后至审计报告日之前（以下简称期后期间）内部控制可能发生变化，或出现其他可能对内部控制产生重要影响的因素。注册会计师应当询问是否存在这类变化或影响因素，并获取企业关于这些情况的书面声明。

注册会计师知悉对企业内部控制自我评价基准日内部控制有效性有重大负面影响的期后事项的，应当对财务报告内部控制发表否定意见。

注册会计师不能确定期后事项对内部控制有效性的影响程度的，应当出具无法表示意见的内部控制审计报告。

【例 27-11】XYZ 股份有限公司（以下简称公司）2008 年在深圳证券交易所首次公开募股上市。公司 2012 年财务报表由 ABC 会计师事务所（特殊普通合伙）审计，签字的注册会计师是张三和李四。公司在 2013 年 3 月 28 日召开董事会，审议通过了 2012 年财务报表及年度报告。同日，ABC 会计师事务所出具了标准审计报告（编号：ABC 会师报字〔2013〕103 号）。公司年度报告于 2013 年 3 月 30 日公开披露，其中母公司企业所得税率按照 25% 进行计算。公司（母公司）利润总额 1.12 亿元（7200 万元）、所得税费用 3 200 万元（1 800 万元）、净利润 8 000 万元（5 400 万元）。

注册会计师张三和李四 2013 年 4 月获悉，公司于该月收到由深圳市科技创新委员会、深圳市财政委员会、深圳市国家税务局、深圳市地方税务局联合颁发的高新技术企业证书（发证时间：2012 年 11 月 5 日。有效期：3 年）。公司在取得高新技术企业证书后，向深圳市有关税务部门提交了税收优惠备案资料，并于 2013 年 4 月 8 日经深圳市地方税务局审理通过，下发了《税务事项通知书》（深地税福备〔2013〕××× 号）。公司自 2012 年 1 月 1 日至 2014 年 12 月 31 日享受 15% 的企业所得税税率优惠政策。公司 2013 年第一季度报告拟于 4 月 22 日披露。

【分析】注册会计师获悉的所得税税率调整属于资产负债表日后非调整事项，属于第三时段期后事项。本例中，公司年度报告于 2013 年 3 月 30 日公开披露，但是注册会计师于 2013 年 4 月获悉所得税税率调整事项。所以属于第三时段期后事项。注册会计师没有义务识别第三时段的期后事项。财务报表报出日后知悉的事实属于第三时段期后事项，注册会计师没有义务针对财务报表实施任何审计程序。

27.2.7.3 编制审计工作底稿

注册会计师应当按照《中国注册会计师审计准则第 1131 号——审计工作底稿》的规定，编制内部控制审计工作底稿，完整记录审计工作情况。

注册会计师应当在审计工作底稿中记录下列内容。

① 内部控制审计计划及重大修改情况。

② 相关风险评估和选择拟测试的内部控制的主要过程及结果。

③ 测试内部控制设计与运行有效性的程序及结果。

④ 对识别的控制缺陷的评价。

⑤ 形成的审计结论和意见。

⑥ 其他重要事项。

27.3　实务案例

27.3.1　内部控制审计的程序和方法

（一）审计背景

对某公司物流管理的内部控制制度进行评审，着重对其原料、半成品、产成品等存货进行审计调查，并给予审计评价。调查的初期，审计人员到现场察看，在车间现场看到铝线东一大卷、西一大卷，有的铝线甚至被放在车间安全道上。铝线是很昂贵的金属物资，如此存放，引起了审计人员的重视。

（二）审计方法

在审计调查中，审计人员采用了“点面线”方法，取得了较理想的效果。所谓“点面线”方法，就是在审计调查中，听到或看到某一管理现状之后，通过横向的全面了解、纵向的连线分析，最后确定该公司的控制环节是否完整、控制点是否有效。

（三）审计实施

（1）到各部门了解情况

① 财务部门。财务部门的人员一再坚决地表示，铝线这一业务属于委托加工，即公司在外采购回铝锭、对外委托加工成铝线，之后再出售。查看该公司的铝锭、铝线合同，是委托加工合同，但审计人员抽查财务部门的会计资料时，发现该公司采购回的是铝线（非铝锭），销售出去的是铝线，不存在委托加工。同时审计人员还发现：采购、销售铝线的有些单据中，签字的业务员是同一个人；有的结算单据上要素不全、有的手续不完备。例如，“送货单”上无重量记载；有的单据无质检部门盖章；有的销售单据无订货方签字；对于同一种销售业务，作为财务凭证的附件——“发货结算清单”有的是“财务科传票附件”联，有的是“发货单位记账”联。

② 物资管理部门。审计人员在现场看到铝线存放地是制品生产车间，不是物资管理部门的仓库。铝线采购回来后，在制品生产车间内，业务员将铝线实物交由物资管理部门人员清点卷数时，同时传递“送货单”（单据上没有重量记载）。当铝线销售时，业务员开具“发货结算清单”（有计量部门的计重），其中一联交物资管理部门；物资管理部门凭“发货结算清单”在铝线的实物账上同时登记出库、入库量。抽查物资管理部门的实物账发现：只有数量，没有单价、金额；数量的记载有时是吨数，有时是卷数。

③ 铝线的购销部门。铝线的购销由该公司的工会技协负责；采购、销售的业务以及采购取货、销售送货由一人承担；购回的铝线交给物资管理部门时之所以没有重量记载，是因为：若购回数与入库之间产生亏吨，工会技协不愿承担亏损；销售发货时，有时因合同量的大小、时间先后等差异，存在“估堆”（估计重量）的现象。

④ 核对财务账与实物账。年底财务账结余 29 420 吨，实物账结余 29 280 吨，两者相差 140 吨。

（2）分析结果

经过调查了解之后，审计人员将铝线的供销控制循环联系起来分析，并确认各控制点的管理效果，得出结论：铝线的物流管理没有按制度运作。

① 该公司铝线的经营业务没有执行委托加工合同，而采取的是采购、销售的方式。

② 铝线的采购、销售等事项由同一人负责，但处在采购、销售之间的存货管理环节却无计量、无专门地点存放、无专人保管，使内部控制的循环中断。

③ 物资管理部门的关键控制点失控，没有对铝线进行管理。

④ 财务部门没有起到监管的作用：铝线经营业务形式发生改变，没有提出异议；结算的单据把关不严格；财务账与实物账不相吻合；对工会技协的管理监督不力。

⑤ 工会技协铝线业务的承包管理不严谨；铝线购销业务由同一人操作，监管不到位，出现管理弊端。

（四）审计意见

该公司应严格按照公司物流管理制度的规定，加强对铝线业务、存货、财务的管理，弥补管理中出现的漏洞，完善购销业务的循环控制，使之成为一个完整的、健全的、规范的物流体系。

① 铝线的实物资产要由专业部门、专门人员管理；实物进、出库时，严格执行计量、验收、开票、签字、入账等制度；建立健全实物控制的关键环节及关键控制点。

② 财务部门要加强财务管理，严格结算制度，统一结算依据，切实做到账表致、账账一致、账证一致、账实一致。

③ 工会技协采购回的实物及销售出去的实物均要受到物资管理部门、财务部门的监控；完善各种单据中的要素，完成管理所必需的各种程序和手续。

④ 定期对铝线实物资产进行盘点，以保证资产的安全、完整。

此外，该公司还应严控铝锭合同的签订、执行程序；规范工会技协的铝线承包行为；承包经营的过程、结果由在财务部门进行完整的核算、监控。

27.3.2 中外合资企业的内部控制审计[13]

（一）项目背景

某中外合资企业（简称合资企业）成立于 2007 年 1 月，经中外双方协商建设了一套煤化工生产装置。装置投产之后，主要为中方企业提供合格的替代原料，确保中方企业原有装置的后续生产。双方合资合同明确规定：合资企业的生产用原料和水电等公用事业部分全权委托中方企业提供。在中外双方的共同努力下，合资企业生产装置的稳定性和技术可靠性不断提高，但合资企业自 2007 年 6 月开工以来受多种因素影响而连续亏损。为了持续经营，合资企业向银行大量贷款，截至 2010 年 8 月底，合资企业的短期贷款为 3 亿元人民

13　陈新环．某中外合资企业内部控制审计案例分析及启示 [J]. 中国内部审计，2011(1): 66-67.

币，长期贷款为 9 亿元人民币。会计师事务所在年度会计报告审计过程中揭示并重点关注了合资企业的负债情况和持续经营能力。按照合资企业合同和章程的规定，中外双方定期联合对合资企业内部控制情况进行审计。为此，双方派审计人员组成了联合审计组。

（二）审计的过程及结果

联合审计组按照合资企业董事会通过的审计实施方案，进行审计调查，全面了解两个方面的情况：一是合资企业的组织机构、管控流程、运营支持系统、工作接口管理设计、内部监管和信息系统等内容；二是合资企业生产装置运行、财务成果、 经营状况以及各项财务指标数据等。在核实上述数据真实性的基础上，联合审计组按照合资企业合同规定的审计范围进行审计。联合审计组运用风险评估模型和具体抽样调查方法，对涉及审计范围的事项进行了符合性测试，确定了审计重点和风险；针对存在的风险点进行了实质性测试，发现内部控制存在 2 个高风险点、3 个中风险点和 1 个低风险点，并针对存在的风险点提出了具体的改进建议。

（1）风险揭示

① 高风险。一是整体危机管理存在缺陷，整体危机管理方面的相关计划已经过时，对于近几年来中国一些地方连续发生的地震、雨雪冰冻、洪灾等较大的自然灾害没有相应的应急预案；自合资企业运转以来也没有按照合资企业合同规定，一年进行一次由董事会参与的危机演练；截至审计日，未制定 IT 灾害恢复计划，无法保证业务关键信息得到很好的保护。上述缺陷可能导致无效的危机管理，一旦危机发生，可能引起媒体的关注；同时，可能因缺乏 IT 灾害恢复计划而失去业务关键信息，进而导致业务中断。二是物资采购管理存在缺陷，缺乏明确的应急采购和独家采购控制程序，未对长期合同进行有效跟踪，采购谈判和合同会议记录不完整，没有年度采购计划和采购策略，请购表格填写不完整。这些缺陷可能导致非招标采购、合同滥用，从而增加采购成本、降低采购效率。

② 中风险。一是整体风险管理存在薄弱环节，风险管理缺乏透明度和追溯性，检测设备时生产和技术部门没有定期更新风险注册表，对于以往出现的高风险事件被删除的情况没有说明具体原因，对不遵守合同法律规定延迟交货的设备没有进行调查。对于这类风险，如不确认和及时有效缓解，可能对合资企业产生负面影响。二是工艺安全关键维修任务管理缺乏程序和关键指标，没有对工艺安全关键维修任务建立责任制并对责任进行及时确认，没有一套专门的程序和关键指标管理有关维修任务等。这些缺陷可能影响已确定的工艺安全管理系统。三是权限授权表不完整。授权表只限于财务权限，其他非财务权限分布在相关制度和岗位，比较分散，不利于员工全面掌握、了解权限授权状况。不完整的权限授权表会导致治理结构不完善，降低运营效率，增加超权限运作的风险。

③ 低风险。未按照内部控制要求，对总经理办公会议等相关资料进行整理归档，不利于落实责任和考核。治理结构不完善，降低运营效率，存在超权限运作的风险。

（2）防范风险措施和管理层反馈

① 针对整体危机管理缺陷，联合审计组提出尽快做好灾害风险评估，更新相关灾害应急计划，制定突发事件预案；制定并实施 IT 灾害恢复计划，确保完全遵守《IT 应用管理制度》；进行年度危机管理演练。管理层明确落实风险整改责任人为总经理，主要整改反馈意见为：咨询中外双方意见，提出相关突发事件的预案，在近期董事会上提出进行年度危机管理演练建议并取得董事会支持；同意增加部分网络和硬件设施，进一步完善 IT 数据备份机制。

② 针对物资采购管理缺陷，联合审计组提出：尽快完善采购程序，提出独家采购策略、相关采购标准以及控制措施；制定应急采购计划并单独请购，同时及时跟踪考核；严格执行采购程序，进一步规范采购行为；强化采购计划管理的及时性和准确性，促进采购管理降本增效；请购单签字手续必须完整，确保授权有效。

③ 针对整体风险管理存在的薄弱环节，联合审计组提出：确保风险识别的透明度和完整性，将任何不确认的法律风险登记在风险注册表上，并持续关注。管理层明确落实风险整改责任人为总经理，具体责任人为企改部经理，主要整改反馈意见为：将有关指标纳入现有的工艺安全指标体系中并进行汇报；每季度各部门更新风险注册表并上报总经理；管理层会议讨论部门风险并形成风险登记表；部门负责定期检查、更新风险注册表。

④ 针对工艺安全关键维修任务管理缺乏程序和关键指标，联合审计组提出：制定并执行一套专门的控制程序，管理工艺安全关键维修任务的延期或偏差。管理层明确落实风险整改责任人为总经理，具体责任人为设备部经理，主要整改反馈意见为：将有关指标纳入现有的工艺安全指标体系中并定期进行汇报。

⑤ 针对权限授权表不完整，联合审计组提出：应研究并确定关键权限的管理制度，包括现行相关政策和流程、启动应急预案、法律事项、与第三方协调、招聘和解聘等。管理层明确落实风险整改责任人为分管副总经理，具体责任人为人事部、企改部经理，主要整改反馈意见：尽快补充并完善权限授权表，相关条款补充完善后向董事会汇报。

⑥ 针对未按照内部控制要求整理归档相关会议资料的情况，联合审计组提出：合资企业尽快指定专人进行完善。管理层明确落实风险整改责任人为副总经理，具体责任人为综合部经理，主要反馈意见：补充并完善总经理办公会议档案整理工作，并建立定期检查制度。

（三）案例启示

从总体看，该项整体审计项目过程控制严密，审计方法得当，审计依据充分，审计建议可行，审计结果可落实。主要启示如下。一是审前准备充分，全面收集数据并严密分析工作。联合审计组在审计之前做了大量的功课，注意收集、整理合资企业经营管理和生产数据及基本情况，特别是注意结合各项内部制度分析重大变化以及进行了必要的符合性测试从确定审计重点，制定了可行的审计实施方案，有针对性地进行审计任务的分解。二是采用风险分析模型和具体的抽样方法，科学确定审计风险。对于高风险，适当扩大了审计抽样调查的样本；对于确定的风险，与有关部门进行了广泛的沟通核实。三是按照以往形成的审计风险发现问题数据支持系统，确定此次审计发现的问题，在描述情况时语言准确、简洁，尤其是对问题涉及的风险的揭示比较充分，便于被审计单位责任主体理解和接受。四是提出的审计整改建议是从被审计单位的角度出发，具有可操作性。五是提交审计报告及时，并且在审计报告中反映被审计单位反馈的意见，突出边审边落实，审计时效性强。

主要参考文献

[1] 中华人民共和国财政部等 .《企业内部控制规范 2010》[M]. 北京：中国财政经济出版社，2010.

[2] 中华人民共和国，财政部会计司 .《企业内部控制规范讲解 2010》[M]. 北京：经济科学出版社，2010.

[3] 企业内部控制编审委员会 .《企业内部控制配套指引解读与案例分析》[M]. 上海：立信会计出版社，2010.

[4] 张继德 .《企业内部控制基本规范实施与操作》[M]. 北京：经济科学出版社，2009.

[5] 中华人民共和国财政部等 .《关于印发企业内部控制规范体系实施中相关问题解释第 1 号通知》，2012.

[6] 中华人民共和国财政部等 .《关于印发企业内部控制规范体系实施中相关问题解释第 2 号通知》，2012.

[7] 宋德亮 .《企业内部控制规范：实施技术与案例研究》[M]. 北京：经济科学出版社，2012.

[8] 池国华 .《内部控制学》[M]. 北京：北京大学出版社，2013.

[9] 孙永尧 .《企业内部控制：设计与应用》[M]. 北京：经济管理出版社，2012.

[10] 王保平等 .《企业内部控制操作实务与案例分析》[M]. 北京：中国财政经济出版社，2010.

[11] 张庆龙、聂兴凯 .《企业内部控制建设与评价》[M]. 北京：经济科学出版社，2011.